北京语言大学　天津外国语大学
语言资源高精尖创新中心　语言符号应用传播研究中心　组编

符号学思想论

王铭玉　等著

创于1897　The Commercial Press

图书在版编目(CIP)数据

符号学思想论 / 北京语言大学语言资源高精尖创新中心，天津外国语大学语言符号应用传播研究中心组编；王铭玉等著. — 北京：商务印书馆，2021
ISBN 978-7-100-19874-5

Ⅰ.①符… Ⅱ.①北… ②天… ③王… Ⅲ.①符号学—研究 Ⅳ.①H0

中国版本图书馆CIP数据核字（2021）第076591号

权利保留，侵权必究。

符号学思想论

王铭玉 等著

商 务 印 书 馆 出 版
（北京王府井大街36号 邮政编码 100710）
商 务 印 书 馆 发 行
三河市尚艺印装有限公司印刷
ISBN 978-7-100-19874-5

2021年12月第1版　　开本 680×960　1/16
2021年12月第1次印刷　印张 36

定价：198.00元

符号学丛书编委会

组　长：刘　利　李宇明
成　员：王铭玉　杨尔弘　刘晓海　田列朋

《符号学思想论》作者

主　撰：王铭玉
副主撰：张智庭　孟　华　陈　勇　吕红周
参　撰：于　鑫　卢德平　祝　东　田海龙　王双燕

建立世界时空下的符号学全景观

安娜·埃诺[*]

《符号学思想论》一书，重新激起了人们对于建立世界时空下的符号学全景的热情。这样的一项事业是必要的，因为它可以让我们了解各个国家和学派有关符号学的丰富性、多样性和互补性，而不同的符号学研究则分享了有关意义世界、意指系统、传播系统和各种唯理研究的广大领域。因此，从本书第一章"法国符号学"，经第二章"美国符号学"和第三章"俄罗斯符号学"，到第四章"中国符号学"，每一个国家的符号学研究的先驱者和其主要论题都得到了介绍，而其方向则是面向未来。

就在十余年前，我们感觉到了这类著述的必要性，于是，我们大胆地出版了《符号学问题》(*Questions de sémiotique*) 一书，它对源于索绪尔（Ferdinand de Saussure）传统的法国符号学研究和实践与源于皮尔斯（Charles Sanders Peirce）研究成果的美国符号学做了比较；我们尽力将这两个我们最为熟悉的流派放在一起，从理论、方法和实践方面进行了我们认为要必须赶紧做的一种系统对比，我们尤其强调了符号学应用的多样性，而这种多样性使得符号学在智力领域稳固地站稳了脚跟：例如艺术表达（戏剧、绘画、音乐和文学）、建筑学与城市

---

[*] 现任国际符号学学会（IASS）副会长、法国符号学学会（AFS）副会长、巴黎符号学学会会长。

规划、生物语言、报刊语言、广告、政治表达、固定图像分析和电影、对于口味和感觉领域中各种感知的分析与形式化表述、精细产品的品质评价（奢华用品、烹饪、时装、首饰等）。这部汇聚了集体智慧的书籍，在正确地介绍了各自的理论背景之后，完整地重现了在多个领域已经成为经典的和不可绕过的诸多研究成就。

把由巴黎符号学学派所实现的意指计算与由皮尔斯符号学对于同一些意指空间进行探讨的方式做（尽可能地）一一对比，可以使每个人在其具体的基础上对于两个学派进行比较，并选择最适合自己目的的研究方式。

对于这种计划的实施，使得我们可以在相比之下为两个流派的成果做了列举，这两个学派自 1880 年至今一直是极为活跃的。

法兰西公学教授克洛迪娜·蒂耶瑟兰（Claudine Tiercelin）对皮尔斯符号学做了介绍。因此在她的笔下，美国的皮尔斯符号学传统明显地就像是有关意指的一种哲学百科全书，同时伴有以下几种学科的影响：(1) 有关语言的哲学，其中包括在莫里斯（Charles William Morris）之后聚焦符号学最大**自然化过程**的语义学流派；(2) 有关精神的哲学和整个人工智能及认知科学领域；(3) 有关科学的哲学，这种哲学被认为是根据传统逻辑学观点建立起来的；(4) 形而上学。

主导欧洲符号学研究而尤其是巴黎符号学学派研究的索绪尔传统，并不在形而上学方面付出努力，而是尽力显示语言本身的逻辑，而不依赖传统逻辑；相反地，它不放弃审视多种科学的认识论，人工智能从业者对它的需求很大，它对语言哲学所涉及的主题很感兴趣，但没有将自己置于思辨和哲学的状态。

欧洲符号学已经坚决地与作为仅仅依靠自身而产生的思辨哲学（亦称思想的形而上学）做了决裂。符号学研究的目的是显示那些抽象的图示机制，因为是它们在支撑着意义效果在社会生活中的构建与循环。这就关系到带有科学和技术目的的一项计划，该计划开始于对深层语法数十年的观察，它通过这些观察进行综合，并以一种严格地从抽象关系中推导出来的理论的形式得以继续,而这些抽象关系就包含在已有话语的意指得以建构的潜在语法运行之中。

例如,在丹麦研究者叶尔姆斯列夫(L. Hjelmslev)的笔下,这种理论是严格地从抽象关系中推导出来的,它直接地被介绍为是建立这些观察的一种非常清晰的秩序,它同时也为元语言的建立奠定了基础,这就使得从经验中获得的一种严密的公理学基础可以严格地描述语言的建构。一切都旨在建立对于意义的分析,而这些分析也具有同样的客观程度,就像在一个医药实验室中或是像在核磁共振成像(IRM)过程中进行的分析那样。

尽管这两种传统的出发点、目的和程序方法很不一样,但是,它们对于意指研究的探索都引导它们向着相似的主题发展。认真阅读出现在《符号学问题》(*Questions de sémiotique*)中的各种研究成果就可以看出它们在许多方面具有汇合点:两种传统都通过对于人们借以自我表达和相互介入的其他言语活动的考虑而超出对自然语言(即词语语言)的研究。不过,在这两种情况里,语言学模式在对其他言语活动的处理中仍然是主导性的。在这种情况里,人们都倾向于获得一些形式上的(即不带有参照性意指的)元语言,同时在皮尔斯符号学情况里与苏格拉底的**前提**(*suppositio*)实现一致,也与(秉承索绪尔的)叶尔姆斯列夫的表达(能指)与内容(所指)均表现为形式与实质的两种范畴相一致。在这两种情况里,它们的目标是相同的,即能够在不考虑一些非理论的心理因素的情况下描述智能心智(*Mind*)。

实际上,这两种理论中每一种理论的主题与倾向都会在另一种理论中重新出现,只是强调的点和聚焦之处有所不同,一切都只是比例的问题。索绪尔的符号学传统在于在一种理论的封闭形式内部进行探索和寻找其最大效果,这种形式可以最终达到一些演绎的推理结果——因此也是论证结果。相反,美国符号学则只通过外展活动(abduction)所允许的非编码的扩展接续来进行。

外展活动,从某些可观察的标示出发,导致了一种可接受的假设的形式化表述。但它不像演绎那样有意义。

演绎活动，从作为前提而被采用的一些命题出发，根据一些逻辑规则或根据最终是有效的一些科学法则，导出其必然结果的一种命题。

巴黎符号学学派所限定的最终目标，是从笛卡尔哲学和费马（Fermat）哲学继承下来的。它属于演绎推理，被看作是一种被掌控的知识的必然结果，因此它近乎机械地是客观的，是摆脱主观评价和可变成分的。它必然是包含在了外展活动之中的。

在这一点上，巴黎符号学学派受到了数学认知的强烈影响，该学派已经证明它具有数学认知的某些特征。巴黎符号学学派的首批真正发现（对立结构——例如由符号学矩阵所把握的结构——的复现性，不连续性叙述结构的算术本质，连续情感结构的大致复现性）已经变成了稳定的认识成分，它们可比之于数学家们在他们信服了勒内·托姆（René Thom）的定象与突显（Les prégances et saillances）、谷山-志村（Taniyama-Shimura）猜想、阿斯-韦伊（Hasse-Weil）的 Zéta 函数、费马的定理、格罗腾迪克（Grothendieck）的对偶性理论、黎曼（Riemann）曲面理论或庞加莱（Poincaré）的复半平面理论之后，在他们的演算中所使用的成分。

我们要再次指出，《符号学思想论》的出版确实是必要的和适时的，因为它恰值符号学探索趋向于全球化和为我们的星球提供一种新研究领域的时刻，而这种领域的目的就是尽力寻求像数学或天体物理学那样的统一。

我高度评价本书主撰者王铭玉教授在此刻组织撰写这样一部重要书籍的前瞻力和几位作者为介绍不同国家符号学研究的历史与成果所做出的努力。

Anne Henault

2016 年 3 月 20 日写于巴黎

（张智庭　译）

目 录

前 言 1

第一章　法国符号学思想 14
  第一节　绪论 14
  第二节　结构论符号学 23
  第三节　巴黎符号学学派 91

第二章　美国符号学思想 170
  第一节　美国符号学概观 170
  第二节　实用主义哲学与皮尔斯的符号学革命 180
  第三节　皮尔斯的符号学思想 197
  第四节　莫里斯的符号学思想 233
  第五节　雅各布森的符号学思想 247
  第六节　西比奥克的符号学思想 253

第三章　俄罗斯符号学思想 272
  第一节　绪论 272

第二节 俄罗斯符号学思想的起源 277
   第三节 俄罗斯符号学思想流派和代表人物 289
   第四节 俄罗斯当代符号学及其发展趋势 374
   第五节 结论 379

第四章 中国符号学思想 388
   第一节 绪论 388
   第二节 "周易"的符号学思想 390
   第三节 汉字的符号学研究 414
   第四节 古代名学符号思想 438
   第五节 李幼蒸的符号学思想 474
   第六节 王铭玉的符号学思想 488
   第七节 赵毅衡的符号学思想 506
   第八节 结语 当代中国符号学发展的几个基本问题 523

代结束语 中国符号学的理论依归和学术精神 537
中国符号学推荐书目 545
本书重要术语 548
本书重要人名 559
跋 566

前　言

一、符号与符号学

人们对符号（sign）关注由来已久。早在公元前5世纪，古希腊医生希波克拉底（Hippocrates）将病人的症候看作符号。其后的西方哲学家们，如柏拉图（Plato）、亚里士多德（Aristotles）以及斯多葛学派，都曾论及符号问题。中国对符号现象的关注也历史悠久。从周易卦象到河图洛书，实际上都是在生成和解释符号。先秦诸子围绕"名实之争"形成的名辩思潮，实际上就是对符号能指和所指的讨论。在汉代，以《说文解字》为代表的汉字符号研究已经取得了很大成就。

中外学者们给"符号"下过各种不同的定义。古罗马哲学家奥古斯丁（S. Augustine）说，符号是这样一种东西，它使我们想到在这个东西加诸感觉的印象之外的某种东西。美国哲学家、符号学家皮尔斯（C. Peirce）说：符号是在某些方面或某种能力上相对于某人而代表某物的东西。意大利符号学家艾柯（U. Eco）说：我建议将以下每种事物都界定为符号，它们依据事先确立的社会规范，从而可以视为代表其他某物的某物。[①] 我国学者赵毅衡的定义简短但也不失深刻：符号是

[①] 王铭玉：《语言符号学》，高等教育出版社2004年版，第13页。

被认为携带意义的感知。① 王铭玉在《语言符号学》一书中也给出过一个对符号的界定:"所谓符号,是指对等的共有信息的物质载体。"②

这些定义其实都揭示了符号的本质:符号是一种替代物,它能传递一种本质上不同于载体本身的信息,并且能够为公众所感知。人类的生活与符号是密不可分的。一方面,人是使用符号的动物,并且可以说是唯一使用符号的动物(狼的吼声和蜜蜂的舞蹈并不属于严格意义上的符号);另一方面,符号是人的存在方式。正是符号使世界有了意义,正是符号建立了人与世界之间的联系。人要观察和了解世界,就要把世界概念化、符号化。实际上,我们每个人每天都在感知和使用着各种各样的符号。当你用语言进行交际时,当你倾听一首交响乐时,当你辨识各种交通标志时,当你穿上一件时尚的衣服时,当你流连于艺术品长廊时——你都在与符号打交道。人还通过符号寻找社会认同感和归属感,十字架、中山装、发型、镰刀、斧头等都被人赋予了符号的意义。

符号有不同的类型。不同学者做过各不相同的划分。比如,皮尔斯把符号分为象似符(icon)、指示符(index)和象征符(symbol)。符号还可分为简单的和复杂的,人造的和自然的,等等。大多数学者还都同意把符号分为语言符号和非语言符号。语言是人类发明的最复杂,但又最普遍且实用的符号系统。人类用语言符号进行思维和交流,去创造和传承文化,甚至仅仅是一种审美活动(比如美声和书法)。把语言看作是一个符号系统的思想,奠定了现代语言学的基础,也使符号学开始登上了科学的殿堂。

符号学是近代以来才诞生于西方的一门较为年轻的科学。它是专门研究符号的科学。如果从专业角度说,符号学专门研究符号(包括

---

① 赵毅衡:《正在兴起的符号学中国学派(代编者按)》,《贵州社会科学》2012年第12期,第1页。

② 王铭玉:《语言符号学》,高等教育出版社2004年版,第14页。

语言符号和非语言符号）及其意指活动的规律。

符号学乍看起来使人感觉有些抽象，但它实际上并非是一门"玄学"，而是一门具有方法论性质的科学。加拿大学者马塞尔·达内西（Marcel Danesi）在《符号学导论》一书中说："像人类学和心理学等其他人文学科一样，在学术界或社会上，符号学从来没有作为一门独立的学科而受到广泛的关注。原因是符号难以定义，在传统学术范畴中很难确立符号学的位置。但是，从某种程度上来说，每一个人都是符号学家。我们每时每刻都在使用符号学的方法。当我们本能地探究某些事物的意义时，我们实质上就在从事基本的符号学思考。"[①] 我国学者赵毅衡认为，"从对符号的理解出发，我们可以说符号学是研究意义活动的学说"[②]。由此可见，符号学的研究对象非常广泛，就是因为它研究的是意义活动，它的研究对象基本上等同于人类创造的所有文化，它与所有人文学科都能或多或少地产生联系。

现代符号学思想有两个源头，公认的符号学奠基人有两个：一个是瑞士语言学家索绪尔（F. de Saussure），另一个是美国哲学家、逻辑学家皮尔斯。他们几乎是在同一时期（20世纪初）提出了"符号的科学"这一概念。索绪尔在《普通语言学教程》中写道："我们可以设想有一门研究社会生活中符号生命的科学，它将构成社会心理学的一部分，因而也是普通心理学的一部分；我们管它叫符号学。它将告诉我们符号是由什么构成的，受什么规律支配。因为这门科学还不存在，我们说不出它将会是什么样子，但是它有存在的权利，它的地位是预先确定了的。语言学只不过是这门一般科学的一部分。"[③] 而皮尔斯对符号学地位的表述是："我认为我已表明，逻辑学在一般意义上只是符

[①] 薛巍：《趣味符号学》，《三联生活周刊》2015年第33期，第146页。
[②] 赵毅衡：《正在兴起的符号学中国学派（代编者按）》，《贵州社会科学》2012年第12期，第3页。
[③] 索绪尔：《普通语言学教程》，高名凯译，商务印书馆1980年版，第38页。

学（semiotics）的别名，是符号的带有必然性的或形式的学说。"①

索绪尔是在语言学研究时萌发了符号学的思想，而皮尔斯是在进行哲学和逻辑研究的时候萌发了符号学的思想。对比两人对符号学的理解，索绪尔的符号学侧重于研究符号在人类表达、交流中的社会功能，而皮尔斯符号学侧重于研究符号在逻辑思维中的认知功能。他们的不同视角使符号学在一开始就走上了不同的发展方向。应当说，这两位学者都对于符号学的建立起到了奠基的作用，为促成符号学发展成为一门独立的学科做出了重要的贡献。

对符号学进行独立和系统的研究最早开始于 20 世纪 60 年代的法国。1964 年巴特（R. Barthes）《符号学原理》的问世，标志着符号学正式成为一门独立学科，符号学理论开始形成体系。此后，符号学在欧洲（以法国和俄罗斯为代表）和美国得到迅速发展，但在不同国家也呈现出不同的特点和不同的发展轨迹。

近几十年来，符号学研究从语言符号扩大到非语言符号，不仅涌现出纷繁多样的符号学理论体系，而且随着符号学向其他学科的渗透，产生了诸如生物符号学、建筑符号学、电影符号学、音乐符号学、舞蹈符号学、绘画符号学、服饰符号学等部门符号学。在符号研究开展最为活跃的法国和美国，符号学的方法论几乎深入到自然科学和社会科学的所有领域。符号学的研究已形成一种国际性的学术热潮，它正以强劲的发展势头向各个学科渗透。今天，符号学已经发展壮大、根深叶茂，成为跨学科、跨领域的综合性学科之一，被称为人文和社会科学所有学科的总方法论。

但是，在符号学的发展过程中，也出现过"泛符号化"的倾向，甚至由于符号学涉及面过广、无所不包，一段时期被称为"符号帝国主义"阶段。对此，艾柯曾警告说："当一门学科把每种东西都界定成

---

① 霍克斯：《结构主义和符号学》，瞿铁鹏译，上海译文出版社 1987 年版，第 126 页。

自己研究的对象，进而宣称自己关注整个宇宙时，乃是在玩着一种冒险的游戏。"① 德国符号学家艾施巴赫（A. Eschbach）针对符号危机的三点建议今天看来仍然具有现实意义：（1）发展一门基本的批评的符号理论；（2）发展作为一种运用中的社会性的符号理论；（3）发展一门历史的符号理论，使它认识自己的根源、成就和错误，认识符号学理论本身只是一种历史现象。② 本书按国别进行符号学的思想理论体系研究，着眼点正在于符号学思想的历史（符合艾施巴赫的第三点建设），目的就在于系统介绍法国、美国、俄罗斯、中国这四个国家的符号学渊源、主要思想、流派、代表人物和发展趋势，梳理符号学思想形成的历史脉络。

二、符号学思想的国别研究

在我们这个"符号爆炸"的信息时代，社会的符号运动空前活跃，符号的生产方法、消费方式、传播方式、解读方式都在发生着深刻的变化，符号化和去符号化的速度都比过去明显加快。符号学也日新月异，每天都有新的思想、新的理论产生，似乎令人应接不暇。但是，就像高楼大厦都有地基一样，符号学也有它的思想基础。今天符号学界经常会提起的"回归皮尔斯"、"回归罗兰·巴特"、"回归巴赫金"等"回归"正说明了符号学思想基础的重要性。在这一背景下，重新审视主要国家符号学发展的历程，建立能与传统和时代相适应的符号学思想史，已经成为迫切任务。

符号学作为一门独立的科学，其自身发展中存在几种模式。可以说，今天的符号学仍然是在这几种模式中发展的。最具普遍性的观

---

① 艾柯：《符号学理论》，卢德平译，中国人民大学出版社1990年版，第5页。
② 李幼蒸：《理论符号学导论》，社会科学文献出版社1999年版，第92页。

点是认为符号学存在两个模式：索绪尔模式和皮尔斯模式。也有的学者认为除此之外还存在其他模式。比如，赵毅衡先生认为，符号学发展中存在四个模式：第一种模式是索绪尔的语言学模式；第二种模式是皮尔斯的逻辑—修辞学模式；第三种模式是德国新康德主义者卡西尔（E. Cassirer）的"文化符号论"；第四种模式是巴赫金（M. M. Бахтин）、洛特曼（Ю. М. Лотман）等人的苏俄符号学模式。赵毅衡先生还认为，从20世纪初开始，符号学发展经历了三个阶段：第一阶段为20世纪上半期，是模式的奠定和解释阶段；第二阶段为20世纪60—70年代，符号学作为一种理论正式起飞，成为人文社科规模宏大的总方法论，此阶段索绪尔模式一家独大；第三阶段是20世纪70年代中期至今，其他模式开始扩大影响，符号学研究呈现多元化。同时，整合各种模式成为一个新的运动。①

总之，符号学作为一个与思想、文化、艺术等领域密切相关的人文学科，自其诞生之日起，就带上了独特的历史人文特性，产生了不同的发展模式，在各个地区和国家的发展中呈现出不同的特点。我们认为，这是不同国家中符号研究的不同传统所致。比如，法国的符号学传统主要来自"索绪尔／格雷马斯—结构主义语言学—后结构主义"；美国的符号学传统具有综合性，其中最主要的一部分来自"皮尔斯／莫里斯—逻辑哲学—认知科学"；俄罗斯的符号学传统主要来自"巴赫金／洛特曼—马克思主义文论—社会文化学"。同一国家、同一流派的符号学者往往承继同一符号学传统，他们之间相互影响，能产生相同或相近的学术思想。而这也使得符号学的国别研究成为当代符号学关注的一个重要方面，具有重要的现实意义。对符号学进行国别研究，一方面可以厘清符号学发展的历史脉络，另一方面可以吸收借

---

① 赵毅衡：《正在兴起的符号学中国学派（代编者按）》，《贵州社会科学》2012年第12期，第12—15页。

鉴各国研究的优点和特色，为符号学研究的本土化服务。这也正是本书的宗旨所在。

李幼蒸先生把整个世界的符号学研究地区分为五大类：(1) 罗曼语和地中海区，包括法国、意大利、瑞士、西班牙、葡萄牙等；(2) 英语区，包括美国、英国、澳大利亚、新西兰等；(3) 日耳曼和北欧语地区，包括德国、荷兰、奥地利、丹麦、芬兰、瑞典等；(4) 斯拉夫语区，包括苏联（俄罗斯）、波兰、捷克、匈牙利、保加利亚、罗马尼亚等；(5) 非欧语区，包括印度、伊朗、日本、中国等。① 这五个地区基本上包括了开展符号学研究的主要国家，其中罗曼语和地中海区主要追随索绪尔—叶尔姆斯列夫—格雷马斯理论路线，英语区、日耳曼和北欧语地区有追随皮尔斯—莫里斯理论路线的，也有追随索绪尔—叶尔姆斯列夫—格雷马斯理论路线的；斯拉夫语区主要追随巴赫金—洛特曼理论路线；非欧语区学术规模建立较晚，没有明确追随的理论路线。

在已开展符号学研究的国家中，符号学的发展是很不平衡的，最具代表性和引领作用的还是传统上的三个"符号学王国"——法国、美国、俄罗斯（包括苏联时期）。但值得一提的是，中国的符号学研究历史虽短，但进步较快。自20世纪80年代以来，在中国，符号学成为一门人文科学中的热点学科，从最初的引介西方思想，到后来的创新性研究，取得了较为丰硕的成果，甚至已经形成了不同的流派。可以说，中国已经可以在世界符号学界中占有一席之地。时至今日，在符号学的诸多领域里我们已经基本上追赶上了国际研究潮流。究其原因，一是因为中国学者对国外同行的研究成果吸收、消化得非常快；二是因为中国文化土壤中蕴有极为丰富的符号学内涵，它随着符号学的兴起不断给中国的符号学研究注入新的营养。从研究领域看，中国

---

① 李幼蒸：《理论符号学导论》，社会科学文献出版社1999年版，第14页。

的符号学研究已经涉及哲学、语言学、逻辑学、文学、美学、民俗学、传播学、国情语言学及中国传统文化、电影等诸多领域。其中，在哲学、语言学、文学等领域的符号学研究已经具有相当的规模和深度。在一些中国特有的符号学研究领域，也已经有了越来越深入的挖掘和研究。

三、三大传统"符号学王国"的符号学思想

在以往相当长的一段时间内，在世界符号学界，法国、美国、俄罗斯被誉为"符号学三大王国"。法国是符号学研究的滥觞之地，巴特、格雷马斯（A. Greimas）为代表的巴黎学派对符号学的启蒙与发展作用很大。美国是目前世界上最活跃的符号学国度，其研究起源于皮尔斯学说的符号研究，并以雅各布森（R. Jakobson）带有语言符号学倾向的诗学研究以及西比奥克（T. Sebeok）带有生物符号学倾向的全面符号学研究占有重要的地位。俄罗斯是现代结构语言学和符号学运动中最有特色的国家，以洛特曼为代表的莫斯科—塔尔图符号学学派把俄罗斯传统的人文精神与现代科学思想完美地结合起来，孕育了文化符号学的传统。

（一）法国符号学思想

法国是现代符号学的故乡。法国符号学的学术规模广、学术影响大，这一点其他国家都难以与之相比。法国是唯一一个形成过符号学运动，并使符号学具有较大社会规模的国家。法国符号学的代表人物有巴特、列维-斯特劳斯（Levi-Strauss）、格雷马斯、克里斯蒂娃（J. Kristeva）、托多洛夫（T. Todorov）、穆楠（G. Mounin）、科凯（J.-C. Coquet）等。其中巴特是现代符号学的开创者。而格雷马斯的符号学思想独树一帜，对"巴黎学派"的创建以及现代符号学的发展产生了

重要影响。法国符号学的研究特点十分突出,主要体现在:(1)鲜明的结构主义倾向。巴特、格雷马斯等符号学家都是按照结构主义语言学家索绪尔、雅各布森、叶尔姆斯列夫(L. Hjelmslev)的基本理论来建立自己的符号学理论的。以至于人们有时也将法国的符号学称为结构主义符号学。这一特点与美国按照逻辑学传统建立的符号学有明显差异。(2)在文学方面的表现尤为突出,以至于人们公认法国是文学符号学的发源地。法国符号学首先实现于文学领域,大多数法国符号学家都从事与文学有关的研究,甚至连一般符号学原理也主要是参照文学符号学策略制订的,如巴特提出的符号学原理和后来以格雷马斯为代表的一般叙事学理论。文学分析模式运用广泛,如热奈特(G. Genette)和托多洛夫的文学修辞学,列维-斯特劳斯人类学中的文学式神话分析,克里斯蒂娃等文化意识形态中的文学式符号分析。(3)法国符号学不仅涉及语言学和文学,它也表现在人文学科的其他方面。符号学在法国不仅是专业符号学家、语言学家和文学家的研究范畴,其分析方法也被广泛运用于人文学科的其他领域,如哲学、美学、社会学、人类学、心理学、政治学等学科。①

(二)美国符号学思想

美国是世界公认的符号学中心之一。从研究内容看,美国符号学丰富多元,流派纷呈。皮尔斯与索绪尔齐名,是现代符号学的首创者;莫里斯(Ch. Morris)因其"符号学三分野"学说而被视为美国符号学的创立者之一;雅各布森是符号学学科发展的重要推动者,尤其就语言符号学的创立而言,他可谓是先行者之一;西比奥克的符号学思想以及符号学活动使他当之无愧成为当代美国符号学的旗手。美国之所

---

① 李万文:《探微法国结构主义符号学》,《江苏教育学院学报(社会科学版)》2009年第1期,第93—96页。

以能成为符号学王国,其原因是多方面的:一是历史性的渊源。在符号学研究史上美国地位显赫,它是现代符号学奠基者之一皮尔斯的诞生地,又是美国符号学学科建立者莫里斯的国家;二是综合性的研究。从现代学术文化史来看,无论是法国、俄罗斯还是中国,符号学潮流具有一定的统一性,如法国的结构主义符号学倾向、俄罗斯的形式主义和文化符号学倾向、中国的文字与释义符号学倾向,但美国符号学具有综合性质,更确切地讲,体现了多元化倾向:先后有哲学和逻辑学家涉足,有行为主义、古典语言学、逻辑实证主义、社会人类学、象征主义、普通语义学等介入,还有当代语言学、语言哲学、控制论、信息论、系统论、认知科学、人工智能、现代生物学等跨界,这构成了一幅"全面符号学"盛景,把符号学推到了前所未有的高度;三是形成了研究规模。美国符号学者人数众多,有固定的学术机构和学术刊物。比如,印第安纳大学的符号学中心具有世界声誉,《符号学》刊物成为世界符号学的核心刊物,《符号学进展》、《当代符号学论题》等丛书广泛流传,等等,这些都使美国符号学毫无疑问地成为世界符号学的重要组成部分。

(三)俄罗斯符号学思想

俄罗斯(包括苏联时期)的符号学研究具有突出的时代性和独创性。20世纪60年代,符号学发展成为苏联的一门独立的学科,吸引了许多人文社会科学研究者的兴趣。俄罗斯民族深厚的文化积淀和特殊的历史环境造就了一大批思想精深、学识广博、影响深远的符号学思想家,其中主要有普洛普(В. Я. Пропп)、巴赫金、洛特曼、伊万诺夫(В. В. Иванов)等。普洛普的叙事结构分析法直接影响了第二次世界大战后的结构主义运动。巴赫金有关复调式小说和狂欢节诗学的思想给西方思想界和文学评论界以极大的冲击,他的符号学思想是符号学发展史上的浓重一笔,直接影响了莫斯科—塔尔图学派的学术方向。而洛特曼及其代表的莫斯科—塔尔图学派几乎成为俄苏符号学的代名词，在世界符号学研究中占有显著地位。该学派的总课题是文化符号学，即基于对俄罗斯文学、文化、历史的独特观察而形成的文化信息模式。洛特曼关于符号的模式化系统思想和符号域思想对语言和文化研究具有重要的启示意义。俄罗斯的符号学研究一方面继承了世界符号学发展的哲学和语言学传统，表现出与之相应的跨学科特性和方法论本质；另一方面充满了对俄罗斯民族的深层文化结构及历史发展背景的分析和思考。两个方面的因素综合起来，使得俄罗斯符号学研究从一开始就打上了文化的烙印，文化符号学因此而成为俄罗斯符号学研究的特色方向。

以上三大传统符号学王国奠定了现代符号学思想的理论基础，为符号学的发展做出了重要的贡献。整体来看，今天的符号学仍然在他们设定的框架之内。同时，我们也应该看到，今天的符号学依然处于发展初期，除了部分领域较为成熟外，很多领域仍然处于假设阶段，具有高度的实验性和探索性。

四、符号学思想在中国的发展

如果从符号学史前史角度来看，中国的"名学"和"易学"中就有了符号学的因素。但从学科角度来看，符号学是一门西学。瑞士语言学家索绪尔在其《普通语言学教程》中首次提出了符号学的概念（sémiologie），而几乎在同时，美国实用主义哲学家皮尔斯通过对康德（I. Kant）《纯粹理性批判》的研究也开启了符号学（semiotics）的话题。1964年，法国文艺批评家巴特的《符号学原理》一书问世，标志着符号学作为一门科学的诞生。

中国学者对符号学进行有意识研究的历史并不算长。虽然赵元任先生早在 1926 年就在上海《科学》杂志上发表了《符号学大纲》这一论文，但因刊文所在杂志的理科属性而并未引起当时文科学界的关注，而真正从独立学科的高度来探讨符号学的事件有二：一是我国著名东方学学者金克木先生于 1963 年在《读书》上发表了文章《谈符号学》；二是 1988 年北京召开了"京津地区符号学讨论会"。正是从这时起，伴随着国家的飞速发展，中国符号学高点起步，利用短短 30 年时间赶上了国际研究潮流，符号学在中国正迅速兴起并成为一门显学。

严志军、张杰认为，西方符号学理论在中国的接受和发展可以分为三个阶段：第一阶段是语言学阶段，中国学界对西方符号学理论的介绍和研究首先始于语言学界，以索绪尔的二分法的语言符号学理论为依据，努力以语言学的体系化方法去揭示各种西方符号学理论的特征。第二个阶段（20 世纪 90 年代）是超语言学阶段，以皮尔斯的三分法符号学研究方法和巴赫金的对话思想为指导，探讨符号的多义性、符号的非体系性和未完成性。第三个阶段（21 世纪）是中国学术界对西方符号学理论的中国化时期，即"化西"的时期。由于中国独特的传统文化语境，中国学者们对形形色色的西方符号学理论采取了"和而不同"的兼收并蓄的态度，注重研究各种理论的相通之处，竭力运用符号学解读的多元化方法，探索多元融合的研究途径，同时也在认真研讨符号的实际应用，走出一条自己的理论和实践之路。①

今天，中国符号学研究者队伍日益壮大，提出了一批有价值的理论和观点，建立了自己的学会、刊物，有定期的学术活动。近几十年来的中国符号学的蓬勃发展已经为世人所瞩目。我们相信，第四个符号学王国必定是中国。目前这一预言正在变为现实。

《符号学思想论》是一本厚重的学术著作，她是团队科研的结晶。

---

① 严志军、张杰：《西方符号学理论在中国》，《外语学刊》2010 年第 6 期，第 138—141 页。

天津市人文社科重点研究基地——天津外国语大学语言符号应用传播研究中心——为该书的形成与出版提供了重要的平台和保障条件：中心主任王铭玉教授策划了全书的出版，主撰了前言、结束语，最后负责全书的审稿及统稿工作；中心专职研究员张智庭教授主撰了"法国符号学"部分；兼职研究员孟华教授主撰了"中国符号学"部分，特邀学者祝东教授贡献了其中有关"古代名学符号思想"部分；兼职研究员陈勇教授和专职研究员王铭玉教授主撰了"俄罗斯符号学"部分；专职研究员王铭玉教授、卢德平教授、吕红周博士共同主撰了"美国符号学"部分；中心副主任于鑫教授参与了全书的组织和规范工作，是前言的主撰者之一，同时负责全书的初审工作；中心常务副主任田海龙教授及办公室主任王双燕老师共同参与了出版的编辑及组织工作。没有大家的共同努力，此书是无法问世的。在此，对所有参撰人员所付出的辛勤劳动表示崇高的敬意。

第一章　法国符号学思想[*]

第一节　绪论

从20世纪50年代开始，符号学在欧洲发展迅速，至今已经走过了半个多世纪的路程。法国符号学在欧洲占有重要的地位。可以说，欧洲现代符号学研究就是从法国起步的。

一、方法论基础

法国符号学的发展可分为两个时期：第一个时期为结构论符号学时期（包括整个结构主义运动），第二个时期为巴黎符号学学派时期。两个时期有交叉，因为后期曾经作为前期研究的一个分支存在。但从总的方面说来，前期为后期做了铺垫，其研究成果亦构成后期的研究基础。因此，谈论法国符号学的方法论基础，自然是从结构和结构论符号学的产生说起。

多斯（F. Dosse）在《结构主义史》(*Histoire du structuralisme*)一书中说，"结构"（拉丁文：structura）一词最初有一种建筑学意义。

---

[*] 武汉大学吴泓缈教授对此部分书稿进行了审阅并提出了宝贵修改意见，特向他致以诚挚谢意。

1771 年出版的《特雷乌词典》(*Dictionnaire de Trevoux*) 对该词的解释为：" 建筑物赖以建筑的方式。"17—18 世纪该词的意义发生了变化，并扩展到人的方面：在丰特内尔（Bernard Le Bovier Fontenelle, 1691-1757）看来，人的肉体就是一种建构；而在沃格拉斯（Claude Favre de Vaugelas, 1585-1650）看来，语言也是一种建构。于是，"结构"被用于越来越多的领域。对于一种存在物，描述其各个部分到整体的过程就成了对其结构的研究。"结构"真正进入人文科学领域是与 19 世纪的斯宾塞（Hebert Spencer, 1820-1903）、摩根和马克思的著述分不开的，而它最终在人文科学中得到确立则见于杜尔凯姆（É. Durkheim, 1858-1917）的《社会学方法规则》(*Règles de la méthode sociologique*, 1895) 一书。"结构"一词被拉朗德（André Lalande, 1867-1963）在《对于哲学的技术与批评词汇》(*Vocabulaire technique et critique de la philosophie*) 一书中用来给 1900—1926 年出现的一种新的心理学学派命名——结构主义，以区别于 20 世纪初期占主导地位的功能心理学学派。

当然，"结构"概念被人越来越多地采用，以至于以"结构"的角度分析问题被认为是一种科学方法。而结构主义运动的产生，则是人类社会寻求科学发展的倾向和批评意识在人类思想史中占据越来越重要位置这两个方面相结合的产物。19 世纪末，一个重要的历史背景是西方世界一定程度地表现出对于传统文化的拒绝和对于寻求新模式的现代主义的渴望，而结构论的严格方法学思想恰好迎合了这种要求。

二、语言学基础

法国的符号学研究，不论是在哪一个时期，其首要理论基础都是瑞士语言学家索绪尔（F. de Saussure, 1857-1913）的语言学理论，以及在此基础上后来形成的欧美几个主要语言学学派的研究成果。索绪尔在《普通语言学教程》(*Cours de linguistique générale*，高名凯译，1982)一书中，把言语活动(langage)分为语言(langue)与言语(parole)，认为语言学应该研究"语言"，而不是"言语"。他指出，"语言是一种表达观念的符号系统"。索绪尔把语言符号看作是"概念"与"音响形象"的结合体，把前者定义为"所指"(signifié)，把后者定义为"能指"(signifiant)，认为语言符号具有"任意性"，"语言是形式而不是实质"。需要说明的是，索绪尔在此颠覆了"形式"(forme)与"实质"(substance)的传统意义：既然语言是形式，那么与之相对的就是言语，而言语又是对于语言的运用和表现，因此，言语便是实质，于是，形式就变成了内在的，而实质则是外在的了。在语言的"共时性"与"历时性"之间，索绪尔认为语言学应该研究前者而非后者；他为语言符号的结合机制确定了横向的"组合关系"和纵向的"聚合关系"(或"联想关系")。虽然他在全书中只有三处使用了"结构"(structure)一词，但是，依据这些概念而形成的结构主义语言学则成了20世纪语言学研究的主流，致使最初的法国结构主义论者也将其奉为基本的理论基础和概念工具，而相关概念之间的关系则成了这些学者们的阐释对象，从而构成了主要的"结构主义活动"。

继索绪尔之后，对于法国符号学发展起了重大推动作用的几位语言学家是：俄裔美籍语言学家雅各布森(R. Jakobson, 1896-1982)、丹麦语言学家叶尔姆斯列夫(L. Hjelmslev, 1899-1965)、法国语言学家本维尼斯特(又译：邦弗尼斯特)(É. Benveniste, 1902-1972)。

雅各布森尚在年少时就对诗歌的语言问题感兴趣，他于1915年(19岁)发起创立了莫斯科语言学学派，该学派致力于研究诗歌与语言学的关系，而特别是研究诗歌作品内在的结构连贯性。在这个期间，他只是从他的朋友特鲁别茨柯伊(N. Troubetzkoy, 1890-1938)亲王那里听到过有关索绪尔《普通语言学教程》的一些内容，而他真正读到这本书是他1920年在捷克首都布拉格的时候。在捷克，雅各布森与从维也纳来到布拉格的特鲁别茨柯伊一起参与创立了布拉格语言学学派（1926），并且担任了该学派的副主席。该学派从1929年开始将其研究工作的重心明确地放在结构语言学计划上："它［该学派］赋予了自己结构主义的名称，因为它的基本概念是被设想为一种动态集合的结构。"（F. Dosse, 1992-a: 76）① 该学派将自己的研究工作置于索绪尔语言学理论框架之内，在结构音位学研究（特鲁别茨柯伊）和语言功能及失语症研究（雅各布森）等方面取得了重大成果。特鲁别茨柯伊于1939年出版了《音位学原理》（*Principes de phonologie*），他根据一个音位在音位系统中的位置来确定这个音位，具体方法是在考虑四种区别性特征的同时，标记语音的二元对立情况，他说："音位学尤其带有着其结构主义的特征及其系统的普遍性。"（F. Dosse, 1992-a: 209）在此，我们看到了索绪尔在研究最小相关单位时所采用的方法。特鲁别茨柯伊的研究成果使雅各布森得以建立带有12种音位二元对立的图表，而这些对立被认为可以适用于所有的语言，他的这种研究方法也为后来法国符号学建立二元连对范畴提供了参考。雅各布森的另外两大贡献，还在于：第一，他制订了六种语言功能，即表达功能或情绪功能、指涉功能、维系功能（寒暄功能）、意图功能、诗学功能、元语言功能，这些功能加深了人们对于语言符号的认识，并为传播学奠定了一定的理论基础；第二，他后来把音位学原理应用在了对于失语症的研究方面。他在言语活动的这种错乱之中区分出两种类型的变异情况，而这两种情况可以让人重新了解在失语症的情况下言语活动及其规律的获得机制。他把符号间的结合与词语间相互替代的选择加以对立，从而发现替代相当于隐喻的修辞格，而结合则相当于换喻的修辞格。这种发现极大地丰富了对于索绪尔横向组合关系与纵向聚合关系

---

① 本书引文出处采用简写形式，只在括注内依次标注出引文所属文献的作者名、出版年及页码，详细版本信息请参阅每章末尾的"本章参考文献"。

（联想关系）的认识与理解。雅各布森被认为是结构主义学说的"总指挥"，正是由于他1945年与列维-斯特劳斯在美国相遇和1950年与拉康在巴黎的相遇，使得结构主义在法国盛行了起来。

丹麦哥本哈根语言学学派对于法国符号学理论的发展之贡献也是很大的，该学派在继续对索绪尔语言学理论做深入阐述的同时，也就符号学基础理论提出了自己的主张，该学派由叶尔姆斯列夫和布龙达尔（V. Brondal, 1887-1942）于1939年创立。他们两人经常被邀参加布拉格学派的报告会，也许就是在这个时候，他们接触到了索绪尔的书籍，甚至是一些手迹，因为有学者研究发现，叶尔姆斯列夫1943年出版的《言语活动理论导论》（*Prolégomène à une théorie du langage*，实际上是与乌达尔[H. J. Uldall, 1907-1957]共同完成的）一书中对于索绪尔著述的引用，并非出自《普通语言学教程》，而是出自后来才由布凯（S. Bouquet）和恩格勒（R. Engler）进行整理和付梓出版的《普通语言学札记》（*Écrits de la linguistique générale*）。叶尔姆斯列夫把索绪尔的"语言"与"言语"的对立改为"系统"与"过程"的对立，把"能指"与"所指"的对立表述为"表达平面"与"内容平面"的对立，进而为每一个平面又分出了"形式"与"实质"。于是，便出现了内容之形式与内容之实质、表达之形式与表达之实质、内容之形式与表达之形式三个方面，而三者之间有"一种类比关系"，他的结论是：表达之实质表现表达之形式，内容之实质表现内容之形式，表达之形式表现内容之形式（与前两者相比，后者是一种反向的关系）（L. Hjelmslev, 1972: 67）。此外，叶尔姆斯列夫对于符号学的分类，也是比较科学的。叶尔姆斯列夫的符号学理论，既推动了结构论符号学的发展，也成了巴黎符号学学派的重要理论依据之一，从而构成了从索绪尔的符号学理论到巴黎符号学学派之间的一个重要中间环节。

法国语言学家本维尼斯特对法国符号学特别是巴黎符号学学派产生了重大影响。本维尼斯特是著名的法国结构语言学家，他有关主体性和陈述活动的论述突破了结构论符号学的种种束缚，使主体和其作用重新回到了符号学发展无法避开的言语活动的行为之中。我们注意到，本维尼斯特在其文章中，曾多次对于索绪尔的一些概念提出了自己的看法。例如，他根本不提"语言"与"言语"的对立，而是说"语言在各方面都表现出了二元性：作为社会机制，它由个人来应用；作为连续的话语，它由一些固定的单位来构成"（É. Benveniste, 1974-b: 48），这实际上是把"语言"与"言语"看成了一个整体。他还认为，"索绪尔的思想，过分肯定了语言与符号系统的关系，而不太明确语言学与作为符号系统的符号学（sémiologie）的关系"（É. Benveniste, 1974-b: 49）。由于个体进入对于语言的使用之中，这自然就涉及了主体性与主体的陈述活动。本维尼斯特早在1958年的一篇文章中就谈到了言语活动中的主体性问题，他指出："正是在言语活动之中和借助于言语活动，人才成为主体……我们在此谈论的'主体性'便是可看作'主体'的对话者的能力。"（É. Benveniste, 1974-a: 259）关于陈述活动，他说："陈述活动是由个体的使用行为对于语言的运用……对话者对于语言的关系确定陈述活动的语言学特征。"（É. Benveniste, 1974-a: 80）正是这些论述启发了巴黎符号学学派的研究，也从而使法国符号学没有被封死在静态的结构论之中。此外，本维尼斯特有关 pouvoir（能够）、devoir（应该）、vouloir（想要）和 croire（相信；认为）几个"模态动词"的阐述，也为格雷马斯建立"模态理论"体系提供了初步参照。

　　法国功能语言学家马丁内（A. Martinet, 1908-1999）有关"相关性"（pertinence）和"双重分节"（double articulation）的理论也极大地丰富了法国符号学的理论，美国语言学家乔姆斯基（N. Chomsky）的转换生成语法也推进了巴黎符号学学派的理论发展。当然，其他一些语言学家对于法国符号学的发展也做出了一定的贡献，他们的理论常常与一些符号学家的某些主张结合在一起。总之，源自索绪尔理论的各种语言学流派是法国符号学的首要理论基础。

三、社会学和现象学基础

　　法国符号学的产生与发展,还有着其他人文社会科学方面的基础。著名结构主义人类学家列维-斯特劳斯(C. Lévi-Strauss)1950年写的《莫斯著作导论》(Introduction à l'œuvre de Marcel Mauss)一文,使我们了解到,早在他之前,社会学研究领域就已经存在着有关结构的种种观点。莫斯(M. Mauss, 1872-1950)被认为是法国人种学的奠基者和现代人类学的先驱。他在对于社会现象的研究中,不大注重发生论方面的研究,而是尤其看重寻找个体所属关系和社会在深层次,即在无意识方面确定人的各种决定性层次。他在被他称为"整体社会事实"的研究中,认为不能只依靠一种层次来看待社会生活的某些现象,因为这些现象"动摇着社会和其机制的整体性,它们既是司法方面的、经济方面的和宗教方面的,而且也是美学方面或象征方面的,它们是一些整体"(N. Baroquin et J. Laffitte, 2007: 262)。他认为,社会生活构成一种系统,该系统的所有方面都是相互联系的。早在1924年,他就把社会生活确定为具有诸多象征关系的一种世界。莫斯在多种人文社会科学之间建立起联系,以便表现"一种整体的人",而这种人的各个方面组成一种具体的和个体性的统一体。他提出了"形态学"和"生理学"等观念,这些观念使得"习惯"成了社会现象的决定因素。他最著名的分析,见于他的著述《论赠品——古代社会中的交换形式与理据》(*Essai sur le don. Forme et raison de l'échange dans les sociétés archaïques*, 1923-1924),在书中他阐述了赠品的社会基础。他认为,馈赠就像是一种原则,该原则迫使个人或社会群体维持一种财富的循环,接受或者拒绝,必须二选其一。即便在近现代社会,馈赠的社会基础也得到了验证,交流是象征性地通过多方面来决定的,而非只是功利性的。该书中阐述的相互性理论为列维-斯特劳斯后来研究亲属关系提供了模式。所有这些观念，都为列维-斯特劳斯的结构主义做了铺垫，而列维-斯特劳斯为莫斯著述撰写导论，则是因为他在莫斯的著述中看到了这位人类学结构主义精神之父的存在，并且，他这样做也被认为是借机在确定他个人的作为严格方法论的结构主义研究计划。

迪梅齐（C. Dumézil, 1898-1986）是法国著名语文学者和印-欧神话与宗教研究者。他很早（1938年）就发现，许多印-欧神话叙事都是根据一些相似的叙述结构组织在一起的，而由这些叙事所表述的神话反映了根据三种功能组织起来的有关社会的一种概念，它们是：神圣与权威功能、战斗功能和生产与再生产功能。这一发现，使得他实际上成了结构主义研究的先驱者之一，因为他后来一直围绕着以这三种功能形式出现的被他称之为"周期"、"系统"和"结构"的组织图示，来解读西方的文化历史。迪梅齐被认为不曾有过索绪尔语言学理论的背景，他更属于历史比较语言学学派。这一学派从19世纪之初就设定，在以印-欧语言为母体的所有语言之间存在着亲属关系，而迪梅齐正是根据这种设定获得了他的转换概念，这一概念很快就成了大多数结构论著述的核心概念。但是，我们不能因此说他不了解现代语言学，他对于索绪尔后继者们的著述还是有所熟悉的，而尤其是对梅耶（A. Meillet, 1866-1936）和本维尼斯特著述的了解较为深刻。为了掌握模式的变化，他后来也使用了结构主义语言学经常使用的"区别"、"相似"、"对立"等概念，人们会比较容易地在他的著述中注意到依据这些概念确立的一些结构模式：相似性的建构、结构实体（三种功能）与其各种变体（史诗变体或历史变体）之间的对立、同时性与延续性之间的对立。虽然迪梅齐本人从来不承认自己是结构主义者，比如他说过"我不是、不需要是或者也不需要不是结构主义者"（F. Dosse, 1992-a: 50），但人们还是把他归入了这一流派的开拓者之列。

20世纪50年代，在法国哲学研究中现象学研究为主，这种研究承袭了胡塞尔返回"事物本身"和其相关方面、把哲学从意识形态过渡到科学的理论主张，注重事物的实际与具体性。不过，这种注重并非只是拘泥于事物的现象，而是探究在意识相对于意识的对象的各种接受可能性之中的构成意识基础的本质。梅洛-庞蒂（M. Merleau-Ponty, 1908-1961）是这一时期的重要代表人物。他在自己的研究中，质疑纯粹意识的唯心论，越来越关心新的人文科学提供的各种意指结构。在他看来，这些意指结构，同样是作为主体的哲学家重建其意义时可以为己所用的本体论条件。梅洛-庞蒂1960年出版的《符号》（*Signes*）一书，让人们看到了现代语言学和人类学理论对他的影响。这部著作，收录了他1951年在布鲁塞尔举行的第一届国际现象学研讨会上发表的文章《论言语活动的现象学》（Sur la phénoménologie du langage），在这篇文章中，他表现出了对于索绪尔语言学理论的极大兴趣，他说："我们从索绪尔著述中所学到的是，单独的符号无任何意味，每一个符号并不表达一种意义，而是标志这个符号与其他符号之间的一种意义差异。"（M. Merleau-Ponty, 1960:49）在《符号》一书中，他论述了哲学与社会学之间的关系，探讨了将两者分开的界限。梅洛-庞蒂认为，哲学家应该界定所有可能性之领域，应该解释通过社会科学所获得的经验成果，并通过阐释学为每一种实证性提供意义。他在书中第四章"从莫斯到列维-斯特劳斯"（De Marcel Mauss à Claude Lévi-Straus）又论述了人类学，他坚定地捍卫了列维-斯特劳斯1950年在其《莫斯著述导论》中制定的研究纲领："社会现象既不是事物，也不是观念，而是结构……结构不会从社会上去掉任何厚度和重量。它本身也是结构中的结构。"（M. Merleau-Ponty, 1960:146-147）梅洛-庞蒂的研究工作使得哲学与其他社会科学之间的关系发生了重大变化：在他之前，莫斯是参照哲学来定位人类学研究中的社会事实的，而梅洛-庞蒂则是参照人类学、语言学和精神分析学来定位其现象学的哲学研究。

综上所述，法国符号学是在一定历史条件下人文社会科学发展的结果。不同阶段的结构语言学理论在法国符号学的发生与发展中起着根本性的推动作用。其他人文社会学科与结构语言学的结合验证了"结构"学说的合理性，同时为符号学的发展提供了开阔的视野。从此，作为法国符号学初级阶段的结构论符号学得以发展，后来的巴黎符号学学派的兴起也因此有了坚实基础。

第二节 结构论符号学

一、概念及简史

结构论符号学（sémiotique structurale）或符号学的结构主义（structuralisme sémiotique），是指在"sémiologie"名下进行的符号学研究。在穆楠（G. Mounin, 1910-1993）的分类中，这种符号学亦称为"交流符号学"（Sémiologie de communication，又译作"传播符号学"）。

1. 结构论符号学概念

结构论符号学的定义是随着研究内容的确定和深入而变化的。

索绪尔最初给出的定义是："我们可以设想有一门研究社会生活中符号生命的科学……我们管它叫符号学（sémiologie）。"（索绪尔，1982：38）索绪尔举习俗和习惯为例，指出它们都是符号，而语言则是符号事实中的一个特殊系统。他认为，符号在本质上是社会的，其主要特征"在某种程度上总要逃避个人的和社会的意志"（索绪尔，1982：38—39）。根据索绪尔对符号学的基本定义，最初学者们的研究出现了两种主要的研究方向，因而也就有了对符号学的不同定义。而到结构论符号学出现多元发展之后，不同的表述就更多了。

穆楠完全依据索绪尔的定义，认为未来的符号学应该是"有关所有符号（或象征）系统的一般性科学，而借助于这种科学，人们可以相互交流"（G. Mounin, 1970: 11）。他列举的明显例证便是书写文字、聋哑人的手语、军队信号等，并顺带提及象征性习俗、礼貌形式、哑剧、时尚等。所以，符号学就是有关"交流"（或译为"传播"）系统的科学，又称"交流符号学"（或"传播符号学"）。坚持对于各种交流系统进行符号学研究的学者为数不少，除穆楠之外，我们还可以举出电影符号学家梅斯（Ch. Metz, 1931-1993）、戏剧符号学家科夫赞（T. Kowzan）等。"交流符号学"关注的是"与意识现象有联系的所有可感事实，这些事实都是为使人了解那些意识现象而产生的，以便旁证人辨认出这些事实的目的性；因此，它的对象限定于我们称之为信号的那些事实"（G. Mounin, 1970: 12），这种符号学可以"被确定为对于交流（传播）方式即对于影响他人和人们想去影响的那个人所承认的交流手段的研究"（G. Mounin, 1970: 13），而为了交流，就必须有发送者和接收者。不难看出，这种符号学就等同于传播学。

巴特在参照索绪尔有关符号和符号学论述的同时，走出了自己的一条道路。他认为符号学计划在于"研究符号在社会生活内部的生命，因此，便是重新构筑事物的语义系统"（R. Barthes, 1985: 222）。他从一开始，就通过符号的能指与所指之间的关系，来寻找"意指"或"意指过程"，所以，他的符号学总体上是一种"意指符号学"。他说："如果说符号学的任务在不断扩大，那是因为实际上我们总在更好地发现意指在世界上的重要性和影响力；意指变成了思考现代社会的方式"（R. Barthes, 1985: 229）；他又说："符号学，按照该词准确的意义，就像是一种扩展到所有符号系统的科学，它将可以利用这些系统的对立类型的一般分配……但是，符号学研究的扩张，肯定导致去研究（也许不能去减缩）系列性的聚合关系，而不只是去研究对立关系，因为面对深入到物质和习惯之中的复杂对象，无法确定人们可以将意义的关系重新回归到两极要素的替换方面上来，或回归到一个点与一个零度之间的对立方面上来"（R. Barthes, 1985: 70-71），而这种研究自然要涉及"内涵"。巴特的"意指论符号学"紧紧地依靠语言学理论提供的工具性概念，并把这些概念应用到非语言对象上。一般认为，巴特的符号学思想与实践，为后来的巴黎符号学学派的产生起到了推动作用，巴特也被认为是该学派的先驱者之一。

格雷马斯（A. J. Greimas）为结构论符号学给出的定义是：sémiologie"指言语活动理论和其在各种意蕴集合中的应用，这一术语可以追溯到索绪尔。索绪尔从他的愿望出发，以这个名称来称呼有关'符号系统'总体研究的构成情况……当人们在索绪尔定义的狭窄范围内对 sémiologie 尽力发展的时候……它便很快就减缩为很少的东西：这就使得 sémiologie 在对于某些人为的追加规则的分析上……就像是语言学的一种附加学科"（A. J. Greimas et J. Courtès, 1993: 155）。

这里，需要单独提一下较早出现的托多罗夫和热奈特共同探索的"诗学"研究，这种研究也是在结构主义运动中产生和发展起来的，它的特点是较少涉及语言学的众多概念，而是局限于对文本"词语表现"的"修辞格"的研究和"意指"的挖掘，这便是由托多罗夫于 1969 年提出并随后被广泛接受的"叙述学"（narratologie）。似乎可以说，"叙述学"是处在"系统"研究和语义研究之间的一种符号学探索。不过，这种研究仍然属于"结构研究"。这种较少参照语言学概念、但不脱离于结构论符号学的研究，尤其是"后结构主义"的特征。

但是，就总的情况来讲，结构论符号学的特征是：参照结构语言学理论，并尽力将非语言现象转换成语言符号。结构论符号学适用于分析非语言作品，例如绘画、雕塑、空间建筑术等，并取得了为人公认的研究成果，这便是 sémiologie 这个术语在今天照常被使用的原因。以 20 世纪 60 年代中期出版的《结构语义学》为起点的巴黎符号学学派则在研究内容和方法上与结构论符号学有较大的不同，但是结构论符号学至今仍坚守着自己的研究内容，而在法国大学的符号学教学中，有的大学依然开设着 sémiologie 课程。

2. 结构论符号学简史

如果从最初采用结构方法来研究问题的时候算起，结构论符号学自然早于依靠这种方法而在后来形成的结构主义运动，这当然也包括在这一运动的整个时期所进行的符号学探索工作。在结构主义运动之前进行的初步结构探索，我们已经在本章第一节"绪论"中做了概述，这里介绍的，首先将是结构论符号学在结构主义运动形成与发展时期的研究工作，并将这两个时期中的"结构论符号学"之概念视为同一；随后，还会介绍结构论符号学在结构主义运动作为一个历史阶段结束之后的研究工作。

（1）结构论符号学得到较快发展的时期

这一时期，即法国结构主义形成的"史诗般时期"，一般被确定在20世纪50年代。在这一时期，有一些重要的"结构主义活动"发生：

1）1948 年，列维-斯特劳斯在拉丁美洲和美国待了多年之后返回了法国，进行他的博士论文《亲属关系的基本结构》(*Les structures élémentaire de la parenté*) 和辅助论文《南比克瓦拉人的家庭与社会生活》(*La Vie familiale et sociale des Nanbikwara*) 的答辩。两篇论文于次年以首篇论文的名称由巴黎高等研究学院出版（1949），成了战后法国认识发展史上的重大事件，被认为是法国结构主义研究的奠基石。从此，列维-斯特劳斯便被誉为"法国结构主义之父"。在其他人看来，列维-斯特劳斯在当时的影响中，"最为重要的、最为根本性的，是他通过把科学意志引用到对于复杂社会的分析之中，通过寻找最具包容性的模式来阐述初看似乎并不属于相同分析范畴的诸多现象，以及通过从一种亲缘问题过渡到一种结合问题而写成的《亲属关系的基本结构》"（F. Dosse, 1992-a: 34）。

2）1953 年，巴特出版了他的第一本批评文集，名为《写作的零度》(*Le Degré zéro de l'écriture*)。这本只包括 10 篇文章的小书主要论述了"写作"与"风格"之间的关系，实际上这是对于索绪尔"语言"与"言语"的一种具体应用，在文学批评界产生了巨大影响，他自己也说："文学变成了言语活动的乌托邦。"(R. Barthes, 1953:24)不过，巴特当时还没有非常系统地研究过索绪尔的著作；他从 1954 年至 1956 年为《新文学》(*Les Lettres nouvelles*)杂志每个月撰写一篇随笔，1957 年以《神话》(*Mythologies*)为书名出版了这些文章的汇编本。书中第二部分"今日之神话"(Le mythe, aujourd'hui)让人们明显地看出，这本书是在他接受了索绪尔和叶尔姆斯列夫的结构语言学理论后写出的。他使用了索绪尔的"能指"与"所指"概念，也采用了叶尔姆斯列夫的"外延"与"内涵"、"对象-言语活动"与"元语言"等概念，来分析文学现象，并明确地指出："形式的出现方式是空间性的"(R. Barthes, 1957:229)，"神话的功能，便是排除真实"、"神话是由事物的历史品质的丧失构成的"(R. Barthes, 1957:251)。通过这部著作，巴特最终转向到了结构语言学理论。

3）拉康（J. Lacan）1953 年以他的一篇《罗马报告》(Rapport de Rome)①正式宣布他"重返弗洛伊德"，而这种重返则需要对于言语活动给予一种特殊关注：精神分析学，"只有一种媒介：患者的言语"(J. Lacan, 1966:246)。1957 年，拉康又发表了在其"返回弗洛伊德"路途上的另一重要文章：《无意识中的文字时位或自弗洛伊德以来的理性》(*L'instance de la lettre dans l'inconscient ou la raison depuis Freud*)。他在文章中，完全采用了结构语言学的理论，多处引用索绪尔和雅各布森的观点。不过，他对于索绪尔的概念也有所变动，使之更适合被

---

① 该报告的正式名称为《言语和言语活动在精神分析学中的功能与领域》(Fonctions et champ de la parole et du langage en psychanalyse)，见拉康：《文集》(*Écrits*)，第 237—322 页。

用于精神分析学之中。他在这期间开设的"研讨班",吸引了不少专业或非专业的学者,极大地扩大了结构主义在非语言学领域的影响。

(2)结构主义的鼎盛时期

结构主义的鼎盛时期是在20世纪60年代,这期间出现了下面具有重大影响的一些事件:

1)哲学家福柯(M. Faucault)在经过了5年的努力之后,于1961年出版了他的博士论文《古代疯癫史》(*Histoire de la folie à l'âge classique*)。他在书中详细地考察了被人遗忘的中世纪的多方面的非理性话语现象,这正与当时对于语言的各种零度研究、亲缘关系研究、无意识结构研究的结构主义相吻合。由于该书带来了轰动性的社会影响,从而也极大地推动了人们对于结构主义的认识。

2)1961年由巴特参与创办的季刊《交流》(*Communication*),在1964年第4期上刊登了一系列结构主义研究的新成果。里面有:托多罗夫(Tz. Todorov)第一次用法语写成的《文学意指之描述》(*La description de la signification en littérature*),该文为他后来写作《诗学》(*La Poétique*)一书做了铺垫;布雷蒙(C. Bremond)依据俄国形式主义的著述探讨了有关叙事的符号学;最为重要的,当然是其中刊登的巴特的长文《符号学基础》(*Éléments de sémiologie*)[①],可以说,这是在索绪尔提出符号学之后,第一次对符号学进行的系统阐述。有评论说,这一期的《交流》是结构主义的宣言书。

3)1960年由作家索莱尔斯(Ph. Sollers)发起创办、在色伊(Seuil)出版社出版的先锋派杂志《原样》(*Tel Quel*,又译作《太凯尔》、《如是》、《如此》),后来它成了"新批评"理论家和结构主义学者们发表先锋派观点和进行论战的重要阵地。经常光顾这一杂志的都

[①] 该文于1965年以单行本出版,所以在《罗兰·巴特全集》中,它被安排在了1965年的出版书籍之中。

是当时锋芒毕露的理论家,他们相互影响,从而推动了结构主义和结构论符号学的发展。这些学者如巴特、德里达(J. Derrida)、福柯、克里斯蒂娃(J. Kristeva)、托多罗夫、热奈特(G. Genette)等。该杂志于1983年易名为《无限》(*L'infini*),并改由伽里玛(Gallimard)出版社出版。

4)巴特写于1953—1963年的随笔,也于1964年以《文艺批评文集》(*Essais critiques*)为名出版,其中包含他1963年发表在《新文学》(*Nouvelle littérature*)杂志上的《结构主义活动》(L'activité structualiste)一文,该文明确地指出:"结构主义主要是一种活动……任何结构主义活动的目的……都在于重新构成一种对象,以便在这种重构之中表现这种对象的运行规则。因此,结构实际上是这种对象的假象。"(R. Barthes, 1985: 214)这种定义无疑加深了人们对于结构论符号学的认识。

5)1965年,由托多罗夫参与翻译的俄国形式主义文艺理论家普洛普(Vladimir Propp, 1895-1970)的《民间故事形态学》(*Morphologie du conte*)在法国出版,为法国结构论符号学的"形式"研究带来了异域的新鲜内容与方法,并为格雷马斯进一步概括叙事模式提供了参照。

6)1966年,是结构主义著述的出版年。在这一年,有几部重要的结构主义代表性著述集中出版,极大地推动了结构论符号学的研究:福柯的《词与物》(*Les mots et les choses*)、拉康的《文集》(*Ecrits*)、格雷马斯的《结构语义学》(*Sémantique structurale*)等。这些重要著述的出版,让人们看到了结构主义作为一种新的方法论在人文社会科学研究领域的广泛应用的成果。

7)20世纪60年代学术界几次重大的争论,对于确立结构论符号学起到了关键作用。一次是罗兰·巴特与学院派代表人物皮卡尔(R. Picard, 1917-1975)之间就"新批评"是否适用于古典作家的争论。另外几次,是在列维-斯特劳斯与同时代几位大学者之间,就"结构"概念、哲学地位和主体哲学等问题进行的争论。这些争论最终不仅未影响结构主义的地位，反而为其立足论坛稳固了基础。

8）1965年，阿尔都塞（L. Althusser）依据结构论观点同时出版了他自己撰写的《保卫马克思》（*Pour Marx*）和他参与编写的《解读〈资本论〉》（*Lire Le Capital*）两书，在其中，他把马克思主义介绍为可以总括人类全部知识和立于结构中心概念的学说。两部书的出版立即获得了巨大的成功，后人甚至认为在对于结构主义发展做出贡献的人物中，除了列维-斯特劳斯、拉康、巴特、福柯四杰之外，还应该加上阿尔都塞。

可以说，结构主义在1966年已经发展到了顶峰。

（3）多元化发展时期

从1967年开始，结构主义出现了多元的变化。在这一方面，我们介绍两位著名学者：

克里斯蒂娃的研究工作极大地影响了结构论符号学的发展。1965年，24岁的保加利亚大学毕业生克里斯蒂娃来到了巴黎读博士，她很快就成了先锋派杂志《原样》的核心成员。她于1969年出版了《符号学：符义分析研究》（*Semiotiké : recherche pour une sémanalyse*）一书，从语言学、精神分析学等方面探寻被结构主义所忽略的深层语义问题，从而确立了她在结构论符号学研究中的特殊地位，并让人看到了符号学研究的丰富性。

哲学家德里达1967年出版了《论文字学》（*De la grammatologie*）和《写作与差异》（*L'écriture et la différence*）两书，被认为是在结构主义上升时期对结构论的一种触动。德里达的解构思想在美国被称为"后结构主义"，原本没有引起法国研究者们的注意，而这两本书在法国的问世，则与当时的结构主义主流唱起了反调。他依据海德格尔和胡塞尔的现象学思想，为自己确立了"解构"（déconstruction）每一部结构主义重要著作的任务。不过，他的理论也被后人称为"超结构主义"（Ultra-structuralisme）。德里达的理论，使人们对于符号的结构有了更深的认识。所以,"解构论"仍然属于结构论符号学。

由于结构主义不考虑"主体",也由于它不能解释所有的问题,加之一些社会和政治原因,1968年法国"五月运动"之后,人们开始疏远结构主义,而在进入70年代后,它更是加快步入衰落。但是,在结构主义运动推动下形成的结构论符号学研究却没有止步,它在sémiologie名下继续存在着,它的研究内容和成果继续得到人们的认可。

二、重要代表人物

结构论符号学家人数众多,因为这其中既包括结构论符号学开创之初的学者,也要包括那些积极参与结构主义运动的人,还要包括在结构主义作为运动而结束之后继续从事结构论研究的符号学家。我们在此仅举其中一些代表性学者。

1. 克洛德·列维-斯特劳斯

列维-斯特劳斯(C. Lévi-Strauss, 1908-2009)是20世纪人文社会科学领域结构主义的奠基人。

他1908年出生于比利时,父母都是法国人,父亲是位画家,家庭的熏陶使他从小就对艺术有着格外的兴趣。上大学时他选择了哲学专业。毕业后,他先是在一所中学教书,1935年一个意外的机会使他到了巴西的圣保罗,在由法国创办的圣保罗大学讲授社会学。1938—1939年,他得到法国政府的资助,深入巴西中部印第安人部落考察,获得了亲身的体验,搜集到大量资料,从此开始了他人类学的初步研究工作。在几十年的学术研究和教学工作中,列维-斯特劳斯建立起了自己的理论体系,这一体系在20世纪文化思潮中占据着重要位置。他思想新颖,大胆创新,为人们都知晓的事实提出了新的观察方法。这种方法,即结构的方法,是他在吸收了前人研究成果——主要是索绪尔的

结构语言学、莫斯的社会学思想和弗洛伊德的精神分析学——基础上建立起来的

（1）结构人类学研究

列维-斯特劳斯从20世纪40年代就开始了他的结构人类学的探索。在美国期间，他与雅各布森结下了深厚友谊："雅各布森去听列维-斯特劳斯有关亲属关系的课，列维-斯特劳斯去听雅各布森有关语音与意义的课"，列维-斯特劳斯说，雅各布森的"课很精彩"，"正是由于他们各自研究的结合，后来产生了结构人类学"（F. Dosse, 1992-a: 28）。他早在1945年8月发表在雅各布森主办的《言辞：纽约语言学团体杂志》（*Word : Journal of the Linguistic Circle of New York*）上的论文《语言学和人类学结构分析》（Analyse structurale en linguistique et en anthropologie）①，就已经确定了他的结构人类学的基本研究方法和原则：不再把一时的现象作为研究对象，而是将深层无意识作为研究对象；不在一个系统的各种要素方面去辨认独立的实体，而是在联系各种要素和使其对立的所有关系中找出一种位置价值；把这些关系作为分析之依据，而这些关系只在具有相互关系的一个系统内部才具有价值，并且必须找出这种相互关系的各种规则。作为这种不断探索的成果，是他的博士论文《亲属关系的基本结构》。他在这部著述中告诉我们，亲属关系的基本结构可以归结为表面上复杂和充满随意性，但在数量上却很少的一些规则。他认为，相互原则，即赠予和反-赠予原则，是任何联姻制度的动力。这种原则主要表现为两种形式，亦即主导婚姻组织机制的两种法则：第一种是有限的交换，或者称之为"交换制联姻"，这是在同一部族双方或多个双方之间进行的联姻，是一种"对称的"联姻，这种联姻尤其表现为从自然到文化的过渡，因为人们由此而意识到作为主人的男人与所获得的女人之间的对立和作为妻子

---

① 该论文后来收入《结构人类学》第一卷（*Antropologie structurale*, 1），Plon, 1958。

与作为姐妹之间的对立；第二种法则是一般性原则，亦即在不同部族之间进行的"不对称的"联姻。不难看出，这是语言学的音位对立原则在社会学研究方面的应用。通过对于第二种法则的研究，列维-斯特劳斯发现了三种交换形式：双方之间的交换，母系方面之间的交换和父系方面之间的交换，这些基本结构时常出现在人的精神之中。而在这些联姻关系中，禁止乱伦即在有亲属关系的个体之间禁止性关系是必不可少的，而这种禁止已经不是人的本性的一种生理法则，而是对于群体内部妇女的一种管理规则，它属于文化范畴。

对于亲属关系的结构设想，在列维-斯特劳斯对于图腾的研究中也显示出了其丰富性。他认为，图腾是人类群体与自然世界（动物、植物或天体）之间的一种结合。他指出，作为原始性之精华与基本宗教形式的图腾实体，并非是孤立的，它联系着一种自然系列中的某种区别系统和一种文化系列中的某个群体；而被选定作为图腾的自然事物，并非因其味道诱人，而是因为其有利于思考。图腾富有类比性，可以使人借助于隐喻来建立不同系列（包括社会等级）之间的关系，可以在二元对立关系中起整合作用。

列维-斯特劳斯的结构人类学，是一种文化人类学，所以，对于原始人和拉丁美洲土著民族的神话研究成了他从《结构人类学》开始到四部巨著《神话学》（*Mythologies*）等著作的中心议题。如果说亲属关系系统是一种深在的关系，那么神话系统则是开放性的。列维-斯特劳斯认为，对于神话的分析可以从中找出在几个世纪内人类精神活动中常在的操作方式。在寻找一个神话意义的时候，应该将神话重新放入语言学意义上的一种意蕴链中，而这种意蕴链就是一个纯粹的能指在独立于任何所指或任何语义的情况下的循环。首要的操作是标记那些基本单位，即神话素（mythème），随即对其进行聚合关系上的集合分类，亦即对于出现在不同神话中的神话素进行"叠加"（superposition）；而在这样做之后，重要的不是神话的意义，而是神话素的所有对立价值、它们在意蕴链中的位置，以及一个要素对于另一个要素的替代情况。对于语言学模式的另一种借鉴，是对于对立关系中的二元论的使用。神话思维是依据经验范畴的连对（生/熟）、形式连对（空/实）、品质与形式连对（合取/析取）来进行的，一如言语活动在"自然声音"中选择其音位那样。列维-斯特劳斯还在神话分析中引入了逻辑学与数学概念，如对称、倒置、等值、对应性、同构性等，以便描述神话要素集合之间的转换。最终，一个神话只能从对它所参与的神话素系统的分析中得出意义。

（2）艺术与社会和文化的关系

列维-斯特劳斯的文化人类学，从其最初的研究开始，就不能不涉及对于艺术与社会和文化等方面的思考。

对于艺术与社会的关系的论述，主要见于列维-斯特劳斯1945年至1959年所写的大量文章，其中一部分已编入《忧郁的热带》（*Tristes Tropiques*, 1954）和《结构人类学》第一卷。

在这些著述中，列维-斯特劳斯主要是借用心理学方法和形式的结构分析来比较不同的原始文化，进而说明艺术依赖于社会并表现社会。他提出的一个重要论断，就是原始文化都进行"二重性的表现"，或者，从艺术形式本身来讲，它们都是"二等分的表象"。

何谓"二等分的表象"呢？就是把原始人的艺术形式（以面部彩绘为主）既看作人从动物上升为文明人的条件，又看作人在社会内部地位的表现，也就是说，原始艺术既赋予人更高的意义，又表现为社会的等级结构。"面部彩绘首先赋予个人作为人的尊严"（C. Lévi-Strauss, 1955: 166），并且，它"服务于说明和肯定等级的级别"（C. Lévi-Strauss, 1958: 281）。列维-斯特劳斯据此令人信服地解释了原始民族身体与面部的各种表象变故，并且指出，具有一定风格技巧的面部彩绘，只出现在等级结构很强的面具文化之中。"二等分的表象"在面具功能里似乎就是文化的工具。我们似乎可以说，"二等分的表象"

也是结构语言学"二元论"的又一种具体应用。

在这一时期,列维-斯特劳斯提出的另一重要概念,是艺术与"不稳定能指"之间关系的概念,这涉及艺术的起源问题。

"不稳定能指"概念,是在列维-斯特劳斯为《马塞·莫斯著作选》所写的序中提出的,这一概念与象征概念不可分割。象征在人类生活的交往活动中占据着中心的位置。人类交往的特点是可表现的,并采用意指(signification)的方式。在这种情况下,交往的各种形式也就必然是一些象征系统,这些系统"旨在解释肉体实际与社会实际的某些方面,并进一步解释这两种实际之间、在象征系统的这一些与那一些之间建立的关系"(M. Mauss, 1968: XIX)。

按照列维-斯特劳斯的观点,象征功能具有两种差距,一是象征功能的两个极即能指(signifiant)与所指(signifié)之间的差距,二是象征功能各个系统或不同象征平面之间的差距。第一个差距是与最初的象征系统即言语活动一起出现的。列维-斯特劳斯认为,"宇宙从一开始就包含着人类可能知道的整体"(M. Mauss, 1968: XLVII-XLVIII),于是,人在过去和现在都生活在"一种基本的和属于人类条件的境遇之中",人"从其起源时起,就拥有他难以使之与(以原型出现的、但却不能因此而被认识的)所指相吻合的能指完整性"(M. Mauss, 1968: XLIX),这就是说,能指与所指不完全对称。因此,人在社会实践和理解社会的活动中,总是拥有剩余的意指,象征思维就表现为对于这种剩余意指的分配,在这种情况下,能指呈现出一种自由状态,即"不稳定能指"。列维-斯特劳斯认为,神话虚构和艺术创作就植根于这种不稳定能指之中,而艺术和神话产品的普遍性,就是由于不稳定能指不停地伴随着人的历史历程而形成的。这种提法新颖独特,它比笼统地把艺术起源归于社会实践的提法更进了一步。象征功能的第二个差距(列维-斯特劳斯有时也称之为第一差距的"第二次拆分"),是象征功能由各种象征系统来承担这一情况造成的。这些系统之间经常处于矛盾之中,加之它们是历史地形成的,相互间存在着"不可简缩性",因此,"没有一个社会曾经是完整地和全面地建立在象征之上的;或者更准确地讲,社会从未能够向所有的成员同等地提供完全适用于建立一种象征结构的方式"(M. Mauss, 1968: XX),于是,这便导致在任何社会中经常出现处于外围地位的个体,他们以其"外围"人的思维"形象地表现某些在集体平面上无法实现的妥协方式,去虚构一些想象的转换,去具体地表现一些不可并存的综合"(M. Mauss, 1968: XX-1)。这便是各个社会中具有非正常行为的那些人,于是,社会中的巫神、中魔仪式参加者,或者那些神经官能症患者的"象征流露",就可以解释为:这些人都怀有一种期望,他们期望以乌托邦的隐喻进行"社会的平衡",而想象出来的事物便对社会之不足起到弥补的作用。列维-斯特劳斯认为,象征功能的这两种差距是密切相关的:"外围"思维总是在抢占不稳定能指,"正常的思维总是所指不足,而所谓反常思维(至少是在某些表现之中)却拥有过多的能指"(C. Lévi-Strauss, 1958: 200)。"外围"思维对于象征过程具有"活化"的作用,并产生象征性的调节作用。

列维-斯特劳斯的研究影响了一代学者。由他开创的结构主义人类学方法论,在后来的发展中出现了不同的方向。他的结构人类学很早就参与了符号学的活动,他是当之无愧的结构主义先驱者与实践者。当然,也有人指出列维-斯特劳斯的结构主义人类学研究存在着缺陷,说其对于某些文化现象的结构分析过于牵强。但是,他坚持自己的做法。他1984年在法国《新观察家》(*Nouvelle Observateur*)杂志上发表谈话,说"我希望人们不要光谈论结构主义,而应该更多地将其用在各个方面……我们以前怎么做,今后还将怎么做"。

2. 雅克·拉康

拉康(J. Lacan, 1901-1981)是继列维-斯特劳斯之后的结构主义的重要代表人物。他在自己的精神分析研究领域引进结构语言学理论，并以此对弗洛伊德的理论重新做了"评述"。拉康一生的研究工作可以分为两个阶段：1932—1952年，是他在弗洛伊德影响之下独立进行探索的阶段，从1953年起，他致力于"返回弗洛伊德"，进行了近二十年重新解释弗洛伊德的工作。此处仅依据拉康的第二个阶段的研究工作对他的结构精神分析学探索做些许概述。

（1）对于结构语言学理论的逐步运用

从1953年起，拉康正式进入了"返回弗洛伊德"的征程，但是"这种重返，不在于简单地阅读，也不在于对其老师的著述进行新的探讨，而在于一种评述"（穆斯塔法·萨福安，2001：14）。而进行这种评述的新的方法，则是他对于结构语言学的逐步深入的运用。从他的《文集》所收录的文章来看，他真正参照结构语言学并尝试阐述精神分析学相关概念，见于1953年9月26日至27日他在罗马大学心理学学院举办的报告会上所做的报告——《精神分析学中言语和言语活动的功能与领域》（Fonction et champ de la parole et du langage en psychanalyse），即我们前面所说的《罗马报告》。该报告被认为是拉康转向结构精神分析学的宣言书。文章很长，拉康在文中明确宣布，"我们的任务是要表明，只有转向言语活动的领域，只有按照言语的功能来组织，这些概念才具有其实在的意义"（J. Lacan, 1966:246），因此，"不论精神分析学是用于治疗，还是用于培训，或是用于调查，它只有一个媒介：患者的言语"（J. Lacan, 1966:247）。尝试用结构语言学的理论来解释弗洛伊德相关的理论，是拉康在这篇文章中努力为之的。"让我们重新来看一下弗洛伊德在《解梦》一书中所做的工作，我们会重新想到，梦具有一个句子的结构，或者用他的话来说，梦具有一个字谜的结构，也就是说具有一种书面文字的结构，儿童的梦就表现为这种书面文字最初的表意形态，而在成人的梦里，它就重现各种带有意义成分的语音和象征"（J. Lacan, 1966:267）。关于弗洛伊德对于日常生活中的心理病理学的研究，拉康认为，"每一个失败的行为都是一种成功的言语，甚至是一种很讲究的言语；而在口误之中，正是阻塞在影响着言语，而且恰恰是依据这种现象，善于听话的人在其中有所获得……因为，如果为了接受精神分析的心理病理学中的一种病症，不管它是神经官能症的或是别的方面的，弗洛伊德都要求出现由一种双重意义构成的最少的语义限制……病症完全是在对言语活动的分析之中得到解决的，因为它本身也是像言语活动那样被赋予结构的，而且它就是言语应该从中得以出现的言语活动"（J. Lacan, 1966: 268-269）。"在此，病症就是主体意识中一种被压抑的所指的能指"（J. Lacan, 1966: 280）。拉康在这篇文章中提出的最著名论断是"无意识……是像言语活动那样被结构的"（J. Lacan, 1966: 268）。拉康在此文中对于象征做了较为深入的分析，我们将在后面再做详细阐述。我们从下面的引言中会进一步了解拉康对于结构语言学的参照："把**音位**看成具有由语义的最小可理解的区别成分所构成的对立组合，这种发现已经包含在数学化的形式之中了；这一情况使我们接触到了弗洛伊德的所有基础，在这些基础之中，他的最后的学说通过出现与不出现的一种词语内涵，指出了象征功能的主观渊源"（J. Lacan, 1966: 284-285），"最后，对于语言学的参照为我们引入了一种方法，这种方法在言语活动之中区分出共时结构和历时结构的同时，可以使我们更好地理解我们的言语活动在解释阻抗和转移时所取用的不同价值，或者更可以使我们区分压抑的特有作用和个人神话在顽念神经官能症中的结构"（J. Lacan, 1966: 414）。

他 1956 年在《精神-神经病沿革》（*L'Évolution psychiatrique*）杂志（1956 年第 1 期）上发表的《弗洛伊德学说或在精神分析学中返回弗洛伊德的意义》（La chose freudienne ou sens du retour à Freud en psychanalyse）一文中，对于结构主义语言学理论在精神分析学中的应用做了进一步的阐述。文中在谈到弗洛伊德学说的运用秩序时说，"一位精神分析学家应该很容易地深入到能指与所指之间的基本区别之中，并开始用其组织起来的互不重叠的关系网来进行工作。第一个网系，即能指网系，它是言语活动的物质材料的共时结构，因为每一个成分都再次具有与其他成分不同的准确用法；这是在不同层面上调整语言成分功能的分配原则——从音位对立连对到复合的短语，而现代的最新研究的任务便是找出其稳定的形式。第二个网系，即所指网系，它是具体说出的话语的历时性整体，这种整体自古以来就依据第一个网系来运作，同样，第一个网系的结构支配着第二个网系的通道"（J. Lacan, 1966: 414）。

1957 年，拉康在《无意识中的文字时位或自弗洛伊德以来的理性》（L'instance de la lettre dans l'inconscient ou la raison depuis Freud）一文中，进一步阐述了他对于索绪尔语言学的认识："为了阐述语言学的影响，我们说，就像在现代所有科学的情况里那样，这种影响存在于奠定这种语言学的一个公式之中，这个公式为：S/S。它意味着：能指与所指，由斜杠将两个阶段分开。写出这样的符号要归功于索绪尔，尽管并非所有的图示都可以简缩为这种形式……这门科学的主题今后将终止在能指与所指的位置上"（J. Lacan, 1966: 497）。

正是从 1957 年开始，能指这一术语频频地出现在《文集》之中。实际上，我们注意到，拉康在使用"能指"一词之前，经常使用"显示"（significatif）一词来指"病症"，而从这时开始，他则使用"能指"（signifiant），他说，病症是一种"能指"。

他在 1960—1966 年间的文章中，开始经常使用"共时性"、"历时性"概念。他在 1960—1964 年间定稿的《无意识的位置》（Position de l'inconscient）一文中写道："问题重又合法地返了回来：是言语活动的作用还是言语的作用？我们注意到，这个问题在此只采用了索绪尔两分法的外表。如果转向使其制造者感兴趣的东西，即语言的作用，那么，这个问题就为共时性与历时性之间的关系提供了横线与纵线的关系"(J. Lacan, 1966: 835)。按照巴特的定义,"请您注意谁在运用能指与所指、共时性与历时性,您就会知道结构主义的看法是否已经形成了"(R. Barthes, 1964: 221-222),此时的拉康已经是十足的结构主义精神分析学家了。拉康对于结构语言学的参照,使他的精神分析另辟蹊径,从而加深和拓宽了精神分析学的研究领域,他甚至于1966年十分干脆地说:"精神分析学,一旦它忘记了它在言语活动方面的首要任务,它便什么都不是。"(J. Lacan, 1966: 721)需要指出的一点是,在拉康的术语中,他习惯于使用"言语活动"(langage)和"言语"(parole)这种对立,而不是"语言"(langue)和"言语"的对立。从上面的介绍中,我们可以看到,拉康术语中的"言语活动"实际上就是"语言",这如同英美文化中将language同时做"言语活动"和"语言"来理解一样。

(2)"研讨班"对于弗洛伊德著述的重新评述

拉康对于弗洛伊德的全部著述进行评述,主要是通过"研讨班"(séminaire)来进行的。

1953—1954年间,拉康在圣-安娜(Sainte-Anne)医院开办了第一期研讨班。拉康的方法,就是将弗洛伊德的全部著述视为面向分析者说出的一种言语,这种言语通过在文本自身产生的难解之处来向分析者提出问题。拉康返回弗洛伊德之后最早开始评述,也是他在后来的十年中不断完善的内容,是他从弗洛伊德的著述中提取出的三个概念,即象征(le symbolique)、想象(l'imaginaire)和真实(le réel)。对于这三个概念,拉康称之为三个"范畴"(ordre),我国有人将其翻译成"级"或"界"。拉康的阐述,从总的方面来说,只是提出了"真实",从其所论不多的文字中,我们只知道这种"真实界"是处在错觉之外、镜子的映像之外,然而却是永远在场的东西,想象界仅仅是其预先动作的结果;对于"想象",他早在1932年就提出过该词,在返回弗洛伊德之后的10年中,他进一步对其发掘,并使之与"象征"联系在了一起。

可以说，从 1953 年到 1963 年的 11 年中，拉康主要阐述了"象征"。为此，他越过了"意象"（imago），而进入了无意识，遂将无意识引入了象征之中。那么拉康是如何将象征与无意识结合在一起的呢？他的做法，是在形式上区分两类关系，第一类是属于想象领域的，即两个自我（理想的自我与自我）之间的关系；第二类是两个主体（被分析的对象与**他者**）之间的象征性关系。两类关系的对应性如表 1.1 所示：

表 1.1　想象关系与象征关系之对应

想象关系	象征关系
偏执狂认识，空间化过程	在象征中辨认和历史化过程
已知的他者的视觉化过程	**他者**，在对于已知识辨的言语中的主观化过程
格式塔心理学确定的意指	能指的字母确定主体
他者的破坏	借助于约定而共存
爱、仇恨和物质作为自我的激情	主体的欲望作为**他者**的欲望
生活冲动和快乐-不快乐的原理	在死亡冲动和快乐-不快乐的原理之外

不过，分析则在于选择第二条途径，即象征。拉康使用下列图示对于想象与象征之间的区分做了说明：

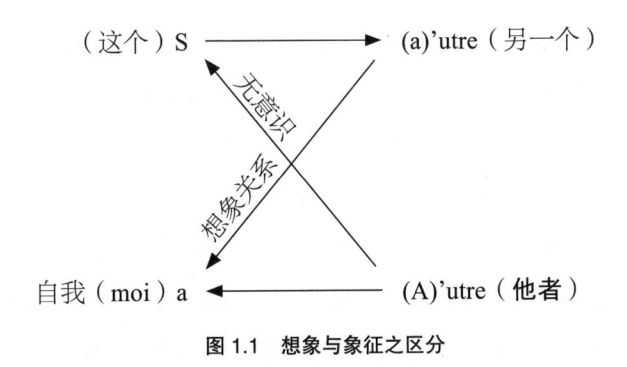

图 1.1　想象与象征之区分

图 1.1 中，S 是就是主体（在精神分析学中，是被分析的患者），理想的自我就是另一个，另一个是主体自我形成的动因，而**他者**则是另一个在对于自我产生意义的过程中出现的自我的理想。与 a – a' 之间的想象关系相对立的是作为无意识（S-A）的象征关系。那么，这种象征关系是否属于言语与言语活动的范畴呢？拉康的回答是肯定的。但是，它属于言语活动解释的另一个平面。他在说明上述图示的时候告诉我们：图"里面有镜像平面，有自我和与其相似之物的对称世界。必须区分出我们称为言语活动之墙壁的另一个平面"（J. Lacan, 1977:284）。他接着说："正是从言语活动之墙壁所确定的秩序出发，想象采取了其虚假的现实，其实它也是一种被验证的真实。我们所理解的自我、另一个（相似之物），所有这些想象都是对象……因为它们都是在一种组织得很好的系统里被命名的，这种系统就是言语活动之墙壁的系统"（J. Lacan, 1977:284）。

拉康认为，建立分析家的分析话语，就是要在主体的这种言语活动中去寻找材料。他要我们注意主体话语中的两种现象：一是主体话语中能指的异化（aliénation），"在对象领域，只有能指的关系可以设想为是能产生异化的"（J. Lacan, 1966:834），异化就是"一个能指代替另外一个能指来再现一个主体。这便构成无意识所有成分的结构、梦幻、口误和俏皮话。而且，这也是可以解释主体之分裂的结构"（J. Lacan, 1966:840）。显然，拉康在这里将弗洛伊德精神分析学上的话语"浓缩"（condensation）现象与言语活动中的"隐喻"（métaphore）联系了起来。二是主体话语中的"分离"（séparation）现象，它是在"对象的分裂中"得以建立的一种过程，"由这种过程辩证地加以改变的逻辑形式，在象征逻辑上叫作连言（intersection）……主体则以此在**他者**的欲望之中重新找到与其作为无意识之主体相等的等同物"，这类似于"从一个动词的意义向另一个意义滑动"的过程。"分离（séparer），即避开（se parer）：为了避开主体必须服从的能指，他便攻取语言链，我们已经将这种语言链在其间隔点处，压缩为恰到好处的一种二元对立关系。这种重复的间隔，是能指链最为彻底的结构，是作为欲望之载体的换喻经常光顾的场所"（J. Lacan, 1966: 842-845）。显然，拉康在此将精神分析学上的"位移"与言语活动中的"换喻"联系了起来。而"隐喻"和"换喻"则分别属于语言学上"聚合关系"（共时性）和"组合关系"（历时性），这样，难以确定的无意识则在结构语言学的原理上得到了把握与解释。而且，我们看到，在这种解释中，拉康全然不顾弗洛伊德学说中的"性"决定论。

在此，我们需对拉康有关"另一个"（autre）和"**他者**"（Autre）的区分做些介绍，因为后者正是拉康思想的重要概念。两个概念的法语单词都是 autre，但第二个概念是以第一个字母大写的形式出现的。我们将它们做了不同的翻译处理，以引起注意。关于"另一个"的提法，是弗洛伊德的创造，是指主体之外的一种相似之物（semblable）。但是，拉康注意到这里还存在着明显的层次，也还需要区别一些互不相等的语域（registre）。明显的是，儿童在构筑自我时，是在对于一切均不了解的情况下借助于与另一个（autre）形象的同化机制来进行的：这是一种想象的同化。

可是，与这种初步的想象同化相对立的，还有另外一种维度，那就是一种不消失的相异性，是一个与主体不相像的**他者**（Autre），拉康用一个大写的 A 使之区别于与主体相像的另一个（autre）。以这种书写方式所要指出的是，在自我的表象之外，在想象的、镜像的同化之外，主体被完全先于他和外在于他的一种秩序所制约，即便在他打算控制这种秩序的时候，他也依赖于这种秩序，而这种秩序就是一种场所（lieu），它是欲望的场所、无意识的场所，即象征的场所。那么，**他者**的本质是什么呢？拉康认为，对于主体来说，构成他所参照的另外的秩序，构成尤其是支配我们的法则的能指的东西，就是言语活动。这样一来，**他者**最终就与言语活动的秩序（我们应该将其理解为索绪尔理论中的"语言")结合在一起了。正是在言语活动的他者之中，主体在一种总是需要重新去做的探索之内去寻求给自己定位。实际上，这里的**他者**已经变成了社会性的东西，它是社会规约、社会文化的体现。联系到弗洛伊德赖以建立精神分析学说的俄狄浦斯情结，拉康指出，在**他者**之中就是体现了社会体制和伦理观念的父亲的名字。

综上所述，拉康用结构语言学的理论来重新评述弗洛伊德的学说，使无意识概念达到可以具体分析的程度，并使之摆脱"泛性"的局限从而扩大到社会文化结构，这本身就不再仅仅是对于这一学说的评述，而是对于它的发展。他对于"想象"、"象征"、"**他者**"的界定和论述，更成为我们理解精神分析学之本质和深化我们认识的有力工具。

3. 罗兰·巴特

巴特（R. Barthes, 1915-1980）1915 年 11 月 12 日出生于法国西南部巴约纳（Bayonne）市附近的谢尔堡（Cherbourg）镇，1980 年 3 月 26 日在遭遇意外车祸一个月之后去世。在他从事写作的三十多年时间里，他将自己的大部分精力用在了结构主义研究和实践方面，成了这一新方法论的先驱者之一。

关于巴特的写作编年史，他自己在《罗兰·巴特自述》（*Roland Barthes par Roland Barthes*）一书中把他的写作历程划分为四个阶段：一是在马克思、萨特和布莱希特的影响之下进行"社会神话"写作的时期；二是在索绪尔的影响之下进行"符号学"写作的时期；三是在索莱尔斯、克里斯蒂娃、德里达和拉康的影响之下进行"文本性"写作的时期；四是在尼采的影响之下进行"道德观"写作的时期。当然，这几个阶段之间有交叉。在这里，我们仅就其前三个时期的结构主义思想和其一生中都在坚持的"中性"思想做些扼要介绍。

(1) "社会神话" 写作时期

在"社会神话"写作时期的结构主义思想，主要体现在他于 1953

年出版的《写作的零度》和 1957 的《神话》两书之中。

根据其好友格雷马斯的回忆，巴特接触索绪尔的结构主义语言学理论，是在第二次世界大战之后他被从罗马尼亚赶出而流亡埃及亚历山大期间的 1950 年，并于同年 11 月到 12 月发表了多篇与这种语言学理论影响有关的文章。不过，根据 2015 年出版的《罗兰·巴特传》（*Roland Barthes*）一书中的介绍，他早在 1947—1948 年于罗马尼亚布加勒斯特法语学院执教期间，就阅读过哥本哈根语言学学派创始人之一的维戈·布龙达尔（Viggo Brondal, 1887-1942）用法文出版的《普通语言学论集》（*Essais de linguistique générale*）及其他一些语言学家的书籍（T. Samoyault, 2015: 226）。巴特于 1953 年出版了只含有十篇文章的《写作的零度》，该书在初版之后曾经以其观点的新颖而引起过评论界的关注，但随后则被人忽视。不过，当人们回过头来研究巴特整个思想形成过程的时候，惊异地发现，他的结构主义思想在这本小书中已经得到了一定的体现。著名符号学家克里斯蒂娃 1982 年这样说过：在这本书中，"一种新批评的所有技巧和要旨均得到了显示，后来的时间只不过是对它加以确定"（*Communication*, 1982: 117）。

语言与写作的关系，是书中开篇就讨论的问题。作者告诉我们："语言是规约与习惯的集合体，是同一时代作家所共通的。这就意味着，语言如同一种自然属性，它完全贯穿于作家的言语活动之中，而不赋予言语任何形式，甚至也不会孕育言语……它独立于文学的程式而存在；从定义上讲，它是一种社会现象……因为贯穿语言的，是整个历史，是以自然方式存在的完整而统一的历史"（R. Barthes, 1953: 11）。显然，这是结合文学现象对索绪尔有关语言的社会性本质所做的进一步阐述。接着，他论述道，"语言是存在于文学之中"的，在"语言与风格之间，就为另一种有形的现实留下了一席之地：写作。不论何种文学形式，总有情调、气质的一般选择，而作家正是在此明确地表现出个性，因为正是在此他介入了进来"（R. Barthes,

1953：12）。这种论述已经告诉我们：带有风格的"写作"就是"言语"。不难看出，索绪尔"语言"与"言语"之分的结构思想，在文学研究上首次得到了应用。

《神话》是巴特1954—1957年间所写文章的汇编，也是作者进一步将索绪尔提出的"符号学"思想用于社会分析的一部论文集。除了书后有一篇是谈论文学符号学的《今日神话》外，其余篇目都是结合当时的社会现实应时而写的随笔。他的目的是通过这些随笔揭示大众文化。巴特将这种文化的各种表现形式看作是"符号"，进而挖掘"符号"所依附的一定文化系统的意义，即"内涵"系统。他1970年为这本书所写的"补序"中说道："我确信，在把'集体表现'按照符号系统处理的时候，我们可以希望摆脱那种好心的披露，而**详细地**阐述那种将小资产阶级的文化转换成普遍的本质的神话活动。"（R. Barthes, 1993：1533）巴特后来总结说："对于索绪尔的参照，导致了一种特殊的结构主义，或者如果我们更愿意说的话，导致了一种更为负责的结构主义……对于索绪尔的求助要求我们决心不把意指系统局限于能指，而是要包含对所指的研究"（R. Barthes, 1957：16）。因此，在《神话》中，"兰开夏式的摔跤"的作用，就不是争个输赢而已，它的"每一个符号都具有一种完整明确性"，"运动员在他们自身的基本意指之外，还具有一种次级的但总是很恰当的解释作用"（R. Barthes, 1957：16）；"电影中的罗马人"中"百姓因恺撒和马克·安托万后来的理由而伤心，但他们流汗，他们以这一符号非常经济地把他们激动的情绪和其条件的粗野特征结合了起来"（R. Barthes, 1957：29）；葡萄酒也"是社会化了的"，因为它"建立了一种道德观"（R. Barthes, 1957：76）；而且"吃带血的牛排同时代表着一种本性和道德观"（R. Barthes, 1957：78）；等等。至于书中第二部分的《今日神话》，那更是对于"意指"即"内涵"系统的一种研究。文章一开头就告诉我们："神话是一种言语"，又说"神话是一种符号系统"、"是一种意指方式，是一种形式"（R. Barthes, 1957: 207），在此，巴特为文学的符号学研究进行了最初的探讨。他为文学符号进行的图解式表述，后来常被人引用：

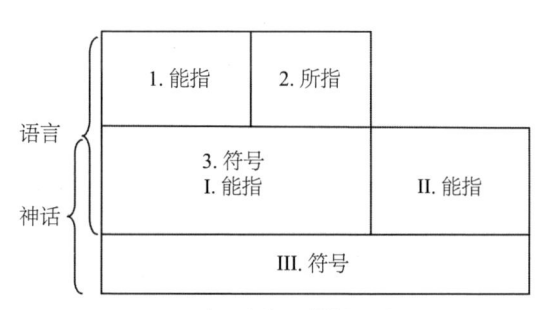

	1. 能指	2. 所指	
语言	3. 符号 / I. 能指		II. 能指
神话	III. 符号		

图 1.2　巴特的文学符号图解

他认为，作为"神话"的文学属于第二层关系，文学的"意指就是神话本身"（R. Barthes, 1957: 207）。

（2）"符号学写作"时期

这一阶段，大体框定在 1958—1967 年间，是法国结构主义盛行的时期。因此，他的"符号学"概念与"结构主义"概念是一致的，亦即一种"共时的结构主义"（R. Barthes, 1993: 1534）。在这个时期，他写了大量文章，并出版了《论拉辛》（*Sur Racine*, 1963）、《文艺批评文集》（1964）、《批评与真理》（*Critique et Vérité*, 1966）和《服饰系统》（*Système de la Mode*, 1967）四部著作。

《论拉辛》被认为是巴特"为研究言语活动的结构主义并从中发现作者的心理共鸣，而在文学批评方面进行的第一个探索的例证"（A. Clancier, 1973: 169）。巴特自己也说："我用我们时代的语言来评价拉辛，同时在文化意义上使用结构的和精神分析的方法。"（R. Barthes, 1993: 1564）于是，拉辛剧中的卧室、游牧人口、两种色情、情绪的混乱、色情"场面"、明暗程度、基本关系等，都成了巴特分析的单位。在此，我们看到了拉康结构精神分析学理论的影响：巴特认为，拉辛剧中真实地和潜在地出现的"父亲"就是"**他者**"（Autre），甚至父子相残而流的"血"也是父亲的替代物。巴特的分析招致了以皮卡尔为代表的学院派的批评反对。后者发表了《新批评还是新骗局？》（*Nouvelle critique ou nouvelle imposture?*, 1965）一书，矛头直指当时在不同领域以进行结构主义研究为主的"新批评"。为此，巴特于1966年发表了小册子《批评与真理》，全面论述了文学批评研究需要进行新的探索的必要性，指出："文学的特征只能在有关符号的一种总体理论中才能得到设定。"（R. Barthes, 1993: 1564）

巴特对于这一阶段还有另外一种称谓，即"科学的阶段，或至少是科学性的阶段"（R. Barthes, 1964: 11）。这主要是指他的长文《符号学基础》和《服饰系统》一书来说的。前者是对索绪尔结构语言学基本概念在符号学层面上的进一步阐述，"旨在从语言学中分离出一些分析性概念，人们**先验地**认为这些概念对于进行符号学研究是带有足够普遍的意义的"（R. Barthes, 1964: 19），并在"结论"中明确指出，"符号学研究的目的，是依据任何结构主义活动本身的设想……来重新建立语言之外的意指系统的运作机制"（R. Barthes, 1964: 80）。《服饰系统》是结合服饰的描述语言这一特定的对象，具体地运用了符号学的分析方法。作者在书出版后接受采访时谈到了他对服饰的倾心："服饰是一种传播对象，就像事物、举动、行为、会话，对这些，我一直有着很深的兴趣予以过问，因为它们一方面具有日常的存在性……另一方面，它们允许借助于一些形式手段来进行一种系统分析"（R. Barthes, 1994: 453）。这本书一开始就依据结构主义语言学的"语言"与"言语"之划分，也将服饰划分为服饰体制（语言）和个别服饰（言语）。接着，作者进行了服饰的"能指"与"所指"及其"意指"的论述。显然，这也没有脱离结构主义的主旨。我们在此还必须提到，巴特对于索绪尔的"语言学是符号学的分支"的论断大胆地提出了反论，他说："倘若服饰不借助于描述它、评价它并赋予它丰富的能指和所指来建立一个意义系统的话，它还能有意指吗？人注定要依赖分节的语言，不论采用什么样的符号学都不能忽视这一点，或许，我们应该把索绪尔的体系做一下颠倒，宣布符号学是语言学的一部分。"（R. Barthes, 1994: 132）由此可见，在结构主义发展阶段，结构论符号学与语言学在很大程度上具有同一性。

除了这些书籍之外，巴特还发表了大量零散文章和访谈录，进一步完善了他的结构主义理论与方法。他1963年发表的《结构主义活动》（L'activité structuraliste）（R. Bathes, 1964: 221-228）和1966年发表的《叙事文的结构分析导论》（Introduction à l'analyse structurale du récit）（R. Barthes, 1985: 167-206）是我们应该认真研究的文章。在《结构主义活动》一文中，作者告诉我们，"结构"已经是一个被广泛使用的概念，但结构主义与一般的结构探讨不同，今天，"为了探讨结构主义与其他思维方式的不同，大概必须追溯到像**能指－所指**和**共时性－历时性**这些连对的概念"，"请您注意谁在运用能指与所指、共时性与历时性，您就会知道结构主义的看法是否已经形成了"。这是巴特总结出的结构主义或者说"结构论符号学"研究的"标志"，他还为其制定了典型的分析过程，那就是"结构的人抓住现实、分解现实、然后又重新组合现实"，那就是"分割与排列。把提供给幻象活动的第一个对象加以分割，就是在其本身找出一些活动的片断，正是这些片断有差异的情境在产生某种意义；片断本身没有意义，但是片断外形的哪怕是最小的变化都会引起总体的变化"，"单元提出之后，结构的人应该发现或确定它们的组配规则：这是继赋予其名称之后的排列活动"。这些论述在《叙事文的结构分析导论》中更为深入和具体。我们从中明显地看到了俄罗斯形式主义理论家普洛普和法国人类学家列维－斯特劳斯的影响。他自己也说："俄国形式主义学者普洛普，还有列维－斯特劳斯，教会了我们进行下面两种推理：要么，叙事文是一种普通的事件结合，如是，我们只能在信赖叙述者（作者）的艺术、才能和天才即各种偶然的神秘形式的情况下,才能谈论叙事文;要么,一个叙事文与其他叙事文共同拥有可以用于分析的一种结构,尽管需要一定耐心才可以陈述出这种结构……而在不参照某种暗含的单位和规则系统的情况下,谁都不可能组合(生产)一篇叙事文。"而分析叙事文,就应该跳出语言学传统上的最大分析单位——句子。于是,他提出了分析叙事文的几个方面:功能、行为、叙述活动和叙事文的系统。在他的论述中,我们到处可以看到列维-斯特劳斯、普洛普、托多罗夫等人的影响。这篇文章似乎可以看作是巴特对自己的结构主义思考在叙事文分析方面的总结,但同时也似乎是为其自己此前的思考画上了一个句号。因为从此之后,他的研究出现了重大的转向。

(3)"文本"研究及其他

从 1968 年开始,巴特逐步转向了他的"文本"研究阶段,即他在索莱尔斯、克里斯蒂娃、德里达和拉康影响之下进行写作的第三个时期。他在这个时期的代表作是《S/Z》(S/Z, 1970)、《符号帝国》(L'empire des signes, 1970)和《萨德、傅立叶、罗耀拉》(Sade, Fourier, Loyola, 1971)。其中,《S/Z》无疑是其这个阶段最具代表性的作品。

《S/Z》是作者对巴尔扎克一部中篇小说《萨拉辛》(Sarrasine)进行的一种新的分析尝试。作者在 1968 年 7 月底的一次接受采访时谈及了他进行这种新的尝试的起因,他说,在他完成了《符号学基础》和《服饰系统》的写作之后,"事情再一次出现了变化,这更多的是由于克里斯蒂娃的研究的影响,还由于她使我们了解了巴赫金的观点。也还要算上德里达、索莱尔斯的某些表达方式的影响,他们都帮助了我修正某些观念"(R. Barthes, 1994: 523)。他在为这种尝试所做的解释是:"我们认为有必要从对叙述的宏观结构的描述过渡到对一部作品的完美审视,以便标记所有的单位和它们的编码,并以此阐述微观结构。"(R. Barthes, 1994: 521)他对这种方法所做的总结:"这是对于巴尔扎克的文本的每个片断所具有的各种同时的意义进行的一种细致的、渐次的、沿着文本移动的、编造簿记式的、评述性的、需要时可以离题的分析。"（R. Barthes, 1994: 549）作者将《萨拉辛》的文本划分成561个意义语汇（单位），然后逐次分析每一个语汇的编码（规则）和其可能的多方面意义。书的开头部分用了十几节的内容介绍了这种新的分析尝试的理论依据。我们在该书第十一节中了解到了他用来框定文本所有内容的五种编码：阐释编码、语义编码、情节编码、象征编码、文化编码。从《S/Z》开始，巴特转向了人们后来称之的"后结构主义"，或者用巴特自己的术语来说，就是转入了"多元性批评"。

巴特在同一时期发表了《符号帝国》和《萨德、傅立叶、罗耀拉》。前者是对于日本一些符号系统的精辟分析，作者认为"日本提供了符号的循环极为细腻的和发展成熟的一种文明"（R. Barthes, 1994: 1014），后者不是从内容上而是从能指上论述了色情文本、社会文本和神意文本的写作方式。

这里我们还需要提到，巴特在进入其第四个写作阶段之后应法国大百科全书出版社之约而写的《文本理论》（Théorie du texte, 1973）一文。这就是作者所说的一篇跨越写作阶段的"重叠"性文章。在这篇文章中，巴特主张按照克里斯蒂娃的"符义分析"（sémanalyse）来建立"文本理论"。于是，克里斯蒂娃的"意蕴实践"（pratique signifiante）、"能产性"（productivité）、"意指活动"（signifiance）、"现象文本"（phéno-texte）、"生成文本"（géno-texte）、"互文性"等概念，均在文中得到了进一步的阐述，并指出过去的"结构主义"研究是一种停留在现象文本上的研究，而"符义分析"则"存在于言语活动与主体之中"。从此，"文本就不再意味着是一种劳动的产品，而是文本的生产者与其读者汇合在一起的一种生产活动的场所；因此，文本在任何时刻和不论在哪一侧都'在从事工作'"（R. Barthes, 1994: 1677-1689）。于是，早在结构主义研究阶段，巴特一度宣布"死亡"了的

"作者"即文本的"生产者",从此便一定程度地得到了"复活"。

(4)对于"中性"的研究

"中性"思想是巴特符号学探索的重要组成部分。我们现在知道,他的这一思想是从布龙达尔的语言学"中性项"概念借用而来,并与他自己的"零度"主张实现了融合。

巴特最早提及"中性",是他1944年发表于《存在》(Existences)杂志(1944年7月,总第33期)上的《关于〈局外人〉的风格的思考》(Réflexion sur le style de L'Etranger)一文,他指出加谬这部小说"是一种中性的实体"。后来,他在1953年出版的《写作的零度》一书的《写作与沉默》一文中明确地指出:"中性项或零度项;……零度的写作实际上是一种直陈式写作……新的中性写作就位于那些叫喊声和判断之中,但却丝毫不参与叫喊和判断"(R. Barthes, 1953:56)。他最集中提及"中性"是在他进入法兰西公学后开设的《如何共同生活》(Comment vivre ensemble)和《中性》(Le Neutre)两门"文学符号学"课程,特别是在后一门课程之中。

在《中性》讲稿中,他结合中国古代老子和庄子的思想,多方面地论述了"中性"的主张与表现,并把"中性"定义为:"我把中性定义为破除聚合体之物,或者不如说,我把凡是破除聚合体的东西都叫作中性。"(R. Barthes, 2002:31)在符号学概念中,"聚合体"就"是指两个潜在的项次之间的对立"(R. Barthes, 2002:3),即"极性"(polarités)之间的对立,亦即"既非A亦非B:一个无形的中性项(音位中和)或者零度"(R. Barthes, 2002:32),并明确指出"这个避开聚合体和冲突的形态多样的领域=中性"(R. Barthes, 2002:3)。

他的这种"中性"思想,在他1974年春天的"中国之旅"中表现得极为突出。首先,他的《中国行日记》采用了"流水账"式的方式,记录下了每一天的参观内容,属于"现象学"范畴;其次,他"迁就大部分多格扎(即'俗套')"(R. Barthes, 2002:36),只把自己的评论写在括号之中,而不在讨论中说出来;再次,对于索莱尔斯等人的激烈态度表现出不满。他在返回法国后于 5 月 24 日在《世界报》上发表的《那么,这就是中国吗?》(Alors, la Chine?)一文,主张对于在中国发生的事情,应该采取"认同"的态度,而这种"认同"态度,按照巴特在《中国行日记》最后的解释,就是"斜视"的态度,亦即"中性"的态度。可见,他的"中性"思想,也是他的人生和处事态度。

此外,我们不无惊异地发现,巴特的"中性"思想,也是他"片段式"写作和"无序排列"写作的思想基础。

巴特的一生,是探索的一生,他的探索反映了那个时代人们认识的发展。需要补充的一点是,巴特与后来成为巴黎符号学学派核心学者的格雷马斯在埃及的亚历山大结识,他们在后来的研究中相互影响,并且巴特成为由后者创立的学派的先驱者之一。巴特善于进取、善于修正自己,也为后人树立了严谨治学的榜样。他的探索是留给人类的一大笔财富。

4. 米歇尔·福柯

福柯(M. Foucault, 1926-1984)是在法国当代哲学思想界占有重要地位的哲学家。在结构主义思潮之中,他的理论被说成是"无结构的结构主义"(Piaget, 1968:108),而"他并不把哲学归入人文科学;他以哲学家的身份根据人文科学的意指来进行思考"(N. Baraquin et J. Laffitte, 2007:151)。后人把他放在"后结构主义"代表人物之中,因为他既"解构"历史,也"解构"社会。集中代表他的结构思想的著述是他的博士论文《古代疯癫史》(1961)、《词与物》(1966)和《知识考古学》(Archéologie du savoir, 1969)。

(1)初期结构思想的形成与表现

福柯的初期结构论思想的建立,是与他在成为真正学者之前所接触到的几位结构论思想家有关的。

由于他经历过战争年代，所以，他思考最多的是个人生存与不得不面对的由各种大事件构成的环境。1946 年，他进入巴黎高等师范学院，学习心理学，并接触精神病学，在他获得该学院心理学证书之后，曾担任该校的学监和里尔大学的心理学助教。他于 1954 年应阿尔都塞之约撰写和发表了《精神疾病与人格》(*Maladie mentale et personnalité*) 一书。他从 1953 年开始，几乎每周都去听拉康的精神分析学研讨班，而这时的拉康已经采用结构的方法重新解读弗洛伊德。此外，福柯与早期社会学结构论者迪梅齐的结识对他的影响尤其巨大，迪梅齐曾举荐福柯于 1955 年赴瑞典当了三年的法语教师，而此后他们之间过从甚为密切，学术思想也都相互渗透。他就是在瑞典期间开始了他的博士论文《古代疯癫史》的写作的。他后来在接受《世界报》(*Le Monde*) 采访时又说："正像迪梅齐对于神话所做的那样，我借助于他的结构观念，尽力找出经验之结构规范，其图示可以在变动之后于不同层次上被发现。"(F. Dosse, 1992-a: 181-182)

《古代疯癫史》质疑精神病学知识的真实性，质疑研究这种知识的有效条件，它把这种知识放在西方历史中进行认真审视。福柯从受西方理性压抑的人开始，描述在当时尚不是可靠的精神病学知识的有效场所和有效方式，认为应该把疯癫从支持它的各种话语的多元性中解脱出来。而从话语的各种层次中理清疯癫的做法，完全是与当时盛行的结构主义主张相一致的，因为结构主义就是在文字、语言、无意识中寻找各种"零度"表现。福柯的研究计划，就是把疯癫史的这种零度与历史重合起来，就是在理性的模糊边缘处进行研究，以便在理性话语之后重新复活被历史和理性所遗忘的疯癫本身。他认为疯癫的人"位于有关禁闭的社会政令与区分主体能力的司法认识之间"(M. Foucault, 1961: 147)。这部论文一出版，就立即受到了巴特的欢迎，后者专门写了一篇文章《彼此》(De part et d'autre) 来进行评论，指出"米歇尔·福柯从来都只把疯癫当作一种功能现实来看待：在他看来，疯癫是由理性和无理性、观看者和被观看者构成的一种连对的纯粹功能"（R. Barthes, 1964: 173），"米歇尔·福柯所描述的历史，是一种结构的历史……这种历史在两个层次上是结构的，即分析层和计划层。米歇尔·福柯在不曾切断一种历时性说明之线索的情况下，为每一个时期找出人们称之为意义单位的东西，这些单位组合在一起确定这个时期，而它们的转移则划出了运动本身的痕迹。于是，兽性、知识、罪行、闲逸、性欲、亵渎神灵、放纵不羁、精神错乱意象的这些历史成分，便依据随着时代而变化的一种历史句法，构成了一些意蕴复合体。可以说，它们是一些具有宽泛'语义素'的所指类别，而其能指本身则是暂时的"（M. Foucault, 1961: 175-176）。

1966年，福柯出版了《词与物》，其副标题为"人文科学的考古学"（une archéologie des sciences humaines）。该书的出版，为步入巅峰时期的结构主义更增添了声势。该书从分析一幅绘画的平面线条与其隐藏效果之间的复杂安排开始，遂进入了全书的主导观念，即历史上各个时期都带有被一定数量的真理条件所赋予的特征，这些特征就像科学话语那样限定了可能的和可接受的知识，而话语的"条件"则是以渐进的方式在时间中变化。福柯把这些条件称为"认识体系"（épistémè）。他随后分析了各种科学的转换情况：言语活动从语法转换成了语言学，生命的自然历史转换成了生物学等。福柯把一个时代的"认识体系"定义为各个领域科学之间或不同话语之间的关系现象。足见，福柯的分析仍然是结构主义的，而且也像在《古代疯癫史》中一样，我们看不到他对于"主体"的论述，这是初期结构主义的一大明显特点。福柯的研究工作，并非不考虑思想史、科学史，而是将注意力集中在它们的侧面，并向所发现的"间隙"（écart）中引入一定的意指，即将意义区别引入知识领域。不难看出，福柯在坚持进行"关系"即"结构"研究的同时，已经开始进行有所不同于"纯粹结构主义"的探索。

（2）"解构"历史

1969年，福柯出版了《知识考古学》。在书中，他以"话语实践"（pratique discursive）代替了《词与物》中的认识体系概念，以便拉开与已经处于尾声的以分类学特征为主要标志的结构主义的距离，也以此回答人们对于《词与物》提出的各种非议。他虽然认为话语关系并非只存在于话语之中，但他坚持不脱离话语，而是将话语动态地看作话语实践。他以考古学者的身份出现，过问历史学科，而尤其过问"年鉴派"历史学家们的研究方向。此时，福柯以对于"系列"和"事件"的研究来替代对于结构与符号的思考。他感兴趣的是探讨话语实践的不连续性，是探讨在话语实践中主导不间歇游戏的变化结构。这显然是一种"解构"的做法。但是，福柯的考古学的解构空间，实际上还属于与初期结构主义相似的一种观点，即对过于简单的因果关系提出质疑而在话语实践中代之以建立全方位的新关系网。他满足于在知识层次上显示因实践而叠加在一起的不同层次，满足于标记曾影响其沉淀的不连续性和断裂。但是，福柯仍然不考虑作为历史之"主体"的人，认为"人正在消失"（M. Foucault, 1969: 397）。他认为话语具有自动性过程，这种过程使得对于言语活动的行为的理解变得没有意义。因此，他满足于在话语构成的内部探讨所有陈述（énoncé）之间的关系，描述那些关系，而这种探讨便不仅忽视真实，而且也不考虑意义，福柯主张，对于陈述和陈述活动功能的描述绝对要"中性化"，而不能像分析哲学那样去尽力寻找意义，因此这种描述要在陈述活动之外的一个位置上，而考古者的任务只能是描述已经存在着的所有陈述：从陈述出发，再回到陈述。有人认为，福柯的考古学开辟了话语分析的第三条途径：在符号学与哲学解释之间，他选择了两者中间的道路。

1968年"红五月"之后，福柯转向了对于政治体制的外围即边缘的研究。他在此前的著述中对话语与权力的辩证关系论述之外，又增加了对第三个术语"身体"（corps）的研究。他认为，身体与权力相互依靠，就像"存在"（être）与"非存在"（non-être）那样。我们似乎可以说，"主体"又回到了福柯的视野，但是，这种主体是以"身体"出现的。这种转变是1970年之后开始的，他在一篇文章中把历史当作一种"系谱"（généalogie）、当作一种协调好的"嘉年华"来看待，而这种系统就存在于身体与历史的连接中心。在福柯看来，身体是被遗忘、被压抑、被封闭的，而他则尽力重新赋予身体以言语。福柯在他被选入法兰西公学（Collège de France）所做的开课演讲《话语秩序》（*Ordre du discours*）中，他为他的系谱观点制订了一种新的考古规划，即与身体相联系的话语层的分析规划。作为对这种系谱的研究成果，便是他1975年出版的《规训与惩罚》（*Surveiller et punir*）和次年出版的《求知意志》（*La Volonté de savoir*）。他把权力与知识定位在一种有关身体的政治之中，权力概念在两本书中到处出现，并充当解构西方理性之各种范畴的工具。不过，他始终坚持，权力只是一种"关系"。在这一点上，我们再一次看出，福柯的权力概念仍然带有结构主义的特征。

福柯的"结构"和"解构"研究是有联系的，而且始终与（以"身体"出现的）历史和人有关。有人称他的理论是"新–结构主义"（néo-structuralisme），也有人将他与德里达作比较，认为"在福柯的系谱中，'权力'首先与一种纯粹的结构主义功能是同义词；这一概念占据着与德里达的'分延'相同的位置"（F. Dosse, 1992-b: 290）。所以，人们一般认为，福柯后来的研究属于"后结构主义"。

5. 路易·阿尔都塞

阿尔都塞（L. Althusser, 1918-1990），出生于当时尚属于法国海外省的阿尔及利亚，1939年进入巴黎高等师范学院，就读哲学。二战后，他重新回到高等师范学院，继续完成其学业，毕业后在该学院担任学生的应试老师。在列维-斯特劳斯、福柯和拉康等结构主义思想的影响之下，1965年，他以出版《保卫马克思》和与他人合写的《读〈资本论〉》两书而跻身于当时著名的哲学家和结构论者之列。阿尔都塞依据结构主义理论，把马克思主义介绍为唯一能够综合人类知识和立足于结构论的概念中心的学说，而他对于马克思的属于结构论的"症状"和"科学"的解读，也主要体现在这两部著作中。

（1）"认识论决裂范畴"

阿尔都塞的基本论点是，马克思是在经历了一系列艰辛的决裂和克服了诸多矛盾之后，才建立起了马克思主义理论的。他使用"认识论决裂范畴"这一术语，来指马克思1848年从唯心主义人性论过渡到有关历史的科学话语的深刻的理论变化。"认识论决裂"是科学史家巴舍拉尔（G. Bachelard, 1884-1962）提出的，指一种学科在成为一门科学的过程中克服了各种认识论困难和其史前错误与幻想的特定时刻。阿尔都塞借用了该术语和其基本意义，但在下面一点上不同于巴舍拉尔的用法，即"决裂"同时还指一种科学即历史唯物主义的建立和一种新的哲学即辩证唯物主义的建立，他说："这种'认识论决裂'同时涉及两种不同的理论学科。正是在奠定有关历史的理论（历史唯物主义）的同时，马克思也与他先前的意识形态哲学的意识进行了决裂，并建立了一种新的哲学（辩证唯物主义）。我故意重新采用了习惯上使用的术语（历史唯物主义，辩证唯物主义）来指明在一次决裂中的两种建立活动。"（L. Althusser, 1965-a: 25）这样一来，"认识论决裂"便指向了一种无限的过程，而正是在这一点上，阿尔都塞的决裂论是结构论的。在阿尔都塞提出结构的认识决裂之前，马克思主义一直被人理解为是对单一的"反映论"的各种图示的说明。根据这种反映论，一切均源于经济，而上层建筑则被看作是对于下层基础的简单解说。与这种机械的阐释模式"决裂"，就意味着以一种结构的原因来代替简单的因果关系作用，而在这种结构原因中，结构本身起着主导作用。于是，他根据这种决裂论，将马克思的著述分为三个阶段：以费尔巴哈人文主义为主的1841—1847年阶段，空想共产主义的1844—1847年阶段，1848年之后以出版《资本论》而提出共产主义和建立马克思主义基本理论的阶段。

他认为，青年时代的马克思未能脱离费尔巴哈有关异化和总体人的主题。这个时期的马克思是一位人文主义的、理性的、自由的、更接近康德而不是黑格尔的马克思。马克思当时把注意力集中在一心想恢复其本质已被历史所异化的人的方面，其矛盾在于，由罔顾人的自由的国家所体现的理性异化之中，人只能通过他的被异化的劳动产品来实现其本质，并在重新掌握其被异化的本质从而使自己成为显性人的同时，来最终实现这种本质；于是，完整的人便在历史的过程中完成了。这种观点，显然是源于费尔巴哈的思想："人们尤其可以看到，马克思青年时代的著述在何种程度上受到了费尔巴哈的影响。不仅是马克思在1842—1844年期间所使用的术语是费尔巴哈的……而且，大概更为重要的是：**哲学问题**根本就是费尔巴哈的。"（L. Althusser, 1965-a: 39）根据马克思自己的说法，他在1844年之后又与将历史和政治建立在人的本质基础上的概念决裂了，而代之以由一系列全新概念组成的有关历史的一种科学理论，这些概念如：社会构成、生产力、生产关系等。从此之后，马克思进入成熟阶段，他最终以出版《资本论》而彻底地与意识形态观念决裂了。

（2）阅读方法

阿尔都塞从一个天主教信徒转向马克思主义，是从阅读马克思著述和决心"重返马克思"的阅读活动开始的。这种阅读，由于重视话语和一种封闭系统的内在逻辑，所以属于一种结构主义活动。阿尔都塞的阅读活动并非源自语言学的理论，而是他参与话语领域的自主过程，而这种过程应该根据一种新的阅读方法来进行研究。

阿尔都塞把这种新的阅读方法叫作"症状阅读"（lecture symptomale），其中，"症状"一词完全是从拉康的精神分析学中借用来的，并且这种阅读方法渗透着精神分析学的影响。"症状阅读"是阿尔都塞在《保卫马克思》和与其学生共同写作的《读〈资本论〉》中，用来阅读马克思哲学著作的方法，是阐释马克思在《资本论》中开启的有关历史唯物主义的新科学的基本工具。这种方法可以使人辨认和命名马克思思想中已有的但并未出现在他的术语中和其明显的话语中的某些重要概念，例如有关"一种结构对于其要素的有效性"概念，即结构的因果概念，这种概念也涉及多因决定论概念。这种方法的第一要点是：同时确定马克思思想中的"特定对象"和与这种对象有关的"话语"。对于这种对象和与这种对象的关系的识别，要求重返马克思的文本自身。但是这种重返并非要在被阅读的文本之中寻找和发现一种单义的思想亮点，和将一种话语的神话引向其透明本质的"天真的阅读"。阿尔都塞把自己的"阅读"概念说成是从马克思、尼采和弗洛伊德那里继承下来的，旨在明确地进行一种"有罪感的"阅读，这种阅读认为任何话语和任何"想要-说"其构成均是多义性的，而阅读者就应该"发现潜藏在言语和所听之下的第二个即**完全是另外一个话语**，那就是无意识话语"（L. Althusser, 1965-b: 6-7）。"无意识话语"是弗洛伊德首先使用的，后来成为拉康在精神分析学中用以显示"言语和言语活动"之功能的特定策略。阿尔都塞很赞赏拉康在精神分析学方面对于结构语言学的应用和有关无意识之构成的概念。他注意到，在拉康理论中，俏皮话、症状和口误等就被看作是**能指**，而这类能指就属于一种无意识话语链。

阿尔都塞认为，精神分析学上的这种情况正好与在马克思著作中可以标记出的另一种起因相一致。他根据一种明显的自反做法，将马克思在《资本论》中研究亚当·斯密和李嘉图政治经济学文本时采用过的阅读方法，重新用于阅读马克思的文本，并总结出了"双重阅读"的概念，即首先是文字上的阅读，然后是在第一种话语的不连续之中或其"裂隙"之处标记一种话语的深在作用，而这第二种阅读就可以从直接明显的东西之中发现不明显的东西（即未说出的东西）。阿尔都塞在辨认马克思著作中以一种在场-不在场的方式出现的马克思的哲学思想时，习惯上是采用"听"马克思的"沉寂"的做法。在他看来，马克思的"沉寂"是潜藏在马克思文字文本的连续性表面之下的，是一种"症状的"沉寂，而这种沉寂产生一种真正的"理论口误"。

（3）"结构因果关系"论

"结构因果"论，一般就是指"一种结构对于其要素的有效性"。按照阿尔都塞的说法，这种结构因果关系，是马克思哲学思想中原有的基本概念，是以一种"令人困惑的不在场"的方式有所表现的，而"症状阅读"就可以在《资本论》的沉闷声音中揭示其位置。这种概念实际上构成了"打开（马克思）任何著作的不可见-可见、不在场-在场之大门的钥匙"（L. Althusser, 1965-b: 25）。

从定义上讲，"结构因果"就被确定为"借助于一种结构来进行确定"，它指的是主导具有一定结构的经济现象的因果性，而人们可以将其视为"生产方式"（包括矛盾在内的单位或组合，生产力和生产关系）（L. Althusser, 1965-b: 396-399）。不难看出，首先，这种结构因果关系否定了传统政治经济学的经验概念；其次，按照阿尔都塞对于经济基础的决定作用的理解，它也放弃了结构与上层建筑之间一般因果关系的机械模式；此外，结构因果还区别于思考整体对于其要素的有效性的另一种因果关系，后者源于莱布尼茨有关**表达**（expression）的概念，这种概念后来一直以表达的因果关系影响着黑格尔系统。阿尔都塞所主张的结构因果论中的结构概念，不可压缩为黑格尔的被认为是"一种精神"的整体性概念。在结构因果论与表达因果关系之间的这种对立中，我们明显地看到了马克思关于任何社会都像是具有主导性的一种复杂结构的概念，这种概念不同于莱布尼茨和黑格尔有关表达性整体的概念，因为后者认为"内在本质"就由其各种要素根据一种现象方式而得以表达。在这种意义上，结构因果论就可以根据马克思有关矛盾的理论来理解，因为这种理论是与黑格尔的辩证法决裂的，而且是与《保卫马克思》一书中明确阐述的**多因决定**理论相联系的。阿尔都塞进一步告诉我们，结构因果论可以借助于"换喻性因果关系"（causalité métonymique）来得到说明，这种因果关系是"拉康在弗洛伊德著作中注意到的、由米勒为说明一种结构因果关系而使用的表达方式"（L. Althusser, 1965-b: 405）。这种换喻因果关系在于借助整体的结构来确定对于一个整体而言的各个要素的确定，它指明的是一种不在场的原因的有效性，这种原因完全存在于其作用之内。

我们还注意到，阿尔都塞在有关结构因果关系论的论述中，认为"将一种分析性概念转移到马克思主义理论中"是"必要的"，尤其对于多因决定论来说更是必要的。这种概念从一种理论领域到另一种理论领域的转移，依靠的是马克思主义与精神分析所共有的观点，即有关存在的观点。

阿尔都塞的结构论有助于人们重新阅读马克思的著述，它提供了一种有活力的对于马克思著述的阅读方法。而其阅读结果也指导了阿尔都塞自己在法国共产党内部的活动和主张。

6. 雅克·德里达

德里达（J. Derrida, 1930-2004）出生于当时还属于法国海外省的阿尔及利亚的一个犹太人家庭。1965年，他成了巴黎高等师范学院的哲学考试辅导老师。从1984年起，他担任了高等社会科学研究学院（EHESS, École des Hautes Études en Sciences Sociales）的主任，开设了哲学机制研讨班，随后相继在几所美国大学任教。他是在法国结构主义达到顶峰时，以他的"解构论"表现出对于结构主义怀疑的哲学家。德里达在20世纪70年代于法国已经有些影响，到80年代他在美国任教,与保罗·德·曼①有密切往来时影响最大。

(1)基本理论

德里达于1967年先后出版了两部书:《写作与差异》和《论文字学》。这两部书,被看作是奠定了德里达解构理论哲学基础的著述。他后来又有多部书出版,但都是对于他的基本理论的进一步阐发。

首先,"解构论"主张是在质疑和批判结构主义的基础上确立的。《写作与差异》汇集了他1962—1967年所写的论文,其中多处指出了结构与结构主义并非与时代认识论同步,例如:"结构主义只不过就是对于过去之思维的意识,我想说的是对于一般是事实的意识。这种意识是对于已成之物、已构之物、已建之物的思考。它根据情况而是历史的、末世的、过时的"(J. Derrida, 1967-a: 12)。该书的《人文科学话语中的结构、符号与游戏》(La structure, le signe et le jeu dans le discours des sciences humaines)一文,在由德里达于美国一所大学做了演讲之后,"它所提出的问题在美国打开了所谓'后结构主义'之路"②,而这种冠名在进入70年代之后才被法国学界逐渐接受。《论文字学》(或译为《书写学》)更为系统地论述了逻各斯中心和语音为上的弊端,而认为书写更为"本源",它"包含着德里达著述的关键思想:即在对海德格尔有关在场的形而上学思想的'破坏'活动之中,对西方哲学的主要前提进行'解构'"(N. Baraquin et J. Laffitte, 2007: 123)。

"解构"(déconstruction)一词,是德里达从词典中找出的,目的在于尝试翻译海德格尔的"destrucktion"一词,使其并不包含"破坏"之义,而是更表明对于形而上学和本体论基本概念的"拆解"(démontage)。因此,这一理论部分来源于现象学。解构建立在对于

---

① 保罗·德·曼(Paul de Man, 1919-1983):比利时裔美国著名文学理论家。
② 引自德里达:《书写与差异》上册,张宁译,生活·读书·新知三联书店2001年版,"访谈代序",第2页。

构想知识、主体性和故事的传统方式的怀疑论上，因此就是建立在对于拒绝最终成为概念化的各种企图基础上的。德里达的文字学，就是与一些思想家如柏拉图、康德、卢梭、马拉美、索绪尔、弗洛伊德和马克思等的对话。他指出，哲学是如何与构成它的话语不可分离的，是如何与支持话语的等级对立不可分离的。修辞手段是论证的基础，他在分析修辞手段的同时，抓住被忽略的细节，以便找出属于作品的各种矛盾，从而找出以概念出现的各种观念的隐喻特征。因此，解构一个文本，便是进行一种战略上的颠覆，以便重新过问其意义。他注意到，在西方哲学传统中，文字只是言语的辅助再现，因此，他批评逻各斯中心主义，因为这种主义主张在言语与意义之间建立直接的关系。在形而上学上，这种看重声音的方式，是与逻各斯中心主义、与对起源的动词的寻找联系在一起的。德里达在推翻文字与言语之间的这种等级的同时，肯定地指出，文字与言语都属于一种广义-书写（archi-écriture），在这种话语中，文字和言语均表现为"不在场"和意指活动的继续活跃。但是，符号的任意性和它的重复性"在书写的可能性之前和在它的范围之外是不可想象的"（J. Derrida, 1967-b: 65）。于是，德里达在全身投入研究文字的同时（《论文字学》），重新采用了索绪尔看作区别之系统的语言的概念，提出了"分延"（或"延异"）（différance）概念：这个概念指"各种要素相互之间建立关系的空间活动"（J. Derrida, 1972: 38），而在这种空间活动中，存在着一种意义活动。"分延"阐述区分过程中的这种固有过程，因此，面对文学文本，他不寻找一种内容或一种统一的主题，而是研究文本的各种关系和修辞格赖以出现意外颠覆的或者是出现双重逻辑难点的方式，"在分析作为论据之基础的修辞操作的同时，他把握通常被人忽略的一些细节，为的是分辨作品中存在的各种矛盾与以概念出现的各种观念的隐喻特征。解构一个文本，便是为了重新过问其意义而实施一种策略上的颠覆"①。

（2）诸多概念与符号学操作

为了阐释"解构"理论，德里达使用和建立了与惯常用法不同的一整套相关概念，它们也是"解构"理论的一部分，我们仅就其几个主要的术语做简单介绍：

1）符号、能指与所指。在"解构"理论中，符号的能指与所指之间已经不是结构主义理论中"音响形象"与"概念"之间的关系，而是被消除了关系。《写作与差异》中这样写道："符号的概念，不能超越可感之物与可理解之物之间的对立，它由这种对立所确定……但是，我们不能摆脱这种符号概念……在几乎不消除于其自身压缩其能指的所指与其自身同一性之区别的情况下，我们不能拒绝这种形而上学的复杂性……因为在能指与所指之间有两种不同的消除方式"："一种是传统的，它在于……使符号服从于思想；另一种，即我们在此用以反对前者的方式，那便是质疑前一种压缩在其中发挥作用的系统：而首先是将可感之物（sensible）与可理解之物（intelligible）对立起来"（J. Derrida, 1967-a: 412-413）。根据结构主义的理论，能指是符号的可感之物，所指对应于非物质的和可理解的观念、概念。德里达所揭示的正是这种对立。德里达的符号概念是与西方哲学有关结构的概念联系在一起的，能指与所指之间的关系是直接的，即能指＝所指；而且在阅读过程中，通常就是从能指到能指，这种链接方式是没有尽头的，并且被一种无限的游戏所表现出来。这种链接在打开文本，在移动文本，从而使文本活动起来。

2）书写、痕迹、广义−书写。在德里达看来，单词自然要参照其他单词或"引用"其他单词。根据德里达的文字学主张，书写是"本

---

① 阿隆（P. Aron）、圣雅克（D. Saint-Jacques）、韦亚拉（A. Viala）共同主编的《文学观念词典》（*Dictionnaire du littéraire*, Paris, PUF, 2002），第 143 页。

源的"，这就像声音一样，它保持着常在的张力。他认为书写具有两种特征：一是书写不能是说出的语言的再现，因为书写和说出的语言都不会提前出现；二是书写并非是一种简单的书写法（graphie），而是痕迹的分节式连接和记录。关于痕迹（trace），德里达认为它是"本源的"，它是"一般意义的绝对的本源……**痕迹**是在显现与意指之间打开的一种分延"（J. Derrida, 1967-b: 95）。在痕迹"属于意指之运动本身的情况下，意指从一开始时就以这样或那样的形式……被写进了'外在的''可感的'和'空间的'即人们称之为'外在的'成分之中了"（J. Derrida, 1967-b: 103）。德里达有时还把痕迹说成是"广义-书写"（archi-écriture）①，"它是言语的第一种可能性"（J. Derrida, 1967-b: 103），也是书写法的第一种可能性。实际上，广义-书写就是由于作为时间过程的分延而被一般化的一种书写。那么，什么是"分延"呢？

3）分延与解构。分延（différance）是德里达依据动词 différer（它实际上是拼写形式相同但意义不同的两个动词，第一个意为"与……不同"，第二个意为"推延"）第一种意义的名词形式 différence（差异）创造出来的，第二个意义没有名词形式。德里达以字母 a 代替了单词 différence 倒数第四个字母 é，于是，就为第二种意义生造了一个名词形式，但它们发音完全相同，并且两者之间有联系。"分延"带有以下意义：它是破坏对于同一事物的崇拜和破坏这一事物对于其他事物的主导地位的区别，它标志着人们所看到（a 代替 é）却不能听出的一种间距（écart），分延就是移动、就是滑动，它就是变成（devenir）（即意味着不依赖固定的意指）的过程，它就是带有多余意指的那些能指的移动，因为没有超验的和起组织作用的所指；对于分延的书写，

---

① 该词也有译为"元—书写"的。但笔者认为，这个词的前缀"archi"与现在一般翻译成"元"概念的前缀"méta"在意义上有着很大的区别。前者的本义是"极端"、"过分"之意，是从重要性方面说的；后者的本义是"在后、在中间"之意，在语言学和符号学中常见的术语"元—语言"，指的就是存在于语言之中、但又能够说明该语言的语言，是从功能方面说的。

就是指分延自身，因为它与所指和指称对象都没有了关系。在德里达的理论中，他唯一看重的二元对立关系就是书写与声音的对立，而这种对立是分等级的。根据自柏拉图以来的传统思想，声音优于书写，这就是德里达称作的"西方思想中的逻各斯中心主义传统"。"解构"理论则不然，它看重书写。"解构"就是超越各种刚性的概念对立和消除它们之间的区别。有人总结出"解构"操作的两个阶段：第一个阶段是颠覆阶段，由于书写与声音这一连对具有等级差别，所以首先就要破坏其力量关系，即把书写看得高于声音、把不出现看得高于出现、把可感之物看得高于可理解之物；第二阶段是"中性化"阶段，即把在第一阶段价值突出的词项从二元逻辑关系中拿出，于是，被固定在这种二元思想中的先前的意指便被放弃了。这后一阶段便产生了广义-书写，而被解构的词项就变成了不可判断的，于是出现了意指的移动。

德里达和他在美国的学生根据"解构"理论发展起了一套批评方法，并形成了文学批评上的"解构主义"（déconstructionnisme）。但是，这一套方法和学说名称在法国却不是很被人接受，人们一般只是将其看作是符号学解释实践过程中的一种"时刻"或一种"启发"阶段。不过，格雷马斯和他的学生们还是对于"解构"理论与操作过程在符号学上做出了顺序概括：一是首先发现主导文本的对立关系，随之找出这种对立关系中地位优先的词项；二是揭示对立关系中形而上学的和意识形态的前提；三是指出这种对立关系在由其建立的文本中是如何被拆解和被反驳的；四是颠覆对立关系，通过颠覆，使原先在对立关系中不被看重的词项得以突出；五是变动对立关系并重新展现所谈问题的领域。[①] 显然，"解构"是在制定一种新的阅读方法。格雷马斯认为，这种方法不能被压缩为对于一种对立关系的整体放弃，相

---

① 参阅格雷马斯、库尔泰斯主编：《符号学：言语活动理论的系统思考词典》第二卷，第62页（Greimas A. J. et Courtés J., *Sémiotique: Dictionnaire raisonné de la théorie du langage*, 2:62）。

反，对立关系还是保持着，只不过其内在的等级受到了颠覆和其连接场所发生了变动，也正因为如此，"解构"是具有创造力的。由于"解构"理论把文本只看作是能指的链接，文本自身便分散了开来，意义的散开也就成为无止境的了。于是，文本之间的界限没有了，解释活动便可以在无限的互文性中进行。

德里达的"解构论"操作复杂，但它不失为一种符号学研究方法，并且影响了像巴特、福柯和克里斯蒂娃等符号学家。在法国，德里达的理论还被称为"超结构主义"（ultra-structuralisme）。实际上，正是他的"解构论"推动了"后结构主义"的形成与发展。

7. 热拉尔·热奈特

热奈特（G. Genette, 1930-2018）被认为是二十世纪后期法国最重要的结构主义诗学家、符号学家。他从1959年开始发表文章，一直沿袭着由亚里士多德始创、在法国则经马拉美和瓦莱里使用的"诗学"这一称谓，并将自己的诗学研究确定为"有关文学形式的理论"（G. Genette, 1979: 26），这就使其与结构主义活动和符号学的多元研究建立起了密切的关系。

（1）初期研究工作

1966年，热奈特发表了《纯粹批评的理性》（Raison de la critique pure）一文，引起了学界的注意。他提出，诗学应该对文学现象固有的特征性进行分析。他首先依据结构语言学的基本概念和巴特在此基础上阐述的符号学理论对古典修辞学进行了重新的解释。他在《修辞格I》（*Figures I*）中就收录了涉及修辞学或专论修辞学的多篇文章。其中有关修辞学本质的论述尤其具有新颖独到之处。热奈特在他的《符号的背面》（L'envers des signes）一文中认为，"写作是对形式负起责任"（G. Genette, 1966: 192）。所有写作方法都是内涵之手段。热奈特借用古典修辞学中的一个典型例证来说明文字之外的这种"超意指"

的效果：在帆＝船这一提喻方式之中，有一个能指词：帆，还有一个所指对象（或概念）：船。但是，在由"帆"来代替"船"的过程中，连接能指与所指的关系就构成了一种修辞格。他为我们画出的图示如图1.3，并建议用一种更为符号学的语言来描述这一图示：

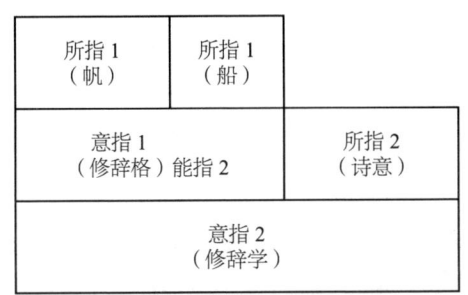

所指1（帆）	所指1（船）	
意指1（修辞格）能2		所指2（诗意）
意指2（修辞学）		

图1.3　热奈特的能指与所指关系图示

"使单词'帆'可以用来指明'船'的符号学系统，就是一种修辞格；而使一种修辞格可以用来指明诗意的第二级符号学系统，就是修辞学"（G. Genette, 1966: 192）。

图1.3是热奈特从巴特《神话》一书的《今日神话》一文借用并加以改造而制成的，巴特的图示想说明，符号的内涵系统从理论上讲是无限的。但热奈特对自己的图示没有再阐发下去，他更看重上一层的能指与所指之间的"关系"。在热奈特看来，这种关系即为"形式"，这就与他把修辞学定名为"形式系统"或"修辞格系统"一致了起来。

热奈特指出，古典修辞学主要论述的是说话的艺术和写作的艺术，但这种修辞学无法说明修辞格本身的特征性即修辞格产生的依据。热奈特认为遵照符号学理论可以帮助我们对于修辞格和修辞学进行重新确定。他说："在文字与意义之间，在诗人写出的与他的思考之间，有一种距离、一种空间，像任何空间一样，这个空间具有一种形式。我们把这种形式称为修辞格。每当空间在能指的线与所指（此所指又是另一个能指）的线上有所调整的时候，随着形式的变化，就会有相应数量的修辞格出现"，而"修辞学就是一种修辞格系统"（G. Genette, 1966: 207-208）。这使我们联想到索绪尔在《普通语言学教程》中有关能指与所指之间"关系"之变化的论述。在解释为什么修辞格具有多出字面意义的问题时，热奈特说："产生多出的意义的技巧，可以归为现代符号学称之为内涵的东西"（G. Genette, 1966: 219）。而"有关修辞格的修辞学的雄心，就是建立文学内涵的一种规则"（G. Genette, 1966: 220）。这种阐发，使得修辞学在严格的语言学和符号学意义上找到了理论依据。热奈特在后来的《修辞格 II》（Figures II, 1969）、《修辞格 III》（Figures III, 1972）和《修辞格 IV》（Figure IV, 1999）中继续对修辞学及其相关内容做了研究，这使他成了法国最著名的结构修辞学理论家。

（2）关于"叙事话语"的研究

热奈特诗学研究的第二方面重大内容，是他成功进行了对于由"托多罗夫很快定名的'叙述学'"（G. Genette, 1999: 14）的探索。热奈特首先于 1968 年对一部巴洛克史诗《被解救的摩西》（Moïse sauvé）中的三种叙述扩展方式即"形成扩展"、"插入扩展"和（叙述者的）"介入扩展"做了分析，随后又对司汤达的一部小说做了同样方式的分析。他全面对叙事进行研究，是 1969 年他在北美逗留期间结合普鲁斯特的《追忆逝水年华》（A la recherche du temps perdu）进行的。在这一时期，"我开始对这部系列小说进行了整体分析，这种分析为我提供了基础……为我提供了建立叙述结构总体理论的现场实验。在多次部分介绍和实验之后，这种论述最后以《叙事话语》（Discours du récit）为名在《修辞格 III》中发表"（G. Genette, 1999: 15）。

"叙事话语"是对叙事方法论的研究。作者在"绪论"中对"叙事话语"中涉及的关键概念做了介绍。热奈特告诉我们，**叙事**（récit）有三种意义：一是指叙述性陈述，即承担一个事件或一系列事件的口头话语或书面话语；二是指构成话语对象的，真实的或虚构的事件的接续情况，以及它们的各种连接、对立、重复等的关系；三是指不叙述行为。热奈特所要分析的，是第一种意义中的叙事，但这种叙事又与第二种意义和第三种意义中的叙事有着必然的联系。为了避免术语使用上的混乱，作者把"所指"或被讲述内容叫作**故事**（histoire），把"能指"、陈述、话语或叙述文本叫作本义上的**叙事**，把生产性叙述行为及该行为的真实或虚构的境况叫作**叙述活动**（narration）。作者认为，故事和叙述活动只有通过叙事才能存在。分析叙述活动主要是研究叙事与故事、叙事与叙述活动、故事与叙述活动之间的关系。在此，热奈特借用了托多罗夫 1966 年提出的，并在 1968 年于《诗学》一书中进一步系统化的故事三范畴：时间范畴（表现故事时间与话语时间之间的关系）、语体范畴（叙述者感知故事的方式）和语式范畴（叙述者使用的话语类型）。

《叙事话语》包括五部分内容。前三部分都是研究故事时间与叙事时间之间的关系。其第一部分讲的是"顺序"，是"故事中事件接续的时间与这些事件在叙事中排列的伪时间顺序之间的关系"，它涉及时间"错位"、"跨度、幅度"、"倒叙"、"预叙"、"趋向无时间性"等内容，使人们比较清楚地看到了这些手法在《追忆逝水年华》中的应用情况。第二部分讲的是"时距"，是"事件或故事片段可变的时距与在叙述中叙述这些事件的伪时距（实际上就是作品的长度）之间的关系，即速度关系"，它涉及叙事的"非等时性"、"概述"、"停顿"、"省略"、"场景"几个方面。第三部分讲的是"频率"，指的是"故事的重复能力与叙事重复能力之间的关系"，它涉及单一叙事与反复叙事的"确定"、"说明与扩延度"、"内历时性与外历时性"、"交替"、"过渡"几个方面，就《追忆流逝年华》来讲，这一切无不可以说是"与时间进行的绝妙游戏"。第四部分为"语式"，指的是"讲述的程度和从何种角度去讲的能力与发挥这种能力的方式"，它涉及"距离"、

"事件叙事"、"话语叙事"、"视点"、"聚焦"、"变化"、"复调式"几个方面。第五部分为"语态",热奈特接受了旺德里耶斯(Vendryès)有关语态的定义:即"在其与主体关系中被考虑的词语特征",而这位主体"在此不仅是完成或承受动作的人,而且也是转述动作的人(同一个人或另一个人),有时也是参与(尽管是被动地参与)这种叙述活动的所有人"。这最后一部分涉及"叙述阶段"、"叙述时间"、"叙述层次"、"元故事叙事"、"换位"、"人称"、"主人公与叙述者"、"叙述者功能"、"受述者"几方面。热奈特的论述使《追忆逝水年华》的叙述结构实现了立体化的呈现,从而使人们对这部著作本身的文学性(littérarité)有了更为深刻的理解。

不过,作者对他的努力成果还是有着清醒的认识的,他认为"在此提出的范畴和方法当然不是无缺点的:原因在于通常难于选择出最为合适的"(G. Genette, 1972: 269)。十年后,即 1983 年,他在大家的批评和叙述学后来发展的启迪之下,又写了《新叙事话语》(Nouveaux Discours)一书。作者在该书中对"叙事话语"中的一些概念做了补充阐述和澄清,将"叙事话语"与《新叙事话语》放在一起研究,我们可以完整地了解热奈特的叙述学思想。

(3)关于文本的"内在性"与"超验性"的研究

热奈特后来的诗学研究,主要放在了文学作品的"内在性"与"超越性"以及相关的"审美关系"方面,其代表性著作是他以两卷本形式出版的《艺术作品》(L'Œuvre d'art)。但在正式进行这一探索之前,他先后出版了几部与这一论题有关的著述,虽然这些著述都不是很厚,但为他过渡到全面阐述他在相关方面的思考做了铺垫。1979年,他出版了《广义文本论》(Introduction à l'architexte),指出"在柏拉图那里……他明确地以文本的陈述方式为准则;亚里士多德也坚持这一原则"(G. Genette, 1979: 66)。热奈特建议,"要借助于体裁走出文本,借助于方式走出体裁",再"借助于文本,并借此改弦更张"

走出方式。于是文本就出现了超越性，"即所有文本与其他文本发生明显或潜在关系的因素"（G. Genette, 1979: 88）。这种超越性，即"跨文本性"（transtextualité），它包括由克里斯蒂娃提出的"互文性"和其他类型的关系，从而带来了"超文本性"（paratextualité）。作者还把各种体裁的决定因素例如题材、方式以及其他方面，也包括在跨文本性之中，从而形成"广义文本"、"广义文本性"或"广义文本结构"。作者断言："我们可以断然肯定，诗学的研究对象不是文本，而是广义文本"（G. Genette, 1979: 99）。热奈特在1982年出版的《隐迹稿本》（*Palimpeste*）和1987年出版的《入门》（*Seuils*）两书中进一步研究了"超文本性"，认为诗学的对象是跨文本性或文本的超越性。作者在《隐迹稿本》中总结出了五种跨文本关系，它们是互文性、不公开的借鉴、寓意形式、承文本性（hypertextualité）和广义文本性，而他尤其论述了承文本性。承文本性指的是一种文本对于另一种文本的"攀附关系"，具体来说，就是指一个新的文本在另一个原有文本基础上发展起来的一种"嫁接"关系；热奈特把新的文本定名为"二级文学"的作品。在法国，有图尼埃（Tournier）的《星期五》（*Vendredi*）那样的作品。笔者认为中国文学中的"新编……""续……"等即属于此类。他1991年发表的《虚构与行文》（*Fiction et diction*）中主要论述了"文学性"体制、标准和方式，指出文学性体制有两种：第一种是构成性体制，它是一套复杂的动机、体裁规约和各种形式的文化传统；第二种是条件性体制，它依赖于主观的、可以随时取消的审美鉴赏。文学性的标准被判定为建立在经验标准基础上，它可以是题材方面的，也可以是形式方面的，或者更广泛地说，是泛话语（rhématique）方面的。泛话语标准则可以通过行文（diction）来决定文学性的两种方式。所谓行文，即非虚构性的散文，它只能有条件地被视为文学方式。该书共包括四篇文章。第一篇论述了虚构与行文各自的特点，指出"以客体的想象特征为主要特征的作品属于虚构文学，以形式特征为主而又不妨碍混合的作品属于行文"（G. Genette, 1979:31）。第二篇文章界定由叙事性虚构组成的陈述作为言语行为的地位。第三篇文章论述了叙述学应用于诸如史学、自传、通讯或私人日记等非虚构叙事体裁中的可能性。第四篇文章是从风格学入手来考察行文情况，并"在此试图勾勒出有关风格的一种符号学定义"（G. Genette, 1979:95）："风格是言语活动的表达功能，它对立于其概念的、认知的或语义的功能"（G. Genette, 1979:99），无疑，这是对于风格的一种新的认识。他在《虚构与行文》中对其做了初步研究，而在此期间，对"分析性"审美的其他贡献的发现又进一步坚定了他写作《艺术作品》这一宏篇巨著的决心。该书第一卷出版于1994年，副标题为"内在性与超越性"（Immanence et transcendance）；第二卷出版于1997年，副标题为"审美关系"（Relations esthétiques）。至此，热奈特完成了"从文本到作品"的真正过渡，这同时也使他的诗学研究进入了一个新的更高的境界。这些论述，无不对于叙述学的发展做出了重大贡献。

热奈特对于诗学研究，尤其是对于叙述学研究的贡献是巨大的。他在总结自己近五十年的研究历程时，对自己几乎没有离开诗学领域表示满意。尽管他已八旬高龄，但他至今仍与托多罗夫等人合作主编《诗学》（*Poétique*）杂志（创刊于1970年）和"诗学丛书"，仍不时地奉献给人们新的研究成果。

8. 兹维坦·托多罗夫

托多罗夫（Tz. Todorov, 1939-2017）出生于保加利亚，1963年读完大学之后来到法国，先是攻读博士学位，随后开始了研究和写作工作。他的知识背景使他成功地将东欧与西欧在文学理论领域的研究成果结合了起来，并成为结构主义的"后起之秀"。托多罗夫把自己的研究工作划分为两个大的阶段："第一个大的阶段，从我1963年来到法国，直到七十年代末（到我 40 岁的时候）。在这个阶段中，我的兴趣在于研究文学的形式、话语形式和让我们认识这些形式的方法"（J. Verrier, 1995: 122）。而进入 20 世纪 80 年代，"从这时开始，并在许多年内，我倾心于文化对话和多元文化与单元文化之间的张力的研究"（J. Verrier, 1995: 123）。托多罗夫的结构主义思想，主要体现在他的第一大阶段的著述之中，而这个阶段又可以分为两个时期。

（1）初期研究工作

托多罗夫认为，他的第一大阶段的第一个时期起自于他来到法国后出版第一部著述《文学与意义》（*Littérature et signification, Larousse*, 1967）到他与迪克洛（Oswald Ducrot）合作撰写《言语活动科学百科词典》（*Dictionnaire encyclopédique des sciences du langage, Seuil*, 1972）这段时间。在这一时期，托多罗夫的工作主要是进行分析方法上的探索，也就是建立"叙述学"的探索。最能体现他在这一时期研究内容和方法的，是在上述两部著述之间发表的《诗学》（*Poétique*, 1968, 1973）、《〈十日谈〉语法》（*Grammaire du Décaméron*, 1969）和《散文诗学》（*Poétique de la prose*, 1971）。

《诗学》最先是作为《何谓结构主义》（*Qu'est-ce que le structuralisme, Seuil*, 1968）一书的一个部分出现的，在 1973 年做了一些修改之后出版了单行本，并且至今已经发行了 10 万余册。在这本著述中，托多罗夫从结构主义观点出发，系统地论述了"诗学"的方方面面，使该书成了奠定他的理论构架和整个"叙述学"基础的重要著作。关于诗学的现代概念，他赞同雅各布森在其《普通语言学论集》（法文版）第二章"语言与诗学"中的观点，即诗学的目的是要首先回答是什么把词语信息变成了艺术作品的问题。那么，什么是托多罗夫主张的"诗学"呢？《诗学》一书的开始部分又对此做了更为明确的论述："诗学所过问的，是文学话语作为特殊话语的性质……换句话说：就是关心构成文学事实的那种抽象性质……是提出文学话语的一种结构与运行理论"（Tz. Todorov, 1968: 19）。这就告诉我们，文学文本已经不是一个足够的认识对象，诗学探讨的是可以概括所有文学文本性质的结构。托多罗夫进一步论述道，这种抽象的结构就是作品的"文学性"（littérarité）。那么，就一部具体的作品（以小说为例）来说，诗学的研究内容是什么呢？那就是：文学文本的语义内容、词语特征（语式、时距、视点、语态）、句法特征（文本结构、叙述句法、规范与反动作）。需要指出的是，《诗学》1973年的修订版本比1968年的版本内容上有所完善和丰富，特别是吸收了热奈特有关"视角"的相关论述。

《〈十日谈〉语法》是继《诗学》之后又一部系统论述叙事文特征的，尤其是其"句法"特征的专著，也可以说是对前者的深化。正是在这部著述中，托多罗夫提出了"叙述学"（narratologie）这一术语。该书结合《十日谈》的各篇故事，力图在不同的文本、甚至不同语言的叙事之间找出共同的叙事"语法"。该书首先从话语的"组成部分"入手，认为它们的语义理论都应该建立在"描述"与"命名"两种功能的基础上：专有名词、人称代词具有命名功能，普通名词、动词、形容词和副词具有描述功能。描述一篇叙事文，首先要对叙事文进行概述，使故事的每一个动作（action）都对应于一个句子，描述性特征构成句子的谓语，命名性特征构成主语。一般说来，叙事文都包含两类情节：描述状态的情节和描述从一种状态过渡到另一种状态的情节，前者相对稳定而且是**重复性的**，后者是动态性的。于是，叙事话语的两个主要的组成部分便是形容词和动词，前者便是描述平衡或不平衡状态的"谓语"，后者是描述状态之间转换的"谓语"。在确定了话语的这些组成部分之后，还要确定各个部分内部的特性，即语态、语式、方式、时距等。托多罗夫认为，《十日谈》中有两组方式：意愿（volonté）方式和假设（hypothèse）方式。前一组包括强迫式（obligatif）和祈愿式（optatif）两种，后者包括条件式和宾词式两种。在超出句子的情况下，则有三种关系：最为简单的是事件相续的时间关系，还有逻辑关系和空间关系。超出句子的句法单位是序列（séquence），按照序列的角度，句子可以被分为三种类型：它们分别对应于排除逻辑关系（或—或）、析取逻辑关系（和—或）和合取逻辑关系（和—和），因而第一类句子就是选言性的（alternatif），第二类句子就是随意性的（facultatif），第三类就是强迫性的。

《散文诗学》共收录了作者1964—1969年发表的十篇文章，进一步探讨了叙事文的"叙事语法"问题。作者在《叙事语法：〈十日谈〉》（*La grammaire: le Décaméron*）一文中谈到，对于《十日谈》各篇故事的研究，使我们在这部故事集中"只看到了两类故事。第一类……可以称作'逃脱惩罚'的故事……第二类可以被定名为'转化'故事"（Tz. Todorov, 1971: 57）。另一篇《叙述转换》（Les transformations narratives）一文则代表了托多罗夫在20世纪60年代末的研究成果。该文也是探讨叙事文的"句法特征"的，即探讨谓语、句子、序列、文本等。但比之于前面著述中相对"静态"的研究，它更多了些"动态"内容，也就是说更侧重于不同单位之间的联系与转换："对于每一个方面的研究，都是参照与它有关的上一个层次来进行的，例如对于谓语的研究是在句子范围内进行的，对于句子的研究是在序列范围内进行的，等等。"（Tz. Todorov, 1971: 118）"转换"是在"句子"层进行的，"当一个谓语在两个句子里是相同的时候，这两个句子就处于转换关系之中"（Tz. Todorov, 1971: 123）。托多罗夫为我们区分出了两种大的转换类型："简单转换"和"复杂转换"。前者还可以细分为语式转换、意愿转换、结果转换、方式转换、语体转换和地位转换，后者包括表面认识转换、描述转换、前提转换、主观性转换、态度转换。最后，作者令人信服地为我们介绍了转换的依据和条件。

至此，托多罗夫主张建立的文学文本"叙述学"基本完成。这为他后来进行符号学研究和进行非文学性文本即"社会文本"的研究打下了基础。

（2）有关"象征理论"的研究

在第二个写作时期，托多罗夫的研究成果主要以《象征理论》(*Théorie du symbole*, 1977)、《象征主义与解释》(*Symbolisme et interprétation*, 1978) 和 20 世纪 80 年代之后汇编出版的《批评之批评》(*Critique de la critique*, 1984) 为代表。不难看出，在这一时期，属于符号学范畴的象征理论成了托多罗夫探讨的主要内容。

托多罗夫在《象征理论》一书中指出，"如果要将浪漫主义审美简缩为一个词，那就是……**象征**；这样，整个浪漫主义审美最后就将是一种符号学"(Tz. Todorov, 1977: 235)。他总结出了浪漫主义文学的主要审美特征，那就是对于生产（而非模仿）、不及物性、连贯性（接近于梦的联想系统）、综合性（形式与内容的综合、意识与无意识的综合、一般与个别的综合）和对于无法表述内容的表达。他还论述了象征与讽喻之间的关系，指出：讽喻与象征是两种不同的符号类型，"讽喻是连续性的，而象征是同时性的"(Tz. Todorov, 1977: 255)。象征是间接地说明问题，它首先是其自身，然后才意味着什么。因此，借助于象征，我们可以从个别过渡到一般。他在《批评之批评》一书中认为，"浪漫主义作家的有些抽象和空洞的表达方式……促使他们区别不同的叙述者、区别普通的然而是无限变化的叙述手法"(Tz. Todorov, 1977: 33)。正是在此认识基础上，托多罗夫的符号学研究与他的结构诗学探索衔接了起来。

托多罗夫在《象征理论》一书的"西方符号学的诞生"(La naissance de la sémiotique occidentale) 一章中尤其介绍了奥古斯丁的符号学思想，指出尽管奥古斯丁关心的只是对于圣经文本的解释，但这种解释实际上是在建立一种符号学理论。通过阅读奥古斯丁的著述，托多罗夫建立起了自己的概念连对：描述与解释、理解与解释、生产与接受、语言学与文学、文学与意识形态、内在与参照等等。托多罗夫从奥古斯丁早期的一部著述《论辩证法》(*De la dialectique*)中提取了有关符号的一种定义:"词是一个事物的符号,当它被说话者说的时候,它可以被听者理解。"(Tz. Todorov, 1977:57)他认为,这个定义"显示出两种不同的关系,第一种关系在符号与事物之间(这便是命名与意指),另一种是在说话者与听话者之间(这便是传播)"(Tz. Todorov, 1977:234)。在托多罗夫阅读奥古斯丁的《天主教教义》(*Doctrine chrétienne*)一书时,他认为,这本书与其说是对于教义的表达,不如说是一部有关解释理论的著述。书中有着多种对立概念,例如符号与事物、解释与表达、含混与艰涩等。于是,托多罗夫借用一种图示表述了这些对立关系(Tz. Todorov, 1977:235):

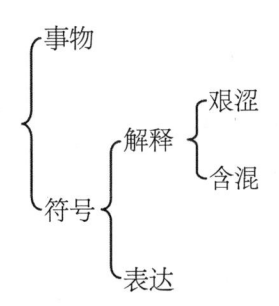

```
       ┌─ 事物
       │         ┌─ 艰涩
       │     ┌─ 解释
       │     │   └─ 含混
       └─ 符号
             └─ 表达
```

图 1.4 奥古斯丁教义解释中的对立关系

从图 1.4 可以看出,在奥古斯丁的符号学思想中,对于传播的强调是很明显的。"奥古斯丁的计划最初是阐释学的,但是,他为它增加了生产内容……于是它就变成了第一部天主教修辞学。不仅如此,它把一切都纳入了符号的总体理论之中……这本书应该被看作是真正符号学的第一部著述"(Tz. Todorov, 1977:38)。在《象征主义与解释》一书中,奥古斯丁的解释方式被托多罗夫确定为一种"目的论解释"(Tz. Todorov, 1978:122-123),这就是说,他的阐释学远不如他有关符号的理论宽阔。托多罗夫为了丰富自己对于象征的思考,他保留了奥古斯丁对于《圣经》的四种意义的著名论述：**文字**意义，它要求解释；**精神**意义，它要求解释，并可以再细分成讽喻意义；**道德**意义（它指出人们从中获得的教益）；**奥秘解说**的意义（它让人思考最终结果的未来）。托多罗夫认为，后面的三种都涉及精神，它们都属于象征意义。

最后，我们指出，《象征理论》一书也对弗洛伊德精神分析学的象征系统做了研究。弗洛伊德在其《风趣话及其与无意识的关系》（*Le Mot d'esprit et ses relations avec l'inconscient*）中，在研究了梦的运作之后，指出了梦与风趣话相似的地方。在托多罗夫看来，弗洛伊德的精神分析学对于语言学和修辞学的无知，恰恰使他重新认识了他认为是梦的活动之特征的象征机制，而这种机制就是语言学的象征机制。这样，对梦的解释就可以参照把对《圣经》的解释归入目的论解释的做法，也将对梦的解释归入同一类型的解释。托多罗夫认为，精神分析学所开辟的意义的局限性就在于它的解释只"在被分析的对象之中发现与精神分析学学说相一致的内容"（Tz. Todorov, 1977: 320）。托多罗夫承认弗洛伊德在区分两种解释技术方面的贡献，这两种技术便是：象征与联想。而托多罗夫的努力成果，就在于使弗洛伊德的这些技术在符号学方面得到了重新认识。

托多罗夫在他的研究工作中，还就与他的结构诗学有关的诸多理论问题阐述了自己的看法，例如关于话语体裁、文学史、阅读等。总之，托多罗夫的结构诗学理论是开创性的、奠基性的，他虽然未能建立起像热奈特那样完整、详尽的"叙述学"体系，但他的探索对于热奈特乃至对于巴特的影响是为人共知的，他的相关论述也极大地丰富了有关文学的现代探索。

9. 茱莉娅·克里斯蒂娃

来自东欧的一些学者对法国符号学有很大的贡献。除托多罗夫之外，还有祖籍同为保加利亚的克里斯蒂娃（J. Kristeva, 1941- ）。克里斯蒂娃 1965 年来到巴黎读博士，她很快就融入了当时围绕着《原样》杂志而形成的"先锋派"学者行列之中。她从介绍苏联文艺理论家巴赫金（Mikhaïl Bakhtine, 1895-1975）的符号学思想开始，以"使结构主义富有活力"为目的，逐步形成了自己的符号学体系。她的符号学研究名为"符义分析"，她的第一本著述《符号学：符义分析研究》（*Semiotiké : recherche pour une sémanalyse*, 1969），就是对于这种分析的集中阐述。这本书汇集了她从 1966 年开始发表的文章。当时，正值德里达的"解构论"、乔姆斯基的"生成语法"、拉康的精神分析学和本维尼斯特的"陈述活动"理论的盛行时期，克里斯蒂娃的研究无不渗透着他们的影响。在成书之前，她的文章已经引起了人们的关注。她在符号学多个领域做出了瞩目贡献，是"后结构主义"时期的重要代表性符号学家，我们仅择其影响力较大的几个方面做些介绍。

（1）对于"符号学"的定义

克里斯蒂娃认为，符号学在今天是一门有关"意指的科学"（J. Kristeva, 1969: 8），亦即一种"理论"："在我们看来，符号学今天似乎可以构成这样的一种理论：它是关于时间的科学（时间理论）和关于意蕴行为的地形学（地形理论）"（J. Kristeva, 1969: 21），也就是说，符号学是一种元语言。我们从中看出，这种定义既包含着自索绪尔以来逐渐形成的传统概念，也显示出克里斯蒂娃对于符号学内涵的特殊理解。

克里斯蒂娃认为，符号学就是有关意指活动[①]之规律的一种理论，这种理论并不受制于无主体可言的传播性言语活动的逻辑，而是在其理论化过程中包含着主体的拓扑学显示，并在它的一种对象上返回它

[①] "意指活动"（signifiance），指的是"（在意义不确定的情况下）有所意味的特征"（Rey-Debove J., 1979, p. 135）。它有别于"意指"（或"意指过程"）（signification），后者指符号的意义或产生意义的过程。

自身，因此，符号学或符义分析实际上就是一种逻辑学。但是，它不是一种形式逻辑，而更可以说是一种辩证逻辑。这种逻辑不是唯心主义辩证法的目的论，也不像形式逻辑那样限制主体的出现，它在社会学、数学、精神分析学、语言学和逻辑学之间进行一种"应用交流"，于是，它变成了引导科学向着制定一种唯物主义认识论的方向前进的原动力。因此，"符号学作为符义分析和（或）作为对它自己方法（其对象、其模式、其由**符号**安排的话语）的**批评**，参与（康德意义上的）一种**哲学**步骤"（J. Kristeva, 1969: 2）。我们看出，这比一般把符号学仅仅看作是一种新的方法论似乎更全面了一些。克里斯蒂娃把自己的符号学称为"符义分析"，所以，搞明白她对于"符义分析"的论述，也就自然会更清楚地理解她的"辩证逻辑"之内涵。克里斯蒂娃首先是在论述"意指活动"时谈到"符义分析"的，她说："我们把**意指活动**定名为区分、分层和对比工作，这种工作在语言中进行，它在说话主体的线上安排一种传播性的和从语法上讲带有结构的意蕴链。符义分析就在**文本**中研究意指活动及其类型，因此，它将穿越能指及其主体和符号，同样穿越话语的语法组织机制，以便到达在语言的出现之中的有所意味的东西之全部**萌芽**汇聚的地方"（J. Kristeva, 1969: 9），她又说："**符义分析**：即有关文本意指活动的理论，它把**符号**看作是镜面要素，这种要素确保生发过程（engendrement）即萌生过程的再现。这种生发过程就位于符号内部，它包含着符号，并且借助于符号来确定所有的规则"（J. Kristeva, 1969: 279）。由此可见，"符义分析"是在符号内部和通过符号进行的。需要说明的是，笔者将"sémanalyse"一词翻译成"符义分析"，而没有依循已有的文章所使用的"语符分析"的译名，根据有三：一是从字面组成上看，该词由 sème（义素）和 analyse（分析）撮合而成，而"义素"属于语义范畴；二是《符号学词汇》（*lexique sémiotique*）一书将其解释为"（按照克里斯蒂娃的说法）在考虑说话主体的情况下，有关话语和文本的意指活动的理论。

该理论源于弗洛伊德将说话人看作被分裂主体（既是意识主体又是无意识主体）的精神分析学的启发，它把所有意义效果分析为可以由对话者之间转移的冲突所致的，并且尤其将修辞学和风格学明确为像是两种意蕴策略的结果"（J. Rey-Debove, 1979: 127），而正是这种渗透着精神分析学观念的理论的成功与影响，使克里斯蒂娃最终成了巴黎精神分析学学会的正式会员（1997）；三是翻译成"语符分析"，很容易让人理解为与叶尔姆斯列夫创立的"语符学"（glossématique）有联系，其实，它们之间没有任何联系：一是在词形上没有联系，二是语符学根本不涉及"说话主体"和精神分析学基础。

（2）关于"文本逻辑"的理论

我们从上面的介绍中知道，克里斯蒂娃"符义分析"研究和分析的对象就是文本。但是，她有着自己对于文本的特殊理解："文本并非就是符合语法或不符合语法的诸多陈述的一种集合；它是借助于在语言中出现的不同层次的意指活动之整体安排的特殊性，从而被解读的东西，它通过语言来唤醒记忆，记忆也就是历史。这足以说明，它是一种复杂的实践活动，其字词是需要借助于有关一种特定意蕴行为的**理论**来把握的，而这种意蕴行为又是通过语言起作用的"（J. Kristeva, 1969: 16-17）。这种定义赋予了文本立体感和运动感。文本分析，是20世纪60年代末法国符号学或"后结构主义"研究的最终归宿，克里斯蒂娃的文本理论在这一时期占据着重要位置。

1）"互文性"的提出与"对话"研究

克里斯蒂娃到达法国的时候，正值法国结构主义步入它的顶峰时期。她如饥似渴地去参加巴特的课程、拉康的研讨班，遂发现法国的结构主义缺乏"动态的"研究。于是，她根据自己在保加利亚研究过的巴赫金的理论，在巴特的研讨班上提出了一种全新的观点，其中包括在头两年中她详细阐述的文本中存在的"互文性"（intertextualité）的概念，该词的基本意思是指"文本之间的相互关系"，因此也被翻译成"文本间性"。第一篇涉及"互文性"的文章发表于 1966 年，题为《词、对话、小说》(Le mot, le dialogue et le roman)。该文在其"词在文本空间之中"一节中对于文本空间的三种维度做了确定：书写的主体、接收者和外部文本。在这种情况下，"词的地位便被确定为：a）**横向上**，文本中的词既属于书写的主体，也属于接收者；b）**纵向上**，文本中的词趋向于先前的或历时性的文学语料。但是，在书籍的话语范围内，接收者仅仅是作为话语本身而被包含进来了。因此，它与作家在写作自己的文本时所依据的另一个话语（即另一个文本）融合在一起了。以至于，横向轴（主体—接收者）与纵向轴（文本—语境）相耦合从而揭示一种主要的事实：词（文本）是诸多词（诸多文本）的一种交汇，而在这种交汇之中，人们至少可以读到另一个词（另一个文本）。此外，在巴赫金的著作中，他分别将这两个轴称为**对话性**和**双义性**；巴赫金并未明显地区分这两者。但是，这种严格性的缺乏更应该说是巴赫金首先将它们引入文学理论中的一种发现：任何文本都像是由引文堆砌般构成的，任何文本都是对于另一个文本的吸收和转换。主体间性（intersubjectivité）便被**互文性**所取代，而诗性言语活动至少被解读为是**双重的**"（J. Kristeva, 1969:145）。她在 1967 年发表的《封闭的文本》(Texte clos) 一文中，又对"互文性"概念做了明确规定：互文性就是"一个文本中出现的其他文本的表述"（J. Kristeva, 1969:115）。与"互文性"相关的，是她对于"对话机制"（dialogisme）的研究，这也是对于巴赫金对话理论的深化探讨和对于法国结构主义带来重大冲击的一种努力的结果。她认为："对话机制是与话语的深层结构同外延的"（J. Kristeva, 1969:94），它涉及"主体"（作者）和"叙事"。但是，她并没有返回到传统的"主体"概念上去，而是将主体分解在叙述过程之中，认为作者"变成了一种匿名、一种缺席、一种空白"（J. Kristeva, 1969:95），以便让位于处于互文关系中的对话机制。她区分出两种叙事：一种是单声叙事，它包括描述方式、再现方式、历史方式和科学方式，在这种叙事中，"主体承担着上帝角色，而他通过相同的步骤也服从于这种角色"（J. Kristeva, 1969: 95）；另一种是对话叙事，这种叙事尤其通过狂欢节的形式和现代的复调小说的形式表现出来，而克里斯蒂娃在这种现代性中，更看到了"我们时代智力结构的基础"（J. Kristeva, 1969: 112）。

2）文本的"能产性"和作为"动态对象"

从克里斯蒂娃《能产性即文本》（La productivité dite texte）一文的题目可以看到，文本与"能产性"是分不开的。她首先把"能产性"确定为"书写活动"。她在文章开头就说："我们的文明和有关文明的科学面对一种能产性即书写活动（écriture）时变得茫然，并以此状态接受一种结果即作品"（J. Kristeva, 1969: 208）。这种"生产性劳动以消费对象的名义参与到一种交流循环（真实—作者—作品—读者）之中"（J. Kristeva, 1969: 208）。因此，如此产生的文本"并不满足于**再现**即表明真实。在它有所意味的地方，在它因为再现而出现差异的效果之中，它在其非封闭的时刻参与它所把握的真实的活动与转换。换句话说，在不汇集即不同化一种固定的真实的情况下，它构筑其运动的活动场面"（J. Kristeva , 1969: 9）。在克里斯蒂娃的"动态"文本中，有两个重要的概念，即"现象—文本"（phéno-texte）和"生成—文本"（géno-texte）。克里斯蒂娃对于它们有着清晰的论述："文本并非是一种语言**现象**，换句话说，它并不是出现在被视为平庸结构的一种语言素材之中的带有结构的意指过程。它是意指的**生发过程**（engendrement）：是在这种语言'现象'即这种**现象—文本**亦即被表达的文本中的一种生发过程。但是，这种文本只能在人们借助于（1）其各种语言学范畴和（2）意蕴行为的拓扑学的**形成**（genèse）而**垂直地**活动的时候，才是可理解的。……我们称这种过程为生成—文本，同时将文本分为现象—文本和生成—文本（即表面与深处、带有所指的结构和意蕴的能产性）"（J. Kristeva, 1969: 280）。那么，"符义分析"

所依据的"意指活动"便是"人们可以从两个方面来把握的生发过程：（1）语言组织的生发过程；（2）以介绍意指活动出现的'我'的生发过程"（J. Kristeva, 1969: 280）。这样一来，文本便是一种"动态对象"，而"符义分析的目的则是显示表现为能指的所有类型的动态对象"（J. Kristeva, 1969: 282）。那么，"现象—文本"与"生成—文本"之间的关系是怎样的呢？她继续指出："如果意蕴工作一直是在从现象—文本到生成—文本（或者从生成—文本到现象—文本）上下翻动的线上起作用的话，那么，文本的特定性便存在于这样的事实之中，即这种特定性是从生成—文本到现象文本的一种转述，它可以通过从现象—文本到生成—文本的阅读活动来识辨"（J. Kristeva, 1969: 28）。而分析一种意蕴过程，便"等于是证明意蕴系统的生成过程是如何表现在现象—文本之中的"（J. Kristeva, 1969: 281）。不过，生成—文本也还只是"能指"，更可以说是"多元能指"或"被无限区分的多元能指"，它在"将意指的**生产过程**对立于现象-文本的**传播**功能"（J, Kristeva, 1969: 284）的同时，参与意指的显示。

（3）关于"复变"的符号学理论

为了突破结构主义的藩篱，克里斯蒂娃在提出"互文性"概念之后，又对于"主体的动力性"做了研究。但是，她的"主体"并非是传统意义上的主体，而是拉康意义上的"欲望主体"。也是在1966年，她看到了索绪尔有关"anagramme"（同义词："paragramme"）的论述，而这种论述正好与她的研究接合了起来。该词本义指"改变字母顺序就可以变成新词"的情况，但索绪尔将其用来指"分散在一个文本中的一个序列的发音、字母或音节的重复情况，而该文本又可以将它们完全或部分地重组在一起"（J. Rey-Debove, 1979: 109）。综合多种词典的解释和该词在克里斯蒂娃文章中的用法，笔者将"paragramme"翻译成"复变"，似乎可以兼顾多种意义。

那么，如何来分析"复变网"呢？这便是《建立关于复变的符号学》(Pour une sémiologie des paragrammes) 一文所论述的内容。克里斯蒂娃首先对索绪尔所陈述的"复变"原则做了介绍：一是诗性言语活动"提供了第二种存在方式，它是人造的，可以说是加在单词的原始状态上的"；二是各要素之间依据连对和韵脚而具有对应关系；三是二元的诗学规律最终将突破语法的规则；四是主题—单词铺展在整个文本上或集中在一个很小的空间中。她认为，这种"复变"概念涉及三种主要论题：第一，诗性语言具有编码的无限性；第二，文学文本是双重性的：它既是书写又是解读；第三，文学文本是带有诸多接合关系的网。随后，她阐释了这几个方面，我们在此对其做扼要概述。克里斯蒂娃在文章中，是把意指活动作为复变系统来考虑的；她首先认为诗性言语活动是一种"动态过程，而通过这种过程，符号带有意指或改变意指"(J. kristeva, 1969: 178)，这种动态性"破坏言语活动的惯性，而向语言学家提供了研究符号之意指变化的唯一可能性"(J. Kristeva, 1969: 179)；在这种情况下，"诗性言语活动就表现为一种潜在的无限性"(J. Kristeva, 1969: 180)。关于文本的双重特征，克里斯蒂娃的论述是这样的："作者在阅读先前的或共时的文学素材时，借助于他的书写手段而生活在历史之中，而社会也就被记入文本之中。因此，复变科学应该考虑一种双重习性：诗性言语活动是两种话语的对话。一种外来文本进入了书写的网系之中：这种书写根据有待发现的特定规律来吸收外来文本。因此，在一个文本的复变之中，有属于被作者解读过的空间中的所有文本发挥作用。在一个异化的社会里，从社会出现异化开始，作者就通过一种复变书写参与社会"(J. Kristeva, 1969: 181)。她举动词"lire"(解读)为例，说该词在古代还具有"汇聚"、"摘取"、"辨认痕迹"等意义，因此"解读"表明了一种"参与"和"获取"另一个的取向，"'书写'也就成了变为生产、工业即书写-解读性的'解读'，而复变性书写也成了向着一种诱惑性和一种完全的参与性的热望发展"(J. Kristeva, 1969: 181)。根据上述观点，文学文本便表现为带有多种接合关系的一种系统。"我们可以将其描述成为带有诸多复变网系的一种结构。我们把字复变系称为制定文学形象的**层级模式**（modèles tabutaires）（而不是线性模式），换句话说，就是指明日常言语活动中意义之多元决定论（不同于日常言语活动中的语义和语法规范）的动力的和空间的字迹。术语**网系**在包括单义性（线性）的同时将其代替，并告诉人们每一个集合（序列）既是一种多功能关系的结束，又是这种关系的开始"（J. Kristeva, 1969: 184）。后面的论述更为详细，并伴随着多种分类。可以看出，"复变"符号学亦是其"符义分析"重要的构成部分。

克里斯蒂娃的符号学理论，需要介绍的还有很多，比如她关于"否定性"作为诗性语言能指运作特点的论述、关于处于过程中的主体的论述等。根据笔者的观察，她的阐述离不开精神分析学和生成语法观念，这似乎构成了克里斯蒂娃"符义分析"符号学的主要特征。关于克里斯蒂娃符号学所属的学派，她在一个时期曾被认为属于"解构论"者，但因为她所追求的是"意指的跨语言学模态"，所以也无法与之完全同一；现在看来，将她的"符义分析"纳入"后结构主义"是适合的，因为她就属于"红五月运动"后重新考虑"主体"和不弃"意指"的一代学者。

10. 小结

首先，以上介绍只能是概要性的，很不全面。还有几位重要的结构论符号学家，例如电影符号学家梅斯（Ch. Metz, 1931-1993）、戏剧符号学科乌赞（Ta. Kowzan）、哲学家德勒兹（G. Deleuse, 1925-1995）、波德里亚（J. Baudrillard, 1929-2007）等，都值得我们认真研究；而且，我们没有根据一个时间点断然分出哪些是后结构主义学者，因为结构论符号学家的研究也是处于变化之中的，很难将其固定在某一个阶段；最后，我们也没有说明结构论符号学与其他相关学科之间的关系。

通过上面的介绍，我们可以对结构论符号学的理论与方法做如下概括：

（1）索绪尔的结构语言学及其后续的发展，是结构论符号学产生的语言学基础，"二元论"是它的基本出发点；索绪尔将"言语活动"分为"语言"和"言语"和将语言符号分为"能指"与"所指"的结合，是结构论符号学的主要操作概念。

（2）索绪尔的结构语言学将"语言"看作"形式"、看作是一种稳定的"社会制度"、看作是语言学研究的对象，从而使在此基础上产生的结构论符号学将研究集中在符号、符号系统和被研究对象的总体结构上；在结构论符号学看来，文化是一种"结构集合"，文化产品的共同特征是结构论符号学的研究兴趣所在。

（3）在研究方法上，结构论符号学将任何研究对象都转换成语言学意义上的"能指"与"所指"概念和由语言符号组成的"形式系统"；在研究单位上，它几乎不跨越句子，而是通过对句子的切分再从聚合关系上找出相关成分的共同特征，正如巴特所说："结构主义活动包括两种典型操作：切分与组配"（R. Barthes, 1964：216），所以，它基本上是对于"不连续"成分的研究；结构论符号学被看作是语言学的一种"附属"，是有它的道理的。

（4）结构论符号学进入后结构主义时期的标志，若从时间上划分，则1968年"红五月"之后的结构论符号学探索似乎都应该属于后结构主义；若从研究内容上划分，则有以下几个方面的变化：一是人们已不再纠缠于符号的能指与所指的关系，而是将其看作一个整体，这是德里达解构论观点带来的结果；二是被结构主义所摒弃的"主体"在后结构主义时期又重新返了回来；三是开始研究"语言"的对立面"言语"，认为由"言语"构成的"陈述"也像"语言"那样影响着语言的形式系统和"意指系统"，从而开始了对于"连续性"即"文本"

或"话语"的探讨;四是文化不再只被看作是一种"结构集合",也被看作是一种"实践"。根据这些特征,巴特和福柯的后期研究、阿尔都塞和克里斯蒂娃等人的研究,以及哲学家德勒兹、波德里亚的符号学思想,都属于后结构主义。

（5）需要说明的一点是,由于德里达长期在美国执教,他的解构思想在美国的文学批评上形成了"解构主义"（déconstructionnisme）,不过,这一名称却不被法国结构主义运动所接受。他的两部著作虽然对法国结构主义产生过强大触动,甚至推动了后结构主义的出现与发展,但人们对他的思想的接受始终局限于"解构论"（déconstruction）的提法,而对其学说最为经常的命名是"超结构主义",所以,他的理论仍然属于结构主义。在法国,并不存在以德里达为分界线的解构主义阶段。

在对结构论符号学做小结时,似乎应该将其与结构主义分开来谈,尽管它们在一个时间里曾经被等同看待——我们一开始就这么说过。

结构主义在20世纪60年代中期达到了顶峰,但它几乎从一开始就伴随着批评的声音,其中最为激烈的批评来自于哲学界。著名哲学家勒菲弗（H. Lefebvre, 1901-1991）强烈抵制和批评结构主义,他将辩证法与结构主义的静态思想对立起来,认为这种静态思想是对于历史的否定,认为结构主义过分看重结构概念,而忽视动态的和其他的分析层次。其次,从1967年开始,这一思潮中出现了多元发展和超越结构主义方法的尝试与趋势,德里达的"解构论"已经为"后结构主义"的出现做了理论准备。最后,对于结构主义最为激烈的否定和嘲笑是1968年的"红五月"运动,在这一运动中,结构主义被看作是法国社会僵化的政治制度的代表思潮。"红五月"运动"不仅仅是巴黎大学生们的暴动……也是对于结构主义的一种埋葬行为","'红五月'是在一种自言'无历史而谈'的时间里出现的一种历史暴力"（F. Dosse, 1992-a: 138）。这一运动,使得结构主义思潮颜面扫地,也使得从事结构论符号学不同方向研究的学者一时不知所措，一些研究者也出现了退缩，并与结构主义划清界限。但是，这一运动对于结构论符号学也有一定的推动作用，并促进了后结构主义的研究与发展。在这之后，结构主义思潮得到了人们冷静的思考和正确认识，后结构主义时期的结构论符号学的多方向研究反而得到了肯定，并迅速走出了"红五月"带来的恐惧和阴影，巴黎符号学学派就是在此后发展壮大起来的。格雷马斯对于结构主义的总结是："正是从结构主义起，符号学在它冲破语言学狭窄框架的时刻得以发展起来。"（A. J. Greimas et J. Courtés: 360）

如今，结构主义作为一种历史事件已经过去，结构论符号学研究则依然存在，但凡涉及对于符号性质及其系统的研究，人们仍然使用 sémiologie 一词，例如我们上面提到的戏剧符号学家科乌赞，他的著作《戏剧符号学》（*Sémiologie du théätre*）就是1992年出版的一本书。而在法国不同大学语言科学专业所开课程中，也可见有的学校开设 sémiologie，而有的学校开设 sémiotique 的情况。但总的趋势是，后者的影响力越来越大，有的学者注意到，"自从60年代末以来，由于国际符号学学会的决议，sémiotique 一词已经占据着优势地位"[①]。

第三节　巴黎符号学学派

一、先驱者及研究领域

巴黎符号学学派（École de Paris），曾经是结构主义运动中最初受

[①] 援引自 www.yahoo.fr 网 INALCO-ertim 机构文件《当代符号学与语义学》（*Sémiotique contemporaine et sémantique*），是对于拉斯捷（F. Rastier）的采访录，见其 Vol. XIX, n° 2 (2014)。

到争议、但同时又被称为"最具科学性探讨"的一个分支，在当时并没有受到人们很大的重视。该学派在 1968 年法国"红五月运动"之后沉寂了少许时间，随后便得到了快速发展，并从 1970 年开始采用 sémiotique 一词来冠名自己的研究工作。当然，这并不排除在此之后的很短时间内，该学派有的学者仍将 sémiotique 与 sémiologie 两个名词混同使用。我们下面将简要介绍这一学派的发展和研究情况。

1. 先驱者

该学派重要的先驱者，其实也是结构论符号学的重要开创人，是列维-斯特劳斯和巴特。他们的部分主张与尝试启发了格雷马斯的研究。

在巴黎符号学学派看来，列维-斯特劳斯对于该学派的主要启示，在于这位人类学家"将**语言**与**言语**的对立——或者如格雷马斯所说——将叶尔姆斯列夫建立的**系统**与**过程**的对立应用在了社会事实上"（J. -C. Coquet, 1982:11），因此，他"把妇女的流动'过程'有效地与亲属结构、财富的交换和对于经济结构的服务对立了起来。或者按照梅洛-庞蒂的'马克思主义说法'将生产力与生产形式对立了起来"（J. -C. Coquet, 1982:11）。于是，列维-斯特劳斯的分析，很清楚地让我们看出了，作为"过程"的妇女流动、财富和服务交流、讯息交流的结果，便自然地产生了作为"系统"的亲属结构、经济结构和语言结构。列维-斯特劳斯进一步指出，"亲属术语就是意指要素；也像那些术语一样，意指要素只能在处于被整合于系统之中的条件下才获得这种意指"（J. -C. Coquet, 1982:11）。从这种观点出发，列维-斯特劳斯根据对应关系，将母系的高加索地区社会与父系的美拉尼西亚社会联系起来，并在一种协调体系内部将四种关系对立起来：即舅舅与外甥、兄弟与姐妹、父亲与儿子、丈夫与妻子。不仅如此，"为我们充当例证的两个组，它们都展示了对于可以进行如下转换的一种规则的应用：在这两个组里，舅舅与外甥之间的关系相对于兄弟与姐妹之间的关系,就像是父亲与儿子相对于丈夫与妻子之间的关系。以至于在得知一种关系连对之后,总是可以推导出另一种关系连对"(J. -C. Coquet, 1982: 14)。在格雷马斯看来,这些论述可以使许多意指系统变得可以理解和预测。

在格雷马斯看来,巴特在他的第一本著作《写作的零度》(1954)中就包含着对于巴黎符号学的发展有用的论述。巴特在这部小书中,根据索绪尔"语言"与"言语"的对立原则,使"写作"对立于"风格",并认为"写作是一种历史连带性行为"(R. Barthes, 1953: 24)。格雷马斯曾在自己的文章中,多次提到巴特的贡献,例如:"按照叶尔姆斯列夫内容丰富的启示,人们可以根据一种完全被结构化的意蕴集合,来构建一种符号学系统,从这种系统分析出来的所有结构都将包含着一种自立的总体意指。将这种假设应用在对文学元语言的描述上(其功劳要归于巴特),可以更好地说明它的重要性"(A. J. Greimas, 2000: 376)。再例如:"巴特的贡献的新颖性在于:一方面肯定了文学言语活动的自立性,因为文学言语活动的符号不能被压缩为简单的语言学符号;另一方面,展现了一个时代的各种文学形式总体的意指过程。**写作**——这是巴特用来定名全部文学符号的名称,它独立于人们借助文本传播的任何内容,其功能在于'突显了言语活动外在的一面,它既是历史,也是人们下定的决心'。这种(已经开始被用于文学批评的)概念,似乎让人们看到了文学方法的一种变革,甚至也许是一种全新的历史概念"(A. J. Greimas, 2000: 377)。至于巴特后来的一些符号学论述,例如"内涵"概念(1965)、叙事文的结构分析(1966)等,都曾为巴黎符号学学派的发展起到了推动和参照作用。

在这两位先驱者之后,巴黎符号学学派形成了以格雷马斯为代表和以他的理论为基础的较为强大的研究队伍。我们将在本节第二部分中把格雷马斯本人的理论构建过程与他对符号学理论的贡献放在一起集中介绍。下面,我们先来看一下这一学派的研究领域。

2. 研究领域

巴黎符号学学派的研究领域很广，我们在此仅简要介绍其中几个方面：

（1）神话与民间故事的叙事研究

在西方文化中，神话属于宗教中各种"神"尤其是与宇宙起源说有关的神即文明创造者的历险叙事，神话研究就是探讨神话与社会文化之间的关系，并且更是由于神话是可以根据一些文化碎片能够被重构的对象，所以它也属于符号学研究范围，列维-斯特劳斯在这方面开创了先河。格雷马斯于1963年发表了《比较神话学》(La mythologie comparée)一文，又于1985年出版了对于他的祖籍立陶宛的各种神的研究著述：《神与人》(Des dieux et des hommes)。民间故事，是指与宗教无关、以描述人的故事和场面为特征的叙事。格雷马斯在俄国形式主义文论家普洛普《民间故事形态学》的研究成果的基础上，总结出的包含有六个行为者（actant，又译为"行动元"）的"行为者模式"为研究民间故事提供了重要的操作概念与工具。其中，最为重要的是"主体"与"对象"（或"客体"）之间的关系，它们之间的"合取"与"析取"可以构成故事叙事的主要"叙述行程"，其主体的"能力"则又表现出多种"模态"。在这方面的研究中，后来的新生代学者也做出了自己的贡献。

（2）宗教话语的研究

这里指的是对《圣经》，并且主要是对《新约全书》(Évangile)的研究与分析。《圣经》一般也被认为是一部文学作品，因此，对于它的分析从大的方面来讲无异于文学符号学。但是长时间以来，宗教话语也被认为是一种特殊领域。一方面，文人们对于宗教都有一种"敬畏"心理，不敢触及；另一方面，对于宗教文本进行分析，总会直接或间接地涉及现有宗教社会内部的一些事件，这也可能带来麻烦。但是，第一批对宗教文本的分析研究工作，在法国社会方面却带来了意想不到的正面反应，格雷马斯称之为"意外相遇"和"理性联姻"。造成这种结果的主要原因是，以往对于《圣经》的诠释已经步入了死胡同，而符号学的分析却带来了新的理解与成果，并把这种诠释推向了与文学科学的概念相一致的程度。实际上，符号学理论也表现为一定数量的诠释手段，并向神学家重新提出了意义问题和阐释目标的问题。

（3）文学符号学

对于文学进行符号学研究，是结构论符号学从一开始就涉及的领域，巴黎符号学学派自然也继承了这一传统，格雷马斯于1974年6月7日在《世界报》的一次访谈中说道："这是一个许多研究者都在研究的一个领域，它也是具有很大的复杂性和有可能承受时尚影响的领域。"所不同的是，巴黎符号学学派的研究，已经不再考虑文学符号的特性，而是考虑整个文学言语活动。文学符号学先后探讨过文学性概念、各类文学符号学、文学文本或文学话语等。关于"文学性"，这是从雅各布森起就确立的概念，他在1921年就将文学研究的对象确定为"文学性，也就是使其为文学作品的东西"。巴黎符号学学派曾有不少研究者致力于确定这种文学性，但到了今天，这种探讨已经部分地失去了它的现时性意义，而被有关文本所包含的诸多概念和文本构成的一系列"叙述语法"所代替。此外，关于文本的概念，也逐渐扩展到了"话语"。由于"话语"被看作是由"言语"的接续所构成，所以更容易理解其开放性。从20世纪80年代开始的对于激情和随后对于"张力"的研究，进一步丰富了对于文学话语的符号学分析。

（4）关于权力话语

这类话语自然属于社会符号学范畴。自符号学研究于20世纪70年代开始过问社会话语以来，"权力话语"或"政治话语"就是很快涉及的一个方面。这种话语指的是与"政治空间"即政治"场面"有关的所有类型的话语。符号学认为，有关政治话语的各种理论已经是理解这些话语的"元话语",而阐明这些话语的分类原则就等于是辨认和确定"政治话语"的各种标准。法国符号学一般将政治话语分为"功利性话语"(或"政治学话语")和"自由话语"。这两种话语,其深层次的符号学组织机制,可以提供一整套形式方面的相似性和实质方面的区别性。概括地讲,两种话语中的每一种都看重一种适用范围很宽的句法外形(通常只分为"斗争"形式和"契约"形式)和某些范围有限的属于语义构成成分的切分原则。在句法平面上,有一种"论争"逻辑,正是这种逻辑主导着对政治的把握与阐述的方式;对于这种通过矛盾方式来调节的句法,人们可以使一种契约句法与之对立,而后者主导着建立在意志一致性基础上的属于"代表性民主"的"自由"理论之司法-政治意识形态。需要说明的是,名词"权力"(le pouvoir)一词,正好与"模态动词"中的"能够"(pouvoir)具有相同的形式,所以,政治话语又与以"能够"为主的各种模态有关系,从而形成"权威性话语"和"职权话语"。当然,这些话语又都与其语境、陈述活动的"行为者"有着直接联系。顺便指出,在社会符号学范畴内,社会心理符号学的研究也得到了长足的发展。

(5)"平面言语活动"符号学

"平面言语活动"指的是使用一种双维能指的言语活动。这种言语活动的平滑表面即图像被理解为一种意义的潜在性表现,而由此定名的视觉符号学则建立有关图像的表达编码和特定的视觉范畴,以便考虑它们与内容的形式之间的关系。这样一来,寻找平面的表达系统便在于借助简化程序来制订可以产生各种外在形象的一种要素范畴总表,而这些外在形象透过图像的视觉表面使得意义的连接和表现成为可能。找出深层次(要素范畴层)与表面层(外在形象层)和建立两个层次之间的连接,就是平面言语活动符号学的研究内容。可以说,这种符号学研究的对象是一种形式,而非一种"实质"。

经过几十年的努力，巴黎符号学学派已经成为法国符号学研究的主流。格雷马斯于 1992 年去世。但是，巨星的陨落并没有使这一学派的研究工作停滞，他的志同道合者与弟子们仍在继续沿着他开辟的道路前进，并在各自的领域取得了辉煌的成绩。

二、格雷马斯的研究及贡献

1. 阿尔吉达·朱利安·格雷马斯的研究历程

格雷马斯（A. J. Gremas, 1917-1992）出生于立陶宛，1936 年获得了到法国学习的奖学金，1939 年在格勒诺布尔（Grenoble）大学获得文学学士学位。这期间，他对方言学产生了兴趣。1944 年，由于他父母被当时的苏联政府驱逐，他便重新回到了法国，于第二年注册上了巴黎索邦大学的博士研究生，在著名语言学家布吕诺（Ch. Bruneau, 1883-1969）的指导下，主攻服饰词汇研究，并于 1948 年进行了答辩。他的博士论文的中心是共时词汇学分析，题目为《1830 年的服饰：论当时时装杂志服饰词汇的描述》（*La mode en 1830. Essai de description du vocabulaire vestimentaire d'après les journaux de mode de l'époque*），这一论文于 52 年后的 2000 年才正式出版。他曾在 1949 年受聘于埃及亚历山大大学，主讲法语史。随后，他于 1958 年到土耳其安卡拉大学和伊斯坦布尔大学主讲法语和语法，直到 1962 年，他成了法国普瓦捷（Poitiers）大学的语言学教授。从此，他开始了真正的语言学教学与研究工作。在此期间，他于 1960 年加盟了由迪布瓦（J. Dubois）和谢瓦利耶（J. -C. Chevalier）创立的法语研究学会（Société d'étude de la langue française）。从 1966 年开始，他在列维-斯特劳斯的支持下，在由高等研究实践学院（École pratique des hautes études，即 EPHE）（后来该学院一部分改名为"巴黎高等社会科学研究学院"，即 École des Hautes Etudes des Sciences Sociales, EHESS）和法兰西公学（Collège de France）联合设立的人类学研究室内成立了"语言符号学研究小组"（Groupe de recherche sémio-linguistique，即 GRSL），并开设符号学"研讨班"（séminaire）。该研讨班持续了许多年，参与的主讲人先后有巴特、迪布瓦、热奈特、克里斯蒂娃、梅斯、齐贝尔伯格（C. Zilberberg）、库尔泰斯（J. Courtés）、拉斯捷（F. Rastier）、托多罗夫、埃诺（A. Hénault）、丰塔尼耶（J. Fontanille）等人。他们的研究对象各不相同，但都是各自所在领域的成就卓著者。

我们从他 1947 年到 1965 年期间发表的 26 篇文章（不包括他的博士论文和辅助论文）中看出，他在这一段时间的研究，集中在词汇学、普通语言学理论和语义学三个方面，而他在 1956 年为纪念索绪尔《普通语言学教程》发表 40 周年所写的《索绪尔主义现状》（L'actualité du saussurisme）一文，则被认为是他转向符号学研究的标志。在这篇文章中，格雷马斯认为索绪尔的思想"超出了语言学的范围，现在已被人文科学的总体认识论所采用"（A. J. Greimas, 2000: 372），而且"正是根据**语言**（这种事物具有两个面，被构想为是'一种形式而非一种实质'）观念的与**所指**（只因为有能指它才被认识）密不可分的**能指**的语言学概念，从语言学过渡到其他人文科学的过程才得以进行——这便是对于索绪尔主义的方法论上的推演，而且也正是据此，索绪尔有关可以根据其意指来理解的一个被结构世界的假设才得到肯定"（A. J. Greimas, 2000: 372）。文章肯定了叶尔姆斯列夫对发展索绪尔的理论所做出的贡献，"索绪尔在语言与言语之间所做的著名区分——这种区分假设存在着相对于在实践上延续的言语，对应着一种先前的和唯一使交流成为可能的一种语言学系统。这种区分由叶尔姆斯列夫以更为一般的术语加以表述，他从一开始就假设任何过程都支撑一种系统并以具备这种系统为前提条件"（A. J. Greimas, 2000: 374）。该文还介绍了列维-斯特劳斯和巴特在各自领域对于索绪尔理论应用的实践。不难看出，这是一篇堪称介绍巴黎符号学学派产生之背景和研究之大体方向的文章，同时说明格雷马斯是结构语言学的忠实继承者。至此，格雷马斯的大体研究轮廓与方向，"我们可以用三句话将其概述如下：（1）语言是一种形式对象，因为它是'形式'而不是'实质'，它便具有均质特征，并可以承受分析；（2）语言是一种语义对象，它是'一种带有意义的形式建筑术'；（3）语言是一种社会对象，用索绪尔的话来说，语言的'社会机制'特征，通过'它只是根据在社会成员之间确立的某种契约来存在'而被证实"（J.-C. Coquet, 1982: 10）。

1966年，他出版了将多年研究成果融汇为一体的《结构语义学》（*Sémantique structurale*），有学者认为，"在这部著述中，那些属于格雷马斯自己的符号学的关键思想处于尝试自己运气的状态之中。说真的，整个公理学基础和格雷马斯在其作为研究者的生涯中所应该探讨的总体设想，在这部包容了认识论、符号学理论与实践的著述中，都有它们明显的位置"（A. Hénault, 1992: 103）。这部书参照叶尔姆斯列夫思想的地方很多。在认识论方面，它探讨了在深层次上承担话语一致性的跨句子结构，并对俄国形式主义理论家普洛普的模式做了进一步的形式化努力。《结构语义学》提供了意指结构的基本内容和行为者模式以及行为转换模式，展示了一般叙事文中常见的叙述图示。《结构语义学》的重要贡献还在于，它所提出的各种理论成了一代人阐发的依据，并由此形成了巴黎符号学学派的基本研究队伍。

此后一连十余年，格雷马斯把注意力放在了对符号学进行诸多方面的探讨上，从而使符号学出现了多方面的深刻变化，进而确立了巴黎符号学学派的稳固地位。这期间，他研究了与词语符号学相对的非词语即自然世界的符号学、叙述语法要素、价值对象、模态理论等（这些研究汇集在《论意义I》和《论意义II》及其他著述之中），其中多项成果都是符号学研究历史上的重大突破，直到他与库尔泰斯（J. Courtés）合著《符号学：言语活动理论的系统思考词典》（*Sémiotique. Dictionnaire raisonné de la théorie du langage*）并于1979年出版。这部词典给人们带来了极大的便利，因为它提供了人们所需要的符号学术语的定名和概念定义。到了1986年，这部词典的第二卷也出版了，这后一卷是对第一卷的"补充、讨论和建议"。而从此至80年代末，格雷马斯对"激情"做了深入研究，他与丰塔尼耶合著的《激情符号学》（*Sémiotique des passions*）是这一时期的代表作。至此，上述一系列论述和两部词典的出版，不仅使巴黎符号学学派成了法国符号学研究的主流，而且也为符号学在法国获得自立地位做出了巨大贡献。

2. 格雷马斯的历史性贡献

格雷马斯的贡献对于巴黎符号学学派的形成与发展是决定性的。从总体上讲，他一生都在致力于建立话语的"叙述语法"（grammaire narratif）。他探讨了与这种语法相关的方方面面，提供了大量可操作的被称为模式的研究成果，从而将话语的意指分析推向了新的阶段。下面是其具有代表性的几个方面。

（1）义素及同位素性概念

义素（sème）是意指的基本单位，同位素性（isotopie）是在义素的基础上形成的，《结构语义学》将相当篇幅用在了对于这两个概念的阐释方面。

关于义素，《结构语义学》在开篇不久就论述道："意指要素，由雅各布森确定为区别性特征，在他看来，它们只不过是索绪尔区别性要素一词的英语译文，随后又是法语的译文。出于简化术语的考虑，我们建议将其定义为**义素**。因此，我们看到，一种基本结构或者以语义轴的形式，或者以义素衔接的形式得以理解和描述，从现在开始，我们应该注意到，义素描述在实际效果上远远优于开列语义轴的总表。"（A. J. Greimas, 1966: 22）而在义素描述方面，格雷马斯突破了叶尔姆斯列夫和布龙达尔根据音位二元对立原则所确定的"正 vs 非正"之连对，增加了"中性项"和"复合项"，"中性项"表明的是不存在

"正"与"非正"的情况,"复合项"指存在着整个义素范畴的情况。格雷马斯指出:"对于义素连接的描述,可比之于对各种分配的分析,因为这些分配在尽力把义素的各项都记录在可比的义素语境之中。"(A. J. Greimas, 1966:25)掌握了义素概念,就方便了对于意指结构的描述,因为"结构是意指的存在方式,这种方式通过两个义素之间的连接关系得到具体表现"(A. J. Greimas, 1966:28),并且"在义素的表现平面上,义素成为词位(或词素:lexème)和词位结合体,实际上,是词位和词位结合体构成一般称之的话语"(A. J. Greimas, 1966:29),而"被视为言语活动之表现的话语……是了解内在于这种话语全部意指的唯一源泉"(A. J. Greimas, 1966:39)。

格雷马斯依据他对于词汇学的坚实知识基础,对义素分类做了清晰阐述。他把义素划分为"核义素"与"语境义素"。格雷马斯说:"在我们认识的当前状态下,我们把原级内容看作是义素核……同时假设它表现为一种固定的义素最小成分,即不变成分"(A. J. Greimas, 1966:44),"但是,如果义素核是一种不变成分的话,那么,我们此前观察到的各种'意义'变化成分就只能来自于语境。换句话说,语境应该包含着义素的各种变化成分,这些成分可以阐述我们能够记录下的意义效果的变化。我们暂时把这些义素变化看作是语境义素"(A. J. Greimas, 1966:45)。格雷马斯进而根据物理学和化学概念引入了"同位素性"概念,来定名"形态结构的复现",并指出:"语义分析,由于为建立同位素而要寻求一些区分性标准,最终要使用相互叠加的语境之等级概念。因此,至少两个义素外在形象的组合体就能被看作是可以建立一种同位素性的最小语境。"(A. J. Greimas, 1966:72)由迪布瓦等人合著的《语言学词典》对于"同位素"概念做了这样的概括:"**同位素**这个术语在格雷马斯那里指的是一种语义单位的特征性质,这种性质允许将一种话语理解为一种意指整体"(J. Dubois, 1973:271),说得直白一些,就是至少两个具有相同义素的词项便处于同位素性关系之中。同位素性是理解文本或话语语义连贯性（cohérence）必不可少的概念。13年之后出版的《符号学：言语活动理论的系统思考词典》一书对于"同位素性"有了更为完整的总结："同位素性这一概念带有操作性特征，它首先指那些承担着其陈述-话语同质性的类义素在组合关系链上的重复性……因此，便会出现将两个词项归一的义素范畴：考虑到这两个词项可以引发的进程，符号学矩阵的四个词项被说成是同位素性的。"（A. J. Greimas et J. Courtés, 1993: 197）符号学矩阵体现的是文本或话语内在的一种语义逻辑关系，同位素性无疑是维持文本或话语语义连贯性的根本所在。除了这种语义同位素性，格雷马斯还区分出了"语法同位素性（或符号学意义上的句法同位素性）及与之相关的范畴复现情况"（A. J. Greimas et J. Courtés, 1993: 197）。此外，文本或话语中还包含有：通过前后照应关系可以得到确定的施事者同位素、从范围上区分超出的局部同位素性和总体同位素性、表明形象构成成分的形象同位素性和以多种情况与之对应的主题同位素性、多元同位素等。同位素性也会存在于不同文本或话语之间，这时，它则以"互文性"的概念和名称出现。

（2）行为者模式

《结构语义学》专门有一章谈了"神话行为者模式"。这一模式是格雷马斯在总结了俄国形式主义文论家普洛普根据俄国民间故事总结出来的三十一种"功能"和七种"行为者"，以及法国美学家苏里奥（E. Souriau, 1892-1979）归纳出的六种"戏剧行为者"的基础上，借助于压缩与合并而概括出来的，这一模式可以将一个动作分解为六个方面或六个行为者。格雷马斯采用"行为者"一词来表示比"施事者"（acteur）更高的类别，因为"行为者相对于施事者来说具有一种元-语言学地位"（A. J. Greimas, 1966: 175），即它是一种单义的、可为施事者做出归类的一种要素。这一模式包括六个行为者，其连接关系如图1.5（A. J. Greimas, 1966: 180）。

```
发送者 ──── 对象 ────▶ 接收者
              ▲
              │
助手 ────▶ 主体 ◀──── 对手
```

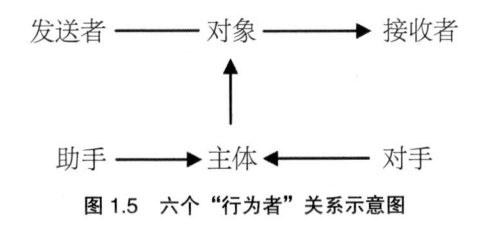

图 1.5　六个"行为者"关系示意图

格雷马斯认为"数量很少的行为者词项足可以阐述一种微观－领域的组织机制"（A. J. Greimas, 1966: 176）：主体是想要或不想要与对象实现"合取"的人，对象是一种物体或一种价值，发送者是激发动作的人，接收者是享有对象的人，助手（包括人和物件）是帮助主体实现动作的人，而对手（包括人和物件）则是制造障碍的人。这六个行为者实际上是三个连对，即"主体—对象"、"发送者—接收者"和"助手—对手"。作者遂对每一个连对即两个词项之间的关系做了介绍：主体与对象之间主要是"欲望"关系；发送者与接收者之间是交流关系，而在文学话语中，它们常常又与主体或对象形成同一或混合关系，并且发送者与接收者也分别变成了"陈述发送者"和"陈述接收者"；助手与对手是围绕着主体而言的，它们经常表现为主体"欲望"的实现或者在交流过程中的对立，但他们都是"场合参与者，而不是场面的真正行为者"（A. J. Greimas, 1966: 179）。需要说明的一点是，行为者模式中的六个行为者是对于可能出现在神话或话语中的各种功能的概括性命名，它们并不是每一次都同时出现，它们会根据体裁的变化而表现出不同的类型，并且在很多情况下以混合状态出现。

格雷马斯后来对行为者与施事者之间的关系做了区分："从历史上讲，……施事者这一术语已逐渐代替了人物（或剧情人物）这一术语"，而且"由于施事者是通过'脱离'和'接合'的程序（这些程序指的是陈述活动阶段）来获得的，所以它是一种名词类型的词汇单位"

(A. J. Greimas et J. Courtés, 1993:7），另外"施事者可以是个体的，可以是集体的，或形象的……我们最终可以获得施事者更为确切的定义：它是句法组成部分和语义组成部分两部分的汇集和语义投入的场所。要被叫作施事者，一个词位应该至少是一个行为者角色和至少是一个主题角色的承担者"（A. J. Greimas et J. Courtés, 1993:7）。至于行为者，他"可以被设想为独立于任何他人的决心而完成或承受行为的人……行为者这一术语指对于句法的某种理解力……行为者可以被看成关系即功能的结局项"（A. J. Greimas et J. Courtés, 1993:3）。后来的研究表明，助手和对手都可以被看作是主体的一种能力表现。

（3）符号学矩阵

关于符号学矩阵（carré sémiotique）的提出，笔者参阅了多部书籍，总的表述是说它是根据数学上的克莱因集群（Groupe Klein）概念和法国学者夏布罗尔（C. Chabrol）的逻辑六边形概念概括而来的。格雷马斯自己也不承认是他发明的符号学矩阵。但是不管怎样，这一矩阵在格雷马斯著作中多方面的应用和进一步的完善，无不应该说是他的贡献。因此，库尔泰斯认为，现在的符号学矩阵"是格雷马斯逐步建立起来的，符号学矩阵依据布拉格语言学学派的语言学基础，依据人类学的研究成果（列维-斯特劳斯），是对于一种语义范畴之衔接的可视性介绍"（J. Courtés, 1991:152）。

这一矩阵正式出现在格雷马斯的著作中，见于他与拉斯捷1968年共同撰写的文章《符号学制约之各种关系》（Les jeux des contraintes sémiotiques）的第一节"构成模式的结构"（La structure du modèle constitutionnel）中。这篇文章后来收入格雷马斯的《论意义Ⅰ》（1970）。该节一开始就对"意指的基本结构"做了论述，指出："如果意指S（在作为其整体性的能指领域或某种符号学系统中）在它最初被理解的层级上表现为一种语义轴的话，那么，它就对立于被当作一种绝对的意义缺席和S的矛盾成分-S。如果假设语义轴S（内容之实质）在内容之形式上分节为两个相反的义素 S1……S2 的话，那么，这两个被分别考虑的义素便表明了其矛盾项的存在：-S1……-S2。S 在建立了其义素分节之后，考虑到它可以被重新确定为借助于析取与合取的双重关系而连接 S1 和 S2 的复合义素，那么，意指的基本结构就可以表现为图 1.6（A. J. Greimas, 1968: 136-137）。

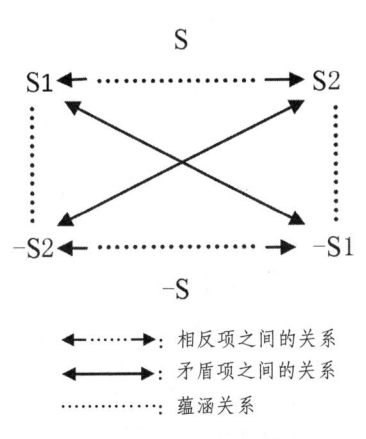

```
                    S
         S1 ←·······→ S2



        -S2 ←·······→ -S1
                   -S
```

←·······→：相反项之间的关系
←——→：矛盾项之间的关系
···········：蕴涵关系

图 1.6　意指的基本结构示意图（1968）

文中明确告诉我们，"上面的模式，仅仅是对于先前提出的模式（格雷马斯：《结构语义学》，Larousse, 1966）的一种重新表述。这一新的介绍方式可以使人将其与布朗榭（Blanché R.）的逻辑六边形（R. Blanché, « Structures intellectuelles », in *Informations sur les Sciences sociales*, 1967: VI-5）以及数学上的克莱因集群和心理学上的皮亚杰集群（Groupe Piaget）做比较"（A. J. Greimas, 1968: 137）。这一模式在后来的应用中得到了进一步的修订，1979 年出版的《符号学：言语活动理论的系统思考词典》将其改为图 1.7（A. J. Greimas et J. Courtés, 1993: 31）。

```
        S1 ←·········→ S2
          ↖         ↗
            ╲     ╱
             ╲ ╱
            ╱  ╲
          ↙      ↘
       -S2           -S1
```

←·······→ : 矛盾关系
←————→ : 对比关系
←————→ : 互补关系

图 1.7　意指的基本结构示意图（1979）

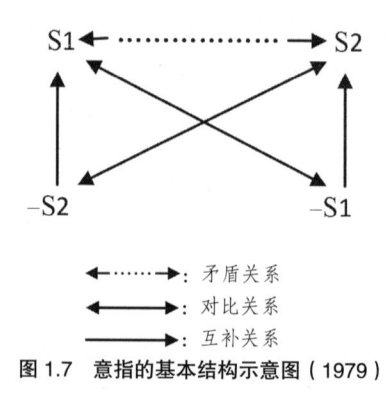

并且，书中将其命名为第一代矩阵。在此基础上建立的第二代矩阵，则是关于范畴词项的，"既然任何符号学系统都是一种等级关系，那么事实便是，在词项之间确立的所有关系，便可以充当在它们之间建立更高等级关系的词项。在这种情况下，我们可以说，两种对比关系在它们之间确立矛盾关系，而两种互补关系在它们之间建立对比关系"（A. J. Greimas et J. Courtés, 1993: 32）。于是。在下面四个词项之间便出现了更高等级的关系，如图 1.8。

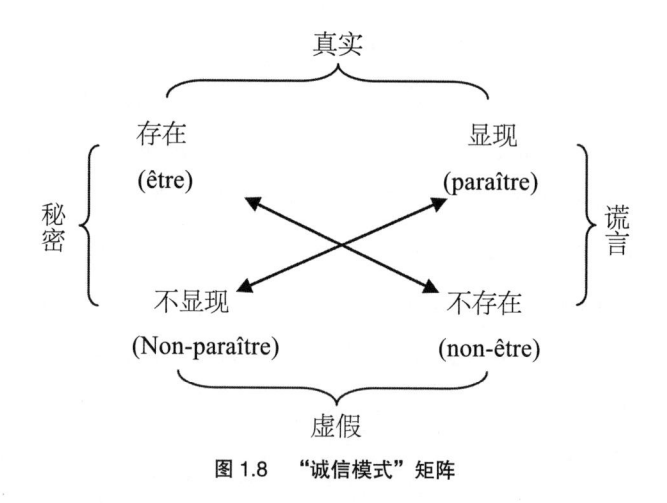

```
              ⌢真实⌢
         存在              显现
         (être)          (paraître)
     ⎧                              ⎫
   秘 ⎨          ╲    ╱             ⎬ 谎
   密 ⎨           ╲  ╱              ⎬ 言
     ⎩           ╱  ╲              ⎭
                ╱    ╲
         不显现            不存在
      (Non-paraître)    (non-être)
              ⌣虚假⌣
```

图 1.8　"诚信模式"矩阵

这个矩阵叫作"诚信模式"（又译作"述真模式"），其中，"真实与虚假是矛盾元词项,而秘密和谎言是相反元词项。元词项和由它们构成的范畴将被看作是第二代的词项和第二代的范畴"(A. J. Greimas et J. Courtés, 1993: 32)。1986年出版的第二卷《符号学:言语活动理论的系统思考词典》主要围绕着"诚信模式",对矩阵再一次做了修订:从术语上看,"真实"和"虚假"都由原先使用的形容词变成了名词,"谎言"也被"幻觉"所取代;从内容上看,这一矩阵出现了更为复杂的探讨,这使它成了挖掘深层语义逻辑关系的一种工具性概念。

当然,这种传统的"符号学矩阵",也有一定的不足。格雷马斯的学生丰塔尼耶后来就指出过:"符号学矩阵汇总了各种类型的对立关系,以便使其成为一种严密的图示。但是,它将范畴介绍为一种完成的整体,而这种整体不再受一种灵活的陈述活动所掌控;此外,在其经典的表述之中,它将范畴转换成一种形式图示,而这种图示又不再与对现象的感知和可感性的探讨有任何关系。"(J. Fontanille, 2000: 69)所以,格雷马斯的矩阵后来在不同的研究者那里也出现了一些变化,但这丝毫不影响它的根本原则。

(4)叙述语法

格雷马斯最早于1969年以文章《叙述语法要素》(*Éléments d'une grammaire narrative*)首次提出了对于"叙述语法"的研究。但可以说,他对于意指结构的各种分析都与叙述有关,比如"行为者模式"等。而在他之前和与他同时,有普洛普对于民间故事结构的研究、列维-斯特劳斯对于神话结构的研究、布雷蒙(Cl. Bremond)根据一种逻辑关系对于叙述的解释,以及丹德(A. Dundes)在叙述语法组织形式方面的研究等。格雷马斯的研究在总结个人和参照他人研究成果的基础上"尽可能扩展叙述分析的应用领域和使在这些研究过程中出现的局部模式越来越形式化"(A. J. Greimas, 1970: 157)。他首先区分出两种基本的再现与叙述层次:叙述的表面层次和叙述的内在层次。在前一个层次里,叙述的各种表现服从于语言实质的各种要求;后一个层次则构成一种共有的结构主干，叙述性就位于结构主干的表现上，并先于其表现而得到了组织。他认为，"叙述分析的必然后果就是话语分析"（A. J. Greimas, 1970:158），而且，"意指的生发并不首先通过陈述的产生和其结合而成为话语；这种生发在其行程之中是被叙述结构所替代的，正是这些叙述结构在产生被认为是连接成陈述的话语"（A. J. Greimas, 1970:159）。因此，制定一种有关叙述性的理论，尤其在于在被看作是意指科学的符号学总体安排之内部，建立起各种叙述结构，"此外，我们已经注意到，可以使意指的基本结构形式化是必要的那些范畴，同样是被用来构建任何符号学理论的那些认识论范畴。正是通过这些构成对于意义的任何操纵都是初始阶段的符号学模式的'言语活动的共同概念'，我们可以考虑制定一种基本语法的首批前提"（A. J. Greimas, 1970:162）。接着，他阐述了基本语法的各种特征："（1）叙述语法由一种基本形态学和一种基本句法构成，前者是由分类模式提供的，后者则在提前相互确定的分类词项上运作；（2）叙述句法在能够被投入内容价值的各种词项上进行操作，因此，这种句法便在否定和肯定这些词项或者同样在使其出现析取与合取的同时，转换和操纵这些词项；（3）句法操作由于位于已经建立的分类框架内，所以它们是有向度的，并因此是可预见、可计算的；（4）此外，这些操作是成系列出现的，并将分段过程构成操作性句法单位。"（A. J. Greimas, 1970:166）随后他又论述了表层叙述语法的各种要素，其中包括语法层次、叙述性陈述、叙述单位、运用性接续。至此，格雷马斯所阐述过的所有概念都在这种语法中得到了应用。

格雷马斯在1973年发表的《一个叙述符号学问题：价值对象》（*Un problème de sémiotique narrative : les objets de valeur*）文章中，首先说明了价值具有可以被看作是"模态助手"的符号学地位，分析了叙述过程中主体与价值、客观价值与主观价值；接着，他又阐述了价值的叙述地位，指出了主体与对象之间的合取陈述（S∩O）与析取陈述（S∪O）两种情况：在主体与对象之间建立的转换被称为**实现过程**（réalisation），可表述为：

$$\text{Réal} = F\text{ trans}[S1 \to O1(S \cap O)]$$
（实现）（转换功能）

而在析取的情况下，通过转换而获得的则是**潜在过程**（virtualisation），可表述为：

$$\text{Virt} = F\text{ trans }[S1 \to O1(S \cup O)]$$
（潜在）（转换功能）

最后，该文又对一种对象、两种对象的传播以及参与性传播做了分析。

我们注意到，在 1979 年出版的《符号学：言语活动理论的系统思考词典》一书中，格雷马斯对于"叙述语法"有过这样的阐述："如果涉及的是所有可能的陈述现次之产生……在这种词义中，语法接近于我们的符号学概念。在我们的符号学计划中，符号学语法对应于符号学—叙述结构：它的组成部分，在深层上有一种基本句法和一种基本语义，而相应地在表层上有一种叙述句法和一种叙述语义"（A. J. Greimas et J. Courtés, 1993: 168）。我们在书中还看到了对于表层叙述结构制定的一种新的概念，即"叙述程式"（programme narratif，简称为 PN）概念。所谓"叙述程式"，"是表层叙述结构的基本组合体，它是由主导着一个状态陈述的一个作为陈述构成的"（A. J. Greimas et J. Courtés, 1993: 297）。这种程式可以表述为：

$$PN = F[S1 \to (S2 \cap Ov)]$$
$$PN = F[S1 \to (S2 \cup Ov)]$$

其中，F = 函数关系；S1 = 作为主体；S2 = 状态主体；Ov = 价值对象；[ ] = 作为陈述；( ) = 状态陈述；∩ = 合取关系；∪ = 析取关系。

"叙述程式"一般被看作是一种状态变化，它从任何一位主体（S1）开始，影响到另一位任何主体（S2）。从 PN 这种状态陈述出发，就可以在话语层上构建各种外在形象。

应该申明，此处我们对于格雷马斯叙述语法的介绍只是一种概述，要做全面了解则必须深入"叙述"的细节。他的符号学又被称为"叙述符号学"，是有其道理的。

（5）模态研究

格雷马斯从 20 世纪 70 年代中期开始了对于"模态"（modalités）的系统研究，曾分别以"建立模态理论"（Pour une théorie des modalités, 1976）和"论存在的模态化"（De la modalisation de l'être, 1979）为名发表过两篇长文，将其研究成果公之于众，后来又通过《符号学：言语活动理论的系统思考词典》的上下册对其进行了局部修订，从而将符号学研究推向了新的阶段。

格雷马斯首先对"模态"出现的条件做了确定："如果我们把模态化临时地确定为'通过主语对于谓语的改变'作为出发点的话，在模态主体得以足够确定的条件下，那么我们就可以认为**行为**（acte）——更特定地说是**言语活动的行为**——就是各种模态出现的场所"（A. J. Greimas, 1983:67），并且指出"言语活动的行为只以陈述（句子）和借助其结果来出现，而产生陈述的言语活动则只具备逻辑前提的地位"（A. J. Greimas, 1983:67）。格雷马斯遂对于"言语活动"给予了初步确定，指出它可简单地表现为"使存在的东西"（ce qui fait être），于是人们可以直接地从这种表达方式中辨认出具有两个谓语的一种从属结构："做"（faire）对立于"存在"（être）。前一个动词在与另一个动词一起使用时也有"使做……"的意思，后一个动词也可以翻译为"存在"、"是"或"成为"。这样一来，一个"作为"动词和一个"状态"动词就这样被区分了开来,并且"做"(或"使做")是构成"转换"(即"肯定"或"否定")的动词,"存在"(或"是"、"成为")为构成"附连关系"(jonction)(即"合取"或"析取")的动词,同时,"使—存在(是、成为)"作为被称之的"运用能力"的构成,"作为的存在"状态被称为"潜在能力",而所有的模态动词便都会与这两个动词建立起各种关系,从而形成各种模态。

格雷马斯提出的"临时的"模态动词为:"想要"(vouloir)、"应该"(devoir)、"能够"(pouvoir)和"懂得"(savoir),他认为:"这些模态可以变动被称作潜在能力的潜在状态,因此能够在以某种方式改变其谓语的同时来主导作为陈述与状态陈述"(A. J. Greimas, 1985:77)。于是,他确定了以"应该"加"做"为表现形式的"道义模态"(modalité déontique,又译作"应能模态"),如图 1.9 所示。

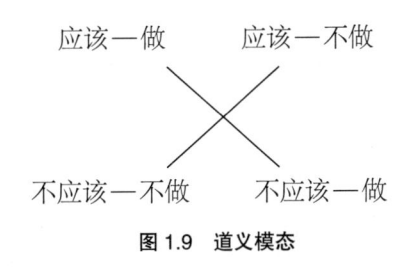

```
应该—做        应该—不做
         ╲  ╱
          ╳
         ╱  ╲
不应该—不做    不应该—做
```

图 1.9 道义模态

而从范畴上归纳,四个词项的位置可表示为图 1.10。

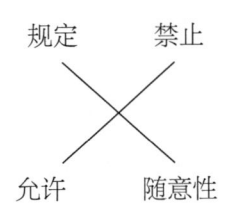

```
规定      禁止
    ╲  ╱
     ╳
    ╱  ╲
允许      随意性
```

图 1.10 从范畴上归纳出的模态形式

而在"应该"与"存在"(或"是"、"成为")相结合的情况下，四个词项的位置可以表示为图 1.11。

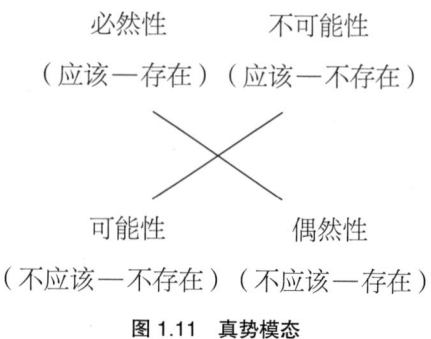

必然性　　　　不可能性
（应该—存在）（应该—不存在）

可能性　　　　偶然性
（不应该—不存在）（不应该—存在）

图 1.11　真势模态

如此被确定的模态被称为"真势模态"（modalité aléthique）。格雷马斯接着又对有关"做"（或"使做"）与"存在"（或"是"、"成为"）的模态进一步做了抽象描述，他用 m 代替"模态陈述"，用 f 代替"做的陈述"，用 e 代替"存在的陈述"，于是，便有了图 1.12。

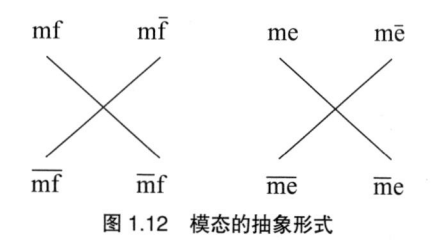

mf　　$m\bar{f}$　　　me　　$m\bar{e}$

$\overline{m}f$　　$\overline{m}\bar{f}$　　$\overline{m}e$　　$\overline{m}\bar{e}$

图 1.12　模态的抽象形式

"在连续地将四个模态谓语——想要、应该、能够和懂得——投入到模态陈述之中的时候，将获得八种模态范畴……不管怎样，有关'做'与'存在'的模态化应该得到保留。可以说，在第一种情况里，模态化是关于被看作是与主体有关的谓语；而在第二种情况里，是被看作与对象有关的谓语。于是，便可以区分出两种逻辑关系：一种是描述和调节主体模态化的主观逻辑，另一种是处理对象—陈述的存在方式的客观逻辑"（A. J. Greimas, 1985: 79）。不仅如此，格雷马斯还对模态的存在方式、真势模态和道义模态的各种表现方式做了介绍。在1979年发表的《论存在的模态化》(De la modalisation de l'être)文章中,他区分了模态能力与模态空间,指出"对于'存在'的模态化将被看作是对于价值对象之地位的改变"(A. J. Greimas, 1985: 97),随后,他列出了四个模态动词的各种模态结构及名称。一时间,格雷马斯对于模态理论的研究成果引起了符号学研究者们的极大兴趣,当时其他研究者的多部著述之中都多处运用了模态理论。他在《符号学:言语活动理论的系统思考词典》一书中也提到了动词 croire(相信,认为),指出"作为主体对于一种状态之陈述的赞同,相信表现为一种认知行为,这种行为是由确信之模态范畴来多方决定的……相信的问题就像是将来符号学研究主题之一"(A. J. Greimas et J. Courtés, 1993: 76-77)。后来,他在1983年发表的《懂得与相信:同一种认知领域》(Le savoir et le croire. Un seul univers cognitif)一文比较全面地论证了"相信"(或"认为")的模态作用,并指出"相信"与"懂得"具有程度上的差别,但它们属于同一种认知领域。

  模态的"存在方式"或"存在层次"也是格雷马斯关注的方面之一,他最早于《符号学:言语活动理论的系统思考词典》第一卷的"模态"词条之中,探讨了这一问题,指出模态的存在方式可分为三个层次,他说:"语言学上的索绪尔主义已经让我们习惯于以存在方式和存在层次即潜在性存在、现时性存在和实现性存在来进行思考"(A. J. Greimas et J. Courtés, 1993: 231)。并且,他认为"应该"和"想要"是潜在性的,"能够"和"懂得"是现时性的,而它们与"做"和"是"的结合都是"实现性的"。不过,我们在他1983年发表的《建立模态理论》中看到,他对这样的划分做了修订:他将四个模态动词与"做"的结合都看作是"潜在能力",并将"应该-做"和"想要-做"看作是"潜在性模态",将"可以-做"和"懂得-做"看作是现时性模态,而将"使-存在"(或"使-成为")看作是"运用能力",因此它是实现性模态。

1986年出版的《符号学：言语活动理论的系统思考词典》第二卷中对于"模态理论"又作了补充和明确："这一次依据可变的模态能力来建立第三种分类标准，是可以得到考虑的。其所涉及的是各种程度性模态化（例如各种认识论模态），它们属于相同的认知领域，却通过一种从属关系在符号学叙述句法的内部被连接了起来"（A. J. Greimas et J. Courtés, 1986: 140）。根据我们在本章"绪论"中的介绍，不难看出，格雷马斯的模态理论是对于本维尼斯特模态动词研究的继承、丰富与系统化。

（6）激情符号学

格雷马斯最早于1978年发表的《建立激情符号学——1978—1979年研究设想》（Pour une sémiotique des passions. Hypothèses de recherché pour 1978-1979）一文中首次提出了在符号学领域研究"激情"的问题。不久，他在1979年发表的《论存在的模态化》一文中谈到了作为"激情"的一个方面的"情绪"（thymique），指出："一种语义范畴可以通过在将其分节的矩阵上投射情绪范畴而获得价值，这种情绪范畴的两个相反项可以被命名为惬意/不悦。这是一种'初始'范畴，也被说成是本体感受性的范畴。借助于这种范畴，人们在尽力大致地表述任何人在他们的场所的自我'感觉'和对他们所处的环境有所反应的方式，因为人被看作是'一种诱惑与反感系统'。"（A. J. Greimas, 1983: 93）而情绪范畴通常被看作语言学上"有生命"（活）vs"无生命"（死）范畴中的"有生命"项。作者随后又对"情绪空间"与"模态空间"做了分析，指出"在抽象结构层次上，情绪空间被认为再现活着的人的各种基本表现与所处环境的关系……而模态空间在覆盖同一场所的同时，表现为情绪空间的一种载体和一种多方连接方式"（A. J. Greimas, 1985: 95）。因此，在价值的转换之中，除了需要在符号学矩阵上选择适当对象即价值的义素术语之外，还要选择情绪术语，也就是要"投身于连接主体与对象的关系之中"，即"附连关系"（relation de jonction）之中。于是，主体与对象的关系便具有一种"多余的意义"，即"情感性"意义，而主体的存在则被一种特殊方式所模态化。作者随即为我们开列了"存在"的多种"模态结构"：想要-存在（"希望的"）、应该-存在（"必须的"）、能够-存在（"可能的"）、懂得-存在（"真实的"）以及它们各自的"相反项"和"矛盾项"。并且作者明确说明："所谓潜在中的'想要'和'应该-存在'更为'主观'、更为接近主体，而与之同时的所谓现时中的模态'能够'和'懂得-存在'则更为'客观'。"（A. J. Greimas, 1985: 100）不难想象，这些模态与"对象"的合取或析取，将会产生丰富的情感表现。格雷马斯在1981年发表的《论愤怒》（De la colère）一文就对"愤怒"这一情绪表现从词汇学和模态方面做了出色的分析，他指出，"愤怒"是人从"期待"（想要合取或想要被合取）、到"不高兴"（一直处于非-合取即析取的状态）、再到"报复"（对于受到"侵犯"的反应）的过程，从而让人们看到了激情的模态分析之前景。

在后来的10年中，格雷马斯及其学生围绕着"激情"做了大量研究工作。格雷马斯与丰塔尼耶1991年出版的《激情符号学》（Sémiotique des passions）一书，代表了这种研究的里程碑性的成果。这本书是丰塔尼耶在他的老师格雷马斯拟定的提纲的基础上完成的。该书依据格雷马斯的符号学原理全面地论述了激情的认识论基础，指出："激情并不是主体所专有的特性，而是整个话语的特性……激情借助于一种'符号学风格'的作用发端于话语的结构，而这种符号学风格或者投射到主体上，或者投射到对象上，或者投射到他们的附连关系上。"（A. J. Greimas et J. Fontanille, 1991: 21）在此，我们对它的主要内容做如下概括：

1）明确了激情主体

"在整个理论组织中，激情关系到主体的'存在'……被激情所情感化的主体,最后总是根据'存在'而被模态化为主体,也就是说被看作是'状态主体',即便他也担负着一种作为"(A. J. Greimas et J. Fontanille, 1991: 53)。但是,这并不排除"在分析时,激情被揭示为像是一种作为链接:操纵、诱惑、折磨、调查、展现"(A. J. Greimas et J. Fontanille, 1991: 54)。

2)确定了主体的存在模态

叙述行为者的存在模态建立在"附连关系"基础上,它们是"潜在中的主体"(非合取)、"现时中的主体"(析取)和"实现中的主体"(合取)(A. J. Greimas et J. Fontanille, 1991: 56),这是根据话语表现从深层到表层的过程来确定的。于是,话语主体就是"实现中的主体",叙述主体就是"现时中的主体",操作主体就是"潜在中的主体",而"想要与应该确定'潜在中的主体',懂得与能够确定'现时中的主体'"(A. J. Greimas et J. Fontanille, 1991: 57)。

3)确立了激情的"模态机制—模态安排—道德说教"的展示模式

所谓"模态机制",就是进入"话语领域"之前的各种条件,包括主体的"情绪张力度"、"符号学叙事的范畴化准备"等;所谓"模态安排",指的是起用一定模态后的各种"体态表现";而所谓"道德说教",指的是面对集体或集体对于激情"从伦理到审美的判断",它是模态动词"懂得-存在"的体现;因此,这一展示模式也可以概括为"构成—安排—关注"这种话语句法("关注"包含"道德说教")(A. J. Greimas et J. Fontanille, 1991: 162)。

4)为法语文化中的一般激情表现总结出了术语表

所谓一般激情,它们是"情感"、"激动"、"心情"、"敏感"、"爱好"、"脾气"、"性格",这些激情表现会随着所使用的模态和情感活动而出现程度上的变化,从而引起上述各个名称下的次生激情,并且在不同的历史时期社会的和个人的表现也不同。

5）为一些激情表现做出了模态解释

"愿望"是围绕着一种价值对象而动的"想要—存在","冲动"是"想要—做"与"能够—做"的某种结合;"固执"表示的是"想要—存在"与"不能—存在"和"懂得—不—存在"相互间的关系;"希望"建立在"应该—存在"与"相信—存在"的基础之上,是一种"持续的情感";"失望"的模态表现是"应该—存在"、"想要—存在"与"不能—存在"和"不懂得—存在"相结合的产物;"吝啬"是"能够—存在"、"懂得—存在"和"不能—不存在"的相互关系;等等。这些模态解释,无不增强了人们对于激情的符号学分析的信任度。

可以说,《激情符号学》是一部开创性、奠基性的著作,它使人们看到了激情符号学具有的广阔前景。至此,我们似乎可以做如下的总结:激情话语是建立在"作为模态"和"存在模态"相结合和相互作用基础上的,但不论是哪一种模态,它们都脱离不开"价值对象";因此,主体与价值对象之间的"附连关系",便构成了"激情空间";激情的发展显示出一种"变化",而这种变化即为"张力度"的各种表现。

格雷马斯在符号学理论方面的重大历史性贡献,是巴黎符号学学派形成与发展的关键,它涉及非常多的领域,我们在此仅就大的方面做些概括性梳理。格雷马斯的一些重要著作,已开始在我国陆续翻译出版,相信这会引起更多中国学者的注意并加以研究。

三、其他重要学者的思想

格雷马斯去世后,他的合作者和弟子们继续进行他未竟的事业,继续在由他开辟的道路上前进,并于多个领域取得了许多新的成就。这里,我们选择几位重要的符号学家,对他们的思想做些理论阐释。

1. 让-克洛德·科凯的主体论研究

科凯（J. -C. Coquet，又译作"高概"，1928— ）是巴黎符号学学派中的著名学者，巴黎第八大学资深教授。他重点研究了文学话语，具体地讲，是在文学作品的主体性表现方面做出了突出贡献。他的著作主要有《文学符号学：话语的语义分析探讨》（*Sémiotique littéraire, contribution à l'analyse sémantique du discours*, 1973-1976）、《符号学：巴黎符号学学派》（*Sémiotique: l'École de Paris*, 1982）、《话语与其主体》（上下册）（*Le discours et son sujet*, 1984, 1985）、《寻找意义》（*La quête du sens*, 1997）、《自然与逻各斯：言语活动现象学》（*Phusis et logos: Une phénoménologie du langage*, 2007）。一般认为，他的研究承袭了梅洛-庞蒂现象学和本维尼斯特语言学的研究成果。我们在此仅就其有关主体性的论述做些介绍。

（1）科凯的"主体"概念

作为法国结构主义发展的结果，曾经在一段时间里，结构论符号学不屑研究主体。科凯力排众议、顶住压力，在梅洛-庞蒂的现象学与本维尼斯特有关"陈述活动"的理论中找到了依据，因为他们认为陈述活动具有两个面向：言语活动是主观与客观相结合的产物，"我"既是实际的人，又具有语言学的形式特征，因此话语实际上是一种对话。他在 1997 年出版的《寻找意义》一书的前言中很清楚地表明了他的思想："因此，'意味'并非是一种单纯的智力行为，它并不属于普通的认知。它还引入了整个人的'我可以'、整个人的身体与'血肉'；它表明我们对于世界的经验和我们与'事物本身'的接触。"（J. -C. Coquet, 1997: 1-2）

他认为，话语活动不能脱离现实之具体的和实际的经验，于是，这便赋予正在进行中的话语一种绝对的优先权利。因为，这种话语负责主体在世界上的出现方式，而且它是主体身份的奠基者。因此，他所发展的符号学可以被称为一种话语现象学。意指世界与既是言语主体又是感知主体（他们可以说是连在一起的）的一位主体相关，这种世界是由一种行为者机制支配的。正像我们已经看到的那样，这些行为者是由他们的谓语附连方式所确定的，他们在话语的任何时刻都处于变化与变动之中。由于谓语总处在变动之中，它们并不具备一种稳定的形态，并因此在每一种正在说的言语中都表现出一种身份。

科凯在《话语与其主体》一书中，首先引入了格雷马斯的"行为者"概念，指出"行为者"并非是"肉体的存在即'人'，而是一些形式即一些关系网系"。他在《话语与其主体》一书中认为"我们尤其考虑行为者主体"，并且"对于社会关系的任何再现都要求建立这样的行为者"（J. -C. Coquet, 1997: 9）。但是，如果行为者不完成自反行为的话，"那是因为他占据着非主体（non-sujet）的补充位置"（J. -C. Coquet, 1997: 10）。

科凯的话语主体研究始终与格雷马斯阐述的"模态"动词联系着，他说："实际上，在我们的语法中，这类行动者是与一个或多个抽象的谓语联系在一起的。在可能的传统分类性动词当中，有四个这样的动词——在我们看来，它们构成了话语的固定支撑：除了已经指出的**能够**（pouvoir）和**应该**（devoir）之外，还有**懂得**（savoir）和**想要**（vouloir）"（J. -C. Coquet, 1984: 11）。

（2）理性与激情

科凯在对于主体的论述中，始终联系着激情。他让我们理解，对影响典型行为者的各种变化的分析，可以使我们具体地表现它们，并为其确定一种类型学，而激情的主体就位于这种类型学之中。

科凯告诉我们，这些典型行为者有三个，他们的激情本质说明他们可以从一个转换到另一个："第一个行为者"分为两个阶段，非主体（或功能主体，其活动就是并不假设有其行为的谓语化过程）和主体（或人称行为者，其活动包含着判断所接受的肯定）；"第二个行为者"（或对象）；"第三个行为者"是具有一种"能力"的权威阶段，这个概念接近于发送者。有了这些工具,分析就可以为陈述活动的变化确定范围了,并且可以明确地确定主体之位置和角色有时是内心的各种转换了。第一个行为者,连同他的两个分支,都位于问题的中心,因为正是他首先在确定话语主体的"出现"方式,是在他身上——更准确地讲是在其非主体阶段——负责掩盖激情理论。

科凯在《寻找意义》的导论中提到"现象学的能力"时,肯定了能指的可感物质性的重要性。这种物质性可以引导人们去认识身体本身必然进入言语活动事件之中,可以在话语主体所承担的判断的一种结构旁边,显示出他所不承担的一种"激情结构"。激情结构以其更是意义之闯入而不是意义之控制的方式,来确定话语的顺序。因此,激情是与非-主体阶段连接在一起的。判断行为,即由主体阶段所控制的阶段,只在激情的"经验时刻才介入进来"。这种结构构成"话语的现象学分析的基础图示",说明非主体在其与主体维持的辩证关系中的地位是中心的;在没有谓语过程的非主体的情况下,主体作为肯定之主体就不可以存在,因为非主体更为根本地表现"我们与世界的融合"。于是,梅洛-庞蒂关于世界上出现的不假思索的现象之特性的论述,便与本维尼斯特对于建立在自我肯定基础上的陈述活动之特性的论述结合了起来。后者在某种程度上担负起了前者,前者又为后者的存在方式限定了条件。科凯认为,主体领域就是直接地被思考,也可以说是被自我所包容的场所。

按照科凯的观点,陈述阶段的现象学与语言学的双重地位,可以在行为者更为抽象的层次上得到分析。在行为者中,非主体与主体之间的关系是最为重要的。然而,在非主体被分为两种明显有别的功能的情况下,他的地位是模糊的。实际上,"作为建立在判断唯一性基础上的行为者类别"(J.-C. Coquet, 1997: 248),非主体首先指的是"只实施因为他而被放入程序的那种东西"的行为者,即"与他的功能相一致"(J.-C. Coquet, 1997: 154)的行为者,"只知道其自己行为准则"

（J. -C. Coquet, 1997: 41）的行为者。但是，正像我们已经看到的那样，他也具体地表现激情主体。在第一种词义之中，有三种标准在确定非主体：没有判断、没有历史、他作为执行者的过程之数目不多。于是，寓言故事中的狼被分析为像是一种非主体，该非主体由于服从于其捕食性本质的机械性安排，而枉费心机地脱离其行为者的地位。他们根据何种标准被应用于激情主体呢？根据这同一种意义，激情者是一种非主体吗？情绪主体不能脱离对于自身的依附性，他进入并受制于身体自身的绝对需要，而身体是他在世界上存在的"不透明部分"（J. -C. Coquet, 1997: 12）。身体是非主体阶段。这种分析被有关变化的命题所确认，变化是在场的连续的时间，其经验便是借助于身体的中介指向非主体。不过，含混性是明确的：于是，对于萨拉辛（Sarrasine）所引用的一句话的评论（"或者被她所爱，或者就去死！"这是萨拉辛对于自身的判断）说明，巴尔扎克"把这位年轻的雕刻家介绍为像是一位激情主体，但他却是一位主体"，然后才在紧随的陈述中指出判断的失去和"他突然转换成非主体"（J. -C. Coquet, 1997: 248）。非主体的两种变体，即功能性变体和激情性变体，其矛盾情况激烈地出现在对于激情的分析之中，因为在这里，是"身体即非主体在最为形象化地展示自主性，因此它也是自由性的堡垒"（J. -C. Coquet, 1997: 12）。可是，功能性非主体又受制于程序化过程。

这种分析，把激情或情绪看作是被控制的话语的固定基础和无法避免的条件。不管怎样，这种分析显示了激情与判断、激情与理性的一种二分法。我们在文学作品中所看到的情况是，建立在完全判断中的话语，都在试图摆脱非主体含蓄的激情条件，但没有非主体的存在，话语则失去了诱人的光彩。

科凯的主体性研究是在本维尼斯特和格雷马斯理论的基础上形成的一个独立系统，尤其适用于对文学作品的分析研究。此外，科凯对于诗歌的符号学分析也有特殊的贡献，他对于兰波（Rimbaud）的三首散文诗《彩图》(Illumination, VII, VIII, XXVI)的分析堪称诗歌符号学分析的典范。

2. 尤瑟夫·库尔泰斯

库尔泰斯(J. Courtés, 1936-)在经历了四个专业的本科学习之后，最终选择了寻找"意义"的研究方向。在他发现通过符号学的分析可以使对于文本的解读更为"客观"之后，他便尝试对一篇属于"神学"方面的文本做初步符号学方面的分析，并将成果寄交给了格雷马斯。他与格雷马斯第一次见面是在1968年的6月，从此，他们成了好朋友，库尔泰斯曾长时间担任格雷马斯的助手和秘书，直到格雷马斯于1992年病逝。这一情况使得库尔泰斯的符号学研究工作与格雷马斯的研究几乎无法分开，库尔泰斯接受了格雷马斯的真传，但他的观点也会对格雷马斯产生一定影响。从总的方面来说，库尔泰斯的研究工作可以分为两个部分：一部分是他与格雷马斯共同完成的，另一部分是他独立完成的。

(1)关于《符号学：言语活动理论的系统思考词典》的编写工作

这部词典先后出版了两部，都是由格雷马斯与库尔泰斯合作完成的。更准确地讲，第一部是由他们两人完成的，后一部则是在两人的组织和参与下由总共40位学者一起完成的。

我们从格雷马斯本人为这部词典的第一部所写的《前言》中了解到，当时编写这样一部词典的初衷"是想阐明对于言语活动问题的思考，旨在将这一知识领域构建成一种严密理论的诸多努力进行一次综合——至少是部分的综合"(A. J. Greimas et J. Courtés, 1993:III)，并且，词典"使得今后随着研究的深入而引入追加信息变得更为容易；它尤其允许将影响它的确定和表述不一致的元语言片段紧挨着放在一起，允许将一些严格的定义、一些尚未完善的阐述和对于一些尚未探讨的问题领域的说明并列在一起"(A. J. Greimas et J.

Courtés, 1993:IV）。

但是，我们在此前的资料中，无法了解他们是怎样在一起编写的，或者说，他们各自的贡献是怎样的。2014年由朗贝尔-吕卡斯出版社（Éditions Lambet-Lucas）出版的《符号学访谈录》（*Entretiens sémiotiques*）一书，使我们透过库尔泰斯的访谈从而大体上了解到他们当时的合作情况。在被问及他们是如何撰写《符号学：言语活动理论的系统思考词典》一书时，他回答说："我们的合作首先是制定可接受的术语名单。这项工作非常困难，在撰写过程中被多次修改，并且涉及符号学与语言学甚至也与其他人文科学的关系，而这些学科的成就都曾在这里或那里被部分地甚至全部地得到过采用"（A. Biglari, 2014: 171），具体说来，"我们每个人都把各自最初的定义写在一页纸的半页上，然后，我们相互为其增添、改正或取消。换句话说，就是依据我们每个人（用手）写出的东西工作。而每个星期，当我们见面时，我们就交流我们对于正在进行的改动是否恰当的考虑。但实际上，我们是依据我们已经制定的或正在制定的卡片工作，这些卡片最终都存放在了一个鞋盒子里"（A. Biglari, 2014: 17）。不过，格雷马斯经常到北美讲学，一去就是三个月。在这期间，他们互相写信，许多不太重要的词条就是在这种条件下确定的。而对于最为重要的词条，他们还是要等到有时间在一起的时候再认真讨论。有时由于格雷马斯的法语表达有困难，在讨论后就由库尔泰斯将讨论的结果写出来。就这样，他们连续干了三年，终于完成了这部著述的第一部。

在回答他们是在什么情况下产生了撰写一部词典的想法时，库尔泰斯说："格雷马斯在高等社会科学研究学院开设的研讨班，至少是从1967年开始的。……慢慢地，研讨班需要助于一套观念或概念，这套观念和概念这时已经获得了一定程度的建立，逐渐地被研究小组所接受，并方便了他们的使用。于是，便逐渐地形成了一种'共识'。终于，有一天，格雷马斯说要让我帮助他写出'有关言语活动的一种系统思考的理论'。我承认，我曾经说过我要考虑几天，但最终我还是答应了下来。"（A. Biglari, 2014: 17, 172）这就很清楚地告诉了我们，撰写这部词典是出自格雷马斯的考虑，但这部书的完成是两人合作的结果，库尔泰斯在其中做了自己应该做和能够做的事情。这部词典出版后，获得了巨大的成功，被翻译成了多国文字。笔者也有幸成了它的中文译本的译者。

他们最初的设想，是只出版一部词典。但在书籍出版之后，在社会上和在研究小组成员内出现了各种反映，于是，他们便建议各位研究者将他们自己对于诸多概念的理解和修改意见写出来。这些意见在汇总后，便以"新词项"、"补充"、"讨论"和"建议"的片段方式，构成了第二部词典的内容。无疑，库尔泰斯在其中做了大量编辑工作。

（2）关于话语的符号学分析

库尔泰斯自己完成的研究工作，主要集中在对于神话思维和话语的符号学研究与分析上。在对于神话思维的研究方面，他先后出版过《列维-斯特劳斯与神话思维的束缚》（*Lévi-Strauss et les contraintes de la pensée mythique*, Mame, 1973）和《民间故事：诗学与神话学》（*Le conte populaire: poétique et mythologie*, PUF, 1985）。大体而言，它们是参照格雷马斯有关"神话言语活动"的理论写成的。在对于话语的符号学研究与分析方面，笔者在此简要介绍他先后出版的三本书：《叙述与话语符号学导论》（*Introduction à la sémiotique narrative et discursive*, Hachette, 1976）、《话语的符号学分析》（*Analyse sémiotique du discours*, Hachette, 1991）和《言语活动符号学》（*La sémiotique du langage*, Nathan/VUEF, 2003; Armand Colin, 2007）。

从《叙述与话语符号学导论》一书的内容上看，这部书是库尔泰斯依据格雷马斯的《结构语义学》和《论意义Ⅰ》以及格雷马斯当时发表的几篇文章的研究成果写出来的。这本书分为两部分：第一部分是理论介绍，第二部分是分析实践。作者在"绪论"开始处就告诉我们,"第一部分是对格雷马斯及其合作者们所提出的方法论以教学的方式做一介绍"(J. Courtés, 1976: 27)。作者在这一部分的"符号学观点"一节的开始,就提出了在那时已经形成的对"符号学"的一种新定义:"符号学——就像它在此将被考虑的那样——为自己确定的目标是发掘意义(sens)。这首先意味着,它不能减缩为对(被确定为将一位发送者的讯息转达到一位接收者的)传播的唯一的一种描述;在包括传播的同时,它也应该可以阐述一种更为一般的过程,即意指的过程。"(J. Courtés, 1976: 33)在很长时间里和在一般使用习惯上,"意义"与"意指"(signification)是同义词。当然,这一定义也是格雷马斯的定义。我们特别需要指出的一点是,结构论符号学最早被确定为属于传播学。而这时,在巴黎符号学学派的符号学家看来,传播学则属于符号学。这也可以说是结构论符号学与巴黎符号学学派的根本区别之一。该书在理论方面主要介绍了"形态"构成成分、"句法构成成分"和它们分别作为"话语性"成分和"叙述性"成分在文本表层的出现情况。在"形态"部分,我们重新看到了格雷马斯有关义素、义素核、语境义素和类义素、同位素性、位素和元位素等的论述;而在"句法"方面,我们看到了作者对于"符号学矩阵"、"行为者模式"的进一步的解释和初步的运用。至于该书的"实践部分",则是对于《灰姑娘》一文进行的成功的符号学分析。它像同年出版的格雷马斯的《莫泊桑:文本符号学——实践练习》(*Maupassant: sémiotique du texte—Exercices pratiques*, 1976)一样,让我们看到了符号学在文学分析上的前景。还需要指出的一点是,《叙述与话语符号学导论》被认为是符号学"入门读物"中的第一本,其他两本为埃诺的《符号学赌注》(*Les enjeux sémiotiques*, PUF, 1979)和安特维尔纳研究小组(Groupe d'Entrevernes)编写的《文本的符号学分析》(*Analyse sémiotique des textes*, Presse universitaire de Lyon, 1979)。

至于 1991 年出版的《话语的符号学分析》一书,可以说是库尔泰斯一生中最为重要的著作。作者在《前言》中就明确了这本书的性质和写作目的:"作为我个人研究之成果的其他符号学书籍,通常局限于狭窄的论题,因此面向的是具有专业知识的读者。与那些书籍不同,这本著述更希望成为有关普通符号学一本小小教科书,它是根据一种特定的'学派',为想要多少系统性地进入对于话语的这种研究方式之中的所有人而撰写的。实际上,我们的目的在于介绍从最简单的概念到最复杂的概念——即与这种分析相关的全部基础概念,在于借助一些实际的应用来详细说明这些概念。"(J. Courtés, 1991:3)笔者个人认为,这部著述是毕其所有研究之成果和在符号学的总体视野内并考虑了新的读者对象而完成的,具有普及符号学知识和指导符号学实践双重作用的一部里程碑式的著作,因为在此之前尚无这样的著作问世。库尔泰斯在"方法选择"一节里告诉我们,他的解释是"在任何叙事中至少区分出两个基本层次(这一点对于任何意蕴对象都是有效的):首先是叙述层……另一方面,是故事和描述借以讲述给我们的方式层。正是在这第二个层次上,有着根据情况和以或多或少明显的方式在两个时段之间建立的全部游戏,这两个时段大体上就是**作者**(我们更愿意称之为**陈述发送者**)和**读者**(以后被称为**陈述接收者**):前者相对于其所提供的描述是到处存在的,是他使后者获得可以想象场面的所有话语手段"(J. Courtés, 1991:58)。这种观点提出了一个重要的符号学问题,即**陈述活动**的问题,尤其是如何辨认陈述发送者与陈述接收者两个时段的问题。库尔泰斯认为,陈述活动的问题已经在语言层面上得到了探讨,但在作为言语之连续体的话语层面上的研究则进展不大,他的这部著作将尝试为填补这种空白做出自己的努力。接着,作者便围绕着两个层次,从叙述形式、叙述形式与语义形式、陈述活动形式和陈述形式几个方面展开了论述,同时把到那时为止话语分析所涉及的大部分概念,例如同位素性、互文性、行为者模式、符号学矩阵、各种模态及其理论等,结合具体例证做了介绍。从某种程度上说，这部书籍是对结构论符号学和巴黎符号学学派研究成果的汇总。

《言语活动符号学》篇幅很小，是阿尔芒·科兰出版社（Armand Colin）出版的"128丛书"中的一种，只有128页。这套丛书是一套普及性读物。这本小书可以说是《话语的符号学分析》的缩写本。不过，该书有两点观点却显得很突出：一是继续认为符号学不等于传播学而传播学属于符号学，因为有些意指现象并无"接收者"；二是为符号学给出了新的确定："我们已经可以明确地指出，符号学的研究对象，仅仅是意义赖以得到表达的各种形式"（J. Courtés, 2007: 21）。

概括说来，库尔泰斯的符号学研究先是对于格雷马斯符号学思想的结合相关领域的具体阐述，最后是综合性阐述。他的阐述，使得符号学更贴近读者，从而加速了符号学的传播与普及，这无疑是一大功绩。

3. 雅克·丰塔尼耶

丰塔尼耶（J. Fontanille, 1948- ）曾经是格雷马斯的学生，也曾与格雷马斯一起工作过。他也许是巴黎符号学学派中出版物最多的符号学家。到2012年为止，他共出版过14部专著，发表过200多篇文章，其中有的著述是对于符号学研究的重大贡献，如：《激情符号学》（与格雷马斯合著）、《视觉对象符号学：论光线领域》（*Sémiotique du visible. Des domaines de lumières*, 1995）、《话语符号学》（*Sémiotique du discours*, 2000）和《张力与意指》（*Tension et signification*，与C. Zilberberg合著）、《身体与意义》（*Le corps et le sens*, 2011）。他曾经担任过利摩日（Limoges）大学校长和法国高等教育科研部部长顾问。他是法国符号学学会（ASF）名誉会长、国际视觉符号学学会（AISV）名誉会长。丰塔尼耶的研究领域非常广泛，几乎涉及符号学研究的各个方面，我们在此仅在几个方面做些介绍。

（1）早期研究活动

对丰塔尼耶早期研究活动的论述要从他的博士论文谈起。他于

1984年获得了符号学"国家博士"（docteur d'État），随后将其博士论文分为两部分出版：第一部分名为《分享的知识》（*Le savoir partagé*, 1987），第二部分名为《主体性空间》（*Les espaces subjectifs*, 1989）。前者是结合普鲁斯特的系列小说《追忆逝水年华》而对于模态动词"懂得"和认知理论的应用。按照作者的说法，第一部书出版后影响不大，也被引用得较少。第二部书出版后获得了极大成功，无数次被人引用，且出现在几十部博士论文的引文之中。

在第二部书中，他把"主体"看作是"行为者结构之效果"的组成部分。他承认，他是被行为者的转化和行为者之间关系的可逆性所吸引。行为者的各个方面与模态的和激情的结合规则之间的关系，实际上可以使人从"对象"过渡到"主体"，其中也包含许多中间环节。如果要是参照"嘎达斯托夫理论"（théorie des catastrophes，亦称"灾难理论"）处理行为者之间关系的方式的话，那么人们就会发现，严格地讲，主体与对象之间的区别是与势能相关的，而不是与孤立的先前决定因素有关。

不久，他便参加了《激情符号学》的写作。根据丰塔尼耶的介绍，这本书是他根据格雷马斯连续两年在研讨班上的讲座和格雷马斯为写作此书所拟的提纲写成的。不过，丰塔尼耶也做出了自己的贡献。他介绍说，书中的第一章"关于激情的认识论"（L'épistémologie des passions）是他与老师经过多次讨论、甚至争论的结果，他自己曾多次完整地重写这一章，最后与老师达成了一致。关于"贪婪"的那一章，他是完全根据在格雷马斯的研讨班上所做笔记写出的，但增加了他个人的观察，并得到了老师的赞同。而占全书大约一半厚度的有关"嫉妒"的那一章，则完全是由他自己完成的，格雷马斯对此没有提出什么意见。他指出，"嫉妒"是出现在两个主体间的"竞争"与"爱慕"的复杂结合状态：主体 S1 的"应该—存在"和"相信—存在"与主体 S2 的"应该—不存在"是一种"排他的爱慕"，主体 S1 的"能够—不存在"和"不相信—存在"与主体S2的"能够—存在"之间是一种模糊的不信任，主体S1的"不能—不存在"和"相信—不存在"与主体S2的"相信—存在"之间是一种嫉妒的危机，主体S1的"想要—存在"和"想要—做"与主体S2的"想要—不存在"之间是一种反应性爱情与仇恨（A. J. Greimas et J. Fontanille, 1991: 255）。最后，格雷马斯本人为此书写了"绪论"和"结论"。这部专著的出版正式开启了对于人类情感的符号学研究，是一部划时代的著作。七年之后，丰塔尼耶又在与齐贝尔伯格（C. Zilberberg）一起完成的《张力与意指》一书中对于激情做了进一步的研究，并明确指出："激情首先是一种话语的外形表现，既带有句法特征——它是一种话语组合体，又带有它所汇聚的各种组成成分的多样性：模态、体态、时间性。"（J. Fontanille et C. Zilberbeg, 1998: 224）可以说，对于激情的符号学研究，是丰塔尼耶符号学理论的重要组成部分。

（2）关于"张力符号学"

在写作《激情符号学》基础上，丰塔尼耶于20世纪90年代中期投入了对于"张力符号学"（sémiotique tensive）的研究，他1998年与齐贝尔伯格一起完成了《张力与意指》一书，他在2003年出版的《话语符号学》中也谈到了张力，他发表的一些零散文章也对此有所涉及。作为他在这一领域的研究成果，这就是围绕着建立"张力图示"制定的一系列基础概念。

在语言学上，最早提出"张力"概念的是法国语言学家吉约姆（G. Guillaume, 1883-1960），这一概念指的是在句法上由动词的逐渐移动所引起的感觉，而该动词无法与这种感觉分离，并且带领着这种感觉从一种具有全部张力的最初位置到达张力全无的一个终点，即达到放松的程度。因此，这样的张力属于叙述行程。而在巴黎符号学学派看来，张力属于感知范畴，是同位素性概念的一部分，也是价值变化的一种表现，它尤其与激情有关。

丰塔尼耶与齐贝尔伯格引入的张力图示说的是：一种已知价值是由两种"配价"（valence）（或"维度"）构成的，即强度（intensité）与广度（extensivité 或 étendue）。广度是强度得到运用的范围，它对应于各种现象的数量、变化和时空范围。强度与广度，各自都会因其力量的变化而变化，并且是在一种连续的比例上从力量为零到力量最大地变化着，这一点不同于吉约姆的确定。张力图示通常表现为一种坐标：强度位于纵坐标上，广度位于横坐标上。在这种坐标图上，一种已知现象会占据其中一个或多个位置。强度与广度具有两种类型的相互关系：如果有两种配价，其中的一种在增加的同时伴随着另一种配价的增加，并且其中一种配价的减少也会引起另一种配价减少的话，那么，这种相互关系就被称作"直接的"；如果一种配价的增加伴随着另一种配价的减少或出现相反的情况的话，那么，这种相互关系就被称作是"相反的"。

张力度（tensivité）概念已经出现在《激情符号学》一书中，它首先表现为像是全部范畴所共有的领域：首先是过程的体态特征，也还有强度和数量（quantité），后两者是两种渐变的范畴，强度和数量在激情和情绪的展开之中是很有用的。张力度也像是深层范畴之趋向的不可缺少的一个方面，而两者的结合使作者提出了"张力-趋向空间"（espace tensivo-phorique），亦即最小的感觉空间。

张力度可以根据两种处于竞争关系中的范畴来连接，是这两种范畴间的关系奠定了张力度本身，它们是属于强度的范畴（力量、能量、情感等）和属于幅度的范畴（数量、展开、空间与时间、认知等）。这些范畴之间的相互结合，可以将过程构成各种各样的形式，特别是构成各种类型的**体态**，而这种体态则沿着过程和**速度**的各个句子切割、清点和分配音调、转调和张力，而速度则管理着过程对于主体的本体感受所产生的作用。

强度与广度之间存在着诸多关联性，正是这些关联性在确定话语的**张力图示**（schéma tensif），从而表现为在各种情况下的一种强度变化与一种数量变化的结合方式。

张力度的变化仅仅形成强度变化与广度变化之间的一些相互关系，其外在表现，不论以何种形式或类别出现，都是一种激情作用的标志或"显露"。

各种"显露"在分析上是可以标记的，那是因为它们像符号那样在起作用，当然它们不是常见的符号，而是至少局部地构成系统的那些符号，丰塔尼耶将它们称为"编码"。

丰塔尼耶遂为各种"显露"做了分类：身体编码、情绪编码、模态编码、视角编码、节奏编码、形象编码；确定这六类编码，便使它们成了对于张力度的表达，而这种表达可以用于话语结构的各种维度。

丰塔尼耶还研究出了几种规范的张力结构图示。他告诉我们，只需进行简单的结合计算，就可以从坐标上看出位置之间有四种变化类型，也就是说价值之间具有四种类型的张力图示：

1）在强度轴上的一种退却与广度轴上的一种前进之间进行结合：张力图示是"下行的"（或者是"衰落的"）；

2）在强度轴上的一种前进与广度轴上的一种退却之间进行结合：张力图示是"升起的"（或者是"上升的"）；

3）将两条轴线上的前进加以结合：张力图示总体上是前进的（或者是"膨胀的"）；

4）将两条轴线上的退却进行结合：张力图示总体上是退却的（或者"减弱的"）。

在此之后，在一个已知话语中，所有价值位置的任何转换，都应该服从于这四种图示中的一种：衰落、上升、膨胀或减弱。至于在更为宽泛的意义上考虑的话语句法，它将根据由体裁决定的一些结合方式，并根据激情运动和修辞与论证策略的要求，来把各种张力图示连接起来。

最为人所知的总体句法图示，是**规则叙述图示**，它使得各种张力在行为者品质上成为**上升的**，在运用上成为**膨胀的**，而在惩罚上成为**衰落的**。

但是，这些张力图示最被人看重的应用领域，还是激情领域。实际上，一种激情序列的展开要服从于各种张力的诸多变化，而这些变化勾画出被叫作"规则激情图示"的一种激情图示，我们在此只提及其主要的几条：

情感清醒阶段 → 就位阶段 → 激情中心阶段 → 情绪阶段 → 道德教化阶段

（3）关于身体与其意义的研究

丰塔尼耶于2012年来华参加南京师范大学举办的第11届世界符号学大会（10月5—10日）时，送给了笔者他在2011年出版的新作《身体与意义》。这本书代表了他在一个新的领域里所获得的研究成果。作者在《序言》中告诉我们："身体明显地返回符号学领域是在80年代，当时伴随着对于激情主体、符号化在感性经验中的感觉与固位的探讨。"（J. Fontanille, 2011:2）丰塔尼耶指出，20年以来，身体以不同的方式出现在大多数人文社会科学研究领域。这本书认为，对于身体的符号学研究，应该确保一种常在的双重意义，而这种双重意义取决于身体在意蕴整体的生产过程中的两种地位：一是身体作为符号化过程的基础和理论依据；二是身体作为符号学外在形象或外形，即作为在文本中或在一般符号学对象中的可观察的表现。在第一种情况里，身体参与符号学的"实质"，特别是参与对于行为者的确定，不论行为者是陈述活动性行为者还是叙述性叙述者；在第二种情况里，身体是一种外在形象，尤其是时间性外在形象和空间性外在形象，它与陈述活动的施事者有着密切的关系，因此，身体的外在形象经常可以表现陈述活动的各种特征。

该书以全新的符号学视角分析了为我们所熟识的身体的各种表现，从而加深了我们对于自己的认识。这本书分为两大部分：第一部分谈的是作为行为者的身体,第二部分谈的是身体的各种外在表现。

在第一部分里,作者谈了身体与行为、口误、身体与感性领域。作者首先告诉我们,在符号化过程中,一种基本的符号学功能是在对外部世界(即外感世界)的感知和对内心世界(即内感世界)之间建立起来的,正是这两个方面分别构成了一种特定符号学对象的表达与内容;因此,应该承认,"基本符号学功能是与身体在'本身'和'非-本身'之间的区分密切相关的"(J. Fontanille, 2011:11),于是,身体便成了操作者,即"行为者-身体"。在这种理解之下,"行为者"就不再仅仅是形式的,他在各种叙述转换中的角色便由身体的特征并且主要是由身体的力量和能量等来决定。作者进而从各个方面分析了身体成为陈述活动阶段的一种行为者的过程与诸多条件。他指出,行为者—身体可分为三个阶段:一是**肉体—自我**,它是参照性阶段,它像感觉位置和源头那样总在变动;二是**身体—自身**,它是参照肉体-自我和参照感觉—运动性的阶段,这是在符号学实践中需要构建的成分;三是这后一阶段又可再分为**自身—相似体**(Soi-idem)即**角色**和**自身—本体**(Soi-ipse)即**态度**两个阶段。这三个阶段对应于符号学的三种基本操作:**确定立场与参照阶段**(对于肉体—自身而言)、**理解阶段**(对于自身—相似体而言)和**关注阶段**(对于自身—本体而言)。关于"口误",作者介绍了不同学科对于口误的历史研究,在赞同以往语言学家将口误确定为一种"语言变化"的同时,指出了口误的一些基本要素:口误服从于语言及话语规则,口误属于陈述活动实践,口误是心理压力的结果,口误属于陈述活动操作的时空范围。也许,最让我们感兴趣的是,作者将张力坐标图示用在了分析口误上:他把"口误"放在显示肉体-自我表现的纵向轴(即强度轴)端处,而把"生硬语言"放在显示身体-自身(即广度)表现的横向轴的端处;于是,两轴之间便是出现语音失误、结巴、鹦鹉学舌症、规范话语等的空间,而在规范话语之上,则是高兴与狂喜等,从而使"口误"也进入了感性领域。

在第二部分中,作者论述了行为者—身体的各种形象性外在表现或其表现的各种外在形象。但是,这些外在形象的作用不再是去说明行为者角色,而是根据它们的主导作用因而被看作是行为者—身体的类型。为此,作者根据现象学和精神分析学已有的论述,确定了"姿态图示"(schéma postural)和"表面图示"(schéma de surface)两个概念,并指出,在有关身体的符号学研究中,"唯有那些以这样或那样的方式来看待身体的符号学,才能从中显示典型的和复现的外在形象,它们一眼就让人看出是**运动的肉体**(chair en mouvement)和**身体的外表**(enveloppe corporelle)"(J. Fontanille, 2011: 83)。由于这些外在形象会受到行为者-身体之间相互作用的影响,所以,它们将保留这些作用的痕迹,也就是说带有着它们的**印记**(empreinte),而这些印记则构成对于它们的记忆。作者随后用大量篇幅论述了印记概念和对于印记的形象记忆,指出印记概念"建立在一种很特殊的符号学运作方式基础上,因此我们可以通过留在身体外表上的印记来探讨它们的关系。在这种情况下,印记取决于两个身体之间的接触,更准确地讲,在一种使用它们的力量的作用下,取决于它们的两种外表之间的接触;而为了在这种情况下出现印记,则要有多种条件"(J. Fontanille, 2011: 103)。但是,作者告诉我们,由此"下结论说印记就是一种对象的表达或能指是不正确的;它也不是一种再现,而只是一种间接的表现……印记是一种过程的象征性的符号学外在形象"(J. Fontanille, 2011: 104),因此,印记可以被看作"对于其所指进行寻找的能指"(J. Fontanille, 2011: 105)。这就告诉我们,在印记的情况里,其能指与所指之间的关系并非是直接的,因此"我们现在需要探讨的问题,便是对于各种印记进行解释的过程的问题"(J. Fontanille, 2011: 108)。这种对于符号的能指与所指之间关系的非直接性看法,也许可以与索绪尔有关能指与所指之间具有"连带关系"(即意指过程)的论述联系起来，这无疑使我们对于相关问题有了更为深入和全面的理解，从而提升了我们的认识水平。这本书提出和确立了有关"印记符号学"的一些初步概念和理论，从而开启了符号学研究的一个新的领域。

丰塔尼耶对于符号学的贡献是多方面的。也许我们可以这样说，丰塔尼耶最为忠实地继承和发展了他的老师格雷马斯的符号学理论，并在推动巴黎符号学学派在"后格雷马斯时代"的发展方面成果最为丰硕。他的多部著作已被翻译成多国文字，深受国际符号学界的重视，我们期待着不久的将来也有他的著作的中文译本的出版。

4. 安娜·埃诺

埃诺（A. Hénault），是巴黎第四大学（巴黎-索邦大学）语言科学名誉教授，法国著名符号学家，是法国符号学界除克里斯蒂娃之外的另一位知名女性学者。她早年毕业于巴黎高等师范学院，不久便进入了符号学研究领域。她于 1978 年与格雷马斯一起创立了"符号学发展与教学学会"（ADES），随后又一起创办了不定期出版物《符号学文件》（Actes sémiotiques）。1983 年，埃诺开始在法国大学出版社（PUF）主编"符号学形式"丛书（Formes sémiotiques）。她现在担任巴黎符号学学会会长、法国符号学学会（AFS）副会长和国际符号学学会（AIS/IASS）副会长。

（1）早期研究活动

埃诺的早期符号学研究活动集中表现在她的两部《符号学赌注》之中。第一部出版于 1979 年，集中论述了"意指的基本结构"；第二部出版于 1983 年，讲的是"叙述学，即普通符号学"。这两部书于 2012 年合为一部，仍以原书名出版，并被列入了法国大学出版社汇聚经典著述的"Quadrige 丛书"。我们在合辑本中见到了格雷马斯早先为第一部所写的"前言"，格雷马斯的文字告诉了我们符号学在当时所处的境遇："这里所说的赌注，支持了这样一种信念，即符号学可以'被安排成游戏'，它既可以是一种娱乐练习，又可以是一种冒险的义务。……符号学方法，只有当它能够使人发现人们没有提前找到和没有预见到的东西时才有意义，这是它的行程可以被模糊地看到、但它的价值对象有待于构成的一种寻找，也是一种其出路尚不确定的检验"（A. Hénault, 2012: XIII）。埃诺在为合辑本所写的"前言"中也说，"两部书写于很少有人知道'符号学'这个术语具有一种意义，和理解在这种名称之下有什么意味的年代"，而且"两部书的写作之间相隔七年：第一部书的出版非常之晚，因为大多数巴黎的出版商都极力反对谈论意指的这种新的、因此也是颠覆性的方式"（A. Hénault, 2012:XVI）。埃诺的第一部《符号学赌注》正好写于 1979 年出版之前的 1976 年。这就告诉我们，在 70 年代和 80 年代之初，巴黎符号学学派主张的符号学在进行一种冒着风险和尚不被人看好的努力。正是在这种背景下，埃诺的这两部书就更具有开拓性意义。在合辑后的第一部分伊始，作者就明确指出"符号学不能被确定为有关符号的科学"（A. Hénault, 2012: 7）。这一命题自然是在挑战人们自索绪尔以来已经形成的观念，因为巴黎符号学学派的主张是把符号看作是既成事实，符号学的任务是研究符号之间的意指联系。埃诺的结论便是："在当前的符号学看来，研究各种意指，并不是建构有关符号的一种学说，并不是关心符号，而是从符号中解放出来。"（A. Hénault, 2012: 9）接着，作者对于围绕着意指的符号学的基本构成阐述了自己的看法。这些基本构成，一是对于意指的认识属于形式而不属于实质，二是关于义素的概念，三是类义素与同位素性，四是符号学矩阵。不难看出，埃诺的这种阐述没有离开格雷马斯《结构语义学》和《论意义I》的基本思想。如果说，第一部主要涉及的是意指的形态学的话，那么，第二部则主要谈及作为普通符号学理解的"叙述学"。与托多罗夫主张的叙述学不同，埃诺阐发的是基于格雷马斯"叙述语法"的叙述学。她谈到了转换、表层叙述句法、程序化、转化与再现等。可以说，合辑后的这本《符号学赌注》是学习符号学的很好入门教材。

（2）激情研究

继格雷马斯于20世纪80年代开始探讨激情之后，埃诺也为此做出了自己的贡献。她曾连续七年对于主体的"感受"进行认真研究，最终以《能够就像是激情》(*Le pouvoir comme passion*, 1994)一书作为成果出版。她在该书《前言》中概述的基本方法是：面对表面上无感情的话语，找出不取决于情感词语化过程的一种激情维度和在于语言学上"感受"（l'éprouver）的"内在颤动"出现的地方，标记这些颤动。在埃诺看来，"'体验'一种事件，就要求有一种态度，而这种态度并非必须属于回顾和明确的意识，它尤其被'感受'所确定……它是一种纯粹的体验，因此它完全受内心话语句法的最初安排所左右"（A. Hénault, 1994: 4-5）。为了进行这项研究，"我坚决回到纸上的主体上来，并且另一方面，我认为必须从那些其激情构成成分不是张扬而是非常隐蔽、甚至是被克制的文本开始。这部专著是对于一种无人称和原则上是无情感表现的历史资料所进行的个人的和激情维度的研究"（A. Hénault, 1994: 7）。她为此规定了选择素材的三项标准：一是必须选择"那些表面上无情感表现，但是从感受上讲却是（带有出现之'香味'）的文本"（A. Hénault, 1994: 17）；二是"必须寻找那些'被感受对象'（l'éprouvé）只能通过推理才能标记出来的文本"（A. Hénault, 1994: 7）；三是"必须汇集各种解读条件，以便使（被掩盖的、非暗语性的和个人独白式的）激情维度成为可观察得到的"（A. Hénault, 1994: 18）。

按照这些条件，被作者选中的资料是17世纪法国国王亨利四世的国家财政顾问罗贝尔·阿尔诺·当蒂伊（Robert Arnault d'Antilly, 1589-1674）写于1614—1632年间的多卷本日记。那么，在这样一部编年史的历史事件日记中，如何进行有关激情的符号学分析呢？或者说如何找到对于"被感受对象的"一种"绝非是间接的观察"呢？作者采用了两种"途径":一种是"历时性的",它在于在"如此长的日记中找出一个时代的发展速度,找出直接地和忠实地记录下的历史人物在现场时的情绪与脾气"(A. Hénault, 1994:19);另一种是"共时性的",这一途径包括两个方面:一是"陈述"平面,正是在这一平面上,展示着"主体"与"对象"之间关系的一种新的变化,"对象被看作是具有引诱能力的,而主体在某种程度上是被对象所钝化和吸收的"(A. Hénault, 1994:21)。二是陈述活动平面("陈述"的组织过程)。可是在路易十三时期,建立陈述活动的个人激情的努力被认为是荒唐的,而按照对于符号学的建立做出巨大贡献的语言学家本维尼斯特的标准,以历史事件为主要记录对象的活动,所涉及的是历史陈述活动,它不属于"被感受对象",所以,作者的分析便集中在"陈述"(句子)方面。在无情感词语的情况下,依据"感受"可以继续识辨"激情",所靠的就是"能够"这种"现时中的模态"在情感表达中的"出现"和逻辑力量。埃诺最近告诉笔者,她在继续研究"感受",并且正在撰写着两部相关著作。我们期待着尽快见到她的新的研究成果。

(3)《符号学简史》及其他

埃诺还做了大量推广和普及符号学研究的工作。她于1992年写了《符号学简史》(Histoire de la sémiotique)。这本书介绍的主要是巴黎符号学学派的理论基础和发展情况,使人们对于索绪尔和叶尔姆斯列夫的理论对格雷马斯的符号学理论的影响有了清晰的认识。

埃诺从1983年就在法国大学出版社主编"符号学形式"丛书,至今已出版40余种。这套丛书的作者,都是巴黎符号学学派在不同研究领域的代表学者。这一丛书是团结巴黎符号学学派研究者的纽带和展示他们研究成果的一个平台。此外,埃诺于2002年主编和参与编写的鸿篇巨著《符号学问题》(Questions de sémiotique)一书代表了她后来的努力成果。书中有她为各个领域符号学研究的理论基础和研究状况所写的"导言",合计 100 多页。埃诺在第一篇导言中就指出,符号学研究至今所进行的实际上就是研究莱布尼茨(G. Leibniz, 1646-1716)在 17 世纪就提出的"表达关系"(rapport d'expression):"我们先大胆地断言,符号学首先是对于表达关系的研究。在做这种断言(assertion)的时候,我们觉得是在表达一种观点,在目前可以做到的情况下,这种观点似乎可以将各种符号学研究,特别是将依据皮尔斯思想所做的全部符号学研究与源自索绪尔思想的全部符号学研究统一起来"(A. Hénault, 2002:1)。这部书展示的就是源自索绪尔传统的符号学研究和源自美国皮尔斯传统的符号学研究在相同领域中各自的研究情况,埃诺还认为,这两大传统可以在音乐符号学研究中实现汇合。

5. 弗朗索瓦·拉斯捷

拉斯捷(F. Rastier, 1945-)是格雷马斯在法国普瓦解大学教过的学生。他曾经是格雷马斯在高等社会科学研究学院开设研讨班的少数参与者之一,他在研讨会上宣读的第一篇文章是关于马拉美诗歌的感觉编码的。他是最早接受格雷马斯《结构语义学》理论的人,而语义研究和与之相关的认知研究后来成了他符号学研究的主要课题,也使他成为这些领域的代表性符号学家。他的早期著作有《关于符号的意识形态和理论》(*Idéologie et théorie des signes*, La Haye, Mouton, 1972)、《话语符号学论集》(*Essais de sémiotique discursive*, Tours, Mame, 1973)等。篇幅所限,我们下面仅结合他在不同时期于法国大学出版社(PUF)出版的三本书来简要介绍一下他的符号学思想。

(1)关于语义研究

《解释语义学》(*Sémantique interprétative*, 1987)被认为是继格雷马斯有关语义学理论之后的第二代结构语义学研究。那么,语义学研究属于符号学吗? 拉斯捷明确做了回答,他认为,语义学属于语言学的研究范畴,而语言学就是关于语言诸多领域的符号学。这自然符合索绪尔所确定的对语言学与符号学之间关系的论述。

按照拉斯捷的理论，文本的语义是根据四种构成成分被结构化的，它们是："主题"（thématique），即投入的内容；论证（dialectique），即状态和过程以及它们所涉及的施事者；对话（dialogique），即模态评价，例如"诚信模态"：真实/虚假，正面/反面等；策略（tactique），即线形连接的内容。在拉斯捷看来，语义层面可以分为三种：微观语义学（microsémantique）紧密地联系着文本从语素到词汇的所有下层要素，中势语义学（mésosémantique）联系着从功能组合体到完整句（période）的所有中间要素（这一层面可以超出句子），而宏观语义学（macrosémantique）联系着从完整句到文本的所有要素。简要地说，这三种语义层面分别对应于单词、句子和文本。而"解释语义学"则属于"微观语义学"。这种语义学告诉我们，文本的意义并非是由作者提供的，而是借助于一些阅读策略被建构的，因此，这种语义学便面向一种有关解释的理论，这种理论从探讨词汇意义开始，直到文本的最大构成单位。它并不寻求说出意义，而是去评价各种解释行程的可接受度（plausibilité）。

解释语义学惯用的术语，尤其是符号、能指、所指、义素、同位素性、语义类别（classe sémantique）、重写（réécriture）等。我们择其几种做一些介绍。

我们首先看一下有关义素与语义类别的论述。拉斯捷认为，语义单位的所指是由义素或内容特征（trait de contenu）构成的。一个种属义素可以标明义位（sémème）属于哪一种语义类别：所谓语义类别就是一种语义聚合体，它是由义位构成的。一个特定义素可以将一个义位从同一类别的所有其他义位中区别出来。一个义位的全部特定义素构成它的语义素（sémantème）。义位的种属义素构成其类义素（classème）。拉斯捷根据语义层面的划分，把种属义素分为三类：微观种属义素、中势种属义素和宏观种属义素，它们分别对应于三种语义类别：法素（taxème）（即最小的相互确定类别）、领域（domaine）（与环境有关，它们对应于人类活动的各种范围，例如化学、物理等）和维度（dimension）（即通过对立关系而重组的属于高位概括性的类别，例如"人类"与"动物"、"具体"与"抽象"等）。拉斯捷进一步明确指出，属于典型义位的那些义素被称为"固有义素"（sèmes inhérents），它们在无特定安排的情况下显示为语境；那些输入义素（sèmes afférents）只出现在特定语境之中。拉斯捷还引入了"义素分子"概念，它指的是至少由两个同时出现的义素构成的一个组群，而与一个义素分子相对应的是一个同位素组（或同位素簇），这种同位素组或多或少指明一些相同的所指。

同一义素，不论是固有的还是输入的，它在语境中的复现都奠定一种同位素性。同位素性之间的相互区分，既根据奠定它们的义素名称，也根据义素的特定类型（微观、中势、宏观）。

拉斯捷的义素分析和同位素概念，延续了格雷马斯的基本理论主张，但更为细微和全面。因此，有人评论说，拉斯捷的义素分析是更为结构论的。

（2）关于认知研究

拉斯捷对于认知的研究，集中见于他的《语义学与认知研究》（*Sémantique et recherches cognitives*, 1991）一书中。不言而喻，他的认知研究是与他的语义学研究分不开的，或者说，语义学就是他进行认知研究的理论基础：首先，语义学与被定名为技巧的人造语言有着密切的关系，其次，语义学研究在认知心理学和神经心理学的推动下，产生了颠覆性变化。因此，作者的研究之宗旨，便是首先搞清楚认知研究在社会科学特别是在语言学方面的探讨情况，同时，也根据语言学的观点来搞清楚认知探讨的本质。根据这一宗旨，作者的研究便局限在象征层面上，因为正是在承认象征的相对独立的情况下，才可以将词语与事物分开，才可以描述语言的特征性。此外，作者认为认知研究是一种跨学科性的研究，他探讨语义现象在心理学或神经学中的关联性，因为正是语义现象在强化或弱化各种设想。

作者在这一著述中，主要阐述了四个方面的论题，并以此介绍了他所获得的相应的认知：

1）语言学（以及属于语言学的语义学）是一门描述性学科，尤其是一门预测性学科。这种特征是由它的研究对象的本质所决定的。像所有社会科学一样，语言学可以利用数学和逻辑学，但是，它不能以达到公理化为目标。

2）在语言学研究方面，采用属于哲学方法的经验理性主义适合对语言学理论的探讨。这种理性主义帮助人思考，以语言交流为典范的各种文化现象所特有的多种决定成分。当然，过于教条的理性主义会导致寻求甚至突出各种共同概念和原型，而极端命名论虽然可以使语义学摆脱形而上学，但也会导致人们只看到方法上的共同概念。作者的态度则是，依据总在突出认识之相关特征的传统经验主义。

3）人们可以寻求从本质上（即在大脑和基因中）建立语言的规范性。但是，科学问题既存在于多样性中，也存在于语言和其语义的统一体之中。在此之外，那就要考虑经验对象即文本的无限多样性和这种多样性是否可以被压缩为共同概念了。尤其在语义方面，语言的和非语言的语境作为解释者就是"讯息"的构成成分。在这种情况下，文本从总的方面或在局部上都会受到多种因素的影响，也就是说，语言的运用就在于与可预测范式的一种情境相适应。在坚持这种适应性的前提下，作者采用了一种环境观点，而不是逻辑观点，来探讨认知问题。这样的观点，越来越受到在劳动经济学和人类学方面进行认知研究的一些学者的重视。

4）与劳动经济学和人类学密切联系的有关语言和意指的系谱学，并不妨碍这些学科属于历史构成的范围（同样，社会系谱学也不废除社会的历史性）。重申这一点，可以将历史语言学整合到一种泛时语言学（linguistique panchronique）之中。

作者告诉我们，语义问题是语言学中最为复杂和最不清晰的问题。现在的状况是，已经具备一些基本的总体理论，但是尚不存在有关语言的特定语义学，更是没有有关话语和体裁的语义学。在这种情况下，作者采用了适用于多样性的一种语义学研究方法，即微分语义学（sémantique différentielle）。这种语义学，源于索绪尔理论，但包含了上20世纪60年代兴起的成分语义学的研究成果。在作者看来，这种语义学在放弃成为普遍论的情况下，可以阐述文本的和语境的各种复杂多样性。

拉斯捷的语义学，有重要的操作和认识价值。他在2001年出版的《文本的艺术与科学》一书，又在其原有基础上，为我们介绍了从数字语文学到唯物阐释学的一些最新的和意外的发展。他求助于语言学的明确性和阐释学的批评性直觉，从修辞学、文体学、主题学和诗学上为我们揭示了作为文化对象的各种作品的艺术性与科学性。拉斯捷表示，"从有关文本的语义学出发，我希望在推动语料语言学、推动对于文学文本、科学文本和哲学文本的研究上做出我的贡献"[1]。

6. 让-马利·弗洛什

弗洛什（J.-M. Floch, 1947-2001）曾经是格雷马斯的学生，也是格雷马斯在高等社会科学研究院工作时的合作者。他把大部分研究工作集中在了视觉对象符号学方面，被誉为这一领域的先驱者。他除了做研究工作，还做广告策划和教学工作。在他近30年的研究与实践中，他留下了10部著作和许多重要文章。限于资料，笔者将根据所见到的他的几篇文章和一本书从三个方面来做一些介绍。

---

[1] 援引自 www.yahoo.fr 网 INALCO-ertim 机构文件《当代符号学与语义学》（Sémiotique contemporaine et sémantique），是对于拉斯捷的采访录。

（1）对于普通符号学基本概念的阐释

埃诺主编的《符号学问题》收录了弗洛什应该是不同时期的三篇文章，但它们都没有注明发表时间，我们无法借以了解作者的符号学思考之变化。不过，这种编排也似乎在明示，这些文章所展示的就是作者在相关方面的成熟的符号学思考。首先出现的是《普通符号学的一些基础概念》（Quelques concepts fondamentaux en sémiotique générale）一文。该文清晰地阐述了巴黎符号学学派的普通符号学理论所包含的重要概念，这里仅择其两项。

关于言语活动的平面与层级。作者一开始就告诉我们，"对于sémiotique 来说，意义取决于任何言语活动在言语、文字、举止或画面中的两个平面的结合：它们是表达平面和内容平面。表达平面是这样的平面：一种言语活动为表现自己而使用的所有可感品质，在这种平面上被一些区别性差异所筛选，并由这些区别性差异使它们相互连接。内容平面则是意指从区别性差异中产生的平面，而在这种平面里，每一种文化都借助于这些差异来思考世界，并将观念和叙事进行排序和链接"（A. Hénault, 2002: 103）。显而易见，这是对于叶尔姆斯列夫有关"表达"和"内容"两个平面的进一步阐述，其中的关键点在于这两个平面都涉及"区别性差异"。这不仅回应了索绪尔有关"在语言中，只有区别"的著名论述，而且根据两个平面都各自具有形式与实质两个方面的论述，这些区别性差异自然就是决定它们各自实质表现的形式部分。在此基础上，弗洛什论述了"内涵"现象，指出"使用一种言语活动，便是从此之后投身于对他人的个人判断或集体判断。这种现象，便是内涵现象。表达单位一如内容单位，形式单位一如实质单位，甚至符号，都可以构成一种次生言语活动的表达平面，而其内容则将是每一个时代、每一个集团、甚至每一位个体所特有的判断和习惯，即它们特有的言语活动实践"（A. Hénault, 2002: 105-106），因此，一个内涵系统的组织机制可以表现为下面的情况：

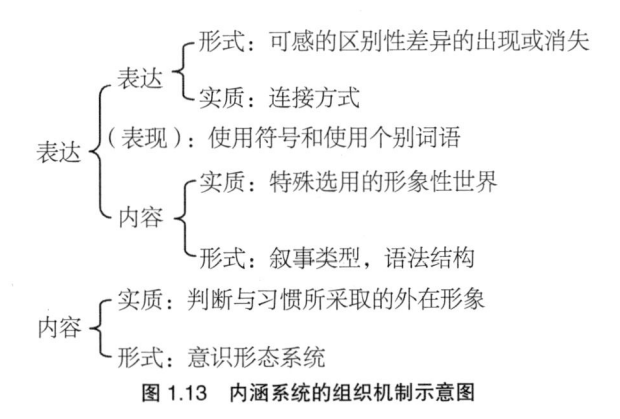

```
          ┌ 表达 ┌ 形式：可感的区别性差异的出现或消失
          │      └ 实质：连接方式
     表达 ┤（表现）：使用符号和使用个别词语
          │      ┌ 实质：特殊选用的形象性世界
          └ 内容 ┤
                 └ 形式：叙事类型，语法结构
     内容 ┌ 实质：判断与习惯所采取的外在形象
          └ 形式：意识形态系统
```

图 1.13　内涵系统的组织机制示意图

这种表述显然比叶尔姆斯列夫最初的表述更为深入和细致，特别是表达平面在被分为表达与内容两项之后才被再次分为实质与形式，从而使"内涵系统"成为可以很快得到判定的方面。

关于意指的生成行程，弗洛什首先针对人们在符号学对象上的一般认识阐述了自己的看法，他说："符号学所考虑的，并非只是建立一种有关意愿传播的理论，而是建立一种有关意指的理论，这种理论不仅可以阐述各种语言，而且还可以阐述所有的言语活动……于是，随着 20 年来对于各种言语活动所进行的具体分析的发展，符号学已经具备了再现意义产生的一种模式。"（A. Hénault, 2002: 107）其实，这段话有三层意义：一是符号学既与传播学有关，但又不完全等于后者；二是符号学更与意义探讨有关；三是符号学的目的并非是探讨意义，而是探讨意义赖以产生的模式（或结构，或形式）。这就把巴黎符号学学派的符号学研究的中心问题说清楚了。那么，如何探讨意义产生的模式呢？那就是研究意指的"生成行程"（parcours génératif），因为这种行程是"意义产生的动态再现，它是意指赖以丰富自己和从简单与抽象变为复杂与具体的相续阶段的有序安排。……这就涉及了一种根本性的方法学上的对立的构成，从最小的链接到随后在表达平面上被汇聚起来的这种链接，是一种逻辑发展过程。这种过程是由随后的被分析者建构的"（A. Hénault, 2002: 107）。弗洛什告诉我们，这种生成行程包含两个阶段：符号学-叙述结构和话语结构。前者涉及一种陈述活动，即意义产生的一种逻辑阶段，"陈述活动便是由说话、行动或绘画的主体对于他使用的意指系统所提供给他的各种潜在性的运用。潜在性分为两种：分类潜在性（即对于意指单位各种建构情况的划分）和句法潜在性（包括允许进行链接的基本操作类型和建立关系的规则）"（A. Hénault, 2002: 10）。话语结构则是指一位主体从选择和安排由系统所提供的这些潜在性的时刻起，意指所经历的各个阶段，"正是在此，主体确定伴随作品发展的全部主要对立关系，以保证作品的同质性；正是在此，主体限定通过一个人物或多个人物来完成某种叙述功能；也还是在此，主体做出选择，要么是为了使他的陈述保持着抽象特征，要么相反，是为了使他的陈述更具形象性或更为'真实'"（A. Hénault, 2002: 108）。至此，弗洛什又强调说"符号学——叙述结构就是由主体所承担的并为主体利用的各种潜在性：它们在意指的生成行程之中，先于话语结构"（A. Hénault, 2002: 108）。而这些结构中，又可分为基础层结构和表层结构：在基础层中，"符号学矩阵"是各种对立关系的表象；在表层中，充满着"状态"陈述和"作为"陈述的各种关系及转换，充满着它们的链接与结合、与模态有关的叙述性，并出现了作为抽象人物的行为者。

弗洛什对于其他几个重要概念如"矩阵"、叙述性，以及与造型艺术有关的半——象征系统的介绍，也是很精彩的。

（2）绘画作品的分析维度

弗洛什的另外两篇文章都是讨论对具体的绘画作品进行符号学的分析。

我们先来看一下作者为《康定斯基的〈构成之四〉》（*Composition IV de Kandinsky*）制定的分析原则。弗洛什首先指出，分析绘画作品的表现平面，"要求人们具有一种更为丰富的和建构更好的描述性元语言,以便谈论形式、线条和色彩区域的复杂安排,以及谈论由这些要素所实现的造型品质。但是,这幅绘画的抽象特征,尤其提出了为切分而保留的各项标准和对于被切分出的各种散在单位的意蕴本质,进行符号学分析的相关性是否正确的问题。……唯独对于所指的研究才可以将符号学的某种地位赋予那些散在单位。因此,我们选定把这幅《构成之四》重新放入康定斯基在同一时代的绘画活动之中,并试图借助于把这幅绘画与其他作品进行比较来辨认其表现"(A. Hénault, 2002: 121)。这就告诉我们,对于这幅绘画的分析,涉及为这幅绘画的表现平面确定恰当的切分原则,而这种原则又是参照康定斯基在同一时期所创作的其他作品的切分情况和意蕴本质来制定的。

弗洛什首先对这幅绘画做了初步描述:"画作表现为一个封闭的空间,它是由一系列黑色线条和一定数量的彩色表面连接起来的,而某些表面在边沿部分采用的是线条,其他表面则依据它们的构成成分的拓扑学布局组织成一些单位。"(A. Hénault, 2002: 125)。第一步切分,就是把画面看成左右两个部分,并且把中心部分看成是特殊的。根据视觉要素的对立与联系做出的初步切分,可以让人辨认出一定数量大小不一的临时性散在单位,即画面的组合关系单位,亦即画面的"构形成分",而这些构形成分都对应于内容平面上的相应单位。为了确保通过初步切分所获得的散在单位具有意蕴单位的地位,就要把这幅绘画当作康定斯基在1907—1916年间所完成的全部作品中的一幅特殊作品来看待,并通过这些作品的主题特征的一致性来确定这幅绘画的主题。弗洛什指出,"在康定斯基那里,'主题'通常是宗教方面的'过时题目',这在画家身上的意义效果将构成他的画作的所指"(A. Hénault, 2002: 128)。被分析的素材一旦确定,那就要研究所切分出来的散在单位在何种程度上可以在其他作品中被辨认出来。随后,弗洛什将画作的左侧部分、右侧部分、中间部分所包含的构形成分与康定斯基同期其他作品中的构形成分做了比较,并结合其他作品中构形成分的意义确定了这幅作品中相关构形成分的意义。

对于构形成分的线形组织的研究，可以分出一定数量的类别：直线对立于曲线，长对立于短，连续对立于不连续，或者切分对立于非切分。这些类别与色调类别构成表达平面的深层。而在表层出现的则是各种外在形象，它们就像是由前面那些类别构成的、而在语言学上相当于各种"位素"（phème）那样的组合体。由此，可以在这幅绘画中获得多种线形组合体，而这些组合体与色调组合体之间可以建立多种关系，正是这些关系确定着各种类型的"图案"。在将散在单位构建成意蕴单位和完成对于这幅绘画作品的表达平面的构建之后，就可以过问在这幅绘画中所实现的言语活动两个平面之间的相符性或不相符性这种符号学关系了，而真正的绘画符号学都是被两个平面之间的不相符性所确定的。这就涉及绘画作品符号的"半-象征系统"概念，这种概念包括要素之间的对称性、非对称性、相关性以及它们之间的位置关系等。

关于绘画作品的半-象征特征，弗洛什在另一篇文章《拉比耶的〈舒适的巢〉》（*Un nid confortable de Benjamann Rabier*）中介绍得更为全面与清楚。这篇文章分析的是插图画家和幽默画家邦雅曼·拉比耶的三联共六幅画面（每一联有两幅）。画面讲述的是一个戴着帽子的小孩在村庄斜坡上推着铁环玩耍，先是铁环被乌鸦叼走了，后来帽子也被乌鸦叼走了，最后，乌鸦把铁环挂在树杈上，又把帽子卡在铁环中间做成了一个鸟巢；乌鸦在孵出雏鸟之后，自己又栖息在铁环的下面；画面简明诙谐，故事有趣动人。我们在随后的部分将介绍这个故事的叙述特征，现在我们主要看一下绘画中所使用的半象征编码。这篇故事所依据的是"自然"与"文化"这两种范畴，故事所具有意蕴的半象征系统包括：自然对立于文化、高位对立于低位，这两种对立都可以利用"符号学矩阵"获得它们的相反项，并在分析出该作品中高位对应于自然和低位对应于文化的这种对应等值的情况下，产生了这样的价值地形：

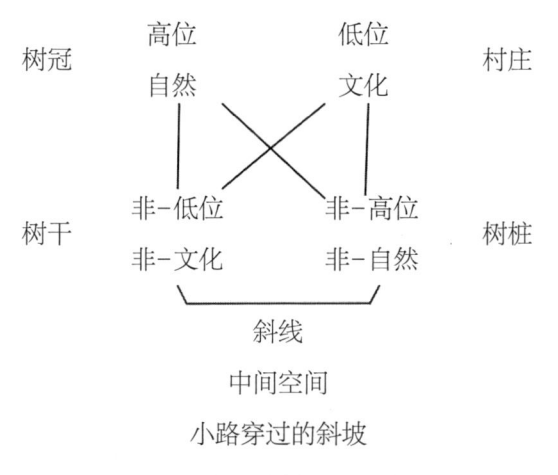

```
        高位            低位
树冠    自然            文化    村庄
              ╲    ╱
               ╲  ╱
               ╱  ╲
              ╱    ╲
树干    非-低位          非-高位   树桩
        非-文化          非-自然
              ╲_____╱
                斜线
              中间空间

         小路穿过的斜坡
```

图 1.14 《舒适的巢》中的价值地形

可见，这些半象征系统也是参与意蕴活动的，它们同样是符号学分析的对象。

（3）关于图像叙述学

我们的资料，涉及图像叙述学的，是上面提及的弗洛什的文章《拉比耶的〈舒适的巢〉》和他的一本书。

对于《舒适的巢》这样的图像作品，弗洛什告诉我们，在进行图像的半象征系统分析的同时，还要进行图像序列的符号学-叙述学结构的分析。这个叙事文相继在两个不同的地方展开：一个是在长草的斜坡上，另一个是在一棵树的高处。这种空间上的切分，可以将头两联连环画看成一组，并使它们对立于最后一联。实行的切分标准加强了这种分割：在头两联中，是一只乌鸦与一个男孩的不期而遇；在最后一联中，是乌鸦与它的几只雏鸟的温存惬意，这完全是鸟的世界，但这一世界又是依靠小男孩的物件构成的。因此，时间上的顺序便表现出两个序列在逻辑上和叙述上的接续。

弗洛什把乌鸦获得圆环和帽子的叙述程式（PN），看作是建筑舒适鸟巢的一种双重局部程式；相对于叙事的总体行程来说，圆环和帽子构成了在局部程式中被考虑的双重价值对象。舒适是一种抽象的价值，而这种舒适本身也构成了基本程式的对象。局部叙述程式，可以被分析为像是乌鸦即主体S1的一种获取，它是与男孩子即主体S2的失去相关联的。由此，便得到了对于一种"考验"的规范表述：

$$F(S1) \rightarrow \begin{cases} [(S1 \cup O) \rightarrow (S1 \cap O)] \cdots\cdots \text{"获取"} \\ [(S2 \cap O) \rightarrow (S2 \cup O)] \cdots\cdots \text{"失去"} \end{cases} \Bigg\} \text{考验}$$

考验是一种合取的自反作为（faire réfléchi）与一种析取（disjonction）的传递作为（faire transitif）的关联关系，它不同于赠予。

接着，弗洛什分析了这种叙事中的模态关系。在乌鸦夺取了圆环和帽子即实际上实现了反叙述程式（anti-programme narratif）之后，无论是根据**想要**（对于这些它与之析取的物件，它很希望获得它们），还是根据**应该**（对于父母来讲，有关心其后代生活在必要物质条件中的"社会"义务，在此就是主题化过程），它首先是一种**潜在的**反-主体。最终，这次相遇的论争性特征，不仅仅在于乌鸦与孩子都想获有这两样价值对象，而且在于他们都把"身外之物"当作希求对象。此外，乌鸦在"应该"方面的模态化过程只是在两种物件被偷和鸟巢被建好之后才表现了出来。

至于反主体的**现时化过程**，它是它的模态化过程根据**懂得**和**能够**所产生的结果。乌鸦的**懂得**，便是一位善于把握机会和做零活的人的懂得，它懂得利用时机和懂得在与自己的范围不同的范围中抓取物件。正是借助于人的空间与动物的空间两者的中间空间，论争性的叙事才得以现时化：到头来，在话语层上，空间化过程还要承担起合取与析取的句法关系,因为这些关系可以阐述提供给乌鸦夺取物件的可能性。弗洛什遂根据符号学矩阵对于圆环和帽子的获得进行了分析。

弗洛什最后分析了两位论争主体的运动,以证明乌鸦的(模态的)能力,并指出,他们的运动可以被解释为空间附连关系的转换外在形象,也可以被解释为传递作为或自反作为,但不管是哪一种,都有利于乌鸦的各种模态的实现。

当然,对于符号学—叙述学能力的分析,还需要探究语义构成成分(composante sémantique),这便涉及对于半象征编码的研究。

与这一研究相关的书,即被认为是弗洛什视觉符号学代表作的《解读〈丁丁在西藏〉》(*Une lecture de Tintin au Tibet*, 1997)。连环画《丁丁在西藏》(1960)讲述的是丁丁在西藏旅行时,解救被困在喜马拉雅山中然后又被叶蒂(Yeti)所扣留的张(Tchang)先生的故事。作者在书中一开始就说,"以我的方式来讲述这个故事,那就是进行一次符号学解读。……因此,我将只阐明一种符号学探讨的情况"(J.-M. Floch, 1997:1),也就是进行一种符号学分析。这种分析"只打算指出,丁丁的探险具有一种内在的组织机制即一种总体的安排,而这种安排使得他的探险成了可从多个方面进行解读——当然并非是任意解读——的一种意义对象。最终,《丁丁在西藏》便表现为像是可比之于一种语言的、包括多种限制在内的一个系统"(J.-M. Floch, 1997:2)。索绪尔告诉我们,语言是一种形式,那么,弗洛什对于《丁丁在西藏》的解读最终显示的将是一种形式系统。由于符号学的使命就是描述事物具有意蕴的各种条件,所以,像解读《丁丁在西藏》这样的特定作品,那就是要尽力找出产生意指的各种关系之网系。为此,符号学家就必须标记在表面上构成作品所有符号之间的关系、它们的区别性和相似性等,然后尽力确定符号的各种构成成分在深层次所维系的全部的不变关系。实际上,正是这些关系在确保故事的连贯性,并为构成作品之表现的各种单位提供意义与价值。而在连环画的情况里，这些单位便是画联、画幅、包含安排对话的气泡、"指明时间的文字"（一般出现在画面左上角，例如"三天之后……"等）。

对于《丁丁在西藏》这本书，弗洛什指出，正是在对它的空间和书中举动的品质进行研究的时候，"我很快辨认出，书中的历险还利用了意指和勇气之外的其他力量。这本画册的总体安排只有在对于两种理性的对立和对于两种'生存力量'的对立的辨认中才能得到理解。所经历的空间和所进行的运用，都只有当这些空间和运动一直在它们与我们的主人公进行各种解救努力的关系之中而被考虑的时候，才实际地获得意义。然而，对于这些努力的分析最终让我们注意到，它们对应于对世界的两种解释方式：即丁丁一侧的信仰和队长哈多克（Haddock）一侧的理性。因此，《丁丁在西藏》实际上是三个故事合一的作品，这三个故事是在三个深层次上得到安排和叙述的，这就需要根据它们的预想方式来进行区分并分出层次"（J. -M. Floch, 1997: 4-5）。那么，是哪三个故事呢？一是这是一个成功的解救故事；二是它只能借助于一种视觉故事来得到理解；三是这个故事本身只是对于信仰与理性之间，即对于两种信仰方式和两种懂得方式之间的争论的一种详细说明。于是，在弗洛什看来，《丁丁在西藏》便不再仅仅是有关友谊和大山景色的一本好看的书，而且成了对看与相信之间的关系——即对于我们关注的事物和对于我们理解世界的各种方式之信任——的长期与深刻思考，而在这时，我们把世界理解为能指。这样一来，全书就可以理解为三个动词和三个名词之间的关系：它们是攀爬、观看和相信，与其对应的名词则是大山、图像和意指。

那么，如何进行符号学的分析呢？在弗洛什看来，首先就是"把画册看成一种意义整体，并在对一定数量的部分进行区分和分出层次以及在尽力理解这些部分连接的方式的情况下，对于历险进行初步结构化"（J. -M. Floch, 1997: 7）。因此，这便涉及了对于空间的、时间的、故事的不同方面的切分。这种切分，在空间上带来的是对于三种大的叙述单位的辨认，而它们又按照三个地点（欧洲、新德里和尼泊尔、西藏）分配为 62 个版面；在时间上的切分，可以分出在欧洲出发前、接近西藏和在西藏三个部分花费的时间；而《丁丁在西藏》的故事则是紧密地与空间和时间结合在一起的。但是，弗洛什告诉我们，这种切分是远远不够的，因为"即便发端于这种切分的那些序列看起来等同于丁丁历险的各个阶段，但是，这些序列也同样是根据一种严格的叙述逻辑组织起来的：它们之间的链接以及它们之间的各种对比和对称关系也使人辨认出一种真正的结构，换句话说，就是有一种关系网在支持着整个故事和赋予它意义"（J. -M. Floch, 1997: 14）。因此，《解读〈丁丁在西藏〉》的主要任务则是找出这种关系网，并确定地告诉读者，正是这种关系网提供了故事的全部意义。

弗洛什已经故去 10 余年。他对于符号学的总体阐述，尤其是对于视觉艺术符号学的研究成果，已经成为一种宝贵文化遗产而被后来学者继承了下来。今天，有关图像的符号学研究获得了更为深入的发展，但弗洛什的贡献无疑还是最为基本的。

7. 德尼·贝特朗

贝特朗（D. Bertrand, 1949 - ）也曾经是格雷马斯亲授的博士生，他的博士论文是《左拉〈萌芽〉中的空间外形》（Les configurations de la spatialité dans *Germinal* d'Émile Zola）。他曾经是巴黎第八大学的文学教授，讲授文学理论与文学符号学。主要著作有：《为说服而说：修辞学与话语》（*Parler pour convaincre. Rhétorique et discours*, 1999）、《文学符号学概论》（*Précis de sémiotique littéraire*, 2000）和与别人合作写出的《说话是为了获胜：2007 年总统竞选话语符号学》（*Parler pour gagner. Sémiotique des discours de la campagne présidentielle 2007*, 2007）。他曾担任法国符号学会会长，现在与丰塔尼耶共同主持"巴黎跨符号学学科研讨班"。我们根据他的这些著述和从事的日常工作，可以联想到，他的符号学探索主要集中在了对普通符号学、文学符号学、修辞学和政治话语的研究方面。限于资料，笔者将以他的《文学符号学》和集体著述《符号学访谈录》（2014）两本书为基础，简述他的相关主张。

（1）关于普通符号学

贝特朗在他的作为教材的《文学符号学概论》一书的《序言》中就告诉我们，他的这部著作首先是论述普通符号学的，然后才结合"文学"这一对象介绍符号学在其中的特定表现。

关于符号的定义，贝特朗介绍了三个不同阶段的定义。第一种定义是索绪尔关于符号学（sémiologie）是"研究社会生活内部的符号的生命的科学"和《小罗贝尔词典》（Petit Robert）有关符号学是"研究符号的各种系统（语言、编码、信号系统等）的科学"，他认为这两种说法仅仅是给出了符号学的范围；第二种定义是根据索绪尔的结构语言学理论和各种结构假设而给出的，指的是有关"符号和意义的理论"，这种理论具体体现为巴特有关"内涵符号学"的论述；第三种定义则是有关"意指"或"意指过程"的理论。这第三种定义，正是作者所推崇的，他援引科凯的话作为自己的论据："符号学的目的，是说明规范社会话语和个体话语的意蕴结构"（C. Coquet, 1984:21），并进一步指出，符号学的对象"并不是符号，而是所有可以产生意指的、深在的和可重构的结构关系"（D. Bertrand, 2000:9）。于是，符号学被理解为一种有关关系的理论："从意指观点来看，各种'术语'（即任何单体的、从经验上可以隔离开来的所有意蕴单位），都只不过是在各种分析层次上被理解和被衔接的一些关系交叉面"（D. Bertrand, 2000:10）。这种介绍，实际上是对于不同阶段符号学研究的清晰总结。

贝特朗在接受访谈时说出了他对于符号学的进一步认识："我认为，符号学的本义是借助于适当的概念性工具，以克服意义的无形性，并因此赋予它一种有形的躯体，就像一种建筑术、一种等级体系、一些有序的连接、一种可说明的扩张、一种固位在其各种构形成分中的生命时值。……在我看来，符号学就像是有关意义之状况的学科。"（A. Biglari, 2014: 36）

（2）关于文学符号学

那么，在普通符号学名下来谈论一种特定领域——文学符号学，应该如何进行呢？贝特朗告诉我们，那就是"为文学文本的分析建立一种方法学上的行程"（D. Bertrand, 2000: 14），就在于"结合文本自身，承认它作为意蕴对象的相对自立性"（D. Bertrand, 2000: 1），因此，"现在，为了明确文学方面的符号学探讨的指导脉络，那就应该把我们的计划放进对象本身的更宽阔的视野和引导方法学的主要理论方向之中"（D. Bertrand, 2000: 15）。

为此，贝特朗为符号学在文学文本上的使用概括了四种维度，这四种维度"尽管不是文学文本所特有的，但它们在文本中相互衔接。对语言的文学使用，也许部分地就在它们的组织之中得以确定：它们是：叙述维度、激情维度、形象维度和陈述活动维度"（D. Bertrand, 2000: 17）。在对各种维度做了简单介绍之后，该书对文学符号学所涉及的五个部分做了详细阐述。

在第一部分《方法行程》中，该书谈了两个方面的问题，它们是符号学在文学分析方面的应用概念和有关文学文本的特性。作者告诉我们："对于意指的分析，符号学通过单词、句子，并在话语本身所固有的维度之中，提出了一些模式。……因此，它说明了意指行程是怎样组织的、是怎样依据秘密地奠定连贯性的句法规则和语义规则排列的。……这种意指行程使深层结构（属于符号学矩阵的所有价值）和符号学-叙述结构（模态机制、行为者句法和叙述图示）从'使它们构成话语'的话语结构中区分了开来"（D. Bertrand, 2000: 31）；于是，"使用符号学概念、模式和程序，特别是在文学创作的语境之中，要服从于文本的不可压缩的特殊性。分析就是为此服务的。……分析要寻找奠定其相关层次的意指网系,以便尽可能地接近由文本所构成的带有意义的事件"(D. Bertrand, 2000:46)。

在第二部分《话语与陈述活动》中,作者指出:"符号学与陈述活动(即行动中的言语)的问题所维持的各种关系的历史,是复杂的和富有教益的。从最初的拒绝陈述活动,符号学已逐渐地将陈述活动整合进了它的理论整体之中;今天,符号学已经使陈述活动成了它对于言语活动和话语进行分析的中心要素。……分析个体的陈述活动要依靠两种操作:脱离(débrayage)(它以第三人称来奠定话语)和接合(embrayage)(它以第一和第二人称来奠定话语)。符号学认为脱离操作是首要的,脱离操作确定言语的可能性"(D. Bertrand, 2000:69);作者对于"陈述活动的位置"也给出了明确的说明:"根据有关行动中的话语的陈述活动概念,符号学形成了陈述活动的各种表象,而文学则在其历史过程中广泛地建立了陈述活动的机制。这种机制围绕着视点(point de vue)概念来安排。……这种概念指明了由陈述发送者为选定他的话语的对象和阐述它的对象而使用的全部方法"(D. Bertrand, 2000: 94)。

第三部分论述了"形象性",他指出:"作为文学分析的中心问题,形象性是在三个阶段上被探讨的,这三个阶段从大的方面对应于对其主体的符号学思考。……'形象性研究'明确的是这个概念从结构语义学以来其行程的各种条件"(D. Bertrand, 2000:139);在谈及"形象性与主题化:深度效果"时,作者告诉我们:"形象性,并不等同于仅仅是一种可能的实现过程的模仿性'再现'。更准确地讲,话语的形象化是一种有梯度的过程,该过程处于确保可感世界的一些外在形象与摆脱这些外在形象的抽象过程之间"(D. Bertrand, 2000:146);对于"形象性与感知"的关系,作者认为:"有关形象性的思考,在当前的发展情况已经将符号学引导到分析话语的形象维度与感知活动的紧密关系上。……这个问题直接使文学符号学感兴趣,因为文学就是展示感性存在和过问转换感知的方式"（D. Bertrand, 2000: 164）。

第四部分论述了"叙述性"。作者首先告诉我们："对于叙事的组织形式的思考，从 20 世纪 60 年代以来便是人文科学研究中的一种突出现象。第一步，便是将叙事与叙事的时间维度脱离，以便辨认出一种无时间性的一种形式结构"（D. Bertrand, 2000: 180）；关于"叙述性要素"，作者指出："话语的叙述理论（叙述性）应该有别于叙事理论（叙述学）：叙述理论在脱离最初叙述语料的同时，所逐步建立的各种模式允许构建有关话语的一种总的句法，该句法可应用于对非叙述性文本的分析"（D. Bertrand, 2000: 190）；关于"行为者行程与模态句法"，作者认为："在结构论上对行为者的确定是在行为者之间进行的：它们在各种句法关系的框架内是相互确定的。……但是，对于行为者结构的内在探讨颠覆了这种观点，同时提出了一种新的定义：从此它取决于模态的构成情况，因为模态的构成在文本的每一时刻都建立了行为者的地位，可以使探讨变得更为灵活和更接近话语的实际"（D. Bertrand, 2000: 221）。

第五部分论述了"情感性"。关于"激情符号学"，作者指出："（激情符号学）作为符号学在上个世纪 80—90 年代发展起来的研究领域，在心理学分析之外，对于感情和激情的研究被认为属于话语理论的总体框架之内。关键在于分析使用习惯将激情置于语言之中的意义效果和激情外形，这包括激情的词语化过程及文化分类，直到把握主体的激情行程"（D. Bertrand, 2000: 238）；关于"激情陈述说活动"，作者明确地说："将激情安排成话语……它的基本特征是对于假象进行投射和安排使之成为作品。带有激情的陈述活动的主体，通过某种想象的分拆，把投入到其考虑对象中的品质与价值转换成其话语的对象或合作者。于是，激情交流在于各种假象的一种循环，而在这种循环中，每一位对话者都将自己的假象投向另一人的假象"（D. Bertrand, 2000: 250）。

不难看出，他的这部教材总结了此前人们对于符号学和文学符号学研究的所有成果，它与库尔泰斯的《话语的符号学分析》(1991)和丰塔尼耶的《话语符号学》(2000)一起，被誉为话语研究的代表性著作。

(3)关于修辞学

贝特朗的另一项研究工作是针对符号学与修辞学之间联系的。对于修辞学研究成果的重新审视，使人们借助突出形象论证而更新了对于可感对象与激情对象的探讨。

贝特朗认为，修辞学早已突破了作为对于语言的文学使用的定义，有关修辞学的符号学研究的革新自21世纪初就已经开始，并成为符号学学科研究的重要事件。在文学符号学领域，这种革新的首要成绩似乎是使修辞学摆脱了文体学（stylistique）和将修辞学放在更为宽泛的维度中进行重新考虑。问题的关键已不再仅仅在于修辞格的使用和"文体效果"的显示，而是关于处在行动中的言语活动的包括说服性和操纵性在内的可分享的效能（efficience）。他认为，2000年在《言语活动》(*Langages*)杂志上发表的《话语符号学与修辞学张力》(sémiotique du discours et tensions rhétoriques)一文，是这种变化的标志。现在，人们应该将话语的修辞学空间放进有关长时值的大的符号学研究工程之中来重新定义，"在我看来，符号学的最宏伟计划之一，将是自己设想为对于修辞学的一种当代的替换"(A. Biglari, 2014: 43)，即是说，未来的修辞学就等同于符号学。这种放大修辞学的研究领域和将其与"风格"（style）相脱离的理论主张，无疑是需要我们认真关注和研究的。

(4)关于政治话语

贝特朗认为，很难用一句话来概括政治话语的符号学特性。不过，在政治话语领域，阐述清楚叙述特性还是可能的。同样，有关主题角色和情绪角色的符号学概念，可以在政治争论的对立"角色游戏"中找到它们的广泛用途。言语活动上的对立具有更为普遍的意义，因为这种对立直接涉及处于政治思想和政治行动中心的有关相异性（altérité）的功能，而这种相异性恰恰通过在符号学上确定个体对集体之归属的主题角色来得到表述，他认为，符号学可以为政治话语的分析提供源于其自己领域的一些可用来"清理词语场景"的要素。他举例说，当初在有关政治家青年时代的论争中，人们出示了后来成为总统的年轻的萨科齐（N. Sarkozy）最初接受媒体采访时的讲话，有人从中看出了他几年后成为法国总统的一些话语特征。符号学观点，在带有反向解读效果的情况下，可以让人看出在相互解释中潜藏着的神秘圈套。符号学方法可以帮助对于政治人物之特性的揭示，它倾向于把握构成政治话语内在性的东西，但同时支持陈述活动性的和社会性的实践。他认为，符号学家应该研究政治话语中的多种维度：有关相异性的价值和意识形态维度、有关义务的激情维度、有关责任心的伦理维度、有关对立和计划的真正叙述维度、各种机制的形象维度等。向着言语活动多样性扩展的符号学的观点，"导致将政治话语与媒体话语之间的竞争、它们之间的叠加和它们的张力共存性的方式，都考虑成为对于当代社会—政治背景的具有特殊揭示性的一种研究对象，而在这种对象上，它可以带来具体的和明确的分析结果"（A. Biglari, 2014: 55）。

　　贝特朗的研究工作，相当一部分放在了在巴黎举办的符号学跨学科的研讨班上，因为该研讨班每一年的组织与课题安排都是由他与丰塔尼耶，更准确地讲是与博尔德隆（J. -F. Bordron）负责的。在这一研讨班的总体主题范围内，贝特朗的研究涉及这些主题的延伸和它们与话语分析的文学理论领域的联系。我们似乎可以说，由于教学工作的需要，贝特朗的符号学研究带有明显的总结性与概括性的特点。

8. 小结

　　巴黎符号学学派还有不少知名的早期开拓者，例如社会符号学家朗多夫斯基（É. Landowski）、张力图示符号学家齐贝尔伯格。随后的学者，如阿里韦（M. Arrivé）、巴斯蒂德（F. Bastide）、博尔德隆（J.-F. Bordron）、达罗（Y. Darrault）、阿马（M. Hamad）、拉图尔（B. Latour）、贝娅埃尔-热斯兰（A. Beyaert-Geslin）、布东（P. Boudon）、科斯坦蒂尼（M. Costantini）、达罗-哈利（Darrault-Harris Ivan）、法布里（P. Fabbri）、帕尼耶（L. Panier）、珀蒂托（J. Petitot）、若斯特（F. Jost）、乌德比娜-格拉乌（A.-M. Houdebine-Gravaud）等，都在各自领域为巴黎符号学学派的确立与发展做出了贡献。而今，活跃在符号学研究领域的新生代学者更是数不胜数。限于篇幅和资料，我们无法逐一介绍。

作为对于巴黎符号学学派研究部分的小结，笔者只想对于其宏观理论与其特征做一点概括：

（1）符号学应该是关于意指系统的一般理论，它的研究对象是任何言语活动的"意指系统"和组织形式，而不是符号本身的性质及种类。在该学派看来，符号是一种已经构成的对象，而不再是可观察的对象。

（2）符号学是一种有关"元语言"的等级系统。元语言是一种词语确定的和单义的语言，它可以描述自然语言，也可以描述非语言事实。这种元语言一般可以分为三个层次：一是描述层，即运用符号学理论对言语活动对象进行理解和赋予它们形式的层次；二是方法层，即对描写层采用一定的分析方法进行分析的层次；三是认识论层，即检验在第二层上使用的方法与模式是否具有"匀质性"和"一致性"的层次。当然，对于不同对象的分析，所采用的适宜层次也是有别的。但不论采用什么层次结构，这种分析都主要是对于"叙事"的分析，格雷马斯之所以把巴黎符号学学派的研究称为寻找"叙述语法"，就是出于这个原因，这是以另一种面貌出现的"叙述学"。

（3）巴黎符号学学派认为，各类言语活动都是它的研究范围，而言语活动对象有两种能指整体：一种是自然语言构成的"词语世界"，另一种是由自然世界构成的"非词语世界或超语言世界"，即人类社会生活的各种交流方式。因此，一种普通符号学应该能包括这两种言语活动对象。这时的符号学，已不再纠缠于"语言学属于符号学"还是"符号学属于语言学"，而是将两者融为一体并以人类社会生活方方面面的意指表达形式为对象的一门学科。所以，格雷马斯与其学生库尔泰斯合著的有关符号学的词典就名为"符号学：言语活动理论的系统思考词典"。

（4）普通符号学的研究材料是"文本"（texte），文本被看成是一种或多种意指系统，它可以是写出来的，也可以是口头的，甚至是空间的；它可以是词语性的，也可以是非词语性的。需要指出的是，近年来人们更喜欢采用"话语"一词来代替"文本"。再早一些时间，人们把"文本"只看作是"表达之实质"，因此它是"陈述"（即句子）接续的结果，是以文字形式出现的；而话语（discours）被看作是"言语"的产物，被看作等同于"过程"，格雷马斯说过："初步探讨时，我们可以将话语概念与符号学概念等同看待，并将位于言语活动组合关系轴上的所有符号学现象（关系、单位、操作）都看作是有关话语的理论"（A. J. Greimas et J. Courtés, 1993: 102）；似乎，"文本"更表现为静态，而"话语"则表现为动态。但是，由于某些欧洲语言中并无"话语"这一单词，所以，便用"文本"来代替"话语"，同时保留着"话语"的概念，从这种意义上讲，两者又成了同义词。不过，从巴黎符号学学派来看，人们越来越多地使用"话语"这个词及其基本概念，因为它还可以构成"行动中的话语"（discours en acte），即它可以与"话语"之外的"语言外现象"联系在一起，是一种"无限的"符号学实践过程。

（5）如果说结构论符号学是以研究"不连续体"的语料为特征的话，那么，巴黎符号学学派的研究则是以"连续体"的语料、甚至是以语料之外的背景为考虑对象。在这一点上，巴黎符号学学派部分地与后结构主义是一致的。如果说结构论符号学过分依附语言学概念和理论的话，那么，巴黎符号学学派的符号学研究则明显地与传统的语言学研究有所区别，或者说是对于传统语言学在全新领域中的拓展，这就使得符号学研究成为独立学科成为可能。

巴黎符号学学派最初是作为结构论符号学研究的一个分支出现的，后成为独立学派，至今已有30多年。在格雷马斯去世后的几年里，这一学派曾出现过"群龙无首"的局面，格雷马斯当时身边的合作者也分奔各处，一时让人对学派的未来感到担忧。但是，不久之后，这些合作者就在各自所在大学带起了一大批新的学员和研究者，形成了"遍地开花"之势，从而扩大了符号学研究的队伍和领域，使人们复燃了对于这一学派的希望。这一点，我们从埃诺主编的"符号学形式"丛书的出版规模不断扩大、研究领域不断增多、理论探讨不断深入之中可以看出。目前，这一学派已经大有盖过结构论符号学的声势与影响的势头，该学派以不同名目出现的研究中心几乎遍布法国各所综合性大学和研究机构。其中以巴黎第四大学、巴黎第八大学、利摩日大学、图卢兹第二大学和里昂第二大学的研究中心最为著名，成果也最为丰硕。

四、展望

在经历了超过半个多世纪的发展之后，法国符号学（我们知道，这一提法现在还很难只用一个法语名词来定名）已经成为世界符号学研究中的一支劲旅。纵观其走过的历程和当前继续做出的努力，我们尝试做出如下简要展望：

（1）法国符号学作为语言科学的一个分支，已经站稳了自己的脚跟，它不仅没有像格雷马斯1973年在第一届"空间符号学"研讨会上所悲观地预言的那样,说"符号学也许是一种时髦问题,并不排除在三年以后人们不再谈论它"(J.-C. Coquet, 1982:5),反而得到了广泛的传播,并且具有了初步的自立地位。法国的综合性公立大学中几乎都有了符号学教学,尽管其侧重点有所不同;不仅如此,一些符号学分析方法也已进入了中学的语文教学之中。符号学专业性学会和全国性学会也已出现多年,出版物数量也已达到可观的水平,并在继续增加之中。可以预测,法国符号学的研究领域会越来越广,其成果也会被应用到越来越多的学科之中。

(2)回顾法国符号学走过的道路和其取得的成就,除了使我们对于符号及其性质有了进一步认识之外,也使我们看见,它在世界范围内的影响似乎集中在了两大成果方面:一是在结构主义思潮中诞生的叙述学,这一学科已为各国所接受,并在不同的历史和文化中得到了丰富;二是话语分析或话语符号学,它是巴黎符号学学派在格雷马斯符号学理论基础上集体努力的结果,这一学科正在替代符号学分析这一名称,有时甚至直接指代符号学。也许,这后一方面是我们今后要做出努力去了解和引进的。应该说明的一点是,在名词使用上,法国的"话语分析"(analyse du discours)就是英美学界自20世纪50年代以来就使用的"语篇分析"(discourse analysis)。但是,它们的分析内容有所不同:法国的"话语分析"依据"语义学"和"叙述语法"侧重于意指和意指方式的分析,英美的"语篇分析"攀附于语言学而侧重于语法与逻辑结构(例如衔接、复指、句子间连接性等)的分析。

(3)如今,巴黎符号学学派已经成为法国符号学研究的主流,它很可能在今后某个时间会将结构论符号学的研究包容进来,并以sémiotique作为统一的名称,从而涵盖对于符号及其系统和对于意指方式等多个方面的研究。任何科学研究都有发展阶段的划分与综合的过程,其实,这两种研究一直就处在相互渗透和相互影响之中。名称不一致,概念不统一,说明该学科尚处在初创阶段,它还有很大的发展空间，完全的综合在法国尚需时日。不过，自 20 世纪 90 年代初，一些巴黎符号学学派的学者已经开始从事普通符号学教材方面的研究与撰写，例如库尔泰斯和丰塔尼耶，他们编写的教材中都是以论述符号的定义和性质起步的。这说明，结构论符号学与巴黎符号学学派之间不是不可兼容的。而且只要离开法国，它们的界限就变得更加模糊。比利时著名符号学家克林肯伯格（J. -M. Klinkenberg）就是在统一的 sémiotique 名下来介绍其《普通符号学概论》（*Précis de sémiotique générale*, 1996）的，并且告诉我们，"实际上，正像我们刚才看到的那样，sémiotique 有时也被称为 sémiologie（尽管后者正趋向于被前者所代替）"（J. -M. Klinkenberg, 1996: 23）。法国电影符号学家梅斯也是这样，他早期使用 sémiologie 一词，后期使用 sémiotique 一词。如果将所有有关符号、记号、意指、象征甚至症候的研究在我们汉语中用一个词来表示的话，我们似乎只能用"符号学"这一名称来统而概之。

（4）近年来，不少法国符号学家开始引入和研究美国符号学家皮尔斯（S. C. Peirce, 1839-1914）的理论，并尝试将源于索绪尔传统的研究与源于皮尔斯理论的研究结合起来。这是符号学研究的必然，也是人类认识过程逐渐趋同的一种必然。在这一方面，《符号学问题》一书中专门有一章谈到了两种传统在音乐符号学中的"汇合"。我们期待看到更多这种"汇合"的新成果。也许，在各国学者进行大量综合研究之后，符号学才会真正确立能够获得广泛认同的独立地位。在这一点上，符号学今后的发展还有很长的路要走。

（5）在 2012 年第十一届世界符号学大会期间，丰塔尼耶先生在与笔者交流的时候曾经提出了几个问题，其中就有"中国有无借鉴巴黎符号学学派的符号学研究？"笔者告诉他，格雷马斯的重要著作有的已经翻译成中文出版了，有的正在被翻译之中，对于巴黎符号学学派的介绍虽然刚刚开始，但已看到有学者在采用巴黎符号学学派的部分概念和操作模式来尝试分析作品了。可以预见的是，法国符号学会被越来越多的中国读者和研究者所了解。我们现在想要说的是，翻译也好，介绍也很好，其目的在于：在了解包括法国符号学在内的国外研究成果的基础上，根据我们自己的文化认知传统来发展我们自己的符号学研究，亦即"他山之石可以攻玉"之谓。我们认为，符号学在国外和在国内今后都还有很长的路要走。但愿，笔者对法国符号学所做的这种极为粗浅的、也许不无谬误的梳理，能有助于我国研究者从中学习到有益的东西，能有助于我国符号学研究者在挖掘我国古代符号学思想和借鉴国外符号学理论与实践的基础上，逐步建立起具有广泛探索领域和坚实理论基础的中国特色符号学研究，从带有外来因素的"中国制造"转型到走上充满中国智慧的"自主创新"的道路。

本章参考文献

戴维·克里斯特尔：《现代语言学词典》，沈家煊译，北京：商务印书馆，2000年。

穆斯塔法·萨福安：《结构精神分析学》，怀宇译，天津：天津社会科学学院出版社，2001年。

索绪尔：《普通语言学教程》，高名凯译，北京：商务印书馆，1982年。

Althusser, L., *Pour Marx*, Paris: Maspero, 1965a.

Althusser, L., *Lire Le Capital*, Paris: PUF, 1965b.

Baroquin, N. et Laffite J., *Dictionnaire des philosophes*, 3e édition, Armand Colin, 2007.

Barthes, R., *Le Degré zéro de l'écriture*, Paris: Seuil, 1953.

Barthes, R., *Mythologies*, Paris: Seuil, 1957.

Barthes, R., *Essais critiques*, Paris: Seuil, 1964.

Barthes, R., *L'aventure sémiologique*, Paris: Seuil, 1985.

Barthes, R., *Œuvres complètes*, 1, Paris: Seuil, 1993.

Barthes, R., *Œuvres complètes*, 2, Paris: Seuil, 1994.

Barthes, R., *Le Neutre*, Paris: Seuil, 2002.

Benveniste, E., *Problèmes de linguistique générale*, 1, Paris: Gallimard, 1974a.

Benveniste, E., *Problèmes de linguistique générale*, 2, Paris: Gallimard, 1974b.

Bertrand, D., *Précis de sémiotique littéraire*, Paris: Nathan Université, 2000.

Biglari, A. (Propos recueillis par), *Entretiens sémiotiques*, Limoges: Éditions lambert-Lucas, 2014.

Clancier, A., *Psychanalyse et critique littéraire*, Edouard Privat Editions, 1973.

Communication, N° 36, Paris: Seuil, 1982.

Coquet, J. -C., *Sémiotique: École de Paris*, Paris: Hachette, 1982.

Coquet, J. -C., *Le discours et son sujet*, Paris: Klincksieck, 1984.

Coquet, J. -C., *La quête du sens. Le langage en question*, Paris: PUF, 1997.

Courtés, J., *Introduction à la sémiotique narrative et discursive*, Paris: Hachette, 1976.

Courtés, J., *Analyse sémiotique du discours. De l'énoncé à l'énonciation*, Paris: Hachette Suéprieur, 1991.

Courtés, J., *La sémiotique du langage*, Paris: Armand Colin, 1991, 2007.

Derrida, J., *L'écriture et la différence*, Paris: Seuil, 1967-a.

Derrida, J., *La grammatologie*, Paris: Seuil, 1967-b.

Derrida, J., *Position*, Paris: Minuit, 1972.

Dosse, F., *Histoire du structuralisme*, 1, Paris: Éditions La Découverte, 1992a.

Dosse, F., *Histoire du structuralisme*, 2, Paris: Éditions La Découverte, 1992b.

Dubois, J. et autres., *Dictionnaire de linguistique*, Paris: Larousse, 1973.

Fontanille, J., *Sémiotique du discours*, Limoges: PULIM, 2000.

Fontanille, J., « Sémiotique des passions », in *Questions de sémiotique*, sous dir. de Hénault A., Paris: PUF, 2002.

Fontanille, J., *Corps et sens*, Paris: PUF, 2011.

Floch, J. -M. *Une lecture de Tintin au Tibet*, Paris: 1997.

Fontanille, J. et Zilberberg C., *Tension et signification*, Hayen 11-B-4140 Sprimont-Belgique, Pierre Mardaga, 1998.

Foucault, M., *Histoire de la folie à l'âge classique*, Paris: Union générale d'Editions, 1961.

Foucault, M., *Les mots et les choses*, Paris: Gallimard, 1966.

Foucault, M., *Archéologie du savoir*, Paris: Gallimard, 1969.

Genette, G., *Figures I*, Paris: Seuil, 1966.

Genette, G., *Figures II*, Paris: Seuil, 1969.

Genette, G., *Figures III*, Paris: Seuil, 1972.

Genette, G., *Introduction à l'architexte*, Paris: 1979.

Genette, G., *Figures IV*, Paris: Seuil, 1999.

Greimas, A. J., *Sémantique structurale*, Paris: Larousse, 1966.

Greimas, A. J., *Du sens, I*, Paris: Seuil, 1970.

Greimas, A. J., *Du sens II*, Paris: Seuil, 1983.

Greimas, A. J., *La mode en 1830*, Paris: PUF, 2000.

Greimas, A. J. et Fontanille J., 1991, *Sémiotique des passions*, Paris: Seuil.

Greimas, A. J. et Courtès J., *Sémiotique, dictionnaire raisonné de la théorie du langage I* (1979), Paris: Hachette Livre, 1993.

Greimas, A. J. et Courtès J., *Sémiotique, dictionnaire raisonné de la théorie du langage II*, Paris: Hachette Livre, 1986.

Hénault, A., *Les enjeux de la sémiotique*, Paris: PUF, 2012

Hénault, A., *Histoire de la sémiotique*, Paris: PUF, 1992

Hénault, A., *Le pouvoir comme passion*, Paris: PUF, 1994

Hénault, A., *Questions de sémiotique*, Paris: PUF, 2002

Hjelmslev, L., *Essais linguistiques*, Paris: Minuit, 1972.

Klinkenberg, J. -M., *Précis de la sémiotique générale*, De Boeck & Larcier S. A., 1996.

Kristeva, J., *Sémiotiké. Recherches pour une sémanalyse*, Paris: Seuil, 1969.

Lacan, J., *Écrit*, Paris: Seuil, 1966.

Lacan, J., *Séminaire II*, Paris: Seuil, 1977.

Lévi-Strauss, C., *Antropologie structurale*, 1, Paris: Plon, 1958.

Lévi-Strauss, C., *Tristes Tropiques*, Paris: Plon, 1955.

Mauss, M., *Œuvres*, Paris: Minuit, 1968.

Merleau-Ponty, M., *Signes*, Paris: Gallimard, 1960.

Mounin, G., *Introduction à la sémiologie*, Paris: Minuit, 1970.

Piaget, J., *Le structuralisme*, Paris: PUF, 1968.

Rey-Debove, J., *Lexique sémiotique*, Paris: PUF, 1979.

Safouan, M., *Le Structuralisme en psychanalyse*, Paris: Seuil, 1968.

Samoyault T., Roland Barthes, Paris, Seuil, 2015.

Todorov, Tz., *Poétique*, Paris: Seuil, 1968.

Todorov, Tz., *Poétique de la Prose*, Paris: Seuil, 1971.

Todorov, Tz., *Théorie du symbole*, Paris: Seuil, 1977.

Todorov, Tz., *Symbolisme et interprétation*, Paris: Seuil, 1978.

Verrier, J., *Tzvetan Todorov, Du formalisme russe aux morales de l'Histoire*, Bertrand-Lacoste, 1995.

第二章 美国符号学思想

第一节 美国符号学概观

一、美国符号学发展滥觞

虽然关于符号的思想和用法在东西方都具有久远的历史，比如，在古代中国和古希腊大致可追溯至两千年前的过去，但从学科的角度讲，符号学是一门发端于西方的学科，更有学者称之为"本质上是一门欧洲学科"（Jorna, 1991: 115）。从古希腊的"症候学"开始，经历罗马以及中世纪间歇性的发展，终于在 19 世纪末 20 世纪初，由皮尔斯（C. S. Peirce, 1839-1914）和索绪尔（Ferdinand de Saussure, 1857-1913）为符号学带来了新生，他们普遍被认为是现代符号学的两位创始人。符号学以一门独立学科的身份登上历史舞台，一般从巴特（R. Barthes, 1915-1980）的《符号学原理》算起。符号学作为一门学科，有着各种各样的缺陷，如缺乏专门的研究对象、没有严格的边界等，从而使得大部分符号学家都倾向于认同这样一种观点，即到目前为止还没有关于符号学史的专题研究，哪怕是一份详尽的大纲。艾柯（U. Eco, 1932-2016）更是激进地强调，当前任何一位作者都难以独立完成论述符号学史的重任（Sebeok, 1991: 1）。今天看来，西比奥克（T. A. Sebeok, 1920-2001）20 年前的观点不无道理，符号学这一状况的出现是因为其自身研究内容的复杂性和学科交叉性。历史上许多伟大的学者都曾经为符号学大厦的建成贡献过自己的思想,"源于这些思想的形象和概念发挥着索绪尔符号模式中能指与所指的功能"(Sebeok, 1991:1)。西比奥克把符号学喻为拼图,学者们对采用哪些符号碎片进行组合以及不同成分的位置还没能达成一致意见,因此,关于符号学版图的设想一方面是让人激动的,另一方面也可能带来误导。符号学并不是关于什么的学问,即使是"符号学是关于符指过程"的说法也并未给符号学清晰表明自身带来多大帮助。西比奥克进一步解释道,"符号学是使用符号去区分现实与幻觉"(Sebeok, 1991:2)的一门学科。

皮尔斯认为符号的两个主要功能是意指和交际,意指是符号与解释项的关系,而交际则是符号引起的共指(common significata)。符号学的中心任务是认识论,是在最广泛的意义上去理解生命体的认知构成以及生命体之间互动过程中的生理和心理组成序列,"在符号学中,我们必须在任何情况下都知道自己生存于绝对变化的传统之中并努力去掌握事情的真相"(Sebeok, 1991:2)。亨特(Hunt, 1989:603)在对认知科学进行阐释时认为,与其说认知是一门新科学,不如说它是一个新的视角,最好将其视为符号学的一种文学体裁或方法论变体。符号学这个名称涵盖的是多学科的综合体,包括心理学、语言学、人类学、哲学、计算机科学、神经科学,关注的焦点是符号的中介结构,如刺激与反应、对象与解释项等。奈舍(Nesher, 1990:44)也撰文指出,认知过程的机制是皮尔斯符号学的核心问题,这是实用主义哲学的自然结论。

在谈到1962年的美国符号学大会对之后20年符号学的发展有什么影响时,西比奥克认为,尽管当时的大会有五个主题(文化人类学、教育学、语言学、精神病学、心理学),但许多参会的知名学者并不认为自己是符号学家。美国是世界公认的符号学王国之一,1965年召开的首届全美符号学会议是美国符号学研究高潮的起点,并于1976年成立了美国符号学会（The Semiotic Society of America）。之后，美国符号学运动会同西欧符号学运动，进一步发展成以欧美为代表的国际符号学运动。本章的主旨是较为全面和深入地梳理美国符号学的发展历史和现状，以及尽可能地推断其将来的发展趋势。

目前国内研究美国符号学的专著和译著较少，据笔者不全面统计有《情感与形式》（中国社会科学出版社 1986 年版）、《皮尔斯文选》（社会科学文献出版社 2006 年版）、《莫里斯文选》（社会科学文献出版社 2009 年版）、《雅柯布森文集》（湖南教育出版社 2000 年版）、《皮尔斯符号学思想探索》（南京师范大学博士学位论文，2011 年）、《指号、语言和行为》（上海人民出版社 2011 年版）、《莫里斯符号学思想研究》（南京师范大学博士学位论文，2012 年）、《劳特利奇符号学指南》（南京大学出版社 2013 年版）、《皮尔斯论符号》（四川大学出版社 2014 年版）、《皮尔士》（中华书局 2014 年版）。此外，还有散见于不同期刊的文章，如《俄罗斯文艺》2014 年推出了"皮尔斯符号学思想研究——纪念皮尔斯逝世 100 周年"的专栏。国外对美国符号学的研究有它们独特的优势，展开得相对充分和集中，尤其是关于皮尔斯的符号学研究处于主要的和核心的位置，主要论著有：*Collected Papers* (Harvard University Press, 1931-1958)，*Peirce*，*Signs and Meaning* (University of Toronto Press, 1997)，*Peirce's Theory of Signs* (Cambridge University Press, 2007)，*Introducing Social Semiotics* (Routledge, 2005)，*Signs: An Introduction to Semiotics* (University of Toronto Press, 2001)，*Semiotics for Beginners* (Routledge, 2007)，*Semiotics The Basics* (Routledge, 2007)，*Basics of Semiotics* (Indiana University Press, 1990)，*Charles S. Peirce and the Linguistic Sign* (John Benjamins Publishing Company, 1985)，*The Pursuit of Signs* (Routledge, 2001)，*The Routledge Companion to Semiotics* (Routledge, 2010)，*History of Semiotics* (John Benjamins Publishing Company, 2000)，*Handbook of Semiotics* (Indiana

University Press, 1990), *Signs in Use: An Introduction to Semiotics* (Routledge, 2002), *Classics of Semiotics* (Springer Science + Business Media, LLC., 1987), *Semiotics in the United States* (Indiana University Press, 1991) 等。以上只是列出了我们所搜集到的专著和译著的一部分，坦白地讲，要在这些资料当中整理出符号学在美国的发生与发展历程并展现其全貌，是一项巨大的工程。这里，我们谨慎地遵循历史的线索去阅读和书写，力求呈现出一幅完整的美国符号学拼图。当然，现实的困难不少，尤其是美国符号学的边界并非那么清晰和容易划定，许多符号学家具有着不同的成长经历，如在美国之外出生和接受教育的符号学家雅各布森（P. O. Якобсон, 1896-1982）、卡西尔（E. Cassirer, 1874-1945）等。西比奥克曾指出，那些所谓的"盎格鲁-撒克逊符号学家"、"结构主义符号学家"、"大陆符号学家"的说法都只不过是一种虚假的说法，我们应该站在世界符号学的整体观下审视美国符号学以及美国符号学对世界符号学的辐射作用。皮尔斯是美国符号学的制高点，之后有詹姆斯（James）、罗伊斯（Royce）、路易斯（Lewis）和莫里斯，以及到20世纪70年代重新崛起的一批代表人物。康金评价说，皮尔斯是乔纳森·爱德华兹（Jonathan Edwards）的真正继承者，他志在建构一个完整的、无所不包的哲学体系，完美地融合了信仰与科学。（Conkin, 1976: 193）

劳赫是一位符号学的启蒙学者，他被罗贝克称为"符号学的先锋"（Roback, 1952: 57）。在19世纪40年代，劳赫本人就曾经使用了几个与符号学相似的词，如 semeiotic, semeiotical, semeiotically。劳赫指出，semeiotic 这个术语并非发现于英语之中，它源于希腊语的 semeia。自然中的一切事物必须忍受被人用作符号，承担着人的某种意愿，甚至"河流"都可能成为"边界"的符号。越容易被人所感知的事物，越胜任符号的职责。旗帜就是一个城邦的所有公民都理解的符号。一方面，符号学想象的符号存在于时间或空间中，空间符号可以有多种不同的形式，但形式并不决定它们的价值，决定符号价值的是它们的意指。另一方面，符号是只存在于时间中的东西，它必须永远处于运动状态。除了视觉符号，还有声音信号（signals）。同样的声音可能对我们有不同的影响，这完全取决于我们给其附加的意义。人类的声音高于动物的声音之处在于，人能产生词。词比单纯的符号有更多更丰富的内容，词不仅可意指可见、可触的客观对象，还提供了与人的思想进行联结的方式。语词是思想的符号，通过组合产生了语言。劳赫认为，从 symbolical 到 emlematical 再到 semeiotical 是一个发展的过程。劳赫的这种三分法被认为给皮尔斯的 icon/index/symbol 分类提供了启示。在劳赫那里，symbolical 指的是对象与它表征的思想（thought）之间具有同质性（homogeneous），生命之光和火把之光是同质的，因为熄灭的火把和死去的人可以类比；想象的产生是 emlematical，这时的形式与内容之间是不充分关系或异质关系，比如，饭店门口标志上的茶杯不是渴的 symbol，而是 emlem。想象的工作机制是符号学的，形式总是倾向于表征特定的内容，而不是表征与其相似或表征不同于自身的某种东西。符号如果不用于意指，或者失去了它所意指的内容，那么符号就丧失了它的价值。（Rauch, 1840: 225-227）

约翰逊（Alexander Bryan Johnson）是美国符号学史上未被引起注意的人物，被称为"秘密符号学家"（cryptosemiotician）（Rey, 1984: 92）。约翰逊认为，人存在于自己创造的世界之中，不是语言解释世界，而是世界解释语言。"一个人的语言受其感知经验的束缚，语词除了可以意指事物，还可以意指语词。这是一个重要的区分，只有当你明白这一点，你才不会被欺骗"（Johnson, 1947: 149-150）。在追溯术语 semiotics 这个词在美国是何时开始使用的这一问题时，西比奥克（Sebeok, 1991: 18）认为"这是一个非常复杂的问题"。在《帝国英语词典》（*The Imperial Dictionary of the English Language*）中对 semiotics 做出这样的界定："定义 1：关于符号的科学或学说；符号的语言。定义2：在病理学中是判断人体症状的分支，是健康的还是疾病的；症候学（symptomatology），符号学（semeiology）"（Ogilvie, 1883, IV: 27）。《世纪大辞典》（The Century Dictionary）的 semeiotics 和 semiotics 词条的解释是一模一样的。

另一位需要提到的学者是惠特尼。索绪尔在《手稿》中多次评论了惠特尼的《语言的生命与成长》（Life and Growth of Language），而这部书是呈现惠特尼语言观主要思想的重要著作。惠特尼（1827—1894）认为，语词与思想或观念之间没有内在的、必然的、自然的联系，二者结合的纽带是外部的、任意的，即社会共同体的共识和约定，"每一种人类语言的既存形式都是表达思想的任意和约定的符号，通过传统，一代又一代将之继承下来，而没有哪一代里的哪个人能把整个符号体系都接受和传递下来，但彼此有别的给予和获取的总和，使得语言得以存续而不会有实质性的损失"（Whitney, 1875: 32）。惠特尼洞察到动物的信号与人类语言的差异，动物的信号受到此时此地的限制，具有具象性、真实性，这与人类的手势、面部表情、腔调等非言语交际符号具有相似性，因为这些表达形式尚未能脱离指涉对象，都是在场的，与表达内容具有实在的联系，"当一定的表达形式放弃情感的天然基础，而转向理性的用法时，就是语言史的发端"（Whitney, 1875: 283），由此推导出语言符号对抽象事物、虚构事物的表征，正是任意性赋予语言能处理空间和时间上不在当下的事物。语言的任意性和规约性是语言区别于其他社会制度的根本特性，"每一种有声语词都是一个任意和约定的符号。说它任意，是意谓上千种别的语词里面任何一个都可以为我们所轻而易举地掌握，并与同一观念相关联；说它是约定的，是因为我们所掌握的语词需要遵循我们所隶属共同体的公认用法"（Whitney, 1867: 14）。索绪尔在《普通语言学教程》中高度评价了惠特尼，在三个地方引用或提及了惠特尼的思想，如语言符号的任意性。索绪尔特别强调了惠特尼把语言类比为制度的观点，"惠特尼正确地坚持了符号的任意性"(索绪尔，1980：110)。卢德平认为："索绪尔所阐述的语言符号任意性理论主要来源于惠特尼，并继承了后者'任意'和'约定'两个方面的核心思想，但做了以下延伸和发展：语言符号任意性是区别开作为社会制度的语言与其他社会制度的根本特征；索绪尔提出了能指和所指这对新的符号学范畴，以取代惠特尼的语词（或语音形式）和思想（或观念）；语言符号的任意性蕴涵着基于差异的语言符号的价值；惠特尼在论述语言符号任意性时提出的语言传统的强制理论，被索绪尔提炼为语言符号根植的两个维度——社会共同体与时间。"（卢德平，2014：14）惠特尼并没有被列入符号学家的名单之中，但他的某些思想"引导着符号学进一步的研究方向"（Beiley, 1978: 68）。皮尔斯在惠特尼主编的《世纪大辞典》中撰写了许多条目，其中就有"符号学"。惠特尼对符号学的关注除了表现在对索绪尔的影响和与皮尔斯的联系之外，他本人也曾表述过关于语言的看法，"语言具有制造符号的能力（sign-making faculty）"（Whitney, 1867: 103）。"虽然惠特尼对符号学的崛起所发挥的作用都是间接的，但他算得上是美国的索绪尔。他关于符号的任意性和规约性以及所有符号学事实都只能在符号系统内部得到描述的观点，都应赋予惠特尼符号学先锋的身份"（Beiley, 1978: 79）。

还有一些不能被忽略的学者。一位是埃弗龙（Efron），他出生于阿根廷，之后生活在纽约，他认为"信息不但存在于文本、绘画这些传统形式中，还应该对人们广泛使用的记号（notation）展开研究"（Efron, 1972: 59）。埃弗龙参加了1974年的国际符号学大会（Congress of the International Association for Semiotics），提出"心灵感应是具有符号学特征的"（Efron, 1979）。埃弗龙曾经在博阿斯的指导下展开田野工作，对交际中的非言语行为进行研究。当时他将犹太人和纽约的意大利人进行比较，发现他们的生活方式与各自的传统相比都发生了变化，但犹太人和意大利人之间存在着相似性，埃弗龙将这一现象的发生归结为文化因素。另一位是戈夫曼（Erving Goffman），虽然他认为自己是社会学家，但"戈夫曼对符号学的巨大贡献具有革命性的意义"（卢德平，2013：9），"我认为他对符号学最有洞见的贡献体现在他的专著《耻辱：变质的身份的控制》（*Stigma:Notes on the Management of Spoiled Identity*）（1963）以及他发表在《符号学》的文章'立场'（Footing）"（Sebeok, 1991:21）。戈夫曼称自己为符号学的外围人，自己研究的内容是互动民族学（interaction ethology），他发展了符号的社会本质概念，即"将符号的社会本质从涂尔干的不可见、强制的社会规范（索绪尔亦如此），转变为基于戈夫曼意义上的可见的日常生活的互动情景；将符号从索绪尔意义上的相对于个体人的分离和独立，转变为个体在具体的社会互动场景中的自我呈现的功能。无疑，经由这样的社会互动，符号才能成为人的存在的本质要素，构成人的存在状态，并将符号从作为传播或交流载体的工具性地位解放出来"（卢德平，2013：9）。无论是涂尔干的社会事实和个体社会行为，还是索绪尔的语言与言语，都在理论上假设了社会与个体的二元对立，且二者之间缺乏过渡的中间环节，"而恰恰是这样的中介阶段才能为个体将社会规则转换为实际的符号运用准备空间，而这一中介环节的复原离不开规则约束下的个体自由裁量的权利"（卢德平，2013：11）。戈夫曼的符号互动论旨在建构一种三元的社会维度，即个体、社会互动、社会。这里的社会不是个体的集合，而是社会情景的集合，处于每一个情景中的个体都是互动的、动态的、发展的。戈夫曼还提出了符号装备（sign-equipment）的概念，其包括语言符号、非语言符号、体态符号等，按照性质可分为意向性的给出符号和无意向性的流露符号。给出符号是被社会认可的和社会成员互动共享的基础，流露符号则是个体内心的真实意愿或承载着表象背后的真实。社会现实和人的自然形态都需要符号得以解释和表征，"从这一意义上讲，社会生活成为符号系统，在此，人通过符指过程，既掩盖也展示他的真实"（卢德平，2013：12）。按照戈夫曼的理解，符号的功能并不局限于从一个个体向另一个个体的意义传递或信息传递，而是以动态的过程呈现整体的人和人与人的关系。符号本身如果离开了人对互动场景的判断，就无法构成刺激反应链（Goffman, 1964）。

二、美国符号学的发展阶段与研究内容

从发展阶段来看，美国符号学经历了以下过程：起源于皮尔斯（Charles Sanders Peirce, 1839-1914）学说的符号研究、莫里斯（Charles William Morris, 1901-1979）学说的行为主义研究和传统古典语言学研究，经历了卡尔纳普（Rudolf Carnap, 1891-1970）学说的逻辑实证结构研究、米德（George Herbert Mead, 1863-1931）的社会学和华生（John Broadus Watson, 1878-1958）的行为心理学研究等过程，来到卡西尔（Ernst Cassirer, 1874-1945）学说的象征主义研究、塞耶尔（Andrew Sayer, 1949-）代表的诸多大众语义学研究和民主政治概念研究，又发展到雅各布森（Roman Jakobson, 1896-1982）带有语言符号学倾向的诗学研究、西比奥克（Thomas Albert Sebeok, 1920-2001）带有生物符号学倾向的全面符号学研究。

从研究内容来看，美国符号学的研究主要在以下几个方面展开：一是皮尔斯符号学研究，它兴起于20世纪70年代，在美国重新开创了传统文化与符号研究的新高峰。尤其是皮尔斯笔记式手稿研究，将符号发展成为当时美国最具特色的符号学。二是莫里斯符号世界分野说，它是当代符号学对象化研究的主要根源之一，他所首创的符号学的三个世界分类——符构学、符义学、符效学，已经成为符号学研究分类法中的重要组成部分，至今仍为符号学界所普遍采纳。三是语言符号学研究。早期在东欧就很著名的语言学家和文艺符号学家雅各布森，迁居到美国以后，对于形成美国本地语言符号学观念有重要贡献，

后来兰姆（Sydney M. Lamb, 1929-）和派克（Kenneth Lee Pike, 1912-2000）提出的"层次语法"与佛多尔（J. D. Fodor）和卡茨（Jerrold J. Katz, 1932-2002）提出的"结构语义学"，都可视为语言符号学方向的重要发展。四是"三论"对符号学的关联研究。我们知道，控制论、信息论和系统论都是在美国产生的，目前它们已经成为符号学通信论和符号学运用论的主要基础。五是符号学的交叉研究。目前，符号学在人工智能研究和认知科学研究领域取得了突破性的成功，符号学的研究内容不断扩大，使美国传统符号学在概念上更趋合理化和科学化。六是当代符号学意义论研究。它以奎因（Willard Van Orman Quine, 1908-2000）和戴维森（Donald Davidson, 1917-2003）等人为代表，以实用主义分析哲学方向的语义哲学为基本理论依据，已构成当今美国符号学科学体系的重要内容，并对现代语言文字的涵义阐释、语义与文化伦理、语义与现实使用价值、语义与民族信仰习惯、语义与美国本土文化底蕴和生活习惯的约定俗成研究提供了重要的方法论工具。七是美国文化符号学研究，它吸取了欧洲传统思想的精华，尤其是吸取了法国文化传统的革命性与民主主义的内容，其交汇研究的成果已成为当代世界符号学的重要组成部分。八是动物符号学或生物符号学研究。它以西比奥克和迪利（J. Deely）等为代表，直接吸取了皮尔斯、莫里斯符号学思想的精华以及生物学研究的新观念，建立了科学的动物符号学理论或称为全面符号学分类体系，引起当代美国一般符号学理论研究的广泛关注。九是题材文化符号学研究。它以肖·塞耶尔为代表，主要研究符号学作为信息载体的分类和归纳，它所提出的符号交流对识别题材文化的基本方法和基本原则在社会生活中产生了积极和重大的意义（文涛，2001：102—103）。

美国符号学人数众多，流派纷繁，但从对美国符号学乃至世界符号学的贡献而言，有四位学者功不可没：皮尔斯与瑞士学者索绪尔齐名，是现代符号学的首创者；莫里斯因其"三个世界学说"而被视为符号学学科的创立者之一；雅各布森是符号学学科发展的重要推动者，尤其对语言符号学的创立而言可谓是先行者之一；西比奥克创办了《符号学》(Semiotica)会刊，他的符号学思想以及符号学活动使他当之无愧成为当代美国符号学的旗手。

第二节 实用主义哲学与皮尔斯的符号学革命

一、符号与实在的关系问题

对符号与实在关系的思考和讨论，几乎贯穿整个西方哲学史，更是任何符号思想、符号理论、符号学说的源头问题。但是，至少在皮尔斯实用主义哲学出现以前的哲学思想中，关于符号与实在关系的思考，存在着两种思想取向：一种即所谓表现主义或反映论的思想取向；另一种则强调符号，特别是以语言为代表的符号，具有独立于实在的自足性和系统性，或至少不由实在所决定。

符号表现主义或反映论的理论前提在于：实在先行或给定，而符号的主要功能则是和实在后续对应。当然，对符号的表现主义或反映论所做的这一特征概括，并非基于任何发生学的根据，也不意味着可以找出什么经验证据来证明实在和符号在时间上的先后关系，而仅仅是对符号思想史上有关实在和符号之间逻辑关系的相关结论的一种学术判断。不难发现，认为实在和符号之间存在着这种逻辑性的而非时间性的关系，相当于承认实在和符号处于一种主次关系，前者决定了后者，以及决定了后者的被动性质。同时，承认实在是先行或给定的，等于认为符号不再有可能反作用于实在，也等于承认实在为符号确立了法则。问题在于符号思想史上出现的这种符号表现主义或符号反映论究竟有没有揭示符号与实在关系的真相？

至于符号思想史上围绕符号与实在关系性质所做的另一种无休止的争论,也即,争论二者间的关系是约定的还是自然的,相对于实在和符号的逻辑关系之争、主次之争、决定与被决定之争,不过是一种枝节性的争论。目前符号学学科沿着索绪尔的符号任意性学说所展开的讨论,纠结于符号与实在关系的理据问题,其实遮蔽了符号与实在关系的上述更为重要的核心问题。同时,围绕索绪尔符号任意性理论的争论,忽略了索绪尔理论的另一个关键点:索绪尔始终认为是语言符号为自然立法,而非相反,在语言符号做出范畴化的切分之前,所谓自然不过是混沌的连续体。从索绪尔的理论立场理解,实在不是先行或给定的,而是语言符号作用的结果。索绪尔符号学说在符号思想史上的革命性意义正在于此。

符号思想史上的表现主义或反映论还忽略了另一个核心问题:作为人类伟大创造成果的符号仅仅是为了表现或反映主体人之外的实在,或包括主体人在内的广义实在吗?这样思考符号与实在的关系,实际上把符号降格到单纯、被动的工具地位,而且这个工具仅仅是用来命名、分类、代替、描述实在。即使承认符号的这种工具性地位,那么形成符号的命名、分类、代替、描述功能的能力又是从何而来的呢?是来自实在的力量吗?更可以追问,专名的力量是来自专名所指涉的对象还是来自符号自身呢?这力量是人通过符号创造出的还是说这力量来自创造出符号的主体人呢?如果来自主体人,则符号就不会构成对人的强制性和外在性,而这一点又和语言符号作为一种制度性事实的基本发现相矛盾。

不可否认,当实在处于简单状态,或者当符号对实在的非本质属性加以反映时,符号如能发挥命名、分类、代替、描述的基本职能,则使符号与实在之间的关系呈现出一种没有张力的吻合。但是,随着人们对实在从感觉的感知上升到理性的认知时,符号与实在之间的关系就变得非常复杂。其复杂性在于:符号对于认识和理解实在,对于认识和理解实在的经验过程，或表现能力不足，或甚至成为认识实在的障碍。相对于实在的复杂性或人们所认识和理解的实在的复杂性，当符号表现能力不足时，存在着进一步组合、修订或创制符号的必要；但是，当符号在多重组合、修订、创制之后变得过于复杂时，又超出人的驾驭能力，因此终将导致对符号的废弃。另一种复杂性在于：承认符号是完善、充足的，人们对于实在的复杂性的认识和理解不足，从根本上讲，是因为对符号的理解和认识不足。对于符号的理解，实质上就是对于符号所承载的意义的理解，而人对实在的认识和理解，世代绵亘，不断转化为符号的意义。因此，在形式上再简单的符号，所承载的意义也并不简单。对于实在的理解由此转化为对于符号的意义解读，解释学所做的努力正在于此。

相对于实在，符号无论表现能力不足还是表现能力充分，都面临着危机。当表现能力不足时，人们试图诉诸更为复杂的组合、修订、创制来化解符号的危机；当表现能力充分，但符号承载的意义负荷过大以至于发生对符号解读和理解的困难，人们则试图通过对符号的无穷解释（如语言学中的元语言符号解释）来试图化解符号面临的危机。这个危机究竟是符号的危机还是实在的危机，哲学史并没有给出终极的答案。这个危机仍然没有被消除，而符号学从根本上讲，正是应对这一危机的产物。

然而，符号的危机蕴涵着以下一些重要的理论问题：

第一，如果承认实在的先验性，则决定了符号的后续性和被动性，而符号的后续性和被动性则使符号的使用主体无法体现其面对实在的能动性和创造性。需要强调的是，人对实在的认识表现为经验，在人的经验中体验、把握、理解的实在无不刻上人的烙印，而人对实在刻下烙印，既是社会实践的结果，又不得不通过符号来进行。塞尔（J. Searle, 1995）区分出"无情的事实"（brute facts）和"制度性事实"（institutional facts），并强调语言符号对后一类事实的决定性的建构作用，从另一个角度很好地说明了，符号对于实在绝不仅仅是后续和被动的，甚至对实在具有前导和决定性的作用。

第二，就塞尔所提出的"无情的事实"这类实在而言，其内在特性又相对独立于观察主体，符号对这类实在的建构作用极为有限，而更多的是去符合或匹配实在。如果说"制度性事实"的存在前提是要让实在吻合符号，那么，以自然界事物为代表的"无情的事实"的存在理由则由自身所决定，而符号则只有去匹配或吻合实在。由此，符号的存在理由和成立依据，恰恰在于是否符合实在的要求，能否充分反映或代表实在。从塞尔对于实在的分类可以看出，在符号与实在关系上的表现主义或反映论，如果把实在限定于自然事物，则又显示出一定的合理性。

第三，即使是自然界的"无情事实"，人对它的感知和理解也绝不仅仅是现象层面的，不可能通过感觉就把握"无情事实"的全部。自然界的一座山就存在于那里，人看到与否，使用符号去表现与否，都屹立在那里。但是，当人用感官，如视觉、触觉，去感知这座山的时候，他在内心升起一种崇高感，并且外化为山的巍峨和壮美，而这座山究竟有多巍峨，有多壮美，则很大程度上取决于表现它的语言符号。尤其是通过语言符号去向无法直接感知的人传达这座山的巍峨和壮美时，丈量这座山的巍峨和壮美的尺度几乎完全转移到符号身上。一首诗歌，一篇游记，就是由语言符号所构成的话语系统，经由这些符号作品表现、传达之后的这座山，越来越偏离这座山的自然状态，而向社会或文化维度的"制度性事实"转移。当一座山成为旅游名录上的景点时，几乎完全实现了从"无情事实"的自然状态向"制度性事实"的文化或社会产品的位移。伴随着实在的这种转移，符号的功能也在同步发生变化。这个变化的结果就是，符号与实在的关系呈现出反映和建构交叉重叠的状态。

第四，即使是"制度性事实"，亦非日日处于建构过程之中。"制度性事实"在一个时期的某一社会共同体内借助符号建构完成之后，便进入传统的疆域，后来者对"制度性事实"的理解和认知问题由此成为对传统的继承问题，或者干脆说，就是对指向"制度性事实"的符号的继承问题。前人以符号建构的"制度性事实"，在后人那里则转变为以符号去对应"制度性事实"。那么，符号与实在的关系在引入时间维度后也呈现出建构和反映交叉重叠的状态。

概言之，实在从自然状态下的"无情事实"向社会建构结果下的"制度性事实"的转移，以及作为社会建构结果的"制度性事实"的实在在进入传统之后所发生的从建构到继承的变化，都蕴涵着符号与实在之间的关系将同步发生变化。符号的危机，从深层次讲，就是实在与符号之间关系的变化所催生的危机。由于符号的遮蔽，实在的任何变化，即使是质的变化，都必然体现为符号的表现能力不足，符号所承载的意义费解，符号与实在之间无法简单对应等多种形态的符号危机。然而，危机并非完全消极，符号的危机往往催生出新的更具解释力的符号理论。符号与实在关系的危机，决定了作为解释符号与实在关系的符号学理论需要一场变革，而这场理论变革的目标，就是要提出一个更能概括符号与实在之间这种复杂、变幻、交错关系的符号学说。

二、皮尔斯及其古典实用主义哲学

1. 关于皮尔斯

皮尔斯于1839年出生在美国马萨诸塞州坎布里奇，父亲本杰明·皮尔斯是哈佛大学的教授，著名的数学家。他从小便受到自然科学、哲学等方面的严格训练，这为他日后成为美国著名的哲学家、逻辑学家和实用主义的创始人奠定了坚实的基础。皮尔斯生前只公开发表过两篇论文：《确定信念》和《如何使我们的想法清晰》。他是通过对康德《纯粹理性批判》的钻研开始符号学探讨的。皮尔斯一生并未出版过符号学的专门著作，他的理论散见于相关理论和布尔代数的逻辑学论文中。遗憾的是，皮尔斯的思想并没有得到同代人的赏识，直到20世纪30年代，随着皮尔斯文集和全集的出版（美国哈佛大学在1931—1958年间曾出版《皮尔斯著作全集》八卷本），他的符号学理论才引起后人的重视。近年来，他的学说重新成为许多领域里的研究热点，其影响力甚至远远超出了美国。在1989年哈佛大学召开国际会议，纪念皮尔斯诞辰一百五十周年。目前，美国德克萨斯州工业大学正在组织出版皮尔斯哲学研究系列丛书。就符号学而言，美国巴布森学院教授胡柏思还将皮尔斯有关符号的论述整理成册，单独出版，书名为《皮尔斯论符号》。可见，皮尔斯的符号学思想在当今世界学术界里有着相当重要的位置。

皮尔斯是美国实用主义哲学、数理逻辑、现代符号学的创始人，是"到目前为止大陆上最有独创性和多才多艺的知识分子"（Fisch, 1982: 17），"是19世纪晚期最具独创性的思想家之一，而且理所当然是美国最伟大的思想家"（Russell, 1959: 276）。费施（Fisch）认为皮尔斯是鹤立鸡群式的学者，鉴于皮尔斯广泛的研究内容，他应该拥有以下这些称呼：数学家、天文学家、化学家、大地测量者、地图绘制者、测量学学者、光谱仪专家、工程师、发明家、心理学家、文献学家、词汇学家、科学史学者、数理经济学家、一辈子学医之人、书评人、戏剧家、演员、短篇小说家、现象学学者、符号学学者、逻辑学家、修辞学学者和形而上学研究者。皮尔斯对自己的研究有着这样的规划："（我想要）创造像亚里士多德哲学那样的一种哲学，就是说，创建这样一个综合的理论，在未来的很长一段时间里，不管是哪个哲学流派或类别，不管是数学、心理学、物理学、历史、社会学或其他任何学科，整个的人类思维，都是我理论的组成部分。"（C. S. Peirce,

CP1: 3-4）[①] 这样一来，我们就不难理解皮尔斯哲学思想的繁杂，因为这正是他努力的方向和给自己设定的目标。皮尔斯一生不固守某个理论，因为担心别人把自己的哲学思想与当时的实用主义混为一谈，他强调自己是实效主义，而且他的理论中吸收了可错论、进化论等动态思想，所以在他的手稿中可发现他随着新的认识而不断地修改自己的思想，如 1904 年和 1908 年对符号的分类观点，因此，动态性和发展性是皮尔斯思想的一个重要特征。

目前关于皮尔斯的研究主要有：科恩（M. R. Cohen）编《几率、爱和逻辑》(1923)；1931—1958 年哈佛大学出版社出版的八卷本《皮尔斯文集》(*The Collected Papers of Charles Sanders Peirce*)；墨菲（M. G. Murphey）的《皮尔斯的哲学发展历程》(1961)；《查尔斯·桑德斯·皮尔斯：给民族杂志的来稿》4 卷本，收录了皮尔斯 300 多篇文章；《符号与意义研究：皮尔斯同维多利亚·维尔比夫人之间的书信》(1977)；《皮尔斯历年文稿》(*Writings of Charles S. Peirce: A Chronological Edition*)，1982 年出版 4 卷；《皮尔斯精粹》(*The Essential Peirce*) 2 卷。他的著述按照编年方式，在《查尔斯·S. 皮尔斯：编年版》(*Charles S. Peirce: A Chronological Edition*) 这个总标题之下，被编成了总数 30 册的评注版。

1946 年美国成立了皮尔斯研究会，在美国之外的加拿大、巴西、芬兰、德国、法国、西班牙、意大利也都已经设立了专门的皮尔斯研究机构，美国本土的普渡大学、印第安纳大学、宾州大学设有皮尔斯研究中心。皮尔斯研究专刊 *Transaction* 至今已经出版 50 多年。即便如此，由于皮尔斯手稿内容的驳杂、主题散乱、语言晦涩难懂、新创术语难以清晰阐释，所以要系统整理他留下的十万页手稿成为一项艰巨的工程。皮尔斯符号学思想的传播和接受在目前也仅限于他的符号

[①] *CP1* 是 *The Collected Papers of Charles Sanders Peirce* 第 1 卷的缩写，下同。

三位一体理论，符号分类理论中的象似符、指示符、象征符概念以及符指过程理论。皮尔斯自己对符号学研究倾注了大量思考："仅我所知，我是开创符号学这一领域的先锋或开拓者。这是一个关于可被看作符号现象的东西具有什么本质及基本上有哪些种类的理论体系。"（季海宏，2011：8）皮尔斯符号学理论与哲学、逻辑学有着紧密的联系，他甚至认为逻辑学只不过是符号学的别名，所以学习皮尔斯就需要一定的哲学、逻辑学、符号学的知识。目前关于皮尔斯思想的深度整理和挖掘工作正在缓慢前行，由于天才的皮尔斯思想活跃又不循规蹈矩，他的知识的渊博和思想的深刻，在今日的学界中罕有与其相当者，对皮尔斯符号学思想的阐释与吸收注定是一条曲折与漫长的道路。

2. 古典实用主义哲学与皮尔斯的革命

皮尔斯的实用主义哲学思想以及在此基础上构建的符号学说，可以说就是应对上述符号危机的理论产物。但是，从皮尔斯到詹姆斯（W. James）再到杜威（J. Dewey），他们作为古典实用主义哲学的三大代表人物，围绕符号与实在关系的解释，已经出现了很大的分歧，而这个分歧又和三位哲学家对于实用主义基本原则的不同理解和发挥紧密相关。尽管三位哲学家都认为实用主义是一种关于真理或意义的探究方法，也都认为客体的意义在于客体所产生的效果，对于客体的理解等同于对客体效果的理解，观念所认知或理解的客体对象既包括感觉世界的实存物，也包括对象的属性、状态，以及行动，但在这些概念或范畴的理论落脚点上三人却大相径庭。（C. S. Peirce, 1905, 1955; W. James, 1987; J. Dewey, 1908, 1922, 1929）实用主义哲学由上述三人的思想和理论构成古典阶段，而此后发展出来的新实用主义，包括普特南（H. Putnam, 1995）、罗蒂（R. Rorty, 1982）等人在内，对于三位古典实用主义思想家的理解和评价差异颇大，但都承认古典实用主义的一大贡献：拒斥真理与实在的简单对应论，认为信念所追求的真理在于实践。

笔者在这里无意全面评价实用主义哲学的得失，而对于实用主义哲学线索的梳理和分析也非本书的重点。我们的目的是要探讨实用主义哲学思想对于符号学说扩展的影响。这不仅仅是因为现代符号科学的奠基人皮尔斯同时也是实用主义哲学的创始人，更是因为实用主义哲学思想影响了对于符号与实在关系的认识，影响了符号的分类体系，影响了对于符号反映论和符号建构论的理论综合。这几点在皮尔斯的符号学说中表现得尤其明显。

一般认为，皮尔斯的实用主义哲学属于唯理论实在主义（idealist realism），其符号学则是脱胎自康德（I. Kant, 1724-1804）超验形而上学的超验逻辑学或超验符号学（Apel Karl-Otto, 1994）。说皮尔斯的实用主义哲学属于唯理论实在主义，其中一个重要的原因在于：皮尔斯所探究的真理是符合普遍性和可能性——而非唯名论所说的语境化的特殊性和具体性——标准的法则。

虽然皮尔斯并未直接论述其实用主义哲学与符号学说的关系，但也并非像阿斯顿所说的那样，仅仅在皮尔斯符号学说的"解释项"上二者发生直接的关联（W. P. Alston, 1956）。作为皮尔斯实用主义哲学的三个支点，即怀疑—探究、终极共同体、终极实在（C. R. Hausman, 1993），无不指向实用主义的核心目标——真理和意义，而这一工作，必然经由符号，并通过对符号的探究，实现对信念的探究，最终指向对真理和意义的探究。终极共同体（final community）概念的提出，从社会维度支撑了作为真理和意义内核的具有普遍性、可能性、连续性的终极实在，而皮尔斯所说的"共同体"绝不是什么静态的全民公约数，而是在怀疑和探究之后所形成的信念共识，因此这一概念具有鲜明的动力学特征（J. Liszka, 1978）。符号与实在的关系在皮尔斯的实用主义哲学那里再一次得到了前所未有的深刻阐述，而这一思想的推进，其价值并不仅限于哲学上的贡献，对于符号理论的发展，特别是对符号与实在关系的阐释,也构成前所未有的贡献。不难发现,皮尔斯的实用主义哲学思想,以对真理的探究为出发点,逐渐渗透和弥漫于他的整个符号学体系及其内在要素。

说皮尔斯的符号学说具有革命性的意义,并不意味着皮尔斯的符号学理论完全推翻了传统上的符号表现主义或反映论。相反,皮尔斯认为,符号与对象或客体之间首先存在着基本的表现或反映关系,这一点在他的关于符号的经典定义之中也有充分的体现。皮尔斯说:"符号或表征素(representamen)是指在某方面或某种能力上,相对于某人,代替某物。符号诉诸某人,也就是说,在该人的心灵里创造出一个等同的符号,或可能创造出一个更加发达的符号。所创造出的这个符号我称之为第一个符号的解释项。符号代替某物,即其对象(object)。它代替这个对象,并非在所有方面,而是参照某种观念,对此我时常称之为表征素的基底(ground)。"(C. S. Peirce, 1955: 99)尽管这个定义包含的内容非常丰富,但可以看出,皮尔斯对于符号表现主义或符号反映论的合理内核仍持肯定的态度。但和一般符号表现主义或反映论不同的是,皮尔斯并不认为符号自身先验地具备指涉或代替客体对象的能力,而这种符号能力来自于符号解释者、客体对象所处的关系之中。符号能力的形成还受到一定条件的制约,必须参照一定的观念,即所谓的符号"依据"。此外,符号对客体对象的表征,更多是反映对象法则,而非描写客体形态。所以,皮尔斯专门发明了一个新的术语——"表征素",以和一般符号表现论区别开来。对此,皮尔斯还就符号与表征素的差别,进行了细微的辨析。(C. S. Peirce, *CP1*: 540)

同时,"解释项"这一概念的提出及其演绎也说明,皮尔斯在继承传统符号反映论的合理内核,坚持符号与客体对象之间处于一种表现或反映关系的同时,也注意到传统符号反映论中包含的符号被动性特征,难以解释符号能力的形成过程及其规律;而通过解释项概念的系统发挥来寻求符号的建构功能,以揭示符号能力的内在机理,成为皮尔斯必然的理论选择。符号需要通过"解释项"不断加以译解,增强其能力,这既是探索符号意义的需要,也是符号能力形成过程的动力学特征使然。"解释项"概念的提出及其内涵的丰富化,使皮尔斯对传统的符号反映论和新的符号建构论实现了理论上的结合。这正是皮尔斯符号理论的革命性意义所在。

古典实用主义的另外两位代表性人物詹姆斯和杜威,虽然对于实用主义思想的发展发挥了重要作用,甚至在实用主义哲学思想的传播方面的影响超过了皮尔斯,但二人都没有像皮尔斯那样,以符号问题作为专门的研究对象,并构建相应的符号学体系。但这么说,并不等于否认二人对于符号,尤其是对于语言符号研究的诸多贡献。特别是杜威,一方面对皮尔斯实用主义思想发表了多篇富有创造力的阐释性论文(J. Dewey, 1908, 1916, 1922, 1946),另一方面又著有《经验与自然》(J. Dewey, 1929)这样讨论符号(包括语言符号)问题较多的著作。

与皮尔斯不同的是,詹姆斯的实用主义属于所谓的激进经验主义(radical empiricism),拒斥理性,强调感性,认为实在的丰富性只有通过具体的感觉才能把握到,而每一次对实在的感觉,都构成相对自足的真理,而不是像皮尔斯认为的那样,实在的意义必须归结到某种终极法则。詹姆斯说:"经验主义是理性主义的对立面。理性主义倾向于强调普遍性,并且在逻辑序列和存在秩序上,把整体置于局部之先。相反,经验主义把解释的重点放在局部、要素、个体方面,而视整体为一种集合,视普遍为一种抽象。因此,我对事物的描述从局部开始,而把对整体的说明放到第二位。""所谓激进,是说经验主义,既不必接纳任何未经直接经验的要素,也不必排除任何直接经验过的要素。对于这样一种哲学而言,将经验连接起来的关系本身就是经验过的关系,而且任何一种经验过的关系都必须视为和系统中的其他要素一样真实。"(James, 1987: 1160)在这样的激进经验主义思想的统摄下，詹姆斯认为，符号成为通向实在、经验实在的障碍。只有拆除包括符号在内的任何可能遮蔽实在的外部障碍，才可能对实在的赤裸裸的状态进行感知和经验，才能真正把握生活的生动性、丰富性、直接性（W. Gavin, S. Neubert, K. Reich, 2010）。但詹姆斯也不是完全否定符号，尤其是语言符号的作用。他认为，符号，特别是语言符号，实际上和经验须臾不可分离，而经验主体在感知和把握实在的过程中，其意向意义不得不通过符号来传达。可以说，詹姆斯对于符号持一种既爱又恨的矛盾态度，只不过这种矛盾并非如皮尔斯所发现的貌似矛盾实则辩证的符号状态，而更多是作为实用主义者的詹姆斯的一种学术风格（W. Gavin, S. Neubert, K. Reich, 2010）。

杜威历来对皮尔斯的思想赞誉有加，在对皮尔斯符号学思想的解读上，批驳了莫里斯之流对皮尔斯的误解或庸俗应用，澄清了"解释项"（interpretant）这一皮尔斯符号学的核心概念的本质内涵。但杜威本人的符号思想创见颇多，对于符号科学的贡献不可谓不大。

杜威在传统的实在疆域和符号疆域之外，提出进入符号疆域之中的实在的观点。这个思想颇为新颖，也非常深刻。此前，包括皮尔斯在内，都在理论上把实在疆域和符号疆域区分开，从而思考符号与实在的关系，而杜威第一次把这两个疆域在理论上统一起来，这就把符号化之后的实在和符号化之前的实在做了根本的区分，区分的结果就是符号与实在关联之后没有不被符号化的单纯实在，那种实在也不构成认识的对象，也谈不上实在的所谓意义问题。

杜威认为，进入符号系统，被符号化，其前提在于交流（communication），只有通过交流，才能从单纯的实在转化为符号或话语的实在。"当交流发生时，所有的自然事件都面临着重新思考和修正"，进入符号或话语，"事件成为客体，事物具有了意义"，"一些事件即使不存在，也（在符号或话语中）获得了指涉，并通过新的媒介（符号或话语）与遥远时空中的事物发生作用","事件被言说（语言符号）时，就摆脱了原先的局部或偶然的情景限制"(J. Dewey, 1929: 166),"符号的功能就是创造出反思、预见及回忆"(J. Dewey, 1929: 169)。

三、皮尔斯符号学说中的辩证法思想

皮尔斯实用主义哲学留给符号学的遗产并不限于揭示以普遍性、可能性、连续性为基本特征的符号所指向的实在，而且体现在皮尔斯实用主义思想的辩证法之中。对此，国际学术界鲜有人提及。

皮尔斯所提出的符号观，在涉及符号的意义问题时，一方面指涉客体或对象，另一方面又强调符号的客体或对象绝不是时空坐标下经过语境化的客体或对象，而是能体现普遍性或可能性法则的客体或对象。这样说，并不意味着皮尔斯把符号的客体或对象等同于抽象的观念，皮尔斯本人恰恰认为，符号的客体或对象需要具象化，可一旦具象化又因时空语境制约而限制了普遍性的意义潜力。进一步讲，皮尔斯所说的符号的对象或客体的普遍性法则，在他的实用主义哲学思想的统摄下，主要体现为对象或客体产生的潜在或可能的效果；作为符号意义的效果，并非肤浅的瞬时经验或现象意义上的效果，而是能体现规律性、普遍性、连续性的效果。对象或客体的效果，并非此时此地正在产生的效果，也非过去已经产生的效果，而是未来具有潜在可能的效果，而只有潜在、可能的效果，才能摆脱过去发生或现在发生所不可避免的情景制约，从而避免客体或对象所产生效果的意义损耗。

在皮尔斯看来，对象或客体的效果构成符号的意义，而对这一意义的探寻，既是实用主义真理论的研究任务，又是符号学探讨符号与实在关系时必须面对的首要课题。在这一问题上，将符号所指向的客体局限于特定时空语境下的效果，则无法揭示符号意义的普遍规则，也使得符号的意义因实在的情景依赖性而变动不居，无法把握。但是，是否可以就此放弃客体或对象效果的情景性呢？也不是。皮尔斯在这一问题上的深刻性就表现在：作为普遍性、可能性、连续性的客体或对象的效果，需要借助情景来呈现，来具象化；但这个呈现或具象化不可能通过数量化或一定频率的情景呈现来完成。客体或对象每一次的情景化呈现都是面向普遍性、可能性、连续性法则的一次接近，而无限的情景化呈现在理论上才等于普遍性法则，但这在经验上不可能实现。客体或对象，无论是现象的存在物，还是属性，或行动，都体现出这一表面矛盾、实质辩证的具象化普遍性。这就是皮尔斯实用主义哲学在符号所指对象的解释上所体现出的辩证法。皮尔斯采用"习惯"（habit）这样一个近似心理学的术语来体现他在符号问题上的辩证法思想。在皮尔斯那里，这个"习惯"不仅仅局限于某种能透露出规律性变化轨迹的行为方式，也指心灵的倾向或信念，甚至包括客体或对象之间超越语境的因果关系。

例如，敲门作为手势符号，其意义在于开门这一效果。但是，具体语境下的敲门，其开门的效果则存在着细节的差异，或是全开的门，或是半开的门，即使是全开的门，或半开的门，开门的速度因具体情景也还有别。只有"开门"这一具有普遍性的特征才能统摄各种具体形态的开门，而具体时空语境下的开门，则必然表现为全开、半开等具体形态，而这些具体形态，相对于"开门"的潜在普遍性而言，都不过是对最普遍的"开门"效果的具体表现。

又如，红色作为客体或对象的属性，必须经由承载这种色彩的载体具象出来。而红色每一次情景性的呈现，都需要诉诸视觉。存在着深浅差别的红色，而每一次呈现也不过是向普遍性的红色的一次接近，但绝不等于红色。

根据皮尔斯的符号学说，不仅是符号所指的客体或对象体现这种辩证特征，符号本身也处于辩证状态。皮尔斯所提出的三种基本类型的符号，即象似符（icon）、索引符（index）、象征符（symbol），不仅每类符号本身是一个辩证的统一体，不同类型的符号也处于辩证关系之中。然而，这不单纯是符号分类的问题。尽管从字面上看，皮尔斯是在对符号进行分类，甚至在三类符号的基础上又提出十种分类法，在十种分类的框架下又出现三十种分类，甚至更多；但就其本质而言，皮尔斯是在从不同角度对符号进行透视，这个透视之深刻，甚至导致在经验上根本无法找到足够的符号现象来满足这个分类。

象似符需要具象化为一面旗帜、一幅地图、一份表格、一个数学公式，而这些受具体语境制约的象似符，都仅仅是从一个具体的角度和方面，来体现符号自身的属性与所指对象或客体属性之间相似或类比。但这每一次情景依赖的体现都无法圆满体现象似符的法则，但充分的象似符法则又离不开这一次又一次的体现。象似符是皮尔斯从符号能指和符号所指对象属性的角度对符号本质问题做出的第一步透视。如不能理解其中的辩证法精华，则无法解释皮尔斯的许多貌似矛盾实则辩证的思想表述。正如皮尔斯所说："符号只有在具象之后才能成为符号，但具象又和符号赖以成立的特性无涉。"（C. S. Peirce, 1955:101）

如果说象似符的发现，是皮尔斯对符号客体的属性所做观察、分析、提炼的学术归结，即其所谓的新范畴表中的第一项，那么索引符的发现（T. L. Short, 2007），则是皮尔斯对符号也作为客体，并与符号所指的客体之间存在的影响和被影响的关系，也即因果关系、主从关系、决定与被决定的关系，在一级范畴的基础上进一步探索的结果，即所谓的二级范畴。索引符同样也存在着法则与具象化的辩证关系。弹孔作为符号，可以回溯出曾经有子弹射击过，因为前者的形成是后者作用的结果；如果把温度计刻度作为符号，则可看出是由于气温的作用，造成了温度计刻度的变化。我们检查一个个弹孔，可以发现弹孔有大有小、有深有浅，但这些现象上的差异都不能改变是子弹的作用，即另一客体或对象的影响，造成了作为符号的弹孔的结果这一普遍法则。我们每天观察温度计，或早中晚分别观察，甚至每小时观察一次，都会发现温度计刻度的细微变化，这些变化不管大小，都改变不了是气温的变化造成的结果这一普遍法则。如果没有弹孔的具体呈现，则子弹的作用始终处于推理状态。进一步讲，如果没有弹孔一次又一次的呈现，子弹射击会形成弹孔这个规则就无法被发现，但弹孔的每一次呈现都不等于子弹射击形成弹孔这一普遍规则。这一规则概括了大大小小、深浅不一的弹孔，而每一次呈现的弹孔都只能是或大或小，或深或浅，而不能既大又小，既深又浅。温度计的刻度变化也是同样的道理。

至于皮尔斯所说的第三种基本符号，即象征符，则以表征符号的法则为主要功能，即其新范畴表中的三级范畴。语言符号是最典型的象征符。即使是语言符号，无论说出，还是写出，也不过是法则和具象的辩证统一体。这个思想后来在卡尔纳普那里，以"符号事件"（sign-events）和"符号范式"（sign-designs）为题获得了进一步延伸（R. Carnap, 1948），但皮尔斯符号学的辩证法精神并未得到保留和发扬。皮尔斯说："我们写出或说出'人'（man）这个词的时候，它不过是一个摹本（replica），或者是对这个词的具现，即所谓说出或写出。这个词本身尽管实有（real being），但并不存在（不存在于具象之中，也即说出的或写出的不是这个词，而是摹本），这一点在于以下事实：实际存在之状况需要符合实有。那是三个音素先后相继的普遍方式，或音素的表征素，它之所以成为符号，仅仅在于这样的事实：一种习惯或习得的法则使得该符号的摹本被解释为意指一个人或几个人。该词及其意义都属于普遍规则。在词和意义二者之中，词本身就规定了其摹本的属性，否则词和意义就会混而不分，除非对'意义'附加上特殊的含义。"（C. S. Peirce, 1955: 112）在西方符号学史上，我们很难找到除此之外的关于符号问题如此深刻的辩证法思想。

四、皮尔斯之后的符号学

一个值得注意的问题是：自皮尔斯之后，乃至詹姆斯、杜威之后的哲学符号学，在理解和解释皮尔斯实用主义哲学思想及其符号学说的时候，错误地抛弃了皮尔斯哲学思想的辩证法内核，而把皮尔斯所提出的"习惯"概念引向行为主义方向，这样成就了莫里斯所谓的行为主义符号学（C. W. Morris, 1946），后来西比奥克等人甚至把动物行为、细胞形态、太空星体都纳入符号学的研究对象（T. A. Sebeok, 1986, 1991, 2001）。自皮尔斯以降的美国符号学研究，对于符号的本质特性的认识，究竟是越来越深刻，还是越来越肤浅，尚无法定论。但从理性走向感性，从思想走向经验，从辩证走向机械，从法则走向语境，是美国符号学研究的一个基本的态势。皮尔斯深刻的符号学思想及其实用主义哲学在符号学史上建立了丰碑，在美国符号学领域至今没有出现能够超越他的人物。

莫里斯 1946 年出版了《符号、语言和行为》一书，随即美国哲学界出现了一系列批评论文，形成对莫里斯行为主义符号学说的讨伐态势。这些论文主要包括：在《哲学与现象学研究》（*Philosophy and Phenomenological Research*）上发表的 Arthur F. Bentley 的《新"符号学"》（The New "Semiotic", 1947）、John Wild 的《符号现象学引论》（An Introduction to the Phenomenology of Signs, 1947）、Elaine Graham 的《逻辑与符号学》（Logic and Semiotic, 1948）；在《哲学学刊》（*The Journal of Philosophy*）发表的杜威的《皮尔斯的语言符号理论、思想及意义》（Peirce's Theory of Linguistic Signs, Thought, and Meaning, 1946）；在《哲学评论》（*The Philosophical Review*）上发表的 Max Black 的《行为主义符号学的局限性》（The Limitations of a Behavioristic Semiotic, 1947）；在《凯尼恩评论》（*The Kenyon Review*）上发表

的 Philip Blair Rice 的《查尔斯·莫里斯的符号学》(The Semiotic of Charles Morris, 1947)。

第三节 皮尔斯的符号学思想

一、索绪尔与皮尔斯的不同境遇

索绪尔对中国符号学运动的影响远大于皮尔斯，这一状况与两位现代符号学奠基人不同的研究进路有着直接关联。随着 20 世纪 60 年代结构主义思潮在法国的兴起以及之后在英美学界的流行，索绪尔的《普通语言学教程》作为现代语言学的开端，为结构主义语言符号学的研究奠定了根基，结构主义与符号学在有些学者那里成为同义词，《普通语言学教程》发展成了符号学的圣经。1980 年，商务印书馆出版了第一个《普通语言学教程》(高名凯译) 中译本，我国的符号学研究具有了强烈的语言色彩；1994 年中国语言与符号学研究会成立，它集结了我国从事符号研究的众多学者。高名凯之后，我国学者仍继续深入对索绪尔思想的挖掘，后续出版了张绍杰译《索绪尔第三次普通语言学教程》(外语教学与研究出版社 2001 年版)、屠友祥译《索绪尔第三次普通语言学教程》(上海人民出版社 2007 年版)、于秀英译《普通语言学手稿》(南京大学出版社 2011 年版)，屠友祥著《索绪尔手稿初检》(上海人民出版社 2011 年版) 等。相对而言，皮尔斯符号学在我国的研究文献则仅有 2003 年中华书局出版的《皮尔士》小册子，2006 年社会科学文献出版社的《皮尔斯文选》，2011 年季海宏的博士论文《皮尔斯符号学思想探索》，2014 年四川大学出版社的《皮尔斯：论符号》，还有散见于各种期刊的论文。也许正是基于这种现状，赵毅衡指出："中国符号学运动在索绪尔的影子中已经徘徊了几十年，早就应该走出来,却始终没有一本走出丛林的指南。"(赵毅衡,2014:2)对皮尔斯的大规模研究始于哈佛大学1931年开始编辑出版的八卷本《皮尔斯文集》,美国的皮尔斯研究会也于1946年成立,后来,加拿大、巴西、芬兰、德国、法国、西班牙、意大利等多个国家也先后设立了专门的皮尔斯研究机构。皮尔斯研究专刊 Transaction 已出版了半个世纪,但皮尔斯留下的10万页手稿仍未整理成系统的可读性强的系列著作。19世纪末20世纪初,除了索绪尔1916年的《普通语言学教程》,还出现了一批集中关注形式与意义问题的著述,如1911年维尔比的《表意学与语言》,1895年弗雷格的《论意义与指称》,1903年罗素的《论意义》,以及成为俄国形式主义开山之作的1917年什克洛夫斯基的《作为艺术的技巧》。1900年胡塞尔《逻辑研究》第二卷曾讨论了"符号与表达"。赵元任1926年在《符号学大纲》中提出:"拿一切的符号当一种题目来研究它的种种性质跟用法的原则,这事情还没有人做过。"(赵元任,2002:178)1923年奥格登与瑞恰慈的《意义的意义》更是对意义问题的集中探讨,他们提出的语义三角成为语义学的经典。以上这些学者虽然出发点不同,但都围绕着一个核心问题即意义来进行的多侧面探讨,这成为现代符号学的重要发源基础。赵毅衡指出,符号学有多种称呼,多个源头:索绪尔的 semiologie,维尔比夫人的 significs,皮尔斯的 semiotics,卡西尔的 symbolism,奥格登与瑞恰慈的 science of symbolism,赵元任的 symbolics。(赵毅衡,2014:4—5)在20世纪初形成的当代文化理论,以意义与形式为核心研究内容,其四大学派有马克思主义文化理论、现象学—存在主义、精神分析、形式论—符号学。皮尔斯对现象学的研究出于他将形式视为事物的本质,而符号学研究现象的形式:"一般项指称许多种事物。这些事物本身都不具有任何品质,但却有只属于其自身的某种实体形式……因此,一般项并不存在实质深度。另一方面,虽然特殊项具有实质深度,这是因为每个事物,或总有一个事物是它们的属项;但它却没有实质广度,这是因为它自身并不是任何事物集合的属项。"(C. S. Peirce, *CP2*: 414-417)皮尔斯想通过最大的形式化来建构解读意义的普遍方法论,"正因为它的普遍,它明确追求的可操作性,符号学就是文化与社会研究能到达的最形式化的理论,成为各科目通用的文科数学"(赵毅衡,2014: 6)。符号的社会性源于符号对真相的追求,在皮尔斯那里,思想就是符号,他称之为思想符号(thought-sign)。思想的流动涉及交往关系,自我不同时间的对话,自我与他者的对话;真相是人类社会生存价值的所在,人都在追求真相的途中并为之付出终身的思考。一个人价值的最大实现,在于他把自己的追求与国家利益、民族发展联系起来,并成为其进步的一部分。符号的目的就在于表达事实,它把自己与其他符号相连接,竭尽所能,使得解释项能够接近完全的真相,或绝对的真相,也即接近真相的每一个领域……存在世界的圆极,也就是说世界的每一个部分都是由符号构成的……真相实际上不是抽象的而是完整的,它是每个符号的终极解释项。"我所谓的符号学是一门研究有关各种可能的符指过程之本质特性及其基本种类的学说。"(C. S. Peirce, *CP5*: 488)符号的两个主要功能是表意和指称,表意研究符号与解释项的关系,指称则研究符号与对象的关系。

二、皮尔斯的实效主义与现象学

实效主义(pragmaticism)是皮尔斯区别于詹姆斯(W. James)和席勒(F. C. S. Schiller)的实用主义(pragmatism)而杜撰的术语。实用主义者有米德(G. H. Mead)、刘易斯(C. I. Lewis)、莫里斯(C. Morris)、杜威(J. Dewey)。实用主义的思想体系可追溯至 1868 年皮尔斯的三篇文章,并在 1877 年至 1878 年间的文章中得到了发展。皮尔斯的实效主义等同于有关溯因的逻辑、探索的理论,即内在的等同于有关逻辑和符号学的理论。

戈夫曼（E. Goffman, 1922-1982）开创了框架分析这个概念和研究方法，"从现象学意义上说，它构成了可为他人辨识的有关自我的有意识的经验"（科布利，2013：267）。他的方法论著作《框架分析：论经验的组织》（*Frame Analysis:An Essay on the Organization of Experience*, 1974）是专门为符号现象学方法而作的，而符号现象学正是交际理论的普遍理论和方法论。

"离析是皮尔斯现象学中批判性的、真正典型的技巧。这一技巧用于将经验中呈现之物的要素和特征分别开来。"（豪塞，2013：105）显像要素通过辨别、分离和离析来探究。"辨别只同术语的意义有关，只在意义中有所区别"（C. S. Peirce, *CP1*:549），辨别并不纯粹的以经验的客观不同为基础，而是以意义的差别为基础。我们能够将狗和猫辨别，但无法将狗与动物辨别。辨别是其中最弱的，分离的效力最强，它是"关于某物的意识，并不附带必然同时的关于另一事物的意识"（C. S. Peirce, *CP1*:549）。就分割力量而论，离析介于分离和辨别之间，是基于我们关注某要素而同时忽略另一要素这种能力之上的（C. S. Peirce, *CP1*:549）。皮尔斯通过离析寻求客观的、普遍的分类，这也是现象学成为皮尔斯符号学基础的原因，现象学为皮尔斯建构了一套关于经验的普遍性分类，这些分类同数学中的不同，是具有物质性内容的。"只有离析，既不依赖于术语意义，又不依赖于我们经验的要素的实际可分性，而只是取决于其被认为的可分性，所以能产生出皮尔斯所寻求的基础。只有通过离析，我们才能在普遍在场的要素之间做出区分，而无须把这些区分的基础放在意义差别上。所以，离析在追求客观而普遍的分类以便为所有不那么抽象的科学提供基础方面，为现象学提供了主要的工具。"（豪塞，2013：106）皮尔斯为意识的这三种普遍性分类撰写了新词："没有其他形式的意识，只有感受、异他感和居间感。它们形成了一种体系。感受是短暂性在场的意识内容，它采取的是一种原始的单纯形式，不同于任何其他。这是第一状态中的意识，或许可以称为元初感。异他感是关于抗拒我们的直接在场的他者或第二者意识。居间感是关于三级范畴的意识，或者元初感与异他感之间的中介，从前者导向后者。这是关于引起思想过程的意识。感受或元初感是一级范畴的意识，异他感是关于他者或二级范畴的意识，居间感是关于手段或三级范畴的意识。"（MS 1107:18）[1]"我们生活在一个复杂的世界之中，感觉、事实和符号彼此交织其间。但是，为了理解我们是谁，理解这里有什么，我们必须发现分拆和调查这些世界，尽可能的使其独立。为了调查感觉世界，按照皮尔斯的意思，我们求助于现象学家。为了调查事实世界，我们求助于实验科学家。为了调查符号世界，我们求助于符号学家。"（豪塞，2013：109）习惯随着重复而养成，随着习惯的增强，慢慢演化出规则，理性便慢慢取代偶然性。但是偶然性不会消失，世界只能是越来越多地受到理性的影响而发展。而正是"符号活动使得向着理性活动转换变为可能。感觉世界，通过显像，刺激了感知能力的发展。让感知变为可能的那个关键而让人震惊的时刻，是有了试推推理法（溯因），对若非如此便会平白无故的显像（这里，可以说是感觉经验）做出判断的那一刻。这是符号学的一刻，让人印象深刻地把文本（实际上可以理解为符号的任何东西）引入经验，开启了智慧"（豪塞，2013：109—110）。

三、关于符号的界定

1. 符号的思想渊源

符号的思想源起于作为占卜和医学的符号实践活动，在文学、哲学、历史、修辞学中得到逐渐深入的探索。公元前 3000 年美索不达米

---

[1] MS 是 *Manuscript Numbes Correspond to Annotated Catalogue of the Paper of Charles S. Peirce* 的缩写。

亚人的占卜术中就开始使用符号，推理和暗示是他们对符号展开思考的方式，"它确切地以特殊而独特的符号概念为中心，是一种允许从具体事实中得出具体结论的推理样式。这是一种允许我们从某种可察或在场之物中推出隐藏或不在场之物的暗示模式（if p, then q）"（马内蒂，2013：13—14）。马内蒂认为，美索不达米亚人的符号模式具有两个重要特征：第一，符号结构是通过命题表达的，这区别于索绪尔语言符号理论中以能指和所指联结的单个的词汇单位符号；第二，每个符号之中条件从句和条件主句之间是一种暗示性关系（p q），而不是等同（signifie ≈ signified）作为符号机制的基础。古希腊以灵感占卜为主要占卜模式，预言者是神对人演说的代表者，符号这个词最初表示任何一种占卜符号。"符号作为借以获得关于未来或被隐匿的过去知识的工具，不是来自人界，而是来自更高、更让人敬畏的神界。符号是关于神的整个知识与更为有限的人类知识之间沟通的工具，也是神的知识进入人界的那个领域"（马内蒂，2013：15）。人类的语言和具有神示性质的符号是两套不同的表意系统，需要祭师作为中介进行阐释。神不受时间因素的限制，他可以同时见到过去、现在和未来。希腊人在医学领域完成了符号与推论的第一次真正理论建构，"if p，then q"的符号形式逻辑模式在医学中同在占卜中一样得到了应用。semeion（符号，征象）这个概念在《希波克拉底全集》中是一个核心概念，而《希波克拉底全集》"向我们展示了与哲学分开来的符号学的开端"（科布利，2013：283）。"用于引介符号的形式结构相对恒定，因为它暗示其应用是在 p q 这种推论式框架之中进行的，而 p 与 q 常常由一个复杂的命题来代表，也就是说，它们是一系列的命题，把命题与命题连接起来构成假设段"（马内蒂，2013：16）。柏拉图（公元前 427 年—前 347 年）的语言理论的某些方面有着重要的符号特征，名词被定义为一个发声的符号，头脑被描述成一块蜡板，上面烙印着感觉所产生的符号。在《克拉底鲁篇》和《智者篇》中，语言符号在柏拉图看来是对非感觉到之物的揭示。"对他而言,理想状况是,名字是意象,复制它们所命名对象的本质。"(马内蒂,2013:18)亚里士多德(公元前384年—前322年)对符号问题的贡献是"对构成语言理论的那些要素和构成非语言符号理论的其他要素进行了区分,前者他称之为symbola,后者他称之为semeia或tekmeria,非语言符号处在知识何以获取这个问题的核心,而语言象征符号主要同语言表达、对概念的抽象化以及世界状况之间的关系这个问题相关"(马内蒂,2013:18)。语言象征符号在柏拉图看来是一个三元关系,即所发之声(a)是灵魂反应的象征(b),而灵魂反应本身是外在事物的意象(c)。"亚里士多德使用semeion这个术语,是表示声音和字母的存在可以被当作灵魂反应平行存在的证据或线索。"(马内蒂,2013:19)亚里士多德在《前分析篇》中认为,符号涉及两种事物或两个事实之间建立起的暗示关系。他举例说"这位妇女刚生了孩子"(p),这一事实暗示着第二个事实"这位妇女的乳房中有奶水"(q),q是p的符号,符号涉及从暗示关系中由前项的结果引出结论(马内蒂,2013:19)。符号能够导致误导性结论,当某人曾经观察到雨后地面是湿的,就得出结论:如果地面是湿的,那么就是下雨了。亚里士多德把三段论的前提分为第一格、第二格和第三格,第一格是引向必然为真的结论,第二格和第三格则引向不一定为真的结论,第二格确立的是一种从普遍到特殊的关系,第三格确立的是一种从特殊到普遍的关系。

"斯多亚派的符号——语言理论植根并发展于一种以个别这一观念为核心的本体论范畴,个别被视为一种物质性对象,具有特定的形状以及被定义为其存在之充分必要条件的那些特点。意象由外在之物在头脑中产生,如果意象复制了那些外物的实际形貌,那么意象就促生出真正的感知。"(马内蒂,2013:20)斯多亚派在关于真理的问题上提出了所指者、指示者和存在者三种联系在一起的事物。指示者是声音(譬如迪翁这个字);所指者是通过说出这个字来表示的实际事态,我们依赖我们的智力来理解它,但是野蛮人即使听到这个声音也不理解;存在者是外在的真实客体,即迪翁本人。这三者之中,两个是实体,即声音和存在者;一个是非实体,即被指示的、可作表达的事物,这就是真或假。(马内蒂,2013:20—21)伊壁鸠鲁派持这样一种符号学观:"从可见的现象出发对本质不可为感觉所感知的事实作出推测"(马内蒂,2013:23),符号是从已知到未知。先有之见在感知和推理方面具有决定性作用,说出一个词会导致听话人脑中引发一个意象,说话人必须具有关于他想要表达东西的先有之见,否则什么都不可能说出。菲洛德穆(约公元前110年—前40或35年)的论文《论符号与符号推理》记录了伊壁鸠鲁派和与之对立的一个哲学流派之间的辩论。伊壁鸠鲁派从符号做出推理,或称semeiosis,这一操作把我们从一个符号带到它所意味之物,即从已知到未知,从了然之物到非了然之物。既然我们经验中所有的f都是k,那么暂时或永久处于我们经验之外的所有f都是k(马内蒂,2013:25)。从希腊世界到罗马世界的过渡中,符号范式从严格意义上的哲学领域进入法律修辞领域并在该领域中占据核心地位。奥古斯丁(354—430)被认为是晚期古典阶段最重要的符号学人物,"在他那里,两种理论(关于符号的理论和关于语言的理论)首次合二为一,因为奥古斯丁认为语言表达全然是符号,尤其是记忆符号。如果情况如此,奥古斯丁就是做出了一个与索绪尔对称却相反的举措:统一了两种理论和两类符号,把非语言符号当作范式类别,而在索绪尔理论中,两类符号是统一在语言符号的范式之下的"(马内蒂,2013:27)。奥古斯丁对符号思想的发展表现在:第一,在古代世界中第一次把非语言符号(姿态、徽章、军号、哑剧表演等)和语言符号统一在符号这个条目下;第二,认为单个的语言表达是所指和能指在其中得到统一的要素,并且认为这种统一是关于其他某种东西的符号;第三,提出了一种具有心理性和交流性质的语言符号理论,即所指须在说话人头脑中找到,而且传递到了听话人头脑中。在早期的各种语言理论中，语言表达和其内容之间的关系被认为是一种等同关系。在这种观点中有一种认识论的动机，关注的是一种与处理现实对象相同的方式来直接操作语言的可能性，语言被理解为一种再现现实的体系（即便它不可避免地要通过头脑的中介）。与之不同，奥古斯丁认为符号及其所指涉的事物之间是一种推导关系，由此，第一项，仅仅其存在这一事实，就使我们能够通达对第二项。奥古斯丁对于符号与对象之间的关系做出的结论是，人们必须首先具有关于指涉对象的知识，才能说出一个单词是该对象的一个符号。他对符号的基本定义是：符号是某种超越它依靠自身对感觉所产生的印象之上的东西，它让其他事物浮现于脑海。（马内蒂，2013：27—28）。

奥古斯丁对符号最重要的分类是自然符号和给出符号。自然符号是不带有任何表意意图或愿望，却让我们对于它们之外的某物有所意识的符号，譬如表示火的烟，动物足迹。给出符号包括了书写符号，是所有有生命之物用于彼此之间尽其所能的表示其精神活动，其所感觉和思考的一切的符号，如语言符号、动物的声音，是意图性符号（intentional signs）（马内蒂，2013：29）。奥古斯丁是历史上第一个宣布语词就是符号的人，他"有关符号作为一个总体性概念的重要思想，标志着哲学中一个充满原创性的拉丁源头，它标志着从奥古斯丁时代开端到1632年普安索著作为标志达到顶峰的拉丁时期审慎思考的品质；从普安索的著作中可以看到，奥古斯丁的总体观念，第一次被系统地化约到他的相对存在理论的根基上。普安索之后，拉丁时期让位于现代时期的发展"（科布利，2013：419—420）。

2. 皮尔斯对符号的认识

（1）符号的定义

索绪尔所提出的符号模式以等同性为基础，有着古代模式中所没有的特点：总的来说是一种语言学模式，所以对语言符号之外的符号作用不佳；它预设了一种词典形式的语义学，运用语义特征体系来分析符号内容，并不考虑交流语境和条件；它预设了语言作为代码这一观念，以一种基本上来说封闭的方式，把内容要素和表达要素置于一种双向单意关系之中。（马内蒂，2013：29—30）

　　Symbol 在符号学思想史中有着不同的界定，索绪尔、卡西尔、皮尔斯、莫里斯等人都有着自己的理解。索绪尔认为 symbol 是象征符号，但比语词符号这种约定俗成的符号要具有某种程度上的理据性，比如用天平象征正义、用鸽子象征和平，这些象征符号的能指与所指之间并不是全然任意性的，具有某种可解释的规约性或理据性。卡西尔提出人是符号的动物，使用的是 symbol 一词，他的《符号形式哲学》(*Philosophy of Symbolic Forms*, 1923-1929) 研究的是文化的各种组成内容的符号形式问题，包括语言、神话、宗教、科学等都是符号的形式。奥格登和瑞恰慈在《意义的意义》（1923）中提出的语义三角中，symbol 作为一极而存在，另外两极是 concept 和 referent。以弗洛伊德为代表的心理分析研究中，symbol 是一种象征化的物体，其作用是呈现意识。皮尔斯符号类型中，symbol 是根据符号与对象关系而分出的三种符号中的一种，即象征符，他经常使用习惯来解释该类符号。杜威用 symbol 表示任意性或规约性意义的符号。莫里斯从行为主义观点出发，认为 symbol 作为一种行为导向而取代另一物，在他举的例子中，响铃对狗来说是食物的符号，导向狗听到声音后跑去寻找食物这一行为。

　　基底（ground）概念与此相关，皮尔斯用它来表示某种方面或能力，换言之，某物存在某种基底才能变成符号或表征素，基底是某物成为符号的基本性质。符号并非在所有方面都代替对象，而是相对某个方面、某种能力、某种观念而言。某物因在某个特定方面被确定，才成了对象的符号。对象（object）指任何直接或间接地被感觉、被思考的东西，分为精神的对象（如概念）和客观对象（一本书）。皮尔斯认为，对象是任何被再现的东西，符号涉及两类对象：直接对象，符号把它们再现出来的那种东西；动态对象，不直接被再现的东西，动态对象只能指示并通过解释项来发现。（科布利，2013：340）

另一个概念是习惯，它是"一种在熟悉的环境中以常规方式行动的习得性倾向或性格。按照皮尔斯的说法，信念是推导过程所产生的行为习惯。符号活动的最终效果是一种知识上的习惯，尽管它本身不是符号，却通过调节经验而在知识的锤炼过程中达到极致。这是皮尔斯实效论的要旨"（科布利，2013：275）。

皮尔斯扩大了符号的概念，超出了索绪尔所界定的语言符号范围。在他那里，感觉、动作都可以作为符号来理解，符号自然也就超出了人类范围。一种有可能遭到他人批评的符号帝国的结论由此产生，即一切都是潜在的符号，一切都可以像符号那样运行，宇宙中除了符号再无其他。费什（M. Fish, 1983:57）提到了这一观点的相对正确性，认为不论一个事物之外的东西是什么，它也是一个符号。成为一个符号并不使事物失去其具体存在性，因为这种存在性将事物带入了与存在于它所属范围内其他事物间的一种动力关系中。一个符号同时是另外某种事物的代表和一种完整的对象。

某物要成为符号必须具备四个形式条件（Liszka, 2014:159）：第一，一个符号必须与一个对象相互关联，或者它必须能再现一个对象（C. S. Peirce, *CP2*:230）。第二，符号必须在某方面或某种能力上再现那个对象，或者与那个对象相互联系。第三，符号必须能够决定一个解释项。解释项是原初符号的发展。一个符号必须具备一种能力，这种能力可以使它在某个解释者心里创建另一个对等物或一个更为发达的符号，从而使解释者可以理清该符号的原初意思及其指称、深度与广度，符号可以再现某种东西的能力是符号的解释条件。第四，符号（就其基础而言）、对象以及解释项这三者之间的关系必须是一种三元关系，这种关系具有不可化约性。正如皮尔斯认为的那样：想要剥离符号而切近真实事物，好比想要剥开洋葱而切近洋葱本身。

皮尔斯在很多场合对符号下过定义，尽管繁简不一，但基本精神是一致的。皮尔斯把符号看作是代表或表现其他事物的东西，它可以被某人所理解或解释，也可以对某人具有一定意义。这个定义看起来简略，但实际上反映了皮尔斯对符号本质问题的独到理解。我们可以把它解释为：每一个任意的符号必须本身是一种存在，与它所表征的对象有一定关系，这种"表征"必定由某一解释者或解释意识所理解，或具有一定"解释"或"意义"。也就是说，符号应具有三种关联要素：符号或表征素、对象和解释项。事实上，皮尔斯的所有符号学说都是从这一定义派生开来的，也可以说，这是皮尔斯符号学体系形成的原点和归宿。这个定义既昭示了皮尔斯后来穷毕生之力思考符号问题的哲学方向，又是皮尔斯通过长期的研究和分析得出的有关符号问题的最终结论。

社群的成员直接或间接的心智关系通过符号解释能力得以建立，形式是交流活动。符号使得人类能够将对象或事件转换为意义，而社群的共识就是一定的共享意义集合。符指过程的连续性与人类认识的连续性一致，持续不断的交流保证了或最大化地实现了或实现着共识的达成。所有符号都是历史的产物，每一符号都与它之前的符号有着某种关联，符指过程也因此遵循着连续性原则。符号被前一个符号所决定，并且受到后一个符号的解释，被后一个符号所翻译，这就是思想符号的连续性，这一连续性形成了符号链。

在任何时候，我们对某种信息的获取都属于一种认知过程，而这种认知在逻辑上已经通过归纳被推导了出来，其假设则是来源于先前的认知。然而，先前的认知既不太具有概括性，也不太明确，因而我们也只能从中获得一种不太鲜明的意识。而这些先前认知自身又来自于其他更不具概括性、更不明确、更不鲜明的认知。以此类推，它们会逐渐地回归理想的一级范畴，即完全单一且完全脱离意识（C. S.

Peirce, *CP5*: 311）。从符号学上讲，交流是发送者和解释者之间建构或寻找共同解释项的过程，交流得以进行的前提是人是符号、思想是符号。信息只有在表述与共同经验产生关联的地方才会出现。交流的目的是实现所表述内容的确定性，使得进一步解释没有余地。解释是因为模糊性、普遍性的存在，交流要完成发送者想固定自己所暗示的内容，同时排除不想暗示或可能被暗示的东西。"如果人类符号系统对交流中的人类符号现实进行过滤，那么，人类认知在很大程度上就是通过语言和以语言为基础的符号系统来定义的。"（兰德维尔、科布利，2013：140）符号学探究或逻辑的目的在于确定：在有关符号的诸种可能的解释中，哪一种解释是真正适用于该符号的（C. S. Peirce, *CP4*: 9）。

解释的存在出于对符号再现对象研究的需要，解释总会是一种扩展的意义，其目的是理解曾经存在但当下已经消失的现象，或者尝试去建构一种现在还不存在，但将来可能出现的东西（如当年索绪尔所预见的符号学这门社会心理学科有存在的权利一样），理解的方式是通过某种合理的假设，进而推断那些隐藏在符号现象背后的意指。从这一观点看，解释与符号学有着紧密的关联，甚至我们可以说，任何解释都具有符号学性质。皮尔斯符号学的出发点并非我们已经熟悉的他关于符号三位一体的定义和由此展开的一系列复杂的符号分类，而是他关于符指过程的概念，他更关心各种类型符号之间的关系。皮尔斯关于符号的三种分类标准有两种都是建立在关系基础之上的，这两种即符号与对象的关系和符号与解释项的关系。解释如此广泛地出现在我们的日常生活之中，以致我们似乎在大部分时候都没有刻意地去施加关注，比如那些经常性的有意识或无意识的活动。人们对交通状况的预测，从而决定其出门的时间，这是一种再普遍不过的解释行为，并且融入人的认知与行动中，成为人的一种基本能力。符号学能力，便是产生、传播、接受、解释各种符号的一种特有能力。人关于对象与事件的认识都与不同的语境有关,换句话说,人需要在具体的语境中产生某种解释的欲望并建构着个人的认识,这种认识的结果就是符号的建构。符指过程涉及符号、对象、解释项之间的互动。比如一个简单的陈述需要依赖于对象,一切陈述总是从特定对象出发,陈述的过程建立了与解释的关联,涉及对象所意指的意义,通过陈述人从符号意指中获得了某方面的知识,或者符号通过解释项对符号使用者产生了某方面的影响。

皮尔斯并没有停留在符号三位一体的简单划分之上,他的可错论正是他动态解释观的结论。于是,皮尔斯发展了解释的层次,认为对象分为直接对象和动态对象,解释项则可分为直接解释项、动态解释项和终端解释项。符号首先直接性地或明示地代表某种东西,对象在这一层次上似乎就是符号所代表的样子,就像当我们看到杂志上某人的照片时,所说出的"看!这就是 X!"亚里士多德的三段论曾被用来作为例子说明直接解释项,在"人是由猿猴变来的,达尔文是人,所以达尔文是由猿猴变来的"这句话中,结论就是该三段论的直接解释项。直接解释项是与其所提及的符号的规则、模式和解释规约相联系的各种可能意义的类型。除了直接解释项,还存在动态解释项,符号的动态解释项是对该符号每一次具体的、单独的解释,动态解释项只是涉及符号的一部分可能的意义或方面。这是因为,任何一次单独解释都不能涵盖符号的所有意义,动态解释项所获得的只是一个片段或碎片,是完整拼图中的一角。另外,一个符号所具有的广泛和复杂的意义从来不能一次性全部被具体化,而没有被具体化,人就失去解释的基础。解释的歧义源于言语活动中所难以避免的多义性的存在,即人面对符号时都需要在多种可能性意指之中进行选择。在直接对话的语境下,听话者需要参考说话人有意或无意产生的符号,而这些符号并不是听话人全部了解的,只能是部分的理解。因此,人所获得的任何知识都是建立在对符号的解释的基础之上,并且具有演绎性,解释的过程涉及诸多要素，除了符号三要素即符号、对象（直接对象、动态对象）、解释项（直接解释项、动态解释项、终端解释项），还涉及说话人和听话人，其中任何因素的变化就需要一轮新的解释。语境的存在是对文本不完整解读的一种必要的补充。

在一定程度上，对符号的解释就是尽量将符号放入能使它变得完整的语境中，正如皮尔斯所认为的解释项就是需要用一个等同或更为发达的符号来解释。语境具有建构的属性，这种建构是通过个人的倾向、集团利益、潜意识、人类精神、社会运转的规则来进行的。接受或拒绝一种解释涉及几个方面：鉴别、定位、描述对象；对于模式、认知规则和惯例的讨论；对于自我、意愿和目标的再现；对于语境、期待、标准和价值的认识。文本所再现的是作者对世界的感知，这种感知根据编码和认知模式连接起来，并且对话者与他所属的文化和社会的其他成员分享着那些编码和模式的大部分要素。我们通过符号表征真实世界，我们周围的一切都融入符号世界，借助符号的演绎我们获得知识的更新。

（2）符号的分类

符号的分类问题是皮尔斯符号学说一个非常重要的组成部分。皮尔斯一生有很大一部分时间倾注在对符号的烦琐分类上，正是通过对各种符号现象的分类，皮尔斯引入了赖以探讨符号现象的多重角度，为符号学的研究开拓了一个新的天地。皮尔斯的符号分类法基本上经历了两个阶段。第一个阶段以他在1904年提出的符号分类理论为标志。第二个阶段以他在1908年《给维尔比夫人的信》里所提出的分类方法为标志。目前国际符号学界讨论得比较多的是皮尔斯第一个阶段所提出的符号分类标准及其分类结果。（卢德平，2002：102）

在皮尔斯看来，符号分类最基本的角度有三个方面：一是从符号载体的属性进行考察，二是从符号与所指对象的关系进行考察，三是从符号与解释项的关系进行考察。

从第一个角度而言，符号可分为质符、单符、型符。1）质符（MM-qualisign）指符号通过自身所具有的物质属性来指谓一定的符号对象，这种属性的获得并不来自于所指对象的影响。如一张图片作为符号，本身就具有一定的色彩、形状，当这些物质特性与一定的对象客体，如人物、建筑物、风景等的物理特征相似的话，就成为指谓后者的符号。2）单符（MO-sinsign）是作为符号而起作用的某个实际存在的事物或事件，它必须通过它的性质并与时间和地点相关才能起到符号的作用。换言之，单符实际上就是作为"例"（token）的符号，是一种"言语"范畴符号。比如汉语"符号"一词，它在汉语词汇系统里只是一个词，词典里记载的是撇开具体使用的时间和场合的"符号"，而我们这里每使用一次这个符号，都赋予了它不同的上下文和细微的差异。3）型符（MI-legisign）是作为符号而起作用的某条法则，这条法则通常由人们制定，每个约定符号都属于型符。它与质符和单符的区别在于，它"在每次再现中保持同一性"，不受现实或现象的限制。也就是说，型符是作为"型"（type）的符号，它是维持符号同一性的符号类型，与我们上文所说的词典"符号"实际上是同语反复，是一种"语言"范畴。它不是以单独对象的形式出现，而是一个一般的类型，作为一套规则或原则的抽象活动。比如，语法在语言中就作为反复出现的型符而起作用，按规则使用的符号如一种语言的字母表、语言的词汇、科学中的数学、化学、逻辑的符号、交通符号、气象符号、指南针、时钟的表盘、温度计的刻度等。

从第二个角度来说，符号可分为象似符号、索引符号、象征符号三类，它们被学界认为是最为经典、最为重要的三类符号。4）象似符号（OM-icon）又叫图像符号。这一类符号主要指符号的载体所具有的物质属性与所指对象之间存在着相似、类比的关系，如图像、图案、结构图、模型、简图、草图、比喻、隐喻、函数、方程式、图形以及（逻辑的、诗歌的）形式等。5）索引符号（OO-index）可以被理解为一个符号对一个被表征对象的关系，但这种关系不是模仿的，而是一种直接的联系，与对象构成一种因果的或邻近的联系。如敲门是某人到来的索引，烟是火的索引，风标则是风向的索引。犯罪现场的指纹是一种索引符号，它指谓着曾经到过现场的犯罪嫌疑人，正是因为指纹是犯罪嫌疑人造成的结果，所以在这个符号与所指对象之间存在着因果关系。6）象征符号（OI-symbol）是一种与其对象没有相似联系或因果联系的符号，所以它可以完全自由地表征对象，象征方式的表征只与解释者相关。比如，我们可以指着或看着一片树叶，说这是树的索引符号；把一幅关于树的图画看作树的图像符号；但是如果我们说出"树"这个词，它就是树的象征符号，因为在这个音中，并没有固定的、必然的"像树一样"的性质。

　　符号分类的第三个角度是符号与解释项的关系。皮尔斯认为，任何一个符号在诉诸特定解释者时，解释者对这一符号的认知或反应既可以是思维观念，也可以是某种相应的情绪，还可以是某种条件反射类的行动。如果是思维观念充当有关符号的解释项，那么这一思维过程可以表述为逻辑上的概念、命题、论证，因而相应地有呈符、述符及论符。7）呈符（IM-rheme 或 seme）是一种关于定性的可能性的符号，与逻辑学中的"概念"或者"命题函项"接近。例如一个陈述语"……是红色的"或"……是谁的恋人"，从逻辑学上看，它既非真亦非伪，但这种符号表示解释者一旦有机会激活或诱发对象，他就可能理解对象，如"血液是红的"或"张三是李四的恋人"。8）述符（IO-dicisign 或 dicent sign）是一种有关实际存在的事实的符号，所以，它可被认作逻辑学中的"命题"或"准命题"（quasi-proposition）。这种符号通过自身内部对象的确定来限制解释项的指示，常可转译为语句的形式。9）论符（II-argument）是一种关于法则的符号，与逻辑学中的"推论"或"变元"接近。例如，逻辑学的推论形式（A 为 B；B 为 C；故 A 为 C）或者诗歌形式以及科学的公理系统都是这种完全的联结。

显然，上述 9 类符号不是基于符号的外在规定或特征，而是以符号、对象和解释项作为符号的前提而提出的。换言之，它们通过横向和纵向各要素的交叉或"多项倍乘"（如表 2.1 所示），得到了 9 个可能的"乘积"或排列的组合。需要注意的是，依据皮尔斯的思想，这 9 类符号并不是完整的符号，而是部分符号或下位符号，即表达完全的"三位一体"关系所赖以构成的部分符号（王铭玉，2013：53—57）。

表2.1　9种符号的"多项倍乘"生成表

	M（媒介）	O（对象）	I（解释）
M（媒介）	MM 质符	MO 单符	MI 型符
O（对象）	OM 象似	OO 索引	OI 象征
I（解释）	IM 呈符	IO 述符	II 论符

皮尔斯在对符号分类问题进行了大量探讨之后发现，一切符号的分类都离不开 10 种观点或原则。1908 年在《给维尔比夫人的信》中，皮尔斯把这些原则总结为：1）对符号本身的理解方式；2）符号的直接对象的呈现方式；3）符号的动态对象的存在方式；4）符号与动态对象之间的关系；5）直接解释项的呈现方式；6）动态解释项的存在方式；7）符号与动态解释项之间的关系；8）终端解释项的本质；9）符号与终端解释项之间的关系；10）符号与动态对象及终端解释项这三者之间的关系。

皮尔斯在提出上述原则并对晦涩的符号学新术语进行解释的时候，仍然不忘对以前的符号分类进行修正。根据第一条原则，他区分出可能符号、实际符号、习惯符号。根据第二条原则，他区分出记述符号、指示符号、连接符号。根据第三条原则，他区分出抽象符号、具体符号、集合符号。根据第四条原则，他区分出象似符号、索引符号、象征符号。这一分类没有变化。根据第五条原则，他区分出假言符号、选言符号、联言符号。根据第六条原则，他区分出共感符号、打击符号、平常符号。根据第七条原则,他区分出暗示符号、命令符号、陈述符号。根据第八条原则,他区分出让人满足的符号、引发行为的符号、克制自己的符号。根据第九条原则,他区分出单纯的符号、前件和后承兼具的符号,以及前件、后承及二者间的逻辑关系皆备的符号。根据第十条原则,他区分出本能保证的符号、经验保证的符号、形态保证的符号。(卢德平,2002:28)从皮尔斯的符号分类思想可以看出,符号体系既丰富又繁复。一方面,符号学展示了其自身诱人的研究空间;另一方面,人类在探索符号本质特性的道路上还需不断进取。

四、三分法

1. 语法、逻辑和修辞

在古希腊时期,有三学科的划分,即语法、逻辑和修辞。语法是对思维进行组织所要遵循的规则,是意义能得以传递的保证,逻辑则是人能互相理解的基础,修辞服务于人与人之间更和谐的沟通。皮尔斯的符号学体系与三学科形式相似,并且采用了相同的名称,但内容上则具有符号学色彩,"诸种科学可以根据其研究对象的抽象程度而排成序列。每一门科学都从那些在抽象性上高于自身的学科中获得规范性原理,而从那些在抽象性上低于自己的学科中归纳性地获得数据。诸种科学如果能以这样的阶梯排列,则其关系必定各得其位"(C. S. Peirce, *CP3*: 427)。皮尔斯认为他的符号学理论应该分为三个分支:第一,关于符号总体理论的思辨语法或符号语法理论,其主要探究符号的形式和一系列的三分,包括他分别于1904年和1908年提出的十类符号。这一理论不仅研究真相,而且研究某个东西能成为符号的一般条件或方式,如符号的基础、品质,符号是如何表意的,确立有意义的符号的形式条件。第二,批评逻辑、研究符号与对象的关联、表征素之真相条件的形式科学,是推理过程中符号的使用方式,由此我们得出符号携带的信息,并通过归纳、演绎、溯因三大推理方式进行知识的更新。"不妨说,批判逻辑学或逻辑学本身,就是对那些能使我们避免错误、排除幻觉和扭曲的,并可以积极探明真相的手段所进行的译解性尝试。"(Liszka, 2014: 151)第三,思辨修辞学,总体上是对符号与解释项的关系,思想进化的诸种法则,一个符号产生另一个符号,一个思想产生另一个思想,意义通过符号从心灵到心灵、从一个心灵状态到另一个心灵状态进行转化的研究。符号的力量在于对心灵产生的影响。这一部分涉及个人与个人的交流、社群之间的交流,以及如何对问题达成一致的认识。"如果说符号语法是对符号作为符号何以为真的研究,批判逻辑学是对符号或真相适当运用的条件的研究,那么形式修辞学则是关于符号得以传播、发展、理解以及接受的形式条件的研究。"(Liszka, 2014: 151)皮尔斯似乎并没有对三个分支施以同等关注,他更多地把自己的思考倾注在前两个分支上。皮尔斯是通过对科学体系的划分引入符号学这一学科的,他首先提出数学是一门关于必然推理的形式科学,哲学则对经验进行形式研究,数学和哲学是经验科学及物理科学和心理科学的基础。哲学又分为三种:现象学或研究显现事物的形式科学,研究何者应当如此的规范科学以及研究何者为真的形而上学。接着皮尔斯又将规范科学三分为:有关目的与意图研究的美学、有关人的正确与错误行为的伦理学、有关人的推理与交流的符号学。(Liszka, 2014: 138)由此,可以看出,皮尔斯的符号学是一种形式科学,而形式科学是经验科学的基础。索绪尔的符号学是心理科学的一部分,也就是经验科学的组成部分。这是两位符号学奠基人对符号学在科学体系中地位的不同划分,并由此决定了符号学两大派别不同的发展方向。

普遍修辞学、思辨修辞学(speculative rhetoric)、一般修辞学、形式修辞学、客观修辞学、方法学(methodeutic)是皮尔斯关于符号学的第三分支。普遍修辞学是有关符号以及其他符号关涉其所决定的解释项之一般条件的学说（C. S. Peirce, *CP2*: 93），由于一个符号会带来某种实际结果，因此一个符号可决定它自身的一个解释项符号，或者决定其意指的任何一种符号的一个解释项符号所必须具备之条件的科学（*MS* 774: 5）。"皮尔斯的符号学是一种关于符号的总体性的和形式性的理论。说它是总体性的，是因为它适宜于任何一类符号。说它是形式性的，正如我们说认知科学是形式性的；它的对象是符号和符指过程，无论其是在人类、动物、机器还是别的什么东西之中。皮尔斯的符号学是一种规范性的科学，而不是一种描述性的科学。"（豪塞，2013：100）皮尔斯的符号学有三个分支：第一，思辨性语法，处理如此这般的符号，集中关注符号身份的充分必要条件，或者，如皮尔斯所说，集中关注任何一种再现所必需的东西。第二，批评，处理符号和其所再现的对象之间的关系，批评关注的焦点是语义问题。第三，思辨性修辞学，处理符号同其使用者之间（或同符号所产生的效果之间）的关系，以符号活动的语用和修辞方面为关注焦点。（豪塞，2013：100）皮尔斯认为，外部客体处于我们直接的经验而不是知性的认识之中，知性经验总是三元的、以符号为中介的。皮尔斯的符号三元观（表征素、对象、解释项）属于三级范畴的类别，"符号是思想的媒介，或者，如他所说，所有思想都在符号之中。我们能够这样对皮尔斯的立场做个总结：心灵就是符号系统，思想就是符号行为"（豪塞，2013：101）。只要一种东西在对象和解释项之间起着中介作用，这个东西就是符号。决定一个东西成为符号的是一种皮尔斯称之为基底的东西，包括它本身的性质，"就其本身而言，符号可能是品质、事实或者法则（或规约）"（豪塞，2013：101）。

2. 一级范畴、二级范畴、三级范畴

一级范畴（firstness）、二级范畴（secondness）、三级范畴

（thirdness）是皮尔斯所划分的世界三大范畴，是"心灵、符号和现实无所不在的范畴"（C. S. Peirce, *CP2*: 84-94）。在此范畴划分的基础上形成了皮尔斯关于符号类型的划分。一级范畴是在场的、如此的、纯粹的质性，将自身作为第一项呈现的东西是以相似关系为特点的（C. S. Peirce, *CP1*: 356-358），因此，一级范畴是象似符。"初始关联并没有什么心理学方面的东西，超验的初始关联是符号构成之所以可能的前提条件。"（科布利，2013: 258）二级范畴（阻抗、全然相反）是这样一个范畴，根据该范畴，某种事物被认为同另外一种事物相关或全然相反。它涉及具有阻抗或反作用关系的双分特征。二级范畴同索引符相关。索引符通过相近、因果或其他物理性联系而表征或再现其对象。不过这种关系有时也依赖习惯或规约。譬如，听到敲门声和门外有人想进来这两者之间的关系。尽管受到一级范畴制约的象似符将自己呈现为初始符（original sign），受到三级范畴制约的象征符将自己呈现为转换符（transuasional sign），受到二级范畴制约的索引符将自己呈现为阻抗符（obsistent sign）（C. S. Peirce, *CP2*: 89-92）。从逻辑上看，受二级范畴支配的推理所对应的是演绎。事实上，在阻抗性命题或演绎情形下，结论被迫要承认前提中所陈述的事实，无论是在一个还是两个中，都是如结论中所陈述的事实不存在就不存在的那种（C. S. Peirce, *CP2*: 96）。从本体论的观点看，即从存在的观点看，二级范畴存在于机械之变（anancasm）或必要性法则之中，该法则，按照皮尔斯的说法，同创造之变（agapasm，对应于第一项）以及偶然之变（tychasm，对应于三级范畴）一道，支配着宇宙的进化发展（C. S. Peirce, *CP6*: 287-317）。在逻辑层面上，一级范畴、二级范畴和三级范畴分别对应于试推、演绎和归纳；在符号分类层面上，分别对应于象似符、指示符、象征符；在本体论上，分别对应于创造之变、机械之变和偶然之变（科布利，2013: 394）。对应于二级范畴或阻抗性这个具有双分特征范畴的，是相对异质性这种关系，在这种关系中，关系方面是彼此依赖的。有效的异质性,因其自身而存在(绝对自我的)某种东西之可能性,独立地在一级范畴、初始性或始源性范畴之下自我呈现,据此,某种东西"就是无论什么力量或什么理由都无须指涉它之中或它之外的其他任何东西的那种东西"(C. S. Peirce, *CP2*: 85)。有效的异质性关系在只有双分特征、二级范畴,所以也就是只有阻抗性的情况下是不可能的。异质性关系在纯粹由二级范畴支配的系统中是不可能的,所以,根据双分特征,一个要素只在其指涉另一要素的条件下存在,如果这另一要素被排除,它也就不存在了。譬如,以丈夫和妻子为例。这里只有真正的"两位一体性"(twoness);但是,在丈夫使得妻子成为事实上的妻子这个意义上,它构成了一种反作用;同时,也是妻子使得丈夫成为丈夫(C. S. Peirce, *CP2*: 84)。

他认为一级范畴与美学联系,二级范畴与伦理学联系、三级范畴与逻辑学联系。不了解皮尔斯现象学和认识论基础的人,有可能落入一种危险的陷阱,即把皮尔斯的符号学当作适宜直接做功利性应用的一些被古怪术语简单累加的陷阱。相反皮尔斯符号学由于被构想为一种哲学逻辑,它便为研究所有复杂问题提供了必要的基础,而这些复杂问题正是本体论、认识论、精神哲学、科学哲学以及皮尔斯希望赋予符号学基础的一种哲学思想的全部可能的分支所面对的。这样一来,术语符号学就应该被理解为智力、连续性、发展、学习和生命的同义词。这样的一种基础建立在一种方法基础上,该方法在于形成精神的一种高度抽象的概念,而这种概念则源于对存在于人的灵魂深处的真实之隐性追求的分析(Ransdell, 1977)。异质性(alterity),又称他性,指不依赖于动机、意愿、意识的存在,与物质性同义,物质世界对于"我"而言就是一种他性。皮尔斯称相对异质性为二级范畴,是人与人关系中的异质性,但"他者"之为他者的这种异质性是绝对任意性。皮尔斯理论的哲学基础是他的三个"普遍范畴"(universal categories)。他认为,范畴应建立在思维和判断的关系逻辑上。任何一个判断都涉及对象、关系和性质这三者之间的结合，在语言中它表现为"主语—连词—表语"的形式。换言之，任何判断或命题的成分都应包括：一级范畴（firstness）（表语）、二级范畴（secondness）（主语）和三级范畴（thirdness）（连词）。而且要想确定"二级范畴"（对象），就必须已经知道"一级范畴"（性质），并且通过"三级范畴"（关系）将特性与对象相联系。具体如下：

一级范畴（表语）是它本身所呈现出来的一种肯定的存在样式，与其他事物无关。这是一种自身独立的自在的存在，皮尔斯称它为"感觉质"。例如在"红色"意义上的红的色彩，不论它是否被某个人所知觉或想到，也不论它是在何时何地出现的，它都存在着。这也就是说，一级范畴或感觉质，因为它是独立于时间和地点的，所以它是依据可能性的存在。

二级范畴（主语）是它本身所呈现的一种存在样式，关系到一个第二者，但不考虑第三者。例如对两种知觉"冷"、"热"的比较，它是相对的，它始终依存于一定的地点和时间，是时间和空间上的经验；它牵涉到一些事物与其他事物的关系，因此如同一切实际的事件和一切具体的单个物体；它是依据现实性的存在，是经验性的、二级范畴的存在。

三级范畴（连词）是它本身所呈现的一种存在样式，它将第二者与第三者连接起来。此项属于所有精神的、意识的存在方式及活动所确定的东西，属于"中介"、"习惯"、"再现"、"交流"等抽象的范畴。它使具体的时、空经验又获得一种新的形态，如思维的认识、规律性、秩序、表达和交往等。同时，它也是作为一种"解释"用于符号本身的，所以它是一种以思维或符号为核心的三级范畴存在。精神活动和作为其基础材料的符号既不是依据可能性也不是依据现实性而存在的，它始终是依据必然性而存在。（王铭玉，2004：116—117）

根据符号的三元构成关系，皮尔斯从符号自身的性质（一级范畴)、符号与对象的关系(二级范畴)、符号与解释项的关系(三级范畴)又分别得到了符号类型的划分,而每一次范畴的符号分类也遵循着一级范畴、二级范畴和三级范畴的顺序。这样范畴与符号类型便建立了联系。从符号自身的性质分出质符(一级范畴)、单符(二级范畴)、型符(三级范畴);根据符号载体与对象之间的可能性关系,得到了象似符(一级范畴)、索引符(二级范畴)、象征符(三级范畴)的符号类型分类,而这一分类也得到了最为广泛的认可和传播;从符号如何在其解释项中得到再现,从而划分出呈符(一级范畴)、述符(二级范畴)、论符(三级范畴)。

3. 符号、对象、解释项

皮尔斯的符号是符号、对象、解释项不可化约的三元关系,以三元范畴即一级范畴、二级范畴、三级范畴为基础,按照符号性质、符号与对象的关系、符号与解释项的关系进行符号类型的划分,建构符号类型的系统化:10种基本符号和总数为59049类符号。

皮尔斯的符指过程是一种三元操作,包括符号(或表征素)、对象、解释项。"符号,或表征素,是一级范畴,它与称之为它的对象的二级范畴处于这样一种真正的三元关系之中,因此能够决定称之为它的解释项的三级范畴,能够同其对象有着同样的三元关系,在此种关系中它对于同一对象就是自身。"(C. S. Peirce, *CP2*: 274)符号直接决定其对象,"不是在每个方面,而是就某种观念而言的"(C. S. Peirce, *CP2*: 228)。解释项直接被对象所决定,符号是对象和解释项的居间协调者。

符号的解释项是另外一个符号,是一级范畴在解释者中创造出来的,这是"一种同等的符号,或是更加发达的符号"(C. S. Peirce, *CP2*: 228)。解释项符号不能等同被解释的符号,不可能是一种重复,恰恰因为它起居间协调的作用,是解释性的,因此总是新的。就一级范畴符号而言，解释项是一种回应，并因此开启了新的符号进程，新的符指过程。这种意义上，解释项决定了渐次的作为解释项行动的另一个符号：所以，解释项是面向着新的符号活动的，它推动了符号进程，使一个新的符号发生。的确，我们可以说，每次有符号发生，包括一级范畴符号在内，我们都有一个三级范畴符号，某种居间协调的东西，一种回应，一种解释性的新东西，一个解释项。因此，一个符号就其构成方面而言就是一个解释。一个解释项（三级范畴）渐次地就是一个符号（一级范畴），一个符号（一级范畴）渐次的就是一个解释项（已经是一个三级范畴），这一事实使得符号处于一个解释项构成的开放网络之中：这就是皮尔斯有关符号互动无限或解释项无穷系列的原则（C. S. Peirce, *CP1*: 339）。"所以，符号的意义是一种回应，是一个要求又一个回应的解释项，是有一系列解释项。这意味着符号和符指过程具有对话性质。一个符号的意义在另一个回应它的符号之中，这另一个符号，如果有又一个符号回应和解释它，它渐次地就是一个符号，如此类推至无穷。"（科布利，2013：295）无限符指过程（unlimited semiosis）：符号或表征素是对某人而言，在某方面或某能力中代表某种东西的东西。它对某人诉说，也就是在此人的头脑中创造一个等同的符号，或者可能是一个更为发达的符号。我把它所创造的那个符号称为解释项（C. S. Peirce, *CP2*: 228）。在皮尔斯那里，一个符号的解释项本身成了另一个符号或表征素，"解释项渐次地成了符号，如此以至无穷"（C. S. Peirce, *CP2*: 303）。皮尔斯把符号定义为"某种我们因为知道它而知道了更多东西的东西"（C. S. Peirce, *CP8*: 332）。符号链的存在与认知的无限过程相符，且每一次认知的深入与扩展都具有先在的基础，那就是前一个符号。"如果我们广义地看一个符号，其解释项并不一定是一个符号，因为它可能是一个行动或经验，或者甚至只是一种感觉"（C. S. Peirce, *CP8*: 332），皮尔斯关于解释项的三分中被广泛接受的是直接解释项、动态解释项、终端解释项和情感解释项、能量解释项、逻辑解释项。

在皮尔斯看来,一方面符号现象的三个要素,即媒介、对象、解释项,并不处于相同的地位,而是分成三个级别。媒介是一级范畴,客体对象是二级范畴,解释项是三级范畴。其中,客体对象决定媒介,媒介决定解释项,而客体又通过媒介间接决定解释项。相对于客体对象,媒介是被动的;而相对于解释项,媒介是主动的。换句话说,客体对象是媒介符号的成因,解释项则是媒介符号的意义。抽去客体对象,媒介就失去存在或成立的前提。在这一意义上,媒介不得不与所表达的对象对应,去迁就客体对象的规定。另一方面,媒介决定解释项,而本身并不受解释项的左右。媒介与客体对象关联时,媒介是变量,而客体对象是常量。媒介与解释项关联时,媒介是常量,而解释项是变量。反过来讲,客体是媒介适用的对象,而解释项则是媒介符号产生的结果,是媒介符号的能力的体现。(卢德平,2002:100)在皮尔斯的符号理论中,符号只是在某一个方面或某种程度上表征其对象,因此,与对象相比,符号总是不完整的、片面的。为了对此进行补偿,解释项就被赋予了重任。皮尔斯曾指出,一个符号的存在总是以另一个符号为前提的,而解释项是符号三元关系中最具有动态性、发展性、目标引导性的一个要素,符号的所有意义都要依赖解释项得以确定。符号生长理论认为,对一个符号的解释只会引导出一个更加发达的、扩展了的符号,这种意义的延展,无论是在宽度上,还是在深度上,都被理解为符号新意义的产生。(卢巧丹、卢燕飞,2005:50)

另一方面,符号的三个要素不具有分离性,而是"三位一体"的。简言之,任何一个符号都应具有此三要素,否则它就不是一个完整的符号。例如,我们发现了一个物体(如岔道中的石头)或听到一种声响(如三声连续的敲门声),如果没有什么意义或无可解释,它就还不是符号,这里至多是存在一种符号的媒介关联物。如果人们了解了这一媒介涉及什么，它可以如何解释（石头——指明方向、路标、分界石等；敲门声——自己人来了、来者不是一人等），那么它才能成为一个完整的符号。（王铭玉，2004：117）直接对象是基于符号语境的一个对象，它是符号再现的内容；动态对象则可被理解为一种推动力，一种可以驱动符指过程的机器，动态对象也是迫使符号产生的原因所在。（C. S. Peirce, CP5: 554）动态对象既可以是某种实际存在物，也可以是某种潜在的可能性。如文学作品中的虚构人物是作为一种可能性而存在的，即便如此也起到了决定特定目的得以再现的作用。当两个人互相有好感时，爱情或友情都是潜在的可能性，即好感只是一种充分条件，但并非必要条件。存在着这样一种爱情，即两个人初次接触是并不愉快的，甚至是厌恶的，但一系列戏剧性的事情导向了之前完全没有预料到的结局，将不可能变成了事实性的存在。符号的效力（effect of sign）产生于符号不可化约的三元关系，即对象决定了符号的在某方面或某种能力上再现它的能力，由此产生了符号与对象的关系；而需要同时存在的是，符号必须对某个心灵产生了某种影响，将一种思想与另一种思想关联起来，从而符号与解释项的关系和解释项与对象的关系具有一致性。"对象决定了符号是与解释项相关联的，而符号又决定了解释项是与对象相关涉的，这就导致对象会通过符号这一中介去决定解释项。"（MS318: 81）Liszka 认为，符号的表意与符号生产应该得到区分，符号生产是一个动态对象与某个符号解释行为者的符号媒介相互作用而因果地产生的一种结果，动态对象是这样一种东西，它提供一种相同的强制方式。（Liszka, 2014: 164）这种相同的强制方式，我们可以借助这一例子进行理解：花是客观存在于世界的一种植物，无论是蜜蜂还是人，还是其他什么与花有着直接关联的动物，都不会使花成为草、石头等，这种强制方式决定着花只能是花。但蜜蜂和人对花的直接对象的认识是不同的，也即在蜜蜂和人那里花具有重大的差异。人是把花拿来欣赏、装饰、作为经济作物进行培育等，而蜜蜂则区分是否可以在花上采蜜以及什么时间采蜜。

在其广泛的意义上,解释项可以被理解为符号的翻译:"除非符号能把自身翻译成另一种发展得更为充分的符号,否则符号就不是符号"(C. S. Peirce, CP5: 594),"一个符号的意义就是它不得不被翻译成的那个符号"(C. S. Peirce, CP4: 132)。解释项是符号再现对象的这种关系所直接导致的对解释者的意指效力(significate effect)。皮尔斯将解释项进行了多种分类,除了直接、动态、终端解释项之外,还有情感解释项、能量解释项、逻辑解释项三分说,意向解释项、效力解释项、交际解释项三分说以及目的解释项、有效解释项、终极解释项三分说等。

皮尔斯的符号三元关系还有更深的发展,"皮尔斯符号理论中最困难的,是搞清他的两个对象、三个解释项以及他对符号分类的扩展"(豪塞,2013:103)。对象又分为直接对象(符号所再现的对象)和动态对象(决定符号的外在对象),解释项分为直接解释项(符号所再现的解释项)、动态解释项(符号所产生的实际效果)、终端解释项(把符号功能推到极致的那种习惯)。皮尔斯把思考这一发生在头脑中的观念意识转向了外在论,通过再现将思想引向对象。皮尔斯把经验中呈现或给出的东西称为显像,意指"所有以任何意义或任何方式呈现给心灵的东西,无论它是事实还是虚构"(豪塞,2013:105),把现象学称为显像学。

"需要记住的是,解释项可以被视为过程、产物以及效力",直接解释项具有整体性、不可分割性,可类比于一级范畴,即瞬时的、模糊的感觉或印象,如人听完一首乐曲的整体感觉,对某人或某物的第一印象等。动态解释项则是由一个符号所产生的,并且施加于某些解释行为者的一种直接效力或实际效力(C. S. Peirce, CP4: 536),"它是任何心灵对一个符号所产生的任何一种解释"(C. S. Peirce, CP8: 315)。动态解释项可以分为主动与被动两种形式,如为某种目标的实现而努力奋斗的理想,被某件事所震撼,因此,动态解释项对应于二级范畴。动态解释项在皮尔斯那里只具有单一效力，还不能称之为符号的意义（C. S. Peirce, *CP5*: 475）。终端解释项是一种法则效力，是任何使用符号的解释者都必须遵循的。终端解释项对应于三级范畴，体现为习惯、风俗、法则等，具有符号意义。"终端解释项作为一种作用，它为使符号解释行为者成为符号系统的一部分，而去决定某些行为习惯，也即去决定那种使符号成为这些解释行为者之生活经验的那种方式。"（Liszka, 2014: 168）

4. 象似符、索引符、象征符

如果符号载体或表征素与对象之间具有共同的品质（外观的相似、结构的相似），那么这是一种象似符。如果符号载体或表征素与对象处于因果关系（闪电意味着打雷、烟意味着火、水银柱上升意味着温度升高、旗帜飘动意味着风），那么这是索引符。如果符号载体或表征素与对象之间通过规约而关联（语词、鸽子是和平的标志、天平是法律的标志），这就是象征符。

象似符号指符号与对象之间存在相似性关系，"象似符要取得规约或习惯的效果，相似性之上就必须加上社会实践或特定功能。象似符号的相似性是一种特殊的相似性：它是规约基础之上的一种抽象，因为它特别地用到特定的而非其他的一些相似性特征"（科布利，2013: 290）。"象似符号会拥有使之意义重大的那种特性，即便其对象是不存在的；譬如铅笔画出的细纹代表着几何线条。"（C. S. Peirce, *CP2*: 304）

索引符号是通过偶然性、因果性或其他物理联系而关联的符号，这种关联也需要依赖习惯或规约。"索引符号是在其对象被移除，可能失去使之成为符号的那种性质的符号，但如果没有解释项它则不会失去那种性质"（C. S. Peirce, *CP2*: 304）。索引符的类型包括："医学的、心理学上的、自然现象等方面的各种征兆（事实上的偶然性＋事实上的因果性）；自然现象、态度、倾向等方面的线索（认定的偶然性＋

非事实上的因果性）；身体或精神方面的迹象（非事实的偶然性＋认定的因果性）。"（科布利，2013：292）

两个孩子背着书包走路的路标同时是象似符（路标与学生之间存在相似性）、索引符（路标与学校临近）和象征符（路标指涉普遍意义上的学生）。指示对象（denotatum）是"所指作为指示出指涉对象而实际存在的地方，因此很明显，尽管每个符号都有其所指之物（designatum）或表意之物（significatum），但并不是每个符号都有指示对象"（科布利，2013：240）。如果"凤凰"用于指神话世界中的那种东西，这个符号就有指示对象；如果用于指动物园中的那种东西，这个符号就没有指示对象，因为凤凰不存在于这个世界之中。

象似符号与对象关联物之间的相似性程度或理据性最高，索引符号次之，象征符号则具有最大的任意性。费斯克用"惯例"（convention）来表达这种程度："惯例是符号的社会维度，它是使用者之间对恰当使用符号和反应的一种协定。如果没有社会惯例维度，那么符号就仅仅是私人的，不能用于传播。"（Fiske, 2000: 48）"黑格尔在《美学》中的象征符号指通过具体可感的艺术形式或艺术化了的自然、人工现象去承载抽象的观念或理念内容。黑格尔指出，在文学、艺术作品中有些象征手段在承载、传达一定的理念内容时具有可以解释的理解或原因，但也不是任何现象都可以充当有关观念内容的符号。换句话说，采用什么样的象征形式去对应有关观念是有选择性的。象征形式与观念内容之间不仅有理据上的要求，而且有社会规约、生活习惯方面的限制。"（卢德平，2002：104）语言符号是最典型也是最重要的象征符，符号与对象之间是靠一种规约进行联结的，也即我们所说的任意性。但这种规约已经流传开，被社会共同体的人们所接受，那么这种任意性就变成了一种具有强制力的规则。象征符与对象不需要空间上的临近关系和物理上的因果关系。

5. 演绎、归纳、溯因

符号具有符构功能，逻辑演化对其起着重要作用。一般认为，在前提和结论之间存在着三种演进形式：演绎、归纳、溯因。演绎是推断的解释形式，若给定了系统的信息既有状态，那么它就能阐明那些蕴涵于符号之系统联系当中的事物。可以说演绎只会向我们表明那些已经存在于此但没有被注意的事物。演绎的典型形式即为传递关系（transitive relation），即 S 是 M，M 是 P，因此，S 是 P。归纳与溯因扩展了符号系统的信息量，这一点上区别于演绎。溯因是基于符号系统中已经接收到的信息所产生的那些异常事件或意外事件，去引进（或者发现）那些可能的新命题或新假设。归纳的路径是从特殊到一般，又可分为定量归纳和定性归纳。（Liszka, 2014: 183）归纳（induction）属于三种推理操作之一，在皮尔斯的符号类型中属于象征符号层。"同演绎相反，归纳通过向未来敞开而提供了拓宽信念的可能，重点放在解释项上，结论和前提彼此相关，并非一种机械的依赖性"（科布利，2013：293），由于结论不是前提强加的，具有可修正性。

推断可以通过吸收那些与已经系统化的符号相关的新信息来扩充并发展符号，或者它可以增加这些系统化的符号之间的联通性。存在着两种推断：第一类是综合推断或扩展推断，即一种在符号系统之中增加信息量的发现过程；第二类是分析推断或阐释推断，即那种可以说明已经发现信息之间联系的推断。（Liszka, 2014: 215）正确的推断形式是：如果前提为真，则结果必然为真，换句话说，每一个前提应当为真的事物的可能状态都包含在结果为真的事物的可能状态中。皮尔斯用每一个包含 p 的 r 都是一个包含 q 的 r 来表示这种必然推断（C. S. Peirce, CP3: 165）。演绎是一种推断形式，借助已有信息去扩展系统，演绎的目的不是发现新信息，而是去理清那些已经蕴涵于系统之中但并未直接表示出来的信息。溯因（abduction）、溯源（retroduction）、假定（hypothesis）在皮尔斯那里都用来表示溯因这种形式的推理。皮尔斯认为，溯因的作用是形成假设。溯因并不是要去对某个假设进行实证，而是对让人惊讶或意外的事件给出合理的解释。意外是因为现有的理论不能有效地解释发生的事件，溯因就是寻求一个新的假设。

对应于意义与指称、内涵与外延的二分，皮尔斯提出符号的深度与广度概念，指出信息是深度与广度之间联结的关键，在深度与广度交叉的地方产生信息。但他并不满足于这种简单的二分，认为二分忽略了信息的动态发展这一重要因素。他把符号的深度，理解为通过普遍的、规约性的理解所断定的有关符号的所有品质或特征（C. S. Peirce, *CP2*: 410），而广度是符号意指的所有事物。在"S is P"的命题模式中，系词 is 因为联结了两个不同的项，因此信息得以产生。"我们知识的增加，其效果就在于使一个项能够去意指另一个此前并不存在于我们知识之中的项。因此，它在不减少主项与谓项之总量的情况下，增加了主项的已知深度以及谓项的已知广度。所以随着知识的增加，项的已知广度与深度也会不断增加；并且，如果你愿意的话，任何一种产物中广度与深度的总和都将可以去衡量探究所推进的程度。"（C. S. Peirce, 1986: 89）三种推理形式中，演绎不增加信息，但增加了符号的深度和广度；归纳和溯因通过假设的方式扩充了信息。

演绎（deduction）是关于假设的必然结果的推断形式，假设的前提决定了其结论的必然性。演绎与亚里士多德的三段论定义吻合。皮尔斯的符号三元关系（一面是作为被阐释者的符号和对象，另一面是解释项）与三种推理方式具有深刻的关联，从而可以进一步得出每种推理与符号类型的关系。"就符号学而言，被阐释者与阐释项之间的关系造成的结果是符号——其规模覆盖了从最大程度的独白到最大程度的对话性、异他性和创造性之间整个范围，符号（无所不在的）具有指示性、象征性、象似性。就逻辑学而言，被阐释者（前提）和解释项（结论）之间的关系造成的结果是属于演绎、归纳、溯因等类型的命题或推导。任何给定符号条件中不同程度的指示性、象征性和象似性，不论是否是对话形式，都涉及异他性和对话性的程度变异，这规定着命题的解释项（结论）和被阐释者（前提）之间的关系。演绎中指示性最突出，归纳中象征性最突出，溯因中象似性最突出。"（科布利，2013：236）

溯因（abduction）假设解释事实的规则与该事实之间有着相似关系，是关于假设成立的推理过程。如果结论得到确证，它可追溯至并证实该规则。假设可能错误，也可能正确；因此，溯因存在错误的可能性。试推法从假设出发展开解释，"它是引入任一新观点的唯一合乎逻辑的操作；因为归纳所做的仅仅是确定价值，演绎所做的仅仅是推出一个纯粹假设的必然结果。演绎证明某物必须是——归纳表明某物实际是——溯因仅仅表示某物可能是"（C. S. Peirce, *CP*5: 172）。假设与结论的关系可类比于被解释符号与解释符号；演绎中的结论与前提之间是必然关系，具有指示性质、强迫性、机械性，对话性的程度最低；归纳中的前提与结论的关系是习惯决定的，属于象征性质的类型。在溯因中，假设与结论之间是象似关系，相比演绎和归纳具有更高的对话性，也就具有更高的推理创造性。

五、符号学

"皮尔斯符号学是一种认知友好型符号学：它把符号操作概括成属于连接感知和行动的基本逻辑推导过程；而且，在更广的视角上，这类操作都是彼此联系的，这样就能形成科学；如此一来就有利于人类知识在历史上的独特发展。皮尔斯的符号学于是跨越了从逻辑到感知、行动和认知，再到科学和科学理论之间的隔阂。"（邦加尔、斯泰恩菲尔特，2013：75）皮尔斯符号学的出发点并非是某种符号或某种符号系统，而是符指过程，即一般所说的符号产生于解释活动。因此，皮尔斯认为意指过程建立在对于意义的产生是必要的相似性与邻近性基础上。符号学的目的在于考察各种类型符号的产生、传递、接受、解释、回答方式和聚集方式,而不把它们的来源进行区分,即无论是自然的还是人造的符号。符号并不被构想为一种实体,而是一种不可化约的动态三位一体关系,是依据语境、习惯、规约来连接符号与对象的解释行为。什么是符号的对象或符号的对象可能是什么?皮尔斯认为,对象是已知的单一存在物,或者是一种被认为是先前就已经存在或先前就预料到会存在的某物,或者是这类事物的一个集合,又或者是一种已知的品质、关系或者事实。而单一对象可以是一个集合或者部分所组成的一个整体;它还可能具有一些其他的存在形式,比如一种被允许的行为,而该行为的存在却不会妨碍它的否定形式也同样能够被允许存在;它也可能是在一般情况下被我们所期望的、所要求的或者总是被我们所发现的某种一般性。(C. S. Peirce, *CP2*: 232)

皮尔斯认为符号学就是把一些引导性原则运用于普通心理学、社会心理学、语言学之类的经验科学;它还致力于确立一些标准,因此,这类探究才能从符号的运用中获得良好的结果,并揭示符号的一般形式特征。"皮尔斯式符号学,的确治愈了结构主义符号学致命的核心缺陷——它包括了基础层面上的象似符号;通过将逻辑、感知和行动当作基本符号现象,它使得我们可能看到不同符号系统如何交流;而且通过以如此方式形成一种由不同再现系统所构成的多元符号学,它避免交流语言学帝国主义陷阱以及随之而来的落入语言牢笼这类观点。"(邦加尔、斯泰恩菲尔特,2013:76)因此,可以说,对皮尔斯而言,语言学和符号学的关系属于学科与方法论之间的关系,或经验科学与形式科学之间的关系;与此形成对照,对索绪尔而言,二者的关系属于特殊学科与一般学科之间的关系。(Liszka, 2014: 155)皮尔斯的符号不限于语词符号,还可以是自然符号和非自然符号,而符号学作为一门学科具有普适的方法论意义和工具意义。因此,不同于索绪尔谨慎地认为符号学的成果似乎只可用于语言学,皮尔斯的符号学定位于更加广阔的学科领域，可适用于不同的学科。因此，皮尔斯的符号学是一门更加综合的研究。这种区分的根本源于皮尔斯将符号学划分在形式科学之下；因此，符号学关注的是推理和思维的形式关系，并不讨论实际上人们是如何思维的，不考虑符号的具体产生方式和载体，如语音的、图像的、触觉的、气味的等。"符号的这种形式观，把符号及其生产过程更广泛地理解为拥有一套相对客观的规则和结构，而这些规则和结构又体现于一些经验科学的资料之中，这些经验学科从天文学到动物学，范围甚广。"（Liszka, 2014: 157）

符号学研究符号的形式，研究潜在的事物成为符号所应具有的特征或状态，即符号的真相问题。数学是最纯粹、最典型的形式科学，研究必然的结论。符号学被比之为人文社会科学的数学，其出发点和依据正是符号学对假设和推理的集中探讨，而把对事实或实在的状态放在次要位置，后者正是经验科学的论域范围。符号学要揭示的是"无论符号是如何呈现出来的，例如它呈现为声音、图片、思想、感觉、行动或自然发生的事件，那些使符号得以成立的形式条件都会出现"（Liszka, 2014: 144），符号学"是有关符号普遍和必然的法则的科学"（C. S. Peirce, CP1: 489）。根据皮尔斯的看法，人文科学与符号学之间的联系更直接的主要原因在于：人类现象和心理现象是通过目的和意向性加以表述的，而这正是符号活动的本质所在。（Liszka, 2014: 149）符号学对任何科学具有有益的参考和应用价值，皮尔斯称之为"符号的共识之学"（cenoscopic science of signs）（C. S. Peirce, CP8: 343）。物理学研究的是自然符号，心理学研究心理符号，语言学研究语词符号，人类学研究社会规约符号，艺术批评研究视觉美学符号。

Liszka 认为符号学的一般特征表现在以下四个方面：形式科学、规范科学、共识科学、关键科学。作为一门形式科学，符号学下分为三个分支：符号语法学研究符号的必要条件；批判逻辑学研究通过符号进行推断，由此确立某物为真的标准；普遍修辞学确立符号得以传播的条件。（Liszka, 2014: 154-155）作为一门规范科学，符号学关注真值问题，涉及符号特征的描述、符号在推断中的应用和符号帮助人们达成共识。作为一门共识科学，它以符号的日常共识为基础，利用一定的操作手段来发现符号的本质。作为一门关键科学，它从数学和现象学那里接受引导性原则，从伦理学和美学那里获得规范性向导。反过来，符号学的研究成果为上位科学提供材料。皮尔斯符号学不同于索绪尔符号学：第一，任意符号只是作为符号类型中的一种而非全部；第二，符号系统并非自发性的封闭整体，与世界有着内在关联；第三，涉及感知和行动。符号学建立在对感知的认识之上，在这种认识中，感知本身形成逻辑推导的部分。"对于行动，皮尔斯的实效主义是以意义与行动的关联作为基础的——对皮尔斯而言，一个说法的意义，与该说法所设想的一系列行为结果，是同一件事。"（邦加尔、斯泰恩菲尔特，2013：75）

第四节　莫里斯的符号学思想

一、关于莫里斯

在现代符号学的发展过程中，如果符号学对于索绪尔来讲还只是停留在设想阶段，对于皮尔斯来说是关于符号本质和符号分类的学说，那么，莫里斯则是较早确定符号学独立学科地位的学者。虽然人们通常把莫里斯看成哲学家，而且他后期的学术兴趣转向了价值学，但莫里斯本人却宣称他将自己的毕生精力贡献给了符号学。在美国，莫里斯在帮助美国实用主义哲学思想走出低谷的同时，奠定了现代符号学的科学地位，开创了跨学科的、对话性的全面符号学观念，指明了现代符号学的发展方向。莫里斯在现代符号学的发展过程中，特别是在美洲符号学传统中起到了承上启下的作用。

莫里斯（Charles William Morris, 1901-1979）是美国著名实用主义哲学家、符号①系统理论的创始人之一。莫里斯把符号学三分为研究符号与使用者关系的符效学、研究符号与所指对象关系的语义学和研究符号与符号形式关系的符构学，这一划分成为符号学理论建设的重要参考，为符号学研究领域划出了界限。莫里斯的目标是发展一种能处理各种符号的符号学研究方法，一般把他的理论理解为行为主义符号学说，这一学说主要来自米德（G. H. Mead）、托尔曼（E. C. Tolman）、赫尔（C. L. Hull）、杜威（J. Dewey）等学者的思想。莫里斯在符号理论方面先后有三部重要作品问世：1938年发表的《符号理论基础》（Foundations of the Theory of Sign）一文是关于符号的总论；1946年出版的《指号、语言和行为》（Signs, Language and Behavior）涉及生物学、行为主义和符号学之间的关联，一般被认为集中和详细展现了莫里斯关于符号学的思想；1964年出版《表意和意涵》（Signification and Significance）建立了符号学和价值论之间的联系，认为意义分为语义方面的表意和价值论方面的意涵，并认为符号学要"关注在其所有形式和表现中的符号，这关系到人类和非人类的动物，关系到常规的和病理学上的符号，关系到语言的和非语言的以及个人的和社会的符号"（科布利，2013：329）。关于符号的广泛性，莫里斯在《指号、语言和行为》一书的前言中有着明确的说明："本书企图创造一门语言来讨论指号，不论这些指号是动物的指号或是人的指号，也不论它们是或不是语言的指号，也不论它们是科学中的指号

---

① 在《指号、语言和行为》这部书中，莫里斯对指号、符号、信号进行了区分，认为指号是包括符号和信号的上位概念，符号是一个指号对另一个指号的替代，而信号更多情况下是具体情境中的引起机体特定反应倾向的预备刺激，信号对情境具有最大限度的依赖性。信号比符号更可靠、更真实，信号将机体导向环境中存在的刺激物。符号则是不在场的刺激物的指号的替代，符号可以撒谎，即所指示之物可以存在，也可以不存在。

或是文艺、技术、宗教或哲学中的指号，也不论它们是健康的或病态的，以及对于它们被用来达到的目的来说是足够的或不足够的。"（莫里斯，2011：前言）从中我们可以得出结论，莫里斯所致力探讨的符号不是以人类为中心的或以语言为中心的，语言符号只是其中的一部分，而且明确提出了动物的符号。就符号的意义问题，莫里斯指出符号的意义就是"要确定指号所引起的习惯，我们应用指号在它们的解释者身上所引起的行为倾向来描述和区分指号"。《一般符号理论著作集》(Writings on the General Theory of Signs, 1971)、《符号理论基础》被公认是创立现代符号学的奠基性著作；而《指号、语言和行为》则进一步全面而又深刻地发展了符号理论，被认为是自奥格登和瑞恰慈的《意义的意义》以后语义哲学和符号学方面最重要的著作之一，并且由于此书致力于"不偏不倚地"论述符号理论，又被认为是教科书式的著作；《表意和意涵》则是他的一般哲学观点贯彻于符号学，致力于把符号学和价值学相结合的研究成果。总的看来，莫里斯的符号学思想建构在有机体的行为主义之上。此外，哲学、逻辑学、语言学、美学、心理学、病理学、社会学都将为符号理论提供重要的组成内容。张良林在《莫里斯符号学思想研究》（2012：Ⅰ）中指出，莫里斯的符号学理论具有动态性、综合性和跨学科性特征。他在20世纪20年代开始研究作为逻辑分析工具的语义学，由此着手创立符号学。他在符号学研究方面，主要汲取了皮尔斯和奥格登（及瑞恰慈）的符号学研究成果，还借鉴了逻辑学家尤其是卡尔纳普（R. Carnap）对符号的理解，将实用主义语用学、经验主义语义学和逻辑实证主义句法学整合为独具特色的符号学。

二、符号的概念

莫里斯对狗觅食的过程进行了符号解读，他的符号定义也成为行为主义符号观的经典。符号，简单地说，是这样的事物 A，它指导有机体 B 实施对并非当前具有刺激效果的某物 C 的行为。例如，一条经过训练的狗 B，听到某一声响 A 的时候，就会流口水并且跑去某远处找寻食物。在这里，某一声响 A 是符号，在某处的食物 C 是那并非狗的当前刺激的某物。某一声响 A 指导狗 B 对食物 C 的行为——使狗流口水并且跑去某处找寻食物。因此，对于狗来说，某一声响是食物的符号。

符指过程（semiosis），又称符号过程，分为人类符号活动和非人类符号活动。元符指过程（metasemiosis）生产有关符号的符号。皮尔斯的符号是不可化约的三位一体，即表征素、对象、解释项。莫里斯认为，符指过程是一个某物在其中是某有机体的符号的过程，涵盖了三重要素：符号载体（sign vehicle）、指代项（designatum）、解释项。以此为基础，莫里斯把符号学研究三分天下：研究符号载体之间关系的符构学；研究符号载体与指代对象之间关系的符义学；研究符号载体与解释者之间关系的符义学。符指过程与交流（communication）不是同义关系，交流行为与意图只是符指过程中的一部分，因为在西比奥克那里，生命与符指过程才具有同义性。

莫里斯认为，在纷繁复杂的符号现象中去捕捉符号的本质是十分困难的。为此，必须找出一个出发点，而这个出发点就是行为。换言之，符号的本质在于：符指过程是行为。莫里斯据此给符号下了这样的定义："如果一种东西 A 是一预备性刺激，而当激发某行为族的反应序列的刺激物并不存在时，A 也在某个有机体身体上引起一种倾向，即在一定条件下以这行为族的反应序列作为反应，那么，A 就是一个符号。"（莫里斯，1989：10）显然，莫里斯是把符指过程纳入人或动物的行为—环境系统中来考察的，并把符号看作其中的一个重要环节，这整个过程可分析为五个要素（见图 2.1）。

```
             ┌──────────────────────────────────────┐
             │          符  指  过  程              │
             └──┬────────┬────────┬────────┬────────┘
  ┌──────┐  ┌──────┐  ┌──────┐  ┌──────┐  ┌──────┐
  │ 符 号│  │解释者│  │解释项│  │所指物│  │ 指 表│
  └──────┘  └──────┘  └──────┘  └──────┘  └──────┘
```

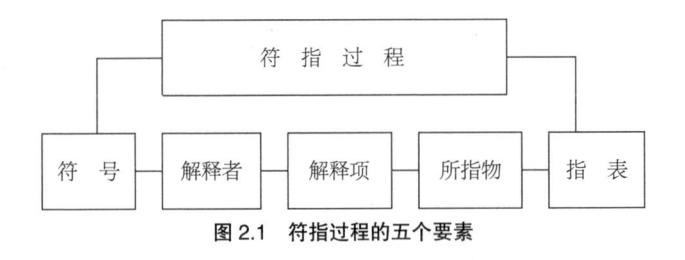

图 2.1　符指过程的五个要素

具体表述为：（1）符号（sign）；（2）解释者（interpreter），即符号行为的确定者；（3）解释项（interpretant 或 interpretation），即符号在解释者那里引起的做出反应的倾向；（4）所指物（denotatum 或 denotation），使反应序列得以完成的东西，即一个满足行为冲动的对象；（5）指表（significatum 或 signification），作为符号的所指物应满足的条件以及符号与作为对象的这种条件的对应关系。在上面的例子中，某一声响为符号；狗是解释者；某一声响引起狗到某处寻找食物的倾向是解释项；放在某处的食物是所指物；这食物所必须满足的条件，即应为可食用的东西，是指表。（王铭玉，2004：129—130）

莫里斯认为，指号学应该致力于研究语言指号与非语言指号的理解和有效应用问题。指号在人类生活中的巨大作用表现在，众多学科出于不同的目的而采用不同的研究方法去关注指号，如数学、逻辑学、哲学、宗教、社会学等，而且所有这些研究方法和目的都具有正当性，都是为本学科服务的。可以说以往都是对特殊领域指号的研究，而以一般指号为研究对象的系统的科学体系并没有得到充分发展，关于指号学的一般原理还有待建立。莫里斯认为，"我们目前的研究是根据这样一个信念：指号科学（即符号科学。——笔者注）在生物学的基础上，特别在行为科学的基本原理上，能够得到最有力的发展。"（莫里斯，2011：2）莫里斯致力于将一门科学的指号学建立在一般的行为理论的基础上，"根据那些作为一切行为基础的一般行为原理来说明和预测指号现象和指号行为"（莫里斯，2011：4），并且一种真正的指号科学的发展能够在"生物学的方向下（这种方向把指号放在行为环境中）最有效地进行"（莫里斯，2011：5）。莫里斯通过两个行为的例子参与"关于什么是指号"的讨论，认为关于指号的描述应当能够说明"决定某个东西在什么情形下是指号的基础"（莫里斯，2011：5）。

第一个例子：狗与食物的关系。自然状态下的狗看见食物会跑过去获取；闻见食物就会跑去寻找。但是，经过训练的狗听到铃声就会去某地获取食物。这种情况下，铃声对狗来说就是在某地有食物的一个指号。这里的铃声从性质上说属于非语言指号或自然指号。

第二个例子：语言指号。当驾驶员被告知前方道路被封了，那么他的反应就是换另外一条路。

铃声和告知的出现对主体产生了影响，表现在引导或控制主体采取某种行为，而这种行为改变了原初的状态。如果我们把食物和障碍物视为刺激物，那么铃声和告知起着与刺激物类似的作用。铃声和告知是对刺激物的替代，这种替代关系莫里斯称为意谓（signify）。莫里斯认为确定某个东西可以称作指号所依据的条件应该是：如果某个东西 A 是用这样一个方式控制了指向某个目标的行为，而这种方式类似于（但不必等同于）另一个东西乃在它被观察到的情况下用以控制指向这个目标的行为的那种方式，那么 A 就是一个指号。任何东西在追求目标的行为中产生了这样的控制，它就是一个指号。指号在其中产生控制的那种追求目标的行为，就叫作指号行为。铃声和告知分别是事物和障碍物的指号，因为它们是以这样一种方式分别控制了指向获取食物的目标和指向达到某地这个目标的那些行为的行动方向，而这种方式类似于食物和障碍物在被观察到时会产生的那种控制。（莫里斯，2011：8）

莫里斯并不满足于"指号代表它以外的某个东西"这种概括性描述，因为他想"尽可能地把指号学向自然科学的方向推进"（莫里斯，2011：8），于是他提出了四个概念用以对指号的构成条件进行精确的界定，即预备刺激（preparatory stimulus）、反应倾向（disposition to respond）、反应序列（response sequence）、行为族（behavior family）。"一个预备刺激就是对某个其他刺激的反应有影响的任何刺激"（莫里斯，2011：8—9）。预备刺激并不引起对它自身的反应，但影响对它自身以外的某个东西的反应。一旦预备刺激引起对它自身的反应，那么它就不再是一个预备刺激。作用于活的机体的物理能量是刺激，能量的来源是刺激物，反应是一种肌肉或腺的动作。在预备刺激出现时，有机体并不产生反应，因此，预备刺激还不是指号。如军训过程中教官的口令"向右——转"，当喊出"向右"时会引起学员的一种行为倾向。反应倾向是"有机体在给定时间的一种状态，在某些附加条件下这个反应就会发生"（莫里斯，2011：9），即倾向是一种潜在的可能性行为，是一种打算、计划。就预备刺激和反应倾向的关系而言，莫里斯认为"每一个预备刺激总是引起一种倾向以某种方式对另一个东西做出反应"（莫里斯，2011：10），但是并不是所有的反应倾向都是由预备刺激引起的。男女朋友见面有亲昵行为的倾向，其附加条件是没有父母或熟人在场。反应序列是"由连续的反应组成的序列"（莫里斯，2011：10），序列始于刺激物，终结于刺激的消失或解除。一条饥饿的狗看见一只兔子，追赶它、吃了它，这一系列的反应就是一个反应序列。行为族是"任何这样一组反应序列，这些反应序列是由类似的刺激物所发端的，而且终结到由于类似的需要而作为类似的目标对象的这些刺激物身上"（莫里斯，2011：10）。所有由兔子发端的并且以捕获兔子作为食物来终结的这些反应序列，组成"兔子—食物"的行为族。

莫里斯用预备刺激、反应倾向、反应序列、行为族表述了确定某个东西是指号的条件："如果任何东西A是一个预备刺激，而这个预备刺激，在发端属于某一行为族的诸反应序列的那些刺激物不在当前的时候，引起了某个机体倾向于在某些条件下应用这个行为族的诸反应

序列去做出反应,那么 A 就是一个指号。"(莫里斯,2011:11)

莫里斯认为,有机体并不是对指号发生反应,指号"仅仅是用作对其他东西做出反应的一个预备刺激"(莫里斯,2011:11),但是有机体因指号而做出的反应序列和因刺激物发端的反应序列必定属于同一个行为族。"当然,在某些情况下反应可以是指号,但是,反应并不必须是指号,指号也并不必须是反应。因为,虽然每一个指号过程都必然包含一个反应倾向,指号本身却可以是以上述方式作为预备刺激的任何刺激物的任何特性;这种刺激不限于反应,并且仅当反应本身是这种刺激时,它才是一个指号"(莫里斯,2011:16)。只有反应与刺激一致时,指号才发挥作用。

有机体对指号做出反应需要有时空因素,即一个环境。符号可以撒谎:狗听到铃声后跑去某地寻找食物,但却没有得到食物,但此时铃声仍然起到了指号的作用,我们只能说此时的指号行为是不适当的。此外,我们熟知的例子还有故事"狼来了"。

三、符号和语言

莫里斯认为,语言在符号中占有特殊的、主要的地位。他的主要符号学著作《指号、语言和行为》的书名就表明了这一点。实际上,语言是这部符号学研究专著的主要对象,他把语言当作符号来研讨。(周昌忠,1992:138)

关于符号和语言,莫里斯的研究主要是从符号观点看待语言,考察语言的符号本质,并相应地给语言下了符号学定义。他首先确定了语言属于符号。他表明,作为符号,应符合两个条件:由有机体产生和代替别的符号。对于语言而言,第一个条件是符合的,因为说话的人和听话的人都能产生所交流的语言(听话的人能重复说出听到的话);如果我们把知觉看作符号的话,第二个条件也是得到满足的。

为了给语言下符号学的定义，莫里斯通过分析表明，语言具有如下五个符号性质：1）语言由许多符号构成，这些符号总是形成一定的组合。2）语言符号的指表对解释者族是共同的，当然在个别解释者个人那里可能有所不同，但这差异往往不是语言上的。总之，语言符号有一定程度的人际性。3）语言符号是共符号（comsign），即可由解释者族的成员产生，并对产生者也对其他解释者有共同的指表。4）语言符号是多情境的符号，它们在出现的每个情境中都保持指表的相对恒定性。5）语言符号必定相互联结而构成一个系统，这种联结受到一定的限制。

莫里斯对语言下的符号学定义便是对以上五点的综合："一种语言是多情境符号的一个集合（也可代换为'系统'），它们有着对一个解释者族的成员而言的共同的人际指表，可由这些成员产生，可以某些方式但不以别的方式形成复合符号。或者更简单地说，一种语言是在结合方式上受到限制的多情境共符号的一个集合。"（莫里斯，1989：42—43）

莫里斯的这个定义具有重要意义。一是它表达了符号学的语言观；二是它从符构、符义和符效这三个维度来看待语言，使得语言的定义更加科学、全面；三是它为语言的研究提供了最一般的构架和参照系。（王铭玉，2004：131—132）

四、指表模式

莫里斯认为，在由符号概念和有关术语所奠定的基础上，符号学的中心和前沿课题是"指表模式"（mode of signifying）。莫里斯对此的主要贡献是划分了五种类型指表模式：识别符号（identifior），标示符号（designator），评价符号（appraisor），规定符号（presoriptor），构成符号（formator）。（周昌忠，1992：140）

识别符号作为"预备性刺激",是把解释者的行为引向某行为对象所在的时空位置,即指表时空位置。识别符号包括三类:标志符号(indicator)、描述符号(descriptor)和命名符号(namor)。标志符号是非语言的信号,例如指向手势和风向标。描述符号和命名符号都是语言符号,前者如"今晚十点钟",后者包括专名、人称代词、指示代词等。

标示符号指表行为对象的区别特征(discriminata)。这里的特征是一个对象之区别于另一个对象的特性。标示符号可分为"对象标示符号"(object designator),如"鹿";"性质标示符号"(character designator),如"黑的"。

评价符号指表对象的偏好状态,决定解释者在行为上倾向于支持哪些对象。评价符号的指表分为"正"和"负",例如"好"和"坏"形成一个"连续统一体":"极好—很好—相当好—好—(一般)—坏—相当坏—很坏—极坏。"

规定符号给解释者指表对某对象或情景的一种特定反应所要求的行为,即指表对某一反应序列的要求。规定符号包括三类:直言的(categorical),它不加修饰地指表规定的行动,例如"到这里来!";假言的(hypothetical),它指表在某些条件下规定的行动,例如:"如果你哥哥来电话,那么就到这里来!";理由的(grounded),它不仅指表规定的行动,而且还指表这样规定的理由,例如:"到这里来,这样我可以把东西给你!"

构成符号也叫逻辑符号,包括"或"、"非"、"有"、"是"、"十"、"5"、变项、词序、前后缀、语法结构、标点符号等。构成符号具有以下四个性质:1)它给已具有多情境的符号添加某个刺激,这些符号在这刺激未出现的其他结合中也是符号;2)当这新因素添加上去后,特定符号组合的指表发生变化,这可由解释者的行为差别表明;3)这新刺激并不影响反应对象的特征,也不增添任何评价或规定的因素;4)

这新刺激影响解释者的行为。总之,构成符号以别的符号为前提,影响特定符号组合的指表。

莫里斯从符号观点为指表模式的探究提供了从符构、符义和符效三个维度研究语句的性质和分类的方法,对语言学研究具有重要的指导意义。(王铭玉,2004:132—133)

五、论域

论域(discourse)是"语言符号的复合体",现代语言学称之为"话语"。对论域的研究是莫里斯主要的符号学工作之一,占了《指号、语言和行为》一书的四分之一篇幅。对论域的研究,实际上就是从符号学观点来揭示语言在现实运用中的现象的符号本质和特征。

莫里斯对论域的符号学研究,主要在于从符号学观点来对论域进行分类。这分类的基础是语言符号复合体的两个符号学表征:指表模式和用途。(王铭玉,2004:133—135)

莫里斯认为,符号用来控制解释者的行为。这种行为包括四个方面(此时,他把上述"识别"与"标示"归为一个方面,共同以"标示"冠之),相应地把符号的用途也可以分为四类,它们分别控制行为的一个方面(莫里斯,1989:150):1)告知(informative),即告诉解释者某种东西,让他考虑所处的环境;2)估价(valuative),即帮助他对对象作偏好选择,即选取这环境的某些特点;3)诱导(incitive),即诱发属于某行为族的反应序列,获得适合他需要的环境;4)系统(systemic),即把符号导致的行为组织成确定的整体。

莫里斯根据符号的指表模式和符号的用途制定了论域的"模式-用途分类",从而把全部论域分十六个类。一切论域(语言现实运用的专门化)全都可以纳入到这十六个类之中。

表 2.2 论域的分类

模式	用途			
	告知	估价	诱导	系统
标 示	科 学	虚 构	法 律	宇宙论
评 价	神 话	诗 歌	道 德	批 判
规 定	技 术	政 治	宗 教	宣 传
构 成	逻辑-数学	修 辞	语 法	形而上学

科学论域。它最纯粹地采取标示指表模式，最大限度地摆脱别的指表模式，最充分地履行传达真知即告知的任务。

虚构论域。它包括小说、剧本等。它的指表模式是标示，但它标示的是想象的世界而不是现实的世界。它的目的也不是告知，而是估价，从而使解释者得以检验、改造并形成自己的偏好。

法律论域。它标示当一个社团的成员进行或不进行某些行动时，这社团准备采取的步骤，它的目的在于使其成员进行或不进行这些行动。

宇宙论论域。它是哲学家的世界观，标示宇宙是一个还是多个，宇宙是物质的还是精神的，是由实体还是由事件构成的，是有目的的还是机械论的。

神话论域。它以生动的形式告知解释者由某个集团准许和不准许的行动模式。就是说，神话本身是对某些行动模式的评价，而它的目的在于让解释者知道这些评价，以便他们在行为中利用之。

诗歌论域。它使用评价指表模式的符号，目的在于使解释者赋予指表以（在他的行为中的）偏好地位，即让解释者对评价做出估价。诗歌的作用在于记载和维护既成的估价，探索和加强新的估价。

道德论域。它评价某个集团所赞成（或反对）的行动，旨在诱导（或禁止）这些行动。它同法律和宗教论域联系密切，但以其评价性和诱导性相结合而区别于它们。它同社会行为领域相联系，其重要作用在于对个人行为实行社会控制。

批判论域。它是由评价符号组织而成的一个比较复杂的符号系统。例如，对一本书的评论乃由许多具体评价系统地组织而成。

技术论域。它用规定的符号规定行动，旨在告知解释者如何达致某些目标。就是说，它旨在提供关于达致特定目的的技术信息。例如，它告知如何使用机器，如何讲某一外语，如何烹调等。

政治论域。它给作为整体的、社会的制度化组织规定行动，让该组织对规定做出估价。它同其他类型论域有密切关系，但又有自己的特异标志，即它试图规定为维护某社会组织的一般行动方针，以引致解释者获得其批准。

宗教论域。它规定一种行为模式，赋予其对一切别的行为的优先性，目的在于在解释者身上唤起这种行为。

宣传论域。它通过运用本身为规定性的符号，着眼于把规定符号组织起来。其意义在于系统地组织起规定，这种组织的范围可大可小。

相对于以下四种形式的论域，以上十二种论域可以称为有内容的论域。它们揭示了各种认识和活动领域的语言特点，尤其表明了从语言角度研究各个领域的本质和特征的方法，从而显示了符号学和语言哲学的方法论力量。

逻辑－数学论域。它由构成符号构成，告知我们关于语言而不是关于世界的知识，帮助我们组织和检验知识。

修辞论域。它用来唤起解释者实施估价行为。例如："孩子就是孩子"；"只有善良愿望才是善的"。这两句话不是告知关于语言的信息，而是用来唤起评价：孩子像孩子而不是像大人那样行事，不该受到指责；对一个人的道德认可应根据他行动的意愿而不是其效果来做出。

语法论域。它是表明语法规则的论域，旨在诱导言者或书写者习得语言的规则，以便习惯地按语法规则运用语言。

形而上学论域。这是指始自亚里士多德的传统，它认为，形而上学的语句是必然的，其真理不可能由各门具体科学的资料所证实或反驳。

莫里斯用"论域"来把握语言的实际运用，从符号学观点出发，按"指表模式—运用"的参照系对一切实际运用加以分类，从这种"符号分类"之中来把握语言在实际运用中所体现的符号本质和特征。这为语言的哲学研究和从语言角度对各门学科做的元研究，提供了最一般的方法——符号学方法——树立了良好的范例。

　　符号学用统一的符号学术语和方法分析相关科学中的符号，在方法论上是统一其他科学的工具学科。莫里斯利用符号的四种主要意指方式和四种主要用途交叉搭配所构成的参数，对十六种话语类型所做的分析就是这种全面的统一的符号学观点的具体体现。（莫里斯，1989：125）

六、符号学的三个世界

　　作为现代符号学的创建者，莫里斯的另外一个主要贡献就是划分出语构、语义和语用三个维度，把符号学划分为相应的三个分支：符构学（syntactics）、符义学（semantics）和符效学（pragmatics），由此界定了符号学的分野，并制定了初步的理论。

　　莫里斯符号思想的特点是：从自己的一般哲学观点出发，把符号看作人类的一种行为。他最早是在《符号理论基础》中引入三个维度的。他认为，符号学所研究的符号涉及三个方面的关系，即"对对象的关系，对使用者的关系和符号对符号的关系"。这三种关系表明了符号意义的三个方面：语言意义（linguistic meaning）或句法意义（syntactic meaning）、指称意义（referential meaning）或语义意义（semantic meaning）以及语用意义（pragmatic meaning），由此产生了符号学的三个世界。其中，符构学研究"符号彼此间的形式关系"，符义学研究"符号对其所适用的对象的关系"，符效学研究"符号对解释者的关系"。后来他在《指号、语言和行为》中又进一步对符号学的三部分作了定义："符构学研究符号的组合；符义学研究符号在一切指表模式中的指表；符效学是符号学研究符号在它们所出现的行为之中的起源、用途和效果的那个部分。"

莫里斯"三个世界"的理论模式无疑反映了符号意义的本质。他一方面指出了作为符号内容特征的各个不同方面的质的区别；另一方面，他又指出这些不同方面是相互联系的，相互之间互为条件而紧密联系于一个整体（即符号内容）之中。作为符号学的三个分支学科均体现了符号及其意义的联系性质。这就是说，在某一门学科中某一符号体现出来的特征也必然与同样符号在其他学科中体现出来的相应特征有着必然的联系。

莫里斯一生都在努力架构一座可以把欧洲的实用主义（强调符效）、经验主义（强调符义）和逻辑主义（强调符构）连接起来的桥梁，符号学三个世界的划分可以说完成了他的夙愿。莫里斯的三分学说是对符号学的一大贡献，正是这一学说为符号研究提供了构架或者说参照系。一切符号学问题，甚至现代语言学和西方语言哲学的问题都应当并且也可以放在这个构架中进行研究。

第五节　雅各布森的符号学思想

一、关于雅各布森

雅各布森（P. O. Якобсон, 1896-1982）是美国语言学家、符号学家，原籍俄罗斯，犹太人后裔。1896年10月11日生于莫斯科，1982年7月18日卒于美国马萨诸塞州坎布里奇。1918年获莫斯科大学硕士学位。1920年移居捷克。1930年获捷克查理大学博士学位。1939年希特勒占领捷克，他逃到北欧，并先后担任哥本哈根、奥斯陆和乌普萨拉大学访问教授。1941年移居美国。1946—1970年先后任哥伦比亚大学、哈佛大学及麻省理工学院教授。他是九个科学院的院士，并获得二十五个荣誉博士学位。雅各布森是莫斯科语言学会的创始人之一，1915—1920年任会长，又是布拉格语言学会的创始人之一，1926—1939年任副会长。雅各布森的主要论著有《论俄语语音系统的演变》（1929）、《儿童语言、失语症与语音共性》（1941）、《言语分析初探》（1952）、《语言原理》（1956）、《语言的基本原则》（1956）、《言语行为的两个方面和失语症的两种类型》（1962）以及《选集》（1962年起已出版数卷）。

雅各布森是国际上享有盛名的语言学家，并从语言学扩大至符号学，同时以语言学、符号学来探讨诗学。雅各布森备受欧洲符号学先驱也同时是结构语言学奠基人索绪尔的影响，也受到现象学家胡塞尔（E. Husserl）的一些影响。雅各布森的语言学思想以及符号学的一些见解扩大了"符号"的领域及语言学的视野。目前在广大的符号学领域里，在从事语言学与符号学（尤其是与诗学）合流的学者中，当以雅各布森的研究最有力度，影响也最为深远。

二、符号的功能系统

雅各布森是布拉格学派的奠基人，20世纪最重要的语言学家之一。索绪尔的许多思想如系统、符号、时空、普遍现象等重要概念都在雅各布森那里得到了创造性的发展。如果我们说索绪尔是充分理解系统观对语言学重要意义的第一人，那么雅各布森无疑是充分理解功能观对语言学重要意义的先驱。

对于雅各布森而言，语言不是静态的、抽象的系统，而是动态的、功能的系统。他注重研究活的语言，把重点放在语言提供的各种功能上，而不是"为语言而研究语言"。雅各布森在一篇题为"语言学与诗学"（Linguistics and Poetics, 1960）的论文中，系统地阐述了他关于语言的六大主要功能模式的观点。他指出，语言行为的成立，有赖于六个要素的通力合作，具体如图2.2。

context（语境或指涉）
message（信息或话语）
（说话人）addresser —— addressee（受话人或话语对象）
contact（接触或通讯渠道）
code（代码或语规）

图 2.2　语言的六大主要功能模式

其中，语言交际行为离不开信息的发送者（addresser）和接收者（addressee）；信息的发送者把信息（message）或话语传递给接收者；信息若想生效，则需要相关的语境（context）或指涉；接收者要想捕捉到这种语境，需要有为发送者和接收者所完全或部分通用的代码（code）或语规；同时，交际的完成还有赖于通畅的交流渠道（或称通讯渠道），使发送者和接收者进行接触（contact），从而进入和保持交流。这六个因素是语言交际所固有的要素，意义就存在于全部交流行为中，意义的产生和变化就取决于上述这些要素的分配方式和发挥作用的主体呈现。雅各布森所提出的交际要素模式不仅是语言模式，而且涵盖其他表意系统或符号系统，所以，它实际上是一个符号学模式。

雅各布森指出六个要素的真正目的在于构建语言符号的功能系统。他认为，功能是信息对某一因素的焦点，或信息对某一因素的倾向或目的。与语言交际六个要素相对应，存在着六种功能：1）焦点如果集中在信息发送者（如说话人或作者）时，构成情感（emotive）功能。2）焦点集中在信息接受者时，构成意动（conative）功能。3）焦点集中在语境时（即信息形成时），外部世界的真实情况构成指称

（referential）功能或指涉功能，它与参照对象、信息的所指或认知内容有关，也被雅各布森称为所指（denotative）或认知（cognitive）功能。4）交际的成功不仅要保持交际渠道顺畅，还需要检查他们是否运用了同样的代码。这时，焦点就转移到代码本身，起作用的是元语言（metalinguistic）或后设语功能。5）当焦点集中在联系方式时，即说话者与受话者之间的接触时构成交际（phatic）功能，亦称寒暄功能。6）当焦点集中在信息自身时，就构成诗歌（poetic）功能，亦称诗学功能，其特点就是按照信息的原样来传递它，突出语言符号可感知的一面。至此，雅各布森对语言结构功能系统做出了全面的阐释，如把语言交际要素与功能相对应，可见图2.3（王铭玉，2013：88—93）：

语境（指称功能）
信息（诗歌功能）
说话者（情感功能） — 受话者（意动功能）
接触（交际功能）
代码（元语言功能）

图2.3　语言交际要素与功能对应图

三、符号的双向模式

1. 选择和组合

雅各布森认为语言行为涉及两个过程：选择和组合。任何言语行为都包含着对某些语言实体的选择和把它们组合成更为复杂的语言单位的过程。（Jakobson, 1971:243）

选择和组合这两个概念源于索绪尔关于语言活动中存在着句段关系（横组合）和联想关系（纵聚合）的观点。换言之，横组合关系就是语言的句段关系，是指构成句子每一个语句符号按顺序先后展现出的相互间的联系,具有时序性。纵聚合关系,即联想关系,指在话语之外各个具有某种共同点的词会在人们的记忆中汇合起来,构成具有相关性词汇的集合。它与横组合关系不同,纵聚合关系是以潜在的方式将各要素结合成潜在的记忆系列。

这里,雅各布森再次提出有关"选择"和"组合"的概念,不仅是对索绪尔的"句段关系"和"联想关系"概念的继承,同时又是一种深化和发展,尤其还在一定程度上避免了索绪尔思想中的缺陷。(田星,2007:31—32)雅各布森使我们认识到,选择和组合这两个操作层面,给每个语言符号提供了两套阐释。同一符号有两个所指:一个指向代码,一个指向语境。每个符号都和另一套符号相关,通过替换进行选择,通过排列达成组合。某个有意义的单位可以被同一意义序列中的其他单位所替代;而它在整个语境中的意义则由它和其他符号的前后连接关系决定。任何信息的组成部分都由内部的相似性关系和代码相连,由外部的邻近性关系和信息相连,语言同时涉及这两种关系。

2. 对隐喻和转喻的符号学分析

作为形式主义者,雅各布森的一个主要兴趣在于试图说明语言的诗歌功能。为了这一目的,他提出两个具有普遍意义的语言学概念:极性概念和等值概念(polarities and equivalence)。(霍克斯,1987:76—82)

所谓"极性"概念,由雅各布森上述的具有"相似性"特征的"选择"和具有"相近性"特征的"组合"构成。所谓"等值"概念,则与他所提出的诗学功能密切相关。雅各布森将信息指向自身称为诗学功能,实际上是对诗歌中语言符号和对象之间的关系提出了质疑。他认为,在诗歌中被凸显的并非是客观世界,而是语言符号本身。信息指向自身,等于通过"诗之所为"给诗从功能上下了定义。在符号的背后，流动着符号的功能，即诗歌的表达形式与一个潜在的意义网络之间的关系。那么，这一关系究竟是如何体现的？答案是：通过"等值"概念形成的隐喻和转喻来体现。

隐喻（metaphor）和转喻（metonymy）都具有"等值"的性质：因为它们都独特地提出一个与己不同的实体，而这个实体同形成修辞格主体的实体相比具有"同等的"地位。比如，在隐喻"汽车甲壳虫般地行驶"中，甲壳虫的运动和汽车的运动"等值"，而在转喻性的短语"白宫在考虑一项新政策"中，特定的建筑和美国总统是"等值的"。所以广义地说，隐喻是以人们在实实在在的主体（汽车的运动）和它的"比喻式"代用词（甲壳虫的运动）之间提出的相似性或类比为基础的；而转喻则以人们在实实在在的主体（总统）和它的"邻近的"代用词（总统生活的地方）之间的临近关系为基础。

雅各布森把隐喻和转喻看成二元对立的典型模式，它们为语言符号的选择和组合这一双重过程打下了坚固的基础："特定的话语（信息）是从所有的组成因素（代码）的库存中选择出来的各种组成因素（句子、词、音位等）的组合。"也就是说，这种信息是由"平面的"运动和"垂直的"运动相结合而构成的。"平面的"运动把词语组合在一块，"垂直的"运动则从语言现有的库存或"内部贮藏室"中选择具体的词。组合的（或句段的）过程表现在相近性（把一个词置于另一个词的旁边）中，它的方式因而是转喻的。选择的（或联想的）过程表现在相似性（一个词或概念和另外的词或概念"相似"）中，它的方式因而是隐喻的。因此可以说，隐喻和转喻的对立其实代表了语言的共时性模式（直接的、并存的、平面关系）和历时性模式（序列的、相继的、线性发展的关系）根本对立的本质。

因此，人类语言确实如索绪尔所说，它有两种基本向度，这两种向度体现在修辞手法，更确切地说，表现在隐喻和转喻上，可用两根轴线标示，如图2.4。

```
        隐喻（选择的/联想的共时性的向度）
                ↑
                │
                │
  ──────────────┼──────────────→  转喻（组合的/句段的历时性的向度）
                │
                │
                │
```

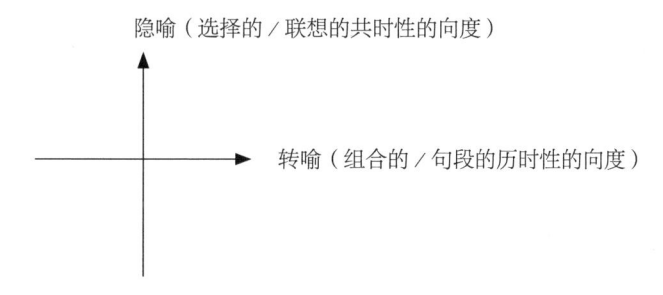

图 2.4　语言双轴

隐喻与转喻既相通又有别，这种区别甚至反映在我们每一个人的思维方式中。巴黎符号学家高概曾提示说，隐喻是文学的思维，转喻是科学的思维；隐喻是形象的思维，转喻是逻辑的思维。（王铭玉，2013：101—106）

第六节　西比奥克的符号学思想

一、关于西比奥克

西比奥克（T. A. Sebeok, 1920-2001）于 1920 年 9 月 9 日出生在匈牙利的布达佩斯，1936 年进入剑桥大学的麦格达伦学院学习。1937 年他移民美国，跟随父亲离开了濒临战争的欧洲，到达美国纽约，于 1944 年成为美国公民。西比奥克自幼就接受了充分的语言训练，在 1939 年进入芝加哥大学攻读语言学之前，他已经熟练掌握了拉丁语，加上其匈牙利语和芬兰语的语言背景，从事语言学研究工作对于年轻的西比奥克来说简直就是一个自然的选择。之后他结识了著名符号学家莫里斯，在后者的引导与帮助下，西比奥克转到了人类学专业继续学习，于 1941 年获得了学士学位并同时开始接触符号学研究。1942

年西比奥克转入普林斯顿大学，并在短短的四年之内就获得了人类语言学的硕士学位（1943）和东方语言与文明研究的博士学位（1945）。进入20世纪60年代之后，西比奥克开始了一个极为关键的转变过程，此时，语言学在西比奥克的学术研究中的主导地位随着时间的推移逐渐弱化，而非语言符号与动物符号行为等超越传统结构主义语言学范畴的因素越来越多；此外，人类学、生物学、神经认知科学、控制论、信息论与诸多跨学科因素也被奇特地融合了进来，这种"复调式"的整合非但没有使其理论呈现出混乱的状态，反而创造出了一个更有生机的动态符号学解释体系。1960—1961年，西比奥克在斯坦福大学行为科学高级研究中心进行研究工作，正是在这期间西比奥克进一步夯实并提升了他一直坚持的"生物学思维"。而其后的两年在西比奥克的学术生涯中更有着特殊的意义。1962年，他发表了"信号行为进化中的编码"一文，正式进军符号学。1963年，他最早论述了"动物符号学"的问题，分别有两篇文章：《动物与人的交际》以及《动物符号学的概念》。在其后的近40年间，西比奥克在世界范围内不遗余力地从事和推动着广义符号学理论的研究。

西比奥克具有广泛的研究兴趣，涉及自然科学和社会科学的交叉研究，他的生物符号学、生命符号学、全球符号学丰富了符号学的研究领域，此外，他的一系列组织活动为符号学在国际上的机构化做出了重要贡献。他的全球符号学是对皮尔斯"整个宇宙充满符号"这一思想的继承与发展，提出符指过程是生命的标准属性。他的全球符号学是对人类中心论和语言中心论的超越，将一切有生命之物纳入了思考范围，关注整个宇宙中有生命的符号活动，在宏观方面涉及动物、植物、人类，在微观方面涉及内符指过程（endosemiosis）、细菌，展现了他从生物符号学向全面符号学发展的进路。"西比奥克针对符号活动的全球性方法，推崇去发现新的视角、跨学科的相互联系和阐释实践、新的认知领域和语言，它们对话式的彼此互动，正如他的符号学所具有的开放而去总体性的性质所遇见到的那样。符号学的任务不仅是观察和描述符号,而且要去追问赋予符号特性、规定符号是什么和必须是什么的各种可能性条件"(科布利,2013:391—392),"西比奥克的全球符号学提供了最为详尽的符号描述:这种视角是最有能力对人们所以为的种种符号学的总体发出质疑的,将它们揭示为其本身所是的样子,揭示出它们无非是它的众多组成部分而已"(科布利,2013:402)。西比奥克在洛特曼关于第一模式化系统和第二模式化系统划分的基础上,提出了三级模式化系统。模式化成为生命符号表意和交流的一种能力。进入 90 年代,西比奥克又提出了"生物符号学"(Biosemiotics)的概念,并在其人生的最后十年孜孜不倦地扩展符号研究的生物学视角。上述的这些思想和主张在 20 世纪 90 年代后期至 21 世纪初渐渐演变为一种"全球符号学"(Global Semiotics)的体系,《全球符号学》一书于 2001 年出版,同年 12 月 21 日,西比奥克病逝。

西比奥克的整个学术生涯都和语言与符号的研究紧密联系在一起,此外,西比奥克还具有非凡的组织与领导能力。他是国际符号学协会(The International Association for Semiotic Studies)的创始人之一,并从该协会创立之初就担任符号学顶级刊物 Semiotica 的主编,直至去世;同时,他也是美国符号学协会(Semiotic Society of America)及其会刊 American Journal of Semiotics 的主要创立者,并担任过该协会的首任执行董事和主席之职。在当今欧美符号学界,他被广泛认为是 20 世纪符号学事业的中流砥柱、最重要的领军人物和推动者之一,并被奉为"当代符号学真正的全球符号学家和大师"、"美国符号学的一家之主和全球符号学之父"。终其一生,他横越了人文科学和自然科学领域,不断开拓新的符号学研究空间,他的跨学科符号学思想和学术活动为国际符号学事业留下了无比丰厚的理论财富和难能可贵的发展局面。他的著作有:《对符号学说的贡献》(Contributions to the Doctrine of Signs, 1976)、《冥思》(The Play of Musement, 1981)、《符号及符号大师们》(*The Sign and Its Masters*, 1979)、《我认为我是一个动词：为符号学说而继续奋斗》(*I Think I Am a Verb: More Contributions to the Doctrine of Signs*, 1986)、《动物符号学论文集》(*Essays in Zoosemiotics*, 1990)、《符号就是符号而已》(*A Sign is Just a Sign*, 1991)、《符号学在美国》(*Semiotics in the United States*, 1991)、《符号：符号学引论》(*Signs: An Introduction to Semiotics*, 1994)。

二、符号学分支

在莫里斯的符号学思想中还有另外一个"三分法"没有引起学者们应有的重视，即将符号学分为理论符号学、描写符号学和应用符号学三类："理论符号学是谈论符号的语言，描写符号学研究实际的符号，应用符号学利用关于符号的知识去达到各种目的。"（Morris, 1955: 219-220, 353-354）西比奥克发现莫里斯的三分法，特别是在比较人类与动物交流系统中很有用，并"继续按照他为符号学所定义的方式，即理论符号学、描写符号学和应用符号学，经过适当修改，含蓄地继续运用于动物符号学中"（Sebeok, 1985: 33）。西比奥克认为，莫里斯所界定的理论符号学是关于符号的话语，是用符号来谈论符号的科学，即专门用来探讨另一符号系统的符号学系统。由此，西比奥克用"元语言"这一概念作类比，把理论符号学称作为元符号学。相应地，西比奥克用"对象语言"这个概念作类比，把莫里斯提出的"描写符号学"称为"对象符号学"，它主要研究符号对某人的意指作用、符号的组成、符号的来源、用途和效果等。对于应用符号学，西比奥克认为它有广义和狭义之分：广义应用符号学研究一些符号系统在相关领域中的应用，如烹调符号、服装符号、园艺符号和建筑符号等；狭义的应用符号学局限于教学领域中，例如，对聋哑老师进行手语培训、教大猩猩识别符号或者二语课堂教学中的身势语培训等。（张

良林,2012:224—226)

符号学作为一个领域(在该领域中其他学科以多种方式展开自己的工作,如人类符号学、动物符号学、植物符号学、生态符号学、全球符号学等)实际上只有大约百年的历史(索绪尔的《普通语言学教程》1916年出版),符号学作为一门学科在最近的六十年中日益彰显(1969年国际符号学研究会成立并出版会刊 Semiotica)。西比奥克曾按照符号的来源画了一张图表(见图2.5)(Sebeok, 1985: 28),从这张图表上我们可以看出西比奥克全球符号学范围的广阔性。

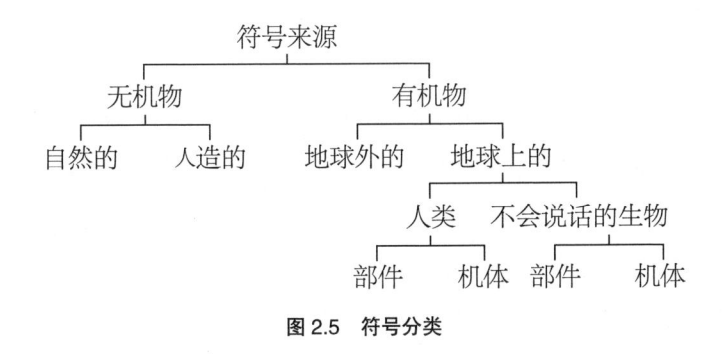

```
                          符号来源
              ┌──────────────┴──────────────┐
            无机物                          有机物
          ┌────┴────┐              ┌─────────┴─────────┐
        自然的    人造的          地球外的           地球上的
                                              ┌────────┴────────┐
                                            人类            不会说话的生物
                                         ┌───┴───┐          ┌───┴───┐
                                        部件    机体        部件    机体
```

图 2.5 符号分类

与该图表相一致,西比奥克突出了符号学的三大领域:人类符号学、动物符号学和内符号学(endosemiotics)。人类符号学研究人类特有符号系统的总和,是符号学中首先得到详细界定的领域;动物符号学研究最广义上的动物交际;内符号学研究机体内的控制论系统,在该领域中,基因代码的作用相当于人类符号学中的语言代码。其实,西比奥克的全球符号学不仅覆盖以上三个领域,还覆盖植物符号学(phytosemiotics)、菌类符号学(mycosemiotics)、微观符号学(microsemiotics)、机器符号学(machine semiotics)和环境符号学(environmental semiotics)等。

西比奥克继承并发展了其老师莫里斯的符号学观点,提出的全球符号学概念空前扩大,他们的基本目的都是要统一人类实践和其他知识领域，纠正这些领域中条块划分、各自为政的短视行为。全球符号学是一门元科学，它将所有与符号相关的学科纳入自己门下，与各门学科产生对话，跨学科性是其主要特点。

三、人类符号与动物符号

语言能力和非语言能力保障着人类的认知和交流活动，而动物和植物只拥有非语言能力，但它们也存在着交流，是人类符指过程（anthroposemiosis）之外的表意活动。"对包括人类在内的不同环境界中的符号嬗变进行研究，并且阐发这样的研究对人类环境界的启迪，这正是当代符号学所从事的工作"（科布利，2013：2）。基于任何生物实体的身体都包括数量庞大的符指过程，内符指过程指有机体内的系列符号传输，"有生命的身体内部所传输的信息包括有关身体中的一个系统（细胞、组织、器官或器官系统）的种种操作对其他系统所具有的意义，对整体起调节作用的设置（尤其是大脑）所具有的意义。身体还包括内符号代码，其中最重要的或许是符号自我（semiotic self）。其他基本的内符号代码，包括基因代码、新陈代谢代码、神经代码等。如此，身体外部的符号就应该用外符指活动（exosemiosis）来思考"（科布利，2013：253）。

关于人类符号与动物符号之间的关系，西比奥克强调了人和其他生物的共同生物符号学基础，即人类与动物作为生命形式与生俱来就拥有了符号行为能力。虽然人类拥有独特的语言组合能力，但这种复杂的符号组合能力在地球生命的演变过程中却早已出现。从内符号学来看，人类和动物的生命传递都依赖于复杂的基因代码，生命的基因代码与人类语言具有同样复杂的组合能力，即"同一结构规则存在于基因代码与语言代码"（Sebeok, 1985: 87）。但是在动物的交流系统中，还没发现像人类语言一样的复杂符号系统。西比奥克的早期研究侧重于动物交际行为,他认为,人们普遍接受的符号类型有:信号(signal)、征兆(symptom)、象似符号(icon)、索引符号(index)、象征符号(symbol)和名称(name),每一种符号既出现于人类又出现于动物王国中(Sebeok, 1985: 88)。如脊椎动物能将自己的名称纳入它们的信息中;当蜜蜂在水平面上跳舞时,蜜蜂摆尾舞中尾巴的指向表明目标物的方向,是索引符号;舞蹈的节奏则是一种象似符号,因为在给定时间内,舞蹈的圈数越少,表明目标物距离越远;而当蜜蜂在垂直的蜂巢面上跳舞时,尾巴与重力方向形成的角度表明目标物的位置,则此角度成为典型的象征符号。西比奥克搜集了大量的关于动物交际的资料,提供了很多动物符号行为的例子,并且按照符号类型给它们分类。在所有符号中,西比奥克倾向于把动物符号行为中的决定作用主要归因于索引符号。相比之下,人类符号行为的独特之处则在于象征符号,语言是典型的象征符号。动物符号行为中可以有象征符号,但是否存在语言呢?对此问题,西比奥克坚决否认动物语言的存在,诸如"蜜蜂语言"、"花语"、"鸟语"等说法是非科学的胡言乱语,充其量只能算作隐喻。西比奥克从模式系统意指角度指出了人类符号与动物符号之间的异同:"其他动物只能模式化一个存在的世界,而人类借助于二级模式系统,能模式化诸多可能的、无限的潜在世界。"(Sebeok, 1996: 106)至于语言的功能,西比奥克认为语言不仅是作为交际工具出现的,而且还是人类在演化成现代人的进程中作为适应环境、认知和建构生存环境的能力而出现的,所以相对于动物的交流系统而言,语言的区别性特征不是传递信息。那么人类语言的独特特征是什么呢?西比奥克认为,每个物种都有生产自己世界的模式,而语言则属于人类的模式化工具。同为模式化工具,但人类语言与其他生物形式的模式化工具完全不同,它的区别性特征在于其复杂的句法,即将单个要素组合起来的规则。支撑动物交流系统的代码与任何一门语言之间都存在着重要区别,前者仅相当于物种所能处置的所有信息的总和，而真正的语言却总是充满结构原则，这种结构原则被语言学家称作"双重分节"或"格局二重性"（Sebeok, 1985: 86）。语言结构的这一原则能够使人们用数量较少的、相对稳定的较小单位（如二元区别特征）建构出数量巨大的更大单位（如自然语言的句子）。得益于句法，人类语言就像组合玩具，它能以几乎无穷尽的方式对有限数量的组件进行重组。作为一种模式工具，语言能够产生无限数量的模式，即同样的零部件可以被拆散，再重新组合在一起，从而建构无数不同的模式。人类不仅能以与其他物种类似的方式建构世界，还能通过语言建构出无穷尽的可能世界。（Sebeok, 1985: 91）

四、生物符号学

生物符号学（biosemiotics）可追溯至希波克拉底（Hippocrates, 460-377, B. C.）、盖伦（A. D. Galen, 130-200）在症状学、诊断学等医学领域的认识，随着乌克斯库尔（J. von Uexküll, 1864-1944）的著述和研究得以逐渐发展。乌克斯库尔的《生物学理论》（1920）成为这一领域的经典之作。生物符号学认为，生物界与符号域具有相似性，生物界在乌克斯库尔那里被称为环境界，即主体所建构的生活世界。任何生命实体通过符号活动创造着自己的环境界，这一过程又可以分为外符号活动和内符号活动（有机体内部的符号传输，如细胞、肌肉、各种器官、神经等，关涉神经代码、新陈代谢代码、基因代码）。洛特曼借鉴维尔纳斯基（Vernadsky）的生物域（biosphere）概念提出符号域（semiosphere）思想，指"语言存在并发挥作用所必需的符号空间，并非不同语言的总和；某种意义上，符号域有着在先的存在，并且同语言始终彼此互动"（科布利, 2013: 398），交流只存在于一连串的符号活动空间之内，这样一来，符号域就成为符号活动的最小单位。库尔（K. Kull）从生物符号学角度出发，拓展了洛特曼关于符号域的思想,认为"符号域是相互关联的环境界的集合。任意两个环境界,在进行交流的时候,便是同一符号域的一个组成部分"(科布利,2013:399)。霍夫梅尔(Hoffmeyer)认为:"生物符号活动这一理念暗示着,地球上的生命是在一个全球性的、进化的符号域中展现自我,这个界是由符号操作和意义要素组成的,它构成了一个理解框架,生物学须在该框架中运作。这个符号域是和大气、水界、生物界等相似的界。它从内里到外部渗透了这些界,包括了种种交流:声音、味道、运动、颜色、形状、电场、各种波、化学信号、触觉等等——简言之,种种生命符号。"(科布利,2013:399)符号自我(semiotic self)是1979年西比奥克提出的关于主体性和自我的一种阐释概念,符号自我的定义源自对焦虑的描述,而焦虑是任何有机体的免疫系统运作中所必不可少的一个指示符号,该系统是维系自我与非自我之间区别的机制。(科布利,2013:400)西比奥克把焦虑分为免疫学或生物化学焦虑和社会焦虑。生物化学焦虑是细胞面对威胁时做出的反应性行为。

  西比奥克提倡的全球符号学其实是以生物学为考量视角的一般符号学,"全球符号学"是他在2001年才正式提出的,此前他一直偏好使用生物符号学(biosemiotics),因为他认为符号意指过程与生命是重合的,符号意指过程是生命的判定特征。对于西比奥克来说,符号学就是生命科学,即生物符号学,生物符号学不能被约简为符号学的一个分支,它应是符号学的全部。西比奥克将符号意指过程等同于生命过程的做法其实来源于莫里斯关于对符号意指过程的界定,莫里斯在《指号、语言和行为》一书中,将符号意指过程界定为"某物对于某机体成为符号的过程"(Morris, 1955: 353)。在西比奥克看来,这一界定必然以一个生命实体的存在为先决条件,也就是说符号意指过程是随着生命的演化而出现的。当然,两位学者的思想同中有异:如果说莫里斯所讨论的符号意指过程中生命实体是宏观机体的话,那么西比奥克的生物符号学则把细胞、细胞片段,甚至基因染色体等微观机体作为符号主体。可以认为，西比奥克的生物符号学将生命等同于符号意指过程，将莫里斯开创的生物符号学范畴大大扩展了。莫里斯把符号学从人类文化领域延伸到宏观机体领域，但还没进入微观机体领域。西比奥克将生命概念延伸到整个机体形成之前，认为在符号链条中均存在着生命。（张良林，2012：217—219）

西比奥克对符号学的定义是"符号学是对幻象与现实之间差异的研究"（科布利，2013：1）。受索绪尔结构主义语言学传统的符号学，在巴特、列维-斯特劳斯、格雷马斯、雅各布森等索绪尔派符号学家（semiologist）的推动下对人文和社会科学领域产生巨大影响，成为语言中心论和人类中心论的文化范畴之内的符号学传统，最基本的主张是语言符号系统是最重要的符号系统，是所有其他符号系统的基础或模版。索绪尔对符号心理属性的强调，使得外部现实被排除在符号学的关注之外，而成为社会心理学和一般心理学的一部分。符号学只对音响形象和概念联结的符号这一两面心理实体感兴趣，成为具有唯心主义倾向的符号二元观。西比奥克的幻象概念取自巴特《神话学》对资产阶级文化的批判，从而将幻象与符号建立关联并成为之后符号学研究的方法取向。伴随着索绪尔符号学平行发展着皮尔斯实用主义符号学、莫里斯行为主义符号学、乌克斯库尔的环境界理论、西比奥克的生物符号学，这一传统把符号活动视为标准的生命属性，"甚是关注文化和关于人何以为人的界定；但是，它既不止步于文化边界，也不走理论捷径，割裂人与其所处环境和自然继承"（科布利，2013：2），从而将符号的外延拓展至人类之外，语言和人甚至文化不再是符号的界限，西比奥克称之为"全球符号学"。基于皮尔斯的"符号是对某人而言在某方面或某能力中代表某物的东西"（C. S. Peirce, *CP2*:228）这一定义，符号是表征素、对象和解释项之间不可化约的三元关系，"某种我们因为知道它而知道了更多东西的东西"（C. S. Peirce, *CP8*:332），于是"解释项渐次的成了符号，如此以至无穷"（C. S.

Peirce, *CP2*: 303），解释项是一个等同的符号或一个更为发达的符号，符号就是一个无限的符指过程。乌克斯库尔的环境界提出了这样的假设，即"所有物种都生活在从其自身的符号中建构出来的世界之中，而后者正是其自身制造符号和接受符号的能力所产生的结果"（科布利，2013：2）。

五、模式系统

模式化（modelling）是一个重要概念，是用来解释意指过程中生命和行为的一个概念。西比奥克宣称（Sebeok, 1991:49-58），在所有生命形式中都能观察到模式化能力。所谓模式化能力，指生物按照其所属物种特有的模式化手段认知和建构自己所属世界的能力。

西比奥克在莫里斯关于符号意指过程分析的基础上，借用俄国符号学家洛特曼的模式系统概念，创造了生物符号学模式系统。洛特曼曾区分出两级模式系统，第一模式系统（如自然语言）和第二模式系统（人类文化系统）（王铭玉，2004：171）。受此启发，西比奥克区分出生物符号学的三级模式系统。西比奥克的模式系统理论按照模式化过程分析符号学现象，他认为按照模式系统理论，符号意指过程是所有生命形式的能力，可以被解释为"一物种为以自己的方式加工和编码知觉输入所需而生产和理解具体类型模式的能力"（Sebeok & Danesi, 2000: 5）。每种机体都有知觉信息的不同模式策略。西比奥克的生物符号学中的一级模式系统，是指生物以感觉为基础的模式系统，它是生物复制、拷贝和模拟自身和外界的先天能力，是每一物种特有的无声的模式化能力，例如不会讲话的原始人和婴儿感知和建构世界的能力。西比奥克的二级模式系统对应于洛特曼所说的第一模式系统，是人类特有的能力。当人类成为会说话的动物后，他们说的不仅是一门自然语言，而是许多不同的语言，每门语言都呈现出关于世界的独特视角。西比奥克的三级模式是以符号为基础的、进一步扩展了的模式系统，它对应于洛特曼所说的第二模式系统，即文化系统。比较看来，正是由于西比奥克站在莫里斯有关动物和人类意指方式分析的基础上，他所提出的初级模式系统使他们跳出了人类中心主义的羁绊，将动物符号学和生物符号学范畴引入了符号学疆界，拓展了符号学的研究视野。

值得注意的是，西比奥克在自己的模式系统理论中对洛特曼的二级模式系统理论进行了修正：他在不否认自然语言可以被看作模式系统的前提下，认为它并不构成第一系统，而是在语言和文化之外还存在一个更基本的系统，即"非语言"符号系统，因为相比之下，人类拥有语言的历史要比整个人类史简短得多。语言应是一种人类进化史上的"适应"（adaptation）与"扩展适应"（exaptation），其原初功能应是为了构建模式，即构建主体内外环境的认知模型，而并非为了交流，因为后者完全可以通过历史更为悠久的非语言方式进行，正如所有的动物一样。（张良林，2012：219—221）

本章参考文献

邦加尔、斯泰恩菲尔特：《逻辑与认知》，载科布利编：《劳特利奇符号学指南》，周劲松、赵毅衡译，南京：南京大学出版社，2013年，第62—80页。

丁尔苏：《超越本体》，苏州：苏州大学出版社，1994年。

丁尔苏：《论皮尔斯的符号三分法》，《四川外语学院学报》1994年第3期。

丁尔苏：《语言的符号性》，北京：外语教学与研究出版社，2000年。

郭鸿：《现代西方符号学纲要》，上海：复旦大学出版社，2008年。

豪塞:《皮尔斯、现象学和符号学》,载科布利编:《劳特利奇符号学指南》,周劲松、赵毅衡译,南京:南京大学出版社,2013年,第98—110页。

霍夫梅尔:《自然符号学》,载科布利编:《劳特利奇符号学指南》,周劲松、赵毅衡译,南京:南京大学出版社,2013年,第31—45页。

霍克斯:《结构主义和符号学》,瞿铁鹏译.上海:上海译文出版社,1987年。

科布利编:《劳特利奇符号学指南》,周劲松、赵毅衡译,南京:南京大学出版社,2013年。

兰德维尔、科布利:《社会符号学》,载科布利编:《劳特利奇符号学指南》,周劲松、赵毅衡译,南京:南京大学出版社,2013年,第132—151页。

李幼蒸:《理论符号学导论》,北京:中国社会科学出版社,1993年。

李幼蒸:《历史符号学》,桂林:广西师范大学出版社,2003年。

李幼蒸:《理论符号学导论》,北京:中国人民大学出版社,2007年。

卢德平:《从索绪尔到戈夫曼:符号学的转折》,《当代外语研究》2013年第9期。

卢德平:《论符号的分类问题》,《解放军外国语学院学报》2002年第4期。

卢德平:《皮尔斯符号学说再评价》,《北方论丛》2002年第4期。

卢德平:《符号任意性理论的历史来源:从惠特尼到索绪尔》,《外语学刊》2014年第1期。

卢巧丹、卢燕飞:《从皮尔斯符号学角度看翻译对等》,《外语与外语教学》2005年第3期。

马内蒂:《古代符号学》,载科布利编:《劳特利奇符号学指南》,周劲松、赵毅衡译,南京:南京大学出版社,2013年,第13—30页。

莫里斯：《开放的自我》，定扬译，上海：上海人民出版社，1965 年。

莫里斯：《指号、语言和行为》罗兰、周易译，上海：上海人民出版社，1989 年。

苏晓军：《皮尔斯符号学与认知语言学的相容性》，《苏州大学学报（哲学社会科学版）》2012 年第 3 期。

索绪尔：《普通语言学教程》，高名凯译，北京：商务印书馆，1980 年。

田星：《雅各布森诗性功能理论研究》，南京师范大学博士学位论文，2007 年。

涂纪亮：《皮尔斯文选》，北京：社会科学文献出版社，2006 年。

涂纪亮：《莫里斯文选》，北京：社会科学文献出版社，2009 年。

王铭玉：《语言符号学》，北京：高等教育出版社，2004 年。

王铭玉等：《现代语言符号学》，北京：商务印书馆，2013 年。

文涛：《美国的文化符号学》，《思想战线（云南大学人文社会科学学报）》2001 年第 2 期。

西比奥克：《在什么意义上语言是一个"第一模型建构系统"》，孙学钧译，李先棍校，《湖北大学学报（哲学社会科学版）》1989 年第 5 期。

西比奥克、拉姆：《符号学与认知科学》，俞建章、孙瑕译，孟庆时校，《哲学译丛》1991 年第 2 期。

谢拜奥克：《符号学的起源与发展》，王祖望译，《国外社会科学》1981 年第 5 期。

余红兵：《20 世纪重要的跨学科符号学家：托马斯·西比奥克》，《中国社会科学报》，2013 年 8 月 23 日。

余红兵：《西比奥克建模系统理论研究》，南京师范大学博士学位论文，2014 年。

张良林：《皮尔斯的符号学观述评》，《扬州大学学报（人文社会科学版)》1999 年第 1 期。

张良林:《莫里斯符号学思想研究》,南京师范大学博士学位论文,2012 年。

周昌忠:《西方现代语言哲学》,上海:上海人民出版社,1992 年。

Alston, W. P., "Pragmatism and the Theory of Signs in Peirce", *Philosophy and Phenomenological Research*, 1956, (1).

Apel, Karl-Otto, *Selected Essays*, Vol. 1: *Towards A Transcendental Semiotics*, New Jersey: Humanities Press, 1994.

Bailey, R. W., "William Dwight Whitney and the Origins of Semiotics", in R.W. Bailey, L. Matejka and P. Steiner eds., *The Sign: Semiotics around the Word*, Ann Arbor: Michigan Slavic Publications, 1978, pp. 68-80.

Bergman, M., *Peirce's Philosophy of Communication*, London/New York: Continuum International Publishing Group, 2009.

Black, M., "Dewey's Philosophy of Language", *The Journal of Philosophy*, 1962, (19).

Carnap, R., *Introduction to Semantics*, Cambridge: Harvard University Press, 1948.

Cassirer, E., *The Philosophy of Symbolic Forms*, New Haven: Yale University Press, 1953.

Conkin, P. K., *Puritans and Pragmatists: Eight Eminent American Thinkers*, Bloomington: Indiana University Press, 1976.

Dewey, J., "What Does Pragmatism Mean by Practical?", *The Journal of Philosophy, Psychology and Scientific Methods*, 1908, (4).

Dewey, J., "The Pragmatism of Peirce", *The Journal of Philosophy, Psychology and Scientific Methods*, 1916, (26).

Dewey, J., "Knowledge and Speech Reaction", *The Journal of Philosophy*, 1922, (21).

Dewey, J., *Experience and Nature*, London: George Allen & Unwin, Ltd., 1929.

Dewey, J., "Peirce's Theory of Linguistic Signs, Thought, and Meaning", *The Journal of Philosophy*, 1946, (4).

Dewey, J., *The Essential Dewey: Pragmatism, Education, Democracy*, Vol. 1, Bloomington: Indiana University Press, 1998.

Eco, U., "Peirce's Notion of Interpretant", *MLN*, 1976, (6).

Efron, D., *Gesture, Race and Culture*, Berlin: Mouton de Gruyter, 1972.

Efron, D., "Semiotics and Telepathy", in Seymour Chatman, Umberto Eco and Jean M. Klinkenberg eds., *A Semiotic Landscape. Panorama sémiotique*, Berlin: Mouton de Gruyter, 1979, pp. 1102-1108.

Forster, P., *Peirce and the Threat of Nominalism*, Cambridge: Cambridge University Press, 2011.

Gavin, W., S. Neubert and K. Reich, "Language and Its Discontents: William James, Richard Rorty, and Interactive Constructivism", *Contemporary Pragmatism*, 2010, (7).

Goffman, E., "Footing", *Semiotica*, 1979, (25).

Goffman, E., *Stigma: Notes on the Management of Spoiled Identity*, Englewood Cliffs: Prentice-Hall, 1963.

Goffman, E., "The Neglected Situation", *American Anthropologist*, 1964, (6).

Hausman, C. R., *Charles S. Peirce's Evolutionary Philosophy*, Cambridge: Cambridge University Press, 1993.

Hunt, E., "Cognitive Science: Definition, Status, and Questions", *Annual Review of Psychology*, 1989, (40).

Jakobson, R., "Linguistics and Poetics", in T. A. Sebeok ed., *Style and*

Language. Cambridge: Cambridge University Press, 1960.

Jakobson, R., "Two Aspects of Language and Two Types of Aphasic Disturbances", in *Selected Writings II: Word and language*, Hague: Mouton, 1971.

James, W., *William James: Writings 1902-1910*, New York: Literary Classics of the United States, Inc., 1987.

Johnson, A. B., *A Treatise on Language*, Berkeley: University of California Press, 1947.

Jorna, R. J., "An Analysis of Approaches to Mental Representation", *Semiotica*, 1991, (40).

Krampen, M. et al. eds., *Classics of Semiotics*, New York: Springer Science + Business Media, LLC., 1987.

Langer, S. K., *Philosophy in a New Key: A Study in the Symbolism of Reason, Rite, and Art*, The New American Library, 1954.

Liszka, J., "Community in C. S. Peirce: Science as a Means and as an End", *Transactions of the Charles S. Peirce Society*, 1978, (4).

Morris, C. W., "Peirce, Mead, and Pragmatism", *The Philosophical Review*, 1938, (2).

Morris, C. W., *Signs, Language, and Behavior*, New York: Prentice-Hall, Inc., 1946.

Morris, C. W., "Signs about Signs about Signs", *Philosophy and Phenomenological Research*, 1948, (1).

Nesher, D., "Understanding Sign Semiosis as Cognition and as Self-conscious Process: A Reconstruction of Some Basic Conceptions in Peirce's Semiotics", *Semiotica*, 1990, (79).

Nöth, W., "The Criterion of Habit in Peirce's Definitions of the Symbol", *Transactions of the Charles S. Peirce Society*, 2010, (1).

Ogilvie, J., *The Imperial Dictionary of the English Language,* Vol. IV, New York: Century Co., 1883.

Peirce, C. S., "What Pragmatism Is", *The Monist*, 1905, (2).

Peirce, C. S., *Collected Papers of Charles Sanders Peirce*, Cambridge: Harvard University Press, 1931-1958.

Peirce, C. S., *Philosophical Writings Of Peirce*, Justus Buchler ed., New York: Dover Publications, Inc., 1955.

Peirce, C. S., *Writings of Charles S. Peirce: A Chronological Edition*, Volume 3: 1882-1878, Bloomington: Indiana University Press, 1986.

Putnam, H., *Pragmatism: An Open Question*, Oxford & Cambridge: Basil Blackwell Ltd., 1995.

Rauch, F. A., *Psychology or a View of the Human Soul: Including Anthropology*, New York: M. W. Dodd., 1840.

Rey, A., "What Does Semiotics Come from?", *Semiotica*, 1984, (52).

Roback, A. A., *History of American Psychology*, New York: Library Publishers, 1952.

Robin, R. S., *Manuscript Numbes Correspond to Annotated Catalogue of the Paper of Charles S. Peirce*, Amherst: University of Massachusetts Press, 1967.

Rorty, R., *Consequences of Pragmatism*, Minneapolis: University of Minnesota Press, 1982.

Saussure, F., *Course in General Linguistics*, New York: Columbia University Press, 2011.

Searle, J., *The Construction of Social Reality*, New York: The Free Press, 1995.

Sebeok, T. A., *A Sign Is Just a Sign*, Bloomington: Indiana University Press, 1991.

Sebeok, T. A., *Contributions to the Doctrine of Signs*, Lanham: University Press of America, Inc., 1985.

Sebeok, T. A., *I Think I Am a Verb*, New York: Springer Science + Business Media, LLC., 1986.

Sebeok, T. A., *Global Semiotics*, Bloomington: Indiana University Press, 2001.

Sebeok, T. A., *Semiotics in the United States*, Bloomington: Indiana University Press, 1991.

Sebeok, T. A., *Signs: An Introduction to Semiotics*, Toronto: University of Toronto Press, 2001.

Sebeok, T. A., M. Danesi., *The Forms of Meaning-Modeling Systems Theory and Semiotic Analysis*, Berlin & New York: Mouton de Gruyter, 2000.

Short, T. L., *Peirce's Theory of Signs*, Cambridge: Cambridge University Press, 2007.

Whitney, W. D., *Language and the Study of Language*, New York: Charles Scribner & Company, 1867.

Whitney, W. D., *Life and Growth of Language*, New York: D. Appleton and Company, 1875.

第三章 俄罗斯符号学思想

第一节 绪论

符号学在俄语中有两种表示法：семиотика 和 семиология，前者源于美国逻辑学家、哲学家、自然科学家皮尔斯（Charles Peirce）在19世纪60年代最先提出来的符号学学科名称 semiotics，后者则源于现代语言学奠基人、瑞士语言学家索绪尔（Ferdinand de Saussure）在19世纪末20世纪初提出的 sémiologie。这两位学者在该领域的相关研究和相关思想随之成为符号学发展的源头。现代符号学成为一门正式学科则是20世纪60年代的事，其标志事件是：在雅各布森（P. O. Якобсон）、本维尼斯特（Émile Benveniste）和列维-斯特劳斯（Cl. Lévi-Strauss）等人的努力下，1969年在巴黎成立了国际符号学研究联合会（IASS），并开始出版联合会定期刊物《符号学》。符号学诞生之后，迅速在人文社会科学领域获得了应有的位置，以至于"符号学之于语言学和其他社会科学的重要性就如同物理学之于自然科学一样"（Курилович, 1965: 423）。

由于对"什么是符号学？"这一本源性问题的认识模糊，符号学在现阶段正承受着本体论上的巨大压力。正是看到了符号学理论繁多而学科地位不明的现状，俄罗斯学者杰米扬年科（А. Ф. Демьяненко）指出："一方面对符号学对象研究的态度的多样性，另一方面符号本身的多面性是理论多样性和繁杂性的原因。要想避免这种繁杂性的局面，只有进一步弄清符号学科学的特征、它在学科体系中的位置及其理论基础。"(Демьяненко, 1967:245)综观符号学家的研究，符号学几乎渗透到人文科学和社会科学甚至自然科学的所有领域。斯捷潘诺夫（Ю. С. Степанов）指出："符号学的对象遍布各处：语言、数学、文学、个别文学作品、建筑学、住房设计、家庭组织、无意识过程、动物交际和植物生命中。"(Степанов, 1983:5)而研究对象的无限扩张对于一门学科来说则是一种致命的打击。对于这种现象，尼基京（М. В. Никитин）不无忧虑地指出："符号学试图将下述所有领域都扣上符号性的帽子：心理学和心理分析，精神病学和性学理论，知觉、暗示、愉悦理论；女权论和男性化理论；个性、交往和个体相互作用理论，交际理论和意义理论；通灵术和占卜术（意识形态、神话学和宗教），语言学，文学批评，艺术理论（电影、戏剧、绘画、音乐等），诗学，结构主义，相对主义，形式主义，象征主义和其他一般性或个别性的不同层级上的众多现象。……以这些各不相同的广阔领域为学科覆盖的范围，符号学的意义最终只能归于使用能指和所指的术语来对所有这些现象进行无谓的范畴化。"(Никитин, 1997:3)

但与此同时，符号学的方法论和认识论则彰显出独特的魅力，在各个学科的研究中发挥着重要的作用，如文学批评、建筑、音乐、电影、民俗文化等。"无论是在以科学性为己任的结构主义这条线索中，还是在唤起读者的阐释主体意识为特征的现象学、阐释学和接受美学这一线索中，甚至在马克思主义的意识形态生产理论这条线索中，符号学都可以作为一门无所不及的边缘学科扮演其他学派所无法扮演的角色。"(王宁, 1995：137)将符号学的一般原理应用于各个具体的符号域的研究中产生了社会符号学、法律符号学、电影符号学、音乐符号学、宗教符号学、心理符号学、建筑符号学、服装符号学、广告符号学等多个部门符号学，显示出应用符号学研究的勃勃生机。格雷马斯（A. J. Greimas）于20世纪70年代在语义学和叙事学研究的基础上甚至提出了将符号学作为人文科学认识论和方法论基础的宏伟构想。(张光明，1995：4)针对这种情况，李幼蒸教授指出："符号学作为专门科学领域的较弱地位和符号学作为人文科学分析方法的较高功效间的对比，不仅反映了符号学本身的内在学术张力的存在，而且反映了它所从属的人文科学全体构成的特点；从学术思想史上看，符号学也有着类似的处境，学科身份的不明与实质影响的深刻互不一致。"(李幼蒸，1999：3)看到了符号学对于科学的双重身份之后，莫里斯强调："如果符号学——它研究那些起着符号作用的事物或事物的性质——是一门和其他的诸科学并列的科学，那么，符号学也是所有科学的工具，因为每一门科学都要应用指号并且通过指号来表达它的研究成果。因此，元科学（关于科学的科学）必须应用符号学作为一种工具科学。"(杨习良，1993：23)俄罗斯学者列兹尼科夫（Л. О. Резников）从认识论角度出发，认为一般符号学的实际任务应包括"符号的本质，符号在认知和交际过程中的角色，符号的种类，符号与意义、符号与事物、符号与形象间的相互关系，语言符号的特点，符号在科学知识形式化过程中的作用，等等"（Демьяненко, 1967: 243）。同时，许多研究者从方法论角度来把握符号学的特色，认为符号学更多的是一种带有一定思维风格和提出及解决问题的方式的研究方法。如斯捷潘诺夫就认为："很可能，符号学态度（семиологический подход）的特点更多的是体现在方法而不是对象上。"（Степанов, 2002: 15）

综观中外符号学研究历史，抛开各种符号学研究的门户之见，我们能清晰地发现符号学研究的典型特点。一是具有鲜明的方法论共性特征。这使得符号学在不同的研究领域保持独特性的同时并不丧失其不同于其他研究的一般特点。以符号学的既往研究为基础，符号学的方法论特色主要体现为：结构主义的态度、二元对立的研究方法、常体和变体的二分观念、组合和聚合的二维思想、符号学三分法原理。

（陈勇，2010：10—29）二是具有鲜明的跨学科特性。符号学作为一种元层次上的学科，使得分析不同质的对象成为可能，而研究对象的广泛性和越界性所带来的跨学科态度能够帮助我们认识从单学科角度容易忽视的对象特征，帮助我们认清结构性从一个对象向另一对象的转移现象，这种转移与诸多符号学家讨论过的大宇宙（макрокосм）在小宇宙（микрокосм）中的体现，其问题是一脉相承的。三是具有鲜明的系统性（системность）。符号学家们总是试图从纷繁多样的符号学系统中找到系统性的同构规律，这使得符号学成了另类的人文科学。洛特曼就曾强调，透过传统小说无限可能的多样性情节，具有规律性复现特征的类型化模式清晰可见。（Лотман, 1988：330）这种系统性的特征使得符号学与自然科学联系密切。事实上，巴赫金（М. М. Бахтин）、普洛普（В. Я. Пропп）、弗雷坚别尔格（О. М. Фрейденберг）、伊万诺夫（Вяч. Вс. Иванов）的思想分别明显地受到了数学、植物学、生物学、控制论思想的影响。波切普佐夫（Г. Г. Почепцов）认为，符号学在人文科学中的地位类似于遗传学和控制论在自然科学中的地位，这很自然地体现在此方向学者的类型化特征上。（Почепцов, 2001：665）

  符号学作为一个与思想、文化、艺术等领域密切相关的人文学科，自其诞生之日起，就带上了独特的历史人文特性，这使得符号学在各个国家的发展呈现出各自不同的特点。俄罗斯符号学界通常认为人文符号学的基本构架由两组概念组成：其一是最为一般的符号学规律，其二是对研究对象最为一般的符号学划分（层级或方面）。关于符号学规律，首先是构成符号系统的所有基本成分的对立规律。其次是所谓的功能语义原则①，指的是系统中新的成分是以它所代替成分的形式进入系统的，如第一批汽车被伪装成四轮马车的形状，尽管技术

---

① 这一点与语言学中关于词的内部形式理论相近。

上完全没有这个必要；现代俄语中用 перочинный нож 来表示铅笔刀，而其内部形式则来源于被铅笔刀取代的原来用来削鹅羽（书写用）的小刀。再者是符号系统的"积聚特征"（кумулятивный характер），指的是新知成分能够同已经积累的知识（信息）相互联系、互相积聚在一起，而每一个新成分要借助自身的外部形式才能获得准确的位置，如新词"夸克"（кварк）只有在一定的聚合联系和组合联系中才被认为是某种粒子的名称。另一个最为一般的符号学规律是同构现象（изоморфизм），指表达形式和内容形式间的结构相似性，进而是表达和内容在一定程度上的相似性。如用语言表达的思维的顺序性乃至一般符号系统中信息量子的顺序性与符号的序列相符合（尽管也有典型的例外）；语音的强度与情感的强度和内容的重要性相符；升半音的附加音在不同的语言中都表达指小、表爱等意义，而降半音的附加音与此相反，在对立原则的作用下表示指大或不高兴之义；音位、词和句子的构造也表现出一定的类似性；一些印欧系语言中动词基本词根元音的拉长意味着行为的持续和延长，而词根的重复则表示动作的重复性。（Ярцева, 1998: 441）

　　事实上，符号学研究的国别特色正是当代符号学关注的一个重要方面。作为现代符号学研究的三大中心国之一，俄罗斯的符号学研究一方面继承了世界符号学发展的哲学和语言学传统，表现出与之相应的跨学科特性和方法论本质，另一方面充满了对俄罗斯民族的深层文化结构及历史发展背景的分析和思考。两个方面的因素综合起来，使得俄罗斯符号学研究从一开始就打上了文化的烙印，文化符号学因此而成为俄罗斯符号学研究的特色方向。俄罗斯民族深厚的文化积淀和特殊的历史环境造就了一大批思想精深、学识广博、影响深远的符号学思想家，其中最为著名的是：十月革命后流亡出走的雅各布森（Р. О. Якобсон）与特鲁别茨柯依（Н. С. Трубецкой）；早年活跃，不久后蛰居苏联国内的普洛普（В. Я. Пропп）和巴赫金（М. М. Бахтин）；当代参与世界符号学活动的洛特曼（Ю. М. Лотман）和伊万诺夫（Вяч. Вс. Иванов）。（李幼蒸，1999：616）雅各布森和特鲁别茨柯依因在布拉格语言学小组（Пражский лингвистический кружок）发挥的核心作用及其在音位学、语法学等领域的创造性研究而在现代结构主义语言学界享有盛誉，普洛普的叙事结构分析法直接影响了二次大战后的结构主义运动，巴赫金有关复调式小说和狂欢节诗学的思想给西方思想界和文学评论界以极大的冲击。洛特曼及其所代表的莫斯科—塔尔图符号学派（Москово-тартуская семиотическая школа）作为俄罗斯符号学的集大成者，集中了最为优秀的俄罗斯符号学家，与同时代最有影响力的人文学者保持着频繁的学术交流和对话，最终为俄罗斯符号学研究赢得了广泛赞誉，几乎成了俄罗斯符号学的代名词，在世界符号学研究中占有显著位置，至今仍是世界符号学的重要组成部分。应该看到的是，莫斯科-塔尔图符号学派的产生并不是孤立的现象，而是有着与传统一脉相承的联系。这种联系是多方面的，它涉及符号学作为一门学科在俄罗斯的学科定位、学科的哲学和方法论基础、学科研究的具体内容和观点等几个关键问题在不同时期的具体面貌。我们不打算超越符号学发展的两个源泉（即19世纪60年代的皮尔斯和19世纪20世纪之交的索绪尔）去寻求19世纪中叶之前的俄罗斯人文科学思想和符号学的联系，因为这种联系似乎缺乏垂直感和边界感，也难以让人信服。我们认为，立足于19世纪下半叶之后的俄罗斯符号学研究，我们完全可以把握俄罗斯符号学发展的整体概貌。

第二节　俄罗斯符号学思想的起源

19世纪末20世纪初的俄罗斯正感受着一种奇怪的时代感，对新事物的热情渐成风尚，所有领域的行为模式都在发生更替，连列夫·托尔斯泰（Л. Н. Толстой）和陀思妥耶夫斯基（Ф. М. Достоевский）的书信也不再是模仿的对象。随着学科融合趋势的发展，人们对普适性规律的兴趣与日俱增，而符号学就是关于语言构造的普适规律。在符号学视野下，列夫·托尔斯泰或莎士比亚谁是作者并不重要，学者们看到的只是在所有文本中复现的结构；学科的融合也体现在跨域符号系统的同构性上，如音乐中的形式、音乐风习等与形式主义文学中的问题并无二致；同时期的实验主义、现代主义文学作品似乎也是卡韦林（В. А. Каверин）、爱伦堡（И. Г. Эренбург）等作家构造出来的。总之，新时代、新观念、新趋势的有机结合为符号学的诞生奠定了基础。具体而言，19世纪后半期至20世纪初，俄罗斯的人文土壤从语言文学思想、系统性观念、东正教思想、象征主义、戏剧研究、元艺术理论、文明因素、元问题意识八个方面为俄罗斯符号学的产生做了充分的理论准备。下面我们一一进行概述。

一、语言文学思想

符号学思想在俄罗斯的实现离不开语言文学研究者的理论铺垫，在19世纪后半期的语言文学研究领域，对俄罗斯符号学的形成起到了重要推动作用的有三位俄罗斯学者：韦谢洛夫斯基（А. Н. Веселовский）、克鲁舍夫斯基（Н. В. Крушевский）、波铁布尼亚（А. А. Потебня），他们分别以在文学、语言学和语文学领域的研究及培养的众多学生为符号学思想在俄罗斯的传播做出了重要贡献。

19世纪历史比较文学批评理论的奠基者韦谢洛夫斯基（1838—1906）比较了散文和诗歌语言，这种区分直接为其在"诗歌语言研究协会"（ОПОЯЗ）的学生所继承。在讨论个体从集体凸显出来的过程问题时，韦谢洛夫斯基认为贵族的个性化过程是在阶层的框架内完成的，出身、职业、财富、世袭地位等方面都标示着贵族的行为模式，这种将行为举止符号化的分析方法对于维诺库尔（Г. О. Винокур）关于生平履历的研究和洛特曼关于十二月党人的研究有着很好的启发和指导作用。韦谢洛夫斯基还对母题（мотив）和情节（сюжет）两个概念做了区分，将母题视作最小的叙事单位，而将"各种不同的论点—母题（положения-мотивы）往来穿梭于其中的主题（тема）"（Почепцов, 1998: 13）视作情节，"情节语法"（грамматика сюжета）随之成为现代符号学思想的一个基本分支，在什克洛夫斯基（В. Б. Шкловский）、什佩特（Г. Г. Шпет）、普洛普和托马舍夫斯基（Б. В. Томашевский）等学者那里得到了长足的发展。

波兰籍的著名语言学家克鲁舍夫斯基（1851—1887）由于对语言学研究所做的开创性工作而被列入俄罗斯符号学研究先驱者的名单。克鲁舍夫斯基第一次从决定语言语音结构的基本单位的关系角度将音位[①]概念重新定义并引入语言研究。他同其老师库尔特内（И. А. Бодуэн де Куртенэ, 1845-1929）一起建立了音位理论和形态交替理论，做出了语音和音位的区分，并认识到这种区分对分析语言历史发展的意义，这些成为喀山学派对世界科学所做的最有分量的贡献。同时，这也为20世纪上半叶盛行于世界（包括俄罗斯）语言学界、文学理论界、文化人类学界的结构主义方法奠定了基础。在关于语言一般理论的书稿中，克鲁舍夫斯基用符号系统科学的术语描述了支配语言演变过程的一般符号学规律："如果语言不是别的，而只是符号系统的话，那么，语言的理想状态应该是这样的，即符号的系统和其所指事物之间应该存在完全的对应关系……语言的整个发展就是对这个理想目标的永恒追求。"（Иванов, 1998: 14）这种从演绎观点，而不是从当时起主导作用的青年语法学派所持的经验论观点来看待语言结构系统的独特方法，使得他同时也是数理语言学的先行者。克鲁舍夫斯基也曾回

---

① 音位被索绪尔理解为印欧语言语音交替内部的结构成分。

答过类似后来乔姆斯基提出过的问题，即"为什么所有有着正常思维能力的人能很快、很轻松地掌握一门语言"，他认为其原因在于语言的系统性，词与词之间就是由相似联想和相关联想确立的一种直接联系。对语言的结构性和系统性的关注使克鲁舍夫斯基甚至能与索绪尔相提并论，只是他不太为西方所了解。另外，最能将克鲁舍夫斯基和库尔特内与现代符号学家联系起来的是他们也试图理解语言现象的无意识特征。

19世纪后半期伟大的语文学家波铁布尼亚（1835—1891），以其博大精深的语文学观点在俄罗斯符号学前史思想家名册中占有重要位置。他对词的内部形式、人类交际、诗学思维、神话思维、诗学文本（包括寓言、谚语、俗话等）、词和思维的关系等问题做了深入的研究。他认为："词对于说话者来说只是将自己的思想客观化的一种手段。""说话并不意味着把自己的思想传达给别人，而是激发起对方自己的思想。""艺术是艺术家的语言，就像借助词没法向别人表达自己的思想一样，在艺术作品中也没法表达艺术家自己的思想；因此，艺术作品（当它完成之后）内容的发展已经不在于艺术家，而在于理解者自身了。""语言是神话思维主要的也是最初的工具。……语言对神话的影响是毫无争议的。"（Почепцов, 1998: 18-19）同韦谢洛夫斯基一样，波铁布尼亚对民间文学材料给予了极大的关注，但他给自己提出的重大课题则是要弄清楚交际过程是如何进行的。事实上，波铁布尼亚的学术思想已经表现出巴赫金对话论的萌芽，他对交际中接收一方的重视、对文本的研究、对将语言学研究和文学研究结合起来的语文学传统的完美继承，都对俄罗斯符号学的发展有着重要影响。

二、系统性观念

在20世纪初的俄罗斯，各种学术理论系统化的倾向十分明显，学者们极力要将各种不同的事实系统化，寻求概括一切的一般系统论，这其中不乏深刻的符号学思想。正是在这样的学术背景下，俄罗斯哲学家博格达诺夫（А. А. Богданов）在其著作《文本学：普遍的组织系统》（Текстология：Всеобщая организованная система）中详尽地论述了一般系统论问题，这比加拿大学者贝塔朗菲（L. von Bertalanffy）提出一般系统论（General System Theory）早了很多年。博格达诺夫提出用"浸入"（ингрессия）的方法来调和互相对立的事物，也就是在两个相互对立的事物之间引入某种中间环节使系统能和谐运作。按照博格达诺夫的观点，符号可以理解为一种最简单的"浸入"，因为在符号里连接着不同类的两端——形式和意义。博格达诺夫对系统的理解带有典型的当代符号学的意味："组织起来的整体事实上大于其各个部分的简单相加，其原因并不在于产生了新的积极成分，而在于已经存在的积极成分的联合比相互之间的矛盾对抗更为有效。"（Почепцов，1998：29）同时代的建筑师罗曾别尔格（А. В. Розенберг）也提出了"组织理论的一般基础"，认为过程的组织应当保证最小力量的付出。他把结构性和美学性看作建筑过程的基本范畴，并对之进行了符号学式的描述："建筑设计理论类似于音乐理论。在任何艺术形式的物理基础中一定存在着某种规律，科学早已弄清了声波和光波的节奏性，声波和光波一定的组合形式让我们感到愉悦，毫无疑问，这其中必有一些深刻的原因。"（Почепцов，1998：31）社会学家索罗金（П. А. Сорокин）对符号学的贡献在于：使用了"传导-符号"（проводник-знак）这一术语，并按物理特性将其划分为声响符号、光符号、力符号、热符号、运动符号、化学符号、电符号、物体符号等类型；分析了符号对人心理的影响过程和"符号崇拜"现象；提出了"集体统一体"（коллективные单ства）这一概念并对其形成和破坏过程进行了分析。这些都是当今符号学研究的中心问题。同时代的孔德拉捷夫（Н. Д. Кондратьев）、别赫捷列夫（В. М. Бехтерева）则从新的角度用新的理论对"集体统一体"进行了分析。

总的说来，这些学者的研究表现出以下趋势：将重心从符号的符号学转向人的符号学，而古典符号学则尽力避免涉及人的因素，把注意力集中在符号学的符号变体和文本变体上；从符号环境出发分析人群、集体统一体等现象，分析符号环境如何左右行为类型的形成；分析符号现实和非符号现实之间相互关系的新表现以及符号在这种相互关系中的作用。

三、东正教思想

20世纪初的宗教复兴为俄罗斯符号学思想的发展注入了丰富的内容和新的动力。弗兰克（С. Л. Франк）从宗教性的角度分析了俄罗斯人的世界观特点："追求整体性、无所不包而又具体的总体性及终极的最高价值和基础是俄罗斯精神的本质；正因为有这样的追求，俄罗斯人的思维和精神生活不仅就自己的内部本质而言是宗教性的，宗教性也渗透到精神生活的所有外部领域。可以说，俄罗斯精神完全是宗教性的。"（Почепцов, 1998: 43）这种带有明显宗教倾向的整体观和系统观渗透到俄罗斯符号学思想的方方面面。布尔加科夫（С. Н. Булгаков）描述东正教的集体观时强调了个体的重要性，他认为：集体的、超个体的意识不可能只是超个体的，它必然要成为个体的经验。这种对个体的人给予足够重视的俄罗斯宗教传统成为巴赫金和其他符号学家研究的一个基准点。针对宗教普遍存在于俄罗斯人的精神世界，布尔加科夫断言，宗教上中立的人事实上是不存在的，他甚至发表了一篇题为《作为宗教典型的卡尔·马克思》的文章。他认为陀思妥耶夫斯基的《群魔》是俄罗斯悲剧，同时从宗教的角度认为俄罗斯悲剧更多的就是宗教悲剧——信仰和不信仰的悲剧。针对宗教对符号学思想形成的影响，另一位宗教哲学家弗洛连斯基（П. А. Флоренский）甚至将自己的研究上升到宗教符号学的高度。

四、象征主义

20世纪初也是象征主义（символизм）繁荣的时期，这一时期，象征主义影响到了所有创作知识界，勃洛克（О. О. Блок）甚至断言："幼稚现实主义的太阳已经落下，在象征主义之外无法思考任何事情。"（Почепцов, 1998:43）象征主义被视为"文化价值普遍推进"时代的一种世界观，而不仅仅局限于文学领域。作为这种现象的结果，符号（символ）从一种脆弱的、不清楚的、纯文学性质的现象转而追求普适性和包罗万象的地位。象征主义不仅将符号引入现代工具，也吸引人们关注跟随符号的可能路径和直觉路径，而不是仅仅关注理性路径，象征主义甚至被伊万诺夫归为原初性的、仪式性的、综合性的艺术。

象征主义大师别雷（А. Белый）从符号学角度看待符号，他认为："语词是符号；它是两种不清楚的本质为我所能理解的结合：我的视觉能触及的空间和我内心里暗中发出声响的内心感情（我暂时［形式上］称之为'时间'）。语词中同时形成了两种类推物：时间通过外部现象——声音来表达；空间也通过同样的现象——声音来表达；但空间的声音已经是它的内部再创造；声音将空间与时间联系起来，但是将空间关系归为时间关系；这种重新构造的关系在熟悉的意义上使我从空间的统治下解放出来；声音是时间和空间的客体化。但任何语词首先是声音，意识的初次胜利在于创造声音符号。"（Почепцов, 1998:47）从这些观点中我们能看到索绪尔阐述过的符号的所有特征。在此基础上，别雷借助感受（переживание）概念给出了符号化过程的定义——"借助可见形象构造感受模式的过程即为符号学过程"，并将符号扩展为三成分模式：1）符号作为可见形象，通过在周围现实中我们所熟知的关于它的具体特征来激发我们的情感；2）符号作为讽喻，表达形象之哲学的、宗教的、社会的内涵意义；3) 符号作为对生命创造的号召。（Почепцов, 1998: 48）别雷将象征统一体定义为形式和内容的统一体，认为象征主义带来的新意在于将过去文化的多样性并入现代问题。

五、戏剧研究

20世纪初，在象征主义影响下的俄罗斯新戏剧作为与自然主义戏剧和现实主义戏剧的对立面，吸引了众多优秀的创作者。新戏剧提出了作为未来戏剧符号学中心问题之一的观众问题，博恩奇-托马舍夫斯基（М. М. Бонч-Томашевский）明确指出，"观众是戏剧的参与者，是戏剧创作的组成成分之一"（Почепцов, 1998: 51）。戏剧多声部（многоголосие）得到了更细致的区分，阿尔汉格利斯基（А. А. Архангельский）赋予了语词更为辅助性的功能，认为音乐和手势作为更为抽象的形式在语词无能为力时能够表达人类精神最细微的心理活动。博恩奇-托马舍夫斯基对仪式和表演做了彻底的符号学区分，认为表演不具有本质上的不变节奏，而仪式则整个建立在节奏基础之上。沃洛申（М. А. Волошин）在《戏剧与梦》一文中列举了戏剧的众多符号学特征，比如现实逻辑与戏剧逻辑不相符等；认为戏剧不是与现实事物打交道，而是与它们的符号打交道，所有易逝的东西只是符号。这一时期，戏剧理论家对其他国家的戏剧系统也表现出了浓厚的兴趣，如米科拉舍夫斯基（К. М. Миклашевский）详细研究了意大利即兴艺术喜剧（Commedia'dell arte / дель арте），认为这种戏剧形式的有趣之处在于没有通常理解的剧本，情节的构建和发展基于一些着色面具。博恩奇-托马舍夫斯基还关注到了作为西方一种新的戏剧表演形式的卡巴莱餐馆歌舞剧（кабаре），认为它吸引人的地方在于将观众带入到了一个新的符号学状态：即兴创作第一次让观众走近后台，亲临艺术作品诞生的现场。（Почепцов, 1998: 55）俄罗斯也经历了热情追捧卡巴莱餐馆歌舞表演的时代，其中最为有名的是巴利耶夫（Н. Ф. Балиев）的卡巴莱餐馆歌舞剧《飞鼠》（Летучая Мышь），该剧创建了不同的符号语言，对各种戏剧风格和戏剧名人进行了讽刺性的模拟。

可见，戏剧艺术在从理论和实践上实现符号学理念的方面向前走了一大步，相比之下，形式主义文学在这方面的步伐事实上要逊色一些。戏剧成为符号学关注的有趣对象，主要原因在于：多种符号语言并存使得它成为比文学文本更为复杂的符号学研究对象，戏剧处于公众关注的焦点，吸引一些年轻的创作力量在戏剧框架下成功地创造出了不同的符号语言；戏剧的交际性突出，它由几个相互联系的交际过程——导演与演员、导演与文学家、演员与观众等构成；较之文学交际而言，戏剧交际的所有参与者都更为积极主动；交际过程的客观条件使得剧院中的观众较之文学作品的读者更能专注地进行交际；戏剧反映的是更为原始的交际阶段，所有组成成分能更好地保持原貌。（Почепцов, 1998: 56-57）

六、元艺术理论

20世纪初，音乐、绘画、文学、戏剧等领域创造新语言的趋势非常显著，这种趋势被波切普佐夫称为"元艺术"（метаискусство）。随同新文本走上舞台的还有新语言（代码），如果说新文本主要基于新的内容而构建，那么新语言（代码）一定依托于新的形式，这其中必须提到的是赫列布尼科夫（В. Хлебников, 1885-1922）。赫列布尼科夫将语言比作木偶游戏："词是一种语音木偶，而词典则是玩具的集合。"他关注语言的过去和将来，认为前者体现的是语言的联合功能，后者体现的是更自然、更有影响的形式（如巫术和符咒语言）。赫列布尼科夫探索了更具普适性的语言创建法则（这里的语言他称之为"人类共有字母表"[Общечеловеческая азбука]），提出了两条普适性的前提：

一是一般单词的首个辅音支配着整个单词，号令着其他音素；二是以同一个辅音开头的单词是由同一个概念联合起来的，如同从不同方向飞向意识的同一个点。（Почепцов, 1998: 58-59）以此作为理论前提，赫列布尼科夫描写了人类共有字母表中的 19 个音素，并在具体的新词创造和理论论述中常常将音素的意义与内容一起置于第一性的地位。

七、文明因素

长期以来，俄罗斯一直在欧亚情结中徘徊，一方面想留在欧洲而将自己的亚洲部分置于次要地位，另一方面因为总体落后于欧洲而始终无法被欧洲所接纳。19 世纪这体现为斯拉夫派与西欧派之间的斗争，随后这一矛盾的本质体现在欧亚主义（евразийство）这一概念中。关于这种文明模式的本质，历史学家比齐利（П. М. Бицилли）认为："欧亚帝国各个民族和种族之间没有空间和道德上的隔阂，正因如此，过渡地区的巨大财富使欧亚帝国的民族问题复杂化了。"比齐利认为很难区分俄罗斯帝国的核心和边缘，但认为符号学的基础在很大程度上正是欧亚主义的基础："其中心思想是俄罗斯思想——俄罗斯帝国的思想，是作为如果没有实现那么也是指定的文化个体的欧亚帝国的思想，是统一的思想，是政治和文化上的东正教-欧亚世界——大陆的思想。"（Почепцов, 1998: 68-69）达尼列夫斯基（Н. Я. Данилевский）将文明视为最为普遍的概念，将包括宗教在内的所有其他方面都囊括其中，并通过结合宗教活动、文化活动（包括科学活动）、政治活动、社会经济活动四种活动类别来构建自己的文化历史类型，认为一元的文化历史类型只反映一种活动类别，如犹太型（宗教活动）、希腊型（纯文化活动）、罗马型（政治活动），欧洲型属于二元的文化历史类型，而斯拉夫型则属于四元的文化历史类型。不同文化和文明模式之间的冲突（尤其是战争期间）引起了学者们的深入思考。埃尔恩（В. Ф. Эрн）认为德国精神和俄罗斯精神的冲突是欧洲战争的内在主线，而所有其他力量均集结于边缘，并引入"加力"（форсировка）这一概念来说明德国文化的特点，认为"加力"就是为争夺第一名而出现的内部和外部紧张，而"加力"总会带来反面的后果，因为"任何加力都无法提高国家的能力水平"、"加力不可避免会引起衰落和衰退，因为能力是自由，而加力不是自由"。（Почепцов，1998：72）埃尔恩认为每个民族都有自己生活的内部节奏，学习借鉴别的民族文化时将其强行嫁接或者强力引入将会导致节奏不协调进而引起负面后果。索洛维约夫（В. С. Соловьёв）在对比俄罗斯历史与西班牙境况的基础上分析了西班牙何以成为宗教暴力的可怕起源的原因，赞成保护他者文化模式，控诉限制宗教自由对于俄罗斯宗教事业、对于俄罗斯人民乃至对于俄罗斯国家的不利影响。

学者们认为，拥有文化多样性的俄罗斯不能不看到其他文化样式，这构成了发展符号学理念的良好环境；只有类似战争这样的现象能够强化人们对他者的关注，就像在第一次世界大战期间认识德国一样，但俄罗斯试图在斯拉夫主义或欧亚主义中寻找自己不受外界影响和干扰的发展道路。对于俄罗斯来说，不接受他者同时也是将他者（чужое）敏锐地理解为异型（чуждое），而这在很大程度上也是一种符号学道路。

八、元问题意识

20世纪初，人们对元问题（метапроблема）表现出了更大的兴趣，比如作为文学流派的象征主义同时也催生了足够多的自我描述（самоописание），这种元要素（метакомпонент）对于俄罗斯的理论构建非常重要。弗兰克（С. Л. Франк）指出："俄罗斯思维类型的特色正在于它从最初就建立在直觉基础之上。认识中系统性的和概念性的东西对它来说尽管不被看作次要的东西，但仍然被视为某种概括式的，与完整的和生活的真理不等值的东西。在俄罗斯，最深邃、最有价值的观念不是在系统的学术著作中揭示出来的，而是在完全不同的形式——文学作品中揭示出来的。"（Почепцов, 1998：80）俄罗斯诗人古米廖夫（Н. С. Гумилёв, 1886-1921）的作品就是鲜活的例子。古米廖夫在自己的文学随笔中写道："诗歌总是诉诸个体。甚至当诗人是同人群对话时，他也是在单独地与人群中的每一个人讲话。"古米廖夫区分了象征主义者和未来主义者对待语言的不同态度，认为前者依赖于语词的音乐能力，强调内容，而后者依赖于语词的心理能力，强调形式；关于民间文学文本，他认为，"民间歌谣的创作者是童话创作者的兄弟。对他来说几乎没有比喻，完全没有隐喻。比喻和隐喻在他那立刻变成了形象的发展。在普通诗人可能将姑娘比喻成野鸭的地方，他则迫使姑娘直接变成这种禽类"（Почепцов, 1998：83）。

19世纪下半叶至20世纪初是俄罗斯符号学的缘起阶段，这一阶段为俄罗斯符号学的起源做了恰如其分的理论铺垫，当然，这一阶段能称得上俄罗斯符号学研究先驱的还有泽林斯基（Ф. Ф. Зелинский）、库尔特内、福尔图纳多夫（Ф. Ф. Фортунатов）等学者。总体来讲，这一时期的俄罗斯符号学思想呈现出以下几个特点：一是具有很强的理论性和概括性，但与20世纪60年代成形的符号学研究相比，缺乏实际的将原则和方法运用到其他材料分析上的应用性研究，针对这种情况，列夫津（И. И. Ревзин）讽刺性地将符号学的研究对象界定为"可以用语言学方法加以研究的现象"；二是提出了系统性和结构性问题，例如克鲁舍夫斯基关注语言系统的构建因素，同时划分出了系统的四种解构因素：语音的、形态的、生产的、再生的；三是冲破心理主义的时代束缚，试图从认知机制上寻求解决问题的方法；四是开始融入世界范围内的符号学对话，如1912—1913年赞名派（имеславцы）与唯名派（имеборцы）在希腊旧圣山对于上帝之名

(Имя Божье）问题的争论①就引起了俄罗斯学者的回应，弗洛连斯基（П. А. Флоренский）专门著述《赞名论》(Имяславие）来讨论这一问题。19世纪下半叶至20世纪初处于理论准备期的俄罗斯符号学研究虽然只是一种不成形的零星研究，但提出了决定未来符号学发展的两个基本方向，即对语言学方法的借鉴和改进、对作为符号学基本研究对象的文学文本的关注。

第三节 俄罗斯符号学思想流派和代表人物

一、俄罗斯符号学的形成期（20世纪初至十月革命前）

早在十月革命前，在社会意识形态的各个领域，如戏剧、文学、电影、宗教、音乐、绘画、建筑等各个领域都在进行新式语言的发掘与构建，这种良好的创作环境为符号学的深入研究提供了充足的理论准备和丰富的分析材料。20世纪十月革命前的俄罗斯符号学研究构成了俄罗斯符号学的形成期，以梅耶尔霍尔德的戏剧符号学研究、林茨巴赫的可视符号学研究、叶夫列伊诺夫的戏剧思想、雅库宾斯基和波利万诺夫的诗学语言思想、曼德尔施塔姆对于听者的认识、罗扎诺夫的符号学思想和格尔申宗的二元结构思想为典型代表。

1. 梅耶尔霍尔德的戏剧符号学

戏剧的独特特点使得戏剧一直是俄罗斯符号学思想产生和发展的主要舞台。在这方面，梅耶尔霍尔德（В. Э. Мейерхольд, 1874-1940）

---

① 在名字的理解问题上，前者相信上帝就存在于祈祷时所使用的上帝的名字当中，后者认为上帝的名字是人祈祷时称谓上帝的工具手段。

可以作为一个典型代表。他的主要研究表现在以下几个方面：将戏剧与词分离，同时将作者与戏剧分离，认为戏剧中的言语符号只具有第二性的意义；他认为导演在重建戏剧过程中应从哑剧着手，因为哑剧中的第一性戏剧成分，如面具、手势、动作、情节等成分的效果能得到更充分的发挥；关注听和看两个不同渠道之间的符号关系；认为节奏是戏剧语言的重要组成部分；提出了两种不同的导演创作方法，并用图示形象地表示出来（如图 3.1、3.2）。

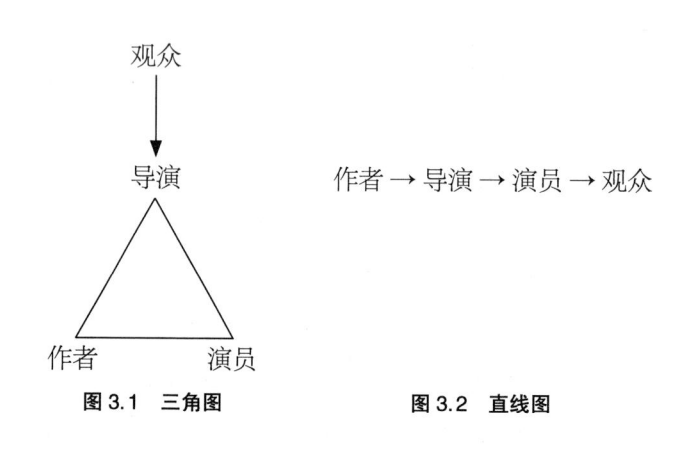

```
        观众
         ↓
        导演                    作者 → 导演 → 演员 → 观众
        / \
       /   \
      /     \
    作者    演员

   图 3.1  三角图              图 3.2  直线图
```

此外，梅耶尔霍尔德还区分了情节（сюжет）和题材（фабула），分析了剧中主人公的符号特点和艺术符号的双重性特点，指出了每一种戏剧样式中各种符号语言大量存在这一事实。

2. 林茨巴赫的可视符号学研究

梅耶尔霍尔德在投身戏剧研究的同时，十分排斥电影的艺术地位，认为电影对于科学具有不可否认的重要作用，但从艺术的角度来看，电影只不过是"附上插图的报纸"，对于一些人来说，这只是旅行的一种替代物，电影即使想在艺术的殿堂中占据次要位置也不够格。（Почепцов，1998：93）与之相反，林茨巴赫（Я. И. Линцбах）认为电影艺术的语言很有发展前景，进而对电影等可视符号域进行了研究。

在可视符号学（визуальная семиотика）领域，林茨巴赫集中探讨了可视渠道与言语渠道的相互关系、多语现象、多义现象、时间守恒问题。在他看来，电影艺术的语言没有任何语法，但语法所看重的逻辑关系在电影里表现得比在日常语言中更为完美，只是在电影艺术中语法直接融入形象中。林茨巴赫注重研究各种语言中意义表达的多角度特性和多种观点并存的现象，认为："我们之所以必须运用不是一种观点，而是多种观点的原因在于，每一个外部事物至少有两个方面，这两个方面是没法从一个观点出发来加以考察的。"（Почепцов, 1998: 95）这一点在洛特曼对符号非同质性的实证研究中得到了进一步的发展。林茨巴赫研究的中心问题在于对比言语文本和可视文本（如图画），认为二者的重要差别在于它们与时间的对应关系不一样：前者对应的是多个时刻，而后者对应的是单个时刻。很明显，与索绪尔一样，林茨巴赫强调的是有声语言的线性特征。此外，林茨巴赫还对语言的多义性特点做了分析，认为这正是语言力量之所在。林茨巴赫根据表述的连续性和非连续性区分了言语思维和书写思维，认为言语思维是非连续的，而书写思维是连续的。关于时间问题，林茨巴赫认为在能量守恒定律之外还存在时间守恒定律，语言的整个语法就是对空间和时间概念的操作。

3. 叶夫列伊诺夫的戏剧思想

作为革命前戏剧理论的创建人，叶夫列伊诺夫（Н. Н. Евреинов）深入探讨了戏剧性（театральность）问题。美术家在戏剧中的角色以及导演、演员、美术家之间的相互关系问题，在符号学层面就是将三种不同的符号语言联合成一个结构的问题，这一发现让作为导演的叶夫列伊诺夫激动不已，他认为，"导演与布景美术家的协作平台只有在一方熟悉另一方的艺术的情况下才是可能的"。在导演专业中，叶夫列伊诺夫看到了符号学层面的职业人士，因为他们实现了一种符号语言向另一种符号语言的转换,他认为导演是作者的详细诠释者,是将书面文本译成鲜活手势语和表情的翻译,是设计布景的画家,是创作舞台语言旋律及其主体音乐的作曲家,是在雕塑艺术领域创造独特价值的雕塑家,还是演员——教员,并试图探寻将所有这些不同的符号语言联系起来的规律。以其戏剧理论和实践为基础,叶夫列伊诺夫也探讨了一系列其他符号学问题,如艺术的非自动化(后为什克洛夫斯基和洛特曼所扩展)、服装符号学、行为符号学等,他甚至谈到了对于未来电视及其特点的认识。

4. 雅库宾斯基和波利万诺夫的诗学语言研究

语言学方面,作为彼得堡诗语研究协会(Общество по изучению поэтического языка,简称 ОПОЯЗ)乃至后来形式主义学派中少数真正的语言学家,波利万诺夫(Е. Д. Поливанов, 1891-1938)和雅库宾斯基(Л. П. Якубинский, 1892-1945)为诗歌语言(而不是散文)的研究奠定了基础。波利万诺夫对日常语言与诗歌中的语言进行了比较,认为日常语言中词的意义方面比声音方面重要得多,而诗歌语言中的情况则完全不同,声音被提到了显著的位置,诗歌中声音唤起的情感与诗歌内容唤起的情感是相互依存的。同时,波利万诺夫对手势语特别重视,他对手势语做出的分类与皮尔斯的符号三分法非常相似,而且,考虑到不同文化中手势语的不同[1],他甚至谈到编写手势语词典的可能性。(Почепцов, 1998: 111-114)而雅库宾斯基则是凭借他的《关于对话性言语》一文进入符号学研究领域的,文中提到了众多与巴赫金相类似的关于对话性的观点,不同的是,巴赫金将这些认识成功地拓展、应用到了文学和文化领域,而雅库宾斯基则坚守着语言学阵地。

---

[1] 波利万诺夫指出:"在日本,说自己时不是像我们一样指向胸脯,而是指向鼻子。有些民族用手势更多一些(如意大利人),其他民族则用得少一些(如英国人),手势情感功能的区别由此可见一斑。"(Почепцов, 1998: 113)

雅库宾斯基分析现有的交际形式时，认为言语目标是重要的成分，并试图在交谈对方的听觉和视觉接受层次将交际模式化。他认为对话是自然的，而独白则是非自然的，是人工的，要听到真正的独白必须人为地创造多种条件。关于日常语言与诗学语言的区别问题，雅库宾斯基认为区别的表现之一就是两者的语句的交际目的不同，同时他借用"短时记忆"和"长时记忆"的概念来对两者做进一步的区分：日常语言中起作用的是短时记忆机制，因此某个单词的重复、词序、修辞色彩等美学范畴方面的特征对于日常语言而言不是根本性的，而在诗歌语言中起作用的是长时记忆机制，因而上述特征对于诗歌语言就显得非常重要。

5. 曼德尔施塔姆的文学理论

文学理论家曼德尔施塔姆（О. Э. Мандельштам）从听话人的角度区分了诗歌交际和散文（一般文学）交际的不同之处，认为散文总是指向具体的听众、活生生的时代代表，即使是预言式的，它指向的也是将来的同时代人，文学家必然高于社会，必须具有声望，说教是散文文学的神经；而诗人往往害怕直接来自时代的听众，他与同时代人之间是一种对抗的关系，只同天意的听者（провиденциальные собеседники）有联系，诗人不必高于所处的时代和社会。曼德尔施塔姆认为词和形象之间并无任何差别，象征就是打上印迹的形象，而俄罗斯的象征主义者在揭示词的形象本质时，给所有词和形象都打上了印迹，从而极大地限制了其使用范围。曼德尔施塔姆认为文学与语文学的区别在于，前者属于社会现象，与课堂、街道相联系；而后者属于家庭、办公室现象，独特的、语文学上的言语色彩构成了家庭生活的背景。

6. 罗扎诺夫的符号学思想

罗扎诺夫（В. В. Розанов, 1856-1919）生前就不为大家所理解，他的每一个行为都负载着神秘性,他第一次将亚里士多德的《形而上学》(Метафизика①)译成了俄语。曼杰尔什塔姆和什科洛夫斯基(В. Б. Шкловский)给了罗扎诺夫同样的评价,前者认为文学家罗扎诺夫把本质上的家庭文本上升到文学交际的水平,而这正好打破了文学与语文学之间的固有界限;后者认为罗扎诺夫将新的厨房话题引入到文学当中。事实上的确如此,罗扎诺夫除了书写文学交际能接受的文本之外,还推出了不为这种渠道所接受的文本类型,如《在古钱币后面》、《在透明画上》、《在出租马车上》等标题直接点明写作背景的微篇章。罗扎诺夫的语句短小精悍,饱含着他对于符号学和交际学问题的认识,如:"形式的完善是堕落时代的优势";"东正教的所有秘密在于祈祷,而成为东正教的秘密在于善于祈祷";"东正教的灵魂在于祈祷能力,它的肉体是仪式、崇拜";"祈祷的本质在于承认自己彻底的无能、彻底的才智有限";"有具有伟大主题但没有语词的人,也有具有丰富的语词但生来就没有主题的人";"我一个人挺好,同大家在一起也很好。我不是孤独者,也不是社会活动者。但当我一个人时,我是完整的,而当我与大家在一起时,我不是完整的。总之我一个人时更好一些";"世界的基础有两种哲学:不知什么原因想鞭笞别人的人的哲学以及被鞭笞的人的哲学,我们俄罗斯的整个哲学就是被鞭笞的人的哲学";"我来到世界是为了看见,而不是为了完成"等等。通过这些特殊的表达,罗扎诺夫创建了自己独特的书写形式,并使其具有了所有必要的意义;他在当时的俄罗斯社会甚至扮演着弗洛伊德的角色,作为一个改变了允许话题和被禁话题清单的人,罗扎诺夫自然也涉及了性的问题,他只是将性问题与对于俄罗斯社会而言非常重要的主题——宗教——联系了起来,但这种联系遭到了读者近乎病态的误解。

---

① 希腊语为 Metà tá physikà,亚里士多德哲学论文集的名称,又称《在物理学之后》,因为安德罗尼柯将其放在亚氏《物理学》之后而得名。

7. 格尔申宗的二元结构思想

格尔申宗（М. О. Гершензон, 1869-1925）是研究文学史和俄罗斯社会思想史的学者，他对于俄罗斯知识界的基本认识可以归结为：智慧、诚实的人对当时社会的回避及他们存在的某种双重性特征。他认为："从自觉思想第一次被唤醒起，知识分子就成了政治的奴隶，只对政治进行思考、阅读、争论，在他人个性、艺术以及一切之中只为寻找政治，像一个真正的囚徒一样过着生活，完全看不见上帝之光。这样就形成了循环：人们越是投身社会，他们的意识越是受到摧残，而意识越是受到摧残，就越渴望投身社会。"（Почепцов, 1998: 128-129）在对知识界的这种现实处境进行充分描述之后，格尔申宗开始在感知生活和观念领域（即符号领域）中寻找其后果，正是因为失去了本能所需要的嗅觉，俄罗斯意识没有自己的发展轨道，就大多数而言，俄罗斯意识并不像西方一样为自己制定生活价值并逐渐地对这种价值进行重新评价，因此俄罗斯根本就没有自己民族的思想演变，俄罗斯社会思想史也不是分成内部发展阶段，而是分成不同的外国学说占据主导地位的时期：谢林主义、黑格尔主义、圣西门主义、傅立叶主义、实证主义、马克思主义、尼采哲学、新康德主义、马赫、阿芬那留斯、无政府主义等。在阅读和走近普希金作品的同时，格尔申宗开始关注诗学语词和诗学语言问题。他认为："诗歌是语词的艺术，诗歌实施的行为是语词的圣礼。因此只有善于理解语词的人才能正确地读懂诗人。"在此基础上，格尔申宗认为语词在时间上经历了三个阶段：起初，语词作为神话而产生；随后，当神话的戏剧性消失并固化在语词中之后，语词变成了隐喻；最后，形象慢慢地变得暗淡并彻底黯然失色之后，那么剩下的是不成形状、没有颜色、没有香味的抽象符号，即属概念符号。格尔申宗认为："诗人不知道消亡的语词：在创作热情的激发下，对他而言，语词的形象意义得以再现，而在最好最幸福的时刻，属符号（родовой знак）的祖先——最初的神话神奇地复活了。"(Почепцов, 1998: 133)在考察符号思维更为远古阶段的特点及它在当今语言中的广泛体现之后,格尔申宗认为,远祖认识的真理现在仍然具有生命力,这种真理作为我们自我意识没有意识到的基础活在我们每一个人中。对于作为符号学对象的言语,格尔申宗将其看作"心灵向外涌出的液体",认为"饶舌是精神不牢固的标志,精神坚定的人吝于言语,不可动摇的决心不会为言语所融化。我们说得很多,我们自己也会用双关语词 болтать① 来将我们缺乏内容的言语比作液体的搅拌"(Почепцов, 1998: 134-135),他认为古人说得比今人少,当前的状况是人类精神稀释了而语词却越来越多。

二、俄罗斯符号学的发展期（十月革命至 20 世纪中叶）

革命后意识形态和社会制度的变更给俄罗斯知识界以极大的冲击,俄罗斯思想界失去了往日的争鸣局面,而笼罩上了沉重的学术气氛。尽管如此,苏联的符号学研究领域仍然涌现了众多杰出的学者,他们中的很多人都是在逆境中完成其符号学探索的。这个时期到 20 世纪中叶是俄罗斯符号学的发展期,其研究主要集中在历史主义的态度、解释学的态度、戏剧理论、形式主义方向、功能形式主义方向、修辞学、文化学方向七个方面。这些不同的态度和方向为俄罗斯符号学进入当代提供了多角度、多领域的理论保障,为当代符号学的顺利发展奠定了坚实的基础。

1. 历史主义的态度

以比齐利、卡尔萨温（Л. П. Карсавин）和维·伊万诺夫为代表的

---

① болтать 有两个主要意思：其一是指"摇晃、搅拌（液体）",其二表示"说些没意思的话；空谈,闲谈"。

持历史主义态度的历史学家对符号学的发展做出了自己的贡献，主要表现在：根据保存下来的零散的符号重构整个符号系统；看到了中世纪符号存在的普遍性，并以中世纪文化为个例探讨文化符号机制的特点，对象征和象征性问题提出了自己的观点。这些观念和研究，尤其是对中世纪符号普遍性问题的研究极大地影响了洛特曼的符号学思想。

比齐利是就属于彼得堡学派的文化学者，他将毕生的精力都投入到对中世纪的研究中，试图用象征主义（символизм）和等级主义（иерархизм）这两个参数来描述中世纪的特点，并最终在上帝这一永恒符号那里找到了对许多符号现象的解释。他认为，中世纪的认知主体为象征符号所包围，他们将象征主义日常化，同时把等级关系看作一个表示从属关系的自上而下的统一体。比齐利研究文化的历史问题时特别强调文化的双语性，认为文化本质上正是用别的方法无法表达的象征性表述，文化本质上是象征性的，文化的多样性取决于象征表达手段的多样性。卡尔萨温也对中世纪的特点进行了深入的分析，他区分了集体意识的两个参数——理智和本能的作用，强调了中世纪缺乏个性这一事实，认为宗教作为一种符号系统，它提供的是对世界的唯一解释，以此排除对世界和人自身的任何个人性的解释。此外，卡尔萨温还对个性实现的符号学特点、社会个性的分类等问题进行了卓有成效的研究。历史主义研究在对比两种观点、对比两种态度中所体现出的这种符号学特点在俄罗斯符号学的发展过程中得到了长足的发展，特别是在乌斯宾斯基（Б. А. Успенский）、古列维奇（А. Я. Гуревич）、克纳别（Г. С. Кнабе）和拉比诺维奇（В. Л. Рабинович）的研究中。（Почепцов, 1998: 168）维·伊万诺夫从对酒神及其宗教仪式的描述出发，分析了仪式交际现象及宗教仪式中人的忘我和本能状态。这与巴赫金狂欢式的符号世界和当代宗教仪式中的表演相呼应，形成了一条连续的符号学研究线索。维·伊万诺夫在分析宗教仪式各个组成成分的特点时引入了对抗（диада）这一概念，并将其发展为二重性这一重要的符号学方法论原则。他认为仪式是最为古老的交际形式，因此赋予其特别重要的意义。同时，作为象征主义理论家，维·伊万诺夫看到了象征符号的神秘性和多义性及其所反映的系统性，并以此为基础将它与一般符号区别开。此外，维·伊万诺夫还对艺术的边界问题以及集体意识和集体个性等问题进行了一些探索。

2. 解释学的态度

什佩特（Г. Г. Шпет, 1879-1937）是解释学（герменевтика）的代表，同雅各布森、维诺库尔、亚尔霍（Б. И. Ярхо）一起参加了俄罗斯语言学小组，他是俄罗斯学术界最先直接使用术语 семиотика（符号学）的学者之一。同历史主义学者一样，什佩特也是从历史的角度，在试图使历史主义的方法客观化、使历史学成为精确科学的道路上开始其符号学研究的。他认为："历史学作为一门科学只承认认识的一个起源，即词；词是一种形式，历史学家能在那里找到现实的内容并对其进行科学研究，词是一种符号，历史学家从它可以走向具有独特内容的对象，这个内容正是这个符号（指词。——笔者注）的意义或意思。"（Почепцов, 1998: 180）他认为解释学思想的产生源于人们认识作为表述符号的词之作用的愿望；词是文化的原型，是理智的表现；作为符号的词的理论是形式本体论或者符号学范畴中对象学说的研究任务。由此可见，词在什佩特的研究中充当着贯穿起点到终点全过程的主要角色。什佩特从意义本身的主观内容和客观内容出发，看到了解释学的两种方向：一种走向阐释的多义性，一种走向阐释的单一性。同时，他区分了意义（значение）和意思（смысл），认为前者体现在词典中，具有不确定性和多义性的特点，而后者则与具体的言语语境相关，是单义的。他认为，作为解释词的意义的解释学不仅要研究意义，还要研究词汇使用的多样性及使用者的心理。什佩特在《美学片段》（Эстетические фрагменты）一书中将符号学定义为"关于符号的本体论学说",并以词为操作单位,对一系列符号学问题进行了精辟的论述。总的说来,什佩特对解释学和符号学研究的基本贡献在于:明确地划出了作为解释学基础的交际方面;从符号学角度对词进行了细致的分析,同时并不把符号学等同于词汇符号学;提出应从符号学角度来看待人;分析了词由多义向单义转化的过程;强调语境对于理解符号的重要意义;认为形式和内容不可分割;与形式主义学者为追求所谓严格的科学性而只注重交际链中单个成分的做法不同,他将词、语境和个体均纳入交际链。在文学理论方面,什佩特认为,词本身不是美学对象,其美学特质存在于结构之中;他认为诗学不是美学,跟美学也不存在上下位关系,诗学同句法学和逻辑学一样,很少解决美学问题,诗学应该是关于词(语言)的感觉和内部形式的学说。什佩特是一位全面的符号学家,戏剧理论在其研究中也占据重要位置,他认为剧作者和演员履行着完全不同的功能,甚至分属不同的交际领域,他十分强调戏剧表演中演员的创造力。

什佩特在俄罗斯符号学史上是一位十分重要的人物。他关于表述(сообщение)[①]的观点在雅各布森的《语言学和诗学》(Лингвистика и поэтика)一书中得到了进一步的发展,以至于后者称他为老师。他提出的语言是艺术等符号领域的方法论样板的观点直接影响了莫斯科-塔尔图符号学派的方法论,也得到了雅各布森的高度评价[②]。他在分析情节问题时提到,情节之所以能让人感兴趣是因为其中存在两种成分——重复成分和区别成分,韦谢洛夫斯基和普洛普正是以这种重复和变化为基础开始自己的研究的。

[①] 什佩特认为:"表述是社会交际的根本性的事实和条件;对它的研究是历史科学的基础。'表述'这一概念表达了一种对应关系,对它的研究需要这样一些对应的术语:说者—听者;作者—读者;权威—认同;来源—继承;等等。"(Почепцов, 1998: 180)

[②] 雅各布森在 1929 年给什佩特的信中写道:"读完您在《民族心理学导论》前言部分所提到的建设性的理论前提,我更进一步明白,对语言系统的分析完全可以脱离心理学。"(Почепцов, 1998: 186)

3. 戏剧理论

在符号学思想发展历史的每一个时期，戏剧都因为其作为一种表演性的符号语言所具有的直观性和多符号语言并存的特点，而对符号学的发展起着本质性的推动作用。在革命前的俄罗斯是这样，如以梅耶尔霍尔德和叶夫列伊诺夫为代表的戏剧符号学研究，在革命后的苏联符号学界也一样，其中的代表人物是库格尔（А. Р. Кугель, 1864-1928）。在苏联，意识形态化的思潮渗透进社会生活的方方面面，人文科学自然首当其冲。而艺术意识形态化的一个有趣规律就是：观众总是被拉回现实，因为政权机关所必需的意识形态化只有在现实的框架内才能实现。在分析戏剧和宗教仪式时，库格尔认为任何宗教仪式都包含非常重要的戏剧成分，戏剧中信仰的痕迹越少，戏剧则越是偏离自身理应扮演的角色。他认为产生错觉（иллюзия）是演员技巧的重要组成成分，演员的才能表现为他能让错觉变得完美，让人信服。产生错觉的根源不在于客观现实，而在于一种洞悉现实的心情，一种艺术作品所流露出的令人激奋的、忧伤的、失望的东西。而演员作为作品和观众间的中介和桥梁，其表演应该具有让人激动、让人振奋、让人绝望的感染力。在这个意义上说，演员可以等同于一种交际渠道，其符号特性就表现为演员的行为过程。这样看来，库格尔将戏剧同剧本分离开来，将戏剧直接指向人，指向作为戏剧基础的演员。不仅如此，他还分离出戏剧的另一组成部分——导演。在作者、导演、观众和演员中，库格尔认为演员的作用高于一切，这与梅耶尔霍尔德的观点相去甚远。库格尔研究了交际中的对称规律，认为这就是一种分寸感。库格尔将生活向符号模式转换的过程与另一概念"节奏"相联系，并把节奏看成是新的艺术交际方式，是交际过程中的一种符号相关关系，而节奏的实现依靠的是任何表演形式均需要的对称感①，节奏感和

---

① 如会见、游行、送别、仪式等任何一种场面都在寻找对称感。

对称感不可分。戏剧语言符号性的另一特性表现为有声语言的功能范围明显变窄,沉默、姿态、身势语的作用得到了加强。同先前的戏剧理论家一样,库格尔也重视戏剧的多结构性、戏剧影响的多渠道性。值得一提的是,对于艺术的本质,库格尔宣称:"谎言的衰落就是艺术的衰落,艺术就是谎言。"这一论断与艾柯(U. Eco)"符号学的对象就是能出现谎言的地方"的观点神似。

4. 形式主义方向

俄罗斯形式主义理论对俄罗斯文化符号学的影响是多方面的,对俄罗斯符号学的发展具有重要的里程碑意义。从学理上看,形式主义的产生[①]具有多方面的因素:其一,形式主义的产生是由于俄罗斯文学理论界一贯重视形式的传统,如即使是在现实主义文学理论占绝对主导地位的 19 世纪,俄罗斯文学研究者对非政治性的文学形式的美学问题一直有着浓厚的兴趣。其二,形式主义的产生是因为受到了自然科学实证主义思潮在人文科学中广泛传播的影响。其三,符号学原理是形式主义诞生的基础,因为形式主义者从一开始就热衷于探讨不同符号代码的对比问题。对此,托马舍夫斯基回忆道:"从自己一生的第二个阶段开始,文学界的形式主义者与其他艺术的爱好者,主要是绘画艺术爱好者开始接近。在《阿波罗》杂志社编辑部和其他与之相近的单位常有这些聚会。"(Почепцов, 2001:347)1919 年的诗学由形式主义者感兴趣的两部分构成:语符组合(глоссемосочетание)和情节结构(сюжетосложение)。其四,形式主义的产生也源于两种文学范式的更替:未来主义者取代了象征主义者的地位,而符号代码的更替促使形式主义者们更为关注元层次(метауровень)。事实上,形式主义者产生和

---

① "形式主义"(формализм)这一术语最初是由巴赫金从库尔特内的讲课中获得的,但他本人并不把自己归为形式主义者。

形成的年代正是各种代码不断交替的时代，他们成长于充满对话、文学流派层出不穷、人的类型纷繁多样的环境中，因而他们不能接受压制创新、推崇独白和单一、扼杀多样性的苏联现实环境。从学术实践上看，形式主义方向是作为对学院派文艺学语境的论战性回应而产生的，是在不停讨论自己和别人的观念，在不断的会面、交往和激烈争论中形成的。什科洛夫斯基将形式主义方向与波铁布尼亚理论所属的象征主义方向对立起来："如果说象征主义是在与宗教系统的交叉点上选择语词和艺术的话，那么我们是作为声音选择语词的。"

事实上，形式主义并不仅仅是什科洛夫斯基小组的特有权力。西波夫斯基（В. В. Сиповский）在描述韦谢洛夫斯基的观念时就开始提到演变（эволюция）、转换（трансформация）等术语；普洛特尼科夫（В. В. Плотников）关注到不同符号代码的存在，引入了文学静态（статика литературы）和文学动态（динамика литературы）的概念，将文学作品切分为单位、特征和关系，认为文学领域也应该像其他领域一样致力于发现正确性、秩序和必然性，借自于自然科学范式的科学性和客观性原则在普洛特尼科夫的研究中具有鲜明的体现；日尔蒙斯基（В. М. Жирмунский）也强调指出，形式主义方法（формальный метод）这一术语在诗语研究协会的相关学说还未普及的1916年就已经在年轻语文学家[①]的圈子里开始使用了。

形式主义者是仅就从语音形式来分析诗学语言的物质表现开始自己的研究的。事实上，埃亨巴乌姆（Б. М. Эйхенбаум）在分析民间故事时也对这种形式断面而不是内容断面产生过兴趣。形式主义者都将语言学的方法移植到新的材料上，正如卡韦林（В. Каверин）在1921年10月17日的一封信中所说："语言学小组终结于莫斯科，又以新

---

① 包括斯米尔诺夫（А. А. Смирнов）、莫丘利斯基（К. В. Мочульский）、涅多布罗沃（Н. В. Недоброво）、拉德洛夫（С. Э. Радлов）、斯洛尼姆斯基（А. Л. Слонимский）、别列茨基（А. И. Белецкий）、埃亨巴乌姆（Б. М. Эйхенбаум，后追随什科洛夫斯基）等人。

的力量诞生在彼得堡。诗语研究协会几乎完全秉持对文学的语言学态度。"(Почепцов, 2001: 466)

形式主义致力于构建客观的文学理论,受人文学科科学化思潮的影响,在文学的学科定位上,形式主义者认为文学作为一门科学应该独立于其他学科或理论之外。以此思想为指导,形式主义者开始关注文学文本形式方面所体现的结构性、系统性、客观性等特征。作为对这种倾向某种程度上的认同,波切普采夫指出:"如果说人文科学领域在科学态度的框架内产生了符号学的话,那么同样的问题(结构性、系统性及其他)也存在于文学中。"(Почепцов, 1998: 248)形式主义方法的成功之处正在于从本质上限制了分析对象。形式主义者将注意力集中于类似文学性(литературность)这样的对象,这使得他们能从宏伟的文学大厦中挑出具体的砖块;与此同时,形式主义者也不惧怕关注新的客体,如前述罗扎诺夫强调家庭生活的重要性及将其变为文学形式的可能性。与传统文艺学研究更为关注静态结构不同,形式主义者的研究对象包括两个组成部分:情节等动态成分和不变的体裁规则等静态成分。在描述文学的演变时,动态表现为结构动态观,即形式主义者根据与其他作品、体裁和系统的整体关系来把握变化。而分析个别作品时,这种动态观则表现为接受动态观,因为自动化/非自动化(автоматизация/деавтоматизация)观念是以读者的立场作为出发点的。

形式主义学派最重要的贡献在于确定了文学研究的一些基本原则,揭示了文学文本的一些结构手段。其中对20世纪文学符号学影响最深的是其"偏离观"(остранение/отступление),即把被描述的对象脱离开大家所熟知的意义系列,造成一种陌生化的效果。例如1926年成立的"现实艺术联合会"(Обэрин–Объединение реального искусства)的成员们反对传统文学遵循的典型原则,而追求转瞬即逝的、即时的、奇特的效果,而当偶然的、奇特的东西经常化时,它就不再是一种偏离。形式主义研究在形式与内容的关系上，首先重视形式，轻视内容，强调文学作品本身及其构成方式。什科洛夫斯基指出："显然，文学和非文学之间的区别不在于内容方面，即作者处理的现实层次方面，而在表达方式方面。"（李幼蒸，1999：586）这种过分强调形式的重要性而忽略内容层面的观点使形式主义一方面同传统的人文思想脱节，另一方面也同信奉形式和内容不可分割的时代主流格格不入。当然，迫于苏联社会意识形态化的压力和基于对形式主义方法的理性反思，一些学者也开始关注社会问题及思想层面的内容。如什科洛夫斯基由于看到形式主义方法的局限性，从20世纪30年代起转而从社会-历史层面来研究艺术。

形式主义研究的一个重要特点是关注话语接受者，结构也开始从信息接受者的立场来加以构建，这鲜明地体现在什科洛夫斯基对侦探文学的分析中。与传统文艺学理论关注话语创建者的立场，关注文本与作者之间的区域不同，形式主义认为文本与读者之间的区域更为重要。

值得一提的是，作为真正的符号学者的形式主义者更为重视分析其他符号语言，这其中数量最多的是对电影的研究。什科洛夫斯基也试图将自己钟爱的方法移用到电影语法领域。形式主义者积极参与对其他代码的研究，事实上他们中的每一个人都研究过电影和演讲艺术，他们对文学作品的态度不属于传统意义上的文艺学方向，而首先属于符号学的态度。总之，形式主义思潮不仅体现在文学方面，在艺术、音乐甚至生活方面都有明显的体现。如阿克谢诺夫（И. Аксенов）分析音乐作品时为追求客观而采用了主题分析方法；吉尔杰布兰特（А. Гильдебрант）在分析绘画艺术时将"形式"与"影响"联系起来，借助"影响"这一概念区分了存在形式（форма бытия）和影响形式（форма воздействия），前者是对象的客观存在，后者则是观众的印象等。

俄罗斯形式主义运动的发起人和主要代表是同时作为彼得堡诗语研究协会成员的什科洛夫斯基、埃亨巴乌姆和特尼亚诺夫（Ю.

Н. Тынянов），其主要代表还包括日尔蒙斯基、托马舍夫斯基、佩特罗夫斯基（М. А. Петровский）、亚尔霍、列福尔马茨基（А. А. Реформатский）、格里戈里耶夫（М. С. Григорьев）、古科夫斯基（Г. А. Гуковский）等众多天才学者。

（1）什科洛夫斯基的研究

什科洛夫斯基（1893—1984）不仅创建了对西方产生了深远影响的形式主义文艺学方向，还创建了诗语研究协会。与波铁布尼亚一样，什科洛夫斯基认为词在产生之初是有生命的、生动的，但今天的词已死，因为它失去了有意义的形式，而将自己的交际意义仅仅赋予了意思，因而他开始寻找将意义重新归还给形式的交际语境。这不仅仅包括创造新的艺术形式，也包括改变日常交际中的一些用法，如用阴性词指男性、用阴性代替阳性表达温情、在激情状态下使用不正常的形式（如宗教交际整体上用的就是费解的语言）等。什科洛夫斯基认可波铁布尼亚强调诗歌语词具有多义性的观点，认为艺术尤其是诗歌的可贵之处正在于其形象的象征性和多义性，但不同意波铁布尼亚"形象性等同于诗意"的说法，认为他没有看到两种形象之间的区别：散文中的形象将事物联合成组，而诗歌中的形象是强化印象的手段。关于形式主义方法，什科洛夫斯基认为其重要性不在于作品的个别部分能够被赋予不同的名称，而在于从生产的角度走近艺术，确定形式的基本趋向，了解作品构建存在着一致性规律，形式主义方法的符号学特点在于为在不同艺术即各种符号代码框架下建构的文学作品寻找统一的工具。对于文学的本质，什科洛夫斯基提出了与索绪尔相近的观点："文学作品是纯粹的形式，它不是事物，不是材料，而是材料的关系。像所有的关系一样，这也是一种零维的关系。因此作品的规模、分子分母的算术意义没有区别，重要的是它们的关系。戏谑性的、悲剧性的、举世公认的、小圈子里的作品，以及世界与世界、猫与石头的对立，它们之间是一样的。"（Почепцов，2001：373）同索绪尔一样，什科洛夫斯基将文学与国际象棋进行比较:"文学作品的行为是在一定的区域完成的;现代戏剧的面具、角色类型与国际象棋的棋子相符。情节对应于送子开局,即棋手用不同套路所使用的该游戏的一种传统下法。任务和变故对应于对手走棋的角色。"(Почепцов, 2001:343)关于演变,什科洛夫斯基认为每个时代都有若干个文学流派并存,但它们中的一个会被奉为经典,而其他的则被置于边缘,但并没有消失,它们作为"皇冠"永恒的觊觎者随时可能卷土重来,他甚至将新的文学流派与革命、新阶级的出现相提并论。关于形式主义核心概念"偏离"的作用,什科洛夫斯基强调了三个方面:1)偏离使引入新的材料成为可能;2)阻止行为,有意识地减缓其发展;3)偏离能够创造对立。什科洛夫斯基探讨了理解的自动作用(автоматизм восприятия)问题,认为这必然会带来听不全、讲不完的现象,进而将消除这种自动作用(洛特曼的术语为"非自动作用"[деавтоматизация])作为自己理论的基础来重新认识艺术的本质:"艺术的本质是给予对事物的感受,就像给予视力而不是给予认知一样;艺术的手段是使事物偏离的手段和将形式搞得复杂、增加理解的难度和时间的手段,因为艺术中的理解过程是为目的本身的,因而过程应该被延长;艺术就是体验制作某种事物的方式,而艺术中制作出来的东西并不重要。"(Почепцов, 2001:376)关于情节发展的样式,什科洛夫斯基提出了六种:1)主人公之间的关系——关系向相反方向变化;2)预言——预言实现;3)提出一个谜——谜被解开;4)不公正的控诉——控诉撤销;5)对事实的不正确理解——对事实的正确理解;6)动机——平行动机。

值得一提的是,什科洛夫斯基将话语接受者的观点推到了台前,这从根本上改变了作品的结构成分。读者的视角是纯粹的符号学问题,意大利符号学家艾柯曾专门著书《读者的角色》(*The Role of the Reader*, 1981)来探讨读者的角色问题。什科洛夫斯基也强调艺术的过程特征,而费斯克(J. Fiske)等研究者正是在大众文化中看到了这种过程特征，认为麦当娜（Madona Ciccone）的任何一个文本都无法完全表达她自己。为此，什科洛夫斯基还专门写文章讨论那个时代的大众文化实践。什科洛夫斯基同其他形式主义者一样也涉及了电影问题，但按他的说法，他是因为儿子出生需要钱而进入电影的，他一共完成了近30部电影，也对爱森斯坦（С. М. Эйзенштейн）等导演的电影做过评论。此外，什科洛夫斯基还探讨了马戏问题，认为完成的难度是所有马戏活动的共性特征。

（2）埃亨巴乌姆的研究

埃亨巴乌姆（1886—1959）是形式主义的学院派代表，如果说什科洛夫斯基的听众主要是有兴趣者和崇拜者，那么埃亨巴乌姆的听众则限于学院和教育界的大学生、研究生、学者等。埃亨巴乌姆的第一部著作研究的是莱蒙托夫，他认为莱蒙托夫的文本中情感表述（эмоциональные формулы）[①]占据主导地位，重申了形式主义者关于"创建新的文学形式不是发明行为，而是发现行为，因为这些形式隐藏在之前的形式中"的观点。他认为："词和词组的语义基础开始消退，但其可诵性（语音和情感的）色彩开始散发出从未有过的光泽。诗语本质上的这种推进——主导要素从口语诗所固有的效果向音调铿锵、适于朗诵的诗所固有的效果转变——构成了莱蒙托夫诗歌的主要特点、力量和本质。"（Почепцов, 2001: 387-389）在这种情况下，以这样的方式来理解语词：在组合中只有一个词在发挥作用，它为此获得了主要的情感重音。

埃亨巴乌姆认为，形式主义者进入科学时拒绝了哲学前提、心理学和美学解释，认为应该回归事实，这使科学本身变得更加具体。这

---

① 莱蒙托夫是用表述（формула）（而不是语词。——作者注）来写作的，这种表述让他自己着迷，他在表述中已经感受不到语义色彩和细节，对他而言这就像是语词的合金一样只是作为抽象的言语构成物而存在，而不是语词的连接。对他来说，重要的是整体的情感效果，他似乎预料到了不在意义或句法细节停留而只寻找整体印象的快速阅读者。（Почепцов, 2001: 387）

样一来，研究对象大幅缩小，形式主义者感兴趣的不是文学，而是使文本成为文学作品的文学性。脱胎于雅库宾斯基（Л. П. Якубинский）对比实用语言与诗学语言的研究方法，诉诸语言学是形式主义者的基本态度，这是因为语言学工具面向客体本身，优先考虑的是事实而不是阐释。什科洛夫斯基在自己的早期著作中试图证实，"人们需要的是意思之外的语词"，可见形式主义者的研究对象进一步细化为"脱离内容的形式"。与波铁布尼亚将诗学视为借助形象的思维相反，形式主义者因为形象的不明确性、不确定性而拒绝将形象视为诗歌的"原子事实"（атомарный факт），他们不愿将不清楚的成分放入自己的大厦，这是为了不会造出模糊的建筑。埃亨巴乌姆本人并不喜欢"形式主义的"（формальный）这一术语，他曾对金兹布尔格（Л. Я. Гинзбург）说道："那时我们不应该称自己是形式主义者（формалист），而应该称特色主义者（специфист）。"（Почепцов, 2001: 390）埃亨巴乌姆总结了形式主义方法五个方面的演变：1）由实用语言与诗歌语言的简单对立（以雅库宾斯基为代表。——笔者注）向区分实用语言的功能及区分诗学和情感语言的方法（以雅各布森为代表。——笔者注）转变；2）由形式概念向方法概念进而是功能概念转变；3）由节奏与音步的简单对立向将诗理解为具有自己独特的句法、词汇和语义特征的特殊言语形式转变；4）由作为结构的情节概念向将材料理解为依照主要思想的特点而参与结构的成分转变；5）由基于各种材料的统一手段（什科洛夫斯基。——笔者注）向根据功能区分手段进而向形式演变的问题转变。

　　埃亨巴乌姆对形式主义方法最有价值的贡献在于他对民间故事（сказ）和文学惯习（литературный быт）的研究。在《果戈理的"外套"[①]是如何做成的》一文中，埃亨巴乌姆分析了作者自己的语气是如

---

　　① 果戈理有一部短篇小说的标题是"外套"（Шинель）。

何成为构造文本的组织基础的。他区分了民间故事的两种构造方式：叙事型和复现型。前者占据主要地位的是玩笑和意义双关语，后者的重点是表情和手势、特别的喜剧性发音、语音双关、不同寻常的句法。在《民间故事的幻觉》一文中，埃亨巴乌姆强调了纯符号学事物，认为壮士歌（былина）和童话故事（сказка）离开了讲故事的人就是某种抽象的东西，提到了口头代码与书面代码这两种符号代码体系的冲突，认为书面文本很难将口头性的特征（包括竞争中的代码、书面代码产生之前的代码的特征）模式化。对于文学惯习，埃亨巴乌姆是结合文学、音乐、历史等现象来谈的。在《文学惯习》一文中，埃亨巴乌姆试图再次对新的材料进行理论解释，这一次他关注的是与读者群高度发达、期刊和出版组织众多的时代作家职业化水平的提高相关的因素，由于文学界老一代和新一代对自己职业的意义和任务的不同看法，因而他进一步阐述了文学演变事实与文学惯习事实的关系问题，并指出了文学的自我封闭性（自足性）特征，考察了不同时代文学历史事实的不同本质，而形式主义者的中心概念"文学性"也被埃亨巴乌姆赋予了历史的维度。与文学惯习研究相关，埃亨巴乌姆认为作家不可能没有交际形式，这些交际形式要么更家常一些，要么更具社会性或公众化一些，就像文学家的类型从业余诗人到职业新闻记者不等，文学本身从纪念册上的抒情诗到报刊小品文不等一样。

在《文学与电影》一文中，埃亨巴乌姆揭示了电影的符号学特点，认为："电影中的文学完全是不同类的现象。这不是'改编'也不是插图，而是翻译成了电影语言。"尽管当时是无声电影，但埃亨巴乌姆认为电影并没有排斥语言，而正相反，电影是与语言在另一个层次上的接近。他认为："如果说电影与语言文化相对立，那只是在语言被引入深层以至需要猜解的意义上说的。"埃亨巴乌姆对作为一种新代码类型的电影语言的地位有过精辟的论述："电影渐渐地创建了自己的风格和体裁、自己的修辞和语义。带着这种目的，电影语言触摸着文学。它有拍摄和剪辑方法——它需要材料。它选取文学并将其译为电影语言。"(Почепцов, 2001:396)这里实际上涉及符号学的中心问题之一，即一种表述借助另一种代码来加以表达的跨代码翻译问题。

（3）特尼亚诺夫的研究

特尼亚诺夫（1894—1943）极富系统性思维，他能够将乍看相距很远的事实和因素联系在一起。他探讨文学演变，将文学视为一个系统，强调系统是特尼亚诺夫的核心理念。系统的观点使他在诗歌中不仅仅看到语言的外部符号，在散文中不仅仅看到语言的意义：他引入语义门槛（семантический порог）概念，从语义上分析玄妙的语言（заумный язык）①。在特尼亚诺夫的理论中，文学的系统特征是以最客观的形式提出来的，这使得他甚至在某种意义上达到了形式主义的顶峰。个别文学作品被他置于次要位置，他认为："文学中不存在个别的作品，个别作品进入文学系统并同它在体裁和风格方面相互联系，作品的功能存在于该时代的文学系统中。"这里他提到了功能概念，他认为："作品是相互联系的因素构成的系统，每一个因素同其他因素之间的相互关系就是作品对于整个系统的功能。"(Тынянов, 1977 6:227)总的来说，特尼亚诺夫的主要理论思想可归结为讽刺性模拟理论、文学演变理论、文学事实概念三个方面。

特尼亚诺夫认为，讽刺性模拟的本质在于某种手段的机械化。言语手段的机械化主要借助与结构层面不一致的重复、各部分的位置变换、意义的双关式移动、语义双关叠句的增加。他认为："讽刺性模拟之所以存在，是因为第二性的方面、被讽刺性模拟的方面透过作品显现出来；这种第二性的方面越是范围小、越明确、越局限，那么作品的所有细节就越是带有双重色彩，越是会被从双重视角下去理解，讽刺性模拟特点（пародийность）就越突出。"(Тынянов, 1977a:212)此

---

① 指诗歌语言。

外，他还谈到了讽刺性模拟形式用于非讽刺性模拟功能时的情况，并用讽刺性模拟特性（пародичность）这一概念来表示这种现象。

特尼亚诺夫关于文学演变的思想最鲜明地体现了他的系统原则，在这方面他用的最主要概念是"系统的更替"（смена системы）。他认为，离开了系统甚至无法确定体裁属性，同一个成分进入不同的系统其功能是不同的。关于文学作品的形式，他认为其本质是动态（динамика）："动态体现在结构原则概念中。不是语言的所有因素都是等价的；动态形式的形成不是靠它们的连接、汇合，而是靠它们的相互作用，靠一组因素依托另一组因素被推举出来。与此同时，被推举的因素使从属因素发生变形。对形式的感知与此同时总是对主导性、结构性的因素与从属因素之间相互联系过程（或许是改变）的感知。"（Почепцов, 2001:402）结构原则的引入使特尼亚诺夫研究的不是个别现象，而是并置现象的改变，他认为："任何层级的结构原则都具有同化的力量，它能够使其他层级的现象受其影响并发生变形。"（Почепцов, 2001:402）

关于文学事实，特尼亚诺夫认为体裁总是处在运动之中，因而不能给体裁下静态的定义。他认为："每个历史阶段的文学事实是不同的，比如莫名其妙的东西总是存在，存在于孩子和信徒等的语言中，但只是在我们这个时代才成为了文学事实等。"（Тынянов, 1993:257）同一个事实在一个时代可能是日常生活事实，而在另一个时代可能成了文学事实，比如书信、回忆录、日记等的文学性/非文学性问题。体裁作为一个系统是变化的，改变体裁系统会导致某个体裁从中心移到边缘。他将材料（материал）和结构（конструкция）概念联系起来，材料被视为依附于强化的结构成分的从属成分：诗歌中韵律是结构因素，语义群是材料；散文中语义群（情节）是结构因素，而语言的韵律成分是材料。特尼亚诺夫还区分了情节（сюжет）和题材（фабула）："如果说题材是关系的静态结构的话，那么情节是动态行为的反映。"（Почепцов, 2001: 415）在此基础上，他区分了情节与题材的两种关系：情节依赖于题材和语义；情节脱离题材独自发展。特尼亚诺夫还比较了文学艺术与绘画艺术不同的具体性："诗歌语言越是生动、越是可感，那么它越难转换成绘画。诗歌语言的具体性不在于其之后的视角形象，而在于语言意义独特的变化过程，这种变化使语言变得生动、新颖，语言具体的主要手段——比喻、隐喻——对于绘画来说没有意义。"（Тынянов, 1977г: 311）

同其他形式主义者一样，特尼亚诺夫也对电影语言表现出了极大的兴趣。他不同意将电影理解为无声电影，认为："电影给出了言语，但只是一种抽象化的、被分解为组成部分的言语。"他认为电影与戏剧在空间、时间、语言上构成符号学对立：戏剧中演员的语言与他的身体、他的声音和空间相联系，而电影是抽象的艺术；戏剧中的时间是片段式的，但是径直的方向，而电影中的时间是变幻不定的，脱离了具体的位置；戏剧建立在完整的、不可分割的语言（意思、表情、声音）基础之上，而电影则建立在语言可分解的抽象基础之上。特尼亚诺夫强调同时性和同空间性是电影镜头的意义符号，认为"电影根据材料来看与形象艺术、空间艺术——绘画接近，根据材料的拓展来看与时间艺术——文学艺术和音乐艺术接近"（Тынянов, 1977в: 329）。

5. 功能形式主义方向

在纯粹的形式主义研究或接近形式主义的研究领域中，还有一些研究者在注重形式和结构的同时，也十分偏重行为和功能研究。这种研究在俄罗斯符号学中可视为功能形式主义方向，以沃利肯什泰恩（В. М. Волькенштейн）和普洛普（В. Я. Пропп）的研究为典型代表。

（1）沃利肯什泰恩的结构美学

沃利肯什泰恩的典型符号学态度表现为他不仅分析艺术作品，同时还分析技术现象、数学公式、国际象棋、建筑等。借用莫斯科—塔尔图符号学派的表述就是,他试图在某种程度上阐述完全不同的符号语言类型所遵守的共同规则。沃利肯什泰恩的第一项普通符号学成就是基于文学研究提出了"概念化"(схематизм)这一概念。对于沃利肯什泰恩来说,艺术作品和汽车是同样的对象,他认为二者的区别并不在于实用性、不可复制性、标准化等方面,认为艺术作品不同于汽车之处在于其情感表现力(эмоциональная выразительность),进而提出将情感表现形式与汽车装饰区别开的两个方面:其一是艺术结构的多层次性,如诗歌中可区分出语音层、韵律层、形象层、意思层,绘画中有涂料层(色彩层)、轮廓层(造型层)、意思层(表现层)[①];其二是单个结构最精密的分件设计,艺术作品必然存在无法区分开的剩余物,留待我们的是去猜测我们的意识还捕捉不到的这些特征,去感受和谐美,而汽车不可能有这种无法区分开的剩余物,也不可能有任何未考虑周全的现象。沃利肯什泰恩从统一的视角来看待人类智慧的这两种成果类型,因为正如所有形式主义者一样,他对美的定义是技术化的:"美就是结构(Прекрасное есть конструкция)"(Почепцов, 2001:473),而将美学定义为关于各种适应环境的形式的科学。[②]

沃利肯什泰恩在戏剧创作理论研究领域表现出了与形式主义相近的研究思路。戏剧如同民间文学之于形式主义者、童话之于普洛普一样,因其对作品形式有足够严格的要求而更适于成为客体化的研究对象。而这些严格的要求具有外部特征,因为它们源于不同的交际渠道:民间文学是口头传达,戏剧则是舞台要求。沃利肯什泰恩将戏剧界定为统一行为的过程,而行为如果碰到某种反抗可能会发展,因此他又谈到了戏剧的第二个特征——在反抗主人公的同时,所激起其愿

---

① 这其实就是洛特曼后米强调的多语性(многоязычие)和多代码性(многокодовость)。

② 无独有偶,雅各布森也表达过类似的观点:"现代生物学家正确强调的交际的自适应本质(адаптивная природа)既体现在高等生物的行为中,也体现在低等生物的行为中,这些生物都能够适应自己的生活环境,或者相反,能使环境适应自己。"(Почепцов, 2001:473)

望的情形和事件而构成的"戏剧结"（драматический узел）。根据这一参数，剧中人可分为协助主人公的人和反抗主人公的人，相应地，主人公具有两个选择：使对手不能行动或迫使他协助自己。沃利肯什泰恩在对比叙事故事、电影脚本和戏剧等各种代码的基础上强调指出，戏剧中行为的加强（нарастание действия）一是靠将源于对手的积极力量引入冲突，二是靠逐渐强化所有冲突者的行为。（Почепцов，2001：480）事实的确如此，引入动态力量（динамика）是对观众／听众施加影响的可靠方式。沃利肯什泰恩同时强调了戏剧作品的双重特征：一方面是为了阅读的自足的文学作品，另一方面是为了上演的舞台作品。这突显了戏剧的舞台性（сценичность），正如文学性（литературность）成为形式主义者的分析对象一样，这种舞台性成了沃利肯什泰恩的分析对象。他将其与适于舞台、演员的心理、戏剧接受的特征联系起来，认为人们根据这些能够容易理解剧本的动态和对话的诗性美。他认为，舞台性本质上与感染力相联系，表现在与剧本说明所示的物理行为相互交替的戏剧对白的感染性特征上，戏剧只有在其中的语言是语言—行为（слово-действие）时才适于上演。事实上，沃利肯什泰恩从研究之初就强调戏剧语言的"以言行事"特征（перформативый характер），认为："戏剧中的语言——戏剧对白首先具有行为意义。语言-行为最原始的直接形式就是短促的命令或请求、直接疑问（探听对白）、简短的'我想'或'我不想'。这样的语言大都可以被视为有行为意义。"（Почепцов，2001：481）关于戏剧作品的形式，沃利肯什泰恩认为："戏剧作品的严格形式（有别于'史事记述'或'短剧'）是诸舞台情景簇的阵列，是整套舞台情景富于变化的多次（三次、四次、五次）重复（与此同时，每次重复时情境的激烈程度都会加强），是多次转换。"（Почепцов，2001：479）沃利肯什泰恩还提出了"次线"（побочная линия）的概念，认为冲突主线越鲜明，那么次线的发达程度越高，而且不能过于偏向一旁，主线可能同时由两个角色（如罗密欧与朱丽叶）主导，而次线也能强化戏剧冲突的主线。

惯习（быт）也是沃利肯什泰恩在形式主义文学研究和形式主义音乐学研究中考察的一个重要概念。他指出："我们是过渡时间的人；显著的和频繁的进步与转变在这个时代是不可避免的，也是必然的。革命的破除活动可能还会持续50年。我们时代的惯习'织物'——古老的、远未根除的心理和新潮流纠缠在一起的'线'——注定要迅速变化。它必须另裁和缝补。在我们眼中，语词、习惯、生活方式——那些给艺术作品提供色调的具体材料——年复一年地正在发生变化。在我们时代，要将具体的惯习印象记录下来是很困难的——在这个意思上说现在没有惯习；准确地说，它变化得太快，以至于不能在艺术形象中将其固定下来。"（Почепцов, 2001: 478-479）而在革命前，固定的惯习曾经催生了俄罗斯日常戏剧——奥斯特洛夫斯基（А. Н. Островский）戏剧和契诃夫（А. П. Чехов）戏剧，正因为有这种可理解、可预见的严格规定的行为背景，这些戏剧中才能够出现鲜明的人物。

值得一提的是，沃利肯什泰恩还对音乐和绘画语言进行了有趣的对比："如果说音乐（就旋律及和声意义而言）是从什么都没有的状态中创建出自己的结构，那么想成为艺术家而不是摄影师的写生画家必须首先破坏他周围的世界，将它分解为最初的造型-色彩成分，之后才能开始艺术创作。音乐是结构，而绘画是重构（经过了艺术家思维有规范的重构）。"（Почепцов, 2001: 474）在此基础上，沃利肯什泰恩比较了音乐音阶的规定性和画家色彩的开放性。①

（2）普洛普的童话形态学

普洛普（1895—1970）对于符号学最显著的贡献在于他找到了将

---

① 俄罗斯音乐家斯科里亚宾（А. Н. Скрябин）试图将音乐与色彩结合起来，也曾想象过将嗅觉元素芳香与听觉艺术音乐结合起来的芳香交响乐（симфония ароматов）。

多种多样的童话材料组织成结构模式的途径，认为魔幻童话由重复的区块和某种童话字母表（сказочный алфавит）构成。① 托多罗夫（T. Todorov）称普洛普是"叙事结构分析的先驱"，并强调他喜爱与植物学和动物学进行类比。雅各布森称普洛普的研究是创新性的研究。即使是批评普洛普研究的法国符号学家列维-斯特劳斯也不得不承认："普洛普的著作中首先让人吃惊的是，他是通过什么样的能力预见到后面的研究的。我们中那些于1950年前后开始分析民间文学的人，并不直接知道普洛普四分之一个世纪之前开始的研究，但他们不无惊异地在那里发现了表述中的重合之处有时甚至是完全一样的句子，虽然他们知道自己并没有借鉴普洛普。"（Почепцов，2001: 489）列维-斯特劳斯认为，现代人类学的结构主义是俄罗斯形式主义方法，特别是普洛普方法的发展，但普洛普不承认自己与形式主义和结构主义有什么继承关系②，因为他宣称自己是"意志坚定的经验主义者"，受到了歌德的强烈影响。普洛普在回应列维-斯特劳斯的批评时否认将历史主义态度和形式主义态度割裂和对立的可能，他认为："对于形式主义者来说，整体是由散乱的部分构成的机械的混合体。相应地，在这种情况下魔幻童话体裁是相互之间并无联系的个体情节的总和。而对于结构主义者来说，部分是作为整体的成分并基于它们与整体的关系来加以考察和研究的。结构主义者在形式主义者不能看到的地方看到了整体和系统。"（Почепцов，2001: 489）

---

① 与洛特曼和艾柯一样，普洛普不仅关注某些抽象结构，而且也关注细节，三人都是具体文化领域严肃认真的专家。不同的是，艾柯关注的是中世纪的文化，洛特曼关注的是18世纪和19世纪的俄罗斯文化，而普洛普关注的则是俄罗斯民间文学。遗憾的是，这种将细节材料与抽象结构结合起来的经典研究方法已为符号学及其他人文科学领域新一代的学者们所丢失。

② 洛特曼也不将普洛普归入形式主义学派，他认为："符号学在20世纪50年代下半期引起了广泛关注，这一方面在很大程度上归功于雅各布森的努力，另一方面归功于思想的整体方向，回顾符号学自那时起所走的路，可以用延伸（продолжение）和突破（преодоление）两个词来形容其主要趋势。这属于俄罗斯形式主义的财产，也属于巴赫金和普洛普的财产。"（Лотман，1996а: 7）

普洛普一生著述有一百多部/篇，其形式主义态度发端于1928年出版的《童话形态学》①（Морфология сказки）一书。"形态"（морфология）这一术语并不是借自植物学手册，也不是源自语法学著作，而借自歌德②。其遵循的基本符号学研究思路是：将同属某一类型的各种各样的符号对象中拥有同样价值的部分，概括为由有限的单位序列构成的基本同一的结构式。普洛普的理想在于为俄罗斯魔幻童话故事找出深层结构和转换规则，他的做法是将自然科学和语言学的方法运用到魔幻童话故事的分析中，他试图以此揭示魔幻童话故事的结构和类型，这种研究方法对后来的莫斯科-塔尔图符号学派和巴黎结构主义符号学派产生了深刻的影响。在占有大量俄罗斯魔幻童话素材的基础上，普洛普首先找到了"功能"（根据人物在情节过程中的意义而规定的人物的行为）作为其分析的基准，把魔幻童话故事定义为按时间线性展开的三十一种功能，按顺序依次为：缺席（отлучка）、禁令（запрет）、对禁令的违反（нарушение запрета）、加害者的刺探（разведка вредителя）、泄漏关于主人公的消息（выдача ему сведений о герое）、欺诈（подвох）、同谋（пособничество）、加害或缺乏（вредительство или недостача）、调解（посредничество）、开始的反对行动（начинающееся противодействие）、离开（отправка）、赠予者功能一（первая функция дарителя）、主人公的反应（реакция героя）、魔具的获得（получение волшебного средства）、空间转换（пространственное перемещение）、斗争（борьба）、做标记（клеймение героя）、获胜（победа）、缺乏被消解（ликвидация недостач）、返回（возвращение героя）、追

---

① 按照普洛普自己的说法，该书原本的名称为《魔幻童话神话学》（Мифология волшебной сказки），但出版社删去了标题中的重要限定，同时还删去了每节之前源自歌德的题词，因而影响了读者的正确理解。

② 歌德用"形态学"（морфология）这一术语将植物学著作和骨学著作联系起来，展示了认识整个自然规律的前景。

赶（преследование）、解救（спасение）、不相识的来者（неузнанное прибытие）、假主人公的无理要求（притязания ложного героя）、难题（трудная задача）、解决（решение）、承认英雄（узнавание）、真相大白（обличение）、变身（трансфигурация）、处罚（наказание）、婚礼（свадьба）。这三十一种功能均按照一定的次序出现，任何功能都不能取代和排除其他功能，因而一切童话故事的结构最终是一样的。普洛普通过描述功能、建立角色并将诸角色类别缩简成类属施动者这样一个双重操作程序，认为这些功能的不同组合规定出了七个"行动范围"，同七种行动元相对应：反面角色（антагонист/вредитель）；捐献者（供给者）（даритель）；助手（помощник）；公主或她的父亲（царевна или ее отец）；派遣者（отправитель）；英雄（герой）；假英雄（ложный герой）。这些功能和行动元构成了俄罗斯魔幻童话故事结构方面的恒常特征，为不变项，承担行动元角色的人物其地位、品质等参数可以发生变化，为可变项。至此，普洛普总结出了四条原理：第一，人物的功能是故事中的不变因素，不论这些功能由谁来完成，怎样完成；第二，童话中的功能数量是有限的，就俄罗斯童话的范围而言，共有31种功能；第三，每个童话都含有某些个上述的功能，其排列顺序总是相同的；第四，某些功能可以从固定的顺序中消去，某些功能可能重复出现。（Пропп，1969：25；俞建章、叶舒宪，1988：183）对于列维-斯特劳斯关于应该将成对的功能（如"禁令/对禁令的违反"）归为一个功能的反对意见，普洛普并不同意，原因在于：成对的功能可能由不同的人完成，提出任务的是一个人，完成任务的可能是另一个人；成对的功能中的后者可能是积极的也可能是消极的；成对的功能可能分布于不同的地方，为其他功能所分隔。

普洛普的另一部著作《魔幻童话的历史根源》被视为《童话形态学》的后续研究。在这一著作中，普洛普谈到了神话与童话结构在事件顺序方面的一致性，而这种事件顺序存在于古老的成年仪式中。普洛普通过大量的文本分析，揭示了众多童话对象的原初意义。如鸡脚小木屋处于活人世界和死人世界的边界上，进入先辈的世界是成年仪式的本质特征，进入小木屋的难度正与此相关；再比如老妖婆骨瘦如柴的腿是死人世界的特征。普洛普类似研究的意义在于通过重构遥远过去的社会设置来阐释童话，这种对过去文化实践的研究不仅是结构主义流派的典型研究，而且也是后结构主义的典型研究。

普洛普在后来的研究中致力于从交际角度看待民间文学。在《民间文学与现实》一文中，普洛普强调了童话作为交际活动的典型特征，认为童话指向非现实事物的特点与讲述形式的逼真特点之间的不相符强化了童话交际的影响。普洛普还特别关注童话中的空间和时间问题，认为童话空间是人类思维更早期形式的体现："民间文学只知道经验空间，即行为时刻环绕着主人公的空间。只有这个空间才存在。在此空间之外发生的事不可能成为叙事的对象。因此民间文学中不可能有不同地方同时出现两个活动场所的情况。"（Пропп, 1998: 310）普洛普认为童话情节本身就是情节发展的空间样式。普洛普发现了童话的另一个规律，即时间顺序不相容规律，认为叙事的展开所实现的只是一个视点，现代文学典型的视点更替在童话交际中是不可能出现的。普洛普认为，空间统一体平行于时间统一体："民间文学中的时间不能容许间断，正如空间不能容许这些间断一样。行为中没有也不可能有中断现象。如果主人公的行为暂时停止，那么别的主人公会马上仿效这一行为……既然已经开始，行为就会迅速向最终发展。"（Пропп, 1998: 313）时间具有不同于现实时间的特征，这是因为，空间可以凭经验掌握，而理解时间需要一定程度的抽象性。普洛普对于童话空间和时间的一般性解释，诉诸的是缺乏我们所熟悉的因果联系的古代思维形式，童话中行为的逻辑常常是由偶然性因素决定的。比如在魔幻童话中，主人公本身无能为力，常常是漫无目的地乱走，但在路上他会突然遇到老人或老妖婆给他指路并得到他们的帮助。对于讲故事的人只对行为感兴趣而不关注环境和人物的外表这一现象,普洛普认为,其中的原因在于无论从说话人还是听话人角度来看我们都有大众意识,而这会推动磨蚀掉这种细节化(детализация)。他认为,细节也是由大众化的转译(массовая трансляция)磨蚀掉的,而这种转译方面被普洛普视为民间文学与文学的一种区别。行为的动态性规定了童话交际"不关注环境"和"单主人公"等特点,普洛普指出:"俄罗斯民间文学没有多主人公特性,小说中有时可见的人物过多现象在民间文学中不存在也不可能存在。"(Пропп, 1998:309)

6. 修辞学方向

苏联时期受意识形态和政治因素的影响,修辞学渐渐地淡出了俄罗斯学界学术研究,因为意识形态正确的语言比从修辞学(риторика)角度来看纯粹正确的语言或巧妙的语言要更有力量。修辞学失去了作为交际学科的地位,而变成了纯粹的历史学科,中小学和大学也不再设置修辞学课程,这从某种程度上反映了当时时代的特点。而作为革命前一代和苏联一代之间的过渡性的一代学者,形式主义者仍然承认修辞学的地位,如埃亨巴乌姆、特尼亚诺夫均分析过列宁的演说风格。埃亨巴乌姆认为,列宁的演说没有特别明显的修辞手法,多用日常口语词汇和表达,他的一个基本风格特征是关注他人的风格——同好听的空话、夸夸其谈、大词等做斗争。关于列宁的演说风格,埃亨巴乌姆的结论是:"总的来说,列宁的风格是三种风格层次的独特结合:源于车尔尼雪夫斯基的俄罗斯知识界书面语言、俄语日常性和争论性语言(口头语)、古罗马演讲风格(西塞罗)。"(Почепцов, 2001:504)特尼亚诺夫关注的则是列宁风格中的词汇特点,认为列宁比较重视语境的角色和说话的时机,还特别注意到了列宁喜好将语词标上引号这一特点。他认为列宁的风格体现了西方革命风格的传统,受俄罗斯作家赫尔岑论辩风格的影响,列宁常用简练准确的表述和双关性的文章标题，并常常使用臆造的新颖词汇材料。在形式主义者之后，俄罗斯的修辞学传统为维诺格拉多夫（В. В. Виноградов）和戈夫曼（В. А. Гофман）等学者所继承。前者将修辞学作为自己的一个兴趣点，而后者则将主要精力放在修辞学研究上。

（1）维诺格拉多夫的研究

维诺格拉多夫（1895—1969）为苏联科学院院士，曾任苏联语言研究所、俄语所所长，就其学术倾向而言，他既否定什科洛夫斯基及其他形式主义者，同时也反对巴赫金[①]。维诺格拉多夫明确反对形式主义者将文艺学对象简单化的做法，比如他曾从方法论、语言学和批判视角全面批评了埃亨巴乌姆的《安娜·阿赫马托娃》一书。在《关于安娜·阿赫马托娃的诗歌》这部著作中，维诺格拉多夫选取"象征符"（символ）作为自己的分析单位，并从纯内容层面来加以考察，因为他认为正是这一单位能够揭示艺术家语言中的诗学意识的类型，在他看来，"象征符是作为诗歌作品成分的具有美学形式、局限于文学领域的言语单位。"（Виноградов, 1976: 373-374）维诺格拉多夫从三个方面对象征符进行了考察：在结构-语义层级中的不同位置经受的改造；功能性使用象征的手段；象征相互影响的体现。作品结构中的象征具有脱离整个作品结构的联想意义，它的意义由整体布局所预先决定。[②]除了言语象征符外，维诺格拉多夫还考察了事物象征符，因为在阿赫马托娃（А. А. Ахматова）的诗中，事物不是扮演着日常环境中的角色，而是指定了女主人公情绪变化的情感背景，诗人借助这些事物象征符

[①] 巴赫金与维诺格拉多夫有着相似的履历，两人同是1895年出生，同是1918年毕业于彼得堡大学，两人分别于1929年和1934年经历过与苏联司法系统的冲突，两人的学术兴趣都更多地集中在过去的文本（而不是同时代的文本）上。两人的研究对象均是语言学与文学的接壤地（因为跨学科特性而有时获得符号学的名称），不同的是，巴赫金强调多层级性和多结构性，而维诺格拉多夫排斥原则上的矛盾性和各种描写的补充性原则而走向了单一性理解的极端。

[②] 这其实是一种足够典型的结构主义态度，正如索绪尔强调的，成分不是由自身而是由它与其他成分的关系所规定的。

细腻地表达了女主人公的情感,在阿赫马托娃的诗中,部分事物象征符为个人所特有,独一无二。

风格问题一直为维诺格拉多夫所重视,他甚至只在作品的布局(архитектоника)与风格的交替相关联时才会考察结构问题。在《修辞学中的民间故事问题》(Проблема сказа в стилистике)一文中,维诺格拉多夫将风格学(стилистика)隐喻地称为生长在语言学和文学史边界的"野蒿"。维诺格拉多夫强调了民间故事的符号学本质:"民间故事——这是双料文学构成物,因为它是本身就包含了结构艺术装帧和修辞选择原则的语言结构(独白)之上的美学上层建筑。"(Почепцов, 2001: 514-515)同时,他从语言学角度给民间故事下了个定义:"民间故事——这是一种定位于叙事类口头独白的文学艺术作品,这是独白言语的艺术仿制品,它自身体现叙事题材,同时它似乎是按照直接讲述的方式构建的。"(Почепцов, 2001: 515)民间故事是一种典型的符号学对象,因为它融合了口头语言和书面语言两种独立的代码规范。

维诺格拉多夫还展示了能够作为形式主义补充的另一种范式,这种范式要求更为严肃地关注具体的文学和语言材料。而正是这种将细节化层次引入学术研究的做法从根本上改变了研究的论证和结论,使得研究从抽象的层次转向了对具体作品的分析。维诺格拉多夫在自己的研究中比形式主义者更为成功地将文学和语言学的方法融合在了一起。与此同时,他还指出了不同于索绪尔所说的语言学的言语语言学的构成类型,这是从语言学分离出言语语言学的方案。通过这种方式,他将言语语言学与关于文学作品语言的学科联系起来,这种批判性地对待索绪尔理论的态度显示出了不同凡响的远见。

总之,维诺格拉多夫就自己的兴趣和方法而言属于古典主义者,因而他不可避免地从受到部分争议的形式主义者的典型方向转向了更为适宜的学院派方向。

（2）戈夫曼的研究

戈夫曼（1899—1942）区分了两类散文：一类指向情节；另一类具有修辞主线，而情节退居次要地位。对于形式主义者偏爱的民间故事，戈夫曼清晰地描述了其特征："重心转移到这种叙事的可感受性上。单个词和词组的语义分量在增加和复杂化，语调和语音要素获得了意想不到的意义，句法因素不同寻常地被突出出来。"（Почепцов, 2001: 517）显然，这里体现出了戈夫曼关于文学的系统性观点。戈夫曼对歌曲的描述也体现出了鲜明的符号学特点，他认为在歌曲中言语材料服从于、从属于音乐材料。戈夫曼专门写了一本书《文学语言：概要和专题》（Язык литературы. Очерки и этюды）来探讨文学语言问题，试图将语言的理论问题与文学实践结合起来。在书中，戈夫曼主要分析了赫列布尼科夫（В. В. Хлебников）、果戈理（Н. В. Гоголь）、契诃夫（А. П. Чехов）等几个作家的写作手法。关于赫列布尼科夫，戈夫曼主要回答了这样两个问题：为什么对于赫列布尼科夫，对于未来主义者（不仅仅是俄罗斯的）来说，语言成了中心问题？为什么他们打着从根本上变革文学语言的旗号？关于果戈理，戈夫曼主要探讨了果戈理世界的二元性问题（充满英勇精神和浪漫主义的崇高世界与表现为低俗现实和庸俗存在的世界），认为其矛盾的双语性源于被矛盾分裂的世界观和风格。在分析果戈理的喜剧《钦差大臣》时，戈夫曼认为果戈理在人物的言语层面涉及当今符号学也没有研究透的人的符号学问题（而不是符号或文本的符号学），即通过言语描述人的问题。戈夫曼常常将话语的社会角度放到首要位置，这使得他与巴赫金的观点比较接近。如果说形式主义成长于对主要结构和主要意义的分析，那么巴赫金和其他学者下一步所做的就是转向分析语境（контекст），即非直接意义和间接交际。戈夫曼也提到了语境问题，认为对语词的解读不是源于词典意义，而是源于交际意义，决定性因素是语境，他指出："当我们听到一个词或词组时，为了完整地弄懂意思，我们将它置于某种现有的或暗指的语境，将其放入某个谈话的领域，从确定的意思层面和确定的方面来理解它。这个领域和这个方面不仅取决于客体条件和交际情形，不仅取决于谈话对象和对该对象的视角，还取决于交际参与者的主观心境、自我感觉及其对谈话、谈话对象、谈话对方等的情感态度。"（Гофман, 1936:329-330）这种对间接交际、对语境的分析体现在他对契诃夫创作的研究中。戈夫曼认为契诃夫笔下的词常常不仅表达具体的意思，还表达了词背后的氛围（атмосфера），词语只是一种指向真正思想和感情的桥梁。根据契诃夫对语词的特殊使用，戈夫曼使用了手势词（слова-жесты）和概念词（слова-понятия）这样的术语："契诃夫为组织人物对白，非常广泛地使用作为手势的词，使用作为主观象征表现力手段的词，这不仅偷换了直接的、客观上有意义的思想表述，而且经常偷换手势。换言之，人物经常不仅不讲述、不表达思想和心情，不将其通过语词客体化，即不是概念性地、逻辑上有意识地、完全分开地加以客体化，而且甚至通过使用手势词来表达思想和感情，并且只是远远地暗示它们，好像通过偷换征象来隐藏它们，就真实的思想和体验而言要说谎。"（Гофман, 1936:363）"在这种手势背后隐藏着深入的、复杂的，但并未客观体现的、主观的、非言说出来的语境，该语境完全只能加以猜测，只能部分地不连贯地在概念词中实现。当作为词时并无区别的手势词，突然严严实实地碰上这些概念词时，也就是说当它们在人物意识中已从情感表现手段被纳入所表达的意义语境时，就出现了手势词的语境无意义性现象：它们变得模糊不清，将意义混作一团。"（Гофман, 1936:364）戈夫曼在分析手势词与意思词（слово-смысл）的冲突时对此做了进一步的解释："当这些手势好像无意地流露出来时，当人物故意用言语手段暗示或隐瞒，装腔作势或说俏皮话、玩弄语词时，在手势词讽喻式、象征性的主观意思中就会显现出庸俗性，这些暗示或装腔作势是主观态度——心情的一种表现，经常是为了某种心理的影响，为了给周围人留下印象。"（Гофман, 1936: 364-365）非常常见的情况是，交际对白中出现的不是意思词，而是征象词（слово-симптом）：它不是表示什么意思，而是发出信号。应该强调的是，戈夫曼特别重视语词的修辞特征问题，语词发挥功能的社会环境就是透过其修辞特征得以显现的。关于契诃夫笔记本中的文本，戈夫曼写道："失去了现实语境，这些带有个人典型言说方式的片段在这里只是纯粹的言语特征模式。它们的潜在表达力在这里被孤立，几乎摆脱了语词客观语境意思的某种影响。语词在这里表达自己的修辞属性，意指的并不是意思，而仅仅是意思的基调和自己起作用的环境；语词的意义扮演着修辞层面，甚至语言、方言和行话的体现者角色。"（Гофман, 1936: 372）

此外，戈夫曼认为，不同时代的文学性是不一样的，因此需要类似"为艺术而艺术"和"为生活而艺术"等意识形态层面论据的支持。戈夫曼区分了模仿（эпигонство）和发明（изобретение）：发明者自己制定结构原则，而模仿者取用现成的结构原则。戈夫曼还分析了言语方式（манера речи），认为言语方式与内容不同，它指向说话人自己。戈夫曼比较重视话语接受者的视角，倾向于从观众而不是作家的角度来分析话语，戈夫曼认为契诃夫的写作风格体现的正是这种方式，契诃夫作品中重要的不是说了什么，而是什么没说。特别值得一提的是，戈夫曼对十二月党人所着燕尾服的象征意义的探讨，与洛特曼对十二月党人日常行为（бытовое поведение）的符号学研究有着异曲同工之妙。

7. 文化学方向

从整体上来看，十月革命后至二战前的俄罗斯符号学研究有两个主要方向：一个是形成了统一流派、具有统一的方法论基础、占据主流地位的形式主义方向；另一个则没有形成统一的流派，主要表现为各个学者多样性的研究。在后者多样性的研究中，文化学方向的研究因为对丰富的文化现象的深入考察及与传统研究密切的渊源关系，而为俄罗斯符号学的发展提供了深厚的理论基础和广阔的发展环境。这一时期属于文化学方向的主要学者有弗洛连斯基（П. А. Флоренский）、Е. 特鲁别茨柯依（Е. Н. Трубецкой）、弗雷坚别尔格（О. М. Фрейденберг）、维诺库尔（Г. О. Винокур）、维果茨基（Л. С. Выготский）、博加特廖夫（П. Г. Богатырёв）、吉韦列戈夫（А. К. Дживелегов）、雅沃尔斯基（Б. Л. Яворский）、埃尔别尔格（К. А. Эрберг）、戈尔恩费利德（А. Г. Горнфельд）、卢里耶（С. Я. Лурье）等。

（1）弗洛连斯基的研究

弗洛连斯基（1882—1937[①]）因为其充满宗教色彩的独特的符号学观点在学术界影响颇深。他留下的符号学遗产主要涉及五个方面：关于符号的学说、语言学和交际学中的词、魔幻理解中的词、空间和时间符号学、可视符号学领域。（Почепцов, 1998: 195）

弗洛连斯基对符号的基本定义是：符号是一种不是它自身，而是高于它而本质上又是借助它加以表达的东西。随后他在另一个定义中表现出明显的宗教色彩："符号是这样一种本质，它的能量同另一个更高的本质相互融合，因此尽管显得有些矛盾，但也可以说符号是一种高于它自身的现实。"（Почепцов, 1998: 197）同时，弗洛连斯基强调符号没有明确的边界，具有无限性，因而无法列举出它的所有方面。他认为词在最高程度上符合这种符号定义，受到他的科学观念的影响，他试图实现词和符号从主观平面向客观平面的转移，从符号性向物质性的转变。他认为词是一种"两栖动物"，因为它是内部世界和外部世界之间的中介，由此他看到了词的"魔幻"特性。针对"魔

[①] 因弗洛连斯基在 1933 年和 1937 年先后两次被判刑，对于他的死，官方说是 1943 年，但一般认为是 1937 年，因为自那以后他就同亲人失去了任何联系。

幻"词起作用的方式,他认为词是一个有自己的结构和能量的有机体,只要词与个体的联系得以确立,交际过程中的其他事都是自然而然的了。可见弗洛连斯基赋予了词强大的交际能力,他甚至认为词就是说话者。

弗洛连斯基在艺术领域内的探索也反映出其深厚的符号学理论造诣,这首先体现在他对艺术作品中空间和时间的分析上。他认为诗和音乐侧重于时间上的组织,以期能让读者或听众根据作品的题旨想象这些题旨的实现过程。对于空间,他认为关注空间组织是各种艺术创作的共同点:"艺术家的目的就是使现实改换面貌,但现实只是一种特别的空间组织;因此,艺术的任务在于重组空间,即用新的方式组织空间,用自己的方式安排空间。"(Почепцов, 1998:208)弗洛连斯基试图由这个理论基本点出发来解释各种艺术形式,尤其是形象艺术。如线条画以动态的感受为基础,因而组织的是动态空间,在这里画家追求的是影响世界;建筑师和雕塑家只能以一种错觉的方式来构造空间,因为建筑物和雕塑所处的事实空间过于强大,艺术家根本无法与之抗衡;诗人描述空间,是为了让读者自己想象构造这个空间的具体形象,允许理解的多样性;戏剧由于其构造材料本身具有强烈的可感知的情感倾向,不太追求观众的多样性理解。不同艺术门类所运用的空间组织手段很大程度上表现出同质性,这是由艺术家从偶然到不变这样一个共同的历程所决定的,这样就分别形成了音乐、建筑、雕塑各自的空间性特征:节奏感、对称性和突出性。

(2) E. 特鲁别茨柯依的研究

E. 特鲁别茨柯依对圣像画的研究颇具符号学的启发意义。E. 特鲁别茨柯依认为教堂建筑对写生画的类型有影响,与弗洛连斯基认为要在博物馆的语境下理解圣像的观点类似,E. 特鲁别茨柯依也认为圣像画不是独立的表述(сообщение),对圣像画的分析只能在教堂的语境中才能进行,同时指出圣像画与现实主义写生画的区别在于:由于受制于教堂的建筑线条和圣像壁的结构特点，圣像画中人体的几何形状往往缺乏现实主义写生画所具有的合理的比例感，但人物所体现的建筑风格却表现出非同一般的对称性。对这一点，E.特鲁别茨柯依用另一个概念"圣像的建筑性"（архитектурность иконы）来加以解释：人不再是独立的个体，他要服务于整个教堂建筑的需要。由此得出了圣像画的象征性（符号性）特点，因为这种"教堂性"反映的是人类的将来："圣像不是肖像，而是未来教堂中人类的原型。因为我们在现今有罪人群中看不到这样的人类，而只能进行猜测，因此，圣像只能作为象征未来人类的描绘。"（Почепцов，1998：217-218）在此基础上，E.特鲁别茨柯依进而指出事物图像的本质就是象征，绘画艺术中的任何形象本质上都是事物不同方面、不同世界观、不同整合程度的象征。他把圣像称为眼睛的节日，从而开始解读色彩的符号性，他认为太阳色即金色在色彩体系中处于中心位置，它是上帝的色彩，其他各种颜色都受其支配。

此外，1922年，E.特鲁别茨柯依发表了一篇文章专门论述民间故事的形式特点，这可以算作后来俄罗斯形式主义者研究的一个原型，尤其是他对故事主人公的傻瓜形象做了深入的分析，认为在世界文学界广泛存在的那种缺乏正常理性思维却往往能未卜先知、不作为但往往能获得生活的成功、看似傻实则智的傻瓜形象往往可以视作是对理性思维的一种挑战。

（3）弗雷坚别尔格的研究

弗雷坚别尔格（1890—1955）对于符号学最显著的贡献在于他对古代意识（архаическое сознание）[①]的研究。弗雷坚别尔格所处的时代，学术与意识形态不可分割地联系在一起。这从弗雷坚别尔格对于诗学的定义可见一斑："诗学是关于作为社会意识形态的文学现象的规

[①] 弗雷坚别尔格和巴赫金都在从事内容的结构化工作。如果说弗雷坚别尔格在这方面将注意力放在古代意识上面的话，那么这种大众意识在另一个阶段的另外一种体现方式就是巴赫金的狂欢化。

律的学科。"（Фрейденберг, 1997: 12）在《情节与体裁诗学》（Поэтика сюжета и жанра）一书中，弗雷坚别尔格试图寻找文学的语义与其形态的统一体，其研究对象是情节与体裁的文学前阶段、非文学向文学转变的过程。对于原初思维，弗雷坚别尔格则是透过食物隐喻、生产隐喻、死亡隐喻进行分析的。弗雷坚别尔格寻找规律和证据的领域既包括口头言语领域，又包括非口头言语领域，因为他认为过去的神话不仅在语言中实现，还在事物和行为中实现。这种在其他代码中寻找证据、探寻同时在多种符号语言中实现的规律的研究思路正是符号学研究的典型特征。

弗雷坚别尔格研究的一个显著特点是重视隐喻。弗雷坚别尔格认为不应该在同一体（тождество）的分解处去寻找区别，区别是同一性最本质的特征，而形象行使着同一体的功能。他认为原始形象性系统是以等同（равенство）和重复（повторение）的形式来理解世界的系统，而形象的具体化则应归功于隐喻。弗雷坚别尔格认为："隐喻是更确切的形象……形象的形成要靠个别的、完全不同的、被具体使用的隐喻的帮助；这样一来，它们语义相同，但形态上总是不同。"（Фрейденберг, 1997: 763）弗雷坚别尔格解释了原始人生活所处的统一的符号网络，认为原始人在自己的日常生活中都是在做天空、太阳或地球所做的事，原始人的生活就是对宇宙行为的密集重复。弗雷坚别尔格分析了饮食符号学（семиотика еды）问题，认为婚礼、葬礼等人的任何行为都与饮食的某种方面相联系，甚至笑也被隐喻地视为一种结果子的过程。弗雷坚别尔格将隐喻同神话联系起来，认为神话既不可能是寓喻，也不是什么东西的象征，神话除了自己以外，没有能力表达其他东西；他同时强调了神话形式和内容的区别，解释了神话中缺少概念因果网络的原因，考察了神话中叙事的方向性。

关于叙事（наррация），弗雷坚别尔格认为必须划分叙事的两种空间范畴（远空间和近空间）和两个时间层面，他认为叙事出现于过去与现在、此世界与彼世界分离之际,标志着新的思维类型的出现。

(4)维诺库尔的研究

维诺库尔(1896—1947)将被形式主义者坚决排除在外的生平(биография)[①]作为自己的研究对象[②]。维诺库尔在对待诗学的态度上持明确的语言学立场,他的著作《语言的文化》就是以论证应用语言学开头的,在这部著作中他受到了索绪尔的影响,但他更多强调的是语言的交际方面。与形式主义者将诗学语言与日常语言对立起来不同,维诺库尔看到的是诗学语言与非文学作品语言的对立,与此同时他特别关注报纸语言。维诺库尔强调语言学方法的优先地位,认为语言学家在语言中发现的所有要素都会在诗学结构中重复。事实上,符号学所走的正是用语言学方法分析非语言学对象这一路径。维诺库尔将语言与文化联系起来,认为:"语言就是文化传统,很明显,这一传统的基本结构、它的不变界限只会随着文化本身的变化而变化。"(Винокур, 1925:55)他宣称,如果俄罗斯文化突然变成了埃及文化、佛教文化或者中国文化,那么俄罗斯的语言学传统也会立即消亡。维诺库尔也是虔诚的形式主义者,他充分认识到了形式主义方法的优点,但更多是强调结构方面,比如他对修辞性话语的理解是从结构入手的,他认为修辞性话语的结构本身是通过成分的相互关系、对比、布局来揭示制约整个话语的修辞任务的。

维诺库尔对符号学领域最有意思的贡献在于他试图从美学角度来认识人的一生。在提出将人一生的历史作为分析对象时,维诺库尔强调应从结构方面来理解生平。他认为:"生平作为具有高度复杂性的一

---

① 洛特曼也提到过生平问题,他认为:"远远不是每一个在这个社会现实中活着的人都拥有传记权。每一种文化类型都在制订自己的'没有传记的人'模式和'有传记的人'模式。"(Почепцов, 2001:612)

② 巴赫金一般将维诺库尔排除在诗语研究协会的圈子之外,而将其视为福尔图纳托夫(Ф. Ф. Фортунатов)开创的莫斯科学派的继承者,而不是库尔德内(Бодуэн де Куртенэ)开创的彼得堡学派的继承者。

种历史现象，当然不仅仅是一种结构，而好像是结构的结构，即这样一种结构，其中每一个单个的成员本身也具有构成结构。"（Почепцов，2001：609）同时，维诺库尔认为个体生活在社会现实的框架之中，个体的发展是维诺库尔关注的焦点问题。分析个体发展时，维诺库尔用到了"句法"（синтаксис）这一术语，将个体发展界定为句法上展开的个体，并列出了两类现象：其一是作为生平外部材料的当前社会现实，其二是发展中的个体。关于这两类现象相互之间如何联系，维诺库尔引出了"体验"（переживание）这一概念，即外部事实向内部事实的转化，"体验就是我们分析历史与个体之间的关系所体现出来的形式"（Почепцов，2001：610），并借用语言学术语"内部形式"（внутренняя форма）来解释体验："体验就是生平结构的内部形式，在这一特点上，它也是生平意义和内容的载体"（Почепцов，2001：610）。举止、风格、手势等均被维诺库尔视为某种体验的表现。此外，维诺库尔还对生平中的重复事实给予了关注，这种重复现象不仅见于个人，还见于不同的人之间，而当典型的行为样式被树为标准和规范之后，这些行为模式就会影响到现实的行为样式。①

维诺库尔还特别强调语文学的跨学科属性，试图寻找生平和诗学之间的结合点，认为诗学的修辞形式与个体一生的修辞形式相吻合："从传记作者的观点来看，史诗不仅是一种特别的文化现象，更是某种作者的行为、他的行为方式。"（Почепцов，2001：612）语词不是被维诺库尔视为观念的符号，而是指向说话者个体的特征。②事实上，在维诺库尔的研究中常见符号学语境及对表述的代码特征和代码基础的强调。

---

① 与此类似，洛特曼分析十二月党人的行为时就是要挖掘他们行为的符号学规范。
② 这与巴赫金的观点是相似的，巴赫金认为："不是什么在词语中被说到了，而只是他在这个语词中说了什么——目前我们的问题是这样表述的：不是什么被说到了，而是被谁说和如何说。"（Почепцов，2001：612）

(5)维果茨基的研究

维果茨基(1896—1934)反对形式主义的简化主义和机械论,也不同意索绪尔将形式与材料相脱离的观念,更倾向于从交际角度来看待文学现象。关于文学交际的指向性问题,维果茨基指出:"艺术的情感本质上就是内容丰富的情感。它们主要体现在幻想形象中,而不是表现为紧握拳头和颤抖哆嗦。"(Выготский, 1986: 265)维果茨基认为:"任何文学作品——寓言、短篇小说、喜剧——自身一定都包含着激烈的矛盾,这会引起相互对立的感情,并导致它们的'短路'和消亡。这可以称作文学作品真正的效果,这样一来,我们正在接近亚里士多德在解释悲剧基础时提出、随后又在谈论其他艺术时不止一次提到过的概念'净化'(катарсис)。"(Выготский, 1986: 267)

紧随波铁布尼亚,维果茨基也试图解释寓言的美学问题,他试图证实寓言完全属于诗学,所有艺术心理学规律都适用于寓言,并提出了寓言高潮(катастрофа басни)[①]的概念来解释寓言的结构特点。

(6)博加特廖夫的研究

博加特廖夫(1893—1971)无论就研究工作所使用的方法而言,还是就研究对象的多样性而言,都是一个纯粹的符号学学者。他研究了木偶戏、演员剧、民族服装、圣诞树、商贩的叫卖声,体现了符号学研究鲜明的跨学科特性。博加特廖夫提出了在一个符号系统的背景下研究另一个符号系统的理解问题,比如以一种斯拉夫语言为背景研究另一种斯拉夫语言。事实上,考察符号系统的类似关联和冲突问题正好能凸显符号学方法的魅力。

[①] 在维果茨基看来,寓言高潮是寓言的结尾部分,此时,矛盾的两个方面会联合在一个方面、一个行为或一个句子当中,表现出自己的矛盾性并将矛盾推至极致,与此同时也会缓和在寓言展开过程中总是不断增强的感情的这种双重性。维果茨基指出:"就好像两组相反的电流发生短路一样,此时矛盾本身会爆炸、烧尽、获得解决。激烈矛盾的这种解决过程发生在我们的反应中……在高潮处,寓言好像汇聚成了一个点,紧张到极限之后猛地一下解决作为其基础的感情冲突。"(Выготский, 1986: 181)

正是基于这种跨符号系统的研究思路，博加特廖夫构造了戏剧和绘画艺术这两种代码类型的系统对立图。考察服装问题时，博加特廖夫发现对于集体的不同成员而言服装具有不同的功能；考察习俗问题，博加特廖夫认为同一个习俗在不同地域反映的是不同的意义①；考察民间文学问题时，博加特廖夫运用索绪尔的术语，认为民间文学典型地指向语言（language），而文学则典型地指向言语（parole）（Богатырёв，1971：375）。

（7）吉韦列戈夫的研究

吉韦列戈夫（1875—1952）作为一个著名的文化学家，将城市视为某种符号锅炉（семиотический котёл），认为一系列新的符号代码能在其中孵化形成。他认为："文艺复兴时代文化的试验室就是城市。文艺复兴与中世纪文化的对立就是城市制度与封建主制度的对立。文艺复兴是打下了思想根基的城市文化。不能将文艺复兴与其生长的土壤（即城市的土壤）割裂开来。不能仅仅将文艺复兴当作思想演变来进行研究，不能忘记它的社会根源。城市文艺是一种神奇的结构整体。"（Почепцов，2001：622-623）吉韦列戈夫认为，城市是各种符号语言共存的第一种样式，由各种符号语言构成的系统变成了一种相互影响的系统，而在中世纪这些符号语言之间是一种相互排斥的关系。吉韦列戈夫认为从封建主制度向城市制度转变的一个主要原因是自由程度的增长，这种转变最主要的方面并不在于存在几种符号语言，而在于对以往社会所规定的主要规范的偏离；对自由有新感觉的同时也是对以往符号语言的拒绝。

（8）雅沃尔斯基的研究

雅沃尔斯基（1877—1942）属于无论在俄罗斯还是在西方都没

---

① 博加特廖夫在这里指的是功能的重新分配问题，比如圣诞树在城市只保留着美学功能，而在农村地区其主要功能则是魔法功能。

有得到应有评价的音乐学家①。他的研究具有明显的跨学科特征,他甚至通过分析音乐材料来把握整个时代的风格,将时代的特征与同一时期音乐的典型节奏联系起来,比如浪漫主义时代会导致意大利、西班牙、法国、茨冈等各国旋律的引入。涅加乌兹(Г. Г. Нейгауз)认为雅沃尔斯基的分析很好地将冲动、直觉、诚挚的感觉与基于最冷静、甚至是干巴巴的和形式主义的科学研究的理性结合起来。(Почепцов, 2001:627)

雅沃尔斯基同时也关注不同符号语言发展的相似性,比如18世纪替代循环叙事模式(变奏曲、组曲)的对称展开模式(奏鸣曲)与文学观念、悲剧、颂诗一样,反映了那个时代的言语逻辑思维的特点。

(9)埃尔别尔格的研究

埃尔别尔格(1871—1942)强调时间因素对于理解音乐、诗歌和雕塑形象的必要性,认为动态艺术的一个特点是由于其包含时间因素而可以从中洞察变化和发展。他甚至找到了科学家和画家创作特征的相似之处,二者分别"用创造性制胜之剑和创造性仇恨之剑将大自然劈开",不同的是二者分别赋予了剑"真"(истина)和"美"(красота)这两个不同的名称。

埃尔别尔格用符号(знак)这一概念对诗歌、戏剧、音乐与建筑进行了对比分析,认为建筑总是在同材料打交道,而诗人运用的语词、演员采取的手势以及作曲家使用的音符都是符合某些观念的符号。显然,埃尔别尔格强调的是符号的内容方面。埃尔别尔格的一个典型观点是将创作视为克服障碍(преодоление преград),认为音乐家、文学家、建筑师、雕塑家克服的是大自然不同的障碍。与此同时,即兴创作也是埃尔别尔格研究的一个中心主题,他分析了过去即兴创作的大

---

① 巴赫金对雅沃尔斯基的评价是:"他(雅沃尔斯基。——笔者注)创建了整个流派,但他不是官方的,没有得到承认。现在他甚至被遗忘了,但他当然是一个很有声望的、事实上很深刻的音乐学家。"(Почепцов, 2001:632-633)

量例子，认为这种创作形式在当前的消失源于当前现实错误地只重创作结果而不关心创作过程的认识。

（10）戈尔恩费利德的研究

戈尔恩费利德作为一个积极的文学批评家，特别关注系统性因素。他将艺术作品称为符号系统："艺术作品就是在个体形象中被赋予的完整符号系统，艺术家借助这一系统明确自己对存在的看法。"（Горнфельд, 1922:191）戈尔恩费利德认为艺术和科学都是将分散的东西抽象化、引入系统，两者之间的不同不在于结果而在于方法。戈尔恩费利德反对形式主义脱离创作方面来简单化地分析作品形式和结构的做法，也反对分析诗歌创作时运用统计学的方法，并通过一系列评论对什科洛夫斯基等形式主义者的作品和思想进行了批评。

在《语词的痛苦》（Муки слова）一文中，戈尔恩费利德认为，作为工具的语词没有能力适宜地表达人的思想，语词和思想经常会不相符，进而谈到了对交际的理解问题。戈尔恩费利德认为："语词表达的思想在听话人那里的样貌不同于在说话人那里的样貌。这样就产生了不理解。"（Горнфельд, 1922:43）值得注意的是，戈尔恩费利德关于不理解（непонимание）的认识与洛特曼①的认识非常吻合。在分析说话人和听话人代码不相符的现象时，戈尔恩费利德提到了音乐："如果说语言是多义的，那么音乐当然多义得多。"他认为在表达无法表达的东西方面音乐和语言之间的区别不是类型上的区别，而只是程度上的区别。

戈尔恩费利德同时也是一个阐释学研究者，不同于传统文学理论认为文学作品的意义包含在它的整个思想之中的观念，戈尔恩费利德十分强调文学作品的多义性，认为文学作品所有部分的相互依赖关系使它成了一个系统，文学交际的本质成分就是洛特曼后来也经常强调

---

① 洛特曼认为："在正常的人类交际乃至语言的正常运行中本身就有一个关于说话人和听话人起初不同一的假定（предположение об исходной неидентичности）。在这些条件下，说话人和听话人语言空间交义的情境倒成了一种正常的状态。"（Лотман, 1992:14）

的多义性。同时,他引入读者、观众、听者三位一体来阐释艺术形象的理解问题,充分体现了戈尔恩费利德关注人周围的多样性代码这一倾向。

(11)卢里耶的研究

卢里耶(С. Лурье)是一个知识渊博的文化历史学家、古埃及学家、古典语文学家、数学和哲学历史学家,他的研究具有鲜明的符号学指向性。研究古希腊罗马社会思想史时,他认为国家的公社、城邦或者其分支是道德感情的对象,因此个人追求个体幸福的权力是受限制的。在研究前文字社会问题时,卢里耶提出了从后续时代留存的遗迹、遗址中重组或反推的方法。他认为:"我们应该仔细地收集那些从我们心理技能角度来看不可解释但证明了某种独特性的所有事实。"(Почепцов, 2001: 649)[①]如同巴赫金考察狂欢化现象一样,卢里耶也非常清晰地描写了农神节(сатурналии)的规则,认为其典型特征在于"社会相互关系似乎完全颠倒:主人站到了奴隶的位置,听命于奴隶,而奴隶被允许做很多事情:不仅获得了自由,而且甚至能发号施令"(Почепцов, 2001: 650)。当然,时至今日,学界仍然无法完全解释这种行为代码的更替现象。

三、俄罗斯符号学的过渡期 —— 雅各布森与巴赫金的理论思想(20世纪中叶前后)

在俄罗斯符号学史上,雅各布森和巴赫金的研究属于过渡型研

[①] 值得一提的是,普洛普采用的正是这种研究思路。普洛普指出:"在我们的科学中,与自下而上的研究一起存在的自上而下这一相反的方向也广为接受,也就是说通过分析晚期的材料来重建早期的神话基础。这种由马尔(H. g. Mapp, 1865-1934)为语言研究而展示的古生物学研究原则上是正确的,对于民间文学研究也完全适用。但这条道路更为冒险更为困难。当没有关于早期阶段的任何直接材料时,走这条道路则是必须的和不可避免的。"(Пропп, 1998: 169)

究，他们两人分别是莫斯科语言学传统和彼得堡文学传统中的重要人物。一方面，他们接受的是传统的教育，如雅各布森与莫斯科结构主义语言学存在着直接的渊源关系，巴赫金则深受 20 世纪初俄罗斯形式主义文学理论的影响，在他的理论中能明显感受到形式主义元素的存在。另一方面，他们又对莫斯科—塔尔图符号学派的产生有着最为直接的影响，如洛特曼偏爱二分法是直接受雅各布森结构主义方法的影响，巴赫金关于法国诗人拉伯雷的文集直接导致莫斯科—塔尔图学派向文学符号学的转向。从时间上看，雅各布森和巴赫金也正好处于俄罗斯符号学从成型到成熟、从现代进入当代的过渡时期。

1. 雅各布森的思想

雅各布森（1896—1982）无论是在俄罗斯符号学的形成过程中，还是在形成以后的发展过程中，都起着举足轻重的作用。他一方面是莫斯科语言学小组的首任会长，另一方面是彼得堡诗语研究协会的积极分子（他将捷克诗歌与俄罗斯诗歌进行对比的著作是协会出版的第一批专著之一），后来又成为 1926 年成立的布拉格学派的重要成员，丰富的学术活动及与同时代知名学者的广泛接触和对话为他的学术研究奠定了坚实的基础。值得注意的是，雅各布森一方面是俄罗斯国内各个学派之间的纽带，比如："雅各布森在莫斯科-塔尔图学派的参与者中占据着特殊的地位，原因在于他是学派成员与形式主义者之间活跃的联系环节。"（Почепцов, 2001:353）。另一方面他也是俄罗斯学界与西方联系的桥梁，如波切普佐夫就认为："雅各布森是俄罗斯形式主义者的观念与西方之间的联系环节。正是因为他，俄罗斯形式主义学派的观念才得以进入西方，包括进入法国的结构主义。"（Почепцов, 2001:349）事实上，雅各布森的确促进了形式主义学派思想在西方的流行，这不仅归功于他的研究，同时也归功于他的教学，正如列维-斯特劳斯写到的："雅各布森用一种无与伦比的艺术阐述自己的新观点，这使得他成了我有幸聆听过的最耀眼的教授和报告人"。(Почепцов, 2001:354-355) 1952 年,雅各布森开始强调建立关于符号系统的一般科学的必要性,并经常谈到广泛开展符号学研究的必要性,这在一定程度上促进了符号学 20 世纪 60 年代在世界范围的迅速发展:先是在苏联,然后在美国,稍后又在西欧和中欧的不同国家。雅各布森参加了 1965 年华沙国际符号学研讨会和 1966 年莫斯科-塔尔图学派的符号学夏季研修班,对一般符号学问题和符号学个别问题进入了深入的研究。

(1)符号分类思想

在思考皮尔斯的符号学观念时,雅各布森试图解决符号学最为现实的一些问题,这些思索体现在《寻找语言的本质》(В поисках сущности языка)一文中。雅各布森对皮尔斯根据能指与所指的不同关系类型(семиозис)将符号分成象似符(иконические знаки)、索引符(индексные знаки)和象征符(символические знаки)的符号三分法进行了进一步的解释。他指出,象征符(如语言)中能指与所指之间的约定性联系也存在于另外两种符号中,如写生画以相似性为基础,应属象似符,但将三维物体投射成一幅二维的写生画,这其中是有一些约定性的规律的。作为象征符的语言符号的各个层级中也都存在象似性的成分。由此出发,雅各布森认为,这三类符号并不是各不相同的、自主的符号类型,这种分类考虑的只是能指与所指之间起主导作用的不同关系类型。事实上也的确存在过渡型的符号,如象征-象似符、象似-象征符等等。同时,雅各布森进一步扩展了皮尔斯的三分法理论,从"相似性/相关性"、"事实的/约定的"这两组二项对立的不同组合中,雅各布森看到,除了皮尔斯所说的三类符号:事实相似符号(即象似符)、事实相关符号(即索引符)和约定性相关符号(即象征符)外,还应存在第四种组合,即约定性相似符号,他认为,第四种组合对于音乐而言是非常典型的。

雅各布森还从符号的生成方式角度将符号分为直接由机体产生的

符号（如手势）和借助工具而产生的符号（如钢琴曲）。他认为，借助录音机、电话机、收音机等现代技术手段进行言语信号的传播不会改变言语本身的结构，但这种时间或空间的距离感会对交际双方的关系及话语表达的方式产生很大的影响，因此，不能把电影、电视等媒介形式仅仅看作复现现实的技术手段，如电影已经由对各种视觉形象的机械复制发展为一个复杂的自足的符号系统。雅各布森将戏剧表演看作是一种特殊的展示（демонстрация），因为戏剧里演员表现剧中角色与商店里陈列的货品代表同类产品在本质上是一样的，都是把事物本身当作符号。雅各布森在考察索引符号时，强调要区分信息（информация）和交际（коммуникация），因为经常存在没有发话人（адресант）的情形。如动物不会故意给猎人留下脚印，但是这些脚印起着能指的作用，使猎人能得出所指，即获得关于动物类型、运动的方向和离开的时间等方面的信息。这是典型的索引符号，但动物不能被视为发话人，只能作为信息的来源。而交际一定要包含事实上的或假定的发话人和听话人。

雅各布森在考察符号的表达与人体五官间的对应关系时注意到，符号世界中的绝大多数符号都是通过人的视觉或听觉感知的，因此他对视觉符号和听觉符号进行了比较：前者的构成一定与空间相联系，由一系列同时性成分构成；而后者由一系列继发性成分构成，其结构因素总少不了时间（以同时或先后的形式出现）。"象似符号在纯空间、视觉符号中的主导地位和象征符号在纯时间、听觉符号中的主导地位使我们有可能弄清与符号系统的划分、随后的符号学分析以及心理学阐释相关的一些原则间的关系。"（Якобсон, 1985：323）这也成为符号分类的另一种形式：空间关系符号和时间关系符号。

（2）符号学定位思想

伊万诺夫曾经指出："符号学由对各种符号仅凭印象的研究慢慢变成一门严肃科学，这个转变正是由雅各布森开始的。"（Иванов,

1985: 26）可见，雅各布森在符号学学科地位的形成方面发挥着重要的作用。关于符号学的研究对象，雅各布森强调："符号学不仅有权力而且也应该在全部系统这一规模上研究所有类型符号系统的结构，解释它们之间不同的层级关系、功能网络以及普遍性的或区别性的特征。在代码（код）与表述（сообщение）或者在能指（означающее）与所指（означаемое）之间关系上的区别，无论如何也不能说明从符号学研究中剔除某些类型符号（比如非任意性符号或者避免了社会化的泥沼而在某种程度上保留了自己的唯一性的符号）这一恣意妄为的个人企图是对的。符号学正因为是关于符号的科学而理应囊括所有类型的符号（signum）。"（Якобсон, 1996: 161）

雅各布森首先是从交际的角度认识符号学的，他通过对符号学、语言学和一般交际科学的关系来给符号学定位。他认为三者构成一组同心圆，符号学研究那些借助表述（сообщение）进行的交际，位居中间；语言学研究借助言语表述进行的交际，在最里层；而一般交际科学研究任何形式的交际，包括社会人类学、社会学和经济学，位于最外层。他认为，研究符号不能归结为研究语言这样的纯符号系统，它应该包含对应用性符号结构，如建筑、服装、饮食等的研究。雅各布森进一步指出，每一幢建筑都是一种建筑类型，同时也是一种表述类型；每一件服装都符合这样或那样的实用性要求，同时也表现出不同的符号特征，博加特廖夫[①]曾对斯洛伐克的民族服装做过专门研究。

雅各布森符号学思想的核心概念是结构。1920年，在布拉格接触到索绪尔的著作之后，雅各布森为索绪尔将研究重点不是放在研究对象本身而是放在它们之间的关系上而感到非常惊奇。这立刻使他联想起法

[①] 一战期间，博加特廖夫曾与雅各布森及同属莫斯科语言学小组的雅科夫廖夫（Н. Ф. Яковлев）一起在莫斯科省的一个县完成了对具体社会环境下的语言和民间口头创作的描写工作，并将研究结果写成手稿，可惜手稿丢失。另外还与雅各布森一道指出了语言学与民间口头文学的共同特征。

国画家布拉克（Georges Braque, 1882-1963）和毕加索（Pablo Picasso, 1881-1973）"不重视事物本身而重视事物之间联系"的创作风格。而事实上在此之前，结构问题就已经成了雅各布森关注的对象。雅各布森写道："新诗学实践、我们时代物理学上的量子运动以及大约是 1915 年我在莫斯科大学接受的现象学观念指引着我的探索。正是在 1915 年，后来很快成立了莫斯科语言学小组的大学生团体决定研究俄罗斯民间文学的语言学结构和诗学结构，'结构'这一术语对于我们来说已经具有了相关的伴随意义，尽管战争期间我们在莫斯科还不知道索绪尔的教程。"（Якобсон, 1996: 181）结构主义态度是雅各布森从形式主义学派中获取的理论营养，同时也是他一以贯之的研究方法，是他同西方现代结构主义语言学开展平等对话的基础，对俄罗斯国内外的语言学研究产生了深远的影响。列维－斯特劳斯曾回忆道："毫无疑问，1941—1942 年在美国与罗曼·雅各布森的会面告诉（我想赋予这个词最充分最有力的意义）了我何谓语言学，以及何谓结构主义语言学。语言学是这样一门学科，它虽然属于人文科学，但那时已经具有的基础处于与最先进的自然科学的一切发现相媲美的水平。"（Почепцов, 2001: 348）

（3）语言符号学理论

在归纳由洛克、皮尔斯、胡塞尔等思想家所形成的符号－逻辑传统时，雅各布森强调了符号学中语言学方向的独立地位。而他对符号学的贡献正鲜明地体现在其语言符号学理论上。雅各布森认为，无论从列维－斯特劳斯对社会交际所做的三个层次划分[①]来说，还是从儿童的发育[②]过程来看，语言在各种符号体系中都占据着中心地位。这种语言中心论的观点事实上与俄罗斯一贯的符号学传统是一脉相承的。

---

① 列维－斯特劳斯认为社会交际的实现分以下 3 个层次：表述的交换（обмен сообщениями）、"方便"的交换（обмен удобствами）、女人的交换（обмен женщинами）。
② 对儿童成长过程的研究表明：学会说话的小孩其手势的交际象征意义与不会说话的小孩反射式的身体动作是大相径庭的。

在此基础上，雅各布森进一步指出，"很明显，语言是文化的一个组成部分，但是在文化的框架内，语言是作为其底层结构、基础和万能的手段而发挥作用的。"（Якобсон, 1985: 379）雅各布森反对沃尔夫假说，认为语言的特点是由语言在同文化的关系中所处的地位决定的，这一点为儿童早期习得语言过程，以及世界上的语言其语音形式和语法形式根本反映不出社会的文化发展水平这一事实所证实。

1）语言通讯理论

雅各布森依据交际行为的一般模式，提出了著名的语言通讯理论，认为任何一个语言行为的成立决定于以下六个因素：说话者（адресант）、受话者（адресат）、代码（код）、所指（референт）、表述（сообщение）和接触（контакт）。它们分别对应语言的六种功能：情感功能（эмотивная функция）、意动功能（конативная функция）、元语言功能（метаязыковая функция）、所指功能（референтная функция）、诗学功能（поэтическая функция）和联络功能（фатическая функция）。雅各布森明确提出，应该将这个模式扩展到其他符号系统中。他认为，对那些主要指向表述本身，即完成诗学功能的结构，进行对比分析，对文学、音乐、绘画、芭蕾舞剧、戏剧、电影等各种艺术形式进行平行分析是符号学最有前景的任务。分析文学作品本身属于语言学家的兴趣和职责之所在，因而他们自然会将注意力投向复杂的诗学问题。正因如此，雅各布森对诗学语言问题做了深入的研究。

2）标记理论

雅各布森另一个具有典型符号学意义的贡献是他发展了其在布拉格学派的同行 H. 特鲁别茨柯依（Н. С. Трубецкой）提出的标记理论。Edwin Battistella 在《标记概念的逻辑》（1996）一书中将雅各布森 50 余年对标记概念的研究工作归结为五个互相联系的主题：（1）意义和语音特性与价值的关系；（2）非对称性作为范畴化的一条组织原则所具有的作用；（3）语言各个层次之间具有同型性的可能性；（4）价值和以价值为依据的变化的可能性；（5）在分析符号系统、美学系统、交际系统的信息结构时，标记概念可能发挥的作用。（钱军，2000：153）

3）音位学理论

布拉格学派在区分语音学和音位学的基础上，其突出贡献在于音位学研究，认为音位不是声音本身，而是声音的对比功能。因此，着眼于音位间的对比关系，H. 特鲁别茨柯依根据与整个对立系统的关系、对立成员之间的关系、区别力量的大小等标准总结出了九种音位对立：双边对立、多边对立、均衡对立、孤立对立、否定对立、分级对立、等价对立、抵消对立、永恒对立。雅各布森更是将二分对立法推向极致，他认为每一个音位特征只有两个值，一个正值（表示某种特征），一个负值（表示该特征的对立特征），进而将这些在具体语言的具体音位中要么是正值要么是负值的音位特征区分为两大类共十二组，一类为音响特征，共有九组：元音性/非元音性、辅音性/非辅音性、聚集性/分散性、紧张性/松弛性、浊音性/清音性、鼻音性/口音性、非延续性/延续性、刺耳性/圆润性、急煞性/非急煞性；另一类为声调特征，共有三组：低沉性/尖峭性、抑扬性/非抑扬性、扬升性/非扬升性。二元对立是雅各布森终生坚持的研究原则，他甚至不论实体和对象，列出了一个繁杂且缺乏统一标准的二元对立清单：自主/包容、静态/动态、同在/序列、代码/信息、邻近性/类似性、记号实例/值项、形式/实质、语法学/语义学、意义/指称、客体语言/元语言、内部通讯/外部通讯、常量/变量、创生/扩散、个别性/兼容性等。（李幼蒸，1999：285）显然，这样的清单是可以无限扩展的。除了音位学研究以外，二元对立在其他许多领域也大放异彩，如布拉格功能主义学派对词级单元及其变体如何通过对立原则发挥语法功能作用的问题及语法范畴的标记性（有标记性/无标记性对立）问题的研究、结构主义学者在词汇分析中创造使用义素分析方法（或称成分分析法）的相关研究等。

4）极性概念和等值概念

雅各布森接受和发展了索绪尔关于语言具有横向组合和纵向聚合两个结构范畴的观点，认为所有的信息是由"垂直的"运动和"平面的"运动结合而成的，"垂直的"运动从语言现有的库或"内部贮藏室"中选择具体的词，"平面的"运动则把词语组合在一块。选择的过程以相似性（一个词或概念同另外的词或概念的"相似"）为基础，因而其方式是隐喻的，组合的过程以邻近性（把一个词置于另一词的旁边）为基础，因而是换喻的。显然，与索绪尔不同，雅各布森认为对于信息（篇章）的生成来说，聚合操作要先于组合操作，聚合的优先地位反映了雅各布森自上而下的视角。结合传统修辞学中的隐喻和换喻这两种修辞方式，雅各布森提出了两个具有重大普通语言学和符号学价值的概念：极性概念和等值概念。极性概念是指语言具有两个向度，即语言的垂直极和平面极，分别由隐喻和换喻来体现；而等值则指这两种修辞格所推出的实体具有相对于原实体而言同等的地位。在这方面，雅各布森的研究成果主要在于：通过对失语症病人的试验，为索绪尔的语言双轴观找到了脑神经方面的证据；发现失语症病人的语言错乱现象表现为相对立的"相似性错乱"和"邻近性错乱"，这与两种基本修辞格，即隐喻和换喻紧密相关，进而将隐喻（与聚合相对应）和换喻（与组合相对应）这两个概念扩展到其他符号域。如诗歌试图凸现的是隐喻模式，而散文试图凸现的是换喻模式；浪漫主义诗歌中隐喻风格占主导地位，而现实主义文学中换喻风格占主导地位；隐喻和换喻的对立其实体现了语言的共时模式（它的直接的、并存的、"垂直的"关系）和历时性模式（它的序列的、相继的、线性发展的关系）根本对立的本质。（霍克斯，1987：77）

2. 巴赫金的思想

巴赫金（1895—1975）是一位有着文学理论家、美学家、符号学家、语言学家等多种头衔的学者,埋没多年后被重新发现的20世纪俄罗斯乃至世界的重要思想家。1965年发表的他于20世纪40年代所写的有关法国诗人拉伯雷的研究文集,有力地影响了莫斯科-塔尔图学派的学术方向,使后者从早期控制论和科学符号学方向转向文化符号学方向。(李幼蒸,1999:616)巴赫金因此而被莫斯科-塔尔图符号学派视为师祖。巴赫金的学术活动主要集中在20世纪20—30年代,但其著作和文章要不当时没有发表,要不没有引起别人的注意。概括地说,巴赫金的符号学思想主要集中在哲学符号学和文学符号学两个方面。前者集中体现在《马克思主义与语言哲学——语言科学中的社会学方法基本问题》一书中,后者则集中体现在《陀思妥耶夫斯基诗学问题》一书中。

(1)哲学符号学视野下的符号性质

对于符号,巴赫金没有给出一个完整的定义,而从多个方面论述了符号的独特性。

其一,符号的物质性。巴赫金认为:"任何意识形态的符号不仅是一种反映、一个现实的影子,而且还是这一现实本身的物质的一部分。任何一个符号现象都有某种物质形式:声音、物理材料、颜色、身体运动等等。"(巴赫金,1998:350)也就是说,符号是有物质基础的,即以物示物,由此产生意义。(胡壮麟,2001:13)

其二,符号的历史性。巴赫金着重阐述了符号的"重音性"和"多重音性",并指出,符号学中反映的存在不是简单的反映,而是符号的折射;而这种折射是由一个符号集体内不同倾向的社会意见的争论所决定的。因此,在每一种意识形态符号中都交织着不同倾向的重音符号。(王铭玉等,2013:109)

其三,符号的社会性。巴赫金认为记号系统并非只是个别意识现象或个人心理的内在现象,而且也是社会性的、客观的、在个人意识之外被给予的。(李幼蒸,1999:618)巴赫金指出,符号与社会环境是不可分割地联系在一起的,他认为符号在社会交际中的实现、对任何符号的理解以及符号产生的环境等均是社会的。只有在两个及以上的个体社会性地组织起来的集体中，个体之间才会形成符号环境。

其四，符号的意识形态性。巴赫金认为，意识形态领域与符号领域是一致的，意识形态与符号相互依存。他明确指出："一切意识形态的东西都有意义：它代表、表现、替代在它之外存在的某个东西，也就是说，它是一个符号。哪里没有符号，哪里就没有意识形态。"（巴赫金，1998：349）对于符号与意识形态的关系，巴赫金认为意识形态的范围与符号的范围是一致的，"符号的意义属于整个意识形态"（胡壮麟，2001：4）。由此，他认为作品（作为特定的符号）的内容是一种意识形态表现，文学与哲学、科学、宗教、艺术、法律一起构成社会的意识形态大厦。

其五，符号的可解码性。巴赫金认为任何符号体系原则上都是可解码的，即可被理解的，并将人们如何理解符号这一问题归为三种情况：通过熟悉的符号弄清新符号的意义；对符号的理解是在与符号实现的整个环境的密切联系中完成的；内部符号使人们得以感受和理解外部符号，没有内部符号就没有外部符号。在巴赫金看来，符号解码包括四个过程：一是对物理符号（词语、颜色、空间形式）的心理上和生理上的感知；二是对这一符号（已知的或未知的）的认知，理解符号在语言中复现的（概括的）意义；三是理解符号在语境（靠近的和较远的语境）中的意义；四是能动的对话的理解。这一过程可表示为：感知→认知（概念意义）→认知（语境意义）→能动的对话。（王铭玉等，2013：111）

其六，符号的话语性。巴赫金认为，作为最纯粹和最巧妙的社会交际手段的话语，也是最纯粹和最典型的符号；只有在语言里符号的特性和交际全方位的制约性才能表现得那么清楚和充分。他强调："话语的整个现实完全消融于它的符号功能之中。话语里没有任何东西与这一功能无关。"（巴赫金，1998：354）巴赫金认为话语符号具有一定的普适性，普遍适合于意识形态功能，并伴随和评论着任何一种意识形态行为。

其七，符号的元语言性。在符号的语言学功用问题上，巴赫金强调了元语言性和超语言性两个概念。关于符号在人类思维中的作用问题，他认为，各种符号体系存在一个共同逻辑，即有一个潜在的统一的语言之语言，发挥着元语言的作用，正是这种元语言构造了诸意识之间的人际关系，形成了人类的认识活动。关于语句（высказывание）在语言中的作用问题，巴赫金认为，语言符号还具有超语言的性质，研究语言符号时不能为了语言而语言，而应该为了寻求语言符号的本质把研究对象延伸到超语言学的范围。（王铭玉等，2013：112）

（2）文学符号学视野下的对话理论

巴赫金是从对陀思妥耶夫斯基复调式小说的分析、对叙事文本的对话性结构分析踏入文学符号学殿堂的，以复调理论和狂欢化理论为代表的对话主义（диалогизм）是他对符号学的重大贡献。

复调概念借自音乐创作中的"复调音乐"，其原指多声部的同步进行，巴赫金借用这一概念是为了概括陀思妥耶夫斯基作品中新的话语类型。巴赫金认为，陀氏小说从整体上处处都渗透着对话性，体现出以下几个重要特征：一是"平等性"，即小说主人公之间、主人公与作者之间是平等的对话关系；二是"自主意识"，即小说中并不存在一个至高无上的作者的统一意识，小说中每个人物都具有独立的"自主意识"，小说正是借此展开情节、人物命运、形象性格，从而展现有相同价值的不同意识的世界；三是"积极性"，即强调小说中主人公的主体性和不同意识世界的平等展现并不意味着作家没有自己的艺术构思和审美理想，事实上作家在创作过程中给自己的人物以极大的自由，在其想象的空间内让他们以对话的方式充分表现自己的见解，同时把各种矛盾对立的思想集中置于同一平面上描写，努力营造一种共时性的存在状态，而作者的意识则随时随地都存在于这一小说中，并且时时刻刻具有高度的积极性。(王铭玉等,2013:114)据此,巴赫金认为,"小说——是社会各种话语,有时是各种语言的艺术组合,是个性化的多声部"(董小英,1994:23)。小说中的对话语言是文学的"最强形式",排除了统一的、绝对主义的独白通讯形式,即排除了个人意识形态的统一性,而代之以"民族的和社会的语言多重性"(李幼蒸,1999:631)。其对话理论的基础是他者与他人话语在个体话语中广泛地存在,由此出发,他认为,话语具有双重指向性:一方面指向言语的内容本身,另一方面还指向他人话语。这种双声语的本质是两种意识、两种观点的交锋。巴赫金根据利用他人话语的方式及使用目的的不同,将双声语的语体划分为故事体、讽刺性模拟体、讽拟体、暗辩体等几种类型。除了看到生活中人类思想本身存在的对话关系以外,巴赫金在说者和听者范畴中拟出了这样几类对话性关系:人物与人物、人物与自我、作者与人物、作者与读者、人物与读者,并重点分析了作者与人物(即主人公)的对话关系。他将这种作者与人物的对话关系概括为三种类型:主人公掌握作者、作者掌握主人公、主人公即作者。作者与读者的关系是巴赫金走出对作者—主人公的对话关系和对陀氏作品的个例分析,进入一般叙述学范畴时才被提到重要位置上来的。按照巴赫金的观点,作者应该充分重视读者的统觉背景和积极理解,换言之,文本接受者——读者的主体地位是在巴赫金分析普通说者与听者之间往返式的对话指向过程之后才被作者认同的。巴赫金认为,托尔斯泰的话语充满着内部对话性(即说者在揣摩听者的特殊视野和独特世界之后,在话语中暗含的表达信息的因素),"托尔斯泰能敏锐地洞察读者的意义及表达特点"(董小英,1994:44),其作品的指向是直接向社会开放的,他与之进行论争的各种社会声音在文本中都有其代表人物。

狂欢化现象及狂欢化诗学一直是巴赫金关注的焦点问题。狂欢化概念源自古希腊罗马时期的狂欢节庆典,巴赫金借用这一概念对拉伯雷小说的特征进行了描述,但这一概念更重要的意义在于准确地概括出了社会转型期的文化特征，尤其适用于描写和阐释文化的多元性、平等性和开放性特征。巴赫金指出："在欧洲文学的发展中，狂欢化一直帮助人们摧毁不同体裁之间、各种封闭的思想体系之间、多种不同风格之间存在的一切壁垒。狂欢化消除了任何的封闭性，消除了相互轻蔑，把遥远的东西拉近，使分离的东西聚合。"（巴赫金，1998：190）一般而言，欧洲小说发展有三条线索：史诗式、修辞学时代和狂欢节时代。巴赫金在分析陀思妥耶夫斯基的小说时将其纳入第三种类型，由此开始他的狂欢节诗学研究。狂欢节本质上表现为对所有限制、所有规则、所有等级现象的完全颠覆，将狂欢节的特点引入文学之后形成的狂欢节式文学是对话形式在新的甚至是错乱的时空范畴内的一种表现：压缩情节拓展的时间流程，扭曲情节场景的空间特质，将作者、人物、读者置于全新的时空范畴，使对话呈现出狂欢化的特点。作为一种文化渗透和文化杂合的产物，狂欢化诗学理论打破了神圣同粗俗、崇高与卑下、伟大与渺小、聪颖与愚钝等之间原有的二元对立界限，使众多难以相容的因素在对立、碰撞、冲突中渗透、交流与对话，达到同时共存、多元共生。（夏忠宪，1994：80）

四、俄罗斯符号学的成熟期——莫斯科—塔尔图符号学派的思想（20世纪60年代至1993年）

莫斯科—塔尔图符号学派形成的一个重要背景就是不同文化和子文化的冲突和交汇。这一背景鲜明地体现在各个学者的符号学探索和研究中：巴赫金提出元语言学（металингвистика）概念，就是将符号学的起点定位于在元层次上作为统一模式所代表的两种不同质的对象的存在；从维果茨基的研究来看，文化文本之所以成为符号学感兴趣的对象，是因为其中总是存在两种结构，因其而起的紧张和张力在宣泄中才得以缓和；阿萨菲耶夫（Б. Асафьев）谈到风俗和习俗以及语言、文学、诗学的变化乃至其他美学的出现时,将美学规范与伦理规范合为一体,他认为,"在文学、音乐中形成了一种话语风格,它决定了歌剧中作为伦理特征的女性特征,而不仅仅是具有动人咏叹调的角色类型和典型形象,也不仅仅是美学意义上的美丽形象"(Почепцов, 2001:658)[①];普洛普和布姆皮扬斯基(Л. В. Пумпянский)强调文学交际中发生的扭曲世界的现象,认为文学交际不是现实的机械重复,实际上说的也是象征层级的对应关系和不同规范的交叉问题;乌斯宾斯基研究自己喜爱的历史对象时,借助符号学工具发现旧礼仪派教徒强调的是各种符号代码的不变性。由此可见,符号学的研究对象可归纳为以下三类:允许将不同种类对象联合起来的元层次;文化结构(代码)的冲突;作为结构自然冲突的文学文本。这种关注符号系统之间的融合与冲突的符号学研究氛围为莫斯科-塔尔图符号学派的产生奠定了坚实的学理基础。

与此同时,形式主义者将索绪尔关于结构主导着符号的物质表现这一不容逾越的观念客体化,他们在强化这一结构要素的基础上将其用来分析文学文本。而与斯拉夫学和巴尔干研究所相关的莫斯科学派则强调符号的非对称性,与索绪尔相反,这一方向的学者放弃了普洛普将功能表征简单化的理念,而将重点放在形式的实现问题上。在形式和结构问题上的这种不同态度和学术纷争也呼唤着新的研究模式和研究思路,这为莫斯科-塔尔图符号学派的产生烘托出了浓厚的学术氛围。另外值得一提的是,莫斯科-塔尔图符号学派的形成与政治环境也不无关系。20世纪五六十年代社会的解冻思潮给学术研究带来了自由的空气,这种氛围无疑为学派的形成和常态化开展学术活动提供了历史机遇。同时,爱沙尼亚城市塔尔图因远离政治中心的地缘优

---

① 这里谈的其实是已有结构引入异结构性(иноструктурность)的问题,即多结构性(многоструктурность)问题。事实上,巴赫金就是多结构性的忠实信徒,正是从多结构性出发,巴赫金开始关注作为他者结构在已有结构中的实现的他者声音和狂欢化现象。

势而能够为学者们交流思想提供无与伦比的学术平台，而且，那个年代的波罗的海是西方世界的微缩模型①，从这个意义上说塔尔图对于学者们进行学术交流和度假休闲而言都具有一定的吸引力，甚至成了一些学者移民的前站。Б. 加斯帕罗夫（Б. М. Гаспаров）曾写到，在塔尔图的运动对于参与者来说是向地理边缘地区的某种地域性、文化性的前移民，是由普通学科向符号学的前移民，结果对于许多人来说仅仅是移民的跳板。（Почепцов, 2001: 668）

1. 莫斯科-塔尔图符号学派的形成过程与研究特色

莫斯科-塔尔图符号学派实质上是莫斯科的语言学方向和彼得堡的文学方向这两个学术方向或称两种语文学传统的合流。这两个方向在学术研究中各自侧重点的不同可以追溯到莫斯科语言学派先驱福尔图纳托夫和彼得堡诗语研究协会先驱韦谢洛夫斯基的研究。关于莫斯科-塔尔图符号学派对于莫斯科语言学传统和圣彼得堡文学传统的继承关系，乌斯宾斯基指出："洛特曼曾师从古科夫斯基、日尔蒙斯基、普洛普。与此同时，我们直接同雅各布森、博加特廖夫、巴赫金交往。博加特廖夫直到去世前一直是我们会议和活动始终不渝的参与者。雅各布森参与了塔尔图夏季研修班（是在 1966 年，我们庆祝他的 70 岁生日），并特别关注我们的活动。巴赫金没能参加我们的会面（他失去了一条腿，事实上不太能动②），但对我们的著作非常感兴趣。他们所有人对我们产生了巨大影响，是我们与我们的前辈之间的联系环节。"（Успенский, 1998: 268）

莫斯科的语言学传统在 20 世纪初为莫斯科语言学小组（Московский лингвистический кружок）所继承，该小组于 1915 年

---

① 事实上，当时所有反映西方世界的苏联电影都是在波罗的海各国的街道上拍摄的。
② 这里指的是，1938 年，巴赫金因骨髓炎恶化，不得不截去一条腿，一辈子与轮椅为伍。

3 月成立，首任会长是雅各布森，杜尔诺沃（Н. Н. Дурново）、Н. 特鲁别茨柯依、雅各布森、沙赫马托夫（А. А. Шахматов）以及后来作为小组继承者的"布拉格语言学小组"的知名语言学家都是该小组的成员，他们与莫斯科的语言学传统有着紧密的联系。小组的一个显著特点就是兼容并蓄，成员除了以上语言学大家外，还有同时代一些非常著名的诗人，如马雅可夫斯基（В. В. Маяковский）、帕斯捷尔纳克（Б. Л. Пастернак）、曼德尔施塔姆（О. Э. Мандельштам）。值得一提的是，小组的图书馆就位于马雅可夫斯基曾经住过的房子内，现在已成为马雅可夫斯基博物馆所在地。因此，莫斯科语言学小组从一开始就关注诗学、诗律学和民间文学，但受莫斯科的语言学传统的影响，其对文学的观照出发点更多的是语言学研究。正如乌斯宾斯基所指出的："后来，我们（莫斯科语言学家。——笔者注）中的一些人或多或少有专门的文学研究，但语言学立场、语言学兴趣始终处在第一位的位置。"（Успенский, 1998: 35）

在莫斯科结构主义语言学传统的影响下，伊万诺夫、列夫津和乌斯宾斯基在20世纪50年代中叶文化解冻初期创建了机器翻译协会，提出了一般符号通讯论，于1960年创立了科学院斯拉夫语结构类型学研究室，该研究室成了人文科学符号研究的一个中心。值得注意的是，关于在科学院研究所设立结构主义语言学研究室并在各大学设立结构主义语言学和应用语言学专业的决议也是在这一年通过的，这一决议的通过与一些结构主义学者被邀请参与机器翻译研究有一定的间接联系。因此，托波罗夫（В. Н. Топоров）将1960年称为结构主义"合法化和被承认之年"。此外，伊万诺夫、列夫津、乌斯宾斯基等学者同库兹涅佐夫（П. С. Кузнецов）一道组织了结构主义语言学讲习班（Семинар по структурной лингвистике），该讲习班最初在莫斯科大学举办，在伊万诺夫离开莫斯科大学后，转到国立莫斯科外国语师范学院（МГПИИЯ）举办。在该讲习班的基础上，1962年在科学院斯拉夫学研究所召开了符号系统结构研讨会。

彼得堡的文学传统为20世纪初云集于彼得堡的埃亨巴乌姆、日尔蒙斯基、托马舍夫斯基、布姆皮扬斯基、巴赫金、弗列坚别尔格、普洛普、特尼亚诺夫、古科夫斯基等伟大的文学理论家所继承,他们中的每一个人都差不多代表着一种文学理论方向。就在"莫斯科语言学小组"成立差不多一年之后,1916年春季在彼得堡成立了"诗语研究协会",协会仍然延续彼得堡的文学传统,其主要成员包括波利瓦诺夫、什科洛夫斯基、埃亨巴乌姆、特尼亚诺夫、布里克(О. М. Брик, 1999-1945)、雅库宾斯基、别尔恩什捷因(С. И. Бернштейн, 1892-1970)等,大都是彼得堡人。这个主要由年轻学者组成的协会试图重新审视语言和文学创作的基本原则,建立新的诗学。与莫斯科语言学小组不同的是,协会主要遵循彼得堡的文学传统,其成员即使研究语言也多是诗歌语言,而且是从文学角度切入的。协会对于语言学学科基本持一种漠不关心的态度,典型的例子就是马尔学说在莫斯科遇到了强烈的反对,而在彼得堡却能兴盛起来。这一方面是因为彼得堡语言学家的语言学水平偏低,而文学研究者又对语言学问题比较陌生;另一方面则是因为他们能从马尔所谓的"阶段学说"中获取有助于文学历时研究的有用成分;另外,马尔学说由于提出了思维历史的问题而对民族学家、文化学家、神话学家和文艺学家有一定的启发意义。

塔尔图学派实质是彼得堡文学传统在塔尔图的延续,如塔尔图学派的核心人物洛特曼及重要成员明茨(З. Г. Минц)就其出身和文化教育而言,都属于彼得堡的文学传统。塔尔图大学本身就有着良好的语文学传统,喀山语言学派创始人库尔特内从1883年至1893年在塔尔图大学长达10年的教学生涯也为塔尔图大学能成为莫斯科语言学传统和彼得堡文学传统和谐共存的基地做了恰如其分的历史铺垫。爱沙尼亚在苏联时期相对比较宽松的政治和人文环境也为塔尔图大学担负起重建文化气候、恢复人文科学历史地位的重任创造了客观条件。①正因为此,"塔尔图大学在那个年代成为苏联知识界'异教徒们'的港湾,而洛特曼教授当之无愧地扮演起领导者的角色"(Почепцов, 1998:311)。20 世纪 50 年代,洛特曼受到什科洛夫斯基等形式主义理论家观点的影响,将机械论和信息论的相互关系纳入对文学交际的理解之中。60 年代初出现的控制论、结构主义、机器翻译、人工智能、文化描写中的二元对立等一系列新的思想迫使洛特曼反思他先前在马克思主义文学理论指导下的文学研究。在他与明茨和叶戈罗维(Б. Ф. Егоровый)的共同努力下,由他当教研室主任的塔尔图大学俄罗斯文学教研室吸引了众多优秀的学者,并成为符号学的另一个研究中心。

1962 年莫斯科符号系统结构研讨会是莫斯科-塔尔图符号学派形成过程中的里程碑。会议提交的报告涉及作为符号系统的自然语言、书写符号系统及解码、非符号交际系统、人工语言、模式化符号系统、作为符号系统的艺术、文学作品的结构和数学研究。而参加会议的学者有博加特廖夫、伊万诺夫、托波罗夫、热金(Л. Ф. Жегин)、扎利兹尼亚克(А. А. Зализняк)、乌斯宾斯基、Б. 加斯帕罗夫、齐维扬(Т. В. Цивьян)、列夫津、皮亚季戈尔斯基(А. М. Пятигорский)、若尔科夫斯基(А. К. Жолковский)、尼科拉耶娃(Т. М. Николаева)

---

① 关于革命后苏联学术界的状况,伊万诺夫有过比较深刻的回忆:"世界主义运动、反犹太主义运动同时演变成了反符号学运动,这不仅导致最伟大的学者(比如像此前已不止一次被逮捕的日尔蒙斯基这样的学者)被赶出了大学,禁掉了韦谢洛夫斯基和其他学者的理论,还逮捕了一些像古利科夫斯基(起初在俄罗斯文学史领域继续做形式主义研究,随后在研究普希金和俄罗斯浪漫主义作家的著作中转向对符号做细致的符号学分析)这样的杰出教授。科学院各研究所的氛围也是敌视符号学及与之相关的方向。像普洛普的《俄罗斯魔幻童话的历史根源》等在革命后能神奇地很快出版的一些书遭到了肆无忌惮的诽谤。折磨拷问之风肆虐。语言学家雷福尔马茨基(А. А. Реформатский)20 世纪 20 年代从关于小说结构和印刷字体的符号学著作开始自己的研究,并始终不渝地坚守年轻时的兴趣,但当他出版了一本谈到了索绪尔关于所指和能指的符号学理论的语言学导论教材之后,他受到了疯狂的攻击。有一个语言学家在这本书的讨论会上建议将案件立即移送国家安全委员会。这个发言人很快受到了表彰,并被选入科学院文学与语言分部,这一分部后来有意接纳了一些告密者。"(Иванов, 1999:695-696)

等。莫斯科会议后,塔尔图大学学者切尔诺夫(И. А. Чернов)来到莫斯科并带回了会议召开前出版的论题集,洛特曼看到集子后来到莫斯科大学建议进行学术合作。之后,洛特曼与莫斯科符号学学派的众多符号学家相识,开始了密切的学术对话。在洛特曼的领导下,1964年组织了第一个夏季符号系统研修班,此后每两年举办一次,一直持续到1970年,同年开始出版《符号系统论著》(Труды по знаковым системам),到1998年已经出版到第26期,该出版物成为学派新思想的讲坛。这样一来,夏季研修班和《符号系统论著》分别以口头[①]和书面两种形式保证了学派的学术交流,这样的学术交流与学术合作使得莫斯科和塔尔图的两种学术方向能够有效地相互借鉴、相互补充,并形成统一的认识论和方法论模式,莫斯科-塔尔图学派得以正式形成。

总而言之,莫斯科-塔尔图符号学派是两种学术传统相互影响、相互融合、相互促进的产物,来自莫斯科的教授凯萨罗夫(А. С. Кайсаров)和来自彼得堡的教授维斯科瓦托夫(П. А. Висковатов)似乎可以作为已经形成、趋于稳定的莫斯科-塔尔图符号学派传统的代表(Успенский, 1998: 36)。20世纪20—60年代的俄罗斯语言学、文学、戏剧理论、艺术理论、信息论、控制论等人文科学的一切成果均成为学派进行文化符号学研究的理论依据。其主要研究特色表现为:

第一,莫斯科-塔尔图符号学派不同于法国学派、波兰学派、美国学派及其他学派的一个总课题是文化符号学。这一学派视野下的文化符号学同时也是文化的信息模式,因而学者们的著述中常常谈到信息的传播问题,这也体现了学派倾向于借用自然科学领域的观点、方法、理念来开展研究的鲜明特点。

[①] 洛特曼曾特意强调夏季研修班的口头特征:"夏季研修班的原则不同于研讨会或讨论会。它表现为学者们聚集起来一起生活一段时间。整个夏季研修班是一系列谈话。谈话的中心在会议厅:提出问题,确定视角和阵营。然后,讨论在各个不同的地方以不同的形式持续。这创造了一种直接并特别有成效的环境。研修班的参与者们并不认为自己是某些终结性知识的代表,而研修班的概念首先决定了开放性和不断的相互充实。"(Лотман, 1994: 295)

第二，学派的一个鲜明特点是参与者头脑中知识怪异的结合模式。事实上，每一个参与者都具有关于源自遥远过去的某个具体言语领域的基本知识，如洛特曼之于过去时代的俄罗斯文学、乌斯宾斯基之于遥远古代的俄语、伊万诺夫之于赫梯语①。熟悉这些按照别样的符号规律存在的言语领域，在一定程度上减轻了学者们在研究初期结合现代世界对古代符号世界的探寻的压力。正因如此，洛特曼反对结构主义将语言等同于代码的观念，而将历史因素作为其中的重要组成成分加以强调。

第三，学派将符号学理解为对第二模式系统的研究。其结果之一是，学者们很自然地将在第一模式系统研究（即语言学）中得到检验的方法移用到非语言学对象，比如，"语法"（грамматика）这样的术语广泛用于非语言语境。其结果之二是，从一种符号语言转译成另一种符号语言成了产生新知的重要源泉。这种转码的过程不仅仅能产生新的意义，而且还能确定独特的文本阐释样式。洛特曼对十二月党人日常行为的分析视角就是理解和行为模式从一个符号系统向另一个符号系统的迁移。

第四，学派认为符号学应该关注符号系统的共存和接触现象。在这方面，"边界"（граница）这一概念尤为重要。洛特曼认为："任何文化都始于将世界划分成内部空间（自己的）和外部空间（他们的）。这种二元划分如何阐释，这取决于文化的类型。然而，这种划分本身却属于共相。边界能够将活着的与死去的、定居的与游牧的、城市与草原划分开，具有国家的、社会的、民族的、宗教的或者其他的特征。"（Лотман, 1996a: 174）符号域中与中心（центр）相对的边缘（периферия）正处于边界上，作为规范弱化的地方，边缘成了系统未

---

① 西方符号学界头号专家意大利符号学家艾柯也是如此，他将对中世纪和文艺复兴时期的认知与现代的抽象理论结合起来。

来动态发展的中心。洛特曼认为文化的本质在于它内部的多语言性，"即使在严格意义上的共时断面，文化语言的异质性也会形成复杂的多声部"（Лотман，1996a：148），内部的多样性是文化存在的规律，一种文化语言占据主导地位是重要的组织要素。

第五，学派将人类活动的任何表现都解释为文本（текст）。其中的一般性原因可理解为，自然语言作为更强势的符号系统将自己的规则强加给艺术语言等更弱势的系统。其中深层的原因在于学派将文化视为集体的非遗传记忆这一基本观念，甚至在同过去状态彻底割裂的状态下构建文化的阶段，也带有源自过去的清晰印记。

学派20世纪60年代主要以文学文本作为最主要的研究对象，运用结构主义语言学的方法探索文本符号的结构规律、文学交际参与者的关系、意义阐释等问题；70—80年代把结构主义方法扩展到其他符号领域，如图像、电影、绘画直至文化整体；90年代至今，学派仍主要从结构主义符号学的角度，围绕文化符号学的活动、文化符号活动的类型、普通文化类型学等问题展开研究。（李肃，2002）学派对法国、意大利、美国、德国、英国及东欧广大国家的符号学研究产生了深远的影响，学派自身也成为这些国家符号学家研究的对象。需要指出的是，与西方文化符号学不同的是，莫斯科-塔尔图符号学派对文化的探讨基本上针对的都是俄罗斯文化，很少涉及他国文化。

2. 洛特曼的主要思想

洛特曼（1922—1993）生于彼得堡，中学时代就听过时任列宁格勒国立大学语文系教授古科夫斯基的课程，1939—1940年在这所大学语文系就读，当时在列宁格勒大学任教的有希什马罗夫（В. Ф. Шишмаров）、谢尔巴（Л. В. Щерба）、泽列林（Д. К. Зеленин）、日尔蒙斯基、普洛普、阿扎多夫斯基（М. К. Азадовский）、埃亨巴乌姆、托马舍夫斯基、吉比乌斯（В. В. Гиппиус）等著名语文学家，其中日尔蒙斯基和普洛普直接教过洛特曼。洛特曼的学业因 1940 年参军而中断，1946 年退伍后在列宁格勒大学恢复学业，1950 年毕业后因为与世界主义（космополитизм）的斗争，洛特曼在彼得堡没法找到工作，随后离开彼得堡到塔尔图师范学院任教。不难看出，洛特曼延续的是彼得堡的文学传统，其早期著作《艺术文本的结构》（Лотман，1970）就是对俄罗斯形式主义文学理论的发展，随后他又致力于研究 18 世纪下半叶到 19 世纪中叶的俄罗斯文学，并分别于 1952 年和 1960 年完成了副博士论文《与卡拉姆辛的社会政治观念及贵族美学斗争中的拉吉舍夫》和博士论文《十二月党人之前的俄罗斯文学道路》。作为莫斯科-塔尔图符号学派的领军人物，洛特曼生前曾是世界符号学会副主席、俄罗斯科学院普希金奖获得者、不列颠科学院外籍院士、挪威和瑞典科学院正式会员以及世界多所大学的荣誉博士，并于 1992 年当选为爱沙尼亚科学院院士。洛特曼一生的著述总共有 800 多种，其中许多著作被译为多种文字。洛特曼的符号学研究以他对俄罗斯文学、文化、历史的独特观察而享誉世界，对当代俄罗斯人文科学产生了深远的影响，为世界文化研究做出了巨大的贡献，20 世纪 80—90 年代的社会变革更使他及莫斯科—塔尔图符号学派的学术影响力急剧上升。综观洛特曼的学术成就，他的学术思想总体上体现在语言中心论思想、符号域思想、文学符号学、文化符号学、交际符号学、行为符号学、电影符号学等不同方面。

（1）语言中心论思想

洛特曼同意什科洛夫斯基有关有声言语具有普适性特征和雅各布森关于语言在符号系统中占据中心地位的观点，同时也受巴赫金"整个文化不是别的，而只是一种语言现象"思想的影响，明确提出了第一模式系统（Первая моделирующая система）和第二模式系统（Вторая моделирующая система）问题。事实上，"早在索绪尔时期，语言已成为一切记号系统的模型，即其他符号系统均可转译为语言的

'内容面'"（李幼蒸，1999：597），符号学的整个构成均以语言学为原型。由此构成的语言系统被称为"第一模式系统"，而除语言以外的其他文化符号系统被称为第二模式系统。第二模式系统是在具有直接所指意义的自然语言基础上加以组织的，它能被转译成自然语言的内容，但同时又具有自然语言结构以外的附加结构。显然，洛特曼的文化符号学侧重的是第二模式系统。不管是对第一模式系统，还是对第二模式系统，洛特曼秉持同形式主义学派相类似的动态观，这尤其体现在他1992年的最后一本专著《文化与爆发》（Культура и взрыв）中。

对于语言，洛特曼接受了雅各布森的语言中心论，但对他的语言通讯模式提出了批评，认为它太过于技术化，尤其批评他所采用的概念"代码"（код），认为"语言是代码加代码的历史"，"而用代码代替语言看起来是不安全的。术语'代码'反映的结构具有刚刚建立起来的、人工的、即时约定性的含义。代码不包含历史，它从心理上把我们导向由理想的语言模式构造的人工语言"（Почепцов, 1998: 301）。受语言学结构主义的影响，洛特曼及莫斯科-塔尔图学派对文化类型的划分表现出明显的语言学主义，如洛特曼将文化分为两个内部组织类型：聚合类型和组合类型。在洛特曼看来，文学虽然是用文字表达的，但它也属于第二模式系统，因为"文学在一种特殊语言中表达，它是作为第二系统在天然语言之上被建立的。因此可以把文学定义为第二模式系统"（李幼蒸，1999：601）。文学艺术的"艺术性语言"成为与天然语言不同的另一符号系统，尽管二者可能具有相同的物质性介质系统，而且前者的结构也是以后者的结构为基础的。但前者的"总结构"，即第二模式系统全体，在复杂性上远远超出了后者。（李幼蒸，1999：602）洛特曼的第二模式系统研究正是从文学文本入手，然后转向电影、绘画、建筑等其他艺术领域。

（2）符号域思想

"符号域"（семиосфера）是洛特曼符号学理论中的重要概念。这一术语源自韦尔纳茨基（В. И. Вернадский, 1863-1945）的"生物域"（биосфера）概念，由洛特曼于1984年首次提出。符号域是指符号存在和运作的空间，是符号存在和运作的文化环境和文化背景。符号域思想的核心是拓扑学意义上的空间概念，其核心内容是富有典型符号学特色的"变换下的不变"思想①，反映的是符号域"常体和变体和谐统一"的状态，而这正源于拓扑空间的特征。郑文东曾将洛特曼倚重拓扑学的原因归结为"正是看到了拓扑学对解释文化表层各异的功能和空间中的深层同构作用，也就是文化文本中蕴涵的恒量"，并认为，"不同类型文化之间在思想精神上的相通点，就是整体文化的恒量，而文化语言及系统的特性，就是拓扑变形的结果"。（郑文东，2007：60）事实上，洛特曼酷爱在符号学框架内探讨常体和变体问题，甚至将常体和变体的对立衍化为两种美学观——证同美学（эстетика тождества）和矛盾美学（эстетика противопоставления）。对于文学现象来说，前者建立在所述生活现象已经为受众所熟知并已在规则系统的模式—样板（модель-штамп）完全同一的基础之上。此时突出的是定型（стереотипы）在认知过程和信息传递过程中的重要作用，其认识论基础在于生活中的不同现象是通过与一定的逻辑模式等同起来的方式才被认识的。后者所示的符号学结构则由在文学接受过程开始

---

① 符号系统中常体和变体各自的表现和相互关系问题一直是符号学的中心问题之一，索绪尔对语言符号不变性和可变性的探讨实质上涉及的就是常体和变体问题。正因如此，俄罗斯《语言学大百科词典》将作为学科的符号学解释为"研究保存和传递信息的各种符号系统在构成和功用上的共性的学科，这些符号系统包括在人类社会（主要是语言，还包括一些文化现象、习俗、仪式、电影等）、自然环境（动物世界的交际）和人自身（如对事物的视觉性和听觉性感知、逻辑推理）发生作用的系统中"（Ярцева, 1998: 440）。事实上，从差异中寻找共性正是符号学的根本任务。正是在这一意义上，莫里斯赋予符号学以统一科学的使命；叶尔姆斯列夫的语符学探讨语言的特定结构时，也是通过完全形式性的理论概念和前提系统来寻求不变项，这些不变项不在语言之外，而在语言之"现实"中；格雷马斯秉擎后叶尔姆斯列夫符号学大旗，将符号学变成元语言层面上的概念理论的等级系统，这些概念是不可定义也不必定义的语言普遍项，如连续性、非连续性、关系、词项、同一性、相异性、条件、整体、肯定、否定、对立、矛盾、主体、客体、描述、转换等。（李幼蒸，1999：442）

之前代码特征不为受众所熟悉的系统构成。文学家将自己原创性的解决方案同读者所熟悉的现实的模式化方法对立起来，这种对立加强了文学文本的审美价值，但也不是毫无规则的创作。前者易于建构生成模式，如民间叙述文学、魔幻童话等，而后者则难以归整为某种模型，如现代小说。（陈勇，2010：19）

借用符号域这一概念，洛特曼实际上追求的是文化研究中的"动态平衡"目的（王铭玉，2013：123）。"动态"必然体现在时间和空间这一对符号域的坐标中。从横向时间轴来看，符号域有过去、现在、将来的历时继承性和动态变化性特点，符号/文本随着时间的推移处于永恒的变化和运动过程之中。洛特曼从不同的时间观角度，提出了周期性的神话思维和线性的历史思维这两种认知思维模式。从纵向空间轴来看，符号域是由层级分布、互动共存的符号/文本有序构成的集合体，包括内部空间、外部空间和符号域各个亚结构之间的边界，以边界为界限可划分出处于互动更替关系的中心区域和边缘区域。符号域中的文本不断发生着空间的位移和运动，如洛特曼所言，"文化不是静止的均匀平衡机制，而是二分结构，即有序的结构对无序的结构的侵入，同样，无序的结构也在侵蚀有序的结构。在历史发展的不同时期，某一种趋势可能占据上风。文化域中来自外部的文本增加，有时是文化发展有力的刺激因素"（Лотман, 2000: 506）。"平衡"突出的是对文化共相和恒量的分析。洛特曼曾提出文化的恒量文本模式，探讨了文化符号在拓扑变形的情况下保持文化统一和文化平衡的问题。（王铭玉，2013：125）洛特曼将整个20世纪文学看作一个文本，进而描述其常体性规则，而将区别归为在发挥社会性功用过程中的变体。遵循洛特曼的思路，通过描述20世纪文学的篇章群，研究者运用同一个总体代码（指纯粹的描写语言）对复杂的异质对象进行描写，试图通过简化研究对象而使不同质的文本空间同化，使各种文学语言和代码合一并贴近自然语言的结构，建立不同文本共同的符号学模式。

(Чередниченко, 2001: 40)

（3）文学符号学

受教育经历和学术兴趣的影响，洛特曼的符号学活动始于文学符号学研究，然后向电影、绘画等其他艺术门类延伸，最后归结到文化学和历史学。可以说，洛特曼系统的符号学思想与其文学符号学研究密切相关。洛特曼的文学符号学思想集中体现在他的结构诗学研究中。在结构诗学研究领域，洛特曼汲取了俄国形式主义的理论精华，同时又克服了俄国形式主义饱受传统文艺学批评的反历史主义和反人文主义倾向，进而把文本结构分析同社会文化环境和文学传统分析最大限度地统一起来，有效弥合了两大批评流派之间的鸿沟。（张冰，1994：130）洛特曼结构诗学方面的主要著作有《结构诗学讲义》（1964）、《艺术文本的结构》（1970）等。

在《结构诗学讲义》中，洛特曼认为：研究艺术文本时要兼顾文本的思想结构和审美表象结构（语言表现艺术结构），将文本的形式结构和思想内容联系起来；艺术文本的结构是信息意义的决定因素，艺术结构既是形式的，又是内容的，艺术文本是高度凝聚的信息机制。（Лотман, 1998: 271-281）洛特曼对诗歌文本的实例分析涉及思想体系、情节和结构、人物系统、词汇、句法结构、词法、语音、节奏与韵律、韵文的音韵结构等文本的所有层面。（赵晓彬，2003：39）由此可见洛特曼的研究与形式主义分析的显著区别。在《艺术文本的结构》一书中，洛特曼提出了艺术代码的多样性、文本的分级建构、信息噪声、文本的组合体和聚合体、重叠的艺术内涵、布局、情节、视点、文本和文本外结构的类型学等一系列基本问题（李肃，2002：41），并从符号学的基本原理出发，由微观到宏观对诗歌文本的重叠、节律、韵脚、线条形象、排偶、诗段、情节、文本、系统等逐一进行了语言学分析，为20世纪后半叶世界范围内掀起的文本（篇章）研究热潮提供了不可多得的典型范例。（赵爱国，2008：2）当然，洛特曼所谈的文本并不仅仅指文学文本，但其分析材料主要是文学文本，因为他认为文学文本在第二模式系统中具有非常典型的地位。

探讨文学文本的意义结构时，洛特曼认为，一个文学文本包含着两个意义系统，即非艺术性的（自然语言的）意义系统和艺术性的（超自然语言的）意义系统。这两套意义系统相互作用，互相视对方为对法则的合法偏离，解读文学文本的全部意义不仅取决于创作者，还取决于读者的统觉知识和预期结构。他认为作品、现实和解释活动的关系问题是语义学三要素在文学文本层次上的反映。需要指出的是，洛特曼对文学文本的重视程度超乎其对其他符号领域的关注，因为他将文学代码的特性当作万能的机制，因为文学文本的思想结构就其本质而言，是这一时期整个俄罗斯文化的反映，它包括行为、意识、文学创作、日常生活、道德等的结构（李肃，2002：41）。事实上，专注文学交际而忽视语言使用的其他语境、无限放大文学代码的普适性特征也构成了洛特曼研究的一个局限。

(4) 文化符号学

毋庸置疑，洛特曼的符号学研究具有鲜明的文化符号学性质，文化符号学研究也给洛特曼带来了世界声誉。对于文化，洛特曼从信息论的角度将其定义为"所有非遗传信息的总和及组织和贮存这种信息的各种方式的总和"（Лотман，2000：395）。洛特曼的文化符号学研究可以被概括为三个方面：其一，洛特曼继承并发展了俄罗斯符号学的传统，将对历史、艺术文本、诗歌、民间口头创作等的符号学分析严格置于俄罗斯文化语境的框架内并予以动态的审视。其二，洛特曼从符号学角度对文化的概念、内涵和本质属性等做了深刻而独到的界说，深刻地阐释了文化的符号属性以及文化如何转换为文本符号的一般性规律，同时深刻地揭示了作为"集体记忆"的文化符号学的基本特性。其三，洛特曼从符号和符号系统的基本理论出发，对俄罗斯11—19世纪的文化类型进行了分类。在深入分析俄罗斯文化演变和发展的历程后，洛特曼将自基辅罗斯至 19 世纪中叶俄罗斯经典时期的文化分为四种基本发展阶段：文化代码仅作为语义组织的阶段；文化代码仅作为句法组织的阶段；文化代码追求否定语义和句法组织（即否定符号性）的阶段；文化代码作为语义和句法组织综合的阶段。这四个发展阶段分别彰显出语义、句法、无语义无句法、语义-句法等四种文化代码类型。(赵爱国，2009：3—4)

值得注意的是，在从文学文本走向俄罗斯文化史、文化思想史、意识形态的研究时，洛特曼偏爱二元分类法，这明显是受到了雅各布森及列维-斯特劳斯结构主义二分法的影响。事实上，洛特曼在其传统的文学分析及后来对诗歌进行结构分析时就一直沿用意义对立分析法。他将俄国文化史上的历史结构分为两类：中世纪型结构和启蒙型结构；将古代俄罗斯社会分为两类：魔术型和宗教型。此外，洛特曼还发掘出了俄国历史和思想史上一些突出的二元对立观念：俄国与西方、基督教与异教、真信仰与假信仰、知识与无知、社会上层与社会底层等。俄罗斯符号学家格外青睐这种二元对立的符号学运作机制，这与由索绪尔开创的二分法原则相联系，但更重要的原因在于俄罗斯文化的两极性（биполярность）、两中心性（двуцентровость）及俄罗斯民族个性的极性倾向（поляризация души）。事实上，如前所述，莫斯科-塔尔图符号学派的成立本身就是莫斯科和彼得堡两个中心、两种传统互相作用的一种表现。

在对比了斯拉夫文化和西方文化之后，洛特曼认为，斯拉夫文化是一种二元系统（бинарные системы），而西方文化则是一种三元系统（тернарные системы），三元系统中的爆发不会消灭所有现存的东西，而会保留某些珍品并将其从边缘位置移至系统的中心，而二元系统中的爆发会涉及一切。洛特曼在俄罗斯文化中不仅仅看到了二元模式，还看到了三元模式的影响，如日常生活世界就位于善的世界与恶的世界之间。同时，对于独联体国家试图从二元文化转向三元文化，洛特曼认为，出现的秩序不会是西方世界的翻版，因为"历史不可能重复。历史只喜欢新的、无法预见的道路"（Почепцов, 1998:313）。洛特曼由此提出了关于"不可预知性"（непредсказуемость）的理论。他认为，不可预知性的领域要比可预知性的领域大得多，但由于其非结构化的特点，人们无法感受到它的统一模式；不可预知性成分甚至存在于一般的日常对话中，不可预知性应该成为符号学的重要对象，就像可预知性成为语言学的研究对象一样；真正的艺术应该表现不可预知的事物。洛特曼认为，不可预知性与可预知性之间的相互联系类似于话语（дискурс）与文本（текст）之间的关系：话语和文本分别涉及同一现象的社会方面和语言方面。现实中，科学所做的正是扩展可预知领域，缩小不可预知领域。洛特曼在《文化与爆发》中用很大的篇幅来分析正常行为和不正常行为，认为聪明人和傻瓜的行为都是可预知的，而疯人的行为则不可预知。他把时尚（мода）也纳入不可预知性范畴，可预知性和不可预知性这一对范畴的对立甚至让洛特曼看到了动物的行为与人的行为的区别：动物的行为具有仪式性，而人的行为倾向于让对手不可预知。可见，洛特曼极大地夸大了不可预知性的作用范围。

（5）交际符号学

意大利符号学家艾柯将意指（сигнификация）和交流（коммуникация）作为两种基本的符号学领域时，忽视了第三种领域——动态进程（динамика），即同一时期或不同历史时期意指和交流模式的更替。在《文化与爆发》一书中，洛特曼特别强调两种动态因素——演化和爆发——是文化的本质，认为每个时刻的任何社会都有自己的意指和交流模式，并将其中一些视为更为中心的模式，而将另外一些视为更为边缘的模式。动态进程在洛特曼的观念中实际上表现为符号翻译和符号转换的问题。事实上，洛特曼追求的"动态性"除了与历史的发展进程和文化演化等结合起来外，最为突出的一点是还与广义的语言交

际联系在一起，从而为我们勾画出一幅鲜活的语言交际的符号运作图景。(赵爱国，2008：4)

洛特曼在区分民间文学与非民间文学时，看到了文化系统内的两种交际模式：外向交际（извне）和内向交际（изнутри）。前者通过大量的文本获得信息，如现代人的信息获取方式；而后者，如仪式交际，人们可能终生只读一个文本（例如：《圣经》），靠内省的方式不断获得新的信息。正是看到了内向交际读者的主动性，洛特曼提出了与巴赫金的对话理论相似的观点，认为对作品的理解是一种多样性的动态过程，作品的接受者不仅仅是听者，还是创造者，这正是宗教系统仍然具有很强的信息性的原因。在此基础上，洛特曼进一步区分了"我-我"型（Я-Я）和"我-他"型（Я-ОН）两种交际模式。"我-我"型交际是时间维度上的交际。也就是说，"我-我"型交际在时间上是不能割断的，履行的不是记忆功能，而是某种文化功能。主体给自己发出某已知信息，其目的不是为了记忆，而是为了领悟信息的内隐意义，从而获得某种新的含义。而"我-他"型交际是空间维度上的交际，"我"是信息传递的主体（拥有者），"他"是信息传递的对象（接收者），交际中的其他成分（如"代码"和"信息"的传递）并没有改变。该类型交际传递的仅仅是某种信息恒量，信息的接收者是通过阅读文本获取大量新信息的。(赵爱国，2008：5)

（6）行为符号学

行为文本（текст поведения）是洛特曼的一个重要的符号学考察对象，以行为文本为对象的行为符号学是洛特曼符号学研究的重要方面。洛特曼从制约人的行为的社会等级系统出发来看待行为文本的社会符号特性，认为官衔、勋章、制服、地位等都为人的行为设定了框架。他特意考察了俄国贵族纨绔子弟现象，认为贵族纨绔子弟的文化构成了一个复杂的个性文化体系，其外部形式是"极其讲究的衣着"；服装是贵族纨绔子弟的外部符号，但不是它的本质，其本质是虚假礼貌掩盖下的厚颜无耻。(穆馨，2008：65)洛特曼在分析了纨绔子弟的行为与政治自由主义交叉的可能性之后指出，花花公子习气是一种行为，而不是意识形态，因为这仅限于很狭窄的生活范围。洛特曼重点考察了十二月党人的行为特点，认为十二月党人的行为建立在两种不同规范，即他们业已掌握的欧洲文化规范与同他们相关的地主经济的冲突之中。"正是这种行为的多元化和行为方式依靠情景的可选择性，以及区分实践和意识形态时表现出的双重性，构成了19世纪初俄罗斯先进人物的特点。"(Почепцов，1998：307)严肃性、风格的统一性、身势语的夸张性是十二月党人行为的另一个特点。洛特曼认为，十二月党人行为风格的统一性使得他们借助统一的规则生成言语文本和非言语文本。通过分析行为文本，洛特曼认识到符号世界对于现实世界的重要意义，"言"(слово)与"行"(дело)之间先"言"后"行"的传统关系在十二月党人行为文本的系统特征面前似乎必须有所改变，现实层面的"行"为符号层面的"言"所加强，对于"行"来说，"言"起着总结、评价及揭示其象征意义的作用。

　　洛特曼认为，各种集体行为样式是由生平经历和行为风格所决定的，而战争则能消除社会等级，简化交际形式。比如，战场上普通尉官可能会看到哭泣的帝王，而在其他场合他是绝对看不到这一场面的。洛特曼不仅看到了日常行为的符号化，而且看到了在日常习俗规范的框架内创建风格的问题。他认为："谈话的方式、步态、服装都能准确无误地指出，某个人在多样性的每天日常习惯风格中占据什么样的位置。"(Почепцов，2001：686)阅兵(парад)是一种典型的集体行为样式。在分析阅兵现象时，洛特曼认为："美等同于遵守规范，而任何对规范的偏离，甚至是最小的偏离，都被认为是在美学上丑陋的和在纪律上应受到惩罚的。"(Лотман，1996б：194)据此，洛特曼甚至认为，美的最高准则是整齐划一，即不同的人能够按照预先规定的规则一致地运动。

(7)电影符号学

洛特曼将文本的概念扩大到文化系统的每一个方面,将文本作为研究任何一种符号系统的基本单位。视觉语言,特别是电影语言的地位问题也是洛特曼关注的对象,他认为照片是20世纪初文化文本一般系统中最可靠的文本类型。洛特曼认为:"电影的本质是两种叙事倾向的综合——造型的叙事倾向(移动的画面)和话语的叙事倾向。"(Лотман,2000:317)话语符号和造型符号的互动导致这两种叙事类型在电影中的平行发展。洛特曼认为,话语不是电影叙事中可有可无的补充性特征,而是必不可少的构成要素。(张海燕,2009:50)洛特曼认为,电影艺术是在排斥无意识性的情况下向前发展的,正因如此,爱森斯坦等一些苏联导演在有声电影出现时坚持认为,视觉形象和听觉形象的结合不是无意识的,而是有理据的。没有字幕的无声电影或没有对话的有声电影应被视为一种特殊的艺术表现手法,它证明电影文本中的话语是不可缺少的要素。洛特曼认为电影的另一个特点在于其视角的可变性,认为电影是唯一具有该特点的视觉艺术类型。在洛特曼看来,时间和空间是现实世界的两个重要参数,而电影作为对现实世界的模拟,具有不同于现实世界的艺术审美特征,这集中体现在电影对时间和空间的艺术化处理上。按照洛特曼的观点,电影空间具有双重性:既是对现实空间的模拟,又是一种语言符号空间,因此电影文本空间又可以看作是一种语义空间和美学空间。(张海燕,2009:51)

洛特曼认为,镜头可被理解为最基本的电影语言、最小的叙事单元和意义单位,镜头之间的组合关系产生了电影文本的特殊意义,从一定意义上来说,电影的意义就是电影语言方式所表现出来的意义。(张海燕,2009:51)"镜头与镜头之间在表现客体的元结构层上(镜头中的镜头)的转换形成了复杂的符号情形。它的意义在于试图迷惑观众并使之在最大限度内体验所有的'反常规',体验一切普通而真实的事情及人们对它的态度和价值判断。"(Лотман,2000:303)按照洛特曼的观点，剪辑电影就像使用词语一样，镜头与镜头之间可以形成各种组合关系，镜头的剪辑使具体的事物图像变成抽象的语言形式，从而产生了画面的隐喻意义和象征意义。洛特曼把电影的剪辑分为两种类型：不同镜头的连接和相同镜头的连接，不同镜头的连接造成意义的交叉，而相同镜头的连接则造成意义的转换。（张海燕，2009：51）在洛特曼看来，"尽管剪辑实际上是离散的，但对观众来说电影镜头的内在转换则掩盖了其离散性，正如生动的言语掩盖了语言结构单位的界线一样。"（Лотман，2000：336）对导演来说，镜头具有离散性，电影画面的切换就是不同离散镜头的连接，画面的运动给观众造成了电影是一个连贯整体的心理幻觉。

应该说，洛特曼广泛涉足的领域还远不止我们所列举的这些。最让人印象深刻的方面可以说在于他能够轻松地从一种符号系统转向另一种符号系统，而这种轻松转换的基础则是严肃的有充分根据的深入研究，这使得洛特曼的研究对象包括文学语言、电影语言、行为语言、绘画语言、戏剧语言等非常多样化的符号系统。作为集根底深厚、学识渊博、勇敢大胆、热爱语言、热爱生活等品质于一身的俄罗斯符号学的标志性、总结性的人物，洛特曼将社会、历史、文化、思想、精神、艺术、意识形态等方面的现象和内容均纳入考察的范围，做了一些深入的、别具一格的研究，给后来者提供了丰富的文化遗产。

3. 其他代表性学者的思想

除了洛特曼之外，乌斯宾斯基、伊万诺夫、托波罗夫 3 位学者堪称莫斯科-塔尔图符号学派的旗帜性人物，他们的研究为俄罗斯符号学思想走出国门、享誉世界起到了举足轻重的作用，对世界范围内的符号学研究产生了深远的影响。

（1）乌斯宾斯基的研究

乌斯宾斯基研究的典型特征表现在三个方面：其一，他非常熟悉俄罗斯过往阶段的历史；其二，他总是试图跳出传统语文学对象的边界；第三，他分析文化机制的很多著述是与洛特曼合作完成的。

乌斯宾斯基善于另辟蹊径，从交际这一新的角度来看待历史对象，他认为："在符号学前景中历史过程可以被理解为交际过程，此时常态化出现的新信息制约着来自社会收信者（社会语言集团）一方的回应。"（Почепцов, 2001: 700）这一视角能够赋予历史事件以新的意义，比如他将彼得一世的行为视为一种反行为（антиповедение），进而分析了宗教性的反行为（сакрализованное антиповедение）和象征性的反行为（символическое антиповедение）的特点和表现，并分析了在对立中积极破坏既定规范的非规范成员的积极作用。根据这种研究，我们甚至可以认为文化的所有代码可能都建立在对规范的积极否定之上。

乌斯宾斯基的研究也涉及语言学问题，只是他关注的是更为一般性的语言规律，表现出了明显的符号学倾向。比如他在分析语体（修辞系统在时间上的更替）时认为，两个在时间上紧挨着的修辞系统中更陈旧的系统并不粗俗，而在直接相互替换时更加新一些的系统则更为粗俗。分析艺术问题时，乌斯宾斯基并不局限于一个领域，而是以绘画作品和文学作品的组织为例来展开研究，如绘画和叙事都有外位视角和内位视角的问题，并运用言语分析的符号学工具对圣像画做了特别的研究。

此外，乌斯宾斯基的另一个研究方向是在社会历史、文化历史和政治观念历史的框架中重构过去世界的结构，在这一方面，乌斯宾斯基将沙皇和牧首作为观念系统中的敏感点对俄罗斯君主的宗教化、沙皇和牧首的特殊地位等问题进行了特别的研究。而对于诗学问题，乌斯宾斯基同样也采用的是交际（符号）视角，认为赫列布尼科夫（В. В. Хлебников）的诗歌经常有意无意地将文本密码化，进而认为任何作品都可以视为需要解码的独特的密码文件。

(2)伊万诺夫的研究

伊万诺夫与洛特曼一样,也可视为过去和现在创作者之间的一座桥梁。伊万诺夫取得的成就基于通晓多种语言(尤其是古代语言)的优势和对跨学科方法的使用。托波罗夫称他是"这场运动的主导性人物",在符号学领域"既是思想上的鼓舞者又是卓越的组织者"。皮亚季戈尔斯基称他为"继罗曼·雅各布森之后唯一真正的符号学家"。伊万诺夫的研究具有以下几个特点:一是定位于寻找文化和文明发挥作用的普遍性符号规律;二是研究的系统性特别突出,这可能与生物学、控制论等自然科学相关,事实上,他经常引述自然科学取得的成就;三是将大量的著名学者乃至学术新人和新文本引入学界[1]。(Почепцов,2001:711)

从某种意义上说,伊万诺夫总是能够开辟一些空白的研究方向,善于将西方的观念引入俄罗斯符号学,也善于发现被隐藏起来的俄罗斯本土学者的思想,比如他对俄罗斯导演爱森斯坦的研究:"爱森斯坦认为,节奏之鼓能将听众带回到退化的思维阶段,其原因在于鼓与内在的潜意识状态相符合。"[2] 伊万诺夫是熟悉古代语言和文化的古典语文学家,因而能够经常在语言世界和物质文化世界之间自由转换。伊万诺夫还特别关注自然科学发现的普遍规律,原因在于:一方面,自然科学有助于解决与人文科学之间的共性问题;另一方面,人文科学框架内客体化程度的提高促使学者们向自然科学问题和方法靠近。在这一方面,伊万诺夫进入了人文科学与自然科学之间的元层次,比如他写到了记忆在人类文明框架中的角色以及前文字社会中传播知识的可能性等问题。在吸收列维-斯特劳斯关于将文化划分为"冷文化"(保

---

[1] 巴赫金、弗洛连斯基、列维-斯特劳斯等人就是经由伊万诺夫的前言、文章被介绍给符号学界的。

[2] 这指的是,人身体中的一切都有确定的节奏(心跳、呼吸、[肠、胃]蠕动),单一节奏接通了情感思维。

存旧文本)和"热文化"(生产新文本)的观点基础上,伊万诺夫构建了俄罗斯文化观念,并以别雷论果戈理的书为例分析了对于"热文化"而言旧文本的重新阐释问题。

伊万诺夫也考察了戏剧和电影符号学问题:通过戏剧分析,伊万诺夫得出了关于文化一般性问题的结论,如中世纪文化的一个显著特征"空间的垂直性"既体现在世界之树等主要象征符号的垂直性上,也体现在中世纪神秘剧舞台的天堂、地面和地狱三级形式划分上;基于"对语言结构最清晰的认识源于与其他语言的对比"这一观念,伊万诺夫考察了电影小说的出现、电影语言中的时间范畴、经典暴力影片框架中标准的组合式情节模式等。

(3)托波罗夫的研究

托波罗夫同多数符号学家一样,将自然语言仅仅视为工具和事物的标尺,而将注意力投向按照其他语言规则构建起来的文本。托波罗夫将古埃及的肖像画视为这样特殊的文本,认为它首先定位于头,然后才定位于脸,从而揭示了古埃及人的观念:将头理解为最重要的精神和心灵力量及能量的集中地,而将脸视为这些力量的镜子,视为奄奄一息的生命最后的和最细微的证明。托波罗夫认为绘画艺术的个性特征体现为两类平行的类别:一类体现在风景画(пейзаж)和静物写生画(натюрморт)中,其特点是日益增强的人格化特征;另一类体现在形象(образ)中,其特点在于它是作为与人对立的复制品而设计完成的,因而缺乏真实感、生命和理智。

托波罗夫对小说的神话基础进行了深入的分析,这得到了洛特曼的高度评价,尤其是他通过分析陀思妥耶夫斯基小说的深层结构,发现了适用于陀氏整个创作的诸多规律:1)对决定其他一切的中心问题的解答,表现为两种对立力量在宗教仪式空间核心框架中的对抗;2)陀思妥耶夫斯基的主人公只是被置于弱决定模式水平,其结果是他们的行为很难预测;3)在刻画主人公时选择透视缩绘法,这能够保证主人公在新的情节进程中的最大机动性；4）小说空间显著分散化，它们之间的跨越具有最大程度的熵的增长；5）专有名词和普通名词之间的边界处于变化之中，直到其中一个变换为另一个。（Почепцов, 2001: 715）托波罗夫也谈到了作为文本的空间的一系列转换，如：1）时间变得浓稠并成为空间的形式，出现了空间的时间化（темпорализация）现象，空间参与到时间的运动之中；2）空间远离它所不是的东西，因而是独立的；3）空间具有内部的组织，能够分解，由部分构成；4）空间有带特殊性质的中心，道路指向空间的中心。道路会中和此和彼、自己的和他人的、内部的和外部的、近的和远的、家和森林、"人工的"和"自然的"、可见的和不可见的、宗教仪式的和亵渎神灵的之间的对立；5）文学文本的内部空间比任何外部空间都更为"强大"，在这一文本的框架中检验着任何地方都不能实现的能力。（Почепцов, 2001: 715-716）

托波罗夫另一个单独的研究层面与彼得堡神话相关。他认为，某种综合性的彼得堡超文本（сверхтекст）与彼得堡相吻合，与这一超文本相联系的是最高意义；与莫斯科相比，"彼得堡以一种比其他能与之比较的描述对象大得多的坚决性和必然性蕴涵着自己的描述，这从根本上限制了作者的选择自由"（Топоров, 1993: 211）。事实上，构建彼得堡符号学（Семиотика Петербурга）也是莫斯科-塔尔图学派面临的一个研究任务，为此，学派的《符号系统论著》专门有一期探讨这一问题，洛特曼对此曾指出，城市可以使国家人格化或者成为它的对立面。托波罗夫的基本研究兴趣集中在远古精神文化层面，他对神话和仪式之间的关系做过这样的描述："如果谈到神话时是将其作为特殊的思维形式和特殊的体裁，那么它在自己的源头上就与仪式密切相关，受仪式控制并以分散的形式说明仪式神秘的深层意思。正是在这一条最后的道路中神话获得了自己的独立性和自足性。对于斯拉夫文化传统而言，神话与仪式间的联系保持得足够久远，这首先从基本神话的核心的形式本身（问答式对话）以及神话与仪式时间的时空

联系就可见一斑,更不用说对这一联系的其他一些更次要的说明了。"（Топоров, 1998: 115-116）

第四节　俄罗斯当代符号学及其发展趋势

苏联1991年的解体不可避免地影响了莫斯科、彼得堡及其他俄罗斯城市的符号学家同塔尔图的学术交流和学术联系,而学派公认的领军人物和卓越的组织者洛特曼1993年的逝去使莫斯科—塔尔图符号学学派的学术研究失去了往日的宏大规模和巨大的学术影响力,学派从此走过了它的辉煌时期,后洛特曼时期的俄罗斯当代符号学研究因此陷入了衰败的境地。列斯基斯（Г. А. Лесскис）曾写道:"基亚埃里库（Кяэрику）① 时代已经过去了。事情不在于领导层们清醒了,因而决定在强烈反应的背景下继续抑制这种'解冻'现象的出现。事情主要在于我们自身:我们越过了基亚埃里库,但没有创建自己的基地,也没有成为俄罗斯—爱沙尼亚的布尔巴基（Бурбаки）②。失去了已经习惯的爱沙尼亚的自由自在,在莫斯科我们试图聚集在科学技术信息研究所的什雷杰尔（Ю. А. Шрейдер）、莫斯科大学试验室的托尔斯泰（Н. И. Толстой）和梅列京斯基（Е. М. Мелетинский）那里,但所有这些会面已经不能给予类似于著名的夏季研修班所带来的创造激情了。"（Почепцов, 2001: 721）一位俄罗斯符号学学者塔玛拉·鲍丽索娃（Тамара Борисова③）在给笔者的一封电子邮件中曾悲观地指出:"现存的符号学研究仅限于莫斯科-塔尔图学派剩下的为数不多的老

---

① 基亚埃里库是莫斯科-塔尔图符号学派夏季研修班的举办地。
② 即 Nicolas Bourbaki,是20世纪30年代开始出现的一批法国年轻数学家的集体笔名。
③ 鲍丽索娃个人创办了俄罗斯网上符号学杂志《绿灯》（Зеленая лампа）（http://jgreenlamp.narod.ru/index.htm）,提供了大量符号学研究的材料。

人的研究（学派代表人物中的大多数，如皮亚季戈尔斯基、Б. 加斯帕罗夫、若尔科夫斯基等学者都已移居国外，而洛特曼已经逝世），他们在结束自己的符号学研究时没有明显改变学科的方向，此外就是一些'年轻'学者的研究（事实上他们基本也都四五十岁了），他们所做的也无非是一些总结性的工作。这些学者没有写出能提供新的途径的独立的、突出性的著作。他们没有科学的勇气，也不准备去争论或批判性地重新审视过去的符号学研究并相应地提出新的办法。就连规模甚大的对前人的经验进行归纳的工作也显得那么无力，没有系统性。"这一点也为莫斯科大学语文系外国文学史教研室主任科西科夫①（Г. К. Косиков）教授所证实。莫斯科－塔尔图符号学派的标志性学术出版物《符号系统论著》也于 1992 年出版到第 25 卷后中断。

20 世纪 90 年代以后至今，俄罗斯当代符号学研究主要表现为学者们开始从各自的学术背景和观察视角总结和研究莫斯科－塔尔图符号学派本身，这方面的研究可以归结为以下几点：

其一，研究具有回忆录的性质，如《新文学观察》（Новое литературное обозрение）1993 年第 3 期收录有尼科拉耶娃（Т. М. Николаева）的《文化英雄的悲剧》、托波罗夫的《代替回忆》、皮亚季戈尔斯基的《90 年代关于 60 年代符号学的印象》、М. 加斯帕罗夫（М. Л. Гаспаров）的《角落里的视线》、列斯基斯的《关于夏季研修班和符号学》、谢列布里亚内（С. Д. Серебряный）的《1966—1967 的"塔尔图研修班"》等文章，对莫斯科－塔尔图符号学派（尤其是洛特曼）20 世纪六七十年代学术活动的背景、学术观点的来源和变化进行了概述和点评。

其二，将莫斯科－塔尔图符号学派本身视作一种文化和符号现象，

---

① 科西科夫在给鲍丽索娃的一封电子邮件中讲道："俄罗斯 90 年代的符号学研究领域没有开创性的著作。"这封邮件鲍丽索娃转呈给了笔者。

对其产生的深层原因和形成过程进行剖析,如乌斯宾斯基在《关于塔尔图-莫斯科符号学派的起源问题》(1987)一文中认为学派是莫斯科和列宁格勒两种传统的结合,而这两种传统源于俄罗斯文化的"两极性"和"两中心性"①,进而对学派的具体形成过程进行了分析。而 Б.加斯帕罗夫更是直接以"作为符号学现象的 20 世纪 60 年代的塔尔图学派"为题,撰文试图揭示"符号学研究在何种程度和何种意义上能作为表达时代精神的文化'文本'"(Гаспаров, 1998:58)。文中,作者甚至没有提到任何人的名字,而将学派作为一个整体现象进行考察,认为学派的特点在于封闭主义、秘密主义、西欧主义以及乌托邦倾向,认为学派是从苏联意识形态领域的一种内部的文化流放,这些观点引起了一些学者著文进行补充、置疑、批驳等各种回应。

其三,回顾和总结学派符号学大家的研究成果,并将之结成文集出版。其中最有影响的是由科舍列夫(А. Д. Кошелев)主持的系列丛书"语言·符号学·文化"的出版项目,该项目先后出版了乌斯宾斯基的两卷本文集(1994)和《艺术符号学》(1995)、托波罗夫的《俄罗斯精神文化中的圣洁性和圣徒》(1994)、洛特曼的《在思维的世界里》(1999)、伊万诺夫的两卷本文集(1999)以及包括洛特曼的结构诗学讲义、1992—1993 年的精选论文、最新的讲演和访谈以及学派代表人物对学派的自我反思性文章在内的《尤·米·洛特曼和塔尔图—莫斯科符号学派》(1994)等多部著作。

其四,基于语言学和符号学之间在学理渊源、研究方法等诸方面相互影响、相互制约的关系,侧重于用符号学的理论思想和方法论工具来分析语言学问题。在这方面,斯捷潘诺夫(Ю. С. Степанов)的

---

① 俄罗斯文化的两中心性(двуцентровость)或称两极性(биполярность)指俄罗斯社会始终存在着两个文化中心、两种文化传统,它们之间互相排斥、互相抵触,这在俄罗斯历史上表现得尤为明显,起初是基辅同诺夫戈罗德的对立,而后依次演变为弗拉基米尔同诺夫戈罗德、莫斯科同诺夫戈罗德、基辅同莫斯科的对立,最后则是莫斯科和彼得堡两个文化中心的对立和共存。

符号学语法、博尔德廖夫（Н. Н. Болдырев）的功能－符号学原则、乌菲姆采娃（А. А. Уфимцева）的词符学研究都是一些成功的尝试。斯捷潘诺夫的符号学语法秉持语言研究中静态和动态、系统和功能相统一的理论基点，认为语言就是"范畴和规则的集合体"；将句子视作语言的基本单位，揭示作为它的一部分的名词和谓词在词典（词库）中的体现；认为语义和句法在任何一种语言中都高度发达，语义、语法及两者结合的一般特征体现出泛语言（Язык вообще）的共性规律，而词法手段则具有个性化、因语言而异、民族性的特征，因而语义和句法在他针对泛语言（而不是个别的具体语言）的符号学语法中占据第一性的位置；把名词、谓词和句子作为符号学语法的主要对象。在符号学原则的指导下，斯捷潘诺夫研究了语义和句法的一般性联系、语言单位第一次指谓和第二次指谓的条件和机制，揭示了词符能指和所指的复杂关系，认为这种关系以语言结构化的三种原则的形式表现出来，即非对称（асимметрия）、层级（иерархия）和变异作用（метаморфизм）。同时，斯捷潘诺夫还研究了词符的两个方面，即语言系统中的虚拟词符和言语中得以实现的词符，这样，研究词符两个方面的关系，确定和描述语义实现的机制、词符在句中发生语义变异的条件和手段，或概括地说，组成语言整体的语义和句法的所有联系，都成了符号学研究的基本目标。（Болдырёв, 2001：385）博尔德廖夫的功能－符号学原则基于语言的双重性特征，将语言和言语合而为一，视语言为一个统一的整体——"语言－言语"（язык-речь），认为这样才能更好地揭示出这两个方面的相互影响。他的主要观点是：具体语言研究的对象应该是"语言－言语"，这是一种本体上统一的对象，具有结构和功能上的整体性，这在划分和研究其个别方面或者该对象的层级时必须予以关注；词义在其主要意义上是统一的，在言语中它能激活相关概念，产生不同的功能意思，关于语言的系统知识应该包括关于主要意义及功能意思的形成原则和机制的知识；词的意思是能够产生各种功能意思的动态结构，词的功能意思与词的功能性范畴化相关；词的功能性范畴化的基础是词的系统意义和对其功能的认识两者的相互作用，这种相互作用是以实现（актуализация）、重新范畴化（перекатегоризация）和多范畴化（поликатегоризация）这三个基本原则为基础的；功能性范畴化是一个多种语言因素（机制）参与的过程，其中必然存在词汇和语法、词汇范畴和语法范畴、语义和句法的相互作用；语句意思是语句所有成分在语句的具体语法结构中相互作用的结果，语句意思的形成具有整合性的特点，句子（如同结构模式、命题一样）是语句单位，在篇章和话语中划分出来的句子－语句（предложение-высказывание）是独立的功能层面的语言单位，同属语言和言语；语言范畴和其他概念范畴一样表现出构成上的原型原则，即范畴的内部构成有原型（核心）成分和过渡（边缘）成分之分，这些成分是按"家族相似性"原则组织起来的。（Болдырёв, 2001:391-392）乌菲姆采娃根据符号意义的类型和词符在语言活动中的功能，兼顾词符基本符号意义中类指（事物）成分和涵指（概念）成分间的相互关系、绝对（系统）意义同相对价值（聚合和组合）间的相互关系、词符服务的符号域（称名－分类域、言语思维域、交际域、语用域），将词符划分为七种符号类别：描述性词符（характеризующие знаки）、个性化词符（индивидуализирующие）、量化词符（квантитативные знаки）、指示词符（дейктические знаки）、代替词符（заместители）、联系词符（связочные знаки）、实现词符（знаки-актуализаторы），并着重将第一类词符分为事物名称（主要由名词表达）和特征名称（主要由动词、形容词、副词、名词表达）两个次类，对其语义分别进行了符号学描写。

　　总之，与曾经欣欣向荣的莫斯科－塔尔图符号学派的学术活动和学术研究相比，俄罗斯当代符号学研究整体上缺乏标志性人物和创新性成果的引领，也缺乏成气候的学术组织和学术活动的支撑，学术影响力已无法与鼎盛时期相提并论。这种以回顾与反思为主调的俄罗斯当代符号学研究在今后一段时间仍将会基于既有符号学理论思想和研究方法来探讨民俗文化、民间文学、叙事结构、历史事件、政治制度等符号系统的生成和理解问题。

第五节 结论

总的来看，作为世界符号学研究最重要的组成部分之一，俄罗斯符号学经过了19世纪后半叶至20世纪初的理论准备之后，先后经历了形成期（20世纪初至十月革命前）、发展期（十月革命至20世纪中叶）、过渡期——雅各布森与巴赫金的研究（20世纪中叶前后）、成熟期——莫斯科-塔尔图符号学派的研究（20世纪60年代至1993年）四个不断成长和繁荣的阶段，但随着洛特曼1993年去世，后洛特曼时期的俄罗斯当代符号学研究则呈现明显下滑和衰落的态势。

纵观俄罗斯符号学的发展历程，一百多年来，各种专业背景、各个研究方向的俄罗斯符号学学者对语言、文学、建筑、绘画、音乐、电影、戏剧、文化、历史等符号域纷繁复杂的符号/文本现象进行了深入的分析和探索，形成了形式主义学派、功能主义学派、莫斯科-塔尔图学派等各种流派和方向，发掘出了大量具有共性的符号学规律，这些规律涉及符号/文本的生成、理解、功用等各个领域，涵盖了社会思想、民族文化、人文精神等各个方面，为我们想象俄罗斯、观察俄罗斯、理解俄罗斯、探索俄罗斯提供了丰富的理论滋养和鲜活的思想源泉。将各个阶段、各个流派、各个学者的符号学研究统合起来看，我们可以清晰地看到俄罗斯符号学研究的典型特色：一是关注第一模式系统和第二模式系统之间的同构性规律及符号系统间的共存和接触现象；二是偏好于探索各种符号域文本的结构形式、信息容量、交际潜能、文化底蕴、历史渊源等方面的特征；三是深入民族文化和社会意识的深层来解释符号域的各种外在表现；四是在全面考察各种符号域变化万千的符号现象的同时，偏重于文学符号学和文化符号学研究；五是倾向于从文本这一概念出发来描写和阐释符号系统的表现；六是时刻将符号学的历史对象研究与现实对象研究紧密联系起来，将符号学一般理论研究与具体领域的应用符号学研究有机结合起来。

回顾俄罗斯符号学研究的历史流变，我们或许能感到如西方学者所批评的那样，俄罗斯符号学缺乏对一些本质问题足够的哲学思考，或许会感到俄罗斯的符号学思想一直笼罩着一种绝对化的趋向，或许会感到俄罗斯符号学缺少足够清晰的发展线索。但我们应该同时看到，各个历史时期的俄罗斯符号学研究在语言与其他符号系统的关系，符号/文本与文化的关系，符号/文本与符号使用者的关系，符号/文本的生成和理解，符号/文本的社会性、心理性、历史性等问题上表现出了研究的连续性。由于符号学本身从学科定位和研究对象到研究目标和研究任务等各个方面表现出来的模糊性，俄罗斯符号学似乎也无法被精确把握。我们的研究并不寻求对各个学者、各种观点、各种流派之间的横向联系和纵向联系进行微观分析，而把重点放在厘清俄罗斯符号学发展史中不同时期的各种态度、各种方法、各种研究框架以及主要符号学家的学术思想上，以期能整体呈现俄罗斯符号学的发展轮廓和理论精髓。应该特别强调的是，俄罗斯符号学研究以文学符号学和文化符号学为显著特色，其重视自身认识论和方法论价值、深入文化传统和精神内核的倾向有效地整合了各个符号域的研究，为各人文学科间的对话交流和有机融合提供了无限的可能，这为我国符号学研究乃至人文学科的跨学科整合研究提供了借鉴；与此同时，不同阶段的俄罗斯符号学研究都体现出了将一般符号学理论与具体符号系统应用研究有机结合起来的研究特色，这为国内学界针对具体符号域开展应用符号学研究具有一定的启发意义。

本章参考文献

安娜·埃诺:《符号学简史》,怀宇译,天津:百花文艺出版社,2005年。

巴赫金:《巴赫金全集》(第二卷),石家庄:河北教育出版社,1998年。

陈勇:《篇章符号学:理论与方法》,哈尔滨:黑龙江大学出版社,2010年。

董小英:《再登巴比伦塔——巴赫金与对话理论》,北京:生活·读书·新知三联书店,1994年。

郭鸿:《现代西方符号学纲要》,上海:复旦大学出版社,2008年。

胡壮麟:《走进巴赫金的符号王国》,载王铭玉、李经伟主编:《符号学研究》,北京:军事谊文出版社,2001年,第1—16页。

李肃:《洛特曼文化符号学思想发展概述》,《解放军外国语学院学报》2002年第2期,第38—42页。

李幼蒸:《结构与意义》,北京:中国社会科学出版社,1996年。

李幼蒸:《理论符号学导论》,北京:社会科学文献出版社,1999年。

李幼蒸:《历史符号学》,桂林:广西师范大学出版社,2003年。

罗兰·巴尔特:《符号学原理》,王东亮等译,北京:生活·读书·新知三联书店,1999年。

罗兰·巴尔特:《罗兰·巴尔特文集》,李幼蒸译,北京:中国人民大学出版社,2008年。

莫里斯:《指号、语言和行为》,上海:上海人民出版社,1989年。

穆馨:《论洛特曼的行为符号学》,《北方论丛》2008年第6期,第64—65页。

钱军:《语言系统的核心与边缘——布拉格学派理论研究》,《福建外语》1996 年第 3 期，第 5—8 页。

索绪尔：《普通语言学教程》，北京：商务印书馆，1996 年。

特伦斯·霍克斯：《结构主义和符号学》，上海：上海译文出版社，1987 年。

王铭玉、陈勇：《俄罗斯符号学研究的历史流变》，《当代语言学》2004 年第 4 期，第 159—168 页。

王铭玉、陈勇、金华、吕红周：《现代语言符号学》，北京：商务印书馆，2013 年。

王铭玉：《语言符号学》，北京：高等教育出版社，2004 年。

王宁：《走向文学的符号学研究》，《文学自由谈》1995 年第 3 期，第 135—137 页。

巫汉祥：《文艺符号学新论》，厦门：厦门大学出版社，2002 年。

吴钢：《完形符号论》，上海：学林出版社，2003 年。

夏忠宪：《巴赫金狂欢化诗学理论》，《北京师范大学学报》1994 年第 4 期，第 74—82 页。

杨习良：《修辞符号学》，哈尔滨：黑龙江教育出版社，1993 年。

俞建章、叶舒宪：《符号：语言与艺术》，上海：上海人民出版社，1988 年。

张冰：《尤·米·洛特曼和他的结构诗学》，《外国文学评论》1994 年第 1 期，第 129—133 页。

张光明：《关于中外符号学研究现状的思考》，《外语与外语教学》1995 年第 5 期，第 1—5 页。

张海燕：《符号与叙事的自由嬉戏——洛特曼的电影符号学理论对电影叙事学的影响》，《江西社会科学》2009 年第 1 期，第 48—52 页。

张杰、康澄：《结构文艺符号学》，北京：外语教学与研究出版社，2004 年。

赵爱国：《洛特曼"四维一体"符号学理论思想论略》，《外语与外语教学》2008 年第 10 期，第 1—7 页。

赵晓彬:《洛特曼文化符号学理论的演变与发展》,《俄罗斯文艺》2003 年第 3 期，第 39—44、67 页。

郑文东:《文化符号域理论研究》，武汉：武汉大学出版社，2007 年。

Eco, U., *The Role of the Reader*, Bloomington: Indiana University Press, 1981.

Fiske J., *Understanding Popular Culture*, London: Routledge, 1989.

Агеев В. Н., Семиотика, М.: Весь мир, 2002.

Богатырёв П. Г., Вопросы теории народного искусства, М.: Искусство, 1971.

Болдырёв Н. Н., Функционально-семиологический принцип исследования языковых единиц, Кубрякова Е. С., Янко Т. Е., Язык и культура: Факты и ценности. К 70-летию Юрия Сергеевича Степанова, М.: Языки славянской культуры, 2001: 383-393.

Ветров А. А., Семиотика и ее основные проблемы, М.: Изд-во политической литературы, 1968.

Виноградов В. В., Поэтика русской литературы, М.: Наука, 1976.

Винокур Г. О., Культура языка. Опыт лингвистической технологии, М.: Работник просвещения, 1925.

Винокур Г. О., О языке художественной литературы, М.: Высшая школа, 1991.

Выготский Л. С., Психология искусства, М.: Искусство, 1986.

Горнфельд А. Г., Пути творчества, П.: Колос, 1922.

Гофман В. А., Язык литературы. Очерки и этюды, Л.: Гослитиздат, 1936.

Демьяненко А. Ф., О методологических направлениях семиотики и о связи мышления и языка, Филин Ф. П., Язык и мышление, М.:

Наука, 1967: 243-249.

Иванов Вяч. Вс., Лингвистический путь Романа Якобсона, Якобсон Р. О., Избранные труды, М.: Прогресс, 1985: 5-29.

Иванов Вяч. Вс., Из истории ранних этапов становления структурного метода, Неклюдова С. Ю., Московско-тартуская семиотическая школа. История, воспоминания, размышления, М.: Языки русской культуры, 1998.

Иванов Вяч. Вс., Избранные труды по семиотике и истории культуры, В 2-х тт., М.: Языки русской культуры, 1999.

Колесов В. В., Слово и дело, СПб: Изд-во С.-Петербургского университета, 2004.

Кошелев А. Д., Ю. М. Лотман и тартуско-московская семиотическая школа, М.: Гнозис, 1994.

Курилович Е., Лингвистика и теория знака, Звегинцев В. А. История языкознания XIX-XX веков в очерках и извлечениях, Часть II, М.: Просвещение, 1965: 423-434.

Лотман Ю. М., Анализ поэтического текста: структура стиха, Л.: Просвещение, 1972.

Лотман Ю. М., Зимние заметки о летних школах, Кошецев А. II. Ю. М. Лотман и тартуско-московская семиотическая школа, М.: Гнозис, 1994.

Лотман Ю. М., Структура художественного текста, М.: Искусство, 1970.

Лотман Ю. М., В школе поэтического слова. Пушкин. Лермонтов. Гоголь, М.: Просвещение, 1988.

Лотман Ю. Я., Культура и взрыв, М.: Гнозис, 1992.

Лотман Ю. М., Избранные статьи в трех томах, Таллин: Александра,

1992-1993.

Лотман Ю. М., Внутри мыслящих миров. Человек – текст – семиосфера – история, М.: Языки русской культуры, 1996а.

Лотман Ю. М., Поэтическое косноязычие Андрея Белого, Кошецев А. II. Из истории русской культуры. Т. IV, М.: Языки русской культуры, 1996б.

Лотман Ю. М., Об искусстве, СПб: Искусство-СПб, 1998.

Лотман Ю. М., Семиосфера, СПб: Искусство-СПб, 2000.

Махлина С. Т., Семиотика культуры повседневности, СПб.: Алетейя, 2009.

Неклюдов С. Ю., Московско-тартуская семиотическая школа. История, воспоминания, размышления, М.: Языки русской культуры, 1998.

Никитин М. В., Предел семиотики, Вопросы языкознания, 1997, (1): 3-14.

Никитина Е. С., Семиотика, М.: Академический проект, 2006.

Почепцов Г. Г., История русской семиотики, М.: Лабиринт, 1998.

Почепцов Г. Г., Русская семиотика: идеи и методы, персоналии, история, М.: Рефл-бук/Киев: Ваклер, 2001.

Почепцов Г. Г., Семиотика, М.: Рефл-бук/Киев.: Ваклер, 2002.

Пропп В. Я., Морфология сказки, Изд. 2-е, М.: Наука, 1969.

Пропп В. Я., Поэтика фольклора, М.: Лабиринт, 1998.

Руднев В. П., Философия языка и семиотика безумия, М.: Территория будущего, 2007.

Соломоник А. Б., Позитивная семиотика. О знаках, знаковых системах и семиотической деятельности, М.: МЕТ, 2004.

Степанов Ю. С., В мире семиотики, Степанов Ю. С., Семиотика,

М.: Радуга, 1983: 5-36.

Степанов Ю. С., Имена, предикаты, предложения (семиологическая грамматика), Изд. 2-е, М.: Едиториал УРСС, 2002.

Степанов Ю. С., Концепты. Тонкая пленка цивилизации, М.: Языки славянских культур, 2007.

Топоров В. Н., Петербург и петербургский текст русской литературы, Морева Ч. М., Метафизика Петербурга. Вып.1. СПб: Эйдос, 1993.

Топоров В. Н., Пространство и текст, Никочаева Т. М., Из работ московского семиотического круга, М.: Языки славянской культуры, 1997.

Топоров В. Н., Предыстория литературы у славян. Опыт реконструкции (Введение к курсу истории славянских литератур), М.: РГГУ, 1998.

Тынянов Ю. Н., Достоевский и Гоголь (к теории пародии), Тынянов Ю. Н., Поэтика. История литературы. Кино, М.: Наука, 1977а.

Тынянов Ю. Н., Ода как ораторский жанр, Тынянов Ю.Н., Поэтика. История литературы. Кино, М.:Наука, 1977б.

Тынянов Ю. Н., Об основах кино, Тынянов Ю. Н., Поэтика. История литературы. Кино, М.: Наука, 1977в.

Тынянов Ю. Н., Иллюстрации, Тынянов Ю. Н., Поэтика. История литературы. Кино, М.: Наука, 1977г.

Тынянов Ю. Н., Литературный факт, М.: Высшая школа, 1993.

Успенский Б. А., Избранные труды (Том 1). Семиотика истории. Семиотика культуры, М.: Гнозис, 1994.

Успенский Б. А., К проблеме генезиса тартуско-московской семиотической школы, Неклюдова С.Ю., Московско-тартуская семиотическая школа. История, воспоминания, размышления, М.: Языки русской культуры, 1998.

Успенский Б. А., Семиотика искусства, М.: Языки славянской культуры, 2005.

Фрейденберг О. М., Поэтика сюжета и жанра, М.: Лабиринт, 1997.

Чебанов С. В., Мартыненко Г. Я., Семиотика описательных текстов, СПб: Изд-во С.-Петербургского университета, 1999.

Чередниченко И. В., Структурно-семиотический метод тартуской школы, СПб: Золотой век, 2001.

Шейгал Е. И., Семиотика политического дискурса, М.: Гнозис, 2004.

Якобсон Р. О., Избранные труды, М.: Прогресс,1985.

Якобсон Р. О., Язык и бессознательное, М.: Гнозис, 1996.

Ярцева В. Н., Языкознание. Большой энциклопедический словарь, М.: Большая Российская энциклопедия, 1998.

第四章　中国符号学思想

第一节　绪论

本章力图在有限的篇幅里极简地勾勒出中国符号学的基本轮廓。研究思路如下：

其一，以点代面，通过典型符号范式、代表性符号学著作考察中国符号学研究的基本情况。显然，这种"以点代面"的中国符号学综述具有一定片面性。它可能会忽略一些十分重要的符号学现象，比如中国文论中的符号学思想（中国现代逻辑学、哲学界、文论界、传播学界的符号学研究），一些西方符号学的专题性研究（如中国学者关于索绪尔、皮尔斯、巴赫金、洛特曼、巴特等人的研究专著），以及极为活跃的当代应用符号学研究等等。但这种极简主义的研究方法也有其概括性优势：它会让读者在较短的阅读时间里迅速把握中国符号学研究的整体轮廓、基本问题和发展脉络。

其二，围绕符号学的"中性"这个根本问题展开对中国符号学发展与现状的描述，而不纠缠于旁枝末节。"中性"被巴特称为"破除聚合关系之物……即通过一个第三项……甩掉、消除或反制聚合关系的僵硬的二分法"（罗兰·巴特，2010：10—11）。汉语中有大量二元聚合单位失去对立性而"中性"化：如"窗户"中的"户"失去对立；如"不知深浅"中的"深"和"浅"失去对立；如"像米粒那么大('大'也可改为'小')"中的"大"与"小"失去对立；等等。与"中性"相对的是"极性"的符号概念，即二元对立：其基本原则是，我的价值在于与你的区别或对立，符号意义就产生于这种区别对立中。

巴特的"中性"是一个同质概念，我们将"中性"改造为"异质符号之间二元对立的消解或跨界"。比如周易卦象符号、汉字象形字都具有图像和意符浑成交织的特性，在图像和文字（或语象）两者间徘徊，这便是一个"中性"符号关系。其结果是产生一个"超符号"：跨越、模糊各异质符号边界的符号单位。① 在本章的第二、三节关于"周易"和汉字的符号学研究综述中，我们将着重指出，"中性"或"超符号"是中国传统符号学最为独特之处。在第四至六节对中国现代符号学的综述中，读者仍会看到"极性"和"中性"的张力关系也一直是现代中国符号学研究中的基本问题。

其三，注重对中国传统符号学资源的发掘与现代符号学思想的梳理及二者的对接。从内容上分，本章有三个部分。第一部分为第二、三、四节，主要描述和总结中国传统符号学。我们在中国传统文化符号谱系中，选出具有原型性、代表性的三类符号思想——"周易"符号、汉字符号和传统名学中的符号，通过对这三类符号中包含的种种符号学思想，发掘中国传统符号学的理论资源。毋庸讳言，中国传统的符号学的主流，并未将理论从具体的符号意指实践中分离出来，例如：汉字的传统符号学思想就寓于对汉字本身的描述中（如许慎的《说文解字》），"周易"的符号学理论亦蕴涵在对《易经》的解说中（如《易传》）。符号学理论和符号意指实践未分化为两个独立的部门，

---

① 超符号这一术语有多个含义：其中第一个含义指超越与"言语"相对的"语言"，指的是其言语或情境符号性："在超符号层次中，符号的组合及符号运用和传递都必须有人来参与，因而有人认为该层次中的相应单位是言语中的语句，而不是句子。"（王铭玉，2013：313）第二个含义指各异质符号（包括自然语言和非语言符号）之间相互超越、跨界的性质。

是中国传统符号学的基本特征。本章的第五、六、七节构成第二部分内容，重点讨论和分析李幼蒸、王铭玉和赵毅衡的代表性著作，以展示中国现代符号学发展的基本脉络和走向。这三位符号学家是在当代中国符号学界有重要影响、对符号和符号学有自己的定义、且能描述出独到而系统的符号学理论的代表性人物。本章的最后部分即第八节，对中国符号学的发展的几个问题做一简要的总结。

第二节 "周易"的符号学思想

一、引言

"周易"也称《易经》或《易》，是中国最古老的文献之一，并被儒家尊为"五经"之首。宋代哲学家朱熹提出"易本卜筮之书"，认为"周易"是周朝人卜筮用的典籍。周朝流行的筮法又称为"易"，有三种：周易，连山，归藏。现在流传下来的只有"周易"一种，将其卦象和筮辞编辑成书，即是《易经》。

"周易"以一套符号系统来描述状态的变易，表现了中国古典文化的哲学和宇宙观。它所蕴涵的基本符号学思想是：预设了周易符号系统与世事之间内在的理据或表征关系，以阴阳符号的交替变化为基础的象形符号系统来描述世间万物的变化。

广义的"周易"包括《易经》和《易传》。《易经》是古代卜筮活动的底本，不仅是对更早期的占筮活动的记录和解释，而且也是周代人们占筮或决疑活动的"应用指南"，《左传》、《国语》中就有许多根据《易经》判断凶吉的例子。《易经》成书在西周时期，由于文字含义演变，内容在春秋战国时便已不易读懂，于是便出现了解释《易经》的著作《易传》。朱伯崑（1993：代前言）认为，《周易》这部典籍从其形成到流传，经历了三个阶段——《易经》、《易传》和历代易学，此三者构成了对更早的卜筮符号活动的解释系统。这就构成了一个由"筮、经、传、学"四者既密切相关又有区别的"周易"符号谱系。本章使用带引号的"周易"，来表述这个广义的符号系统：

"筮"代表动态的卜筮符号，"经"即《易经》，包括卦爻象和经文（卦爻辞），"传"即《易传》，"学"即历代易学，是对前三类符号要素的阐释研究的文本。因此，"周易"符号谱系中包含了仪式的（或话语的）、图像的、书写的等各种异质符号，它们被"立象以尽意"的象喻性方式有机地整合在一起，构成了一个层累的、中性的、超符号谱系，用来有理据地表征世间万物及其义理。

从历时演变的角度，"周易"符号谱系内部这四要素经历了仪式时代、典籍时代和文字时代。下面我们着重从这三个时代的演进角度，分析"周易"符号谱系中"筮、经、传、学"的层累递进关系及其符号学思想。

二、仪式时代：占筮与《易经》

《易经》本是记录和解释周人卜筮活动的底本，也就是说，这个文本所解释的对象本身也是一个符号系统，它可以称为卜筮符号活动，指用蓍草或占筮用的蓍草茎为基本载体，通过计数蓍草变化的数目，得出卦象，再依卦象推测吉凶。

1. 占筮符号

显然，占筮活动是人类早期用于决疑和预测未来的巫术性符号化活动，具有仪式符号性质。宗教仪式是行为人以及各种异质符号共同在场参与交流的超符号活动。在本书中，内部隐含、外部关联异质符号因素的符号都是超符号，也叫作类符号①。仪式便是超符号活动：是动作行为的、听觉的、视觉的等各种符号共同参与的"多语式"人神交流活动。阿斯曼（阿斯曼，2004：6）认为，在人类书写文化尚未成熟的时代，仪式是重要的文化记忆和传承手段。殷周时代是仪式符号主导的时代，尽管已经有了象形字，但总体上讲甲骨文、金文属于仪式符号系统的一个部分，还缺少纯离境化的长篇线性书写文本。周礼是那个时代最典型的仪式符号系统之一，《周礼·天官》记载，周朝流行筮法，卜筮活动是周礼的重要内容之一，其主要特点包括：

（1）象数符号主导的动态过程性

占筮性仪式符号与口头交际一样，具有身体性和过程性的特点。周人敬鬼神、重祭祀。每每祭祀又必卜筮以定凶吉，得吉才能进行祭祀。《易传·系辞下》描述了占筮过程："圣人有以见天下之赜，而拟诸其形容，象其物宜，是故谓之象。圣人有以见天下之动，而观其会通，以行其典礼，系辞焉以断其吉凶，是故谓之爻。"（王博，2003：138）仪式符号是卜筮者身体在场的符号化活动。"观其会通"是筮人"读图"的符号活动。"行其典礼"是筮人仪式行为的符号活动。"系辞焉以断其凶吉"则包含口语和书写两种符号活动：一是仪式过程中卜筮史官所说的占断辞句，这就是"筮辞"，它是口语性的、身体在场的话语行为；二是筮人将筮辞及其占筮的情况用文字记录下来，进行挑选、整理，逐渐形成了《易经》中的卦爻辞。"依朱熹的说法，上古的圣人们教人占筮，只是教一个方法，要人们依次去做。如何是吉，如何是凶，什么样的卦是吉，什么样的卦是凶，什么样的爻是吉，什么样的爻是凶，并不做什么解释。"（朱伯崑，1993：58）这意味着占筮符号阶段只体现为一套动态的语用规则。占筮过程中，象数的、礼仪

---

① "类符号……各异质符号要素之间相互擦拭、过渡、跨界、重叠、融会、中和、杂糅的现象。"（孟华，2014：16）

的、口语的、书写的等多种符号共同参与了意义的生产,在这个异质性"中性"和超符号场中,起主导作用的符号是象数符号,书写符号还没有从仪式符号系统中独立出来。

(2)象喻性

占筮性仪式中的象数符号——由基于数变(如奇数还是偶数)的蓍草而构成的卦象①,具有意象性符号特征。"圣人有以见天下之赜,而拟诸其形容,象其物宜,是故谓之象",《系辞下》所谓之"象",从符号学的观点分析,并非像西方模仿论或象似论那样,不是把眼前客观物体外在的"实象"放在第一位,即通过逼真的外形摹仿表达对象,而是指先人在面对现实("天下之赜")而进行动机性符号造意活动的产物。(成立,1997:2)因此,象数之象一开始便具有图像符号的空间模仿和文字符号的时间造意双重属性,但又不是纯粹的图像或文字。学术界一般使用"意象"或"象"来描述易数之象、"周易"之象的"中性"或"超符号"性质:图像符号与文字符号边界的消除。我们采用"象喻"来重新表述传统的"意象"或"象",其目的是将它转换为一个符号学概念:"一为外在的、可感的形象本身,一为内涵的、只可心会的象征意义,其意义展开完整地体现在'象喻'思维方式中。"(夏静,2012:3)在皮尔斯的图像符号分类中,除了一般的象似符以外,也涉及了具有比喻性的图像符号,即我们说的象喻。②显然他注意到了某些图像具有非再现性的表意或比喻功能,因此皮尔斯把古埃及象形文字也看作是象似符号(皮尔斯,2014:54)。纯粹的象似模仿发生在图像中,纯粹的相似比喻发生在非视觉性词语符号的意义联想当

---

① 周人占筮通常是用蓍草来进行的,他们把蓍草看成是"天生神物",是沟通人神的媒介。八卦图像符号就是据揲蓍草成数以定象的象数之法形成的。

② "仅仅具有某种单一品质……的亚象似符是'图像'(image);通过把自身各部分的相互关系与某事物各部分之关系进行类比,从而使其能够代替此事物的这种关系……这类亚象似符是'图表'(diagram);通过对另一物中的一种平行关系进行再现,从而来再现一个表征素的再现品质,这类亚象似符就是'比喻'(metaphors)。"(皮尔斯,2014:53)

中，而当视觉图像具有表意、比喻、相似性色彩时，便具有了跨越视觉图像与词语比喻的"象喻"或"中性"的超符号性质。甲骨文象形字、周易卦爻象符号都具有这种象喻性的超符号特点。

超符号的中性化方式是非此即彼的二元对立模式的中间化状态，中性化方式又有两种：一是 AB 移心型，即两个符号要素之间的超越是建立在边界清晰的基础上的转移，没有划界便没有越界。皮尔斯的图像性象喻概念是 AB 移心型的，他先区分了图像象似、图表象似和比喻象似，然后在此划界基础上思考它们之间的相互关联性，将三者归于统一的"象似"范畴。（皮尔斯，2014：53）让·菲赛特在《象似符、亚象似符与隐喻——皮尔斯符号学基本要素导论》（安娜·埃诺等，2014：91）一文中进一步阐发了皮尔斯的象似符中的象似隐喻与语言隐喻的区分，认为语言的隐喻是"隐喻-比喻"的，喻体和本体之间是词语之间的代替和意义交叉（我认为这是一种概念性的相似性）；而皮尔斯的象似隐喻是"隐喻-发现"的，隐喻被看作是走向未知的认知活动（我认为是一种可视性的象似性），即我们说的象喻，是已知视觉经验形象对未知概念的建构。皮尔斯的符号学中隐含着对图像和语言、象似和相似的区分，并在这种区分中讨论它们之间的跨界（象喻性）和超符号性。

超符号中性化的第二种方式是 AB 执中型。我们在本节第三小节 3（2）部分"易学中的象喻理论"中，讨论了《易传》中包含着丰富的语（文）象通融互动的象喻论和超符号思想，揭示了"周易"符号之"象喻"显然不是西方符号学中 AB 移心型的超符号概念，而是一种图像与语言、象和喻、a 和 b 二元的"中间状态或消解方式"。皮尔士的象似论关注的是语象或 a 和 b 的区分、划界（尽管他并没清晰地达到这个目的），以及在此划界基础上的统一和跨界；易学中的象喻论关注的不是区分而是象与喻之间你中有我、我中有你，圆融中相互遮蔽、遮蔽中相互过渡的执中型符号或超符号性。

2. 仪式符号时代与《易经》

成书于西周的《易经》带有仪式时代末期的深深印迹：其一，书写性符号的逐渐成熟；其二，书写符号尚未成为华夏文化记忆的主导符号；其三，《易经》是一个文象兼有的"中性"超符号文本，而不是纯线性书写文本。

（1）书写性符号的逐渐成熟

《易经》既是占筮活动的记录和解释系统，以观象为目的；又是指导人们进行占筮活动的书写底本，以阅读为目的。书写符号的介入，使得占筮由活动中的动态性语用符号逐渐向离境化的书写文本符号转移。

《易经》主要包括两类符号：卦爻象（八卦、六十四卦的卦爻象）与书写符号（卦爻辞）。卦爻象以象征性图形的方式保留了仪式时代卜筮符号的精髓，卦爻辞则是书写符号对卦爻象主导的卜筮符号的补充和意义阐释。

1)《易经》卦爻象的符号形态。《易经》中的"阴"、"阳"，分别呈中断的与相连的线条形状，即阴爻（- -）和阳爻（—），它们已经取代了占筮活动中的蓍草而成为具有象喻性的表形意符。在"阴"与"阳"的基础上，古人将其符号三叠而成八种不同形状，分别命名为不同的卦名并拟取相应的象征，称之为"八卦"（也称"经卦"），八卦两两相叠，构成六十四卦，由此构成三个层级的象喻符号体系。

八卦符号具体如下：

卦象	卦名	象征物	象征意义
☰	乾	天	健
☷	坤	地	顺
☳	震	雷	动
☴	巽	风	入
☵	坎	水	陷

卦	象	义
☲	离	火	丽
☶	艮	山	止
☱	兑	泽	悦

接着，古人再将"八卦"两两相叠，将其构成六十四个不同的六画组合体，即"六十四卦"（也称"别卦"），每卦中的两个"八卦"符号，居下者称为"下卦"（也称"内卦"），居上者称为"上卦"（也称"外卦"）。"六十四卦"每卦共有六条线条，线条称为"爻"。"爻"的原意也就是阴阳之交变。因此"- -"称为"阴爻"，以"六"表示；"—"称为"阳爻"，以"九"表示。六爻的位置称为"爻位"，自下而上分别为"初"、"二"、"三"、"四"、"五"、"上"。如《需》卦：自下而上的六爻分别称为"初九"、"九二"、"九三"、"六四"、"九五"、"上六"。

☵☰《需》的卦辞：有孚，光亨，贞吉，利涉大川。

下面是《需》卦各爻的释辞：

- - 上六：入于穴，有不速之客三人来，敬之终吉。

— 九五：需于酒食，贞吉。

- - 六四：需于血，出自穴。

— 九三：需于泥，致寇至。

— 九二：需于沙，小有言，终吉。

— 初九：需于郊，利用恒，无咎。

所谓的"六十四卦"，是由"八卦"两两相重而得，"八卦"则是由"阴"、"阳"二爻三叠而成。

2)《易经》卦爻象的语法。《易经》中包含了三级象喻符号：底层的阴、阳爻符，中层的八卦符号和上层的六十四卦符号。这三级符号并非纯粹的图像，而是具有像语言文字符号那样的结构性，主要表现为两点：偶值化和分节化。

偶值化是指整个卦画系统是按照二元化偶值原则建构的：深层的"—"和"--"两个基本符号按照偶值原则进一步组织为中层的八卦符号，八卦可分为四个偶值对立项：天与地、风与雷、水与火、山与泽。八卦相重构成表层的六十四卦符号，偶值性的相反相成也是六十四卦的结构特征，大多数上下两个经卦的位置象征两个事物之间的偶值关系，"二二相偶，非复则变"。偶值化使得每个卦爻象的属性不仅由它自身携带的意义决定，同时更依赖于诸卦爻符号之间的对比关系。

分节化是其语言符号的特点。分节指符号可以被进一步区分为更小的结构构成单元。语言符号包括二次分节单位，第一次分节单位指符号层单位，包括语素、词、词组、句子等可以表意的符号单位；第二次分节单位是以区别性为主导的形式单位（因为音位具有一定的区别意义），即语言的音位层（如汉语中的10个元音、22个辅音）。"周易"卦爻象的三级性表明了它们也可以不断地被"分节"，这是与图像符号的一个根本区别："几乎所有的图像，都没有明显的分节，而是整体呈现的。"（赵毅衡，2011：97）当然这是就典型的象似性、模仿性图像符号而言的。当一个图像具有了比喻或象喻的特征时，它往往具有结构上的可分析性——分节性。但是需要指出的是，即使是最底层的"—"和"--"两个卦爻象，它们都是"一次分节"单位，即它们不是像拉丁字母那样的是纯粹区分性而不表意的记号，阴爻和阳爻本身就是像每个汉字那样都是有意义的"形符"："—"象征"阳"，"--"象征"阴"。但另一方面，阴、阳二爻又是最基本的二进制演算单位，具有形式化记号的某些特征。因此严格说，它们应该是介于一次分节和二次分节之间的"执中型"结构单位。

3)《易经》的卦爻辞。古人用阴阳范畴来表现寒暑、日月、男女、昼夜、奇偶等众多约定性的概念，正所谓"一阴一阳之谓道"，卦画与某些概念或命题有了固定的联系。在占筮符号阶段，卦形和义理的关系尚处于情景化的临场语用状态，二者之间并无固定联系，相当于皮尔斯的"单符"或索绪尔的"言语"符号。①但是，"当指称向着显示行为的运动被文本截断的时候，语词开始在事物前面消退，书面语词成了自为的语词"（保罗·利科尔，1987：152），离境化的《易经》卦爻象取代了情景化的蓍草符号时，也就切断了文本与具体语境的关联而成为"自为的语词"：卦画与意义之间有了不以具体语境而转移的稳定联系，从而进入了皮尔斯所谓的"型符"或索绪尔的"语言"符号阶段。在《左传》、《国语》中记载了许多筮例，它们说明了卦形与义理的固定关联：人们判断凶吉，不仅要根据卦爻象，而且要根据卦爻辞。因此，《易经》中的卦爻辞，成为"锚固"卦画意义（义理）的解释性语言。所谓的卦爻辞，即系于卦形符号下的书写性文辞，其中卦辞每卦一则，总括全卦大意，如《需》卦的卦辞："有孚，光亨，贞吉，利涉大川。"爻辞每爻一则，分指各爻旨趣。《周易》共有六十四卦、三百八十四爻，因而相应的也有六十四则卦辞和三百八十四则爻辞（由于《乾》、《坤》两卦各有"用九"和"用六"的文辞，故将其并入爻辞之中，即总计三百八十六则爻辞）。

这样《易经》便由两套符号构成：一是具有象形字或意符性质的卦爻象符号，二是承载卦爻象意义的符号系统卦爻辞。二者复合成为一个更大的超符号系统：卦爻象有了卦爻辞的介入而本身成为一种非显象性的观念化操作系统；卦爻辞是以观象而非阅读为目的的写作，也具有显象性写作特征。但是卦爻辞成为指导人们占筮活动的文字指南时，它又是作为相对独立的书写性、阅读性文本来使用的。所以，

---

① 单符"就是可以作为符号而起作用的某个实际存在的事物或事件。它必须通过它的性质并与时间和地点相关才能起到符号的作用。换言之，单符……是一种'言语'范畴符号"。型符也叫法则符号，"就是可以作为符号而起作用的某条法则，这条法则通常是由人们所制定的，每个约定符号都属于法则符号……是一种'语言'范畴"。（王铭玉，2013：54—55）

整个《易经》符号系统包括了表意性象喻性的卦爻象、显象性的卦爻辞、书写性的卦爻辞三者的中性化关联和过渡。

因此《易经》的超符号系统表现为，一方面具有了书写或典籍符号的某些重要特征，卦爻象系统的偶值性和分节性使得它们具有了像书写性文字那样的符号结构特征。这些符号是建立在占筮活动缺席基础上的文本符号，因此具有更"自足"地生产意义的文字符号特征：每一卦画都具有约定的意义，这些意义通常由书写的卦爻辞来承载，这也隐含着书写的卦爻辞终将取代卦画而成为《易经》的主导性符号。就像人们提到龟卜时，总是谈卜辞而非龟甲上的兆纹。从这个角度讲，无论是甲骨卜辞还是"周易"卦爻辞，都代表着中国书写文化的滥觞。另一方面，《易经》又是具有观象与阅读、图像与文字相融合的超符号（甲骨文、金文也是），还没有进入独立或成熟的书写和阅读符号阶段。这一点我们在接下来的（2）（3）部分中讨论。

（2）《易经》时代书写符号尚未成为华夏文明之文化记忆的主导符号

《易经》仍属仪式时代，以书写符号主导的典籍文化时代还没有真正到来。区别这两个时代的主要标准，是看哪种符号在文化记忆符号谱系中起主导作用。明代宋濂说："传有之：'三代无文人，六经无文法'。无文人者，动作威仪，人皆成文；无文法者，物理即文，而非法之可拘也。"（申小龙，2001：4）这实际上总结了在夏、商、周三代，文化记忆和传统的保留主要借助于巫术性仪式符号形态，这些符号形态主要包括与祭祀活动密切相关的如祖庙、牌位、礼器、占筮、龟卜、歌舞、服装、威仪、象形字等视觉的、听觉的、行为的、铭刻的各种符号系统。所以"三代无文人"是说"三代"知识分子主要是操持巫术符号的"巫史"，而不是后来掌握汉字符号以记事、记言为业的"文人"，这就揭示了早期汉字书写文本的篇章连缀和叙事功能尚不发达的状况。也就是说，在仪式符号时代，虽然汉字书写符号已参与到仪式符号场中,但彼时文字还没有成为华夏民族文化记忆符号的主导型。孔子在《八佾》中说"周监于两代,郁郁乎文哉!吾从周。"这里的"文"不是指书写性的典籍,而是指包括卜筮在内的礼仪符号系统即周礼体制,"吾从周"意味着孔子面临一个"礼崩乐坏"的历史局面所发出的要求复归周礼仪式符号系统的慨叹。

基于这个判断我们会发现,无论是甲骨卜辞、钟鼎铭文还是《易经》卦爻辞,它们都有两个特点:仪式性和不自足性。这两点也是卦爻辞超符号性的表现。

就仪式性而言,卜辞产生于龟卜的仪式化的多元符号操作过程,铭文产生于以青铜器为载体的"制礼作乐"的仪式活动中(铭文多铭刻于隐蔽的铜器内侧,阅读功能大为减弱),卦爻辞产生于占筮活动中筮辞的整理和记录,它们彼此交织共同构成一个超符号意义场。而真正成熟的书写文化是文人从仪式性超符号场中独立出来,进行不在场的写作。

就不自足性而言,卜辞、铭文、卦爻辞均未脱离图像(兆纹、礼器、卦画)主导而走向独立叙事,它们仅仅是"言、文、象"多元符号场中的一个补充性符号,并且是兼具文象双重关系性的中性符号、超符号。

(3)《易经》是一个可视性文本而非纯线性书写典籍

从"中性"或"超符号"的角度看,《易经》整体上是一个类书写、可视性复合文本,主要由两种文本构成:一是阅读性图像,它需要词语来锚固其意义;二是成像性文本,它是以观看而非阅读为目的所进行的写作。阅读性图像和成像性文本的结合,就是超符号性的可视化复合文本。在可视性文本中,对图文或语象搭配语法的关注要超越纯粹的线性语法或纯粹的图像画法。图像与文字、观看与阅读之间的"中性化"语法成为可视性文本的主要符号特征。下面我们分别从两个方面进行描述《易经》的"超符号"性质:卦爻象的阅读性图像性质和卦爻辞的成像性文本性质。

1）作为阅读性图像的卦爻象及象喻思维。符号的意指结构主要是符号的能指和所指之间的结合关系。《易经》中的象、辞符号都不是单纯的能指和所指的简单结合，而具有多级指涉性：其能指本身也是一个符号，然后再与所指构成一个更大的符号。卦爻象的多级指涉性表现在，其能指本身是图形符号，通过指涉某种视觉象征物以构成第一级指涉，如八卦中《震》卦，其卦象☳代表的视觉象征物为"雷"，它的象征义为"动"。八卦符号其实都是二级意指的：其第一层的直接意指是八卦卦画中所代表的八种视觉象征物："天、地、雷、风、水、火、山、泽"；其第二层即间接意指便是其八种象征义或观念物，如"健、顺、动、入、陷、丽、止、悦"。因此，《易经》的卦爻象的第一层直接意指提供了某种视觉理据，第二层的间接意指形成了某种观念物。这种视觉理据与语言观念相融合的二级符号也即前文所谓的"象喻"。

我们把象喻定义为：将（概念性）画面或可视性喻象投射到概念上的符号化方式。它包括两种情况：一是单纯式，在符号内部的双重意指中用图像或可视性喻象的方式来表达观念物（如卦爻象）；二是合成式，两个符号中的一个象喻符号被另一个书写性词语所定义或说明（如卦爻象和卦爻辞的结合、形声字中形符与音符的结合）。

"象喻"性使得卦爻象既不是纯粹观看性图像，也不是纯粹表达某种固定观念或词语的抽象图形（字符），而是概念性画面，是兼具图像和字符双重性的"AB执中型"超符号。因此，卦爻象也可称之为"阅读性图像"，一种象与言、观看与阅读兼备的超符号。象喻即中国传统文论中的"象"或"意象"，亦即主观心神与客观形物的融合。"AB执中型"的象喻作为汉民族的文化语法，不仅周易符号、汉字象形字，中国诗学原则"赋比兴"中的"兴"，中国画的"画中有诗"和古典诗歌的"诗中有画"，都是象与语、观看与阅读的"AB执中"和象喻结构。唯一的区别是，在中国诗的AB执中型里是B（语、阅读）主导，在中国画的 AB 执中型里是 A（象、看）主导。

象喻与比喻应该有所区别。比喻有两种［参见本节第二小节 1（2）"象喻性"中关于"隐喻-比喻"和"隐喻-发现"的划分］：一是修辞学意义上的比喻，指的是一种积极主动、可意识到的语言使用艺术；二是符号认知中的比喻，与我们说的"象喻"有关联，它将比喻性隐藏起来，喻体变成一种表达观念物的可视性图景，是一种可视性图景向观念物的投射，如例句"他所建构的理论体系基本成型"中的"建构"、"成型"都与"理论是建筑物"这一隐喻有关。喻体"建筑物"提供了一种具象的可视图景，投射到对抽象观念物"理论"的认知中。这种由词语而非图像提供的可视性认知性隐喻，我们称之为"喻象性象喻"。它的超符号或中性特征表现在符号内部的双重编码：视觉的图像编码与概念的词语编码的交融。①

"喻象性象喻"与"图像性象喻"的区别在于："喻象性象喻"是由观念性词语或意符构成的意象，而不是直觉可视的图像。例如，甲骨文象形字 𥃩 用人与眼睛的图像（文字学中叫作"形符"②）表示"看见"的概念，隶变后变成"见"，由两个会意的意符（也叫"义符"）构成。汉字由形符到意符的演变，就是由图像性象喻到喻象性象喻的转变。上文分析的卦爻象也包括图像性象喻（阴、阳二爻符号的形体本身具有象征性，相当于象形字或指事字，即形符），和喻象性象喻（建立在阴爻和阳爻基础上的八卦、六十四卦象符号都是意符）。当然，《易经》中的卦爻象文本符号与仪式中的占筮符号相比，后者更接近图像性象喻而前者则接近喻象性象喻。总之，这两种象喻符号的边界是中性的，它的定义会随着参照物的改变而改变。

---

① 周易或华夏符号思维中的喻象性象喻与西方认知语言学中的喻象性象喻还是有区别的。前者以喻象为本，建立它与概念之间的 AB 执中型浑成关系；后者是以概念为本，通过喻象与概念之间的距离或边界来实现象喻思维，是 AB 移心型。

② "形符是依靠本身的形象来起表意作用的"，而义符是"依靠本身的字义来起作用的"。（裘锡圭，1988：33）

图像性象喻和喻象性象喻都属于象喻性符号思维。周易符号系统由占筮符号转向离境化的图形和书写符号，汉字由象形字的形符主导转为方块字的意符主导以后，华夏符号思维便由图像性象喻转向喻象性象喻。此后的中国文学的美学原则主要由"喻象性象喻"主导，中国绘画艺术主要由"图像性象喻"主导，但这两种象喻（图像性和喻象性）之间的关系也是 AB 执中型，难舍难分的。除非必要，我们一般使用"象喻"来泛指这两种情况。

"周易"象喻的超符号性还涉及了象（观看）主导还是辞（阅读）主导的问题。

易学中的"取象说"以卦爻象的直接意指（可视物）为主导判断凶吉，而"取义说"则以其间接意指（观念物）为主导进行决疑。①这说明，作为"阅读性图像"的卦爻象，包含着具有普遍符号学意义的两种超符号类型：象辞（语象）关系中的象主导与辞主导。英国艺术史家布列逊从图文或语象关系入手，提出了图像的"话语度"这个与中性或超符号有关的问题，认为图像中有言辞性或话语性，绘画的风格是由话语性的程度所决定的："从勒布伦话语性饱满的绘画到华托的话语性耗竭的绘画，正好伴随着一种视觉风格的变化。"（诺曼·布列逊，2001：278）布列逊的这种图文之间"中性化"的现代符号学思想，也可以用于对"周易"符号的解释：所谓"话语性饱满"的绘画，即在语象中性关系中言辞处于主导地位的作品［如勒布伦曾坚持绘画要有脚本，以突出绘画中书写言辞的主导性，或强调"图像的文本性高于图形性"（诺曼·布列逊，2001：32—40）］，这与"周易"中的"取义说"类似。反之，"话语性耗竭"即图像压制言辞并处于主导地

---

① 据《国语·晋语》记载，重耳流亡，回国之前占了一卦，得屯（☷☳）之豫（☷☳）。屯卦是震下坎上，豫卦是坤下震上。震的象征物是车、雷、长男；坎的象征物是水、众；坤的象征物是土、母。同时，震的象征义是动，坎的象征义是劳，坤的象征义是顺，屯的象征义是厚，豫的象征义是乐。取象派以象征物"车、雷、长男、水、众、土、母"为主导进行占筮，而取义派则以象征义"劳、顺、厚、乐"为主导定吉凶。（朱伯崑，1993：61）

位的作品,则与"周易"中的"取象说"有某种相通之处。但区别是,其一,布列逊所谓"话语性饱满"图像,如马萨乔的《纳税》,在外部形态上首先是一个独立存在的极性符号,它虽然隐含一个圣经故事文本,但符号的能指符号是纯粹的图像而与语言文本保持可识别的对立关系,因此它的超符号性是建立在边界或划界基础上的,属于 AB 移心型;"周易"的卦爻象总是与语言形影不离,它总是与卦爻辞并置,同时又互相遮蔽。卦爻象自身的图像和文字身份也非常暧昧:既非纯粹的图像亦非纯粹的字形,但又兼具二者的属性,二者构成一种 AB 执中型的中性关系。其二,布列逊的"话语性饱满"图像中的语义是句法性的;而卦爻象自身携带的意义是词语性的,包括三级卦爻象:底层的阴、阳符号,中层的八卦符号和上层的六十四卦符号。这三级符号都与固定的词语相关联,具有象喻符号的特点,是高度词语性、文字化的图像。

2)作为成像性文本的卦爻辞。卦爻辞不是独立成篇的纯线性文本,而是附着于卦爻象并与卦爻象之间具有存在性关联:通过指涉、解说在场的卦爻象来实现自己的指称和记叙功能。因此,卦爻辞类似于影屏上的字幕——文辞服从于观看的目的。如果说卦爻象作为一个表意性的象符,是"阅读性"观看;那么卦爻辞作为一个以观看为目的的书写意符,是"观看性"阅读。一切以观看而非阅读为目的的书写,我们称之为"成像文本",它属于喻象性象喻范畴。当卦爻辞作为成像文本而充当卦爻象的所指内容时,便具有了"画面性概念"性质。

卦爻辞具有指导"观象"而非纯粹的阅读的性质。成像文本都是在线性书写过程中同时又遵循了空间的绘画布局或实物摆放的语法,而造成的一种类书写、类阅读,往往以非线性逻辑的关键词、题名式、碎片化、非线性的语句来表现。这种类书写、超符号的性质使得卦爻辞与卦爻象处于一个相互遮蔽的关系之中:当它像"取义说"那样强调阅读主导时，卦爻象被隐蔽；当像"取象说"那样强调观看主导时，卦爻辞则被隐蔽。这种相互遮蔽关系形成了两种成像文本的划分：前、后成像文本。①

卦爻辞作为前成像文本，主要指在逻辑上文辞比图像优先：卦爻辞主导着卦爻象意义的生成。这是取义说或义理派所强调的一面，如"春秋时期的人占筮时，筮得某一卦，便查阅《易经》中该卦的卦爻辞，按其内容，推测所问之事的吉凶"（朱伯崑，1993：6）。这说明了卦爻辞主导着占筮的结果。与之相对，取象说则更关注卦爻辞作为后成像文本（后于卦爻象而产生）的一面，即卦爻辞为了解说象数（图像）的目的而产生，如《系辞上》："圣人设卦、观象、系辞焉，而明吉凶，刚柔相推而生变化。"这里所谓的"观象系辞"包含着一个后成像文本的语法：卦爻辞仅仅是作为观象后的释义元语言而存在，意义还是由象主导产生。无论是作为"阅读性图像"的卦爻象，还是作为"成像性文本"的卦爻辞，它们都消解了图与文、观看与阅读之间的界线，使得整个《易经》具有 AB 执中型类符号、超符号特征。②

《易经》卦爻辞的成像文本或象喻性质代表了一种文化记忆方式。在遥远的甲金文和周易卜筮时代，纯粹的线性书写文本尚未成熟，占主导地位的是以仪式性观看为目的的碎片化卜辞、卦爻辞和青铜铭文，这说明彼时的历史传承和文化记忆主要由象喻性的类文字、超符号来建构。纯书写的时代直到孔子之后才逐渐成熟。

---

① 前成像文本，指文字在时间或逻辑上优先，用来生成图像或形象的文本，如影视、动漫或展览的脚本，文案、策划案、设计方案等。菜单、药方、家电安装说明书之类也是成像文本：它们不是为了阅读而是为了"摆放"或"构成"物类。后成像文本，则是指文字在时间或逻辑上后于图像而产生，是对已经完成了的视觉作品或摆放展品进行文字解说，如一切关于图像、视频、实物的文字说明、评论或当下记录都是后成像文本。如展品的说明、旅游指南、文物标签、影视中的字幕、新闻现场解说等都是后成像文本。

② 类文本或类文字、类书写性，是类符号的一种。类符号（即本文中的"超符号"）是孟华在其著作《汉字主导的文化符号谱系》中使用的概念，指"符号场中的各异质符号要素之间相互擦拭、过渡、跨界、重叠、融会、中和、杂糅的现象"（孟华，2014：16）。

三、典籍符号时代：《易传》、《易学》思想

解释《易经》的《易传》共十篇（主要包括《彖传》上下、《象传》上下、《文言传》、《系辞传》上下、《说卦传》、《序卦传》和《杂卦传》，它们又被称为"十翼"）。自汉代起，古人认为《易传》都出自孔子之手。①《汉书·艺文志》提出"人更三圣，世历三古"的说法，认为伏羲画八卦，周文王演之为六十四卦，并作卦爻辞，孔子作《易传》以解经。

1.《易传》是书写时代的产物

今人一般认为，《易经》大约形成于殷周之际，是巫术文化即本文所谓的仪式符号时代的遗产；而《易传》十篇大都形成于春秋战国时代，非一人一时之作，是人文文化或书写文化成熟期的产物。《易经》和《易传》时间差距长达七八百年，二者分属两个不同的时代：巫术文化的仪式符号为主导的时代和人文文化的书写符号为主导的时代。这两个时代的转折点，出现在春秋战国时期。此时除了《易传》以外，还出现另一个标志性事件：

> 王者之迹熄而《诗》亡，《诗》亡然后《春秋》作。(《孟子·离娄下》)

此段话通常解释为诗歌亡佚与当时采诗制度的废弛有关，彼时的"诗"还是一种非书写形态的符号，而采诗制度的废弛又是王道衰竭的必然结果。那么，在孟子看来，诗歌教化传统的中断以后，就要靠《春秋》

---

① 司马迁在《史记·孔子世家》中说孔子"序彖系象说卦文言"，班固在《汉书·艺文志》中说："孔氏为之彖象系辞文言序卦之属十篇"。（王博，2003：32）

之作来取代已中断的诗歌教化传统了。或者说,孟子的"《诗》"其实是一个仪式符号,是周代礼乐制度的组成部分。虽然经过孔子整理后作为"王道"载体的"《诗》"(即《诗经》)尚在,但世人对《诗》所含礼乐本质的认识模糊了,此即"诗亡"(魏衍华,2010:4)。随着仪式符号"《诗》"的退场,作为纯粹书写符号著作的《春秋》开始登上历史舞台。

"《诗》亡"标志着仪式符号时代的结束,"《春秋》作"则宣告了书写性典籍文化的"春秋笔法"时代的到来。所以"《诗》亡然后《春秋》作",我们表述为"仪式符号的终结和书写符号的兴起"。这是对华夏文明一个重大文化转型期的最高概括,它意味着华夏文明文化记忆的符号化方式正在从仪式性的象符号转向汉字记言、记事的书写符号,从仪式文化转向典籍文化。当然,在仪式时代的象符号本质上属于图像性象喻符号,典籍文化时代的书写符号则属于喻象性象喻符号(这在象喻性的"春秋笔法"、"赋比兴",以及文史哲不分家的AB执中型关系格局中即可看出)。但是从二元区分的角度看,典籍时代还是由书写符号主导的。

在这个历史转型的背景中,《易传》应运而生。如果说语象兼容的《易经》是对缺席的占筮之法(蓍草构成的卦象之法以及占筮现场的各种道具、仪式行为和口说的筮辞)的符号性替代,这种替代使得周易符号由身体性的仪式符号变为祛身性的书写符号,那么《易传》的出现则是新兴的文人对《易经》的再次书写和重新阐释,标志着周易符号由仪式时代进入书写文化时代。

2.《易传》的书写符号性质

在中国古典哲学中,传是解经的作品——它可以看作是对经典进行再阐释的独立书写文本。比较一下《易经》中的卦爻辞与《易传》的篇章便会发现,卦爻辞是以观看为目的的"后成像文本",而《易传》显然开始脱离观看而更具有独立线性阅读文本的特征：

其一，言辞由"在场"释义性词语转为"离场"说明性章句。如《易经》中"乾卦"的经文（卦辞）："元，亨，利，贞。"在《易传·象传》中进一步解释为："天行健，君子以自强不息。"显然体现了言辞由词语注释转向命题阐释。另如明夷卦的卦辞只有三个字"利艰贞"，但在《易传·象传》中则成为篇章性文辞："明入地中，明夷。内文明而外柔顺，以蒙大难，文王以之。利艰贞，晦其明也。内难而能正其志，箕子以之。"

其二，有了通论性文章。如《易传·系辞传》，不再是逐句解释经文的语词，而是成为通论经典大义的篇章："古者包牺氏之王天下也，仰观象于天，俯则观法于地，观鸟兽之文，与地之宜，近取诸身，远取诸物，于是始作八卦，以通神明之德，以类万物之情。"

其三，由成像文本到阅读文本的转变。成像文本是以观看（而非阅读）为目的的书写性文本，如《易经》的词语注释它依附于卦象，是以"观象"为目的的释义元语言。因此它遵循的是"观"的语法——不是凭自身的线性组合规则，而是倚靠卦象提供的空间平台（包括背景知识或语境信息）聚集在一起，卦爻辞这种依附于卦象的空间聚集性编码特征，使得《易经》的词句之间常常具有非线性拼合的特点[①]，恰像索绪尔所谓的"命名集"而不是线性的语言组合段。《易传》的篇章阐释则逐渐脱离对卦象的简单命名和解说，而转向离境化的、以思想阐发为主的线性叙事法则，具有自觉的书写意识和阅读文本性质。

其四，虽然《易传》已经具备了阅读文本的性质，但把它放到整

---

① 李镜池认为在《周易》卦爻辞中，有一些词句不相联属，只有分别解释才能说通。如《师》六五云："田有禽，利执言，无咎。长子帅师，弟子舆尸，贞凶。"李说"无咎"以上，当为某一次的占词；"长子"以下，当为又一次的占词。《易经》中那些同一爻辞中出现前后不一致的占词，说明它们是多次占词的拼合。（杨庆中，2000：7）

个层累的《周易》体系中看，它还是具有成像文本的性质。其实，整个《周易》就是一部言象中性互补的象喻性作品——由为了看八卦图而撰写的各种成像文本构成。例如传统史学界认为《周易》为伏羲、文王、周公、孔子四圣合著：即伏羲画八卦，文王作卦辞，周公著爻辞，孔子撰《易传》。文王、周公、孔子都是成像文本阐释者而非完全独立的书写者。

3. 易学中的中性符号学思想

易学是儒家经学的一部分，是书写文化成熟和发展时期的产物。从汉代起，汉字完成了由图像性象形字向方块汉字转化的"隶变"过程，与此同时文本和书写章法也由非线性的、情景化的标题铭刻的成像文本逐渐转向线性铺陈的、离境化的篇章文本，至此，汉民族的文化记忆符号的形态进入到成熟的书写文化时代——即典籍文化时代。这个时代的转型与儒家经学地位的确立是同步的，《易经》被列入五经之首，人们对它的研究遂成为一种专门的学问，即易学，它是典籍文化的智慧结晶。狭义的易学，专指对《易经》所作的种种解释，广义的易学则包括对《易传》的阐释。我们是在广义上使用易学概念的，重点考察传统易学中的中性符号学思想。

（1）传统易学中性符号学思想的两个基本原则

任何符号都有自己的局限和剩余①，这一点早被传统易学所认识。所谓"局限"就是符号的不自足性或某种表达上的无能，如《易传·系辞上》："子曰'书不尽言，言不尽意'"；唐孔颖达《周易正

---

① "每一个异质符号都有自己区别于其他成员的符号特性和编码原则，我们称之为剩余与局限（这对术语借鉴了巴赫金的对话理论）。……所谓剩余，指一个符号有着其他符号所不具备的特性或优势，这使得该符号补偿其他符号的局限成为可能。所谓局限，指一个符号有着其他符号所没有的缺陷或不足。比如口语符号与心灵、现场情景直接关联，而文字符号则是'离境化'、反思性的；口语稍纵即逝，书写却具有对语言的物质铭刻性，使信息超越时空限制得以留存。所以，口语符号和文字符号各自都有相对于对方的剩余和局限。"（孟华，2014：22—23）

义》:"书所以记言,言有烦碎,或楚夏不同,有言无字,虽欲书录,不可尽竭于其言,故云'书不尽言'也","意有深邃委曲,非言可写,是'言不尽意'也。所言甚是。"这两个"不"表明,传统易学已意识到"书"符号与"言"符号各自的"局限"。所谓"剩余",指每个符号都有其他符号所不具有的表达优势,这种表达优势可以被用来补充其他符号的"局限"。《易传·系辞上》提出了解决符号局限的办法:"子曰:'圣人立象以尽意,设卦以尽情伪,系辞焉以尽其言'。"这段话可理解为:可以通过"象"符号的"剩余"来补偿语言意义抽象的局限,可以通过书写的卦爻辞的"剩余"来补偿有声言语符号稍纵即逝的局限。但是,易学中的符号局限与剩余思想并非是一种符号边界意识。西方的符号边界即二元对立的极性符号是一种范畴化思维的产物,移心型中性观是对符号的边界(剩余和局限)充分理论反思后的超越。而传统易学乃至整个中国传统符号学中的符号边界从未经过理论范畴化的洗礼,言、文、象的边界是作为一种经验事实被接受而未经过理性逻辑的反观和"极性化"处理,因此,一切未经极性化处理的符号分类必然是互渗性的、经验感知的,必然走向 AB 执中型的超符号。

因此,传统易学的符号学思想有两个值得总结的理论原则:一是经验感知性的不自足原则,即任何一个符号都有自己的局限性和差异性,但这种局限和差异是未经理论范畴化的经验感知形态;第二是"执中性"替补原则,一个符号只有在与其他符号的相互融合、替补中才能完成自己的表达,因此产生了"意象论",即言、文、象互动的 AB 执中型超符号学思想。

(2)易学中的象喻理论

《易传》中包含着丰富的言(文)象通融互动的象喻论超符号思想,魏晋王弼将其总结为:

意以象尽,象以言著。故言者所以明象,得象而忘言;象者

所以存意，得意而忘象。（王弼，2006：82）

王弼乃至整个易学的意象理论我们称之为象喻论，具体包括看似矛盾的两个方面：a"立象以尽意"、"尽意莫若象"、"得意而忘象"，和 b"尽象莫若言"、"得象而忘言"。我们将其翻译为现代符号学语言：a 用可视、可感、有理据的"象"去表达言与意，同时又随时忘记或隐藏这种视觉理据；b 用可思、可说、可读的"言"去建构和理解视觉的象，同时又随时丢弃或隐藏用来建构象的言和意。这种言象互动的意象论也就是 AB 执中型的象喻理论。

象喻论之 a，显然是对《易经》卦爻象的"阅读性图像"、"阅读性地观看"性质的理论总结；意象论之 b，则是对卦爻辞的"成像性文本"、"观看性地阅读"性质的理论总结［见本节第二小节 2（3）3 部分］。象喻论的 a、b 二元揭示了"周易"符号之"意象"显然不是西方符号学中 AB 移心型的超符号概念，而是一种 a（象）、b（喻）二元的"中间状态或消解方式"。易学中的象喻论兼涉图像、文字、语言诸符号特性，是你中有我、我中有你，在圆融中相互遮蔽、遮蔽中相互过渡的执中型符号或超符号理论。

再进一步对易学中的中性超符号论即象喻理论的 AB 执中型内容总结如下：

象喻论之 a。静态结构规则：用可视、可感、有理据的"象"去表达言与意，同时又随时忘记或隐藏这种视觉理据。动态语用规则："阅读性的图像"、"阅读性地观看"。

象喻论之 b。静态结构规则：用可思、可说、可读的"言"去建构和理解视觉的象，同时又随时丢弃或隐藏用来建构象的言和意。动态语用规则："成像性文本"、"观看性地阅读"。

（3）取象说和取义说：易学象喻论中的两种方式

"对卦爻象和卦爻辞的解释，从战国时期的《易传》开始，就存在着取象说和取义说。取象说是取八卦所象征的物象来解释《易经》中的卦爻象和卦爻辞;取义说是取八卦和六十四卦卦名的涵义,解释卦爻象和卦爻辞。如对乾坤两卦的解释,取象说以乾为天以坤为地,或以乾为阳气以坤为阴气;而取义说则以乾为刚健以坤为柔顺。这两种说法,在《易传》的体系中是并存的,而又相互补充。可是,汉朝以后,这两种说法逐渐发展为两大对立的流派:象数学派和义理学派。"(朱伯崑,1993:267—268)

  取象论和取义论的区分的符号学意义在于如何处理和看待图文或言象关系。取象论重象,因此根据卦象直接推导出乾卦和坤卦所象征的"天/地"、"阳气/阴气",犹如根据图像性象喻的象形字之形符,直接推导它的字义;取义论重义,重义就是重"言"(主要指书面语言),根据卦象的转义或辞语来推导它所表达的"刚健/柔顺",犹如根据喻象性象喻的方块汉字之意符,来解读它的字义。因此,取象论和取义论之间存在着以象(图像性象喻)为本还是以言(喻象性象喻)为本来对现实进行解释的两种不同符号学思想。如果按照西方符号学那样把象数派和义理派的差异简单地归于相似理据论和任意约定论的二元对立关系,那就违背了中国符号学的 AB 执中型的象喻精神。它们二者都是追求言象或意象之间相互过渡、相互跨界、相互融会的超符号性,只不过在象数派那里是视觉理据主导、语言的约定性为辅,而义理派是言辞(书写)的约定精神主导,但又辅之以视觉理据。二者都未脱离执中型象喻思维的范畴。

五、小结

  关于"周易"符号学思想,我们进一步总结为五点,作为本节的小结:

  (一)"周易"是叠加在"筮"(占筮)符号基础上的四元符号

（筮、经、传、学）系统。其中"经"是由卦爻象和卦爻辞构成且以"象"为主导的超符号文本，"经"中的卦爻辞具有"成像文本"性质。而"传"和"学"用于释经，但同时开辟了独立书写和阅读文本的时代。因此，"周易"符号谱系中包含了仪式的（或话语的）、图像的、书写的等各种异质符号，它们被言象互动的象喻性方式有机地整合在一起，构成了一个层累的异质符号谱系，用于有理据地指涉世间万物及其义理。

从历时演变的角度，"周易"符号谱系内部这四要素表征了由仪式时代到典籍时代的深刻的文化转型。这个符号谱系的书写部分整体上看具有成像文本性质而非独立的书写作品。

（二）《易经》中的卦爻象符号具有象喻性：以图像或喻象的方式表达观念物，具体又包括图像性象喻和喻象性象喻。卦爻象属于图像性象喻；卦爻辞则是成像文本，属于喻象性象喻。卦爻象和卦爻辞二者又构成象喻性组合体。

（三）易学中包含了两个符号学理论原则，因此，传统易学的符号学思想有两个值得总结的理论原则：一是经验感知性的不自足原则，即任何一个符号都有自己的局限性和差异性，但这种局限和差异是未经理论范畴化的经验感知形态；第二是 AB 执中型原则，一个经验感知形态的符号缺少理性的边界和极性对立，因此常常是在与其他符号的相互融合、替补中完成自己的表达，因此产生了言、文、象互动的意象论、象喻论中性符号学思想。象喻思维是一种超符号思维，旨在圆融性地（AB 执中式地）处理图文、言象关系，是华夏符号思维的重要特征。这种集阅读与观看于一身的中性符号思想对于处于互联网时代的我们而言，是宝贵的精神遗产。

（四）易学中的意象论、象喻论符号观可表述为：a 用可视、可感、有理据的"象"去表达言与意，同时又随时忘记或隐藏这种视觉理据；b 用可思、可说、可读的"言"去建构和理解视觉的象，同时又随时丢弃或隐藏用来建构象的言和意。

（五）这种辩证地游走于言、文、象之间的中性或超符号思想，是一种实用理性主义的符号观。真理、真相、对象、主体、客体、自我、他者均处于一种由经验性意象控制的、在各种边界中滑动游走的相对关系，只有在实际使用的语境中才能确定它们。这种象喻思维时刻在追逐着话语权力，更喜欢将真理和事实处理为一种决疑性实用方式，一种符号表达式或修辞格，至今还在深刻地影响着我们每个中国人的言说方式。

第三节　汉字的符号学研究

一、引言

无论在中国文化符号谱系中还是在中国符号学思想史上，汉字的至上地位都是毋庸置疑的。有三点理由：

其一，汉字与汉语的紧密关联以及汉字自身的"第二语言性质"[①]或"超符号性质"，使其成为中国文化思想的最基础的建构单位。中国文化的重大转型期均与汉字有关。汉字象形字时代与中国夏商周的"礼仪文化时代"大致同步；汉字自秦汉"隶变"后进入的方块表意文字的历史，与汉民族以儒学为中心的"典籍文化时代"同步；近现代以来的汉字改革、汉字拉丁化、白话文以及汉字简化运动，则成为中国新文化运动的根本问题之一。汉字在中国文化符号谱系中的主导地位，使得汉字成为汉民族文化存在的基本条件和生产机制，对汉字的

---

① "对汉人来说，表意字和口说的词都是观念的符号；在他们看来，文字就是第二语言。"（索绪尔，1980：51）

符号学研究必然成为中国符号学发展史中的一个关键领域。

其二，在中国传统学术中，"字学"或以汉字为核心的"小学"的成就掩盖或替代了汉语学的研究。① 而在中国字学研究中成就最高、符号学思想最丰富、最系统的乃是"说文学"。就针对中国传统文化符号的现代符号学研究而言，对汉字的符号学研究相对领先，中国大陆学术界已经发表的汉字符号学专著已达五部，且理论体系日臻成熟。②

其三，世界范围内人文学科的"语言学转向"中，"文字学转向"也是重要的世界学术思潮，尤其是汉字独特的符号思维方式和哲学世界观，作为反思、批判西方"逻各斯中心主义"重要思想资源而引起西方学术界的关注③，汉字符号学研究面临走向世界学术舞台的历史契机。

本节重点以说文学中"六书"为核心，来讨论汉字的符号学研究。

---

① "在中国，几乎可以说没有语言学。但是，中国人把文字统一了古今的殊语，也统一了东西南北无数的分歧的语言，所以，从纪元以前就有了文字学，而且一直在发展。西方的语言学，中国的文字学，是两个不同的学科，充分表现出两种倾向不同的文字里所造成的极明显的差别。"（唐兰，2001：5）"西方文化重语言，重说，中国文化重文字，重写。……中国文化在其深层结构上是以'字学'为核心的。"（叶秀山，1991：26—27）"汉人是用文字来控制语言，不像苏美尔等民族，一行文字语言化，结局是文字反为语言所吞没。"（饶宗颐，2000：183）

② 2001年10月，中国大陆同时出版了两部同名的著作《汉字符号学》：第一本是陈宗明的《汉字符号学》（江苏教育出版社），该书糅合了索绪尔结构主义符号学和皮尔斯、莫里斯的实证主义符号学理论来研究汉字。第二本是黄亚平、孟华的《汉字符号学》（上海古籍出版社）。全书由孟华提供一个汉字符号学理论框架，然后由两位作者分别独立撰写。黄亚平撰写上编，主要是运用汉字符号学观点去研究"史前汉字符号"。此后，孟华陆续发表了三部汉字符号学专著：《汉字：汉语和华夏文明的内在形式》（中国社会科学出版社2004年版）；《文字论》（山东教育出版社2008年版）；《汉字主导的文化符号谱系》（山东教育出版社2014年版）。

③ 法国学者于连提出的"中国表达法"，其精髓就是汉字符号六书中的"象喻"精神："逻各斯的本质就是在最近处把握对象。从相反的意义上讲，我们在许多方面都将看到，中国表达法的本质（也是中国文章的特点）就是通过迂回保持言语'从容委曲'：以与所指对象保持隐喻的距离的方式。"（弗朗索瓦·于连，1998：37）法国哲学家德里达也谈到汉字思维对西方逻各斯哲学传统的反思价值："我们早知道中文或日文这类有着大量非表音文字的文字很早就包含表音因素，在解构上它们仍然受到表意文字或代数符号的支配。于是，我们可以掌握在所有逻各斯中心主义之外发展起来的文明的强大运动的证据。文字本质上削弱语言，它将言语纳入某个系统。"（德里达，1999：134—135）

二、说文学及汉字"六书"的符号学分析

东汉许慎的《说文解字》(简称《说文》)是我国真正意义上的文字学著作。[①]在《说文》之前,人们对汉字的知识还是零碎、粗浅、初级的,文字学的使命主要是编纂童蒙读物性质的字书。《说文》问世后,文字学进入到对汉字进行全方位的形、音、义分析和综合研究阶段,逐渐形成了以《说文》为中心和依托的学问即说文学,清代又往往称之为"许学"。在唐代就有了"说文之学"的称呼,宋元明时期以"六书"为核心的说文学逐渐形成、发展,到了清代说文学成熟并达到顶峰。

《说文》是以字形分析为主兼顾音、义分析,通过说解字形,结合形音义之间的关系,来探求文字的本义。而其字形分析的理论基础是六书[②],因此,说文学的核心即六书。汉字的"六书"理论实际上是字形与义(或音)之间的六种关系,相当于符号学中的六种意指方式,

---

[①] 《说文解字》是一部字书,共分十五篇:第一至第十四篇是书的正文,第十五篇是许慎自撰的《叙》和许冲所撰的《上说文表》,全书收九千三百五十三字。《说文解字》中的"文"和"字"含义不同。许慎在《叙》中说:"文者,物象之本;字者,言孳乳而浸多也。"《说文》用来说文解字的理论是六书。象形字、指事字是表示"物象之本"的"文",会意字、形声字则是由"文"孳乳而生的"字",以六书分析汉字,则可知:"字"必合体,"文"多为独体,亦有少数为合体。

《说文》对汉字的解说在义、形、音三个方面进行,大致是按义、形、音的次序进行的。凡言"某也",都是释义;凡言:"象某"、"象某(之)形"、"从某某"、"从某从某"、"从某某生",都是释形或释形兼释音的。如:

杲:明也。从日在木上。"明也"是释义,"从日在木上"是释形(会意字)。

莠:禾粟下生莠。从艸秀声,读若酉。"禾粟下生莠"是释义,"从艸秀声"是释形(形声字),"读若酉"是释音。

[②] "六书"一词最早出现于《周礼·保氏》,但没有具体说明。汉代郑众以为六书指"象形、会意、转注、处事、假借、谐声";班固著《汉书·艺文志》以为是"象形、象事、象意、象声、转注、假借";但郑、班都没有具体解释。《说文》对六书的解释是唯一最早的解释。六书学是以许慎的研究为形成标志的,许慎对六书分别给出了界说和例字:"指事者,视而可识,察而可见,'上'、'下'是也。象形者,画成其物,随体诘诎,'日'、'月'是也。形声者,以事为名,取譬相成,'江'、'河'是也。会意者,比类合谊,以见指撝,'武'、'信'是也。转注者,建类一首,同意相受,'考'、'老'是也。假借者,本无其字,依声托事,'令'、'长'是也。"

因此，六书（象形、指事、会意、形声、转注、假借）中包含了具有普遍意义的符号学思想，下面我们用符号学的眼光去描述"六书"的具体含义。

1. 象形

通过描摹物象来表意的方式，大致包括写实和写意两类。

（1）写实的象形字

即字形象实物之体。如：

田：象田地中有阡陌之形。

皿：古文字象"饭食之用器也"（《说文解字》）。

馬：古文字"象马头髦尾四足之形"（《说文解字》）。

有的写实象形字是取其局部，以部分代整体。这类似于现代的借代或"转喻"手法：

牛：古文字象牛头、角之形，以表示牛。

羊：古文字象羊头、角之形，以表示羊。

有些写实的象形字的形体明显具有二合性，可分割出两个或几个表意部件，这些部件不一定是固定的字符。这类象形字就是段玉裁《说文解字注》中所说的"合体象形字"。如：

果："木实也。""从木，象果形在木上。"（《说文解字注》）

番："兽足之谓番。从采，田象其掌。"（《说文解字注》）

上例二字中的"田"不是字符（田地的"田"），而是果实和兽掌的图像符号。它们不是文字系统中固定的成员，但在特定象形字的结构中以图符的方式添加在固定的字符之上，体现了过渡中的古汉字与图像之间的复杂关系，构成了图符＋字符的合成性象喻结构。

（2）写意的象形字

即字形不是对物体的直接描摹，而是通过形象间接表达事物的性质、情状、动态等等。如：

大：取人体正面展开之形，间接表达大小的"大"。

高：取楼台层叠形，表示高矮的"高"。

有些字形表示高度抽象化、概括化的观念物。但形体与观念物之间仍有某种象形性关联：

口：以抽象线条表包围、围绕之意。

回：以回转之线条表旋转、回环之意。

象形字是华夏文明"象喻"思维的典型符号："用（观念性）画面或可视性喻象表达（画面性）观念的方式"，也是汉字符号系统内部最本原、最基础的符号法则。

其一，它是一种双重意指的象喻符号：字形义与词义。如象形字"大"的字面义是"人体正面展开之形"，词义是大小的"大"。这种双重意指使得汉字既指向汉语又指向汉字自身的视觉性表达意象，而字母文字的单一意指使文字仿佛"擦去"自身而变得透明。

其二，王宁认为象形字的字形义在文字学叫作"构意"，"如果这个可能出某个人的构意或原创成为大众约定认识，则叫作'理据'"（王宁，2002：26）。可见汉字文字学中"构意"是个体性的创意理据，属于索绪尔的言语运用范畴；而"理据"则指被社会约定的构意，属于索绪尔的语言结构范畴，但在汉字学中构意与理据常常难以清晰区别，都属于符号的意指方式。

其三，象形字的字形是图画式的，与"周易"符号的"立象以尽意"、"得意忘象"的意象性原则相同，象形字不是纯粹的图画，而是根据"据义构形"原则构成的含有约定性语言概念的视觉形象。其象形字的形体理据通过"立象以尽意"的"象"控制了"言意"的理解方式；另一方面象形字的"据义构形"原则又"得意忘象"或"得意忘形"，让视觉的"象"服从于表意的目的。所以，象形字中隐含了"立象以尽意"和"据义构形"相互融会、相互制约的象喻性符号思维或意指方式，这与周易符号是一致的。这种"象喻"性：既不能完全用"象似性"视觉图像原则来解释，也不能完全用认知隐喻理论中"用一种事物理解另一种事物"的"相似性"概念隐喻原则来描述，"象喻"性的汉字象形字为符号学贡献了一种介于图像与隐喻之间的中介化的意指方式。

其四，所谓的合体象形字，具有合成性象喻的符号特性：图符＋字符。

2. 指事

一般认为有两种指事："一是由纯粹符号组合而成，可谓'符号指事'；一是在象形字基础上加标指符号而成，可谓'因形指事'。"（黄德宽，2006：15）最主要的是第二种，即在象形字基础上加指示符号以示意。如：

本：在"木"的根部加一个指示符号表树根之意。

刃：在"刀"字上加指示符号表刀口之意。

亦：在"大"字下加两点表"腋"。

指事字的立意基础在于指示物象的某个部位，它引出了三个重要的符号学问题：

其一，指事符号行使的是何种指示功能？其二，指事符号是纯粹的指示符号吗？其三，指事字的抽象标记是笔画还是符号，是合体还是独体？

先看第一个问题。指示符号有两种：一种是近指"这"，即指示当下在场物的标签；一种是远指"那"，即指示延时在场物的指索符号。譬如我们开车到陌生地方，经常看到指示下一条街的导向箭头（远指的指索符号），以及你所处的这条街名字的指示牌（近指的标签）。那么，指事字中的指示符号是标签指示还是指索指示？答案好像是前者，但标签对象似乎又不在场。标签性指示符号是同时性的"a 即是 b"，指索性指示符号是延时性的"由 a 及 b"。如超市中的导向符号都是指索指示，商品上的商标都是标签指示。指事字中显然隐含着皮尔斯指索符号的丰富内容，但又很难以非此即彼的方式为其归类，具有 AB 执中型的特征。

再看第二个问题，指事符号是描摹取象还是抽象标出？这类标记符号"也可以说同象形字一样也是描摹取象，不过所取的非整个形象，而是其某个局部。但是，其局部难以孤立地描摹，于是就只能在描摹整个物象的象形字基础上通过无所取象的纯粹抽象的记号来标记出所欲描摹的其局部来了"（张其昀，2005：88）。也就是说，指事符号既非纯粹的像拉丁字母、阿拉伯数字那样的抽象记号，亦非描摹性的象符，而居于"执中"状态。就像漫画中某些围绕头像的简约记号代表生气、兴奋、着急等，它们既非完全的摹状又非纯粹的抽象标记。指事字的中性符号学性质给现代符号设计带来很多宝贵启示。

对第三个问题的不同回答则区分了指事是独体还是合体的问题，许慎以来的汉字学都把指事看作是独体字，唐兰的"三书"说干脆取消指事字，将其并入象形字（唐兰，2001：77）。但是，指事字提出了独体字中的"合体"问题：我们既然把指事字中的那些点、画看作指示符号，那么它便与根字产生二合关系：根字＋指示符号。其实大量的所谓合体象形字也具有这种结构性质，如🕱（天）、🐁（鼠）、🌰（果）、🦒（元）、𥄂（眉）、🚶（立）、🚶（何），这些象形字都是在一个根字基础上加一个区别符号构成的二合结构。与合体字的区别是，这些区别或描摹符号不是固定的字符，只出现在特定字的组合中。但这反映了汉字的一个语法特征：一个已知的、重复使用的构件（根字或模件）与一个区别性要素，即模件＋要素的结构模式。这个"模件＋要素"的结构模式甚至在物象字中也大量存在。如🐕（犬）、🐖（豕）、🦌（鹿）、🐘（象）、🐇（兔）等所谓的独体象形字，它们都有一个共同的模件，即一个形状相近、只有两条腿的躯干，然后在此模件基础上加一些区别性要素，如象的长鼻子、鹿角、犬上扬的尾巴、豕下垂的尾巴、兔的大眼等。

这种"模件+区分要素"的模件思维在汉字合体字尤其是形声字（一个基础字符即"字元"+区分性字符）中得到淋漓尽致的发挥，模件思维成为汉字乃至中华民族最重要的符号思维方式之一①：用有限的标准化模件加上无穷变化的区别要素，来生产各种文化产品。

象形字和指事字共同构成传统文字学的"文"的范畴（独体为文，合体为字）。"文"与周易占筮符号及之后的《易经》同属于仪式符号时代，这时的象喻思维带有人类质朴的眼光；只有发展到"字"的时代（春秋战国之后的书写文化成熟的时代），象喻思维和模件思维才有了自己的理论形态（《易传》、《说文解字》），并因此具有了被自觉遵守的汉族眼光。

3. 会意

会合两个以上的意符合成新的意义。

（1）根据结构分类

同体会意：从、双、森、众。

异体会意：相（《说文解字》：省视也。从目从木）、杲（《说文解字》：光明，从日从木）。

对体会意：北（《说文解字》：乖也）。

（2）根据表达方式分类

形合会意字：两个形符构成一个整体图示和视觉情境，画面与词义基本相符。如"㣇"（从），以两人相随的图示来表示；（出），以足离穴表示；（取）以用手取耳来表示。

意合会意字：利用两个意符之间的位置关系来表意，图画意味有

---

① 德国学者雷德侯认为汉字是典型的模件系统："模件即是可以互换的构件，用以在不同的组合中形成书写的文字。"（雷德侯，2012：22）他还考察了先秦时代的青铜器、秦代的兵马俑、古代陶瓷器等的制作，发现它们均是按照有限的标准化预制构件的无穷变化的模件化结构规则生产的。（雷德侯，2012：103、104）

所减弱，转义性增加。如"逐"，以人追赶豕（猪）表示"追逐"义；"间"以门中透出的光亮表示"间隙"义；杲以"日在树上"表示"明亮"义①。

会意也是汉字非常重要的符号表达原则。其一，它是弥补象形字非线性图形表意（独体字）的局限而产生的字符并置（合体字）的线性铺排表达方式，体现了汉字的意指方式由单符象喻向组合象喻的发展。其二，会意的线性铺排又不受纯形式化的线性一致关系所控制，而是偶值化的自由组合，"象象并置，万物寓于其间"的"字思维"（石虎，2002：3）。著名导演爱森斯坦认为汉字会意字中包含电影"蒙太奇"视觉语法："（会意）通过两个'可描绘物'的组合，画出了用图形无法描绘的东西。"（爱森斯坦，2003：477）其三，会意以合体的方式坚持了象形"立象以尽意"和"据义构形"的象喻表达原则。与象形字的单符象喻相比，会意字更多地表达一些抽象或难以绘形的事物和概念，因此更接近"喻象性象喻"的性质。但会意内部所区分出的"形合会意字"和"意合会意字"之间，前者又更具"图画性象喻"，后者更接近"喻象性象喻"。可见，所谓象喻的类型划分是相对的，由它与其他对比项的关系所决定。

4. 形声

形声字是表意的形体和表音的形体结合起来构字的方法。直接用形符或意符+声符构成的形声字并不多，主要是清末以来为翻译西方自然科学术语而造的汉字。如某些代表化学名词的汉字"锌、镭、铀"等等。

（1）形声字的字元性合体字

更大量的形声字是在某个已有汉字（字元）基础上通过加注字符或

---

① 这两种会意借鉴了裘锡圭（1988：122—129）的分类，名称和定义有所改动。

改造字元的字形而形成的。这样的形声字就是字元性合体字①，它的结构方式就是前述的"模件+区别要素"。主要包括以下几种结构方式：

1) 在字元上加注声符。即字元是形符，然后在其左（或上）加注声符而构成的形声字。如："鳳"，在甲骨文时期还保持着它高冠华羽之形，后来在文字的长期使用中，为求书写简便，发生了省简现象，失去了特征而与"鸟"的字形相近，为了区分便为它加注声符"凡"，构成形声字"鳳"（见图4.1）。另外"鷄"在初文时期也是一个独体的鸟的形象，易与其他禽鸟的形体混淆，后来借了一个"奚"字做声符，构成了形声字"鷄"（见图4.2）。

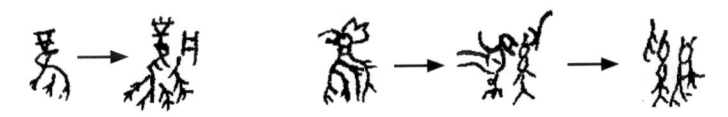

图4.1 "鳳"的字形演变　　图4.2 "鷄"的字形演变

这种字元+声符的模式从象喻原则看，就是一个可视性的象符号（形符）+言符号（声符），也即我们在第二节小结中总结的象喻论b："用可思、可说、可读的'言'去建构和理解视觉的象。"

2) 在字元上加形符或意符。为明确假借义而加形符或意符：如"师"假借它来表狮子，后来加注意符"犭"旁构成形声字来表达这个假借义。

为明确引申义而加形符或意符：如"取"字本义"获取"，引申而有娶妻的意思，后来加注意符"女"构成"娶"来表达这个引申义。

---

① 字元包括结构性字元和系统性字元。所谓系统性字元，相当于传统文字学中所谓的"字原"（也叫"根字"），指构成整个汉字系统的最基本单位，它们由一两百个早期初文即象形字，为汉字系统的最基本构件，由文而字、递相滋生，构成一个汉字大家族。所谓结构性字元是就一个具体合体字的构件分析而言的，相当于徐通锵所谓的"核心字"："以它为基础考察它与其他字相组合生成字组的能力，因而我们将它称为核心字。"（徐通锵，2005：138）核心字即生成合体字的核心构件，合体字是以它为基础或中心，通过添加其他部件而构成的。

为明确本义而加形符或意符：如"止"本义是脚趾的"趾"，引申为"停止"。后加注意符"足"构成"趾"来表示它的本义。

这种"字元＋象符号（形符或意符）"从象喻原则上看，也即易学中的象喻论 a："用可视、可感、有理据的'象'去表达言与意。"

3）把字元形体的一部分改换为声符。如"何"的本义表负荷之"荷"。它的初文象人肩荷一物，后来荷物的人形简化为意符"人"，象所荷之物的形体演化为形近的声符"可"，就成为从人可声的形声字了。

（2）形声字的象喻思维

许多形声字是由于形体的演化和讹变产生的。但最具象喻性特征的是前两种形声字，从动态生成的角度看它们实际上是"褪了色的会意字"①，即两个意符（其中一个是意符兼声符）的相加，遵循的仍是会意方式。

但是，形声与会意还是有区别的。相对而言，会意是石虎所谓的"象象并置"，具有两个象符号非线性合成的空间语法性质。而形声的主流是字元性合体字，有了时间先后次序，即在一个字元基础上增加一个字符以示区别或说明：或者是以象（形符或意符）定言（声符），或者说以言（声符）定象（形符或意符）。这种情况唐兰叫作"緟益"："总觉得原来文字不够表达这个字音或字义，要特别加上一个符号。"（唐兰，2001：87）

显然，形声的以言定象和以象定言两种"緟益"方式，体现了华夏言象互动的象喻思维，更具有超符号特征。其中最为主流的是以象定言的方式：如独体字"羊"被借作河、姓氏、虫子的名字时，它是一个假借字即概念性、表音性字符，语言社会在这个字符基础上加上意符分别

---

① "形声，从构字原理上看，与会意完全相同，不同者，在于会合的意符中有一个是兼具声音性质的。街坊的坊，意思就是一个地方，故合土与方见意，可是方又代表了这个字的音。"（龚鹏程，2005：65）

构成形声字"洋、姜、蛘"以后,形声这种造字法就表现出用可视性的意象(意符)去阐释、界定、标注概念性的有声语言(声符)。也有人称这个"意符+声符"的象喻为"意符思维"(徐平,2006:2)。它代表了"用图像或喻象来表达观念物"的象喻符号化方式。

这种"意符+声符"意符思维或象喻思维与《易经》象、辞二元符号复合而成的可视性文本相通,并且同样体现在汉语书写性文本里。唐代孟棨在《本事诗》中写道:"白尚书姬人樊素,善歌,妓人小蛮,善舞,尝为诗曰:'樱桃樊素口,杨柳小蛮腰。'"此处,诗人在形容樊素的口(或者更准确地说,她的唇)非常红艳,而小蛮之腰十分纤细。但他并没有使用"红"和"细"这类字眼,而是用"樱"比喻"樊素口",以"杨柳"比喻"小蛮腰"(徐平,2006:2)。

显然,"樱桃"、"杨柳"这些意象性的符号代替了直白的概念"红"、"细",相当于形声字的意符;而"樊素口"、"小蛮腰"则是直接表达有声语言的概念单位,相当于"声符"。它们的结构式为:

樱桃(意符)+樊素口(声符),杨柳(意符)+小蛮腰(声符)

汉语中的"**雪**白"、"**碧**绿"、"**天**大"、"**海**量"、"**樱**口"、"**鼠**窜"、"**蛙**跳"、"**猫**步"、"**菜**色"、"**仙**逝"、"**奶**白"、"**油**滑"、"(一)**捧**水"、"(一)**把**米"、"(一)**包**书"、"**鬼**哭**狼**嚎"、"**枪林弹雨**"等词语,也属"意符+声符"的可视性象喻思维结构:**标黑**的语素相当于意符(视觉意象),其余的则相当于声符(听觉的语言概念单位)。

汉字携带的图像性象喻(象形字)和喻象性象喻(形声字)两种编码,构成了中国美学的最基本表达法则。中国传统诗学是喻象性象喻主导(文学中含有图像),且不说比兴手法的普遍使用,我们的古典诗歌常常标有特定的时间地点,诗歌喻象常常与在场物(当时、当事、当事者)关联[①],而追求在场性是图画的本质。另一方面,中国绘画的

---

① 如曹操的《观沧海》首句"东临碣石,以观沧海。"表明是他登临碣石山(建安十二年)所作。

表达法则是图像性象喻主导（图像中有文学），且不说它的写意性形象和内容，中国写意画常常是离场化的创作[①]，不是面对在场物进行模仿，而是退居书房进行离场化想象。一般说来，在场化是绘画视觉思维的法则，离场化是文学书写和虚构的前提。而当绘画离场化、文学化，文学在场化、图像化时，"AB执中型"的超符号现象就产生了：书写与图像向对方转移的同时，又抹去这种转移的痕迹。

5. 转注

汉字六书理论中最为混杂不清的是转注问题。围绕许慎对转注不甚明了的定义和例字，形成了形形色色、莫衷一是的转注说。历史上较为代表性的有形转说、音义转说、互训说和引申说。

形转说：以唐裴务齐和宋陈彭年为代表。裴说："考字左回，老字右转。"宋元的戴侗也认为字之倒转正侧为转注。如反人为匕、反正为乏、后（左）转为司等等。形转说与许慎的转注说差距较大，被人所抛弃。但它揭示了汉字生成的一个渠道：通过变位的方式构成新字。（党怀兴，2003：155）

音义转说：以明代赵古则为代表。以词义引申、音义变化为转注。如其所举"恶本善恶之恶、以有恶也，则可恶（去声），故转为憎恶之恶"。音义转说实际上探讨的是词义变化与声音变化的关系问题。（党怀兴，2003：155—158）

互训说：以清代戴震、段玉裁为代表。指意义相同的字，就用一个字去显示它们的意义，这一个字就是许慎"建类一首"的"首"。如初、哉、首、基同义，就用一个"始"字表示它们的意义，成为初、哉、首、基等字之"首"。其次，他们认为凡是意义可以互相训释的字都是转注。所以陈梦家说："清戴、段以互训为转注。"（陈梦家，

[①] 苏轼《文与可画筼筜谷偃竹记》："故画竹，必先得成竹于胸中。"

2006：118）

引申说：代表人物是清代朱骏声，他认为某个字的本义引申出另一意义时，不另造一字，那就是转注。如"令"，由"发号令"引申出发号令之人——县令；"长"由"长度长"引申出"生长"之义，这就是转注。显然他将词义的引申与造字问题混在一起了。（张其昀，2005：151）

转注的上述理论中，除了"形转说"为造字方式以外，其他的"音义转说"、"互训说"、"引申说"都是文字的使用而非造字问题。尤其是"音义转说"和"引申说"，都属于一字多职的字用现象，这一点与假借相同，应该都代表汉字符号由理据性向任意约定转化或"重新理据化"的倾向。

6. 假借

借用一个现成的同音字来转写与其意义无关的另一个词或另一个字，这就是假借。如借"霄"为"肖"、借"胃"为"谓"、借"氏"为"是"等等。这是同音字之间的假借，或叫作本有其字的假借，亦称为"通假"。还有一些词，本无其字，便借现成的同音字来记录它们，如古汉语中的多数虚词都是借用同音字来表示的，如"而"、"尔"、"爱"、"其"、"孰"、"焉"、"安"、"何"等，这叫作"本无其字"的假借。一般认为后者属于造字现象，前者属于用字范畴。它们的共同点是疏离字形与意义之间的理据联系，依声表意，借代双方没有任何意义瓜葛，表现出汉字向语音靠拢的灵活姿态。

郑樵和段玉裁认为假借产生的目的是为了补充表意性造字方式的不足，即救造字之穷而通其变。也有人认为假借是提笔忘字或记录方言时的借代。现代学者认为有七个原因：临文遗忘、传写讹误、方言俗语、避繁就简、字体变乱、字体茂美、避免重复。但有的学者从有意识假借入手，认为假借是为了别音义、避重复、求新奇、仿古等。

(李俊红，2012：11—12）在现代汉语中，假借作为一种有意识的写词方式，被广泛应用于揶揄、避讳、匿名、反讽等表达目的。如"爱滋病"现多写为"艾滋病"，以同音字"艾"代替容易引起不雅联想的"爱"等。

"假借"作为"六书"中重要的写词或造字方式，它最大的职能（符号系统目的性）是使形义关系脱节，并借以重新组织字词关系，以适应汉字表达汉语的需要。

形义一致、见形知义，是表意汉字追求的目标。六书中的象形、指事和会意都是实现这种表意理想的主要方式。但是，"形义一致"的表意原则最大的弊端是违反了符号的经济原则，文字社会不可能为每个事物或概念造不同的表意字，为了实现有限符号无限运用的经济原则，同音代替（假借）就成为救造字之穷而通其变的重要途径。有些表抽象概念的虚词，如"而"、"尔"、"焉"、"其"等，也只能借用现成的同音字来表达。假借所表现的这种"一字多用"的经济原则，是建立在对"形义一致"有意冒犯基础上的。假借字由表意符号到表音符号，中间经历了一个去表意化的过程。在这个过程中汉字的语音要素被强化，视觉特征和表意要素被淡化，汉字作为表意符号时所具有的一些语义属性也随之被隐藏，形体和意义之间的可推论性消失。假借用字法打破了汉字形义相关的绝对性，使得汉字的记词职能不再单一，使得汉字本来协调一致的形义关系遭到一定程度的破坏，形义关系相脱节。

形义关系脱节、一字多职的情况必然导致字词之间的对应关系复杂化，并借以重新组织字词关系，以使汉字适应汉语发展的需要。如《史记》："杀隐幽友，大臣洞疑。"王引之曰："'洞'读为'恫'，恫疑，恐惧也。言吕后杀隐王如意，幽幽王友，而大臣皆恐也。"这样一来，汉字"洞"就承载了完全无关的两种意义：洞达、恐惧。而"恐惧"义与"洞"的形体没有关联，形成了一字多词的假借现象；反过来，对于"恐惧"一义，则既可以用本字"恫"来承载，也可以用借字"洞"来记录，又造成了一词多字现象。（李俊红，2012：2）由于破除了表意字的"形义一致"原则，假借使汉字能够更灵活、简便地适应汉语发展，代表了汉字向汉语读音靠拢的倾向。当然，形义关系的脱节、字词关系的复杂化也会使得读者在解读古代文献时比较容易因习惯性地"望文生义"而对文献内容产生误解。因此，传统小学研究假借主要是从经学的目的出发，重点探讨如何破解假借别词以正确解读文献，而对假借在整个汉字符号系统中所起的作用则缺少深入和系统的思考。

"假借"在汉字符号表达机制中主要担负"去理据化"或走向"任意约定性"的功能，同时它又未导致纯粹的拼音字母化，只是成为帮助表意系统延续生命的内部调节力量。因此假借是汉民族一种非常重要的符号化表达方式和思维方式，带有强烈实用主义的变通思维色彩。但目前无论是符号学界还是语言学界，对汉字"假借符号思维"的研究都远远不够深入。

三、汉字"六书"符号学思想的进一步发展

1. 六书的"体用"说

学术界一般认为，直到清代的戴震，六书理论才产生"四体二用"的新说，即象形、指事、会意和形声为"体"（造字之法），转注和假借为"用"（用字之法）。其实六书"体用说"的源头可追溯到宋代的郑樵、张友、王柏、赵古则等人。如宋王柏："象形者，写其迹也；指事者，推其义也；会意者，合其形而兼乎义者也；谐声者，合其声以附乎形者也；转注者，形之变也；假借者，声之变也。"王柏明确指出转注、假借为形与声之变，这样与其他四书就清楚地区别开来。这类看法被认为是后来的六书"四体二用"学说的渊源。（党怀兴，2003：241）

"体"与"用"是中国古代哲学的一对重要范畴。一般认为,"体"是最根本的、内在的、本质的,"用"是"体"的外在表现、表象。六书的"体用"说是对传统六书进行理论化概括的一次尝试,站在汉字整体系统的角度,将其运行方式概括为"体"和"用"二元机制:六书的"体"代表了汉字构形系统的形义一致的理据原则,六书的"用"则代表了汉字构形系统中的字用原则,主要表现为转注或假借的一字多职,"形义一致"遭到破坏和解构,形义的脱节使得汉字系统能够弥补造字之不足而使整个汉字系统轻装上阵。"字用原则"代表了汉字中淡化表意性、向记录语言的读音(主要是假借)靠拢的趋势,因此能更灵活、便捷地适用于对汉语的记录。如果说东汉许慎的《说文》主要是依据形义一致原则来说文解字的,那么清代朱骏声的《说文通训定声》则主要是根据字用原则来描述汉字变化的代表作。胡适的评价是:"(《定声》)体例是一部表示声音与训诂变迁滋生的字典,是一部有创见的辞书;方法是特别注重'转注'与'假借',用为训诂演变与形声变异的原则。"(李俊红,2012:5)

"形义一致"和"字用原则"是汉字象喻性意指方式的具体体现。相对而言,"形义一致"重象、重"立象以尽意";"字用原则"重言、重"据义构形"和"得意而忘象"——为了表意的目的而对"形"或"象"变通或不拘一格地使用。所以,"四体二用"是中国传统六书理论中对汉字言象互动的象喻性原则的理论概括,直接影响了今天的汉字"两书论"。

2. 汉字"三书"说

唐兰为了突破传统六书窠臼,建立汉字构造新理论,他在 1935 年写的《古文字学导论》和 1949 年出版的《中国文字学》中将六书概括为象形、象意、形声三书。"象形"即形义完全一致的象形字;"象意"

则是形义相关但不一致的表意字①；所谓的"形声"，主要指给象意字加声符的方法产生的形声字。所以唐兰自信地说："象形，象意，形声，叫作三书，足以范围一切中国文字，不归于形，必归于意，不归于意，必归于声。形意声是文字的三个方面。"（唐兰，2001：68）他虽然用"形声"代替了"象声"或"假借"，这主要是由于他认为假借并不产生新字，而"形声"的生产方式主要是靠在象意字或假借字上加声符，所以，他实际上是将"形声"纳入"声"的一极，"不归于意，必归于声"的"声"，就是指的"形声"。

唐兰三书说最有价值的思想是紧密契合汉字形音义结合体的性质，概括出"形、意、声"三书。这揭示了汉字的超符号性质："形"接近图像性象喻符号；"意"接近喻象性象喻符号；"声"接近语言符号的性质。"形意声"或人们常说的"形音义"实际上揭示了汉字在图像、文字、语言三种符号之间摆渡的中性或超符号性质，笔者也称其为汉字的"类文字"性或超符号性，石虎则称之为汉字的"亚文字"性②，这也是汉字六书的喻象原则所产生的、迥异于西方字母符号的独特符号形态的性质。

陈梦家在 1943 年版的《中国文字学》中把三书定为象形、假借、形声，他依据这三书将汉字分为"文"（象形字）、"名"（假借字）和"字"（形声字）。并且他认为汉字从象形开始，在发展与应用过程中变作了声符，是为假借字，再向前发展而有象形与假借之增加形符与声符的过程，是为形声字。形声是汉字发展的自然结果。陈梦家更加明

---

① "例如古'人'字象侧面的人形，一望而知它所代表的就是语言里的'人'，所以是象形字。古'大'字虽则象正面的人形，但是语言里的'大'，和人形无关。我们可以推想，古'大'字是象大人的意义……由大人的'大'，又引申做一般的'大'，这个字已包含了人形以外的意义，那就只是象意字。"（唐兰，2001：66、67）

② "汉字始见于甲骨，其构成是由点、弧、直等线条完成的。这些线元素经'亚文字图式符号'即＋×△□○，抽纳了世界的构成法则。中文'亚文字符号系统'与洋文'ABC'不同之点，在于它的趋象性。"（石虎，2002：2）

确地区分了图像性象喻符号（形，即象形字）和语言性符号（名，即假借字），以及中性化状态的喻象性象喻符号（字，即形声）。①

与唐兰的区别是，陈梦家的形、名、字的分类涉及了汉字符号的三种所指类型：形（象形字）的所指主要是一个（观念性的）现实物，直接指向实物形象，间接指向词语概念；字（形声字）的所指主要是一个（喻象性的）观念物，直接指向意符所负载的喻象，间接指向声符负载的概念；名（假借字）的所指主要是一个概念物，直接指向声符所负载的概念。现实物、喻象物、概念物是我们对陈梦家的三种所指对象做出的划分。这种划分涉及符号学的三种所指方式：观念性现实物与象形字有关，喻象性观念物与表意文字有关，概念物与约定性语言符号即假借字有关。

孟华认为符号的所指不是单纯的意义、概念或对象，而是一个由对象、概念、意义之间相互关联的所指域（所指域的概念详见本章第五节第二小节2部分）。这具体包括四种所指方式：在场物（如标签或口语符号的对象）、现实物（如绘画的对象）、观念物（如汉字的对象）和语义物（符号的对象或所指意义由符号能指系统产生而与现实无关，如字母文字的所指对象）。这四种所指对应了不同的符号能指：在场物和现实物对应的能指是实物符号和图像符号（简称象符号），观念物对应的能指主要是以汉字为代表的书写或文字符号，语义物对应的能指是以拉丁字母为代表的语言符号——三者统称"言、文、象"。但在汉字符号的实际分析中，我们会发现上述分类的边界是中性的、游移的、超符号的：象形字是现实物主导，但带有观念物性质；形声字是观念物主导，但带有意+音的象喻性质；假借字也是观念物主导，

---

① "文字的基本类型有三……（1）用'文'来名物，如'虎'字象虎形而读作虎；（2）用'名'来名物，就是假借别个'文'的音来名物，如用武器的'我'自己的'我'；（3）用'字'来名物，如江字用水类工声来名大江的江……用'字'来名物实际上是（1）（2）两种的合用。"（陈梦家，2006：46）

但象喻性消失,指向语言概念本身。(孟华,2014:27—28)

裘锡圭接受了陈梦家的新三书说,认为"表意字使用意符……假借字使用音符……形声字同时使用意符和音符"。"最早的形声字不是直接用意符和音符组成,而是通过在假借字上加注意符或在表意字上加注音符而产生的。"(裘锡圭,1988:106—107)此外,与此相近的还有刘又辛的"表形"、"形声"、"假借"的新"三书"说。(刘又辛,2000:76)

新三书说引进了"假借"一书,真正揭示了汉字所具有的表声的性质,这是优于唐兰之处,同时,新三书又继承了唐兰的汉字"形音义"三位一体观点。新三书说中确立"形声"为一书,象形(或表意)和假借则为两翼,其中包含着深刻的中性符号思想:汉字是遵照形化(象形和表意)和音化(假借、记号化)两种表达机制圆融、互动的象喻原则来运行的,其中的"形声"一书,则集中体现了将这两种貌似对立的两极中性化的象喻性超符号性质。

3. 汉字"两书"说

传统的六书"体用"说已经隐含对汉字构形系统二元表达机制的思考,现代学者则在其基础上进一步发展出汉字"两书说"。早在上20世纪20年代,沈兼士已经将六书改造为"意符原则"和"声符原则"两书:

> 中国古代文字的创造和组织,相传有六种原则(就是指事、象形、会意、形声、转注、假借六书)。前三者可以叫作意符的原则,后者可以叫作音符的原则。(沈兼士,1986:387)

何九盈虽然在其《汉字文化学》中也分为表意、假借和形声三书,但值得注意的是他认为这三书是建立在二元化表达机制之上的:造字表达与借字表达。造字表达又分为表意类、形声类,借字表达即假借。(何九盈,2000:181)可见,何九盈的"造字表达和借字表达",也在一定程度上包含了两书思想。

黄天树通过对甲骨文字形结构的分析,提出了"二书说",他以是否含有声符(或表声成分)作为分类标准,把甲骨文分为"有声符的字"和"无声符的字"。无声符的字包括传统六书中的象形字、指事字和会意字;有声符的字包括六书中的假借字,或兼用意符和声符的字,如形声字等。黄天树的"二书说"抓住了古今汉字的一个基本结构特征:意音对立的中性化倾向,声符和意符在互动中表达汉语。黄天树强调,"二书说"并非否定传统的六书理论,只不过是对传统六书的进一步概括,二书与六书之间犹如分类学中的上下位关系,二书是汉字结构类型分类系统中的最高层级。(黄天树,2014:28—31)

孟华运用符号学原理,突出了传统的"六书"的造字(动态发生考察)而非构字(静态结构分析)的思想,将六书看作是汉字的生产和运行的动态机制,并进一步将其改造为"两书":象声和象意。孟华的"两书论"与黄天树的"二书说"虽异曲同工,但更着重于对传统六书的超越而非继承。他的"两书论"是基于符号学理论对整个汉字系统功能性运作方式的概括。象意方式即用含有理据意义的汉字形体来表现汉语单位的意义。传统上的单纯表意字如象形字、指事字、会意字,就是用象意的方式构成的,汉字形体的理据义与汉语的词汇义之间主要是通过"象意"的手法联系起来的。如"鸣"字是以鸟嘴喻指动作,"射"字以手和弓箭的合成喻指动作,"牢"画牛以为衬托等等。象声大致相当于六书中的假借,它利用已有的文字去记录新的语言单位,使本字与假借字之间形成一种语音联想关系。至于形声,只不过是象声和象意两书相互作用、相互融合的产物。(孟华,1998:56)这就意味着汉字最基础的功能性表达手段只有"表意"(象意)和"假借"(象声)两书。在传统"六书"理论中,假借仅仅是一种用字之法，而在"两书"理论中，假借却是整个汉字系统运作的两种最基本的功能性手段之一。象声（假借）代表了汉字系统中的任意性方式，象意代表了动机性或理据性方式；象声和象意并非截然对立，而是一种互动、互渗的中性和象喻关系。或者说，两书论中的象意和象声就是象喻中的象和言的关系，就是"以图像或喻象表达观念物（言）"的关系图式。

与"二书说"凸显了汉字的表音性一样，"两书论"极大地突出了假借在整个汉字系统运作机制中的功能和作用。孟华认为，假借并非代表汉字表音的方向，原因是：（1）它执行的是谐音原则，字与音之间不是系统的对应关系而是偶然选择关系；（2）假借直接记录的仍是汉语的概念单位；（3）假借也具有理据性（谐音理据）；（4）假借是汉字表意的再生产机制（许多形声字就是基于假借而产生的）；（5）假借的"字用"原则使得汉语"形义一致"所带来的僵化和不便得以缓解，使汉字轻装上阵以适应汉语不断发展的需要；（6）假借的"字用"原则代表了中国传统文化中的变通精神和实用理性，也是表意汉字"长生不老"的基本条件。

丁尔苏运用皮尔斯"类象符号"（icon）和"常规符号"（symbol）这两个术语分析古今汉字，认为现代汉字主要是"常规符号"系统，即人们通常说的约定性的语言文字符号；而古代汉字研究（他称为"词源学"）则以汉字的类象性研究为核心（含有古汉字是类象符号的预设）。"类象符号"（icon）也常翻译为图像符号，它的根据主要是图像的象似性或相似性原则：

> 我们不妨以最象形的"母"字为例，它并不与所指称的对象在形体上完全吻合。这个字当中的两点与它们所表示的女性乳房在形状上相去甚远，但在一个下跪女人体的语境中，它们足以让人联想起能够哺乳的"母亲"的概念。这与表示"明"和"採"

等概念的象意字并没有本质的区别。它们都是以相似性为基础的类象符号。

丁尔苏从汉字造字或字源发生的角度（即他说的"词源学"），对汉字六书进行了"两书"改造。（丁尔苏，2010：1）

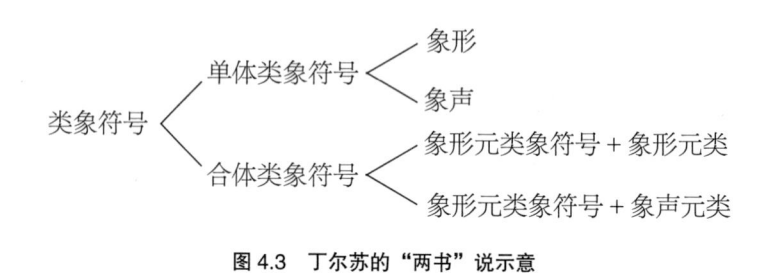

```
                        ┌─ 单体类象符号 ┬─ 象形
                        │              └─ 象声
类象符号 ─┤
                        └─ 合体类象符号 ┬─ 象形元类象符号 + 象形元类
                                       └─ 象形元类象符号 + 象声元类
```

图 4.3　丁尔苏的"两书"说示意

图 4.3 中的单体类象符号就是传统六书中的独体字，分为象形和象声两书，而合体类象符号则是六书中的合体字会意和形声。而且他把构成合体字的独体符号叫作"元符号"，实际上承认汉字发生机制在元符号（用来进一步构成合体字的独体汉字符号）层面上只有两书：象形和象声。这样就进一步揭示了汉字运行机制的层累性：底层元符号的两书表达机制决定了表层合体字的种种类型。

四、小结

1. "六书"中的象喻性属于符号学而非语言学

汉字"六书"理论中隐含了极为丰富的符号学智慧，是中国符号学走向世界最为宝贵的理论资源。传统六书学最核心的是其象喻思想。其中的"四体"（象形、指示、会意、形声）追求建立汉字与汉语之间"形义一致"的象喻意指关系，更注重"立象以尽意"，即以图像或喻象的方式表达汉语；六书中的"二用"（转注和假借）则代表汉字象喻性二元表达机制中的"字用原则",立足于"据义构形"、"得意而忘象"——为了表意的目的而对"形"或"象"变通或不拘一格地使用。所以,基于说文"六书"理论之上的"四体二用"说,是中国传统六书理论中对汉字象喻性的最高理论概括。

由于象喻思维涉及图像与语言、图像与文字、文字与语言等异质符号之间复杂的超符号关系,因此,对"六书"的研究不应该局限于语言文字学,从本质上它属于符号学范畴。

2. "三书说"和"两书说"是"六书"理论的有机组成部分

"三书说"和"两书说"都是对"六书"理论的继承和发展而不是否定,应该是广义的"六书学"的有机组成部分,或者是传统"六书"理论的现代版。

现代汉字"三书说"尤其是新三书理论,包含着深刻的超符号思想:汉字是遵照形化(象形和表意)和音化(假借、记号化)两种表达机制构成的象喻原则来运行的,其中的"形声"一书,则体现了将这两种貌似对立的两极中性化、相融会的超符号性质。这种超符号或中性表达产生了"形音意结合体"的汉字:从现代符号学的立场看,"形"是图像要素,"音"是语言要素,"意"是文字(汉字)要素。它们代表三种符号法则:"形"遵循图法,"音"遵循语法,"意"遵循字法。"形音意结合体"意味着这三种编码的中性化,但主导型有差别:象形字是形–图法主导;汉字意符是意–字法主导;音符或假借是音–语法主导。因此,汉字内部隐含着一个言、文、象的超符号关系场。

汉字"两书说"最接近现代结构主义符号学思想。其中的二元范畴如象意/象声、表意/表音、动机性/任意性、图像/文字、文字/语言、理据化/非理据化、字法/字用等,都可以直接与现代符号学的相关理论范畴对接。

但与结构主义二元对立原则不同,"两书说"用一种现代符号学的合治二元论来解释汉字中的象喻表达原则。两书论中的象意和象声就是象喻中的象和言的关系,就是"以图像或喻象表达观念物(言)"的二元关系图式。区分二元关系是"合治"符号观的第一步(传统六书理论持一种整体浑成的立场,对此不加区分);第二步则是将这二元要素统一起来,考察它们之间相互依存、相互渗透、相互跨界、相互过渡的中性化性质。

第四节　古代名学符号思想 *

人类生活在用符号建构的意义世界里,古今皆是如此。尽管中国古代没有一门现代意义的符号学,但是在古代易学、诸子学中,亦多包含着中国先哲对人类表意行为的运用方法、形式规律的思考,这些实践形式和理论观念中其实蕴藏着丰富的符号学思想。先秦诸子,按照胡适的说法,即"家家都有'名学'"(胡适,2010:142),名学在胡适看来是诸子百家为学的方法,属于逻辑学,当然此说值得商榷。欲辨名学,先得辨"名"。学界通常援引许慎《说文解字》:"自命也。从口从夕。夕者,冥也。冥不相见,故以口自名。"由于许慎见到的古文多为战国古文字,尽管其与古文字属于同一系统,但是其中确实存在着讹变现象。今据《古文字诂林》册二收录的"名"字诸古文可知,"从口从夕"之形乃《召伯簋》上的铭文,非为最早。据是书援引诸家学者的考辨,结合因声求义的传统训诂学方法,笔者以为戴家祥等学者的见解较为切合"名"之本原,即"月光照物则明,名初意当为明……明辨事物则名之,事物不明则难以称名。后世便衍化为事物名

---

* 本节由暨南大学祝东教授撰写,特致谢意。

称的意思"(古文字诂林编纂委员会，1999：24)。从认知的角度来说，先明事物之形，查事物之理，然后才能命名，事物有名之后，"名"便衍化为名称、名号、名位等。进而可以得出名学其实是关于辨明物理、探求命名规律、确定事物名称等方面的学问。

名的稳定性保证了社会文化的稳定性。然而到了东周，出现了名实淆乱的社会乱象，"名实者，圣人所不能胜也"(《庄子·人间世》)，是非皆由名生，圣人概莫能外。也正是因为如此，名的问题才引起了先秦诸子的思考，如老子的无名说，孔子的正名说，墨家、名家的名实之辩等。特别是名墨二家，对名学议题主动地思辨，并进行了深度辨析，与现代符号学理论颇有交融参发之处，值得探析。如论者所言："春秋战国时代，各个学派关于'名实'的论争，形成了中国文化史上对符号问题进行探讨的高峰时期。"(黄华新、陈宗明，2004：17)古代名学，如果按照现在学科划分标准来缕析，其实可以初步划分为偏重伦理的名礼之学与偏重逻辑的名辩之学。名礼之学肇自孔孟儒家，集大成于荀子，韩非为一转变；名辩之学源自道家老子，深化于墨家、名家。当然这种划分并不是完全符合实际情况的，如荀子的名学于名礼、名辩就兼而有之，我们这样初步划分只是为了论述的方便。

一、名礼之学及其符号思想

1. 礼乐符号

礼乐文化作为中华文明的一大特征，甚至被誉为中华文化的精髓所在，历代统治者也极其重视礼乐教化的社会功用，那么作为符号概念的"礼"究竟是从何而来的呢？迄今学界对这一问题似乎并没有形成统一的观点看法。据杨志刚研究总结，礼的起源至少有以下五种观点：其一即"风俗"说，认为礼起源于风俗习惯；其二即"人情"说，认为礼之起源于人情；其三为"祭祀"说，认为礼起源于祭祀仪式；

其四为"礼仪"说，认为礼起源于原始社会的种种礼仪；其五即"交往说"，认为礼起源于人类的原始交往。（杨志刚，2001：4—6）显然这些论点的出发点与着眼点各不相同，由是形成了不同的起源论。

其实从符号学的角度来看，不论"风俗"、"人情"、"祭祀"、"礼仪"还是"交往"，都是人类社会的符号表意的活动，而"符号学即意义学"，无论是意义的传递还是接收都需要用到符号，任何意义的传释必须借用符号才能实现。而意义即是"符号使用者和解释者之间据以对符号的指涉进行编码和解释的一种既定秩序"（俞建章、叶舒宪，1988：216）。人类的社会活动其实就是一个不断制造意义、规范意义而又受意义规约的过程。人类的一切活动都关乎符号，人之所以为人也在于他能制造并使用符号，所以德国哲学家卡西尔认为"应当把人定义为符号的动物"（卡西尔，1985：34）。人既然是符号的动物，他在创造符号、使用符号时，都必须在一定的社会范围内进行，以约定俗成为基础，这一点索绪尔在谈论语言符号学时其实已经指出："一个社会所接受的任何表达手段，原则上都是以集体习惯，或者同样可以说，以约定俗成为基础的。"（索绪尔，1980：103）索绪尔在此还举出了中国古代朝觐帝王时的三跪九叩礼节，认为这些都是依照一定的规矩强制使用并约定俗成的。因此，从符号学的角度来看，礼其实就是在人的符号表意过程中逐渐约定俗成的一套仪式系统，而这套系统形成之后又规范制约着人的表意行为。

综而言之，中国的礼制文化是以民间经验习俗、情感传达、祭祀活动、社交活动等为来源，经过长时间的仪式化、系统化过程之后，逐渐形成的一整套约定俗成礼仪系统，这套礼仪系统反过来又规范制约着人类社会的表意活动。夏商时期，诸多基本礼仪仪式基本形成，但是殷、周变革之后，周公对礼乐文化、文物制度的"大变革"在王国维的《殷周制度论》中多有发明。（王国维，2001：287—303）

在思想文化意识形态领域，以周公为主的西周初期的统治者进行了相应的改革，其中最为重要、影响最为深远的就是制定礼乐文化系统。周公制定的礼乐文化并不仅是调整规范社交祭祀等礼仪仪式，而且将人的各种符号表意活动纳入一定的规范秩序之中，礼起到了调节人类社会内部各种行为规范和人际关系的作用。整个礼乐文化其实可以视作一套区别性等级符号体系，也即索绪尔所说的"语言"，而人们的各种具体活动则可视作"言语"，言语实践必须符合这种强制性的语言规约，这也可以理解为一套非常严格的指示符号系统，其解释项即人们存在的等级性差异。而这套强制性的符号系统所起到的作用就是通过将等级化的思想观念，以固化为符号的方式加以推广，让其为众人所接受、遵从。

到了东周时期，周公精心制定的礼乐文化系统遭到了破坏，此前的"礼乐征伐自天子出"转化为"礼乐征伐自诸侯出"，传统的礼乐文化系统不能有效约束诸侯。各种越礼僭礼的现象时有发生，新的社会阶层、意义等层出不穷，旧有的文化符号与新的意义不能有效对接。如符号学家莫里斯之言，符号研究兴趣最高的时期是在普遍进行社会变革的时期，如孔子时期，或希腊衰落时期，因为这时符号开始丧失它们的明晰性和说服力，而适合于改变了的社会的新符号还没有产生，新旧意义之间也出现了抵触，文化象征成了问题，传统的符号系统不再好好为人服务的时候，人们就有意识地注意起符号。（莫里斯，1985：45）因为新的意义与传统的意义之间出现了隔阂，语言交流、文化象征等都成了问题，所以人们必须对这样一些属于现代符号学研究范畴的问题展开思辨。以孔子为代表的儒家就是对这种既定秩序失序做出卓有成效的理论思辨的第一批智者，并将由周公建立起来的一套礼乐文化符号系统社会化、伦理化，使之成为个体自觉遵守的一种内在道德伦理规范，孔子以礼为内容、以仁为内核，在新的社会环境下重构了自周公发展而来的周礼系统。

与周公的"顶层设计"不同的是，孔子开出了一条自下而上的

"底层路线",如论者所言:"孔子是针对其身处时代的社会秩序面临崩溃的危机,而提倡恢复周礼,但他在这套秩序伦理化、意识形态化时,他同时给周礼注入了一些新的内容——孔子反省秩序之背后有一理据或成立之根据,此便是人的道德自觉,即'仁'。"(郑永健,1999:3)孔子既然不能由上而下推行周礼,就只能靠"仁"——个体道德的自觉——来维护周礼,也即通过比较温柔的"教化"的方式来实现。据杨伯峻统计,《论语》中论及"仁"共109次,其中为道德标准的有105次。(杨伯峻,1980:221)要在礼崩乐坏的政治环境下推行周礼,也就必须靠个体道德的自觉,"克己复礼为仁"(《论语·颜渊》),用"仁"来复"礼"。礼崩乐坏的根本原因就是人性欲望的膨胀,作为走下层路线的孔子来说,他就只能倡导一种道德上的自律,将礼乐文化伦理化,在礼乐文化的教化之下,使人得到道德情操上的熏陶提高,然后自己来规范自己的符号表意行为。

2. 复礼正名

孔子作为先秦儒家文化的代表人物,其对传统礼仪符号的推崇与偏重,其实体现出一种"能指偏执"型的符号思想。孔子出生在一个没落的贵族家庭,据《史记》记载,孔子出生后,其父叔梁纥就亡故了。孔子出生在一个"礼崩乐坏"的年代,"礼乐征伐自天子出"的局面转变成"礼乐征伐自诸侯出"(《论语·季氏》)。孔子小的时候,就对先前的礼乐文化有着浓厚的兴趣,以陈俎豆、设礼容为嬉。纵观孔子的一生,可以看出孔子是以恢复礼乐文化符号为己任的。儒家恢复传统礼乐符号的一个重要维度即是"正名",通过"正名"来"正实",达到名实相符的要求。

"文化是一个社会中相关的符号活动的集合"(赵毅衡,1990:94),礼乐文化符号,即是通过一套礼乐文化系统来规范现实生活中的尊卑等级秩序。如根据当时的礼乐规范,不同等级身份的人,享用不同形式的舞乐。孔子曾对弟子批评季氏曰:"八佾舞于庭,是可忍也,孰不可忍也?"(《论语·八佾》)据清人刘宝楠《论语正义》引马注云:"佾,列也。天子八,诸侯六,卿大夫四,士二。八人为列,八八六十四人。鲁以周公故受王者礼乐,有八佾之舞,季桓子僭于其家庙舞之,故孔子讥之。"(刘宝楠,1990:77)这一古注道明了个中原委。古代舞乐,八人为一行,叫作一佾,八佾即是八行,共六十四人。根据当时的礼乐规范,八佾是天子才能享用的舞乐,诸侯是六佾,即是四十八人舞,大夫是四佾,即是三十二人舞,士是两佾,即是十六人舞。如下所示:

八佾——64人——天子

六佾——48人——诸侯

四佾——32人——大夫

两佾——16人——士人

由此可见,"佾"的数量具有不同的"礼"的意义。由此我们可以这样理解,"佾"及其数量是一套礼仪符号,其解释项则是社会的尊卑等级秩序,正是通过"佾"这套礼仪才将社会分成各个不同的等级。这里就涉及双重分节的问题,也即语言符号学上的将能指分节,才产生了所指的分节。而实际上,"符号的能指分节远不止是语言符号。任何一种符号在其可以分成若干能指成分时,都是可以分节的"(陈宗明、黄华新,2004:178)。礼仪符号系统也正是充分利用了符号的分节作用,才有效分隔出不同身份地位和社会等级。根据上文的分析,"佾"数不同,其表演的人数也不同,享用者的身份地位也各不相同。季氏按照其级别,乃是大夫,只配享用四佾,也即是三十二人舞,但是他僭越了天子之礼,所以孔子才会极其不满。赵毅衡先生在探讨双重分节时曾指出:"只有能指分节清晰,互相不重叠,合起来覆盖全域,表意才会清晰。"(赵毅衡,2011:94)因此舞者人数组成的"佾"的清晰,才能明晰区分享用舞乐者的身份地位。反过来说,如果没有一套礼仪规范将"佾"区分开来,那么也就不存在"是可忍孰不可忍"的事情了,因为照此二、四、六、八佾就没有什么区别,佾的区别不明显,现实世界人的尊卑高低、亲疏远近等级秩序也就不能区分。

孔子所讲求的礼,其实就是通过确立划分各种能指,由此来规范社会,建立一套严密的社会等级秩序,也即通过区分能指,进而将所指区分开来,也即是莫里斯所言的通过对符号过程的缕析控制进而达到对个人的社会控制(莫里斯,2011:218)。季平子是鲁大夫,按照礼仪规范,他只能享用四佾,但是他却用了八佾,这是天子的规格,季氏没有遵循礼仪所规定的社会等级秩序,因此遭到了孔子的批判。

由此可见,以孔子为代表的儒家文化是偏向于"语法倾向文化"的,它关心的是能指背后的所指,是社会的等级秩序。儒家文化通过礼仪,建立一整套规范准则,各种礼仪之间有明确清晰的界限,并且互相配合,从而使所指——社会等级秩序——的呈现明显了然(赵毅衡,1990:96—97)。也正是因为如此,孔孟儒家才极其关注符号形式,因为不同的符号形式解释项是各不相同的。

孔子对能指符号形式的偏执,在《论语》中多处可见,兹举两例:

祭如在,祭神如神在。(《论语·八佾》)
子贡欲去告朔之饩羊。子曰:"赐也!尔爱其羊,我爱其礼。"(《论语·八佾》)

孔子不喜欢言怪力乱神,但是祭祀祖先的时候,好像祖先真在那里;祭神的时候,也像神就在那里一样。子贡欲去掉鲁国每月初一告祭祖庙的活羊,因为鲁国自文公开始已经不遵循视朔之礼,子贡见礼仪已废,故而建议把杀羊这一视朔仪式也一并去掉,但是遭到了孔子的反对,孔子认为残留一点杀羊的仪式也比什么都不留好,清人刘宝楠《论语正义》也引包注证之曰:"羊存,犹以识其礼;羊亡,礼遂废。"

（刘宝楠，1990：111）也即是保留一点杀羊的仪式，则西周朔礼多少能保留一点下来。这说明孔子是非常注重这种祭祀仪式的。

孔子对符号形式的偏重，《左传》中也可见到相关史料记录。《左传·成公二年》记载，齐、卫交战，新筑人仲叔于奚帮忙挽救了卫国将军孙良夫，卫国为了表示感谢，准备赏之以邑，但是仲叔于奚拒绝了这个封赏，"请曲县、繁缨以朝"（杨伯峻，1990：788）。按照古礼，天子使用的钟磬乐器四面悬挂，名为"宫悬"，诸侯乐器，去掉南面，三面悬挂，名为"曲悬"，大夫左右两面悬挂，名为"判悬"，士人只在东面或者阶间悬挂，名为"特悬"，可表示如下：

　　天子 —— 四面 —— 宫悬

　　诸侯 —— 三面 —— 曲悬

　　大夫 —— 两面 —— 判悬

　　士人 —— 一面 —— 特悬

由此可见，钟磬乐器悬挂的多寡也能传递出不同的身份等级差别，曲悬为诸侯所享之乐，繁缨为诸侯之马饰，仲叔于奚为大夫，请"曲悬、繁缨"，实际上是僭越诸侯之礼，按照周礼的约定，这是大不敬的，但是在礼崩乐坏的时代，卫国也顾不了这么多，竟然答应了这个请求，所以孔子听到之后，非常痛惜：

　　惜也，不如多与之邑。唯器与名，不可以假人，君之所司也。名以出信，信以守器，器以藏礼，礼以行义，义以生利，利以平民，政之大节也。若以假人，与人政也。政亡，则国家从之，弗可止也已。（杨伯峻，1990：788—789）

在孔子看来，与其将礼器赏与仲叔于奚，不如多给他土地封邑，而器和名，是不能随便送与他人的，因为这是人君所管之具，一定名位之人应有与其匹配的威仪，而威仪又正是通过相应的器物体现出来的，因为礼器这些器物的不同体现的即是现实世界的尊卑等级。"礼以行义，义以生利，利以平民"，由礼到义，由义到利，由利到治理百姓，逐层推进，由符号层面逐步推进到现实政治层面。因此，在孔子看来，如果把礼器送人，无异于将政治权力拱手让出，其后果不堪设想。由此可以看出孔子更加注重器物的能指功能，由能指系统进入所指系统，由名入实，着重于名，落实到人伦实践之"实"中。

有时候，孔子对符号形式的偏重甚至让人觉得不近人情，这一点集中体现在对颜渊丧事的安排处理上。颜渊是孔子爱徒，《论语》中记载鲁哀公和季康子都曾问询孔子诸弟子中谁最好学，孔子的回答皆是"有颜回者好学"（《论语·雍也》；《论语·先进》），孔子也曾不止一次夸奖颜渊：

> 子曰："回也，其心三月不违仁，其余则日月至焉而已矣。"（《论语·雍也》）
>
> 子曰："贤哉，回也！一箪食，一瓢饮，在陋巷，人不堪其忧，回也不改其乐。贤哉，回也！"（《论语·雍也》）

然而这个勤奋好学的颜渊却不幸早逝，这让孔子非常悲痛："颜渊死，子曰：'噫！天丧予！天丧予！'"（《论语·先进》）"颜渊死，子哭之恸。从者曰：'子恸矣。'曰：'有恸乎？非夫人之为恸而谁为？'"（《论语·先进》）由孔子对待颜渊逝世的悲痛情形可知，他对颜渊是十分爱惜的，但是当颜渊的父亲因为没钱给颜渊置办椁坟，于是颜路找到了孔子：

> 颜渊死，颜路请子之车以为之椁。子曰："才不才，亦各言其子也。鲤也死，有棺而无椁。吾不徒行以为之椁。以吾从大夫之后，不可徒行也。"（《论语·先进》）

尽管颜渊是孔子的爱徒，但是孔子还是拒绝了将自己的车骑捐卖掉给其做椁坟，理由有二，其一是孔子的儿子孔鲤死了也没有用椁坟；其二是孔子曾经做过鲁国的大夫，按照礼法，大夫出行是不能步行的，因此他拒绝了颜路的请求。这里其实不能用不近人情来看待孔子，孔子一生服膺周礼，弘扬周礼，他前期积极进取，偏于用世，后期循循善诱，讲学解惑，偏于传道，而周礼则是其心中的大道，他不可能为一己之私情而坏了其终生追求的大道，乃至符号形式上都不能通融一下，这正是其能指偏执的体现。所以胡适在批评孔子的学说时曾经说："孔子的正名主义的弊病在于太注重'名'的方面，就忘了名是为'实'而设的，故成了一种偏重'虚名'的主张。"（胡适，2010：280）胡适所言的弊病其实就是上文我们分析的能指偏执型文化特征。

孔子尽管重视符号表达层面，偏执于能指形式，但是这并不是说孔子就不注重内容层面，这可由孔子提出的"礼非玉帛"这一观点中见出端倪。《论语·阳货》云：

子曰："礼云礼云，玉帛云乎哉？乐云乐云，钟鼓云乎哉？"

孔子认为，所谓礼乐并不只是指礼器、乐器之属，更是指通过礼乐形式传达出来的一种精神思想，也即是说，符号的内容面与表达面是相辅相成的，不能关注表达面而忽略了内容面；当然也不能因为内容面而忽略了表达面。如宋人叶适所云："按《诗》称礼乐，未尝不兼玉帛、钟鼓。孔子言……未有后语，其意则叹当时之礼乐，具其文而实不至尔。然礼非玉帛所云，而终不可离玉帛；乐非钟鼓所云，而终不可以舍钟鼓也。"（叶适，1977：106）叶适解释得很明白，礼乐需要借用玉帛钟鼓等器物来传递，但是当时却重视礼乐玉帛钟鼓的形式层面，而忽略了其礼的意义层面，这在孔子看来当然是不可取的，所以孔子有"礼非玉帛"之叹。礼不是玉帛，但是行礼不能离开玉帛，乐非钟鼓，但是行乐礼离不开钟鼓，礼乐的意义必须借助玉帛钟鼓来传递，内容离不开形式，形式是用来传达内容的。如果把玉帛钟鼓视作符号的话，那么可以说礼的意义需要用玉帛钟鼓等符号来传达，钟鼓玉帛就是用来传达礼的意义的，也即是说"没有意义可以不用符号表达，也没有不表达意义的符号"（赵毅衡，2011：1）。由此可见，"礼非玉帛"其实蕴涵着丰富的符号学思想。

根据皮尔斯的符号学观点，符号由表征素（representamen）、对象（object）和解释项（interpretant）三项要素构成。表征素即能指，玉帛、钟鼓的规格和质地即表征素，其所指向的对象为玉帛、钟鼓，但礼并非指这些具体的实物，而是通过玉帛钟鼓作为一种符号所引发的思想，也即符号的解释项。玉帛、钟鼓皆是传达"礼"的精神的符号，因为"礼"的意义不在场，所以需要玉帛、鼓乐等符号形式来表达，"礼"这一解释项是由整个社会文化约定的。

玉帛这一符号形式需要解释，在解释后"礼"这一意义才会凸显出来，但是玉帛本身并不是"礼"，玉帛只有在礼乐文化的符号系统中得到解释，其"礼"的意义才能实现。如晋人缪播所言："玉帛，礼之用，非礼之本。钟鼓者，乐之器，非乐之主。假玉帛以达礼，礼达则玉帛可忘；借钟鼓以显乐，乐显则钟鼓可遗。"（刘宝楠，1990：691）"玉帛"、"钟鼓"符号是用来表达"礼"的意义，正因为礼的意义不在场，才需要玉帛等符号来传达。用索绪尔的符号二分法来看，玉帛是符号的能指，礼是符号的所指，能指与所指合一才构成一个完整的符号，因此礼"终不可离玉帛"，但礼又非为玉帛。

如前文所言，孔子恢复西周礼乐文化符号的核心思想是在礼乐文化中加入"仁"的文化价值观念。什么是"仁"？《论语·颜渊》中这样记载：

> 颜渊问仁。子曰："克己复礼为仁。一日克己复礼，天下归仁

焉。为仁由己,而由人乎哉?"

颜渊曰:"请问其目?"子曰:"非礼勿视,非礼勿听,非礼勿言,非礼勿动。"

在孔子看来,克制个人欲望,使自己的言行合乎于礼仪,这样就是"仁",要做到"仁",需要个人的自律,不符合礼仪的事情不做,不符合礼仪的话不听,不符合礼仪的话不说,不符合礼仪的事情不去做,这样就能达到"仁"的境界。所谓"仁",其实是将对礼乐秩序的尊重内化为伦理道德,也就是自觉遵守礼仪规范所区分出来的社会等级秩序,自觉地遵照自己所属的那个等级的礼仪行事,遵守能指的划分界定,从而使社会的尊卑等级划分明确固定,进而社会安定、天下太平。不过,这种遵循,按照孔子的说法,必须通过个人有意识地努力,即自制,而非"他"制才可以实现。这就进一步说明了,由礼对社会等级秩序的区分方式与语言符号的区分方式相同,都具有任意性的特点,是一种社会规约,都要靠整个社会系统的"同型性"来确定意义。

概而言之,以孔子为代表的先秦儒家学派,他们以"仁"为核心思想,试图恢复西周的礼乐文化符号体系,修正礼崩乐坏的社会局面;以"正名"为核心主张,通过正礼乐文化之名,来规范社会尊卑等级秩序之实。正名亦是儒家名学的主要观点。儒家名学之"名",主要是偏重政治伦理上的"名分"。孔子恢复礼乐文化的核心主张即是正名。所谓"名"即是名分、名位,"名"所指向的是一定的等级秩序。"正名"就是要通过将一定的能指,也即"名",与一定的所指,也即社会的等级秩序,联系、明确并固定下来,从而使社会的区分更加明确,使社会秩序更加井然。《论语·子路》中记载了孔子的"正名"观:

子路曰:"卫君待子而为政,子将奚先?"子曰:"必也正名乎！"子路曰："有是哉，子之迂也！奚其正？"子曰："野哉，由也！君子于其所不知，盖阙如也。名不正，则言不顺；言不顺，则事不成；事不成，则礼乐不兴；礼乐不兴，则刑罚不中；刑罚不中，则民无所措手足。故君子名之必可言也，言之必可行也。君子于其言，无所苟而已矣。"

子路向孔子咨询治国行政的大事，孔子指出，最重要的就是正名。在孔子看来，名若与它所指向的社会等级区分不相符合，那么就会失去行为的理据；失去理据，那么就会导致行为失败；行为无果反过来会使社会的礼仪文化失效，也即使社会失序；社会失序混乱自然会使刑罚制度失效；而刑罚无效，就会导致民众无所依从。所以，"正名"是恢复或维持礼仪文化最核心的也是最基本的步骤。正名即将一定的社会等级秩序建构为一种社会契约，使得礼仪文化真正成为一种所指优势文化，从而达到"君君，臣臣，父父，子子"（《论语·颜渊》）的效果，即君臣、父子各自按照自己的社会等级地位进行社会活动。

春秋战国时代，传统的伦理道德体系土崩瓦解，各种僭礼妄为的事情时有发生，如季氏之"八佾舞于庭"等。所以孔子曾经感叹："觚不觚，觚哉，觚哉！"（《论语·雍也》）觚没有觚的样子，其名与其实相乖，由此孔子想到社会伦理上这种名实相违的现象，如君不君、臣不臣、父不父、子不子，乃至臣弑其君者有之，子弑其父者亦有之，长幼无序，尊卑失位等等。因此，儒家之名学注重名分的对应。

儒家认为，名与实对应，社会伦理才不至于发生紊乱。任何事物之名都有其相应概念规范，指向一定的对象，而这些所谓的规范则是"礼"。从语义学的角度来看，即是符号（名）须与其所指谓对象相适应，其信码（code）则是"礼"，礼是儒家伦理符号学的一套系统规则，各种社会活动，必须在"礼"的规则下进行，"礼"这套系统保证了当时社会伦理生活的正常运行。"非礼勿视，非礼勿听，非礼勿言，非礼勿动"(《论语·颜渊》),以孔子为代表的早期儒家学者,强调的是信码绝对权威。而随着时代的发展,后期儒家学者则更注重因实至名,"若有王者起,必将有循于旧名,有作于新名"(《荀子·正名》)。一方面强调要因循旧名,另一方面肯定要变更新名,因为随着时代的发展,事物的性质亦会发生变化,此时如果一味因循旧名则不能反映新的实际情况,因此后期儒家学者在承认信码权威的同时,亦注重对信码的重新编码,使之符合新的社会情况。因此或许可以说,儒家正名学说的根本在于安守各自的名分,也即是服从现实世界规定的尊卑等级制度。儒家思想的文化符号核心就是身份等级的标志,而这种尊卑等级秩序,其实就是靠一套礼乐符号系统来维系的。

3. 期名累实

名实关系问题一直是先秦学术研究的热点,儒家、墨家、道家、名家、法家学者对此都有自己的观点,其理论思辨渐趋成熟。到了荀子的时代,由于长期的社会战乱使得人心思治,七国争雄勇者为胜,反映在学术思想上则是通过统一学术思想来收拾人心,消除思想界混乱不一的现状,如孔繁所言:"荀子站在统一学术的立场对当时各家名辨思潮展开清算,以使学术上造成的混乱得以澄清。"(孔繁,1997:176)荀子对名实之学的总结,具有集大成的性质。

荀子名学思想的理论渊源,还得回到上一节中论及的颜渊问仁这一议题上来。这里其实颜渊有两问,孔子有两答,先是什么是仁,孔子的回答是"克己复礼"是仁,其次是如何践行仁的问题,孔子用"非礼勿视,非礼勿听,非礼勿言,非礼勿动"以对。这两次回答其实开出了儒家后来孟子、荀子的两条路线。克己复礼,以内治为主,心中有礼,"礼之内心即仁"(钱穆,2012:275),开出孟子一派;复礼必须诉诸言行,遵守礼则,四个"勿"即是具体要求,也即是注重外在的约束规范,由是开出荀子一派,韩非将其发展到极致。

要对名学进行总结,也面临着一个"正名"的问题,毕竟"名不正,则言不顺"(《论语·子路》),因此这里出现了一个对"名"正名的关键性议题,《荀子·正名》篇云:

> 名闻而实喻,名之用也。累而成文,名之丽也。用、丽俱得,谓之知名。名也者,所以期累实也。

当我们听到一个"名",就很容易将此"名"与其反映之"实"对应起来,这就是"名之用",讲求的是概念与其反映的事物之间的准确对应关系,而不至于发生淆乱。而多名的排列组合成文辞、文章,即是"名之丽",杨倞谓:"或曰:丽与俪同,配偶也。"(王先谦,1988:423)其实即是名与名之间的组合搭配和谐准确。如果"名之用"与"名之丽"都使用得当,那么就可称为"知名"。本乎此,荀子提出他对"名"的界定:"名也者,所以期累实也。"名是用来与其反映之实"期",《说文·月部》:"期,会也。从月,其声。"《荀子·正名》:"期命也者,辨说之用也",杨倞注为"期,谓委曲为名以会物也"(王先谦,1988:423),《荀子·正论》:"故凡言议期命",杨倞注为"期,物之所会也"(王先谦,1988:342),可见此处"期"当解释为会合。因此这句话的大意即是名是用来与是相会的,共其约名以相期也,从语言思维的角度而言,事物的名是人类抽象思维出来的结果,便于人类社会的交流沟通,要想顺利交流,必须对一定事物有一个约定俗成的"名"才行,也即是"是所以共其约名以相期也"(《荀子·正名》)。

其次,荀子对当时"名"的主要来源进行了总结归纳:"后王之成名:刑名从商,爵名从周,文名从《礼》。散名之加于万物者,则从诸夏之成俗曲期,远方异俗之乡则因之而为通。"(《荀子·正名》)所谓"后王",即是指代周王,据冯友兰分析,当时诸子百家在宣传自己的学说时喜欢托古自重,孔子维护周制,故常言及文王、周公;墨子继起，提出法夏不法周，于是又搬出大禹来压倒文王、周公；孟子继起，又搬出尧、舜来压倒大禹。到了荀子的时候，文王、周公被搬出来的先贤挤到后面去了，故而称之为"后王"（冯友兰，2011：165）。所谓"成名"即是已经确定下来的名称，这些固有的确定下来的名称是怎么来的呢？刑法之名来自殷商，爵位之名来自西周，礼节仪式之名来自《礼》，《荀子集解》引郝懿行之言曰："文名谓节文、威仪，《礼》即周之'仪礼'，其说是也。古无《仪礼》之名，直谓之《礼》，或谓之《礼经》。"（王先谦，1988：411）"散名"即是杂名，万事万物各有其名，谓之杂名。伍非百谓散名与刑名、爵名、文名等专有名词相对，相当于今天的普通名词，万物的散名则依从诸夏地区的成俗，因为还没有来得及整理，则暂从各地之通名方言而称之，如果各有其名而不能相同，则因其俗名互译，使之互通（伍非百，2009：744）。如《尹文子·大道下》中的一个例子："郑人谓玉未理者为璞，周人谓鼠未腊者为璞。"郑人如果到了周人处，则要把其"璞"理解为没有晒干的老鼠，周人到了郑人处，则要将璞理解为没有雕琢加工的玉石，这样就不会出现交流中的"因谢不取"的情况。

　　第三，荀子对命名的一些基本原则进行了总结归纳。《荀子·正名》谓："制名以指实"，杨倞注云："无名则物杂乱，故智者谓之分界制名，所以指明事实也。"（王先谦，1988：342）如果万物没有名的话，那么人类面对世界时，势必感到杂乱无序，无法归类，无法交流，所以有智者对事物进行命名，然后以名来区别事物之实，并且用一定之名指明一定之实，这就是制名指实。有必要指出的是荀子的"制名"与孔子的"正名"是有所不同的，孔子的正名乃是用固有之旧名正已经发生变化之实际，而且尤为注重政治伦理层面之名；荀子的制名其实是承认了名实系统的改变，也即对业已成为事实的新的政治伦理的接受，由此产生新的名实系统也就是自然而然的事情。而且荀子之"名"也超出了孔子主要集中于政治伦理之名的范围，荀子将名的效用归纳为"上以明贵贱,下以辨同异",明贵贱即从儒家政治伦理符号思想角度着眼,而辨同异则是从墨家语言逻辑符号思想角度着眼。明贵贱的依据原则是人本身的社会地位身份等级,而辨同异的依据则是"天官","天官谓之同则同,天官谓之异则异"(王先谦,1988:415),即依照人的耳目鼻口心体对事物的感觉、认知来进行。

命名的另一原则即要遵从约定俗成的习惯。《荀子·正名》篇谓:"名无固宜,约之以命。约定俗成谓之宜,异于约则谓之不宜。名无固实,约之以命实,约定俗成谓之实名。名有固善,径易而不拂,谓之善名。"杨倞谓:"名无固宜,言名本无定也。约之以命,谓立其约而命之,若为天,则人皆谓之天也。"(王先谦,1988:420)这里其实已经涉及符号的任意性问题。从语言符号的角度来看,事物的"名"是具有任意性的,比如我们命名的"天",虽然从汉字造字法来看,是有理据性的,但是其"名"为"天",其音"tiān"则是任意的,一旦这个任意的命名在约定俗成之后,就不能任意更改了。起初名并没有固定的指实对象,后来相约以此名指彼实,然后此名与彼实之间的关系就固定下来,此名亦成为彼实之名,这样才不至于发生混乱,比如"马"之名对应马之实,如果固定下来之后,就不能指"鹿"之实,否则就造成指鹿为马的混乱了。而"指鹿为马"的故事其实就是看人们是遵从约定俗成的名称还是服从权势而临时更改事物的名称,承认"鹿"之实乃是"马"之名成为一种检验政治态度的标准。"名有固善,径易而不拂,谓之善名",即谓名与实对应之后,得到大家的普遍认同,一人呼其名则众人皆知其实,无须另行解释,这就是"善名",也即名与实的完美结合。宇宙万物由各种不同的"实"组成,各种"实"皆有其相应的名称,也即是概念。从符号学的角度来看,"当符号系统形成时,能指与所指的关系就不再是任意的了,相对固定的社会契约保证了能指与所指关系的确定性,从而保证了信息传达的有效性"(赵毅衡,2004:12)。名实论者看到了需要通过一些约定的手段方法来保证能指与所指关系的对应性，这样信息传递才具有有效性。如果我们用一个名称去称一物，而别人却以另外的名称去称谓该物，大家各行其是，这样系统就乱套了。

命名还有一个原则，即及时"稽实定数"（《荀子·正名》），也即考察事实来定名之多寡。我们知道，汉语名词没有单数复数形式的变化，因此仅从名上面看不出数的多寡，因此"稽实定数"被伍非百指为"为制名说最宜注意之事"（伍非百，2009：760）。荀子在这里举了这样的情况："物有同状而异所者，有异状而同所者，可别也。状同而为异所者，虽可合，谓之二实。状变而实无别而为异者，谓之化。有化而无别，谓之一实。"所谓"同状而异所"，如两匹马，同状而异，虽然其名可合，但是还是"二实"，也即同类之二物；"异状而同所"，如少年闰土与中年闰土，异状但是一人，这就是"化"，有化而无别，这还是"一实"。因此在命名时要注意稽实定数，"即通过考核事物的实际数量来确定名称多寡及其变化，使名实相符，则名之指实更为明确"（孔繁，1997：186），这也是命名的一大原则。

第四，荀子还对正名的原因作了详细的解释。先秦时代政治动荡，学派蜂起，各持己说，是己所是，非己所非，奇辞异说迭起，引起了思想界的极大混乱。无尽的战争使得人们渴求和平统一，面对人心思治的情况，荀子提出了通过正名来统一思想、统一学术的主张。

从社会现实角度而言："今圣王没，名守慢，奇辞起，名实乱，是非之形不明，则虽守法之吏，诵数之儒，亦皆乱也。"（《荀子·正名》）像文武周公那样的通过制名指实、用符号系统来规范世界秩序的圣王早已随着历史的进程而湮没于尘埃中，周王室对权力控制的失衡首先表现在人们对具有等级秩序象征意味的礼乐系统的破坏，对名分、名实的怠忽、轻慢，由是引发了名实的淆乱，思想的混乱，是非不明，甚至连"守法之吏，诵数之儒"这些执守法令、传统的人都对其所守所习的东西产生了怀疑，这些都是名实乱而引发的灾难。像《荀子·儒效》篇中所云的行"奸事"、"奸道"的大有人在:"若夫充虚之相施易也,坚白、同异之分隔也",这些"淫词邪说"荀子将其归纳为"三惑"。所谓"三惑"即是:(1)"惑于用名以乱名者也",(2)"惑于用实以乱名者也",(3)"惑于用名以乱实者也"。关于第一种情况,有"杀盗非杀人也"等用名乱名的例子,此说见于《墨子·小取》篇,其混淆了"盗"这一名实也属于"人"这一名,解决方法是"验之所以为有名而观其孰行";关于第二种情况,有"山渊平"等例子,依据《庄子·天下》篇"天与地卑,山与泽平"可知,大概属于惠施一类名学家的言论,此说肯定了命名的任意性,但是名一旦确定下来后,就有强制约定性,而且纵然现在强行更改其名,其实也不会随名而变动,也即山高之实和渊深之实不会因为"平"这一名的改变而改变,解决方法是"验之所缘无以同异而观其孰调";关于第三种情况,有"马非马"等例子,这个应是公孙龙"白马非马"的缩写,白马之实属于马一类,其逻辑错误与"杀盗非杀人"同,解决办法是"验之名约,以其所受悖其所辞"。在荀子看来,所有的邪说辟言基本上都属于这样几种情况。对于持"三惑"者,荀子也提出他的总体解决方案:"故明君知其分而不与辨也。夫民易一以道而不可与共故,故明君临之以执,道之以道,申之以命,章之以论,禁之以刑。故其民之化道也如神,辨说恶用矣哉。"(《荀子·正名》)首先,明君掌握了这些邪说的基本路数之后,就不要去与他们争辩,从态度上冷淡他;其次,对于普通百姓来说,以道治之即可。因此作为圣明的君主,用权势来统治百姓,要把百姓导入正途,用命令告诫他们,用论说来彰明事理,用刑罚来禁止其行为,这样百姓就很快接受了道的教化,不再需要什么辨说了。而辨说之术寝息,思想界自然就会平息争论,归于统一。从政治统一的角度来说,荀子对名学符号的总结有益于天下的统一,而从学术思想史的角度而言,这样的严禁政策必然导致思想学术的衰微,可谓利弊兼有。

综而言之,荀子的名学虽然源自儒家名礼之学,但是面对当时社会现实，同时向名辩之学与名法之学开拓，不仅拓宽了儒家名学的锋面，而且对先秦名学进行了很好的总结，其中蕴涵的符号思想值得继续探讨。

二、名辩之学及其符号思想

1. 名辩溯源

名辩之学一般认为是先秦名家、墨家以辩名立说为主要对象的学说。关于先秦名、墨关系的问题，学界也有不同的观点。如胡适就不承认先秦有什么名家的存在，只认为先秦各家都有自己为学的方法，也即名学，只不过名、墨二家的学者对名学的研究"比别家稍微高深一些罢了"（胡适，2010：142）。而伍非百的《中国古名家言》将墨辩、尹文子、公孙龙子，以及《庄子》、《荀子》等先秦有关名辩的著述统一起来，统称为"古名家言"，而所谓"名家"也即是"专门研究与这个'名'有关的学术问题，如名法、名理、名言、名辩、名分、名守、形名、正名等等学问皆是"（伍非百，2009：1），在伍非百看来，名家之学，始于邓析，成于别墨，盛于庄周、惠施、公孙龙及荀子等，前后历二百余年，蔚为壮观。诚然，先秦诸子对名学皆有己见，但如胡适这般因此而否定先秦名家之存在，似乎过于武断；而像伍非百这样将所有有关名学议题的著述都纳入名家言里面，似乎又过于开放了。从学术思想史的角度来看，某一学术思想或流派的发展壮大，必然有一个萌生、发展、壮大、分离、转变的过程，当这种学术思想在建立自己的学术体系的过程中，有意吸收其他学派相关议题成果来丰富壮大自己的学术影响，这是存在的，学术史上不可能忽然横空出世蹦出一个流派。另外也要注意到，名辩学术与名家学派之命名是两回事，名辩学术的萌芽、发展是一回事，而对这个学术流派的研究命名是另一回事，实际上先秦诸子百家的命名多是一种追认式的，也即是在学术史研究成熟之后才"正名"的。本乎此,笔者以为,先秦是有名家学派存在的,这个学派是因"专决于名"(《史记·太史公自序》)的一批学者的出现才形成的。显然庄子、荀子等都不是"专决于名"的学者,他们都有自己的学术体系,而《墨经》部分,对名辩的研究亦异常深刻,自然要纳入进来。

名辩之学往上溯源,自然要追溯到春秋后期的邓析,是他开启了先秦名辩思潮的先河。而邓析的生平资料史书没有载录,谭戒甫《公孙龙子形名发微·流别》一文中将史籍上有关邓析的一些零星资料铺排综括,成一小传,或可参考。(谭戒甫,1963:109—111)关于邓析的遗著《邓析子》的真伪问题,学界亦存在争论,这里笔者不再援引展开,只提出自己的看法,也即先秦诸子之学,多以创始人为主,师徒相授,辗转记录传播,实为学派共同之思想成果,《邓析子》中应存有邓析的名辩学术思想。如其《无厚篇》谓:"见其象,致其形;循其理,正其名;得其端,知其情。"这里其实涉及文字符号生成方面的问题,也即根据事物之"象",求其形体之特征;然后根据事物规律进行分析归纳,完成命名;命名过程完成之后,还要对这个"名"的外延进行界定,"端"即是事物的两端,只有这样才能知道某一事物之名及其对应的实之关系。我们知道,中国的汉字是一种象形文字,汉字起源于图画,在语言的发展中逐渐完善,如唐兰所言:"当许多简单图形和语言结合而成为文字的时候,所谓文字,只是些实物的形状,所代表的语言,也只是实物的名字。所以我们把这种文字叫作'名',是最妥当不过的。"(唐兰,1981:87)所谓文字,在其创制之初乃是依象致形而成,而且多是实物之"名",如自然界之日、月、山,如生活中之马、牛、羊,皆是依象致形命"名"的。当命名完成之后,还要考虑名的指称对象关系问题,而这其实是个符形学问题,一个符号"名"必须与一定的对象相关联,名是对象的再现,而且名的对象是有一定范围的,如"牛"之名,可以囊括公牛、母牛、黄牛、黑牛、大牛、小牛等所有牛之实，但是羊则不能包括进来，这样得牛之端，自然就知牛之情了。当客观世界的牛一旦被命名，进入符号世界之后，作为符号的"牛"就具有了一定的符号内容，或者说它在接收者的心里，具备指称所有牛类事物的能力，这样就完成了一个符号的建构过程。当事物命名完成之后，还要进一步考察这个"名"与其反映之"实"是否切合，故而在《转辞篇》还有一个循名责实的问题："循名责实，实之极也。按实定名，名之极也。参以相平，转而相成。故得之形名。"实要合乎名，名要反映实，需要检验名实是否相符，如果实有变，则名应随之而转，使形名相符。

尹文在名实关系的研究上，继承了邓析的一些观点并将其向名法方向拓展了。如《尹文子·大道上》指出："大道无形，称器有名。名也者，正形者也。形正由名，则名不可差。"看到这几句，我们往往容易想到《道德经》中关于道与名的辨析：形而上的道是作为终极规律的反映，是无形而"不可道"的，形而下的器，则是有形有名的。这个"名"是从各种不同的事物中综括抽象出来的，那么名要与其指称的事物相对应，名来自于形，是形的反映，反过来说，"形者，应名者也"，那么形也必须要与名相适应。"故亦有名以检形，形以定名，名以定事，事以检名"，名可以检验形，形可以确定名，名可以规定事物的性质，事物的性质可以检验其名称，文中还举出有名无实、有实无名等诸多乱象，因此要检验名实。当这种"检名"活动扩展到人事活动中，它就转向名法之学，成为"至治之术"，就超出了名辩之学的范畴，成为名法符号思想的滥觞了。

名辩之学集中体现在《墨子》中的相关篇章和名家的集大成者公孙龙的著作中，下文试分析之。

2. 辨名析实

墨家学派在推扬自己的学术思想时，非常重视言说的功效，墨子甚至将谈辩视为墨家"为义"的一大要务。墨家在谈辩的过程中，总结出了一套自己的语言逻辑学，并且提出了"取实予名"论，这种新的正名论与儒家的政治伦理正名论不同，如论者所言："墨家则从精确表达思想的角度，从语言学、逻辑学和符号学的角度对'名'本身进行了分析，找出'名不正'的原因，然后提出正确用'名'的原则，使'正名'超越于政治、伦理的范围，而成为'名辩学'的有机组成部分。"（李先焜，2006：376）以下我们将就墨家符号学思想作一剖析。伍非百《中国古名家言》将《墨子》中的《经上》、《经下》、《经说上》、《经说下》、《大取》、《小取》俱录入"名家言"中，而且墨子的此六篇基本占据了中国古代"名家言"的绝大部分的篇幅，足见墨子在名学中的地位。而《墨子》包含的符号学思想是从名辩这一主题切入的。如鲁胜言："名者所以别同异，明是非，道义之门，政化之准绳也。……墨子著书，作《辩经》以立名本。"（房玄龄，1974：2433）在鲁胜看来，墨子的《辩经》部分乃是立名之本，名辩在墨家学派的重要性可以想见。

墨子生活的年代，正值韩、赵、魏三家灭智氏而分晋（公元前453年）。韩、赵、魏三家本为大夫，三家分晋而政由大夫出，这正是孔子曾经批评的"天下有道，则政不在大夫"（《论语·季氏》）。三家分晋作为中国历史上划时代的大事，标志着历史的车轮由春秋驶入战国时代。兼并战争成为这个时代的常态，"尊王攘夷"则被弃之不顾，频繁的战争使得传统的宗法关系和等级制度进一步瓦解。礼乐名分也失去了其原有的作用，并且再一次被纳入智者思考的范围之中。墨子即是其中之一。《墨子》中的《三辩》、《耕柱》、《公孟》等篇章记录了墨子与儒家学者程繁、巫马之、公孟子等人的辩论，如墨子认为"圣王不为乐"（《三辩》），礼乐徒增社会祸乱，而关于"仁或不仁"的问题，墨子认为答案不在"古服与古言"（《公孟》）。从符号学的角度而言，儒家重"名"，属于能指偏执，而墨家重"实"，更为看重符号行为的实际效果。那么,墨家是如何看待名实的呢?

(1)辩"名"与"实"

《经说上》云:"所以谓,名也。所谓,实也。名实耦,合也。"伍非百《中国古名家言》解释说:

> 名者,我所以藉以称物之符号也。如言"牛",言"马",不必其物生而固有之名,乃我藉此以称其物之符号也。实者,名所指拟之对象也。如言牛,是指有角四足而服田者。言马,是指无角四足而乘骑者。名属在我,实属在彼。实为知之所谓,名为知之所以谓。……合者,谓此名与此实相应也。如牛名名牛,马名名马。闻牛之名,即知指牛之实。见马之实,即知有马之名也。(伍非百,2009:84)

伍非百在这里用到了"符号"这一概念,"名"是用来指代"物"的符号,如"牛""马"之名称符号乃是指代事物之牛、马的,"实"则是所指对象物。名是用来指称实的,名与实对应,此即为名实相合。索绪尔在《普通语言学教程》中建议用能指和所指分别表示概念和音响形象,而概念和音响形象的结合则叫作"符号",因此语言符号实际上是一个双面的实体,它包括能指和所指两方面,能指是构成物理现实的声音系列,而所指即是能指在人脑中触发出的概念,能指与所指的联系实际上是非物质的,是一种抽象的联系。但是索绪尔也指出,在日常使用中,"符号"一词"一般只指音响形象"(索绪尔,1980:102),也即是偏重能指部分,这与伍非百解释"名"乃是称物的符号有相同之处,"名"作为事物的"符号"偏重于能指层面,如"牛"之名,能够触发我们脑海中关于牛的概念,"有角四足而服田者"的一种动物。但是中国古名家之"实"却并不能简单等同于索绪尔的"所指",毕竟索绪尔的"所指"乃是抽象的心理实体,而不是现实中的实际事物，墨家之"名"是与实在之物对应的，"闻牛之名，即知指牛之实"，尽管也涉及概念，但不是一种纯粹抽象的心理实体，这是我们需要区别的。当然我们在论述时，为了方便起见，往往容易将"名"与"能指"对接，将"实"与"所指"对接，名实相合，完成了一个符号表意的过程。但是实际上这一认知过程是在公孙龙那里才初步完成的，下文还将继续探讨。

墨子还对名进行了分类，"名，达，类，私"（《经上》），即所谓达名，类名，私名，分类的依据是名与实结合的方式。"名，物，达也；有实必待文多也。命之马，类也，若实也者必以是名也。命之臧，私也，是名也止于是实也。声出口，俱有名，若姓、宇。"（《经说上》）孙诒让校订曰"多"当作"名"，即言名乃是实之文（孙诒让，2001：348）。达名范围最广，如物，可以泛指万物；而类名次之，如马，凡属马类动物，不论白马黑马大马小马，皆可谓马；私名最小，只用于特定的称谓，如"臧"为一人之私名，只对应这个叫臧的人。詹剑峰曾制"名的内涵与外延"图（詹剑峰，1956：51），简单明了，一看即知，其图如下：

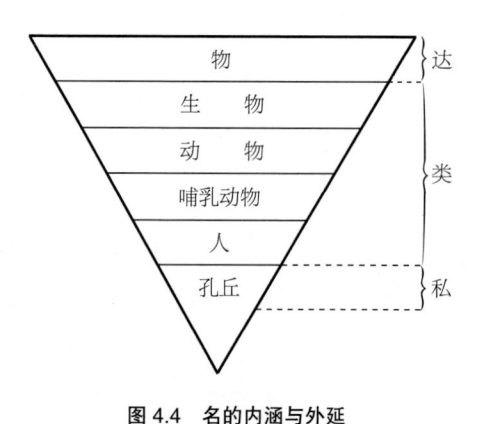

图 4.4　名的内涵与外延

达名和类名，也即型符（legisign）、类型符，是指向概念的符号，如皮尔斯所言"所有的常规符号都是型符",达名和类名的区别只在于所指称类型的大小。不仅如此,墨子在这里还意识到名的特点,"声出口,俱为名"(《经说上》),名是语言的,有音响的,是能被感知的部分,这种音响还对应一定的形象。

　　墨子特别重视名实对应的原则问题。《贵义》篇云:"今瞽曰:'鉅者白也。黔者黑也。'虽明目者无以易之。兼白黑,使瞽取焉,不能知也。故我曰瞽不知白黑者,非以其名也,以其取也。今天下之君子之名仁也,虽禹汤无以易之。兼仁与不仁,而使天下之君子取焉,不能知也。故我曰天下之君子不知仁者,非以其名也,亦以其取也。"名固然重要,但是更重要的是维护名与实的对应关系,必须"察名实之理"(《小取》),因为"当符号系统形成时,能指与所指的关系就不再是任意的了,相对固定的社会契约保证了能指与所指关系的确定性,从而保证了信息传达的有效性"(赵毅衡,1990:12)。一旦符号系统形成,名实之间的关系就得以固定,也即具有了"名实之理"。墨子在这里举了一个例子,盲人不辨黑白,当把黑白两种东西混在一起,让盲人识辨时,就要根据他所拿到的具体的东西来正名,所取为白则是白,所取为黑则应为黑,不能随意更名,而要根据实际所取之颜色与约定俗成的法则来定名,这样才能保证信息传达的有效性,而不至于黑白淆乱。这样就是说一旦命名完成,名与实之间的结合就具有强制性,不能随意更改。

　　同时,墨子十分注重概念的明确性,因为现实世界确实存在诸多同名异实或同实异名的现象,"所谓,非同也,则异也。同则或谓之狗,其或谓之犬也。异则或谓之牛,其或谓之马也。俱无胜,是不辩也。辩也者,或谓之是,或谓之非,当者胜也"。狗犬,是同物异名,牛与马,是不同之物,要对这些事物进行区分,必须明确各自概念的意指内涵,只有概念明确了,事物才能得以区别。《经说下》举了这样一个例子:"牛与马惟异,以牛有齿、马有尾,说牛之非马也,不可。"

如果要辨别牛与马,说牛有牙齿,马有尾巴,这是不行的,因为马亦有牙齿,牛亦有尾巴,牙齿与尾巴不是两者的本质差别,所以以此二者是不能辨别牛与马的差别,因为辨者没有抓住牛马的本质属性。针对名实误用的现象,墨子提出"取实予名"与"以名举实"的观点。在墨家看来,名是事物符号(能指),事物的命名是从实出发,对实赋之以名的一个过程。命名一旦完成,名之间的区别也就是实之间的区别,即"以名举实"。

(2)名实关系:取实予名,以名举实

在名实关系问题上,墨子认为名的作用乃是标记实,即"以名举实"(《小取》)。何谓"举"?《经上》:"举,拟实也。"《经说上》云:"举,告以文名,举彼实也。"伍非百言:"举者,以此名举彼实也。譬如口言石之名,意乃指石头之实。"(伍非百,2009:36)也即是说,举其实就是用事物之"名"来与事物之"实"对接,是一种再现关系,具有"概念"或者"意义"的性质。比如我们说"石"这样一个名词,其意指乃是石头这样的一种坚硬的矿物质。《经上》在解释时用了一个"拟"字,此意与《周易·系辞上》"圣人有以见天下之赜,而拟诸其形容,象其物宜"之"拟"同,吴毓江《墨子校注》谓"'举',称谓也。'拟',拟象也"(吴毓江,2006:487),可知"拟"即是模拟、描画、度量的意思,"举"的含义即是依据其名描摹其实,传达出想要表达的意思。谭戒甫《墨辩发微》认为:"盖凡物在未举之先为实;在既举之后为名。万物皆实,可以指令人知;异实有名,始可举以相告。所以指则不必用名;举则定须拟实矣。"(谭戒甫,1964:108)比如有人说"白马"一词,听者不知道是什么意义,于是解释说"白马为马",闻者即知白马乃是马的一种,这里"白马"乃此之谓"实",而"马"则于此之谓"名",解释者用"为马"之名去拟议"白马"之实,如此相告,则释义明了。

那么,"举"是靠什么完成的呢?《经上》云:"言,出举也。"《经说上》云:"故言也者,诸口能之出民者也。民若画俿也。言也,谓言犹石致也。"据孙诒让校订,"民"乃是"名"之误,而后面的"石"也疑是"名"之误,(孙诒让,2001:338)吴毓江云:"出名为口之本能,凡口能所出举者,皆言也。"(吴毓江,2006:488)"举"要"告以文名,举彼实也",这一过程必须用到"言",故而凡是从口所出之"举"——事物的概念和描摹的实象,都是用言来完成的。言从口出,以诸多不同的发音(能指)来区别不同的意思(所指),在墨家看来,从口出之"言"可以表示不同的"名",比如我们言"石",以"shí"之音,来表示"石"之名,而这个"石"之名乃是用来指"石"之实。"举"既然是用"言"来完成的,那么就涉及另外一个问题,即是符号的任意性问题。如伍非百言:"今人言石之名,固是指石,假令始制有名之时,于彼石者,不与以石名,未始不可。如今人类言'石'音虽各殊,而俱无害于言石。可见名无固宜。石名非石,名成而谓之石。"(伍非百,2009:36)把石头命名为"石/shí",这是一个很偶然的情况,但是一旦"名成"——约定俗成之后,那么名与实就有了约定性与固定对应关系。索绪尔在谈到能指与所指时指出此二者之间是任意的关系,即语言的第一原则任意性原则,任意性原则是指一个简单的词汇单位形式同该词汇单位所代指的事物之间,一般不存在自然的联系。当然他是以表音文字为例的,而我们知道,汉字很多是表意文字,如"名若画俿"("俿"为虎之异文),在汉语中,名是拟实的,画虎即是拟实的方法之一。吴毓江指出:"古代象形文字即简单之图画。名之拟实较画为简便,画之拟实较名为普及。如举虎名以告语文不同之外国人,彼将不知所谓,举画虎以示之,未有不知其为虎者也。"(吴毓江,2006:488)英语中的"Tiger"与"虎"之间没有必然联系,是任意性的。但是在汉语中,"虎"是象形文字,如李乐毅所绘下图"虎"文的演变(李乐毅,2014:133):

图 4.5 "虎"文的演变

如果有人不懂汉语中的"虎",他肯定不解其意,但是若画之以"虎",其义自然明了。但是从口出之言"hǔ"来举"虎"还是一种任意性的关系。总之,声音同意义之间不存在规则对应,而只是规约的或约定俗成的,这一点墨家先贤早有体悟。

在实与名的先后问题上,墨家认为实在先,名在后,取实予名。如前文所引《经说上》之言"有实必待文多也"("多"应为名),"实"以待"名",实先而名后可知。《经说下》云:"有文实也,而后谓之;无文实也,则无谓也。"孙诒让《墨子间诂》谓"文实"之"文"当为"名"(孙诒让,2001:358),孙氏认为此意为"谓有名实始有所谓,无名实则无所谓"。而伍非百《中国古名家言》校录之文为:"有之实也,而后谓之。无之实也,则无谓也。"(伍非百,2009:122)谭戒甫《墨辩发微》校录之文为:"有之实而后谓之,无之实也则无谓也。"(谭戒甫,1964:210)笔者以为当以伍、谭校勘之文为是。这里的"谓"即是"名",也即是说,先有实,然后才有命名的情况,名是用来命实的。"无谓,则报也。"(《经说下》)伍非百注曰"报,犹应也。呼一则一实应之,呼二则二之实应之。名与实应,实与名符。无实则无名,无名则无实。"(伍非百,2009:123)当然,依唯物主义的观点来看,"鬼"没有实,但是有名,也即是说,有些概念,只有内涵,而没有外延,这个在当时的思维阶段还不足以发明。

(3)名实举与符号三角

钱锺书在《管锥编》中论及陆机《文赋》"恒患意不称物,文不逮意"时,认为"意"内而"物"外,"文"者发乎内而著乎外,宣内以象外,"文"作为符号连接的是"意"与"物"。这与《墨子》中提出的"举"、"名"、"实",《文心雕龙》中的"情"、"事"、"辞",以及美国符号学家皮尔斯的"符号三角"颇有异曲同工之妙:

> "思想"或"提示"(interpretant,thought or referent)、"符号"(sign,symbol)、"所指示之事物"(object,refrent)三事参互而成鼎足。"思想"或"提示","举"与"意"也,"符号","名"与"文"也,而"所指示之事物"则"实"与"物"耳。(钱锺书,2008:1863—1864)

所谓皮尔斯的"符号三角"即是符号的三种相互关联的要素:表征素(representatmen),对象(object),解释项(interpretant)。以此观之,《墨子》之"名"即是符号"表征素",而"物"则相当于"对象","举"即相当于"解释项"。比如我们说"老李像块石头一样",这里"石头"为名,石头之"实"即是一种坚硬的矿物质,因为石头具有"坚硬"之"实",所以老李可能是个顽固倔强的人,这个大家理解出来的意思即是解释项,也即是《墨子》的"举"。皮尔斯的"符号三角"很容易让我们联想起奥格登的"语义三角"。我们知道,符号是用来传达意义的,任何意义必须借符号来传达,而语言符号是现实生活中使用最为深广的一套符号系统,语言具有一种三元结构,也即是符号、对象与意义,奥格登与理查兹所著的《意义之意义》中曾对此三者的关系做了一幅示意图(奥格登、理查兹,2000:8):

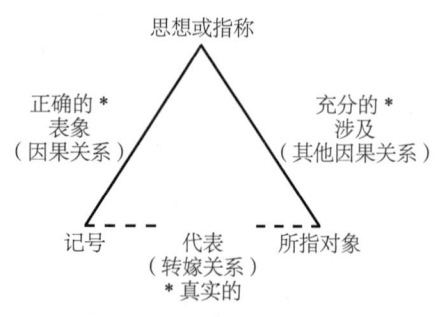

```
                思想或指称
             ／            ＼
       正确的*              充分的*
        表象                  涉及
      （因果关系）         （其他因果关系）
       ／                          ＼
     记号 — — —  代表  — — — 所指对象
               （转嫁关系）
                *真实的
```

图 4.6　语言的三元关系示意图

由这幅图我们可以看出，其实语言符号（记号）与对象（所指对象）之间的关系是通过意义（思想或指称）来实现的。语言符号是意义的载体，意义是语言符号所携带的来自所指对象的信息，所指对象作为意义存在的感性物质形式而存在。意义（思想或指称）则是对象的反映，是对象在思维层面的表现形式，也即是说语言符号通过意义而与对象联系起来，意义是语言符号与所指对象之间的中介。《墨子》之"名"其实就相当于符号，而"实"即相当于对象，其"举"也可理解成意义。正是因为"举"连接了"名"与"实"，意义才能够传递。

（4）名实意指

名家之名学集大成于公孙龙，现在残存的《公孙龙子》只有《迹府》、《指物论》、《白马论》、《通变论》、《坚白论》、《名实论》六篇，其中《迹府》当为后人为公孙龙写的传略，其余五篇基本上都是公孙龙学术思想的载录。公孙龙在继承名家前辈学说的基础之上，对名实之学进行了带有总结性的思考。

名家之"名"，重在逻辑思辨，以正名实为主要任务。前文所言名家尹文主张"以名正形"、"以形应名"，"名"应该与"形"对应，公孙龙"疾名实之散乱"，主张"审其名实，慎其所谓"，注重名与实的内涵相应，循名责实，名实相符。宇宙万物依据其共相，抽象出不同的"实"，各种"实"皆有其相应的名称，或者概念。从符号学的角度来看，事物的概念，也即是"所指"，有其相应音响形象——"能指"来对应，这样才能形成一个符号系统，"当符号系统形成时，能指与所指的关系就不再是任意的了，相对固定的社会契约保证了能指与所指关系的确定性，从而保证了信息传达的有效性"（赵毅衡，2004：12）。公孙龙看到了需要通过一些约定的手段方法来保证能指与所指关系的对应性，这样信息传递才具有有效性，否则的话，"谓彼而彼，不唯乎彼，则彼谓不行；谓此而此，不唯乎此，则此谓不行。其以当，不当也；不当而当，乱也"（《公孙龙子·名实论》）。如果我们用一个名称去称谓一物，而别人却以另外的名称去称谓该物，大家各行其是，这样系统就乱套了。故而名实论不仅要使事物名实相应，而且对系统内部的约定俗成性也提出了要求。

故而公孙龙在《名实论》中指出："天地与其所产焉，物也。物以物其所物而不过焉，实也。实以实其所实而不旷焉，位也。出其所位非位而位其所位焉，正也。"在公孙龙看来，宇宙天地都是由"物"组成，一个事物之所以被称之为该"物"而没有错误，是因为它占据了自己的"位"而非"非位"，也即它与他物有所区别。在系统之中占据自己应有的位置，这就是"正"。任意性使得符号不能自行解释，必须依靠系统的同型性来确定意义。符号能表意在于不同符号之间有区分特征。在公孙龙生活的时代，礼乐征伐出自诸侯，名实不正，"谓彼而彼，不唯乎彼，则彼谓不行。谓此而此，不唯乎此，则此谓不行。其以当，不当也；不当而当，乱也"。彼与此之间没有明显的区分：被称为"彼"的并不仅仅可以被称为"彼"，那么"彼"这个称谓就是不合适的；被称为"此"的并不仅仅可以被称为"此"，那么"此"这个称谓就是不合适的。将不合适的当作合适的，那么天下就会大乱。为使天下秩序井然，故而亟须正名。正名就是要确定名与实的一一对应关系，"故彼彼当乎彼，则唯乎彼，其谓行彼。此当乎此，则唯乎此，其为行此。其以当而当也；以当而当，正也"。要让彼事物之名与彼事物之实相符合，此事物之名与此事物之实相符合，彼物之名与此物之名相区分，那么彼物与此物自然也就区分开来了。公孙龙没有停留在儒家伦理道德的正名层面上，而是把正名推而广之，要让天下之物皆名实相符，每一个名称都有其对应的确定的指称对象，名称与名称之间互相区分，这扩展了名实论的内涵。

当然公孙龙也看到了符号的历时演变性。从共时的角度看，"当符号系统形成时，能指与所指的关系就不再是任意的"（赵毅衡，2004：11），此名必须对应此物，彼名须对应彼物，其信码（code）一旦形成，就不能任意更改，否则在传递信息的时候，就容易出错，"信码必须是强制式的"（赵毅衡，2004：14），如果一个语言系统内部的信码在一定的时空内形成了，那就有其强制性，故而公孙龙认为"彼此而彼且此，此彼而此且彼"（《名实论》）是不符合符号系统规范的。但是，公孙龙并没有把信码绝对化，如果时空转移，社会的约定改变，名实也可以发生转换，如其所言："知此之非此也，知此之不在此也，则不谓也。知彼之非彼也，知彼之不在彼也，则不谓也。"（《名实论》）事物的名称（指）与对象体（物）是约定俗成的，对应关系发生转变，那么其名实也就需要做出相应的调整，彼名不再能称谓彼物，就需要根据社会的约定来重新编码。

公孙龙的《指物论》被当代学者视为他符号思想的纲领性文章，为现存《公孙龙子》五篇中的核心，起着提纲挈领的作用（朱前鸿，2005：120），可见这篇文章的符号学意义不可小觑。

首先，公孙龙指出符号的抽象性，它与具体事物是有差别的。他在《指物论》中指出"物莫非指，而指非指"，任何事物都需要通过符号（"指"）来表示，但是这个"指"并不等同于其所指的事物。在公孙龙看来，事物的符号"指"是由物抽象出来的。"指也者，天下之所无也；物也者，天下之所有也。"这里论及了"指"与"物"的关系，"物"是对象的、实在的，而"指"是抽象思维形成的。符号并非实实在在的具体之物，而是实在之物的抽象化，是事物抽象的概念，"指者天下之所兼"，即概念是天下万物本质的反映，是共性（"兼"）的。符号并非天下万物，而符号所指的具体事物则是实实在在存在着的，所以符号并不等同于具体之物。如索绪尔言："语言符号连结的不是事物和名称，而是概念和音响形象。"（索绪尔，1980：101）"指"是概念，"指"从"物"中抽象而生。当我们说"马"这个词时，人们会想到其对应之实物，但是"马"并不是具体之马，它是从所有的马中抽象出来的一个概念符号，也即它是一个"型符"，不同于任何一匹单个的、具体的马。然而人们往往会误以为"马"这个符号就是指具体的马，这其实是忽视了符号的抽象性，所以公孙龙指出了这种错误："以'有不为指'之'无不为指'，未可。"所谓"有不为指"即是认为符号本身即是意义，能指即是所指，根据这个观点有人进而指出"无不为指"，把天下之物皆看成是符号，这是对公孙龙意思的曲解，所以公孙龙指出这是错误的。公孙龙认为名所指称的是概念，概念不是具体之物，但是我们可以根据"名"去了解概念外延所包含的事物，进而产生自己的理解，也即解释项。

其次，公孙龙完成了名、实认知过程也即意指关系这关键一环。如前文所言，名之源起，乃依象致形而成，且多是实物之"名"，那么在这种情况下，如沙夫所言："意义是对象，而指号是关于对象的名称。"（沙夫，1979：227）先秦诸子多论及名实关系，但是很少去探究名实是如何关联的。《指物论》中云："天下无指，物无可以谓物。"这里提出了一个关键性概念，即"谓"，指与物，是通过"谓"来连接的，如伍非百言："物，所指也。指，能指也。无能指则所指不可表现，无所指则能指亦无所附丽。……无指则物无可谓，无物则指无所缘。"（伍非百，2009：540）伍非百的"能指"与"所指"非索绪尔的概念，而是由其自创。其"所指"是"物"，也即意义对象；其"能指"是"指"，也即是符号形体。符号形体与符号对象是一种再现关系。接下来我们要考虑的是，公孙龙的名与实又是一种什么关系？这个在《名实论》中公孙龙亦有申述："夫名，实谓也。"名是用来称谓实的，名即是符号概念，实乃是从"物"的共相中抽象出来的某一类事物的本质，如"马"之名，用来指"马"之实，此"马"非某一具体的马，而是从万马（物）中抽象出来的关于马类动物的本质（如《现代汉语词典》关于"马"字的注解：哺乳动物，头小，面部长，耳壳直立，颈部有鬣，四肢强健，每肢各有一蹄，善跑，尾生有长毛）。也可以这样理解，"实"是"名"的符号内涵义，而"物"则是"名"的符号的外延义，如图4.7所示：

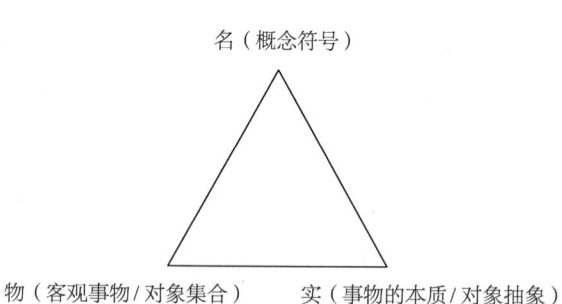

名（概念符号）

物（客观事物/对象集合）　　实（事物的本质/对象抽象）

图 4.7　名、物、实关系示意图

将名、物、实的关系缕分清楚之后，我们再来看名、实之间的意指关系，这个意指过程就是在"谓"的关联下完成的，如图 4.8 所示：

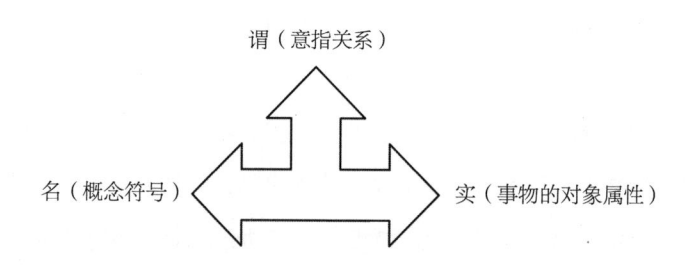

谓（意指关系）

名（概念符号）　　　　　实（事物的对象属性）

图 4.8　名、实之间的关系示意图

如果说"名"是表达面（expression，用 E 指代），"实"是内容面（content，用 C 指代），那么"谓"就是其意指关系"R"，那么"名谓实"亦可记作"ERC"，这就体现了一个意指过程。公孙龙的深刻之处就在于他在区分了"物"与"实"的基础上，还进一步认识到了类似现代符号学表达原理的一个关键环节，也即意指过程。也即是说指与物为再现关系，名与实为意指关系。

总之，公孙龙作为先秦名家的代表人物，发展了先秦的名学思想，并对古典符号学做出了卓越的贡献。而总体说来，名家的符号思想主要有两点，一是名实论，一是指物论，在这两大议题中，名家对符号意义的思索达到了前所未有的高度。

三、小结

古代名学即名实关系之学，也是中国传统符号学的重要思想资源。周易和汉字符号"立象以尽意"的思想，主要是从符号能指的角度，关注意指关系的象喻性和超符号性。而名学则侧重于从所指的角度，关注意指关系的名实相符或对应性，主要包括偏重伦理的名礼之学与偏重逻辑的名辩之学。

符号的社会约定性（名学称之为"正名"）是名实相符或对应的基本保证。在符号学看来，社会约定性包括集体习俗性的约定和由少数人提出的规约方案而被公众逐渐接受和遵守两种方式。相对而言，儒家的名礼之学更侧重"规约性约定"（教化）和通过"正名"来"正实"，体现了一种"能指偏执"型的符号方式；墨家、名家的名辩之学强调在"实"基础上对"名"的"集体性约定"，更具有"所指偏执"的色彩。而"规约性约定"可能是中国传统符号学思想重要的特征。

名实之学的另一个理论特色是对符号不同的所指（名实之"实"）的区分。儒家名礼之学的"实"，实际上是以"仁"为核心而展开的社会等级秩序及其人伦实践，究其本质属于意识形态的观念物，这种观念性的所指（实）并且被解释为自然的生活现实。名辩之学的"实"具有较自觉的逻辑意识，更着重于对所指不同类型的辨析。如墨子的名、实、举和公孙龙的名、物、实的分类，已经具有现代语义学中指称与涵义、概念与对象分类的思想萌芽，所指不再被简单地看作单一对象而是一个复合型"所指域"，一个在区分对象和概念基础上的相互的关联（见本章第五节第二小节 2 部分）。

名学中的名礼之学和名辩之学隐含了一个意指定律：所指的性质决定了名实意指关系的不同方式。建立在对所指逻辑分析基础上的名辩之学，产生了"实"优先于"名"、集体性约定的所指优势方式；建立在动机性、观念性所指基础上的名礼之学，产生了"名"优先于"实"、规约性约定的能指优势方式。

第五节 李幼蒸的符号学思想

一、引言

从本节开始我们进入对现代中国符号学理论的讨论。

中国现代符号学一般认为于 20 世纪 80 年代才真正开始起步，至今不过 30 多年历史，"我国研究者的目光主要集中在索绪尔、皮尔斯、莫里斯、巴特、巴赫金著名符号学家的思想理论上"（王铭玉，2004：484）。其中如何处理索绪尔代表的形式论符号学和皮尔斯代表的实体论符号学之间的关系，成为中国现代符号学研究的基本问题。限于篇幅，我们主要通过对中国符号学三个代表人物李幼蒸、王铭玉和赵毅衡的代表作的介绍，来考察 30 多年来中国现代符号学发展的基本走向。这个基本走向可总结为：形式论与实体论符号学由分治走向合治、由对立走向中性。

二、李幼蒸和他的《理论符号学导论》

我们可以把中国现代符号学的发展粗分为20世纪80年代至20世纪末、21世纪初至今这两个阶段。其中前半阶段中国符号学还是以跟踪形式论或结构主义符号学为主，李幼蒸就说："我个人特别重视法国结构主义方向的努力……对于中国符号学和中西比较符号学的发展来说，法国结构主义符号学运动的遗产具有特别重要的意义。"（李幼蒸，2007：781）他的《理论符号学导论》在对世界符号学理论谱系的描述中，对索绪尔的语言符号学和结构主义符号学传统的介绍最细、研究最深。该书洋洋76万字，是集符号学史、通论、流派、专题、汇编于一身的欧美符号学"通观"。其理论知识的前沿、多元、跨学科以及资料的详尽和思考的深入，足使李著1993年一出版，就成为中国现代符号学发展史上一部屹然矗立的代表作。对多数读者而言，《理论符号学导论》因知识跨学科，内容庞杂、抽象、艰涩而增加了阅读难度，但它仍受到学界的高度关注，至今已经发行了三版。

1. 第一编"总论"

该书"总论"部分主要对符号学的性质和它在现代科学整体中的地位，当代各国符号学研究概况，符号学思想简史，符号学认识论和方法论等做了全景式的勾勒，着重从哲学认识论和人文思想史的角度讨论符号学问题。

李幼蒸在"总论"中概述了当代符号学意指论和通讯论两大方向（这两大方向在本章中分别称为形式论和实体论）。他所举出的西方现代符号学主要派别的四个代表人物（皮尔斯、索绪尔、格雷马斯和艾柯）中，法国传统的索绪尔及格雷马斯具有意指论符号学色彩，美国传统的皮尔斯符号学重点考察记号和记号过程思想本身的综合性和实验主义观点,"记号过程或记号行为的通讯面研究,显著地压倒了记号的意指作用研究"(李幼蒸,2007:33),意大利传统的艾柯符号学则具有意指论和通讯论折中主义倾向(李幼蒸,2007:34)。李幼蒸强调:"在今日符号学意指论和通讯论两大方向中,本书侧重前一标准。"

什么是意指论符号学?《理论符号学导论》指出:"本书统一的主题是意指关系论研究,即在各种语义的和非语言的记号系统中,表达面和内容面的相关关系的研究。"(李幼蒸,2007:5)这是李幼蒸对符号学做出的重要划分:通讯论符号学更关注记号过程、记号行为面的动态研究,而意指论符号学则更侧重于表达面和内容面的意指关系研究。同时他还表明该书虽然兼顾到对欧美符号学的尽可能全面的描述,但其主要学术立场还是意指论(或者说是形式论和结构主义)的。准确地说,在意指论和通讯论的对比关系中坚持意指论,在索绪尔和皮尔斯两大符号学传统的对比关系中坚持索绪尔立场,是我们理解李幼蒸的符号学观点的一把钥匙。[①]

2. 第二编"语言符号学"

该书第二编通过对"语言符号学"的介绍,帮助读者进一步理解了所谓的"意指论"符号学。李幼蒸主要从语言结构、语义结构和话语结构三个部分,讨论语言符号的分层的结构单元及符号的语义内容。结构主义认为"记号"是由能指和所指组成的两面体,但作者更强调了索绪尔的继承人叶尔姆斯列夫的观点,把能指叫作"表达面",所指叫作"内容面"。表达面和内容面又可再分为实体和形式两个范畴,"记号"的能指和所指是由表达面的形式(语言的分层结构单元及其联

---

① 李幼蒸认为皮尔斯属于通讯论符号学传统:"皮尔斯思想的一般记号观念和逻辑方向有效地排除了任何语言学的记号观念,结果,记号过程或记号行为的通讯方面研究,显著地压倒了记号的意指作用研究。"(李幼蒸,2007:33)

结方式）和内容面的形式（不是定型的实物或思想观念，而是形式即它们的语义结构）构成。在对意指关系即记号或符号的两面体分析中，李幼蒸区分了结构主义语言学和结构主义符号学，认为："语言科学的对象似乎主要是语言形式的研究。但是在符号学领域中，意义的问题是必须包括在内的。语言学可以只限于研究能指面的连接方式问题，而在符号学中则须研究能指和所指的关系问题，这也就是语言的意义问题。"（李幼蒸，2007：232）他所划分出的语言学和符号学的边界是：语言学主要关注符号的结构关系（能指方面、符号结构要素方面的连接问题），符号学主要关注意指关系即符号的意义问题。从结构到意指，这应该是李著对结构主义语言学与结构主义符号学的区别所做出的最精炼概括。当然，当他把这种区分贯彻得不太彻底的时候，易使读者把结构主义语言学和符号学混为一谈。

第二编"语言符号学"也兼顾以结构主义符号学的立场方法去描述世界符号学谱系的其他符号学观点。比如本编的第二章所讨论的"意义问题的结构"，作者的视野并没有局限于语言语义学的介绍，而是站在更为深广的哲学思想史的背景中，为读者介绍了各重要的意义学派，如以弗雷格与罗素为代表的逻辑语义学，以胡塞尔为代表的认识论语义学和以索绪尔为代表的语言学语义学（李幼蒸，2007：235）。通过对比我们会发现，这三个语义理论对符号内容面的理解有巨大差异。逻辑语义学更关注指称和实证问题，其语义与指称对象即在场或现实存在的事物有关；现象学语义学更关注语义的意向性和观念表达，这个语义对象与意义表达有关；而索绪尔的语义学更关注语言结构的分配关系对内容面的切分，这个语义对象与语言形式结构有关。上述不同的语义对象恰恰构成了丰富多样的符号所指——内容面。李著所阐释的语义层分析的这三个方面为我们提供了理解欧美符号学的基本线索：离开了所指物，就没有办法再讨论符号的意指关系，不讨论意指关系就不是真正的符号学，因为符号总是围绕着一定的所指物而构成一定的意义关系和意指理论,因此,确定所指物的性质应该是欧美符号学研究的基本问题之一。

李幼蒸在讨论符号内容面或所指的时候,提到了"所指域"这个重要的符号学概念:"索绪尔的'所指'观不是否定世界事物的存在,只是不把语言以外的事物当成语言表达的相关项,这个相关项乃是在心理上与事物相对应的所指域(索绪尔语)和在逻辑上与事物相对应的内容面。"(李幼蒸,2007:160)也就是说,尽管结构主义符号学强调内容面或所指的非实体属性,但"所指域"的概念则向我们揭示了一个所指在本质上是一种层累的关联域:从实体性的实物到心理概念,再到概念的语义形式。李幼蒸以地面上的网影比喻解释了"所指域"①的构成:"A:地面,B:网影,C:地面加网影。作为内容面,可以说A为质料,B为形式,C为实质;C即为语言的内容实质,也就是语词记号意义,而B为用C切分的形式,此内容形式成为语义面的基本部分。"(李幼蒸,2007:161)换言之,A为现实或在场物,C为观念物,而B则是内容形式的语义物。这是对符号所指物的一个重要的区分(但他常常难以自觉地贯彻这种区分):A为对象,C为意义,B为语义。也就是说,结构主义符号学一方面提出了"所指域"的重要概念,另一方面却又把语义即所指物B作为符号内容面的主要研究对象,A、C仅仅是B的关联域而被排斥在所指概念之外。

---

① "符号的所指本质上是一个'所指域',即它在在场物、现实物、观念物和语义物之间徘徊的状态。由此才能产生类符号问题。1)一个文字符号,它贴在物品上成为物品的标签,它的所指就是一个在场所指物。2)倘若我们揭下这个标签,让大家根据这个标签去想象或寻找现实对应物,这个标签所代表的不在场的对应物就是现实所指物。3)如果这个关于某物的标签成为一个普遍概念的通名而不再代表具体某物,那么它就是一个观念所指物。4)要是我们把'苹果'二字贴在香蕉上,但这个错误并不能改变香蕉的性质,因为这个标签的性质最终要由物来决定。但有些情况相反——物的性质反而取决于它的标签。譬如同样一个卫生间,贴上'男'字它就是男卫生间,贴上'女'字变成了女卫生间。某些高度同质化的商品也是,它们的区别只能通过标签(商标或广告)——所指物的性质不取决于物自身而取决于符号系统的制造,这个被符号系统所决定、所区分的卫生间或商品就是语义物。"(孟华,2014:81)

但是，结构主义的"所指域"会启发人们发现一个意指定律：符号所指对象（A 还是 B 还是 C）的性质，决定了符号的结构的性质。

如在场物 A 决定了词语是一个标签符号，它遵循的是物的摆放语法；观念物 C 决定了语词是一个逻辑符号或术语，它遵循的是逻辑分类和实证推理法则；语义物 B 决定了词语是一个形式化分配单元，它遵循的是线性语言的结构语法。这样就有两种符号学立场：一是在所指域的 A、B、C 三项中排除 A 和 C 的结构主义意指论，二是通过意指定律将 A、B、C 三项关联起来思考的意指过程论。第二种意指过程论是我们根据李著的描述总结出来的，并非李幼蒸所谓"意指论"的本意。严格讲，意指定律或意指过程论也并非属于李幼蒸所说的皮尔斯"通讯论"符号学传统，而是将索绪尔的意指论与皮尔斯的过程论相结合的"中性化"产物。将符号置于动态的交流和语用环境中，去寻找它的内容关联物，一方面注意在场物、现实物、意义物还是语义物的区分（这是皮尔斯传统），同时又考察这种不同的内容关联物或所指物对符号结构和系统规则产生的影响：是摆放物法、逻辑推理还是语言语法（这是索绪尔传统）。意指定律对索绪尔和皮尔斯两大传统的结合，将会产生一种索/皮"合治"的中性符号观，将会把叶尔姆斯列夫的实体和形式之间相互对立的概念变成一个相互过渡的中性关联域，实体要素不再被排斥在符号之外。我们在下一节将会看到，这种合治或中性符号观成为王铭玉的符号学研究的一个重要特色。

3. 第三编"一般符号学"

该书第二编是语言符号学，重点在意指论和通讯论的区分关系中讨论意指论主导的语言符号学。它的第三编"一般符号学"，则进入了语言符号与非语言符号关系的讨论，这是符号学研究的又一个基本问题。

第三编第一章"一般符号学构想"，讨论的核心问题是如何处理语言符号和非语言符号的关系。主要有两派：一是语言主义符号学派和泛符号学（李幼蒸称之为"一般符号学"）派。李幼蒸认为，索绪尔、叶尔姆斯列夫、格雷马斯、巴特都是语言中心论的符号学。前二人的研究范围没有走出语言学，后二人已经将符号学研究扩展到非语言符号领域，但"只能说是语言符号学理论在非语言领域中的有限应用"（李幼蒸，2007：482）。泛符号学派的代表人物主要有卡西尔、莫里斯、皮尔斯、雅各布森、西比奥克等。他们企图从记号、符号、象征、通讯、认知心理等各种语言和非语言的表达系统与人类文化的关系进行描述和思考。虽然李幼蒸的学术立场站在语言主义符号学一边，但他对符号学两大阵营的系统描述让读者感到，泛符号学派的影响越来越大。如果说，第一编、第二编涉及了符号学研究的第一个根本问题：意指论还是通讯论？那么第三编则涉及符号学第二个根本问题：如何处理语言符号和非语言符号的关系，即语言主义符号学还是泛符号学？

　　第三编第二章题为"非语言的和混合型的记号系统类型学"，作者意在强调，泛符号学主要是将非语言的或混合型的记号及其分类，作为自己的研究对象。该部分重点介绍了艾柯、皮尔斯、莫里斯、西比奥克和巴特的记号分类学，在让读者对记号的类型及其不同分类理论有了总体认识之后，接着开始讨论泛符号分类的几个重要范畴：象征、信号和指号、肖似性记号、记号原型和型例、镜像记号、自然记号和心理记号。这之中每一个范畴作者都进行了广泛而深入的探讨，既有厚重学术内涵又充满理论启迪。以"象征"为例，李幼蒸从词源以及中国古代的"兵符"到弗洛伊德和拉康的精神分析的"象征"，从卡西尔的"象征形式哲学"到索绪尔和皮尔斯对"象征"的不同理解，生动展示了一个"象征"符号观念史。

　　第二章的最后一节跳出符号分类学而转向深入讨论艾柯的"非语言的和混合型的代码理论"。其中，李幼蒸将符号学研究方向分为三大类：语言学的、非语言学的和折中的。索绪尔、叶尔姆斯列夫、巴特为第一类；皮尔斯、莫里斯、西比奥克为第二类；艾柯为第三类。后两类即泛符号学或一般符号学派，但它们之间还是有差异的。李幼蒸抓住了符号学的又一个基本问题："分节还是不分节？"依此来区分三者。所谓分节，在符号学指一个符号整体可以进一步区分出诸结构单元。按照马丁内的理论，语言是由两个分节层组成的（音位为形式层即第二层分节单位，语素以上为符号层即第一层分节单位）。第一类符号学家（语言主义符号学）将语言结构原则延伸到非语言符号的分析中，认为非语言符号也可以进行双层分节分析。如人类学家列维-施特劳斯就用音位理论研究原始部落的亲属结构。第二类符号学家更着眼于非语言符号的整体性即非分节性研究。艾柯则折中了前两派的观点，认为非语言符号系统中既有分节的也有不分节的，即使分节的符号中也有分节程度的差异。他提出六种记号分节类型：1）无分节的系统。2）只有第二分节的系统。3）只有第一分节的代码。4）具有两个分节的代码。5）具有流动性分节的代码。6）三层分节代码。（李幼蒸，2007：553—555）笔者认为，艾柯的这种折中性分类似乎更具解释力。比如，相对而言汉字的独体象形字，是不分节的；形声字是分节的，但它仅停留在字符即第一层分节上。而字母文字是二次分节的文字：表意的字母串或单词（第一次分节）由不表意的形式化单位（第二次分节的音位字母）所组成。此外，即使汉字独体象形字也具有一定程度上的分节性（即合体象形字，见本章第三节），但象形字的分节和形声字的分节不属于同一概念：前者仅仅是字符形体结构自身的分节性，后者还包括了对所记录的语言单位（声音和意义）的分节性。整体而言，汉字系统仅仅是第一分节符号。这说明汉字部分地具有非语言符号特性。鉴于非语言符号的分节情况复杂多样，这决定了它们不具有天然语言系统那样的严密结构组织性，艾柯称它们为"非严格编码的"记号系统。但李幼蒸指出，"艾柯的一般代码分节论的原型仍是语言代码理论，只不过前者不如后者组织严密而已"（李幼蒸，2007：555）。这种评价非常中肯，艾柯虽是折中主义，但还是偏向语言学的。

根据一般记号具有分节和不分节的复杂性，艾柯将记号的组织结构规则系统区分为严格和非严格的两种编码系统。相对而言，索绪尔的语言符号是严格编码系统，而皮尔斯提出的三类记号（惯约性的、肖似性的、指示因果性的）其多数是不分节的，因此更侧重非严格的编码系统。艾柯指出，大量的文化记号系统实际上是由具有不同程度确定性的编码程序混合而成的。从"1"表示的绝对确定性到以"0"表示的绝对不确定性，这两个极端，分别被称作编码化关系和非编码化关系。

我们通过李幼蒸对艾柯符号学的综述，发现了一个能指性意指定律：由符号能指的分节和不分节或分节程度的差异，导致了编码方式的严格和非严格之分。这个能指性意指定律可表述为：一个符号单位表达面的结构性质（理据的还是非理据的、分节的还是不分节的）决定了符号系统的编码规则的不同（孟华，2012：33）。分节和不分节也与叶尔姆斯列夫的"实体"和"形式"范畴对应：不分节的能指（如图像、印迹、实物符号的表达面）属于实体性较强的表达面；分节的能指则是形式性较强的表达面。所以，分节性就是符号能指的形式化程度。

因此，能指性意指定律涉及了我们所谓的"中性"概念：实体和形式二元对立关系的消解，进而否定了结构主义符号学对实体要素的排斥，使得符号表达面或能指成为一个在实体和形式之间过渡的能指域和表达域。但是，折中立场的艾柯有时也将决定编码方式区别的因素归结为所指域而非能指域。他在肖似性编码方式的建立问题上说："所有非编码关系的例子都与内容面上的原型有关。"（李幼蒸，2007：560）这意味着，图像符号的编码原则来自它的所指的原型性，即"所指域"中的现实物或在场物,而非语义物。因此我们看到,编码方式的差异同时受能指域(分节的程度或"分节域")和所指域(语义物、意义物还是现实物)的制约。二者的区分构成了所指性意指定律和能指性意指定律。但艾柯虽然观察、论述了这两种意指定律,但并未自觉地区分它们。艾柯对符号意指定律的描述实际上是对符号意指动态过程及其生产方式的关注,该过程与语用通讯行为有关,并非出于对索/皮两个符号学传统的"合治",因此被李幼蒸描述为具有一定的皮尔斯通讯论符号学色彩:"艾柯在一般符号学方面的成就,主要就表现于意指知觉过程分析或意指记号生产方式的分析中,从而表现出了典型的语用学分析特征。"(李幼蒸,2007:563)

李幼蒸为我们揭示了艾柯的偏重于语言符号的代码意指关系理论和偏重于非语言符号的意指方式(意指定律)的通讯理论,以及将二者弥合起来的理论探索:在意指论和通讯论的相互关系中思考符号学,应该是当代中国符号学的主要发展方向。接下来的第三章的分析中李幼蒸强调了艾柯的索/皮"折中论"立场。

在当代符号学家中,艾柯是国际上最有代表性和影响力的学者,他的符号学具有兼容索绪尔和皮尔斯符号学的折中立场,这既是世界符号学发展的趋势之一,也是李幼蒸选择艾柯来介绍"一般符号学理论"的原因。

李幼蒸指出,艾柯在一般符号学认识论上"相当倚重于皮尔斯的一些主要概念"(李幼蒸,2007:568),但在文化符号分析中"他仍然受到从索绪尔到巴特的欧陆符号学传统的影响"而具有语义分析的倾向(李幼蒸,2007:588)。

首先看艾柯对皮尔斯"解释项"概念的倚重。皮尔斯认为一个符号由三个要素构成:代表项、对象和解释项。李幼蒸认为,艾柯把解释项看作是相当于"整个记号载体的直接意指和引申意指的领域"(李幼蒸,2007:570)。

作为直接意指，解释项一方面负载了记号或代表项的意义，另一方面解释项本身又是由各种异质符号组成。如对一个词条的释义语言，如用图像"狗"解释字词的"狗"，如以一种语言解释另一种语言等等。可见，作为直接意指的解释项具有双重属性：它既是符号的意义本身又是解释符号意义的元语言。就意义而言，解释项是关于符号对象的理解方式或观念形式；就解释意义的元语言来说，解释项又是这个解释过程本身的符号运行机制。

引申意指，"则是一基本的直接意指的解释项，另一引申意指是其下一个引申意指的解释项"（李幼蒸，2007：570）。这意味着，一个解释项作为意义它可以成为引申出另一意义的基础，因此解释项也是一个不断走向无限意指的变动单元。

艾柯的直接意指的解释项，显然具有指称论色彩：它为了解释对象（现实物或在场物）而存在；而他的引申意指的解释项则具有结构主义意指论尤其是巴特二级符号的色彩：直接意指成为表达面，引申意指成为内容面，以致无限推演。李幼蒸对此批评道："他自己的意义论观念中未曾明确区分实证主义的指称论和符号学的意指论，因而本身具有歧义的解释项这同一个词竟可并行于艾柯的两类话语中。"（李幼蒸，2007：573）这种歧义性表明了艾柯试图弥合或兼容皮尔斯和索绪尔符号学的努力，也暴露了其折中立场的内在矛盾和局限。

4. 第四编"文化符号学"

第四编主要不是针对语言或一般记号现象，而是"思想史的类型和结构现象，偏重于思想史上的记号、类型和结构分析……是在文化内容层面上的'表达面'结构研究和表达面与内容面的相关关系研究"（李幼蒸，2007：612）。换言之，李幼蒸所谓的文化符号学是对文化单位的意指性的研究。

第四编第二章，重点讨论了苏联的文化符号学两个代表人物：洛特曼和巴赫金。

苏联塔尔图符号学派的领军人物洛特曼,将符号学世界划分为三大类:1)天然语言的第一模式系统;2)交通信号等人工语言系统;3)在天然语言层上建立的文化通讯结构——第二"语言"或第二模式系统。第二模式系统的符号主要包括文学和艺术,它们并不只是用天然语言作为表达工具,除文字文本之外,绘画、音乐、建筑等符号介质都在第二模式系统之列。李幼蒸分析了洛特曼文化符号学语言记号和文化记号之间的关系:"所谓第二模式系统是在具有直接意指语义的天然语言基础上加以组织的,具有天然语言结构以外的'附加结构',也就更为复杂。"(李幼蒸,2007:638)也即:第一语言模式系统是第二系统的基础并为其提供了结构组织原则;而第二语言模式系统(文化记号)虽然"附加"于第一系统,但它的异质性结构特性又呈现复杂多元的符号样态。但李幼蒸认为洛特曼仍属于语言主义的符号学家。

另一位具有世界声誉的话语符号学家巴赫金,则把符号学视野由天然语言的规则记号转移到话语(相当于索绪尔的言语)系统。他通过对陀思妥耶夫斯基的文学文本的分析,提出一套"对话"理论,强调话语是自我和他者之间双向交流的活动,因此"他者"是自我意识建立的必要条件。与之相对的"独白"话语,自我或思想具有完成性,因此具有压制性。巴赫金特别推崇"狂欢节"话语,它是对一切规范的、独白的话语的颠覆。他的对话理论把记号系统与社会意识形态联系起来,语言被看作是"超个人的社会现象"(李幼蒸,2007:661)。需要指出的是,巴赫金的话语理论虽然主要指狭义的谈话,但他在谈话中总结的主体间交流方式,被广泛应用于非话语领域,如书写性文本(托尔斯泰小说的独白性和陀思妥耶夫斯基小说的复调性、对话性)或实物符号:"生产工具也可能转换成意识形态符号,比如,我们国徽里的镰刀和斧头:这里它们有的已是纯意识形态意义。"(巴赫金,

1998：349）

第四编第三章题为"法国人文科学话语符号学：理论思想的结构分析"。从题目上看，李幼蒸认为法国文化符号学主要是一批结构主义符号学家对意识形态、社会文化、认识论的意指论分析。其主要代表人物是阿尔杜塞、克里斯蒂娃、德里达和福柯。这些无法用"学派"来统一，旨趣迥异的哲学家、思想家和符号学家之所以被冠以"结构主义者"，就在于把意指论的符号学分析应用到思想文化领域的"第二话语系统"。为此，李幼蒸指出："符号学的人文话语分析（是）……对表达面和内容面之间意指关系方式的考察，是语义学式的或符号学式的，而非传统解释学的。"（李幼蒸，2007：678）

"意指关系方式"是我们理解李幼蒸所谓的"法国文化符号学"的一把钥匙。例如，在法国哲学家阿尔杜塞那里，"意识形态"不是指思想内容而是一种表达内容的记号意指方式。他认为"意识形态是主体对其生存条件的想象关系的'表现'"（李幼蒸，2007：683）。意识形态被看作是一种符号现象，一个想象性符号意指系统。法国符号学批评家克里斯蒂娃同样把记号的意指实践应用于文化分析，"即研究文化中各种记号系统的能指方式"（李幼蒸，2007：689），她的文化文本分析理论的最终目标是发现文本的"意谓"，进而把意指活动及其意指方式当作文化符号研究的重点。解构主义者德里达颠覆了索绪尔和胡塞尔的"逻各斯中心主义"符号观，但他仍是在意指关系方式的范畴内讨论问题。他的书写或"分延"的概念，强调记号是一种区分游戏，"即不会只指称本身而不同时指称本身以外的其他未出现成分"（李幼蒸，2007：707、708），这种意指分析不再以"在场/不在场"的对立思考问题，文化成为一个在场/不在场不断延异的中性化区分活动，"所指与能指之间的区别不再可靠"（李幼蒸，2007：712）。思想史家福柯从事话语与权力关系的分析，福柯的话语内容已经超越了语言学意义上的言谈，他的话语不是说话而是指连同说话一起的意指实践活动，一种由各种符号（谈话的、书写的、视觉的等等）构成的知识表述系统及其表述的各种规则和实践，这种表述系统进入了事物的建构过程本身。在福柯的话语中，不是主体决定了话语，而是话语系统如何产生了主体，主体成为话语体系中特定位置的承担者，我们被话语权力所支配却又不自知。

总之，第四编"文化符号学"中，李幼蒸是在第一语言符号模式和第二文化符号模式的关系中，重点讨论了将语言符号学的意指分析如何应用到作为"第二模式"的文化符号系统的种种符号学理论，但总的倾向还是结构主义的。

三、小结

纵观李幼蒸的《理论符号学导论》，其意指论或结构主义符号学思想并不总是那么清晰，读者在很多情况下会被淹没在各种哲学思潮琳琅满目的展示中。通过我们对各编内容的梳理，将全书的中心思想总结为：站在意指论和通讯论的区别对比关系中，重点以意指论倾向讨论一般符号学理论。

这一方面突出了他的结构主义符号学立场，另一方面他的"关系性"的思想又把读者带到当代世界符号学最前沿、最基本的问题域中来，这些问题域主要有：意指论和通讯论符号学的关系；语言学和语言符号学的关系；意指论和意指定律的关系；语言符号与非语言符号的关系；索绪尔和皮尔斯符号学的关系；第一语言模式系统与第二文化符号模式系统的关系；等等。这些问题域至今仍是当代每一个中国符号学研究者都绕不开的基本问题。艾柯对这些二元关系的处理采取一种折中或"中性"的立场，而就李幼蒸本人的立场而言，他还是着眼于这些二元关系的区别，并在这种区别中坚持索绪尔的意指论或结构主义符号学传统。我们把李幼蒸的这种在索绪尔和皮尔斯两个符号学传统及其相关范畴的对立区别中坚持索绪尔符号学传统的理论立场，称为中国现代符号学研究中的"分治"观（以区别于下文将谈到的王铭玉和赵毅衡的中性观）。

第六节　王铭玉的符号学思想

一、引言

王铭玉的代表作《现代语言符号学》于2013年问世。这部著作折射了中国符号学继1993年李幼蒸的《理论符号学导论》出版之后20年间的进步和发展，标志着中国符号学由跟踪和展示西方符号学而转向自觉地建构理论。《现代语言符号学》在第一编"语言符号学概论"中提出了自己的关于符号的定义："（符号）指对等的共有信息的物质载体。"（王铭玉，2013：5）这一定义中有三个关键词：物质载体、共有信息和对等。

"物质载体"相当于索绪尔的"能指"，但更强调了其物质实体性。而索绪尔的能指是一个非实体性的形式概念。按照索绪尔的理论，一个用笔和纸写的"大"和一个口语说出来的"大"是同一个能指（形式），但根据王著的定义来推论，这两个"大"的物质表现不同，应该属于不同的符号载体，而且这种不同的物质表现能够传递不同的社会信息。显然，王铭玉的"物质载体"更接近皮尔斯的"代表项"概念。

"共有信息"约等于索绪尔的"所指"。"共有"指信息的社会约定性，这是索绪尔符号学的一个根本性理论原则，它排除了那些纯粹个人的、偶然的表意活动，但也排除了那些没有社会性的非意图性、非意向性符号，即没有符号发出主体的自然符号；"信息"是一个宽泛的术语，它不仅包括索绪尔"所指"的抽象概念，而且也包括实体性事物和指称对象,这一点又疏远索绪尔而偏向皮尔斯。

"对等"是指符号的"形式与内容不是前后相随,而是联合起来,同时呈现给人们。……用梅花表示坚贞,绝不能解释为先有梅花,而后引起坚贞,恰恰相反,两者被联合起来,同时呈现给人们"(王铭玉,2013:5)。显然,这个"对等"的概念又继承了索绪尔的共时观,即符号的能指和所指、形式和内容是一张纸的两面而同时构成的,因而也就承认了符号内容的某种确定性,避免了德里达式的意义的无限延宕。

通过以上对符号定义的分析我们发现,和李幼蒸一样,王铭玉也是在索绪尔和皮尔斯的相互关系中探索中国符号学之路。但与王铭玉相比,李幼蒸走的是一条"分治"的道路,即坚持在索绪尔和皮尔斯两个符号学传统的对立、区别中思考二者之间的关系,并进行二中择一的选边站队,李幼蒸显然站在了索绪尔传统一边。王铭玉则是走"合治"的方向:二者不再是对立而是在区别基础上的依存关系,即索/皮之间存在着内在的互补的或"中性"的逻辑,因此要发现这种"中性"逻辑以便融合皮尔斯、索绪尔两个传统并在此基础上建构自己的符号观。

二、第一编"语言符号学概论"

在《现代语言符号学》第一编中,作者总结了欧洲符号学家的中性思想:索绪尔的基于符号系统和代码的传达符号学,皮尔斯的以基于符号过程和语义作用的符号学,"而'有效的传达'和'创造性的语义作用'被认为是语言符号两个方面的典型特征"(王铭玉,2013:9)。正是索绪尔和皮尔斯的符号学理论体现了语言符号的两个方面的互补特征,这就使二者失去对立而具有内在的互补逻辑,进而具有被"合治"为一个统一的理论体系的可能。在此论证的基础上,王铭玉提出了自己的"合治论"的符号学定义:"关于符号系统和符号过程的理论和实践研究。"(王铭玉,2013:14)在该定义中,索绪尔形式论系统思想和皮尔斯的实体论过程思想被整合为一个自洽的理论体系。

在索/皮"合治"的中性符号观中,常常隐含着对下列二元范畴的关系性思考:

索绪尔传统	皮尔斯传统
语言符号	非语言符号
系统	过程
形式化	实体化
同质	异质
非物质的	物质的
结构关系	意指关系
二元论	三元论

也就是说,索绪尔和皮尔斯两个符号学传统分别侧重的研究范畴,被"合治观"看作是符号内在的具有逻辑关联性的两个基本属性,符号学的基本任务就是在这些对比项的相互补充(非对立)关系中研究其中的每一项,反对孤立或绝对地偏向某一要素。但是,我们在下文对赵毅衡符号学思想的分析中会看到,赵毅衡也具有某种程度的中性符号观色彩,但侧重点不同。相对而言,在索/皮"合治"的符号学探索中,王铭玉明显以索绪尔传统为主导兼及皮尔斯,而赵毅衡则以皮尔斯传统为主导兼及索绪尔。其中最主要的区别在于《现代语言符号学》具有鲜明的语言中心论符号观,而赵毅衡的《符号学原理与推演》则带有"去语言中心论"的理论色彩(我们将在下一节分析)。

王铭玉主撰的《现代语言符号学》第一编"语言符号学概论"宣称:"继承索绪尔的语言符号观,把语言定位于最典型的符号系统,语言符号系统是所有符号系统的母版,因为,所有的符号系统最终都求助于语言给予语义或功能上的解读。我们的重点是在分析语言学和符号学关系的基础上进行语言符号学的学科理论体系建构。"(王铭玉，2013：36）这种语言符号主导的合治观可概括为两点：其一，在语言与非语言符号的关系上强调语言符号的中心地位，"我们赞同索绪尔的观点，即认为语言学是符号学的一部分……现代语言学是现代符号学的主要来源和基础"（王铭玉，2013：17）。其二，在研究对象上，重点突出有意图的符号系统——主要是语言符号。

在索/皮、语言符号和非语言符号的"合治"关系中，以索绪尔和语言符号为主导进行符号学研究，是我们阅读和理解《现代语言符号学》余下各编的一把钥匙。它们依次为：第二编"现代语言符号学的思想渊源"，第三编"篇章符号学研究"，第四编"句层符号学研究"，第五编"隐喻符号学研究"。

三、第二编"现代语言符号学的思想渊源"

第二编中作者重点介绍了索绪尔、皮尔斯、莫里斯、巴特、艾柯、雅各布森、巴赫金、洛特曼（李幼蒸译为"劳特曼"）、克里斯蒂娃、格雷马斯这些现代符号学大师们的主要观点，其中多数是索绪尔传统的法国符号学派，如索绪尔、巴特、克里斯蒂娃、格雷马斯。索绪尔和格雷马斯持结构主义系统论符号观，以语言符号为重点研究对象；而巴特、克里斯蒂娃则带有后结构主义过程论的色彩，注重语言和言语互动过程中多重意指的研究，且以语言符号的结构逻辑分析各种非语言符号或社会现象，例如巴特对服装、饮食、照片等符号现象的研究，克里斯蒂娃的符号文本概念不仅仅指语言（文学）文本，而且包括了一切"像语言那样来结构"的各种文化现象。

雅各布森、巴赫金、洛特曼则属俄罗斯和苏联符号阵营。后来移居美国的雅各布森虽然也吸收了皮尔斯的符号学思想，但其理论的主要立场还是一种动态的语言结构观，他对语言六个功能的分类和隐喻、转喻两种表达机制的研究仍带有深深的语言结构主义符号学烙印。苏联理论家巴赫金显然超越了索绪尔的结构主义，其符号研究转向话语（相当于索绪尔的"言语"范畴）。但这种超越是建立在与索绪尔理论"对话"的前提条件之上的，巴赫金有意突出了言语或话语范畴中被语言结构主义遮蔽的一面，诸如语言系统中的物质性、主体性、社会性、话语过程性等异质要素，这些要素仍然属于语言中心论符号学中"结构或反结构"二元对立的范畴。另一位苏联符号学家洛特曼亦持有后结构主义语言论立场，他将符号分为两个模式化系统，第一模式化系统是自然语言，第二模式化系统则是各种非语言的文化符号系统，后者是第二性的、由语言派生出来的。第二模式化系统不仅需要通过语言对其进行解释，而且还要靠语言为其提供意义生产机制或结构组织原则。

　　本编所列的十位符号学家中仅有两位属于皮尔斯的非语言中心论符号学传统，他们是皮尔斯和莫里斯。两人共同的理论特征是动态的实体论符号观，强调符号过程中客观实在性、符号物质性以及使用者的主体解释意向等符号实体要素（或语言结构的异质要素）对符号意义生产的作用。但是最终起决定作用的要素还是经验中的符号"对象"，对真理、知识、对象的获得不是一个反映活动而是一个符号化过程，即通过物质性符号（代表项）和人的主体行为（解释项）来实现"对象"在场的目的。皮尔斯的三元论符号学传统一方面使客观实在的获得变成了一种意指方式或符号化行为而非真理性的东西，另一方面这个符号化方式或意指活动又是一种"真实关联度"——向客观实在无限逼近（或许永远不可能完成）的真理化过程。带有后结构主义色彩的符号学家诸如巴特、克里斯蒂娃、巴赫金、洛特曼以及功能结构主义的雅各布森似乎也关注符号的物质性、主体性、过程性或非系统的意指实践，这使得他们的理论常常与皮尔斯的理论有相似之处而难以区分。但《现代语言符号学》第二编指出了皮尔斯传统的哲学和逻辑学立场,这可能是与语言中心论的后结构主义符号学的根本区别。索绪尔的语言中心论传统和皮尔斯的非语言中心论传统的分野不能仅看是否研究语言或非语言符号,实际上像巴特、洛特曼、巴赫金这类符号学家的目光早已转向非语言领域,如巴特的"物体语义学"(罗兰·巴特,2008:187)和巴赫金所谓"与自然现象、技术对象以及消费品一起,存在着一个特别的世界——符号世界"(巴赫金,1998:350)。索绪尔传统并不拒绝对非语言符号世界的研究,但要义是坚持"以言观物",如后结构主义符号学着眼于语言结构自身的异质或实体要素(诸如物质性、主体性、过程性等等),将符号化描述为一个无限延宕的意指过程,其最终目的是将语言符号系统中这些结构的(同质的)和反结构的(异质的)要素及其关联方式,当作包括物体、绘画、仪式、行为等在内的一切符号之意义生产的决定性因素。所以,即使带有强烈动态异质色彩的后结构主义符号学,本质上仍属于索绪尔的形式论符号学传统:把语言符号的意义生产机制看作是一切符号的组织原则。而皮尔斯的符号学传统完全超出语言符号本身而宏观思考所有符号的物质性、主体性等异质要素,这就尊重每一种符号自己的意指法则或"语法",如图像符号的"象似性"法则,语言符号的"约定性"法则和索引符号的"因果性"法则。皮尔斯符号学传统并非不研究语言,但是是以逻辑的、物的眼光观察语言符号。非语言符号与语言符号被皮尔斯等同地看待,根据"真实关联度"的逻辑思想:无论是语言符号还是非语言符号,它们都是一种代表某种逻辑真值的变项或在一定程度上反映客观存在的实际值。尽管皮尔斯的符号"对象"是一种真值而非客观实在,但对客观实在的无限逼近和永恒追求却是这种符号学的最高目的。因此,如果说索绪尔传统的结构主义、后结构主义语言论符号学是一种人文的、能指本位的、形式论的符号学,那么皮尔斯符号学传统则是一种客观逻辑的、所指本位的、实体论的符号学。

所以，语言中心论与非语言中心论的符号学的根本区别并不是根据它们的研究对象，而是取决于研究方法："以言观物"还是"以物观言"？只有将索绪尔传统和皮尔斯传统清晰地区分，才能在此基础上建立二者通约的内在逻辑。当然，王铭玉主撰的《现代语言符号学》虽具有合治论倾向，但主导立场还是语言中心论的。王铭玉避开了"以言观物"巴特式路径，而是以"言/物合治的立场观言"，坚持将符号学研究对象定位在语言符号本身，以索绪尔传统为主，兼及皮尔斯传统。

书中所列的符号学家中，只有艾柯表现出将索绪尔和皮尔斯两种符号学"合治"的中性理论倾向。其余的基本属于"分治"的符号观：即在索/皮二元对立中选边站队，"他们彼此的立场区别主要是语言结构是否应成为非语言文化现象模型或'蓝图'"（王铭玉，2013：80）。而"合治"观（王铭玉沿袭李幼蒸的说法称艾柯的立场为"折中"论的）则着力描述二者之间的内在通约逻辑或相互过渡现象。《现代语言符号学》以艾柯对非语言符号的"分节方式"的分析为例，指出"分节"是语言的结构模式，而艾柯对非语言符号的分析中既有无分节的系统又有一次分节的系统（这些都不是语言符号的结构特征），当然也有类似于语言的第二分节系统（如六位数的电话号码），甚至还有超语言的三层分节代码（如影视画面）。显然，艾柯糅合了皮尔斯非分节性的非语言性实体符号和索绪尔的分节性的语言性形式符号两个传统，对非语言符号进行分析，避免了绝对地倒向索/皮中的任何一方，明显带有中性理论色彩。

"中性"作为关注二元对立之间消解和跨越的理论姿态，其符号学包括"中国传统整体中性观"（如传统周易和汉字符号学理论中的中性思想）、"合治中性观"和"后现代中性观"。我们认为艾柯符号属于"合治中性观"：旨在将皮尔斯的逻辑形式系统和索绪尔的语义形式系统处理为符号运行机制的两个相关要素，最终目的是为了描写出符号学的内在结构和外在边界;后现代中性观放弃了对符号世界的系统性、边界性的诉求,而转向建立包括索/皮在内的各种符号学理论的拼贴、互文、参照、拆解、融会的关系,更倾向于把符号学看作是一种泛符号的意指实践活动。我们在下一节介绍赵毅衡的符号学研究中,读者可体会到这种中性观的某些特征。

从第二编对上述十位符号学家的综述来看,王铭玉对语言中心论和系统论的符号学给予较多的认同,"我们坚信语言是最典型的符号系统,认为只有深入了解语言符号系统的本质才能更好地解释其他的符号系统",作者的语言中心论立场强调了符号学从语言那里获得了严密的理论系统性,进而反对把符号学边缘化和虚无化的"符号学帝国主义"(王铭玉,2013:160)。与此同时,作者也倾向于艾柯的"合治论"色彩,对发掘索/皮两个符号学传统的内在逻辑倾注相当大的理论热情,这种热情在该书的以下各编中得到充分表达。

四、第三编"篇章符号学研究"

第三编中的"篇章",已经超越了语言学、语用学所谓言语组织单位的范畴而真正变成符号学的对象。它相当于符号学中的"文本",但后者往往偏离了纯粹语言符号轨道而进入文学符号、文化符号的广阔领域;作者使用"篇章"的用意,显然是在强调把篇章文本限定在纯粹语言符号的讨论范围内。然而说"篇章"是符号学的,关键在于该书的作者引入了"双面双层两维"的带有真正"合治"方法论特征的符号学理论。我们把旨在发现索/皮符号学内在中性互补逻辑的符号学称为"合治观"符号学,但这仅仅是问题的一个方面;索/皮"合治"的真正前提却是要发现二者之间的系统对立性和区别性:索绪尔代表形式论符号学传统,而皮尔斯代表实体论符号学传统;并在其对立区别基础上实现二者的中性化、互补性。所以,"索/皮合治"实则为

"形式与实体的合治"。没有划界就没有跨界，没有分治就没有合治。

然而，真正为"形式"和"实体"的"合治"提供理论依据的，不是皮尔斯，却是索绪尔①及他的继承者叶尔姆斯列夫。

叶尔姆斯列夫用双面双层的理论进一步发展了索绪尔关于形式与实体二分的立场。"双面"指一个符号可区分为索绪尔所说的能指面和所指面，叶氏称之为"表达面"和"内容面"。"双层"则指每一个"面"又可进一步区分出"形式"和"实体"两个层面。如词语的能指表达面可进一步区分出质料实体（如音素）和结构形式（如音位），其所指内容面可进一步区分出内容形式（如概念的义素结构）和内容实体（如概念内容或指称对象）。虽然"双面双层"的理论为合治符号学提供了理论基础，但叶尔姆斯列夫仍然沿袭了索绪尔分治论的思想，强调符号学的研究重在形式而非实体。

《现代语言符号学》作者在继承和汲取苏联符号学的基础上，将"双面双层"理论的分治观转化为一种合治观：在形式与实体的区别对立中考察二者之间互动、互补的中性关系。

《现代语言符号学》合治性的"双面双层"理论包括两个原则：（1）划界，即区别性原则，指在符号整体的各级单位中发现形式要素和实体要素的区别对立；（2）跨界，即统一性原则，指形式和实体单位动态互补、对立解除的中性关系。

区别性原则在《现代语言符号学》中叫作"聚合–整体性"原则，即对一个符号整体（如篇章）以"实体和形式"二元要素为核心进行

---

① 索绪尔区分出语言和言语、内部语言学和外部语言学，并认为言语、语言的外部要素属于异质的、非系统的、实体的成分，而语言及语言的内部要素则是形式的。索绪尔提出的"形式"和"实体"这对范畴及其区别，已经为它们之间的"合治"提供了理论前提，因为合治观首先是基于区别性原则，没有对两个关系项之差异性的充分描述，就丧失了"合治"的基础。但是，索绪尔理论最终走向了"分治观"："我们的关于语言的定义是要把一切跟语言的组织、语言的系统无关的东西，简言之，一切我们用'外部语言学'这个术语所指的东西排除出去的。"（索绪尔，1980：43）

分层区分，并且将这些分层的区别性单位分别按照聚合维度组织成一个符号整体。例如，篇章的表达（能指）面中，作者又区分出实体层和形式层："实体层体现为语言体系所提供的代码系统、篇章的载体属性及其所包含的其他符号介质类型，我们称为外部材料；篇章整体的形式层是指篇章实体成分的联结方式，我们称为篇章的内部构造。"在篇章的内容（所指）面中，作者也区分出实体层和形式层："实体层表现为篇章反映的外部世界，主要体现为实指信息，实指信息具有广泛的涵盖范围，包括各种现实的或虚拟的、物质的或精神的世界，关涉到事物对象化的四个阶段——事物存在本身、对象物、表象和对象。""篇章整体的内容形式体现为篇章语义内容的宏观安排，一方面表现为内容的语义层次结构，包括命题语义内容、主观情态语义内容和伴随语义内容；另一方面表现为篇章的总体内容结构。"（王铭玉，2013：306）作者所谓的"语义层次结构"，实际上揭示了符号的内容面包含了一个层累的所指域[①]，体现了形式与实体的二元对立。

统一性原则在《现代语言符号学》中被称作"组合-连贯性"原则，即在动态组合中考察符号的实体要素和形式要素的关联性和互补性。例如，在篇章符号中"连贯性就其表现而言，可以统归到表达和内容两个符号学平面，而在每个平面中，连贯性都有其外部实体和内部形式上的表现……分别从表达的实体层、表达的形式层、内容的实体层和内容的形式层四个方面保障篇章语形连贯、逻辑连贯、语用连贯和认知连贯的实现"（王铭玉，2013：306—307）。其中语形连贯（表达面的实体层，即符号的外部材料要素）与逻辑连贯（表达面的形式层，即篇章实体成分之间的逻辑联结方式，包括线性逻辑关系和逻辑一致关系）构成符号表达面的合治关系；语用连贯（内容面的实体层，

[①] 孟华认为"符号的所指本质上是一个所指域"。这个所指域主要包括"在场物、现实物、观念物和语义物"四个层级，按照形式化程度递减的顺序应该是语义物、观念物、现实物、在场物。（孟华，2014：29）

即内容面的外部语境要素，如事物存在本身、对象物、表象和对象等）与认知连贯（内容面的形式层，指与语言使用有关的、已经概念化或图式化了的知识结构状态，如原型情境、脚本、框架、图式、社会表征等等），二者构成符号内容面的合治关系：强调外部语境与认知语境之间是"两个相互依赖、相互区别的范畴"（王铭玉，2013：293）。

至此，《现代语言符号学》将篇章符号的合治观总结为建立在"双面双层"基础上的两维（聚合-整体性和组合-连贯性），这些由实体和形式构成的诸二元要素之间是"两个相互依赖、相互区别的范畴"。这种合治观提出了"篇章符号学的基本理论和方法论框架"（王铭玉，2013：307）的四个基本问题：

其一，语言符号学与语言学的根本区别在于，在"双面双层二维"的研究中，前者重点研究符号的意指关系，即以"双面双层"为主导，强调"双面双层"对"二维"的决定性；而语言学尤其是结构主义语言学重点以"二维"（组合关系和聚合关系）为主导，所关注是形式层面的结构关系。

其二，这种意指关系是合治的、中性的，即在实体与形式的"相互依赖、相互渗透"的关系中考察其中每个要素。

其三，正是这种形式与实体"合治"的方法论，为现代符号学融会索绪尔的形式主义和皮尔斯的实体主义两大传统提供了理论工具。这一点也体现于该书的第四编"句层符号学研究"中。

其四，强调了符号学是有自己的严密系统性和明确边界的，构成它的元语言或学术话语就是"双面双层"基础上的两维（聚合-整体性和组合-连贯性）机制，而这个机制还是以语言符号为中心建构起来的。《现代语言符号学》一书的作者则为当代中国符号学提供了这种较为成熟而系统的理论研究范式。

其五，由于在语言符号的形式化、系统化研究中引入了实体性、意指性元素，使得符号的"物质性"问题（包括表达面的质料性和内容面事物性)成为该书符号学思考的一个重要特色,传统语言学不屑研究的碎片化文本则成为篇章符号学的重要研究对象。如通知、明信片、书信、便条、电脑聊天、当代粗刻、手写寄语、各类贺词、回忆录、日记、笔记、纪念册、简历、说明、发言稿、记录本、台历、计划、菜谱、咒语、祷文等。(王铭玉,2013:210)在这些符号中,物质性和实体性即表达面的物理载体和内容面的情景对象都会对符号的意义产生重大影响。

五、第四编"句层符号学研究"

第四编把在第三编篇章符号学研究中的实体与形式"合治"思想,进一步上升为索绪尔的形式主义与皮尔斯实体主义两大符号学传统的"合治",并以此作为研究句层符号的指导思想:"本编的研究方法主要是静态描写与动态分析相结合。其理论支柱是索绪尔语言符号二分法和皮尔斯的符号三元观、语言符号意义层级理论。"(王铭玉,2013:314)

如何将索/皮合治?该书第四编首先从"层级性"这个"语言符号的根本属性"入手分析句子符号。遵照作者的意思理解,层次可分为结构层次和意指层次。

语言符号的结构层次传统上分为音位、音节、词素、词、词组、句子等单位。其中句子这级单位具有"语言层次上的抽象的句子和言语层次上具体的语句"(王铭玉,2013:316)双重性质,传统语言学一般用二元对立的方式处理这种双重性:要么属于句法学(句子),要么归于语用学(语句)。但该书还是坚持一种"合治"的立场:"我们认为句子和语句之间不是矛盾关系,而是相辅相成、相互体现的关系。可以把语句看作抽象的句子模式的具体体现,要研究句子就不能不涉及语句……所以,既不能把两者混为一谈,也不能孤立、片面地割裂两者之间的联系,两者都是交际的单位,其相互关系类似于语言和言语。"（王铭玉，2013：313—314）坚持在符号或要素的二元异质性或区分性中建立二者之间的互补、过渡、中性关系，是《现代语言符号学》一书合治观的主要立场。

然而，句子符号学的重点不是结构而是意指层次，否则就成为语言学而非符号学。

意指层次又包括静态和动态两个相关的方面。在静态的意指符号层次上，作者在国内外各种相关论述的基础上，总结了次符号层次、符号层次、超符号层次①（王铭玉，2013：347），它们分别属于物质符号、语言符号和言语符号三个范畴。第四编重点分析了句子所具有的符号层次（语言）和超符号层次（言语）双重性质。其中，作为"符号"的句子所指（即句义）与"一级称谓"相连，即在句子中"主要对一类事态进行概括称名"（王铭玉，2013：320）；作为"超符号层次"的句子所指与"二级称谓"相连，即句子进入交际语境后"有了具体、确定的指称"（王铭玉，2013：320）。如"正在下雨"这个句子，如果它仅仅是语言层面上对某事态的抽象概括，一种"指称潜势"（即与句子相关的情景的集合），就是一级称谓；如果它指某种正在下雨的情景，是一种有具体对象的指称，它就是二级称谓。但是，句子的这两级称谓不是对立或相互排斥的，"这两层指称可以相互转换，是一个由具体到抽象、由抽象再到具体的可逆过程"（王铭玉，2013：320），句子符号的意义"不仅仅是指称，还是一种指称潜势"（王铭玉，2013：389）。可见，作者关于句子符号"既是一种指称又是指称潜势"的双重意指性观点，提出了一个符号学的"中性"问题，即异质性、对立性的符号内部或符号之间所存在的某种相互关联、相互过渡、相互补充的性质。符号中性是"合治"观研究的核心问题，例如

---

① 这里的"超符号层次"主要是一个与"语言"符号相对的"言语"符号概念，与本文我们所谓的"超符号"相关——都是关注符号的异质性和实体性。但又有区别："超符号层次"着眼于索绪尔意义上的言语单位；本文中的"超符号"着重于语言符号与非语言符号、各异质符号之间相互过渡、转移、关联和跨界的性质。

句子这级符号单位在符号与超符号之间、"一级称谓"和"二级称谓"之间相互对立、过渡、互补关系。

将静态意指层次中的次符号层次、符号层次、超符号层次（或物质符号、语言符号和言语符号）转化为动态意指（即符号化过程），就对应于皮尔斯的代表项、解释项、对象，或莫里斯的语法、语义、语用三个平面，进而实现了索/皮两种符号学传统的"合治"："语言符号是内容平面和表达平面的统一体，而语义、句法、语用又是这个统一体内的三个相互联系、互为条件的基本层面。"（王铭玉，2013：384）《现代语言符号学》把索/皮两个异质性的符号学传统处理为一种"中性"关系，因此必然倡导研究者要在索/皮的合治关系中研究其中的每一个对象，而非孤立地或对立地处理这两种符号学传统。

六、第五编"隐喻符号学研究"

第五编的主旨是试图在语言修辞和认知的隐喻研究基础上，完成隐喻研究的符号学超越，至此，为全书的理论框架画上一个句号。第一编、第二编阐述了语言符号学的基本理论和思想渊源。第三至五编是围绕"超符号、符号、次符号"三个层面，展开语言符号学理论的建构。笔者认为，第三编"篇章符号学研究"应该属于"超符号"层面，既是语言与言语的交汇面，又是语言符号与非语言符号的交汇面，篇章在这种交汇中摆向言语和异质符号的一极。第四编"句层符号学研究"应该是"符号"层面，既是语言与言语的交汇面，又是"符号"与"次符号"的交汇面，句子在这种交汇中扮演"过渡"、"合治"的角色。第五编"隐喻符号学研究"，则进入了深层的"次符号"和词语符号层面，它是"符号"与"次符号"的交汇面，同时又在这种交汇中摆向"次符号"和"词语"的一极。需要再次强调的是，这里所谓的各种交汇面（语言与言语、语言符号与非语言符号、符号与次符号等等），就是符号学的中性问题:(建立在二元区分基础上的)对立性的解除。

第五编重点向读者提供了以下几点理论思考:(1)"隐喻"是如何转化为符号学范畴的;(2)隐喻的符号学研究主要着眼于词语符号这一层级;(3)隐喻相似性的符号学本质。

1. "隐喻"是如何转化为符号学范畴的

《现代语言符号学》认为,传统上隐喻属于语言修辞或语用范畴,而隐喻进入哲学和认知科学的视野后,成为语言的一种最基本的意指方式。作者广泛引用了世界著名学者对隐喻的各种论述,如卡西尔说:"语言就其本性和本质而言,是隐喻式的",即一种赋予意义的方式。隐喻性意指方式是建立在双重意指基础上的①,用理查兹与奥格登的话说,"隐喻的唯一判别标准是一个词同时代表两种思想"(王铭玉,2013:451)。布莱克认为这种双重指涉是"喻体向本体的投射",利科认为隐喻是对语言常规使用的一种创新和突破,是对词典意义以外的研究,这本身就是一个创造性的认知思维过程。因此莱考夫、约翰逊的认知隐喻理论更是强调隐喻是人类用一个领域的知识去理解和体验另一个领域的事物的方式。在综述前人理论基础上,作者总结道:隐喻的认知特征就是"从一事物理解另一事物",它既是语言思维的本质特征,也是人类符号的普遍方式。(王铭玉,2013:470、473)例如,在绘画、宗教、音乐、建筑、电影等非语言现象中也存在着隐喻。这样,"从一事物理解另一事物"的方式,就成为隐喻联结语言学和符号学的切入点,或者说,是语言思维机制在一切符号思维中的体现。

我们由此可知,语言修辞的隐喻与认知语言学或符号学的隐喻存在着重要区别:语言隐喻原则(如雅各布森的诗性原则)主要作为凸

---

① "能指与所指不是固定的、不变的一对一的关系,它们之间存在着张力,会产生意义的层级即符号的整体会在新的环境中转化自己的角色而变为新的能指,并由此出现新的对应的所指,至此双重影像得以出现,语词在不同的层级上出现了双重意义。"(王铭玉,2013:451)

显的修辞手段使用，被看作是线性语言中的两个词语或观念之间的联想艺术；而符号学的隐喻主要用于意指关系、表达未知，借助于可视性、已知的手段表达现实，它规定了我们理解世界的方式并隐藏了自己的修辞性。从中性的角度分析，语言学隐喻着眼于喻体和本体之间扩大的距离感和二元对立，符号学隐喻则侧重于二者之间的中性状态，着眼于弥合或缩小这种距离感。

2. 隐喻的符号学研究主要着眼于词语符号这一层级

既然隐喻是语言符号的一种思维机制，那么根据层级观，隐喻思维主要由哪一层级的符号负载呢？《现代语言符号学》已经告诉我们，隐喻无处不在：词语、句子、篇章、图像……均可成为隐喻的符号承载者。但是，作者又说："隐喻的直接载体是语词，具有隐喻概念的符号所指区别于一般的符号所指，其特点具有开放性、多层级性、模糊性。"（王铭玉，2013：488）意思是说，隐喻的主导性的、典型的或直接的载体，非词语符号莫属。这是因为，隐喻的主要特征是双重意指性或二级符号性，如词语符号"玫瑰"第一级所指是蔷薇科植物，第二级所指则代表爱情，二者之间的相似性理据建立了隐喻关系。而词语符号是双重意指分析最典型和直接的符号载体，如与隐喻相关的符号的意指方式（任意性和相似性）的分析、关于字面义与隐喻义的分析、关于一符多义或转义的分析、关于一义多符或符号创新的分析，大都是在词语这一层面上进行的。（王铭玉，2013：550—561）作为隐喻主要载体的词语既指语言结构单位，又应该称为"语词"即言语单位：一个符号化命名单位，即一事物理解另一事物、一词语命名另一概念的符号化的方式。于是，隐喻符号成为语言（如字面义）和言语（隐喻义）的交汇点。皮尔斯传统的语法、语义、语用的三元论亦派上用场。这样，作为隐喻承载符号的词语单位，就获得了一种中性特征：既具有语言结构的"词语"性也有言语过程的"语词"性，既是次符号、符号、超符号的关联域，同时又以次符号的结构形态出现。

隐喻的主要载体是词语这一现象，我们可以称之为"隐喻的词语性"。按照"极性"（非此即彼）符号观，一种符号有一种符号的语法，每种符号都有自己的边界。因此，隐喻与图像的区别和边界就在于它的"词语性"；而图像则是"象似性"。按照中性（亦此亦彼）符号观，隐喻又带有某种图像的形象特征，因而具有中性的、超符号的"象喻"特征。但前提是，没有划界就没有越界，没有"隐喻的词语性"的极性研究，也就没有"隐喻的象喻性"的中性结论。

3. 隐喻相似性的符号学本质

隐喻涉及了符号学的一个根本问题：意指方式，即能指与所指、音与义、符号与对象、字面义和转义、涵义与指称、一级符号与二级符号等等之间的关系方式。在语言符号中，有两种最基本的意指方式：任意性和理据性。但二者谁为第一性，学术界有争议。索绪尔坚持任意性是语言符号的第一特征，而卡西尔则认为理据性是语言更为本质的属性。但无论站在哪种立场上，谁都不能否认任意性与理据性构成了语言符号最基本的二元性的意指方式。就符号的理据性而言，包括命名理据（如符号是按照客观写实的还是按照主观动机的方式命名对象）和结构理据（即命名理据成为语言结构或字面义中固定的成分，如"鼠标"、"面包车"等）。显然隐喻具有命名理据和结构理据双重属性，同时又是一种非客观写实、主观动机性的理据方式，《现代语言符号学》称之为"相似性"意指方式。① 该书作者还认为，相似性不等于皮尔斯的"象似性"（图像性意指方式），后者仅仅"是相似性的一种"（王铭玉，2013：504）。这样，就把符号学理据性的内涵由带有视觉性符号临摹特征的"象似性"，转变为带有语言符号观念性联想特征

---

① "本体和喻体的语义中包含一种可以借用的理据，在可移位的理据基础上形成了可供说话者进行选择的聚合体，构成这种聚合体的特征是相似性。"（王铭玉，2013：476）

的"相似性"。尽管这种转换带有语言中心主义的倾向,但还是在二者之间做了区分。但鉴于学术界经常将"象似性"与"相似性"混为一谈,这种混淆不是中性观,中性观是建立在像似与相似区分基础之上的中和与跨界。因此,中性研究首先要关注区分。

七、小结

王铭玉主撰的《现代语言符号学》更自觉地坚持了语言中心论的符号观,代表了学院派符号学坚持符号学边界性(语言所赋予符号学的系统特性)和专业性(语言符号所提供的一系列复杂的知识范畴和严格的专业术语操作程序)特征,代表了中国符号学理性主义的主流方向。这种系统性体现为作者的层级性语言符号观,我们将其总结为:处于不同层级的符号单位,承担了整个符号系统的不同功能的同时,又服务于整个有机符号系统。所以,笔者认为,《现代语言符号学》的第一编的理论概述和第二编符号学思想溯源之后的第三至五编,有着内在的系统逻辑关系:第三编篇章符号属于表层的超符号层次,它是语言符号与社会文化、非语言符号的交汇点;第四编句子符号属于浅层的符号层次,是语言符号与言语符号的过渡体;第五编以词语为主要载体的隐喻符号属于次符号层次,是语言符号深层的意指方式。这种严密而完整的理论体系将中国理性主义、语言中心主义符号学推向一个新的制高点。

王铭玉的语言符号学理论的第二特点是以语言符号为主导的中性"合治观",即在语言符号与非语言符号、语言学与符号学、语言和言语、索绪尔和皮尔斯、形式和实体等的区别性关系中研究其中的每个要素,并将这双重要素的矛盾对立转化为相互补充、相互过渡、相互统一的中性关系。因此《现代语言符号学》也是代表中国符号学由二元"分治"走向二元"合治"的扛鼎之作。

合治观是极性符号研究和中性符号研究的统一。极性符号研究即持有"分治观"或分离性原则：给每一类符号划界，确定它们的区别性；中性符号研究则持有统一性原则：在对符号区分和划界基础上观察异质符号之间跨界、过渡、中间性质。因此合治观绝不是对分治观的排斥，而是在此基础上的发展。

其三，该书"双面双层二维"的理论模式包含着一个意指定律："双面双层"的意指关系决定了"二维"的结构关系，而不是相反。这就区分了语言符号学与语言学：后者更关注结构关系对意指关系的制约。当然，如何用"双面双层二维"理论有效地分析汉语、汉字，还需要进一步研究。包括汉语、汉字和"周易"在内的中国文化符号，无论在"双面"（能指和所指）还是"双层"（形式和实体）还是"二维"都呈现出浑成不分的、执中型的"中性"状态，中国文化符号是以象喻性原则建立的。现代语言符号学中的"中性"思想与中国传统符号学中的"中性"之间的异同，将会是符号学研究的一个重要课题。

第七节　赵毅衡的符号学思想

一、引言

李幼蒸的《理论符号学导论》以索绪尔和皮尔斯（通过艾柯）两个符号学传统的对比为主线，全方位地向读者描述了世界（主要是欧美）符号学谱系，同时他自己的符号观则向索绪尔传统靠拢。这种立场代表了20世纪八九十年代中国符号学结构主义的总倾向。王铭玉的《现代语言符号学》努力弥合索绪尔和皮尔斯两个符号学传统，且在处理语言符号与非语言符号、语言学与符号学、语言与言语、形式与实体等二元关系中持一种语言论主导的合治观，代表了一种主流趋向：

在二十一世纪"结构主义"不再是中国符号学的唯一主导，符号学正在逐步走向索/皮合治的发展方向。接下来我们讨论的是第三位中国现代符号学代表人物赵毅衡。

赵毅衡早期的符号学研究也是立足索绪尔结构主义传统。他2004年编选的《符号学文学论文集》（百花文艺出版社，据他介绍成稿于20世纪80年代），就是一部关于结构主义符号学的著作。中国现代符号学发展的初期（20世纪80年代至1999年）主要以西方符号学的译介为主。据统计，国内出版的符号学翻译或译介的10部主要著作中，结构主义符号学就占了5本，通论性符号学2本，余3本分别是现象符号学、属于皮尔斯符号学传统的莫里斯指号学以及其他符号学。中国学者撰写的本土符号学著作主要是应用领域，即根据西方符号学观点解释各种人文符号现象，鲜有成熟而系统的符号学理论。[①]

赵毅衡是中国符号学界自成体系、极具原创性的学者。其近著《广义叙事学》（四川大学出版社2013年版），继承了他的形式—文化论的符号学研究传统，将叙事学研究延伸到几乎所有可以想到的各种异质性文本：书写的、口语的、影像的、表演的、游戏的、梦幻的、实物的……开辟了中国符号叙事学的全新领域。但从符号学本体理论的研究出发，我们重点讨论的是赵毅衡的另一代表作《符号学原理与推演》（南京大学出版社2011年版）。

---

① 该时期中国本土符号学著作主要有：《符号：语言与艺术》（俞建章、叶舒宪著，1985）、《艺术现象的符号——文化学阐释》（何新著，1987）、《从哲学看符号》（肖峰著，1989）、《艺术符号与解释》（杨春时著，1989）、《科学符号学》（王德胜著，1992）、《生活中的神秘符号》（王红旗著，1992）、《修辞符号学》（杨刘良著，1993）、《数学符号学概论》（刘云章著，1993）、《超越本体》（丁尔苏著，1994）、《现代诗歌符号美学》（周晓风著，1995）、《你身边的符号：符号学入门》（连甫著，1997）、《广告的符号世界》（吴文虎著，1997）、《〈史记〉文化符号论》（齐效斌著，1998）、《意义与符号》（苟志效著，1999）、《新闻文化与符号》（刘智著，1999）、《符号表达原理》（孟华著，1999）、《语与符号学在中国的进展》（陈治安、刘家荣主编，1999）。资料来源：王铭玉：《语言符号学》，高等教育出版社2004年版，第492页。

该书具有三个特点：

（1）同样表现出弥合索绪尔和皮尔斯符号学之间的断裂的倾向，王铭玉在这种弥合中偏向索绪尔一极，而赵著则向皮尔斯靠拢。[①]

（2）这种索/皮的弥合是意义中心论的。王铭玉的"合治观"旨在发现二者的内在逻辑互补性和系统整体性，而赵毅衡的中性弥合则表现为以"意义论"为核心，更关注在意指实践中"为我所用"地兼及索/皮两个符号学传统，可称之为"意义论符号学"。

（3）意义论符号学既延续了"语言说我"的形式论传统，又带有"我说语言"的某种意向论倾向，这使得赵毅衡的符号学理论更关注以解释主体为本来处理言意关系，更强调意指实践和跨学科的符号学研究，进而在人文学科许多领域产生广泛影响，大大推进了中国符号学的发展。

二、对索—皮二元关系的深入思考

皮尔斯和索绪尔在相互不了解的情况下几乎同时创造了两种符号学，彼此似乎具有不可通约性，至少他们之间不能互为参照项而进行对比研究。但是二者的符号学却有着内在的二元互补关系。按照结构主义符号学传统的"形式与实体"的二分概念[②]，索绪尔的语言主义或结构主义符号学更侧重于形式论的，而皮尔斯符号学则更侧重实体论（实在论）。而对形式与实体之间关系的思考，是这两位符号学先驱产生对话可能性的基础，后起的中国符号学有这个优势去思考这种可能

[①] "本书上编原理部分，重新审视符号学的各种模式，力图博采众长，但是当今符号学继承较多的是皮尔斯模式，而不是索绪尔模式，这点不必讳言。"（赵毅衡，2011：14）

[②] 简言之，符号系统内部的结构要素及其规则就是形式；符号系统外部的要素（主体、客体、语境等等）则是实体。符号系统是一个实体和形式浑成的综合体，形式论符号学尽量剔除实体要素；实体论符号学在着重探讨实体要素对符号系统影响的同时，兼顾对实体与形式关系的辩证处理。

性。西方符号学在当代中国的传播史中，二者的通约性和对话性逐渐成为中国符号学的主题，这在李幼蒸的《理论符号学导论》中已初现端倪，在王铭玉的《现代语言符号学》中成为中心内容，在赵毅衡的《符号学原理与推演》中也同样得到自觉的体现：

> 皮尔斯并不知道索绪尔与他同时在创建另一种符号学模式，但他似乎处处有意用他的符号三元原则，对抗索绪尔的二元原则，而且明白这种对比可能导致的巨大分歧。……索绪尔式的符号学走向系统观，主要原因是索绪尔的符号意义的"任意性"，二元式本身并不必然会导向封闭，例如叶尔姆斯列夫与巴特都在能指/所指二元式基础上提出过进一步衍义的梯级方式。皮尔斯的符号发展观，不仅在于符号意义三元，不仅在于用"理据性"代替任意性，更在于皮尔斯自觉强调无限衍义原则：符号表意过程在理论上是无结束的，在实践中，符号表意"能被打断，却不可能被终结"。（赵毅衡，2011：105）

《符号学原理与推演》显然将索绪尔和皮尔斯不同的符号学关键词处理为一对对二元性关系项：任意性/理据性、系统性/过程性、二元论/三元论……赵毅衡对这些二元关系性的思考，必然会上升为新的、更高层面的符号学理论探索，即对符号意指方式的思考：符号意指方式的性质，决定了符号的结构的性质。赵毅衡强调，索绪尔的"任意性"原则导致了系统性，皮尔斯的"理据性"导致了非系统的过程性，就是从两个侧面证明了皮尔斯和索绪尔的理论实际上分别描述了符号意指方式的两极：任意性建立在对象不在场以及与现实世界隔离的基础上，因此意义的产生必然依赖符号结构系统本身；而皮尔斯的理据性则更倚重符号与现实世界的某种理据性关联度（如象似关系、指索关系、象征关系等），意义产生于这种不同的理据关联度及其理据化过程，因此必然淡化符号及其意义对结构系统的依赖。所以说，索绪尔和皮尔斯代表了意指定律内部的两种不同意指方式。这两极的划分还导致另一个结果：任意性原则产生的系统性是语言符号的主要特征，理据性导致的非系统性是非语言符号的主要特征，因此二者也代表了语言符号与非语言符号的关系方式。《符号学原理与推演》指出了皮尔斯非语言中心的符号学倾向："皮尔斯的符号学从根上就不以语言为符号范式……皮尔斯认为，根据与对象的关系，符号可以分成三种：象似符号、标示符号、规约符号。前两种是有理据性的符号。"（赵毅衡，2011：78）这种对任意性/理据性、系统性/非系统性、语言中心/非语言中心的二元概括和认识，显然探讨了一种新的符号学系统之可能。对于这种意指方式的理论探索，中国符号学家应该有着天然的优势。中国语言学家徐通锵就指出："汉语是以理据性的约定为基础性编码原则的语言，印欧语言的基础性编码机制是无理据的约定性。"（徐通锵，2008：49）他所谓的汉语理据性是由表意汉字提供的，而拼音字母则为语言提供了一种无理据的意指方式。据此，徐通锵提出了他的"字本位"语言学理论。这得益于他对中国汉字符号传统的深刻领悟与总结，反映了他将两种意指方式"合治"为一个统一的理论范畴的系统化诉求。《符号学原理与推演》也同样关注这两种意指方式及其相互关系，但我们发现，赵毅衡更感兴趣的是对索绪尔和皮尔斯两个符号学传统以"意义论"为中心进行折中化改造：围绕皮尔斯的理据性，具体说是其中的动机理据和结构理据之间的二元互补关系，来建构他的符号学理论体系。动机理据主要指人的符号化动机，主要包括发出者的表达意图和接收者的解释动机（还可分为主观动机和客观动机、修辞动机和逻辑动机等）。但是结构理据应该属于索绪尔的传统。索绪尔的任意性原则排斥人的意图和动机，但并不排斥结构理据（他称之为"相对可论证性"）。在结构主义符号学看来，语言结构系统成为意义的生产者或根本依据，这都属于"结构理据"或"语言说我"。

赵毅衡力图在动机理据与结构理据之间，寻求一种动机理据主导下的二者平衡关系，这反映了他对皮尔斯和索绪尔两个传统进行中性化改造的理论立场，代表了中国符号学当下以及未来相当一个历史阶段的基本走向。

三、意义论符号观

赵毅衡的意义论符号观首先表现在他对符号的定义上：

> 符号的定义应当是：被认为携带着意义而接受的感知。（赵毅衡，2011：27）

这里的"感知"是符号的载体部分，相当于皮尔斯的"表征素"（又译作"再现体"①）；"意义"则相当于皮尔斯的"解释项"②，《符号学原理与推演》指出，"意义生产过程，就是用符号（例如心象）来表达一个不在场的对象或意义"（赵毅衡，2011：36）。"一旦解释者视某个感知为符号，它就成为解释对象，而符号一旦成为解释对象，就必然有意义。于是，解释者的解释意向，使符号携带意义。"（赵毅衡，2011：51）可见，作者所说的"意义"既是对代表项（representamen）的符号解释，又是关于符号对象（object）的观念性表达。就此而言，赵毅衡继承了皮尔斯代表项、解释项和对象的三元论思想，并且把

---

① "皮尔斯把符号的可感知部分，称为'再现体'。"（赵毅衡，2011：97）
② 皮尔斯的符号定义是："指号或表象（representamen，又译作'表征素'或'再现体'等）是这么一种东西，对某个人来说，它在某个方面或以某种身份代表某个东西。它对某人讲话，在那个人心中创造出一个相当的指号，也许是一个更加展开的指号。我把它创造的这个指号叫作第一个指号的解释者（interpretant，又译为'解释项'）。这个指号代表某种东西，即它的对象（object）。它代表那个对象，但不是在所有方面，而只是与某个观念有关的方面。"（涂纪亮，2006：277）

符号的意义放到感知和解释的动态过程中理解："意义必须靠解释才能出现……一旦意义在解释中实现，符号过程就结束了。"（赵毅衡，2011：47—48）这种意义在动态解释中产生的思想，属于李幼蒸所谓的皮尔斯"通讯论"符号学传统。

但我们进一步推敲就会发现，该符号定义中只有代表项（符号感知）和解释项（意义）这两项内容，而皮尔斯的"对象"在赵毅衡的定义中缺席了。皮尔斯持代表项、解释项、对象三位一体的符号观，其中"对象"在这个三元格局中是始终"在场"的：要么直接在场（如标签符号、手指符号，始终指向一个在场物，路标则指向一个延时出现的在场物），要么间接在场（如图像符号和词语符号，它们通过形象或概念指向一个现实的或虚构的对象）。无论何种情况，在这三元要素的共同在场的关系中考察其中的每一个要素，是皮尔斯实效主义符号学的精髓。① 所谓的"实效主义"即强调符号的意义产生于代表项、对象和解释项三者的动态在场关系，它将符号放到以"对象"为指向的实际运用和动态通讯过程中，考察其意义的生产——符号的意义或所指产生于追寻对象在场的途中。

皮尔斯的标志或索引符号（index）最典型地体现了这种意义生产过程。"索引性是指语词相对于说话人、说话时间等而改变意义、真值等。"（陈嘉映，2013：25）被皮尔斯称为真正的标志符号的指示词或人称代词，如"我"、"这个"等，它们的意义来自变动不居的代表项、对象和解释项三者的实际在场关系，并在这三者关系构成的动态语境中确定真正的指称对象。当然，解释项或符号意义在符号化过程中起着至关重要的作用，对象是通过解释者用符号进行的解释来实现的，解释项虽然会导致"无限阐释"的过程，但解释在皮尔斯那里不是符

---

① 皮尔斯指出："考虑一下你的概念的对象具有什么样的、可以想象的、具有实际意义的效果，那时，你关于这些效果的概念就是你关于这个对象的概念的全部。"（涂纪亮，2006：22）

号的自我狂欢，而是在追寻或再现对象的在场过程中去呈现思想能动性和复杂性。因此，与赵毅衡更强调主观动机理据不同的是，皮尔斯的解释项虽然包括了人的主观动机理据，但它更侧重于客观逻辑理据，最终需要超越自身指向一个他者——对象，需要通过一个逻辑推理的过程来表达对象，符号和所指对象之间具有逻辑的、可论证的理据性联系。因此皮尔斯说"逻辑"是他的符号学的"另一名字"（涂纪亮，2006：276）。逻辑是追求真值（可以被测量客观存在的实际值[①]）的，逻辑真值符号学必然将"对象"放在首位："当语句成分被具有相同指称但是不同涵义的表达式替换时，语句真值应保持不变。"（涂纪亮，1988：10）因此，三元论的语言哲学和符号学应该属于李幼蒸所谓的"逻辑语义学"传统。如皮尔斯的代表项、解释项、对象；弗雷格的语句、涵义、指称；奥格登和理查兹的符号、概念、对象等等，该传统都是追求逻辑真值即以"对象"最终在场为旨归的。

《符号学原理与推演》的符号定义中"对象"的缺席，使得其所谓的"意义"成为推迟对象在场的产物：借助对象的缺席，意义得以产生。这时的"意义"不再是通向"对象"的一个关联物，而是"对象"本身，解释项与对象边界的消失和融合，形成了书中所说的"意义"，赵毅衡引用王阳明的话："意之所在便是物。"（赵毅衡，2011：90）赵毅衡把皮尔斯的对象/解释项的关系等同于外延/内涵（叶尔姆斯列夫）、意义/神话（巴特）、字面义/语境义（理查兹）、含义/意义（弗雷格）这些二元范畴（赵毅衡，2011：101、102），并直接表明了他的解释性"意义"观："符号学主要研究内涵义，也就是解释项。"（赵毅衡，2011：102）

在悬置了"对象"，而以巴特的"内涵义"或弗雷格的"表达式"

[①] 这个真值我称为"真实关联度或实体关联度"，语义物、观念物、现实物和在场物的区分，就体现了这种关联度的递增或递减。（孟华，2014：27—29）

或皮尔斯的"解释项"为本体进行意义研究时，就失去了对符号"真值"问题的理论热情，而转向一种修辞语用主义理论的探索。需要指出的是，这种修辞语用主义意义观并不否认对象的存在或在场，而是强调意义与对象的悖立关系或在场与对象的自我否定性：对象一旦在场后就会失去意义。赵毅衡引用米勒的例子说："这犹如一个路标表明其所指之物在另一个地方，在那边，不在场"，而这个所在之物一旦在场，就会失去意义，"路标就没有必要"。（赵毅衡，2011：48）意义产生于推迟对象的在场而非对象的再现，这使得任何具有解释力的人，都获得了关于符号学的话语权；使得任何可以通过制造在场距离而产生阐释性意义的任何事物都成为符号学对象；使得符号学研究既非出于结构系统描写的需要（索绪尔传统），亦非来自真值关系再现的需要（皮尔斯传统），而成为一种反系统的、以解释者动机为本的意义论符号学。这种带有修辞语用色彩的意义论符号学，有利于降低符号学的学术门槛而走向大众化，并突破符号学的边界而成为各人文学科共同寻求意义的学术平台，从而使符号学走出经院学派的深宅大院面向全社会：每个人都成为符号学家，每个人又不是符号学家。

以现象学或皮尔斯符号学为代表的西方的意义理论，将意义看作是建构对象的方式即意向方式，知觉的、想象的、图像的、词语的、命题的都是意向对象的方式，符号学称之为意指方式。将意义理解为意指方式，实际上承认了所谓的所指、对象、实在、本体、逻各斯等既被符号所建构，又是符号的最终旨归。意指方式就是给不同意义对象划界，区分出不同的对象关联度和可验证的程度。中国传统的意义论则更强调"意之所在便是物"，使对象世界融汇于人的动机意向之中。赵毅衡的意义论也带有中国哲学传统二元融合的中性化色彩。

四、以符号动机理据为主导兼及结构理据的"中性化"理论

如果说，李著、王著是学院派的力作，赵著则跨界于中西、古今各种知识和生活文本之间，穿梭于符号学理论探索与符号意指实践之间，具有鲜明的原创性、本土化、可操作的色彩，极大地增加了符号学的可读性、趣味性和经验性。"对话性"论述也是赵毅衡行文的一个特点，在讨论一个观点时，同时指出几个不同的观点并对它们进行对比，然后提出自己的看法，比自说自话的"独白"性写作更具说服力和学术魅力。

赵毅衡的符号学围绕意义对一切现象进行无限可能的解释，不是出于系统的需要，具有明显的抵制二元对立的"中性化"理论倾向。

《符号学原理与推演》一书分上编"原理"和下编"推演"两部分。我们重点依据其上编"原理"部分讨论赵毅衡的"意义论"符号学思想。上编共十章，其第一章"符号的构成"和第二章"符号过程，不完整符号"重点阐述了他对符号的定义以及以动态解释为中心的符号意义观。

该书第一章"符号的构成"重点探讨了实物的符号化，认为任何携带意义的实物都是符号。这是中国符号学研究的新进展，此前的符号学研究基本集中于语言文字、图像仪式之类"有意图"的符号，不太关注"物语"——实物的符号研究。

当然我们会发现，这个物的意义仍是语言解释的结果而非"以物观物"的意义。赵毅衡认为，实物的符号化过程"即赋予感知以意义的过程，经常称为'再现'……霍尔对'再现'的功用解释得非常非常简明清晰：'你把手中的杯子放下走到室外，你仍然能想着这只杯子，尽管它物理上不存在于那里。'这就是脑中的再现：意义生产过程，就是用符号（例如心像）来表达一个不在场的对象或意义"（赵毅

衡，2011：36）。这是说，"符号化"的本质就是让实物对象不在场而通过替代性符号让物再现出来的过程："一棵树的呈现不是意义，甚至不能引向意义，只有当它转变成文本，变成树的画，树的雕像，树的词，或是当树的现象，落入解释者的经验，解释出'自然'、'生机'等意义。符号化，能把呈现变成携带意义的再现，物象就变成了符号"（赵毅衡，2011：36）。这段引文中，赵毅衡谈及了两种实物的符号化：一是实物不在场，而通过符号（如图像或词语）再现出来；二是实物在场出现了，然后引出对它的解释，即把在场的实物（如树）当成某种携带意义的感知，"落入解释者的经验，解释出'自然'、'生机'等意义"。显然他强调，一个在场呈现物只有"落入解释者的经验"才能产生意义。由于他的意义理论取消了"对象"这一极，因此也就排斥了物名关系中的另一种情况：即一个在场物可以自我指涉但与"解释者的经验"无关。这就是记号性物名关系：它是指"在物名关系中，一个物借助于词语或话语等的说明和标识来定义或区别自身，这样的物成为记号性能指，显示它的记号或指号（如词语和言谈）则是元语言和所指。譬如我们看到一个真实的苹果，立刻想到它的名称'苹果'这个词，苹果这个事物便成了记号性能指物"（孟华，2014：355）。记号性物名关系使每个能被称名的在场物都成为一个符号，而与解释者的经验无关。

任何在场物都有在场和不在场符号关系，记号性物名关系首先强调物的在场然后才是它的名称。意义论物名关系则首先通过人的解释，通过词语来获得它的意义。在这个过程中，即使物是当下面对的事物，也要在解释中抑制它的在场，使物变成词语解释的对象，通过推迟其在场来实现意义。至于没有"落入解释者的经验"的物，被赵毅衡归为只有使用功能的自然之物，它们"不表达意义"。（赵毅衡，2011：28、29）这个观点似乎与巴特的实物符号论述相近，巴特区分了物的

"实用"和"实用的符号"两个概念①,似乎先有一把自然的、实用的伞,然后才有了"防水防潮"的符号功能。

孟华的主张是,实用物和使用物也是符号现象——它们在发挥实用功能的同时也"说"了些什么,比如有自己的名字,这样的物为"物语"。他认为人类社会中没有纯自然的使用物,一切物没有例外都是"物语",只存在记号性物语和解释性物语②之分。赵毅衡所说的纯自然之物被孟华看作"记号性物语"③。在赵毅衡的意义论物语符号学中,物是语言,是符号的所指对象,没有成为解释对象的物都是非意义的自然之物。而在"记号性物语"这里,任何物都有自己的称谓,所谓的"自然之物"本身成了能指,解释性语言仅仅充当了它的内容或所指(释义元语言)。"记号性物语"的概念使实物符号即"物语"的理论视角发生很大变化:

> 不是把物看作是语言支配下的被动客体,而是有意义地作用于人的、主动的意义生成机制和意义生产者。(孟华,2014:348)

在意义论物语符号学中,实物符号的意义主要是由人的解释来提供的;而在记号性物语那里,意义主要由物来提供。

在因"对象"缺席而产生的意义论符号观中,符号的意义具体表现为(发出者)意图意义、(符号本身的)文本意义和(接收者的)解释意义三种形态。(赵毅衡,2011:50)

第一种"意图意义",它或者因"作者死去"或者因作者不明,而

---

① "功能吸收意义,它的语义化是必然的:只要有社会,任何实用都转化为该实用的符号。雨衣的实用在于防雨,但这一实用又与某种气象符号密不可分。"(罗兰·巴特,1999:32)
② 记号性物语即物名关系的物语,"是词与物共同在场,词语成为物的所指或释义元语言,主导编码是物语而非词语";解释性物语即名物关系的物语,"是词与物共同在场,但是词语主导或做能指,物被指涉或做所指条件下的物语,物被词语所书写和编码"。(孟华,2014:353)
③ 记号性物语即"实物成为各种记号的能指"而非所指。(孟华,2014:355)

被文本意义和解释意义所替代,"因为意图意义无法追溯,解释的依据在文本"(赵毅衡,2011:51)。他还根据西方文论区分了作者意图和发送者意图(赵毅衡,2011:58),前者是有作者表达意图的意义,后者没有自觉的表达意图,但符号却携带了发送者的某些意图。这种区分的一个理论效果是,把符号学的研究范围从单纯的表达领域扩大到对一切事物的解释。人们做事总是有意图的,但它并不总是出于某种表达目的的"意图"。人们在有意图地做某事的同时,也总是在无意图地"说"着什么。比如某人在读报,却无意地表达了他"处在休闲状态"。既在做事,又在生产意义,就是无意图的表达。对无意图表达的阐释学的关注使赵毅衡的符号学研究对象几乎扩大到一切领域,实物的、行为的、人工的、自然的,它们的意义的产生主要靠接收者的解释。这是赵毅衡的符号学理论与李幼蒸、王铭玉的一个显著区别。后二者的语言中心论倾向集中于"有意图"的语言符号研究,而赵毅衡追随皮尔斯的脚步,将符号学研究领域拓展到非语言符号领域——那里存在着待解释的意义,但并非都是有意图的表意符号。

第二种文本意义属于结构主义符号学的范畴,符号的意义主要不来自代表项与对象之间的解释性意指关系,而更依赖符号系统自身的运作,也即上文所说的"结构理据"。文本或结构理据参与意义的建构,是赵毅衡与皮尔斯的不同之处,也反映了他对索绪尔传统的倚重。

第三种解释意义是符号意义的最终实现者,"本书中讨论的'意义',如果没有限定语,指的就是意义的实现,即解释意义",换句话说,任何符号的意义最终都是解释义,由解释动机来完成。(赵毅衡,2011:51)这反映了赵毅衡解释本位的符号学立场。

通过对《符号学原理与推演》意义论符号观的分析,我们会发现赵毅衡在皮尔斯和索绪尔之间持折中立场。一方面他转向了皮尔斯的过程论、理据论符号学,这种符号学旨在在动态的符号化过程中建立表达者、接收者、媒介和对象种种要素之间的理据关系。这些理据关系主要包括：客观理据或逻辑理据（意义来自符号与现实对象之间的可论证或真值关系）、动机理据（意义来自发出者或接收者的意图）、结构理据（意义主要来自符号系统自身）。皮尔斯的符号学兼顾这种种理据，但其主导还是逻辑理据。而《符号学原理与推演》将符号的主导性理据转移到对动机理据和结构理据的研究中来了。

首先看动机理据。赵毅衡把来自发出者的动机性叫作"意图定点"："本书把发出者意图中期盼解释的理想停止点，称为'意图定点'。"（赵毅衡，2011：183）如一则成功的广告，能让多数观众达到广告公司所希望的意义效果，就是实现了的"意图定点"。至于来自接收者的意图，主要借自皮尔斯关于解释项"无限衍义"的概念，赵毅衡表述为："要解释意义，就必须另用一个符号……而这个新的符号表意又会产生另一个解释项，如此绵延以至无穷，因此我们永远无法穷尽一个符号的意义。"（赵毅衡，2011：104）这使解释者意图呈现"后结构主义的开发姿态：符号表意，必然是无限衍义"（赵毅衡，2011：104）。解释者的"无限衍义"动机（赵毅衡称是"个人意识与文化方式交互影响的结果"）是符号被赋意的主要原因。

> 解释能把任何事物不同程度地"符号化"。我现在渴了，举起杯子喝水。这里没有符号意义，这是我对身体需求的反应。我喝茶没有特殊的意图，此时如果有一个观察者，他可以从我喝茶中看出意义：学生认为我是讲课太苦，关心者怀疑口渴是疲劳，同事知道我又在苦思理论，警官可能认为我因有罪而焦虑，同胞可能认为我沏茶是苦于怀乡。（赵毅衡，2011：36）

根据这个案例，我们会发现喝茶是一种没有表达意图但有某种实用意图的行为活动，发出者在行事的同时无意地"说出"了他的某个意图或心理状态。或者说，那种行为活动与发出者的某个非表达性意图之间存在着因果性指索关系，应该属于皮尔斯所说的标志符号。但是，皮尔斯强调的是标志性符号具有因果关系的逻辑理据，虽然标志符号存在着种种可能的解释，但逻辑理据的最终目的是要建立代表项和对象之间的真值关系：通过各种解释最终逐渐接近（可能难以完全达到）对象或真相。赵毅衡在他的另一部著作中提到："符号学不解决标示、图像关系……不能解决图像与实物的关系"，因此，"'标示'符号与'图像'符号并不是符号学的研究领域"。（赵毅衡，2004：11）看似武断，但其深刻涵义在于他表明了自己的意义中心论立场：符号学不能解决符号与对象之间的映真关系即"客观应对、物理透明"的关系，"对象与符号之间的这种自然关系只有进入人的解释，才能进入符号学范畴"（胡易容，2014：5）。符号定义悬置了对象以后，其意义的获得就落在解释上，这种解释不是基于指向对象的逻辑理据，而是基于"与接收相关的可感知品质之片面化集合……与'注意类型'相关的某些感知的临时集合"（赵毅衡，2011：38）。显然，这种"注意类型"就是解释者"无限衍义"的解释动机，它是以解释者选择性注意和文化惯习而非以对象为中心来建立符号的意义，这是动机理据与逻辑理据的根本区别。对动机理据、解释项或涵义的强调，使得赵毅衡的意义论符号学带有鲜明的修辞语用主义（与皮尔斯的逻辑实用主义有别）色彩，这反映出他与中国文化符号的精神联系。

在"意之所在便是物"的中国传统符号观中，意义产生于对象的缺席（包括对在场物的意化）。这种缺席使周易符号被用于决疑而非实证，使汉字用于表意而非表音，使名学用于"正名"（符号对现实的规范）而非逻辑认知。中国传统符号学的意义和物并不截然区分，意义总是携带物象，物总是携带意义：借助于物的在场思考意义，借助于意义的在场思考物，意义（或词）与物的二元区分关系被中性化了。

在各种符号二元关系（能指和所指、意义与物、形式与实体等）中有两种中性化：一是 AB 执中型，即"二元异质元素相互同化为一个有机的整体，二者异质性、临界性和移心性的张力消失了，对立感的消失使双方向中间靠拢"，中国传统符号观的"意之所在便是物"便是这种模式。二是 AB 移心型，即 AB 在保持自己清晰边界的同时又"在否定自己的过程中移向他者，又在移向他者的过程中保持自身。每一次转移都保留了既是自我又是他者的双重意识"（孟华，2014：424）。皮尔斯和现象学的符号观就属于 AB 移心型：首先将解释项（意义）和对象明确区分、划界，然后思考二者之间呈现或充实（在场）与再现或空虚（缺席）之间的张力关系。① 尽管现象学具有类似中国传统符号观的那种"中性化"色彩：空虚是由在场向缺席的过渡，充实是由缺席向在场的过渡；但是这种中性化的过渡首先建立在清晰的边界基础上的：严格区分词与物、在场与缺席、充实与空虚这些二元相关项。在"执中型"的中国传统中性化符号思维中，词与物、在场与缺席的边界是浑成的，缺少区分对立的张力性。

对动机理据（包括发出者的意图动机和接收者的解释动机）的强调，使得《符号学原理与推演》全书关注以语言符号为中心的各种意义生产活动。另如该书第四章"符号表意"中所讨论的"无限衍义"，第八章"符号的解释"主要阐述的语境与解释的关系，第九章"符号修辞"介绍的种种意义表达方式，诸如概念比喻、象征、反讽等等，都是旨在建立某种动机性语义理据，即把人使用种种语言策略所建构的意义世界，看作是符号学的意义的最终寄宿地。所以，我们把这种动机理据也看作是由语言建构的语义理据。

如果说动机理据是赵毅衡对皮尔斯"解释项"的创造性改造（也不乏对现象学、卡西尔、巴特等符号学思想的借鉴），那么《符号学原理与推演》的意义生产机制中所包含的结构理据，则来自索绪尔的形

---

① "在场与缺席是充实意向和空虚意向的对象相关项。空虚意向是这样的意向：它瞄准不在那里的、缺席的事物，对意向者来说是不在场的事物。充实意向则是瞄准在那里的事物的意向，该事物具体呈现在意向者面前。"（罗伯特·索科拉夫斯基，2009：33）

式论传统。结构理据主要指符号自身系统的种种规则和用法，即"文本意义"。以语言符号为中心的结构理据研究，是结构主义符号学最重要的成果，赵著上编的第六章"伴随文本"、第七章"双轴关系"、第十章"符码与元语言"，分别从文本间性、组合聚合关系、元语言（解释对象语言的深层符码及其规则）的角度，深入探讨了文本意义或结构理据对符号意义解释的影响和制约。

动机性的语义理据产生意图意义和解释意义，结构理据产生文本意义，赵毅衡在吸纳和改造皮尔斯理据论动态符号观的同时，又结合索绪尔传统的结构理据，赵毅衡的符号学理论也带有明显的中性化色彩。

五、小结

赵毅衡的《符号学原理与推演》具有以下理论特征：

其一，对索绪尔和皮尔斯两个符号学传统进行"中性化"处理而建构了一种意义论符号观。这种符号观以"意义"动机性阐释为主导，既吸收了皮尔斯关于意义产生于解释的思想，又继承了索绪尔符号学中在对象缺席中产生意义的立场。这使得赵毅衡的意义论符号观表现出鲜明的修辞语用主义色彩，与中国传统文化有某种精神上的契合。

其二，一般认为，索绪尔符号学传统重点涉及有意图的符号（语言以及人工符号），皮尔斯符号学传统大量涉及无表达意图的符号（自然痕迹、无意识的表达交流行为、实物符号等等）。这两种符号构成符号学的基本论域，带有语言符号和非语言符号、系统和反系统的二元互补性。

赵毅衡符号学的最大原创性在于走向文化阐释和文化创意：给予无意图、非系统的符号以同样程度的重视，甚至具有一定的非语言符号的、反结构系统色彩。这样，赵毅衡的符号学研究重点不在建立符号系统，而在于对符号学各核心范畴以及非语言符号进行创造性解读和在意指实践中的应用,在于以符号学立场对当下各种社会文化热点问题的敏锐把握和及时介入,在于以符号学为平台整合各人文学科。

其三,赵毅衡独特的意义论符号学研究理论,既降低了符号学门槛又开放了符号学边界,而具有鲜明的"泛符号学"倾向:借各种符号学理论解决和阐释各种社会文化事物中的意义现象,避开符号学非是即非的意识形态批判和求真意志的理论冲动,而专注于各种文化事物的创意和阐释活动。这种泛符号学倾向极大地适应了崇尚"实用理性"的当下中国社会现实和文化语境,使得赵毅衡领衔的四川大学符号学—传媒学研究所,吸引了大批来自各人文学科的符号学爱好者和年轻学生,已经成为当代中国各符号学研究机构中最具活力的阵地。

其四,赵毅衡的符号观具有后现代主义反系统、泛符号和中国传统哲学"意之所在便是物"相结合的中性色彩,似乎证明了学术界关于后现代主义具有"东方性"的论点,这种具有东方性的后现代主义符号观在中国学术界产生了越来越大的影响。

第八节　结语　当代中国符号学发展的几个基本问题

我们通过对以上各节内容的梳理,在本节中总结出当代中国符号学研究的五个基本问题。

一、中国传统符号的中性化特征

"中性"作为"二元对立项的中间状态或消解方式",既是一种"符号方式",表现为符号本体的结构特性;也是一种"符号观",表现为一种理论立场。

1. 执中型中性化方式是中国传统符号学的重要特征

无论是周易符号还是汉字符号，都包含了一个执中型中性化的符号学原则：一个符号只有在与其他符号的相互融合、互补中才能完成自己的表达，因此产生了言、文、象互动的象喻论符号学思想。例如，汉字的六书理论中也包含着深刻的中性符号思想：汉字是遵照形化（象形和表意）和音化（假借、记号化）两种表达机制相融汇的象喻原则来运行的，六书中的"形声"一书，则体现了这两种貌似对立的两极中性化、相融会的中性符号性质，汉字内部隐含着一个言、文、象的超语言符号关系场。

2. 中国传统符号学的执中型"中性"思想，主要表现为"象喻"性符号思维

象喻表现在三个方面：

（1）**能指的超符号性**。主要表现为周易、汉字符号在言、文、象之间的徘徊、过渡性质，无论是卦爻象还是象形字，它们兼具言（卦名或字音）、文（意符性）、象（图画性）的超符号性质。

（2）**所指的超符号性**。即符号所指各种类型的边界消失而处于某种浑成状态。尽管偏重逻辑的名辩之学已经对名称的所指进行了层级分析，具有了移心型"所指域"的思想萌芽，但就中国传统符号学整体而言，"意之所在便是物"还是主流立场。这个所指是象喻思维的产物，是观念的物化，物的观念化的融会物。这个意与物的浑成状态我们称为"执中型所指域"。"执中型所指域"拒绝符号所指的纯逻辑分析，既不是单一的概念物也不是纯粹的现实物或在场物，而是一个浑成的意象物。它是中国传统符号所指的典型样态，也是汉民族实用主义真理观的深层编码原则。

（3）**意指方式的象喻性**。这是从符号动态的能指和所指的结合角度分析的，象喻是"将（概念性）画面或可视性喻象投射到（可视性）

概念上的符号化方式",或者可表述为,以超符号性的能指产生执中型所指的方式。

二、中国当代符号学研究的中性化趋势

中国现代符号学在经历了初创时期"极性"(二元对立)发展之后,进入了"中性"理论阶段,即在语言符号与非语言符号、形式与实体、系统与过程、索绪尔与皮尔斯等这些二元对立项中采取一个中间立场,更关注它们之间"对立性解除"而产生的种种新理论、新视野、新领域。尤其在处理索/皮两个传统的关系上,王铭玉的"合治观"和赵毅衡的"意义观"中都表现出鲜明的"中性化"色彩,这代表了中国现代符号学研究的基本走向。当然,传统的和现代的"中性观"、不同学者的"中性观"究竟区别在哪里,这可能是一个重大的学术课题。尤其值得注意的是中国传统符号学的执中型中性思维和象喻原则,为世界符号学贡献了一种独特的符号意指方式:它与"互联网+"时代出现的言、文、象各种符号的跨类与兼容,它与形象与概念、观看与阅读融会的"后现代"符号文化,都有某种契合之处。这是中国传统符号学将会走向世界的原因所在。

中国符号学研究的中性化趋势,使得"超符号"研究成为主流。所谓"超符号"包括三个含义:

一是指超越语言词法、句法各级结构单位和言语性的情景交流单位(如一个命名、命题或篇章文本单位)边界的中性研究。

二是指超越自然语言和非语言符号边界的中性研究,如除了语言符号研究之外,还关注各种非语言符号,以及有交流意图的人工符号和无交流意图的行为、实物符号。

第三个含义指超越形式与物质(或实体)的边界。符号一般都具有形式和物质性(或实体性)双重属性,即无论它的能指还是所指,

都涉及一个物质或实体的理据性关联域。符号学物质性研究主要集中于两个方面：能指的物质性和所指的物质性对符号意义的影响。譬如，所指的物质（实体）关联域若存在一个由语义物、观念物、现实物到在场物的实体化层累关系，越是走向实体，其理据性就越强，形式化越弱；反之亦然。能指的物质（实体）关联域若存在一个能指的物质载体对符号意义的层累建构问题，如口语、书写、图像各种物质手段叠加对表意的影响，越是接近图像手段则理据性、物质化就越强，越接近语言则约定性、形式化特征越强。

我们看"超符号"的这三个特征包含了对语言/言语、语言符号/非语言符号、形式性/物质性等二元对立关系的解除，即对二者进行"中性化"处理的倾向。传统符号学恪守它们之间的边界，如索绪尔传统更强调形式化研究，皮尔斯传统则着重于实体化研究，而现代中国符号学逐渐采取一种"超符号"的中性观，即在这些二元对立体的相互补充、相互依存、相互关联的关系中研究其中每一个要素。王铭玉的符号学研究着重于语言性/言语性、形式化/实体化的超符号中性研究，而赵毅衡则表现出语言符号与非语言符号中性化的超符号研究倾向。

三、重新认识索绪尔仍是中国符号学的重要课题

符号学的中性化趋势最根本的问题是消除实体与形式、系统与过程、语言符号与非语言符号等关系的对立，尤其是对符号物质性（实体性）的关注，例如，王铭玉和赵毅衡关于符号的定义都认识到符号的物质性问题。

但是我们看到，尽管索绪尔偏向形式结构论立场，但他以及后来的叶尔姆斯列夫却将上述二元关系看作是其总体语言或总体符号框架下展开的对立项，因此，在某种意义上讲索绪尔是"中性"符号观的

鼻祖——他的语言和言语二分之外还有个中间项,即群体语言,后者包括了前两项。当索绪尔总是在"十字路口"徘徊、纠结、选择(如语言和言语、内部语言学和外部语言学、共时和历时、形式与实体)的时候,他就是在处理中性问题。

我们认为皮尔斯不能兼容索绪尔,但索绪尔的传统却为兼容皮尔斯留下接口。重返索绪尔,重返作为中性化了的索绪尔,一个与皮尔斯建立对话间性关系的索绪尔,或者说处理好"极性"和"中性"的张力关系是中国现代符号学进一步发展所面临的重要课题。

四、中西符号学理论由各自独白走向相互对话

长期以来中国符号学处于各种理论的"分治"或"独白"状态:诸如索绪尔和皮尔斯互不通约,西方符号学话语与中国传统符号学话语自说自话、互不对话等等。

目前的研究趋向是不仅在索/皮之间对等交流,而且让中西两种符号学话语展开对话,让中国传统符号学精神成为世界符号学共享的财富,同时在中西对话中建构中国自己的符号学理论,也成为中国符号学界的共识。上述三位作者也强烈意识到这一点,李幼蒸在他的《理论符号学导论》新版中增补了第五编,意在展开中西符号学的对话,其中"中国抽象字词的意素结构"一章,力图沟通西方符号学的逻辑语义传统和中国传统符号学的"实用语义传统"。(李幼蒸,2007:747)赵毅衡则领导他的团队开辟了"中国符号学遗产"的专题研究,将汉字符号学、《周易》符号学、名墨符号学、孔孟符号学、老庄符号学、《文心雕龙》符号学等纳入研究视野。(唐小林、祝东,2012)"王铭玉说,中国关于符号的思想起源较早,如《周易·系辞传》的'立象尽意'说,公孙龙《名实论》里的'名正'论,《说文解字》对语言符号理据的探求,《文心雕龙》对语言符号使用主体的认识等,皆反映出朴素的符号学思想。"(郝欣、曾江,2014)尤其是在《中国符号学的理论依归和学术精神》一文中,王铭玉对中国符号学的学术资源进行了梳理,列出了 13 个研究领域:易学符号学、名学符号学、训诂学符号学、汉字符号学、《文心雕龙》符号学、佛教哲学符号学、术数符号学、典故符号学、古典文学符号学、艺术符号学、音韵符号学、人类符号学、马克思主义符号学。(王铭玉,2016:64—65)可以看出,一个中国符号学研究的大潮即将到来。

中国符号学的未来方向就是:西方符号学与中国传统符号学的结合、沟通、对话,并在此基础上建立中国特色的符号学理论。就中国传统符号学的具体研究对象而言,笔者仍坚持 2004 年的预言:"笔者坚信本世纪中国学术将面临一场汉字学转向"(孟华,2004:引言),汉字符号学最值得期待。汉字符号学是站在与拉丁字母符号文化对比、对话的基础上研究"汉字符号是如何思维的":主要指我们在把汉字符号本身作为知识工具的使用中,它自身的意义系统和意指方式如何成为知识的基础、前提和背景,它自身的意指方式对知识构成的隐蔽的支配作用,对文化的建构功能,以及汉字符号的"超符号"性和它在中国各文化符号中的主导地位。尤其是汉字"六书"的"象喻思维",有可能成为介于索绪尔的任意性原则和皮尔斯的理据性原则之间的另一重大符号意指原则,对它的研究具有世界意义。但是,汉字的符号学研究并不必然使汉字象喻思维具有世界性,它的世界意义只能产生于它与索绪尔的任意性原则和皮尔斯的理据性原则的交流对话之中。

五、由纯理论研究转向意指理论与意指实践的结合

相对而言,以李幼蒸和王铭玉为代表的语言论符号学派更关注符号学理论体系的建构和意指理论的探索,而赵毅衡的意义论符号学,则代表了中国符号学走向意指实践和应用的趋向。在赵毅衡的领导下,

四川大学形成了一个具有强烈修辞语用主义和泛符号色彩的"西部学派",诸如产业符号学(诸如传播、广告、游戏、品牌的符号学研究)、文化与社会符号学(诸如体育、时装、名人、民族、幸福感的符号学研究)、文学艺术符号学(诸如电影、诗歌、图像、流行歌曲、网络文学的符号学研究)等均纳入该学派的研究视野。(唐小林、祝东,2012)

严格讲符号学意指实践不等于符号学应用。符号学的意指实践研究包括文化建设和文化批判两大主题。文化批判主题,像法国巴特的神话学、克里斯蒂娃的女性主义、福柯的权力话语等意识形态理论,在中国语境中不如文化建设主题更为主流。因此,意指实践研究中文化批判与反思一维的相对薄弱,也在一定程度上影响了中国符号学的理论原创性和应用的实效性。

本章参考文献

阿斯曼:《有文字的和无文字的社会》,《中国海洋大学学报》2004年第6期。

爱森斯坦:《蒙太奇论》,富澜译,北京:中国电影出版社,2003年。

安娜·埃诺、安娜·贝雅埃:《视觉艺术符号学》,怀宇译,成都:四川大学出版社,2014年。

奥格登、理查兹:《意义之意义》,白人立等译,北京:北京师范大学出版社,2000年。

巴赫金:《周边集》,李辉凡等译,石家庄:河北教育出版社,1998年。

保罗·利科尔:《解释学与人文科学》,陶远华等译,石家庄:河北人民出版社,1987年。

布洛克曼:《结构主义》,李幼蒸译,北京:商务印书馆,1980年。

才清华：《言意之辨与语言哲学的基本问题：对魏晋言意之辨的再诠释》，上海：上海人民出版社，2013年。

车铭洲编：《西方现代语言哲学》，李连江译，天津：南开大学出版社，1989年。

陈嘉映：《简明语言哲学》，北京：中国人民大学出版社，2013年。

陈梦家：《中国文字学》，北京：中华书局，2006年。

成立：《有别于"摹仿论"的"取象说"》，《文史哲》1997年第2期。

池上嘉彦：《符号学入门》，张晓云译，北京：国际文化出版社，1985年。

党怀兴：《宋元明六书学研究》，北京：中国社会科学出版社，2003年。

德里达：《论文字学》，汪堂家译，上海：上海译文出版社，1999年。

蒂费纳·萨莫瓦约：《互文性研究》，邵炜译，天津：天津人民出版社，2003年。

丁尔苏：《语言的符号性》，北京：外语教学与研究出版社，2000年。

丁尔苏：《皮尔斯符号理论与汉字分类》，《符号与传媒》2010年第1期。

房玄龄等：《晋书》，北京：中华书局，1974年。

冯友兰：《中国哲学史》，上海：华东师范大学出版社，2011年。

弗朗索瓦·于连：《迂回与进入》，杜小真译，北京：生活·读书·新知三联书店，1998年。

弗雷格：《论涵义和指称》，载涂纪亮主编：《语言哲学名著选辑》，北京：生活·读书·新知三联书店，1988年。

高概：《话语符号学》，王东亮编译，北京：北京大学出版社，1997年。

高亨：《周易大传今注》，北京：清华大学出版社，2010年。

龚鹏程：《文化符号学》，北京：北京大学出版社，2005年。

古文字诂林编纂委员会:《古文字诂林·册二》,上海:上海教育出版社,1999年。

郝欣、曾江:《中国将成为新的符号学中心》,《中国社会科学报》2014年2月17日。

韩丛耀:《图像:一种后符号的再发现》,南京:南京大学出版社,2009年。

何九盈:《汉字文化学》,沈阳:辽宁人民出版社,2000年。

胡适:《中国哲学史大纲》,长沙:岳麓书社,2010年。

胡阳、李长铎:《莱布尼茨二进制与伏羲八卦图考》,上海:上海人民出版社,2006年。

胡易容:《图像符号学:传媒景观世界的图式把握》,成都:四川大学出版社,2014年。

黄德宽:《汉语文字学史》,安徽:安徽教育出版社,2006年。

黄华新、陈宗明:《符号学导论》,郑州:河南人民出版社,2004年。

黄天树:《论汉字结构之新框架》,载氏著:《甲骨金文论集》,北京:学苑出版社,2014年。

黄亚平、孟华:《汉字符号学》,上海:上海古籍出版社,2001年。

卡西尔:《人论》,甘阳译,上海:上海译文出版社,1985年。

科尼利斯·瓦尔:《皮尔斯》,郝长墀译,北京:中华书局,2003年。

孔繁:《荀子评传》,南京:南京大学出版社,1997年。

利奇:《文化与交流》,卢德平译,北京:华夏出版社,1991年。

李俊红:《说文通训定声"叚借"研究》,北京:首都师范大学出版社,2012年。

李乐毅:《汉字演变五百例》,北京:北京语言大学出版社,2014年。

李先焜:《语言、符号与逻辑》,武汉:湖北人民出版社,2006年。

李幼蒸:《理论符号学导论》,北京:中国社会科学出版社,2007年。

李泽厚:《美的历程》,北京:中国社会科学出版社,1989年。

李战子：《多模式话语的社会符号学分析》，《外语研究》2003年第5期。

梁海明译注：《易经》，太原：山西古籍出版社，1999年。

刘宝楠：《论语正义》，北京：中华书局，1990年。

刘大钧：《周易概论》，济南：齐鲁书社，1988年。

刘康：《对话的喧声》，北京：中国人民大学出版社，1995年。

刘又辛：《汉字发展史纲要》，北京：中国大百科全书出版社，2000年。

卢德平：《青年文化的符号学阐释》，北京：社会科学文献出版社，2007年。

路易斯·叶姆斯列夫：《叶姆斯列夫语符学文集》，程琪龙译，长沙：湖南教育出版社，2006年。

罗兰·巴特：《符号学历险》，李幼蒸译，北京：中国人民大学出版社，2008年。

罗兰·巴特：《今日神话》，载吴琼、杜予编：《形象的修辞》，北京：中国人民大学出版社，2005年。

罗兰·巴特：《符号学原理》，王东亮译，北京：生活·读书·新知三联书店，1999年。

罗兰·巴特：《中性——法兰西学院课程讲义》，张祖建译，北京：中国人民大学出版社，2010年。

罗曼·雅柯布森：《雅柯布森文集》，钱军译注，北京：商务印书馆，2012年。

马克斯·本泽、伊丽莎白·瓦尔特：《广义符号学及其在设计中的应用》，徐恒醇编译，北京：中国社会科学出版社，1992年。

孟德卫：《莱布尼茨和儒学》，张学智译，南京：江苏人民出版社，1998年。

孟华：《符号表达原理》，青岛：青岛海洋大学出版社，1999年。

孟华:《动机性文字和任意性文字》,《语文建设通讯》1998年第56期。

孟华:《汉字:汉语和华夏文明的内在形式》,北京:中国社会科学出版社,2004年。

孟华:《文字论》,济南:山东教育出版社,2008年。

孟华:《汉字主导的文化符号谱系》,济南:山东教育出版社,2014年。

米歇尔·福柯:《知识考古学》,谢强、马月译,北京:生活·读书·新知三联书店,1998年。

米歇尔·福柯:《词与物》,莫伟民译,上海:上海三联书店,2001年。

莫里斯:《开放的自我》,定扬译,徐怀启校,上海:上海人民出版社,1985年。

莫里斯:《指号、语言和行为》,罗兰、周易译,上海:上海人民出版社,2011年。

诺曼·布列逊:《语词与图像》,王之光译,杭州:浙江摄影出版社,2001年。

皮尔斯:《皮尔斯论符号》,赵星植译,成都:四川大学出版社,2014年。

钱穆:《论语新解》,北京:生活·读书·新知三联书店,2012年。

钱锺书:《管锥编》,北京:生活·读书·新知三联书店,2008年。

裘锡圭:《文字学概要》,北京:商务印书馆,1988年。

饶宗颐:《符号、初文与字母——汉字树》,上海:上海书店出版社,2000年。

沙夫:《语义学引论》,罗兰、周易译,北京:商务印书馆,1979年。

尚·布希亚(又译"鲍德里亚"):《物体系》,林志明译,上海:上海人民出版社,2001年。

沈兼士：《沈兼士学术论文集》，北京：中华书局，1986年。

申小龙：《汉语语法学》，南京：江苏教育出版社，2001年。

石虎：《论字思维》，载谢冕、吴思敬编：《字思维与中国现代诗学》，天津：天津社会科学院出版社，2002年。

孙诒让：《墨子间诂》，北京：中华书局，2001年。

索绪尔：《普通语言学教程》，高名凯译，北京：商务印书馆，1980年。

谭戒甫：《公孙龙子形名发微》，北京：中华书局，1963年。

谭戒甫：《墨辩发微》，北京：中华书局，1964年。

唐兰：《中国文字学》，上海：上海古籍出版社，2001年。

唐兰：《古文字学导论》，济南：齐鲁书社，1981年。

唐小林、祝东主编：《符号学诸领域》，成都：四川大学出版社，2012年。

涂纪亮编：《皮尔斯文选》，涂纪亮、周兆平译，北京：社会科学文献出版社，2006年。

涂纪亮主编：《语言哲学名著选辑》，北京：生活·读书·新知三联书店，1988年。

涂纪亮：《现代西方语言哲学比较研究》，北京：中国社会科学出版社，1996年。

托多洛夫：《巴赫金、对话理论及其他》，蒋子华、张萍译，天津：百花文艺出版社，2001年。

汪胤：《理念之后——作为情感主义和快乐主义的皮尔斯哲学》，上海：上海人民出版社，2008年。

汪裕雄：《意象探源》，合肥：安徽教育出版社，1996年。

王弼：《周易注》，楼宇烈校释，北京：中华书局，2011年。

王博：《易传通论》，北京：中国书店，2003年。

王铭玉：《语言符号学》，北京：高等教育出版社，2004年。

王铭玉:《现代语言符号学》,北京:商务印书馆,2013年。

王铭玉:《中国符号学的理论依归和学术精神》,《天津外国语大学学报》2016年第1期。

王国维:《观堂集林》,石家庄:河北教育出版社,2001年。

王宁:《汉字构形学讲座》,上海:上海教育出版社,2002年。

王先谦:《荀子集解》,北京:中华书局,1988年。

魏衍华:《孟子"〈诗〉亡然后〈春秋〉作"发微》,《理论学刊》2010年第4期。

乌蒙勃托、艾柯:《符号学理论》,卢德平译,北京:中国人民大学出版社,1990年。

吴毓江:《墨子校注》,北京:中华书局,2006年。

伍非百:《中国古名家言》,成都:四川大学出版社,2009年。

夏静:《"象喻"思维论》,《江海学刊》2012年第3期。

徐平:《"物"与"意符诗法"》,涂险峰译,《长江学术》2006年第2期。

徐瑞:《周易符号学概论》,上海:上海图书馆,2013年。

徐通锵:《汉语结构的基本原理》,青岛:中国海洋大学出版社,2005年。

徐通锵:《汉语字本位语法导论》,济南:山东教育出版社,2008年。

许慎:《说文解字》,北京:中华书局,1963年。

杨伯峻:《春秋左传注》,北京:中华书局,1990年。

杨伯峻:《论语译注》,北京:中华书局,1980年。

杨庆中:《二十世纪中国易学史》,北京:人民出版社,2000年。

杨志刚:《中国礼仪制度研究》,上海:华东师范大学出版社,2001年。

叶适:《习学记言序目》,北京:中华书局,1977年。

叶秀山:《美的哲学》,北京:人民出版社,1991年。

俞建章、叶舒宪:《符号:语言与艺术》,上海:上海人民出版社,1988年。

詹剑峰:《墨家的形式逻辑》,武汉:湖北人民出版社,1956年。

张吉良:《周易通演》,济南:齐鲁书社,1999年。

张其昀:《汉字学基础》,北京:中国社会科学出版社,2005年。

张绍杰:《语言符号任意性研究——索绪尔语言哲学思想探索》,上海:上海外语出版社,2004年。

赵毅衡:《文学符号学》,北京:中国文联出版公司,1990年。

赵毅衡:《符号学文学选集》,天津:百花文艺出版社,2004年。

赵毅衡:《符号学原理与推演》,南京:南京大学出版社,2011年。

赵毅衡:《广义叙事学》,成都:四川大学出版社,2013年。

赵元任:《语言问题》,北京:商务印书馆,1980年。

郑文东:《文化符号域理论研究》,武汉:武汉大学出版社,2007年。

郑永健:《"克己复礼"的争论》,《哲思》1999年第3期。

朱前鸿:《先秦名家四子研究》,北京:中央编译出版社,2005年。

朱伯崑主编:《周易知识通览》,济南:齐鲁书社,1993年。

代结束语　中国符号学的理论依归和学术精神

相当长的一段时间内，在世界符号学界，法国、美国、俄罗斯被誉为"符号学三大王国"。法国是符号学研究的滥觞之地，以巴特、格雷马斯（A. Greimas）为代表的巴黎学派对符号学的启蒙与发展作用很大。美国是目前世界上最活跃的符号学国度，其研究起源于皮尔斯学说的符号研究，目前雅各布森（R. Jakobson）带有语言符号学倾向的诗学研究以及西比奥克（T. Sebeok）带有生物符号学倾向的全球符号学研究占有重要的地位。俄罗斯是现代结构语言学和符号学运动中最有特色的国家，以洛特曼（Ю. Лотман）为代表的莫斯科—塔尔图符号学学派把俄罗斯传统的人文精神与现代科学思想完美地结合起来。

中国是一个符号学思维丰富的国家，更是一个具有符号学研究传统的国度。中华文化博大精深，符号学学术资源独特、丰富，面对世界符号学的发展际遇，中国作为符号学大国如何融入世界？如何获得应有的学术话语权？如何建立具有中国风格和气派的中国符号学学派？如何为世界符号学做出我们的贡献？这些都是亟待回答的问题，也关系到符号学在中国的发展进路。总归起来，要回答这些问题，可以从中国符号学的理论依归和中国符号学的学术精神两方面来谈。

首先来探讨中国符号学的理论依归问题，对中国符号学的学术资源进行梳理。

（1）易学符号学。从《河图》、《洛书》、《周易》到后世的解易之学，尤其是《周易》符号谱系中"筮、经、传、学"的层累递进关系及其体现的意象符号学思想，实际上构成了一部完整的"易学"符号思想史。

（2）名学符号学。名学是我国古代以名为研究对象，以"正名"为核心内容的一种独特理论。孔孟儒家的正名学说，道家经典的名实之辨和言意之辨，名墨典籍的名实理论和指物理论，名法之学的礼法思想都可归入该范畴之列。

（3）训诂学符号学。符号学是广义上的意义学说，而萌发于春秋战国，兴盛于西汉东汉，经北宋南宋革新转向，在清朝和近代鼎盛不衰的训诂之学，是颇具中国风格与中国样式的符号意义学说，其以形索义、因声求义、直陈词义的意义理论构成意指关系的典型符号模式。

（4）汉字符号学。汉字是中国文化思想最基础的建构单位，以东汉许慎《说文解字》为代表，以"六书"为核心的"说文学"无论在中国文化符号谱系中还是在世界符号学思想史上都具有极其重要的地位。目前，汉字所体现的独特的符号思维方式和哲学世界观，作为反思、批判西方"逻各斯中心主义"的重要思想资源，已经引起西方学术界的高度关注，汉字符号学走向世界学术中心舞台的历史契机已经来临。

（5）《文心雕龙》符号学。《文心雕龙》是刘勰对先秦到南朝的文学所做的系统性的"符号"挖掘，或者说是规范和确定了古代文论批评话语的符号系统，其符号特质主要体现为总体叙事结构的等级秩序与分类描述的"释名章义"、"命名"活动，全书层级分明，充满了文化符号气息，既体现了文学自觉时代的影响，亦确证了阐释文学的身份符号。[①]

[①] 张劲松：《〈文心雕龙〉符号学研究——传统释义话语的叙事与结构符号学初探》，《符号与传媒》2012年第2期，第100页。

（6）佛教哲学符号学。此类符号学主要指因明论与唯识学。"因明"导源于古印度的辩论术，"因"指原因、根据、理由，"明"指学术，因明是佛教逻辑学的专名，因明论的核心纲要为十六句义，即十六种认识及推理论证的方式。唯识学是印度大乘佛教瑜伽行派的基本理论。因明论与唯识学虽然都是围绕宗教实践展开研究，但对语言、符号都有所思考，都认为语言、符号与人的认知行为相关，甚至生成了人之意义世界。

（7）术数符号学。传统术数文化是中国文化中非常独特且富有魅力的资源，繁难者如遁甲六壬，简易者如梅花六爻；占天者如七政如，问地者如风水堪舆；卜事者如测字龟占，求命者如四柱紫薇；等等。虽然术数种类繁多，但无论哪一门类，都无一例外地拥有一套用于表义的符号系统。

（8）典故符号学。典故即典制和掌故。中国崇古贱今的思想较浓，文人著书立说往往要引用古人古事以加强说服力。相较于任何一种文化和文学现象来说，典故在中国古代文学中占有举足轻重的独特地位，甚至可以说中国语言学就是从典故中生发、繁衍、发展的。中国古代文人在创作过程中引用典故，以最少的文字表达最丰富的意义，其中的原理恰能与符号学暗合，它是一种意象、象征，更是一种互文性的充分体现。

（9）古典文学符号学。中国现代文学观念主要来自西方，但古典文学理论则不同，它是中华民族文化的结晶，概括了孔子以来文治教化之学的全部内容，或者可以说是儒家学术文化的总称，是一种有别于西方文化、具有独特社会政治文化内涵和丰富学术思想的观念符号，其中，《史记》、唐诗、宋词、元曲、《红楼梦》等均为世界文学符号学资源中的瑰宝。

（10）艺术符号学。中国艺术（绘画与书法、音乐和戏曲等）崇尚结构形式美学，显示出一种独特而又不变的中国精神。从符号学角度来看，中国艺术的独特符号属性体现为以下几个方面：结构主义倾向（有固定形式和体裁的传统文本形式和艺术整体原则）、形式主义倾向（忽视结构的叙事性，高度重视形式主义美学）、象征主义倾向（通过各种想象的象征来达到对"形而上者"的追求）、同构表意倾向（诗歌是中国文化之根，各种艺术形式追求以诗歌的方式来表达意指关系）。①

（11）音韵符号学。音韵学也称声韵学，它是研究古代汉语各个历史时期声、韵、调系统及其发展规律的一门传统学问。有别于现代语音学，它以元朝以前各种语音现象之间的相互关系为研究重点，具有很显著的民族特点。此领域的代表作有《诗经》（古音学）、《切韵》（今音学）、《中原音韵》（北音学）等。音韵学中充满了符号学的层次、标记、象似、意指等因素，是一个亟待挖掘的符号学富矿。

（12）人类符号学。中国历史文化的最大优势在于源远流长、博大精深。在天地共生的人类发展史上，彩陶符号、甲骨文字、中原外围地区的各种岩画和刻画符号都充满了符号学的迷因，而在半坡遗址、山东大汶口遗址、敦煌壁画、嘉峪关晋墓、麦积山雕塑、龙门石窟等处，都曾发现先民的大量符号实物，这些体现了具有符号功能的人的本性不断完善的历程，显示了符号世界的无限丰富性。

（13）马克思主义符号学。马克思主义研究风靡全世界，中国作为世界上最大的社会主义国家，对于此领域的研究理所当然地既有制度优势又负独特责任。马克思主义与符号学的关联主要表现在方法论上，即从马克思主义基本理论方法的历时性维度出发，可以对结构主义符号学共时性方法进行理性的审视或颠覆性的消解。同时，通过对符号学实践差异性以及符号批判对象间关系的辨析和梳理，可以扩展马克思主义批评理论研究的视野，丰富马克思主义符号学的发展。

---

① 李幼蒸：《从符号学看中国传统文化》，《史学理论研究》1995年第3期，第39页。

以上我们列举了 13 个独具中国特色，中国占有得天独厚优势，其他国家和地区难以比拟的符号学领域，这是中国符号学的底牌，也是中国符号学的希望。据此我们完全有理由认可以下观点："符号学在很大程度上是一门中国的学科，只是我们最近刚明白自己的这段历史，我们只是面对自己的财富一时打了个盹。符号学的苏醒正在成为中国学界一个令人瞩目的现象。"[1] 那么如何抓住机遇，担当历史赋予的学术重任呢？这是我们要谈的第二个方面——中国符号学应有的学术精神。

（1）借鉴与创新相结合的符号学态度。符号学作为一门学科自问世以来，始终是西方学术界的贵宠，而中国学者的真正介入是近三四十年的事。虽说学习引介是必然之路，但我们需要的不是一味地"西学东渐"，而是建立正确的符号学观。其一，"理论思维上的'西方是西方，东方是东方'不再能成立了"[2]，在全球化时代，各种人类知识都应按统一的学术框架加以重新整理与定位；其二，学习的同时，坚持创造性地为我所用的原则，学会用符号学的前沿理论来解决中国符号学的问题，推进符号学的本土化进程；其三，我国历史悠久的传统文化中符号学资源丰富，要善于挖掘、探索，勇于创建具有中国特色的符号学理论。

（2）对话与交锋的自立方式。长期以来，中国符号学处于各种理论的"分治"或"独白"状态，西方符号学与中国传统符号学自说自话。如何破除这一窘状，让中西符号学展开对话，尤其要让中国传统符号学精神成为世界符号学共享的财富，同时在中西对话中建构中国自己的符号学理论，这已成为中国符号学界共同面临的问题。中国符号学要想屹立于世界学术之林，需要对话与交锋：一是"中国学术传

---

[1] 赵毅衡：《正在兴起的符号学中国学派（代编者按）》，《贵州社会科学》2012 年第 12 期，第 20 页。

[2] 李幼蒸：《中西符号学对话的意义和前景》，《国外社会科学》2004 年第 4 期，第 2 页。

统不仅是西学的重要'异他者',而且是其必要的对话者和补充者";二是"作为一个跨学科和跨越不同文化的研究领域,中国符号学一定要善于用我们自己的表现方式与现代符号学理论展开全面的思想交锋,在交锋中获得话语权,在交锋中求得自立";三是互动与互赢,中国符号学的出现,"一方面有助于西方符号学理论的自我反省和调整,另一方面有助于中国人文科学本身的现代化发展"①。

（3）适合东方思想的"合治"观念。西方现代符号学看似流派纷繁复杂,实则归属于两大派别：索绪尔符号学和皮尔斯符号学。前者与现代西方哲学的人本主义思潮相近,以康德先验主义哲学和结构主义思想为基础,其显著特点是人本主义倾向和社会交流性,主旨在于意指和交流；后者与现代西方哲学的科学主义思潮接近,以实用主义哲学、范畴论和逻辑学为基础,其显著特点是科学主义倾向、经验主义、生物行为主义、认知性和互动性,主旨在于认知和思维。② 中国符号学学者在多样化的符号学观念面前往往彷徨不定,对两大流派也多是偏执于一端,这对中国符号学独立地位的确定是不利的。我们认为,中华文化的特质需要一种"合治"的符号学学术观,借此可以彰显中国符号学的主体尊严和人文精神。"合治"观是中国学者应该选择的第三条路线,它并不是对西方两大学派的模糊折中或简单综合,而是一种在汲取西学营养基础上针对中国传统文化特点所提出的符号观。其核心思想有：一、在符号本体问题上,坚持以理据性为主,兼顾约定性；二、在符号主客体关系问题上,坚持以符号主体的"动机理据"为基础,强调主体对客体的阐释力和创造力；三、在研究态度方面,坚持修辞理性和实践理性原则,避开符号学意识形态批判和求真意志的理论冲动,专注于各种符号事物的创意和阐释活动；四、在理论指

---

① 李幼蒸：《中西符号学对话的意义和前景》,《国外社会科学》2004 年第 4 期,第 4—6 页。
② 郭鸿：《现代西方符号学纲要》,复旦大学出版社 2008 年版,第 41—55 页。

向方面,坚持语言形式论传统和真值逻辑实用主义传统,即形式化加实体化;五、在思维取向方面,坚持类符号思维加意象性原则。

(4)探索意义的符号化过程。从卡西尔开始,西方人就将符号视为有生命的东西,甚至称符号学是一门生命科学。其中的主要原因在于意义的生命与活力。符号学本身就是一种意义科学,而意义是由人类的认知能力孕育而生的,它能够成长、能够被消耗。符号化过程就是意义的生命过程,从符号学过程的视角来看待中国的符号学可以起到及时的纠偏功能。"符号学在中国的学术实践中很少获得应用,一旦应用又往往成为'投机取巧'。一些标榜符号学的理论作品往往以辨认出某种作品或者某种现象中的符号而自满。要知道,符号的辨认不是符号学实践的结束而仅仅是这种实践的开始。符号化过程才是符号学的重点,否则符号学就退化成了符号分类学。"①

(5)崇尚大符号概念。在既往的符号学研究中,人们关注的重点是有意图的符号(比如语言以及人工符号),而忽视了大量涉及无表达意图的符号(比如自然痕迹、实物符号等)。在中国传统符号学中,虽然有意图的符号同样占据着主要研究对象的地位,但术数、遗迹及实物符号并不少见,而且特色鲜明,对此学界缺少足够的关注。因此,中国的符号学研究应该尊崇"大符号"概念,既要重视有意图的符号,又要对无意图、非系统的符号给予关注;既要重视自然语言及人工语言符号,又要对非语言符号给予关注;既要重视符号的形式化研究,又要对符号的物质化研究给予关注。用大符号的概念来解决中国传统符号学的问题,有助于让中国传统符号学的全部资源被纳入世界符号学的视野之中,凸显中国符号学研究的特色。

(6)注重意指方式的取向。符号与对象、能指与所指、表达面与内容面的关系等通常被称为"意指性",透过意指性人们可以运用符号

---

① 薛忆沩:《走进当代符号学的必经之路》,《书屋》1996年第1期,第14页。

来分析主客观世界，这就是意指方式。不同的符号学理论以不同的意指方式作为研究的切入点，意指方式的差异往往决定着符号系统的类型差异。中国传统符号学拥有独特的符号意指方式，即类符号思维与意象性原则的融合，其观照的类符号世界可以跨越主体与客体、符号与对象、语言符号与非语言符号、理据性与任意性、指称与涵义、系统与过程、实体与形式的界限，走进世界符号学之列，体现中国符号学的魅力与优势。

回顾历史，中国符号学思想源远流长，中国符号学资源丰富多样；审视如今，中国符号学研究方兴未艾，中国符号学论著层出不穷。尽管如此，因多方面因素的制约，中国符号学研究的学术影响和学术地位还有待提升。如果能秉承上文所及 13 个方面的理论依归和 6 个方面的学术精神来拓展中国符号学的发展进路，我们相信，中国符号学必定会迎来辉煌的明天，真正成为符号学"第四大王国"。

中国符号学推荐书目

陈宗明:《汉字符号学》,南京:江苏教育出版社,2001年。
丁尔苏:《超越本体》,苏州:苏州大学出版社,1994年。
丁尔苏:《语言的符号性》,北京:外语教学与研究出版社,2000年。
丁尔苏:《符号与意义》,南京:南京大学出版社,2012年。
董小英:《再登巴比伦塔——巴赫金与对话理论》,北京:生活·读书·新知三联书店,1994年。
龚鹏程:《文化符号学》,北京:北京大学出版社,2005年。
苟志效:《意义与符号》,广州:广东人民出版社,1999年。
苟志效、陈创生:《从符号的观点看:一种关于社会文化现象的符号学阐释》,广州:广东人民出版社,2003年。
韩丛耀:《图像:一种后符号的再发现》,南京:南京大学出版社,2009年。
胡妙胜:《戏剧演出符号学引论》,北京:中国戏剧出版社,1989年。
胡易容:《传播符号学:后麦克卢汉的理论转向》,苏州:苏州大学出版社,2012年。
胡易容、赵毅衡编:《符号学传媒学词典》,南京:南京大学出版社,2012年。
胡易容:《图像符号学:传媒景观世界的图式把握》,成都:四川大学出版社,2014年。

黄华新、陈宗明：《符号学导论》，郑州：河南人民出版社，2004年。
黄亚平、孟华：《汉字符号学》，上海：上海古籍出版社，2001年。
黄亚平、白瑞斯、王霄冰：《广义文字研究》，济南：齐鲁书社，2008年。
姜可立：《文学语言符号学》，成都：四川人民出版社，2011年。
孟华：《符号表达原理》，青岛：青岛海洋大学出版社，1999年。
孟华：《文字论》，济南：山东教育出版社，2008年。
孟华：《汉字主导的文化符号谱系》，济南：山东教育出版社，2014年。
李玮：《新闻符号学》，成都：四川大学出版社，2014年。
李先焜：《语言、符号与逻辑》，武汉：湖北人民出版社，2006年。
李幼蒸：《理论符号学导论》，北京：中国社会科学出版社，2007年。
李幼蒸：《历史符号学》，桂林：广西师范大学出版社，2003年。
连甫：《你身边的符号：符号学入门》，哈尔滨：黑龙江人民出版社，1997年。
林岗：《符号·心理·文学》，广州：花城出版社，1985年。
林信华：《社会符号学》，上海：东方出版中心，2011年。
刘康：《对话的喧声》，北京：中国人民大学出版社，1995年。
卢德平：《青年文化的符号学阐释》，北京：社会科学文献出版社，2007年。
齐隆壬：《电影符号学》，上海：东方出版中心，2013年。
饶广祥：《广告符号学》，成都：四川大学出版社，2014年。
唐小林、祝东主编：《符号学诸领域》，成都：四川大学出版社，2012年。
屠友祥：《索绪尔手稿初检》，上海：上海人民出版社，2011年。
徐瑞：《周易符号学概论》，上海：上海图书馆，2013年。
王铭玉：《语言符号学》，北京：高等教育出版社，2004年。

王铭玉:《现代语言符号学》,北京:商务印书馆,2013年。

肖峰:《从哲学看符号》,北京:中国人民大学出版社,1989年。

余志鸿:《传播符号学》,上海:上海交通大学出版社,2007年。

俞建章、叶舒宪:《符号:语言与艺术》,上海:上海人民出版社,1988年。

郑文东:《文化符号域理论研究》,武汉:武汉大学出版社,2007年。

张碧:《社会文化符号学》,成都:四川大学出版社,2014年。

张绍杰:《语言符号任意性研究——索绪尔语言哲学思想探索》,上海:上海外语出版社,2004年。

赵毅衡:《文学符号学》,北京:中国文联出版公司,1990年。

赵毅衡:《符号学文学选集》,天津:百花文艺出版社,2004年。

赵毅衡:《符号学原理与推演》,南京:南京大学出版社,2011年。

赵毅衡:《广义叙事学》,成都:四川大学出版社,2013年。

周庆华:《语文符号学》,上海:东方出版中心,2011年。

祝东:《先秦符号思想研究》,成都:四川大学出版社,2014年。

宗争:《游戏学:符号叙述学研究》,成都:四川大学出版社,2014年。

本书重要术语

B	**C**
悲剧	材料
本体感受论	层级
本体论	阐释学
边界	常体
编码	场所
变体	超符号
变异作用	超文本
辩证唯物主义	超验符号学
标记理论	超验性
表达	超语言性
表达功能	陈述
表述	陈述发送者
表象	陈述活动
表征素	陈述接收者
布局	呈符
布拉格学派	程式
	出现
	传播功能

词符
词汇学
词素
词位
词义
次线
存在
存在形式
错觉
大众文化
代码
代替词符

动态对象
动物符号学
独白
对称
对话
对话论
对话性
对话者
对话主义
对手
对象
对应性
多代码性
多格扎
多结构性
多因决定
多语性
多元性

D

单符
道义模态
等级主义
等同
等值
第二模式化系统
第二模式系统
第一模式化系统
第一模式系统
电影符号学
电影语法
定型
动机

E

二分法
二级范畴
二元对立

F

发送者
法律符号学

反行为
反应倾向
反应序列
泛时语言学
范畴化
方法论
方言
非对称
非言语交际符号
非自动化
分析
分延
风格
封闭主义
讽刺模拟
服装符号学
符构学
符号
符号互动论
符号活动
符号系统
符号学
符号学矩阵
符号学语法
符号域
符号载体
符号自我

符效学
符义学
符指过程
附连关系
复变
复合项
复调理论
复现
傅立叶主义

G

概念词
概念化
概念意义
哥本哈根语言学学派
个性化词符
功能
功能符号学原则
功能形式主义
功能语义原则
共时
构形成分
卦爻辞
卦爻象
关联性
关系
惯习

广告符号学　　　　　　　集体统一体
广义写作　　　　　　　　加力
归纳　　　　　　　　　　假设
规则　　　　　　　　　　价值
　　　　　　　　　　　　建筑符号学

H
　　　　　　　　　　　　交际
涵指　　　　　　　　　　交际符号学
寒暄功能　　　　　　　　交流
汉字符号学　　　　　　　接合
合取　　　　　　　　　　接收者
合治论　　　　　　　　　接受美学
黑格尔主义　　　　　　　结构
痕迹　　　　　　　　　　结构化
互文性　　　　　　　　　结构论符号学
话语　　　　　　　　　　结构因果
话语分析　　　　　　　　结构主义
话语性　　　　　　　　　结构主义语言学
环境符号学　　　　　　　解构
换喻　　　　　　　　　　解构论
谎言　　　　　　　　　　解释
　　　　　　　　　　　　解释项
J
　　　　　　　　　　　　解释学
机器翻译　　　　　　　　精神分析学
机器符号学　　　　　　　静态的
基底　　　　　　　　　　句段关系
激情　　　　　　　　　　句法
极性　　　　　　　　　　句法学

聚合
聚合关系
聚合体
菌类符号学

K

喀山学派
可感之物
可理解之物
可视符号学
克莱因集群
空间符号学
控制论
狂欢化理论

L

浪漫主义
类指
历时
历时性
历史唯物主义
历史语言学
立象以尽意
连对
连贯
连续性
连言

联系词符
联想关系
两书说
量化词符
六书
论符
论域
论证
逻辑学

M

马尔学说
马克思主义
矛盾美学
秘密
秘密主义
描述性词符
民间故事
民间文学
名辩之学
名实
名学
模件思维
模式
模式化
模态
陌生化

莫斯科—塔尔图符号学派
莫斯科语言学小组
目的论

N

内部形式
内符号活动
内涵
内容
能产性
能指
尼采哲学
浓缩

O

欧亚主义

P

配价
皮亚杰集群
偏离观

Q

祈愿式
潜在过程
强迫式
青年语法学派

情感表述
情感表现力
情感功能
情节
情节结构
区别
区别性特征
全球符号学
诠释

R

人类符号活动
认识论决裂
认知
认知体系
认知研究
任意
任意性

S

三书说
三级范畴
社会符号学
神话素
生成
生成文本
生命符号学

生物符号学　　　　　　　　所指
生物域　　　　　　　　　　索引符
圣西门主义
失语症　　　　　　　　　　　T
诗歌功能　　　　　　　　　他者
诗学功能　　　　　　　　　替代
诗学语言　　　　　　　　　同构现象
诗语研究协会　　　　　　　同构性
施事者　　　　　　　　　　同位素性
时间符号学　　　　　　　　图示
时间化　　　　　　　　　　脱离
时距
实现词符　　　　　　　　　　W
实现过程　　　　　　　　　微观
实效主义　　　　　　　　　微观符号学
实用语言　　　　　　　　　唯名派
实证主义　　　　　　　　　唯心主义
实质　　　　　　　　　　　维度
视点　　　　　　　　　　　维系功能
手势词　　　　　　　　　　位素
手势语　　　　　　　　　　位移
书写法　　　　　　　　　　文本
述符　　　　　　　　　　　文本分析
双面双层二维　　　　　　　文化人类学
双重分节　　　　　　　　　文学代码
斯拉夫派　　　　　　　　　文学符号学
溯因　　　　　　　　　　　文学惯习

文学性
文学演变
沃尔夫假说
无标记性
无限符号活动
无意识
无政府主义

X

西欧派
西欧主义
析取
戏剧符号学
戏剧结
戏剧性
系谱
系统
系统论
现时性
现象文本
现象学
相对主义
相关性
相似
相信
相异性
象似符

象喻
象征
象征符
象征符号
象征机制
象征主义
写作
谢林主义
心理符号学
新康德主义
信号
信息论
行动
行动范围
行动元
行为
行为符号学
行为文本
行为者
行为者模式
行为主义
行为族
形式
形式系统
形式主义
形态
形态交替

形态学　　　　　　　　异化
型符　　　　　　　　　异结构性
修辞　　　　　　　　　异质性
修辞格　　　　　　　　意动功能
修辞学　　　　　　　　意识形态
虚假　　　　　　　　　意思词
序列　　　　　　　　　意图功能
叙事　　　　　　　　　意义论符号学
叙事单元　　　　　　　意义效果
叙事模式　　　　　　　意愿
叙事学　　　　　　　　意蕴实践
叙述程式　　　　　　　意指
叙述学　　　　　　　　意指过程
　　　　　　　　　　　意指活动
Y
　　　　　　　　　　　意指结构
言语　　　　　　　　　意指论和通讯论
言语方式　　　　　　　音乐符号学
言语活动　　　　　　　音位
演变　　　　　　　　　音位对立
演绎　　　　　　　　　音位学
要素　　　　　　　　　饮食符号学
一般符号学　　　　　　隐喻
一般叙述学　　　　　　影响形式
一级范畴　　　　　　　有标记性
以言行事　　　　　　　语法
义素　　　　　　　　　语法学
义素分析　　　　　　　语符组合

语境	张力
语境意义	张力度
语态	张力符号学
语言	真实
语言符号	真势模态
语言符号学	征象词
语言通讯理论	正名
语言运用	证同美学
语义	直接对象
语义群	直接解释项
语义素	植物符号学
语义系统	指涉功能
语义学	指示词符
语域	质符
预备刺激	中性
元层次	终端解释项
元符号活动	重复
元位素	重写
元语言	周易
元语言功能	主题
元语言性	主体
元语言学	主体性
	助手
Z	转换
再现性	转码
在场	转移
赞名派	转译

转喻

自动化

宗教符号学

阻抗

组合

组合关系

组合体

本书重要人名

A

阿尔都塞（Althusser, L.）
阿尔汉格利斯基（Архангельский, А. А.）
阿克谢诺夫（Аксенов, И.）
阿里韦（Arrivé, M.）
阿马（Hamad, M.）
阿萨菲耶夫（Асафьев, Б.）
阿扎多夫斯基（Азадовский, М. К.）
埃尔别尔格（Эрберг, К. А.）
埃尔恩（Эрн, В. Ф.）
埃亨巴乌姆（Эйхенбаум, Б. М.）
埃诺（Hénault, A.）
艾柯（Eco, U.）
爱森斯坦（Эйзенштейн, С. М.）
奥格登（Ogden, C. K.）
奥古斯丁（Augustius, A.）
奥斯特洛夫斯基（Островский, А. Н.）

B

巴赫金（Бахтин, М. М.）
巴利耶夫（Балиев, Н. Ф.）
巴舍拉尔（Bachelard, M.）
巴斯蒂德（Bastide, F.）
巴特（Barthes, R.）
柏拉图（Plato）
保罗·德·曼（Paul de Mann）
贝娅埃尔-热斯兰（Beyaert-Geslin, A.）
本维尼斯特（Benveniste, É.）
比齐利（Бицилли, П. М.）
毕加索（Picasso, P.）
别尔恩什捷因（Бернштейн, С. И.）
别赫捷列夫（Бехтерева, В. М.）
别列茨基（Белецкий, А. И.）
波德里亚（Baudrillard, J.）
波利万诺夫（Поливанов, Е. Д.）
波铁布尼亚（Потебня, А. А.）

勃洛克（Блок, О. О.）
博尔德廖夫（Болдырев, Н. Н.）
博尔德隆（Bordrong, J. F.）
博格达诺夫（Богданов, А. А.）
博加特廖夫（Богатырев, П. Г.）
布东（Boudon, P.）
布尔加科夫（Булгаков, С. Н.）
布凯（Bouquet, S.）
布拉克（Braque, G.）
布朗榭（Blanché, R.）
布雷蒙（Bremond, C.）
布里克（Брик, О.М.）
布龙达尔（Brôndal, V.）
布吕诺（Bruno, Ch.）
布姆皮扬斯基（Пумпянский, Л. В.）

C
陈勇（Chen Yong）

D
达罗（Darrault, Y.）
达罗-哈利（Darrault-Haris Ivan）
达尼列夫斯基（Данилевский, Н. Я.）
当蒂伊（d'Antilly, R. A.）
德勒兹（Deleuse, G.）
德里达（Derrida, J.）

迪布瓦（Dubois, J.）
迪利（Deely, J.）
迪梅齐（Dumézil, C.）
董小英（Dong Xiaoying）
杜尔凯姆（Durkheim, É.）
杜威（Dewey, J.）
多斯（Dosse, F.）

E
恩格勒（Engler, R.）

F
法布里（Fabbri, P.）
费尔巴哈（Feuerbach, L. M.）
丰塔尼耶（Fontanille, J.）
丰特内尔（Bernard Le Bovier Fontenelle）
弗兰克（Франк, С. Л.）
弗雷坚别尔格（Фрейденберг, О. М.）
弗洛连斯基（Флоренский, П. А.）
弗洛伊德（Freud, S.）
福尔图纳多夫（Фортунатов, Ф. Ф.）
福柯（Foucault, M.）

G
戈尔恩费利德（Горнфельд, А. Г.）

戈夫曼（Goffman, E.）
戈夫曼（Гофман, В. А.）
格尔申宗（Гершензон, М. О.）
格雷马斯（Greimas, A. J.）
格里戈里耶夫（Григорьев, М. С.）
古科夫斯基（Гуковский, Г. А.）
古列维奇（Гуревич, А. Я.）
古米廖夫（Гумилёв, Н. С.）
郭鸿（Guo Hong）
果戈理（Гоголь, Н. В.）

H
海德格尔（Heidegger, M.）
赫尔岑（Герцен, А. И.）
赫列布尼科夫（Хлебников, В.）
黑格尔（Hegel, G. W. F.）
胡塞尔（Husserl, E.）
胡壮麟（Hu Zhuanglin）
惠特尼（Whitney, W. D.）
霍克斯（Hawkcs, T.）

J
吉比乌斯（Гиппиус, В. В.）
吉尔杰布兰特（Гильдебрант, А.）
吉韦列戈夫（Дживелегов, А. К.）
吉约姆（Guillaume, G.）
加斯帕罗夫（Гаспаров, Б. М.）
加斯帕罗夫（Гаспаров, М. Л.）
杰米扬年科（Демьяненко, А. Ф.）
金兹布尔格（Гинзбург, Л. Я.）

K
卡尔纳普（Carnap, R.）
卡尔萨温（Карсавин, Л. П.）
卡韦林（Каверин, В.）
卡西尔（Cassirer, E.）
康澄（Kang Cheng）
康德（Kant, I.）
科夫赞（Kowzan, T.）
科凯（Coquet, J.-C.）
科舍列夫（Кошелев, А. Д.）
科斯坦蒂尼（Costantini, M.）
科西科夫（Косиков, Г. К.）
克里斯蒂娃（Kristeva, J.）
克林肯伯格（Klinkenberg, J.-M.）
克鲁舍夫斯基（Крушевский, Н. В.）
克纳别（Кнабе, Г. С.）
肯什泰恩（Волькенштейн, В. М.）
孔德拉捷夫（Кондратьев, Н. Д.）
库尔（Kull, K.）
库尔泰斯（Courtés J.）
库尔特内（Бодуэн де Куртенэ, И. А.）
库格尔（Кугель, А. Р.）

库兹涅佐夫（Кузнецов, П. С.）

L

拉比诺维奇（Рабинович, В. Л.）
拉比耶（Rabier, B.）
拉德洛夫（Радлов, С. Э.）
拉康（Lacan, J.）
拉斯捷（Rastier, F.）
拉图尔（Latour, B.）
拉辛（Racine, J.）
莱布尼茨（Leibniz, G. W.）
莱蒙托夫（Лермонтов, М. Ю.）
朗多夫斯基（Landowski, É.）
勒菲弗（Lefebvre, H.）
雷福尔马茨基（Реформатский, А. А.）
李嘉图（Ricardo, D.）
李斯卡（Liszka, J.）
李肃（Li Su）
李幼蒸（Li Youzheng）
理查兹（Richards, I. A.）
列夫津（Ревзин, И. И.）
列福尔马茨基（Реформатский, А. А.）
列维-斯特劳斯（Lévi-Strauss, Cl.）
列兹尼科夫（Резников, Л. О.）
林茨巴赫（Линцбах, Я. И.）

卢里耶（Лурье, С. Я.）
卢梭（Rousseau, J.-J.）
罗曾别尔格（Розенберг, А. В.）
罗扎诺夫（Розанов, В. В.）
洛特曼（Лотман, Ю. М.）

M

马丁内（Martinet, A.）
马克思（Marx, K.）
马拉美（Mallarmé, S.）
马雅可夫斯基（Маяковский, В. В.）
曼德尔施塔姆（Мандельштам, О. Э.）
梅斯（Metz, Ch.）
梅列京斯基（Мелетинский, Е. М.）
梅洛-蓬蒂（Merleau-Ponty, M.）
梅耶（Meillet, A.）
梅耶尔霍尔德（Мейерхольд, В. Э.）
米德（Mead, G. H.）
米科拉舍夫斯基（Миклашевский, К. М.）
摩根（Morgan L. H.）
莫里斯（Morris, Ch. W.）
莫丘利斯基（Мочульский, К. В.）
莫斯（Mauss, M.）
穆楠（Mounin, G.）
穆馨（Mu Xin）

N

尼采（Nietzsche, F. W.）
尼基京（Никитин, М. В.）
尼科拉耶娃（Николаева, Т. М.）
涅多布罗沃（Недоброво, Н. В.）

P

帕尼耶（Panier, L.）
帕斯杰尔纳克（Пастернак, Б. Л.）
佩特罗夫斯基（Петровский, М. А.）
皮尔斯（Peirce, C. S.）
皮卡尔（Picard, R.）
皮亚季戈尔斯基（Пятигорский, А. М.）
皮亚杰（Piaget, J.）
珀蒂托（Petitot, J.）
普安索（Poinsot, J.）
普洛普（Пропп, В. Я.）
普洛特尼科夫（Плотников, В. В.）

Q

齐贝尔伯格（Zilberberg, C.）
齐维扬（Цивьян, Т. В.）
契诃夫（Чехов, А. П.）
钱军（Qian Jun）
乔姆斯基（Chomsky, N.）
切尔诺夫（Чернов, И. А.）

R

热金（Жегин, Л. Ф.）
热奈特（Genette, G.）
日尔蒙斯基（Жирмунский, В. М.）
若尔科夫斯基（Жолковский, А. К.）
若斯特（Jost, F.）

S

萨科齐（Sarkozy, N.）
萨罗夫（Кайсаров, А. С.）
塞尔（Searle, J.）
塞耶尔（Sayer, A.）
什科洛夫斯基（Шкловский, В. Б.）
什雷杰尔（Шрейдер, Ю. А.）
什佩特（Шпет, Г. Г.）
斯宾塞（Spencer, H.）
斯捷潘诺夫（Степанов, Ю. С.）
斯科里亚宾（Скрябин, А. Н.）
斯洛尼姆斯基（Слонимский, А. Л.）
斯米尔诺夫（Смирнов, А. А.）
苏里奥（Souriau, E.）
索罗金（Сорокин, П. А.）
索洛维约夫（Соловьёв, В. С.）
索绪尔（Saussure, F. de）

T

特鲁别茨柯依（Трубецкой, Н. С.）

特尼亚诺夫（Тынянов, Ю. Н.）
托波罗夫（Топоров, В. Н.）
托多罗夫（Todorov, Tz.）
托尔斯泰（Толстой, Л. Н.）
托马舍夫斯基（Томашевский, Б. В.）
陀思妥耶夫斯基（Достоевский, Ф. М.）

W

王铭玉（Wang Mingyu）
王宁（Wang Ning）
韦尔纳茨基（Вернадский, В. И.）
韦谢洛夫斯基（Веселовский, А. Н.）
维果茨基（Выготский, Л. С.）
维诺格拉多夫（Виноградов, В. В.）
维诺库尔（Винокур, Г. О.）
维斯科瓦托夫（Висковатов, П. А.）
维特根斯坦（Wittgenstein, L.）
沃格拉斯（Vaugelas Cl. F. de）
沃洛申（Волошин, М. А.）
乌达尔（Uldal, H. J.）
乌德比娜-格拉乌（Houdebine-Gravaud, A. -M.）
乌菲姆采娃（Уфимцева, А. А.）
乌克斯库尔（Uexkull, J. von）

乌斯宾斯基（Успенский, Б. А.）
巫汉祥（Wu Hanxiang）
吴钢（Wu Gang）

X

西比奥克（Sebeok, T. A.）
西波夫斯基（Сиповский, В. В.）
西塞罗（Cicero, M. T.）
希波克拉底（Hippocrates）
希什马罗夫（Шишмаров, В. Ф.）
夏布罗尔（Chaborol, C.）
夏忠宪（Xia Zhongxian）
谢尔巴（Щерба, Л. В.）
谢列布里亚内（Серебряный, С. Д.）
谢瓦里耶（Chevalier J.-C.）

Y

雅各布森（Якобсон, Р. О.）
雅科夫廖夫（Яковленв, Н. Ф.）
雅库宾斯基（Якубинский, Л. П.）
雅沃尔斯基（Яворский, Б. Л.）
亚尔霍（Ярхо, Б. И.）
亚里士多德（Aristotle）
杨习良（Yang Xiliang）
叶尔姆斯列夫（Hjelmslev, L.）
叶夫列伊诺夫（Евреинов, Н. Н.）
叶舒宪（Ye Shuxian）

伊万诺夫（Иванов, Вяч. Вс.）

俞建章（Yu Jianzhang）

Z

泽列林（Зеленин, Д. К.）

泽林斯基（Зелинский, Ф. Ф.）

扎利兹尼亚克（Зализняк, А. А.）

詹姆斯（James, W.）

张冰（Zhang Bing）

张光明（Zhang Guangming）

张海燕（Zhang Haiyan）

张杰（Zhang Jie）

赵爱国（Zhao Aiguo）

赵晓彬（Zhao Xiaobin）

赵毅衡（Zhao Yiheng）

郑文东（Zheng Wendong）

跋

《符号学思想论》一书终于出版了。我知道这本书汇集了中国学者对俄罗斯、法国、美国和中国的符号学深入研究的成果，我非常赞成这样的跨国度的符号学研究，并对这本著作的出版表示祝贺。

自从费尔迪南·德·索绪尔在其《普通语言学教程》中简洁而清晰地触及语言与符号这个问题以来，已有很多重要著作问世。但是，这些著作几乎都毫无例外地讨论以使用音符文字的屈折语为基本特征的欧洲语言的情况。超越这些理论阐述，从汉语这一明显使用表意文字的孤立语出发，我们能说些什么呢？而且，对说汉语的人而言，其成长的文化和自然环境与传统的西方社会中语言使用者所处的环境明显不同。这是否影响说者对自己说者"主体性"的认识呢？如果答案肯定，那又是以什么方式影响呢？我们非常想知道这些以及其他问题的答案，这将使我们更加全面认识人类自己"能指动物"的身份。

我们相信，《符号学思想论》这本书将会在这方面以及其他符号学方面给我们带来更多思考的食粮。同时，我们希望这本书所呈现的符号学的各种思想可以把符号学研究引入一个不同研究传统相互借鉴的新阶段。

池上嘉彦（Yoshihiko Ikegami）

国际著名符号学家，耶鲁大学哲学博士，日本东京大学名誉教授，

天津外国语大学语言符号应用传播研究中心国际顾问

（田海龙　译）